사회변화와 범죄

| 중세 잉글랜드를 중심으로 |

Social Change and Crime in Medieval England

홍 성 표

충북대학교 출판부

사회변화와 범죄

-중세 잉글랜드를 중심으로-

홍성표

충북대학교 출판부

사회변화와 범죄 - 중세 잉글랜드를 중심으로-

저 자	홍 성 표
발행처	충북대학교 출판부
발행인	윤 여 표
주 소	(28644) 충북 청주시 서원구 충대로1 (개신동12)
전 화	043)261-2952, 3014
팩 스	043)274-1256
이메일	presscbu@chungbuk.ac.kr
등 록	제1983-2001-7호
초판 1쇄 인쇄	2017년 1월 24일
인쇄처	다해 02)2266-9247

ISBN 978-89-7295-271-8 93920

값 28,000원

머리말

법이란 공동체 구성원들 모두가 합의하여 만든 규칙과 규범이다. 그러므로 그 법을 만든 공동체 구성원들 모두는 만들어진 법을 잘 준수하고 또한 존중하여야 한다. 구성원들 모두가 법을 잘 지킨다면, 공동체의 질서가 바르게 유지되고 자유를 향유하며 범죄로부터 자유로운 삶을 살아갈 수 있게 될 것이다. 그러나 만약 누군가 법을 위반한다면, 공동체의 질서는 무너지고 자유를 제약당하는 혼란에 빠질 수 있다. 그러므로 그러한 사회적 혼란을 초래한 자들은 공동체의 이름으로 법을 집행하는 기관을 통해 처벌받아야 한다. 이는 전체 공동체의 자유와 안전을 위한 형벌인 것이다. 그런데 사회 구성원들 모두가 이러한 제재를 당연한 것으로 받아들이기 위해서는 법의 집행이 정의롭고 공정해야 한다. 이러한 전제는 동서고금을 막론하고 언제나 일반성을 지녀야 한다.

중세 잉글랜드의 보통법(Common Law)이란 관습법이다. 공동체 구성원들의 관습과 관행에 따라서 형성된 규칙과 규범을 담은 법이 관습법이다. 이 관습법이 누구에 의해서 어떻게 형성되었으며, 이것을 집행하는 자들이 누구인가의 문제가 있다. 왕정 체제 하에서 소수 귀족들의 지배체제를 강화하기 위한 소수자들의 규칙과 규범을 법으로 만들었다면, 그것은 나머지 대다수 백성들을 불편하게 만든 근원이 될 것이고, 백성들은 부지불식간에 그것을 위반하고 심지어 무력을 통해 그것을 무너트리려고 저항할 것이다. 이러한 저항에 대한 억압의 강도가 심해지면 단순한 저항이 아니라 혁명이나 반란으로 연결될 수도 있다. 1381년 농민봉기가 일어났을 때에 존 볼(John Ball)이 "아담과 이브가 밭갈이 하고 길쌈할 때, 누가 귀족이었는가?"라고 주장한 것이 오늘날 역사가들에게 재조명을 받고, 그것의 정당성을 인정하는 것도 바로 그러한 논리 속에서 가능하다. 그러나 소수 지배층의 입장에서 보면, 비록 소수이지만 지배층이 그들의 권리와 권한을 지키기 위하여 만든 법과 질서를 다수의 농민들이나 상공업자들이 위반하고 무너트리려고 한 것이기 때문에 그들이 만든 법에 따라서 봉기에 가담한 자들을 처벌하는 것은 정당하다고 주장할 것이다. 과연 이것이 올바른 사회질서 유지를 위한 방법인가? 그리고 그러한 사회질서 유지를 위한 수단으로 이용한 법이 정당성을 지니는가? 오늘날의 시각에서 본다면 분명 그것은 문제가 있다. 당시 왕정체제하의 소수 지배층의 입장에서 보면 그들이 세워 논 사회질서가 무너지고, 이로 인하여 그들의 지위와 이익이 침해받는 것을 그대로 방치할 수는 없었을 것이다. 그러므로 자신의 이익과 특권을 침해하는 범법행위자를 처벌하고 이를 통해 사회질서를 바로 세우려고 노력할 것이다. 만약 그렇게 하지 않으면 소수 지배층은 자신의 각종 특권을 유지할 수 없으며, 자신의 생명과 재산을 범법자들로부터 지킬 수 없다고 생각하였다. 그러나 문제는 공동체 구성원 모두의 안정과 평화를 해친 사건, 즉 불법침해죄나 각종 중죄에 대한 처벌은 소수 지배층뿐만 아니라 다수의 피지배층 모두가 계급과 계층을 떠나서 사회질서 유지를 위해 필요하다고 공감하였다는 점이다. 여기에 중세 잉글랜드 보통법의 존재 이유가 있으며, 이를 바탕으로 국왕이 소수 권력자들과 함께 국가를 통치할 권력의 존재이유가 있다.

범죄는 '국왕의 평화'를 깨트리고 사회질서를 어지럽힌다. 특히 안정된 사회질서를 무너트릴 정도의 큰 사건이 일어났을 때에 범죄 발생이 증가할 수 있고, 그에 따라서 무질서에 대한 공포감도 커지고, 결국 이러한 상태는 사회질서의 불확실성을 증폭시킨다. 그러므로 시기마다 전환점을 이룰 정도의 큰 사건이 일어나면 주민들은 이에 대한 불안과 공포심을 가지게 되고, 이것이 유언비어나 선동가들에 의해서 확대 재생산되면서 전체 사회가 불안과 공포에 빠질 수도 있다. 중대한 범죄에 대한 공포를 구체적으로 표현한 것은 11세기에 나타난 신의 평화(peace of God)와 신의 휴전(truce of God)까지 거슬러 올라간다. 11세기에 교회는 주말이나 사순절부터 부활절까지 전쟁을 금지시켰으며, 성직자, 상인, 여성, 어린이들을 무력으로 공격하는 것을 금지시켰다. 물론 이러한 금지가 잘 준수된 것은 아니지만, 이 운동을 통해서 교회가 범법자에 대한 호전적인 적대행위를 줄이려고 노력하였으며, 이러한 노력이 사회질서 유지에 어느 정도 영향을 끼쳤음을 부정할 수 없다. 예컨대 사적 전쟁이나 친족복수 등의 야만적인 무력행사가 감소하고, 기사들의 존재 이유가 지상에서 신의 왕국을 지키는 것이라는 교회의 가르침이 무력을 지닌 기사들을 순화시켜 무력의 남용을 막을 수 있었다. 또한 농민들의 강도들에 대한 공포, 여성들에 대한 성폭력과 유괴에 대한 공포, 상인과 순례자들에 대한 강도들로부터의 공격에 대한 두려움 등이 바로 그러한 운동으로 구체화되었으며, 이 운동은 기독교 정신과 함께 범죄를 억제하는데 영향력을 발휘하였다. 그러나 그 운동 자체가 범죄행위를 근절시키거나 범죄발생 빈도수를 낮추었다는 구체적 수치를 제시할 수는 없다. 그럼에도 불구하고 11세기 이후부터 여성들에 대한 성폭력을 개탄하는 운동이 교회를 중심으로 일어나고, 이것이 거친 중세사회를 순화시키는데 공헌하였음을 부정할 수 없다.

위와 같은 주장에 근거하여 1315-1316년의 대기근과 1321-1322년의 소기근 발생, 1322년 랭커스터 백작 토마스의 반란과 정치적 혼란, 1327년 에드워드 2세의 폐위 사건, 1348-1349년 잉글랜드에 큰 피해를 준 흑사병의 유행으로 인한 죽음의 공포, 1381년 농민봉기에 의한 사회적 혼란, 중세 내내 잉글랜드의 정치적 불안정을 초래한 스코틀랜드의 독립전쟁, 1337년부터 1453년까지 무려 116년 동안 지속된 잉글랜드와 프랑스 사이에 치른 백년전쟁 등이 중세 잉글랜드의 정치와 사회변화에 어떤 영향을 끼쳤는지를 살펴보는 것은 가치 있는 일이다. 아울러 이러한 사건들이 사회질서 유지에 악영향을 끼쳤다면, 이러한 혼란 속에서 발생한 범죄의 유형과 범죄발생의 빈도는 평소와 어떻게 다른가? 만약 다르다면 그것이 그러한 사회변동을 일으킨 사건과는 어떤 관련성이 있는가? 이러한 문제들을 살펴보려는 것이 본 저서의 목적이다. 물론 오늘날 학자들은 정치·경제·사회적 무질서와 범죄증가와는 상관관계가 있는 것으로 주장하고 있다. 사회적 혼란기에 법과 질서가 무너지는 것이 일반적인 현상이라면, 과연 14세기 잉글랜드에서 발생한 사회체제를 변혁시킬 만큼 큰 사건들이 일어났을 때에 범죄발생도 크게 증가하는가에 대해 규명해 보는 것도 흥미로운 문제이다. 필자의 문제의식은 바로 이러한 의심과 의문으로부터 출발하였고, 본 저서의 내용도 이를 확인하는 데에서 출발한다. 또한 본 저서 편찬의 또 다른 목적은 14세기 에드워드 왕들과 지배층, 그리고 평범한 잉글랜드인들의 법에 대한 시각과 범죄에 대한 대처, 그리고 이를 위해 어떤 법을 만들고 이에 근거하여 어떤 법원을 발전시켰는가를 살펴보는 데에도 있다. 또한 그러한 과정에서 나타난 재판제도의 변화와 발전이 정치와 사회에 어떤 영향을 끼쳤는가를 검토하고자 한다.

한편 필자가 오래 전부터 관심을 가져온 주제가 "과연 중세 잉글랜드에 봉건제가 있었는가? 만약 있었다면 그 형태는 어떤 것이었는가? 그리고 중세 프랑스의 봉건제와는 어떻게 다른가?"이다. 2012년에 충북대학교 출판부를 통하여 출간한 『중세 영국사의 이해』를 통하여 잉글랜드 중세사회의 특징을 이미 탐구하였다. 필자는 이곳에서 다시 법과 재판제도의 변화를 통하여 13-14세기 잉글랜드의 정치·사회적 특징을 검토하고자 노력하였다. 비록 두 저서에서 다룬 주제와 내용은 서로 다르다고 하더라도, 중세 잉글랜드의 정치와 사회구조의 특징을 파악하려고 노력하였다는 점에서는 공통적이다.

이러한 필자의 목적을 달성하기 위해서 귀족이나 도시민들이 국왕의 법인 보통법을 어떻게 위반하고, 또한 어떻게 처벌받았는가를 기록한 사면장을 분석하였다. 1300년부터 농민봉기가 일어난 1381년의 상태를 확인하기 위해 1385년까지 약 85년 동안에 걸친 '개봉된 국왕의 칙허(勅許) 등기부(Calendar of Patent Rolls)'에서 범법자들에 대한 국왕의 사면장을 분석하여 범죄의 유형과 그 특징을 파악하려고 시도하였으며 '밀봉된 국왕의 칙허 등기부(Calendar of Close Rolls)'에서 또한 범법행위자들에 대한 신상 파악을 하였고, '벌금 징수 등기부(Calendar of Fine Rolls)'을 통해서 벌금형을 받은 자들의 벌금납부 실태를 분석하였다. 대법관의 관리들이 발행한 이 문서는 중복된 언급이 있고 범죄가 발생한 일자를 정확히 기록하지 않아 이용하는데 제한이 있다. 예컨대 30년 전에 피살된 사망사건을 사면[1]하거나 혹은 16년 전에 일어난 강간사건을 사면[2]하는 등 중죄의 발생 시기가 사면을 한 당해 연도가 아닌 경우가 있다. 그러나 그러한 제한점이 전반적인 범법행위와 매년 어떤 유형의 범죄가 발생하였는가를 분석하는 데에는 큰 장애가 되지 않는다.

'개봉된 국왕의 칙허 등기부'를 분석하는 과정에서 필자는 사면장(pardon)에 주목하였다. 왜냐하면 사면장에는 각종 범죄에 대한 국왕의 사면이 언급되었기 때문이다. 이 과정에서 필자는 정당방위 살인과 과실치사를 포함한 전체 살인과 관련된 사면장 8014건, 여러 가지 형태의 중죄를 범한 범법행위 831건, 반역죄 522건, 절도 638건, 강도 474건, 방화 34건, 화폐위조 38건, 강간(성폭행) 204건, 폭행 상해 84건, 중죄인 은닉죄 125건 등을 확인하였다. 보통법에 준하여 보면 교수형에 처해야 할 중죄인들의 범법행위가 10,964건에 이른다. 이에 따른다면 중죄인에 대한 국왕의 사면이 1년에 평균 129건에 달한다. 국왕은 대외적인 전쟁에 필요한 군사력 확보를 위해 중죄인들을 사면하였다. 중죄에 대한 처벌을 잠정적으로 유보하는 대신 국왕은 중죄인들에게 필요한 시간만큼 군역을 납부하도록 요구하였다. 한편 벌금형에 해당하는 불법침해죄를 범한 자들도 중죄인 못지않게 많은 수가 국왕으로부터 사면받았다. 불법침해죄 중에서 가장 많은 부분을 차지한 부채와 관련된 소송이나 부채감면에 관한 사항이 1610건, 국왕의 허락 없이 직수봉신(tenant in chief)이 자신의 가옥이나 토지를 비롯한 각종 재산을 개인에게나 혹은 집단에게 양도한 국왕의 재산권 침해가 1609건, 국왕

1) *Calendar of Patent Rolls 1377-1381*, p. 621.
2) *Calendar of Patent Rolls 1377-1381*, p. 382.

의 사냥터에서 사슴이나 토끼 등을 불법으로 사냥하거나 국왕의 산림지에서 벌목이나 나무의 불법채취와 같은 산림법 위반 행위가 353건, 특별히 불법 침해에 대한 항목이 적시되지 않은 가운데 불법침해라고만 기록된 사건이 1175건, 회계 및 결산보고 부정으로 인하여 고발된 경우가 872건 등 불법 침해죄에 관한 사항 5619건을 '개봉된 국왕의 칙허 등기부'에서 확인하였다. 1년에 평균 66건의 불법침해죄에 대하여 국왕이 사면한 것이다.

아울러 각종 검시관기록(Coroners' Rolls)과 감옥에 투옥된 미결수 감옥 재판기록(Gaol Delivery Rolls)은 물론 치안판사들의 범죄기록들을 분석하여 사회변동 시기에 발생한 범죄의 특성을 확인하려고 노력하였다. 한편 도시에서 발생한 범죄의 특징을 분석하기 위하여 필자는 런던시의 서신기록(Letter Book)들의 모음집과 검시관기록들을 분석하였다. 마지막으로 농민들의 범법행위의 특징은 랭커스터 백작 토마스가 국왕에게 반기를 든 모반의 중심지이며 스코틀랜드 침입을 위한 잉글랜드군의 전진기지이자 스코트가 잉글랜드를 자주 침입한 지역 중의 한 곳이었던 요크셔에 있는 웨이크필드 장원의 장원법원기록(Wakefield Manorial Court Rolls)을 분석하여 얻었다. 이러한 사료들의 분석을 통하여 필자는 잉글랜드 역사에서 크나큰 사회적 변동을 일으킨 사건들과 범죄발생과는 어떤 연관성이 있는가를 밝혀보려고 노력하였다.

필자가 이용한 사료에서 볼 수 있듯이 본 저서는 나름대로 한계성을 지니고 있다. 14세기 잉글랜드 전역을 대상으로 한 사면장인 '개봉된 국왕의 칙허 등기부'을 이용하여 여러 가지 범죄에 대한 폭넓은 파악은 가능하였으나, 나머지 사료들은 하나의 주나 혹은 몇 개 주에 국한된 것이고, 도시로서는 런던에 한정된 사료를 검토하였다는 제한성을 지니고 있다. 그러므로 본 저서는 14세기 잉글랜드 전역을 대상으로 한 연구라기보다는 지역적 제한성을 지니고 있다. 한편 본 저서의 전체적인 내용의 이해를 위하여 필자가 기존에 발표한 범죄에 관한 논문(제 3장: 범죄의 유형과 처벌) 중에서 몇 편을 약간 수정 보완하여 재인용하였으며, 또한 기존에 필자가 발표한 저서들 중에서도 일부 재인용한 부분도 있음을 밝힌다.

이 저서를 집필하는 과정에서 몇몇 사람들의 도움을 받았다. 2013년 가을에 영국 스원지(Swansea)에 있는 웨일스 대학 사학과 존 로(John Easton Law) 교수의 초청과 도움으로 그곳 대학 도서관에서 저술에 필요한 1차 사료와 2차 사료 및 논문들을 수집할 수 있었다. 이 과정에서 대학 도서관 사서이자 인문사회 분야 책임자인 이안 글렌(Ian Glen) 박사의 도움을 받았다. 그곳에 체류하는 동안, 존 로 교수가 인문대 교수들의 정기적인 세미나 활동이 있는데, 그곳에서 나의 연구에 대한 개요를 발표하여 줄 것을 요청하였으나, 나의 저서에 대한 확실한 방향이 잡히지 않던 시기이기 때문에 그의 제안을 받아들이지 못하였다. 이 저서의 편찬으로 그 당시 존 로 교수의 제안을 받아들이지 못하였음에 대한 미안함을 대신하고자 한다. 만약 웨일스 대학을 다시 방문할 기회를 갖게 된다면, 그리고 기회가 주어진다면, 존 로 교수의 초청에 보답할 수 있는 기회가 다시 오기를 희망한다. 그 당시 자료수집 과정에서 꼭 필요한 1차 사료를 구하지 못하고 귀국하였다. 그러한 전후 사정을 알고 있는 웨일스 대학 사학과 명예교수인 랄프 그리피스(Ralph Griffiths) 교수가 요크 고문서 편찬회에 부탁하여 복사한 자료집을 나에게 보내주었다. 그 자료를 구하려고 백방으로 노력하였으나 구하지 못한 나의 사정을 잘 알고 있는 그리피스 교수가 나의 고민을 해결하여 준 것이다. 한편 일부 법률 용어의 우리말 표현에 관해서는 충북대학교 법과 대학 이동원 교수의 도움을 받았다. 바로 이들의 도움으로 인하여 이 책의 내용이 보다 충실해 질 수 있었다. 이처럼 여러 사람들의 도움으로 출판하게 된 이 책이 중세 영국사에 관심이 있는 모든 사람들에게 큰 도움이 되기를 바란다.

이 책이 좀 더 일찍 세상에 나올 수도 있었으나, 둘째 손자인 서진이를 아내와 함께 돌보면서 시간을 나누어 집필하느라고 늦었다. 저서 집필에만 집중하지 못하여 비록 이 책의 출판은 늦어졌으나, 대신 손자가 건강하고 영리하게 커가는 모습을 보면서 집필하였기 때문에 필자 개인적으로는 더 보람을 느낀다.

한편 요사이 학술서적의 수요가 매우 제한된 어려운 시기에 필자의 저서

출판을 흔쾌히 결정한 충북대학교 출판부장인 이은미 교수와 출판과정에서 좋은 책을 만들려고 노력한 운영책임자인 박주연 선생에게도 고마운 마음을 전한다.

2016년 10월 30일
필자 씀

차례

제 1장:

범죄와 법원과 재판제도

1. 범죄발생 예방제도 — 10인조 제도

서더랜드(D. Sutherland)가 범죄란 사회적으로 해악을 끼친 행위이기 때문에 그에 대한 공적 처벌이 부과되는 것은 당연하다고 언급하였다. 그런데 중세 잉글랜드인들, 특히 국왕을 비롯한 지배층의 사고로 볼 때, 사회에 해악을 끼친 행위 파악의 기준은 바로 '국왕의 평화'를 깨트린 것이다. 즉 범죄는 '국왕의 평화와 공공복리(pacem regis et communem utilitatem)를 해치는 행위'[1]이다. 중세 잉글랜드에서는 범죄란 공공질서에 대한 도전, 공적 권위에 대한 도전, 공공에 해를 끼치는 행위, 개인의 생명이나 재산에 대한 공격행위로 정의하였다.[2] 그러므로 범죄에 대한 사회적 인식도 이를 바탕으로 형성되었을 것이며, 그에 대한 처벌도 역시 그러한 인식을 전제로 하여 이루어졌을 것이다. 범죄혐의자에 대한 제소와 그에 대한 배심원들의 평결과 재판관의 판결로 이루어진 전체 재판과정은 범법자들을 엄중하게 처벌하기 위한 과정이었으며, 실제로 엄중한 처벌이 이루

---

1) George E. Woodbine, ed., *Bracton on the Laws and Customs of England* (Harvard Univ. Press, 1968), vol. II, f. 99. (이하 *Bracton*이라고 약칭함.)
2) J. F. Stephen, *A History of Criminal Law*, vol. 1 (Sagwan Press, 2015), p. 3; W. S. Gilbert, "Fur-Collar Crime: the Pattern of Crime among the 14th Century English Nobility", *Journal of Social History*, vol. 8 (1975), p. 15.

어졌다.[1] 사실 중세 말 잉글랜드에서 공공질서의 유지는 국왕이 안고 있는 가장 큰 문제 중의 하나였다. 그리고 그 중심에는 늘 왕권과 국가구조의 문제가 위치하고 있었다.[2] 이러한 범죄 발생을 예방하고 공공질서를 유지하기 위해 운영된 기초적인 행정 조직이 10인조 제도(tithing system)[3]이다.

가족은 물론 비혈연적 공동체 구성원들 집단에 대한 소속감과 그에 따른 헌신은 제도와 관행을 떠나 필수적인 것이었으며, 이는 그 구성원들의 정체성 인식의 근원이었다. 따라서 공동체 구성의 가장 기본적인 단위가 된 10인조 제도는 구성원들 상호 간의 소속감을 확인시켜 주었으며, 또한 그것은 공동체의 안전보장의 기능을 하였을 뿐만 아니라 사법적인 기능도 하였다.[4] 특히 외딴 도시나 촌락은 폭력적 범죄에 공권력이 미치기가 어려웠다. 따라서 개인이 독자적인 안전책을 강구하든지 아니면 이웃들 상호 간에 결집된 힘을 바탕으로 범죄에 대항하여야 하였다.[5] 그런 의미에서 10인조 제도는 안전보장을 위해 매우 중요한 조직이었다. 10인조의 책임자는 범인을 체포하고 폭력적 범죄의 발생을 억제하였으며, 구성원 개개인의 선행에 대한 책임을 지고 있었다.[6] 만약 어느 자가 살인죄로 기소되고도 법원에 출두하지 않

---

1) Barbara A. Hanawalt, ed., *Medieval Crime and Social Control* (University of Minnesota Press, 1990), p. 164.

2) Philippa C. Maddern, *Violence and Social Order* (Oxford, 1992), p. 1.

3) William A. Morris, *The Frankpledge System* (London, 1910), pp. 1-40. (10인조 제도의 기원을 앵글로 색슨 시대와 앵글로 노르만 시대로 보는 두 가지 이론이 있다.) 그런데 이론적으로는 각 10인조는 12세 이상의 남성 10명으로 조직되고, 각각의 10인조는 촌락이나 도시 한 곳에 근거를 두었다. 그러므로 규모가 큰 촌락이나 도시들은 여러 개의 10인조들로 구성되게 마련이다. [D. A. Crowley, "The Later History of Frankpledge", *Bulletin of the Institute of Historical Research*, vol. XLVIII (1975), p. 1.]

4) Phillipp R. Schofield, "The Late Medieval View of Frankpledge and the Tithing System: An Essex Case Study", eds., Zvi Razi and Richard Smith, Medieval Society and the Manor Court (Oxford University Press, 1996), p. 408.

5) John Aberth, *Criminal Churchmen in the Age of Edward III: the Case of Bishop Thomas de Lisle* (Pennsylvania State University Press, 1996), p. 61.

6) Ralph B. Pugh, ed., *Court Rolls of the Wiltshire Manors of Adam de Stratton* (Wiltshire Record Society, 1970), p. 3; Barbara A. Hanawalt, *Crime and Conflict in English Communities, 1300-1348* (Harvard University Press, 1979), p. 25.

으면, 10인조의 책임자나 구성원들이 그를 구인하여 주지사에게 인계하여야 한다. 귀족, 기사, 부유한 자유인, 성직자, 여성, 육체적 및 정신적 무능력자 등을 제외한 12세 이상의 모든 남성들을 의무적으로 10인조에 가입시킨 것도 그러한 정신이 전제되고 있다. 그리고 주지사가 1년에 두 번 그 구성원들에 대한 검열, 즉 10인조의 검열(view of frankpledge)을 주지사의 법원(tourn)을 통하여 수행하였다.1) 이러한 규정은 1253년에도 반복하여 언급되고 있다.2) 10인조 검열에서는 국왕, 왕비, 그리고 그들의 자녀들의 적과 그들에게 협조하거나 그들의 의견에 공감한 자들, 국왕의 화폐나 인장을 위조한 자들, 살인자들, 타인의 집이나 창고에 방화한 자, 강도와 도둑들, 국왕의 감옥에서 탈옥한 자들, 여성을 성폭행한 자들, 법익박탈자와 추방령을 받은 자가 허가 없이 잉글랜드로 귀국한 자들, 마술가, 이단자, 모반자, 독살자, 고리대금업자, 소매치기, 절도한 고기를 매매한 자, 절도한 가축의 가죽을 표백한 자, 절도한 의복을 다른 형태로 변형하여 수선한 자, 거짓으로 '도둑이야 소리친(hue and cry) 자'3), 수로를 막거나 물고를 좁게 만든 자, 도로를 막거나 통로를 변형시킨 자, 다른 사람 소유의 비둘기를 절도한 자, 빵과 에일의 조례를 위반한 자, 무게와 길이를 속여 판매한 자, 다리와 도로를 파괴시킨 자, 성직자, 기사, 여성을 제외한 백호장 검열에 출두하지 않은 12세 이상의 남자들 등의 모든 사항을 조사하였다.4)

검열 제도는 범죄 발생의 예방과 공공질서의 개선을 위해서 10-11세기에 발전하였다.5) 10인조와 그 구성원의 서약은 10세기에 서서히 형성되어 크

---

1) *Bracton*, f. 124b; James Buchanan Given, *Society and Homicide in Thirteenth Century England* (Stanford, 1977), p. 9; 주 법원과 마찬가지로 10인조에 대한 검열도 부활절과 성 미카엘 축일 이후에 실시하였다. [Robert C. Palmer, *The County Courts of Medieval England 1150-1350* (Princeton University Press, 1982), pp. 16-17.]
2) *Calendar of Close Rolls 1251-1253*, pp. 492-493.
3) John Lister, ed., *Court Rolls of the Manor of Wakefield*, vol. iv (Yorkshire Archaeological Society, 1930), p. 188 참조.
4) Harry Rothwell, ed., *English Historical Documents 1189-1327* (London, 1975), p. 946.
5) William A. Morris, *The Frankpledge System*, pp. 1-41.

누트 왕(Cnut: 1016-1035)이 12세 이상의 모든 남성들이 이에 가입하도록 강제하였다.[1] 이를 계기로 트렌트(Trent) 이남의 잉글랜드 대부분의 지방과 웨일스와 잉글랜드의 경계지방(Welsh Marches) 동부에서 10인조의 집단이 형성되었다.[2] 이 제도의 특징은 10인조 가입의 강제성과 가입자들의 연대성에 있다. 그리고 이 제도를 평화유지를 위한 수단, 즉 범죄발생의 예방과 이미 발생한 범죄혐의자에 대한 색출에 이용하였다. 만약 10인조의 구성원 중에서 누군가가 중죄를 범하고도 체포되지 않았다면, 나머지 구성원들은 다음번 순회재판에서 기소되어 그들에게 벌금이 부과되었다.[3] 그러므로 10인조에 속한 자 중 어느 자가 범죄를 범하면 나머지 구성원에게는 그를 법원에 출두시킬 의무가 있었으며, 만약 이를 게을리 하면 그 구성원들 전체에게 벌금이 부과되었다.[4] 또한 범법자가 도망하여도 나머지 구성원들에게 벌금이 부과되었다.[5] 심지어 그 집단의 구성원 중 누가 절도를 당하였음에도 불구하고 이를 주지사에게 보고하지 않으면 그 구성원들에게 벌금을 부과하였다.[6] 그러므로 10인조 구성원 각자는 서로를 감시하여야 한다. 특히 외부인들이나 방랑자들이 자신의 거주지에서 범법행위를 하지 않는가를 감시하여야 하였다. 그래서 방랑자들에 의한 범법행위 발생의 위험이 가장 큰 여름에는 모든 촌락에서 야밤에 최소한 4명의 순라꾼들이 순라를 돌도록

---

1) William Stubbs, ed., *Select Charters* (Oxford, 1942), p. 87.
2) H. R. T. Summerson, "The Structure of Law Enforcement in Thirteenth Century England", *The American Journal of Legal History*, XXIII (October 1979), p. 315.
3) *Ibid.*, p. 316.
4) F. Pollock and F. W. Maitland, *The History of English Law before the Time of Edward I*, vol. I (Cambridge, 1968), p. 569.
5) *Calendar of the Buckinghamshire Eyre Roll for 1227*, mem. 15d., 16, 17, 18d., 19d.
6) John Lister, ed., *Court Rolls of the Manor of Wakefield*, vol. iii (Yorkshire Archaeological Society, 1917), p. 81. [1315년 에드워드 2세 통치 8년의 기록에 따르면, 4년 전에 아담(Adam de Holne)의 아내인 엘렌이 존(John Honheved)에게서 9실링의 가치가 있는 은(銀)과 양모 1/2 스톤(stone)를 도둑질하였다. 그런데 이 사실이 후에 밝혀져 그녀는 체포되고 그녀가 속한 10인조에는 벌금 6실링 8펜스가 부과되었다.]

의무화하였다.[1] 1233년에 열린 순회법원(assize)[2]에서는 이방인이 자신이 속한 10인조 내에서 숙박하지 못하도록 금지시켰다. 비록 선량한 이방인이더라도 10인조 구성원 중 누가 자신의 집에서 그를 하룻밤 재워주면 촌락공동체의 공동이익에 위배되는 행위로 간주하였다.[3] 1285년 윈체스터 법령에서 강도, 모살, 방화가 날로 증가하여 법과 질서 확립의 필요성을 언급하였으며,[4] 이는 10인조 활동의 강화 필요성이 제기된 계기가 되었다. 에드워드 1세의 장기간에 걸친 해외 체류, 폭력 행위에 대한 익숙함, 군사적 원정에 필요한 군역확보 방책으로서 중죄인들을 군역납부의 대가로 사면한 정책 시행,[5] 1294년 이후 순회재판의 소멸 등이 그의 통치기에 법과 질서 유지에 악영향을 끼쳤다. 한편 13세기 내내 급격한 인구증가를 수용하지 못한 경제적 문제가 다수의 방랑자들을 양산하였고, 이들에 의한 범죄가 증가한 것이 또 다른 이유이다. 1287년에 베드퍼드 순회재판에서 확인된 대부분의 범법자들이 방랑자이거나 이방인이었다.[6] 에식스로부터 나온 자료들에서도 유사한 경향을 보여준다. 1272년 에식스 순회재판에서 기소된 398명의 살인자나 도둑들 중에서 52명이 방랑자나 이방인이었고, 1285년 순회재판에서는 924명의 범죄혐의자들 중에서 267명이 방랑자나 이방인이었다.[7] 이러한 사실로부터 우리는 범죄를 예방하기 위한 수단으로 이방인이나 방랑자들

---

1) *Calendar of Close Rolls 1231-1234*, pp. 309-310; W. Stubbs, *Select Charters*, pp. 362-365.
2) 순회법원(eyre)은 민사업무를 담당한 오늘날의 순회법원인 assize와 형사업무를 담당한 oyer and terminer(순회형사재판)와 미결수 감옥재판으로 구분할 수 있다.
3) *Bracton*, f. 124b; John Lister, ed., *Court Rolls of the Manor of Wakefield*, vol. iv, p. 178.
4) R. B. Pugh, "Some Reflections of a Medieval Criminologist", in *Proceedings of the British Academy*, vol. 59 (1973), pp. 3-4.
5) J. G. Bellamy, *Crime and Public Order in England in the Later Middle Ages* (Univ. of Toronto Press, 1973), pp. 86, 191-193.
6) *Ibid.*, p. 30.
7) H. R. T. Summerson, "The Structure of Law Enforcement in Thirteenth Century England", p. 326.

에 대한 배척 의식을 갖도록 만들었을 것이라고 추론할 수 있다. 만약 위에서 언급한 것처럼 이방인이나 방랑자에 대한 관리를 엄격히 하였다면, 10인조 제도야말로 범죄 예방에 상당한 성과를 거둘 수 있게 만든 유용한 제도로 간주할 수 있다.

물론 수확기 농촌에서는 임금노동자들의 고용으로 인한 외부인의 출입이 불가피하였다. 이때에도 외부인은 낮에만 머물고 밤에는 그곳을 떠나도록 규정하였다.[1] 이와 같은 엄격한 규제는 10인조 구성원들 사이에도 적용되었다. 만약 그 구성원 중에 어느 자가 중죄를 범한 것으로 고발되면, 그의 이웃 거주자들이 국왕의 재판관에게 중죄에 대한 답변을 위하여 법원에 출두할 의무가 있었다. 특히 10인조의 책임자는 범죄에 대한 사실심리를 위해 배심원으로 선발되는 것이 일반적이었다.[2] 만약 이러한 의무를 태만히 하면 그들에게 벌금이 부과되었다. 이러한 조직 하에서 범죄발생 지역이나 범법자의 거주지 주민들로 배심원을 구성한 것은 범법자에 대한 가장 강력한 제재 기능이자, 범죄발생 예방을 위한 압력 수단이 되었다.

친족, 친구, 이웃 등은 결속력이 매우 강한 집단이었고, 그에 속한 개체의 다툼이 곧 집단의 다툼으로 변모하기 쉬웠다. 귀족들과 같은 강자들에게는 군사적 용감성을 발휘할 수 있는 제도와 조직을 통하여 분쟁을 해결하고 분출할 수 있는 탈출구가 있었다. 그러나 빈곤층 여성과 남성에게 폭력이란 반대자의 행위에 영향을 끼치는 소수의 유용한 수단 중의 하나이다. 부농이나 자유인들은 그들의 분쟁을 해결하기 위하여 왕령재판소나 영주재판소에 쉽게 접근할 수 있었다. 그러나 비록 자유인이라고 하더라도 가난한 농민은 국왕의 법원에 소송을 제기할 재원이 없었다. 그러므로 법원이 있더라도, 그것은 부자와 강자의 전유물이었다. 따라서 폭력이란 주로 빈곤한 자와 약자의

---

1) *Ibid.*, p. 317.

2) Phillipp R. Schofield, "The Late Medieval View of Frankpledge and the Tithing System: An Essex Case Study", p. 424.

분쟁해결을 위한 수단이었다. 폭력에 의지하여도 그는 잃을 것이 없었다. 그의 희생은 곧 죽음을 뜻하기 때문에 약자들은 폭력만이 자신을 지킬 수 있는 수단이라고 생각하였다. 또한 자신들을 보호하여 줄 경찰력이 없기 때문에 날이 어두운 후에는 칼이나 창은 물론 철퇴를 비롯한 화살과 큰 막대기 등 다른 무기들을 지참하고 집단행동을 통하여 스스로의 안전을 지켰다. 런던의 경우, 살인 무기로 가장 많이 사용된 도구는 단도, 양날 칼, 길고 넓은 칼 등 여러 형태의 칼이다. 그런데 우연히 살인 장소에 있던 칼이 살인 무기가 된 것이 아니라 범인이 휴대하고 다니던 칼로서 살인을 범하였다.[1)] 이러한 점은 바로 당시 런던의 치안 상태가 불안하여 자신을 보호하려는 차원에서 시민들이 칼을 휴대하고 다녔음을 나타내는 징표이다. 심지어 어느 농민은 야간에 자신을 보호하려고 헬멧과 창을 갖추기도 하였다.[2)] 영주권이 강한 지역에서는 폭행사건의 발생율이 낮았다. 이런 곳일수록 장원법원의 기능이 매우 활발하였기 때문이다. 또한 분할상속이 실시된 지역, 산촌, 영주권이 약한 지역에서는 폭행사건 발생율이 높은 경향이 있다. 반면에 비분할상속 지역, 영주권과 공동체의 연대의식이 강한 곳, 집촌지역에서는 폭력행위가 상대적으로 적었다.[3)] 이러한 지역에서는 10인조의 활동이 활발하고 효율적이었다. 그러나 일부 지역에서는 10인조의 기능이 범죄를 예방하는데 크게 효력을 발휘하지 못하기도 하였다. 하나왈트(Barbara A. Hanawalt)의 연구에 따르면, 1300-1348년 사이에 노샘프턴셔와 노퍽의 미결수 감옥재판기록(Gaol Delivery Rolls)에서 확인된 291건의 살인사건 중에서 살인범과 피살자가 동일 촌락에서 거주한 경우가 96건(33.0%), 걸어서 이동할 경우 하루거리인 반경 5마일 이내에 거주한 경우가 43건(14.8%)에 이른다. 따라서 살인범과

---

1) Reginald R. Sharpe, ed., *Calendar of Coroners Rolls of the City of London A.D. 1300-1378* (London, MCMXIII), p. xxiii.
2) R. F. Hunnisett, ed., *Bedfordshire Coroners' Rolls* (Bedfordshire Historical Record Society, 41, 1961), p. 48.
3) James Buchanan Given, *Society and Homicide in Thirteenth Century England,* pp. 170-173.

피살자가 서로 교류관계를 유지할 수 있는 거리 이내에서 거주한 경우가 전체 살인사건 중에서 거의 절반인 139건(47.8%)에 이른다. 또한 양자가 서로 알고 지낼 수 있는 거리인 10마일 이내에 거주한 경우가 36건(12.4%)에 달한다. 살인자와 피살자의 거주지가 15마일 이상 떨어져 서로 안면이 없을 것으로 추론할 수 있는 경우가 37건(12.7%)에 불과하다.[1] 위의 사례에서 볼 수 있는 것처럼 동일 공동체나 인근 공동체에서 거주한 자들 사이에서 살인사건이 일어날 확률이 높았다. 이러한 점이 10인조의 역할이나 활동, 더 나아가서는 10인조 구성원들에 대한 주기적 검열이나 제재가 범죄를 예방하는데 크게 효과를 발휘하지 못하였던 증거라고 하겠다.[2]

10인조의 기능이 약화된 상태에서 범죄발생 지역이나 범법자의 거주지 주민들로 배심원을 구성한 것은 범법자에 대한 가장 강력한 제재 기능이자, 범죄발생 예방을 위한 수단이 되었다. 무엇보다도 범법자들에 대한 제재기능은 법익박탈로 인한 재산몰수와 같은 경제적 제재뿐만 아니라 지역공동체로부터 완전히 추방되거나 기피인물로 낙인찍혀 소외된다는 점이다. 이는 범법자에 대한 강력한 형벌이요 범죄발생 예방을 위한 사회적 압력수단이었다.[3] 그러나 어느 자가 범죄혐의자로 소환되더라도 이에 응하지 않는 경우가 있었던 사실은 그 제도 자체가 원활하게 운영되지 못하였던 점을 추론하게 만든다. 통상 소환에 불응할 경우 그에 대한 제재로 벌금이 부과되었으나 정당한 사유가 있을 경우에는 사면되기도 하였다.[4] 웨이크필드 장원법원 기록에서 벌금부과에 관한 기록을 13건 확인할 수 있었는데, 벌금액이 3펜스에서 40

1) Barbara A. Hanawalt, *Crime and Conflict in English Communities, 1300-1348*, pp. 169-170.
2) 홍성표, 『중세 영국 사회와 범죄』, 「도서출판 느티나무, 2006」, 77-79쪽.
3) 홍성표, 『위의 책』, 100-105쪽 참조.
4) *Wakefield Court Rolls*, 10 Edward II, 1317. [Tourn at Halifax on the Monday after the Octave of Easter (Apr. 10)]. 절도용의자인 존(John of Risschilee)이 법원에 출두하지 않아 벌금형에 처했으나, 그가 병을 앓고 있음이 밝혀졌기 때문에 사면되었다.

펜스[1])에 이르기까지 일정하지 않았다. 즉 벌금액이 3펜스인 경우가 3건, 6펜스인 경우가 9건, 40펜스가 1건 등으로 나타났다. 그런데 1317년에 열린 법정에서는 벌금액이 모두 6펜스였던 점으로 보아 1315년 이후 시기가 지날수록 점차 벌금액은 감소하였다. 벌금액이 40펜스였던 특이한 상황에 대한 원인과 함께 시기가 지나면서 벌금액이 감소한 확실한 이유는 알 수 없다. 그러나 벌금액이 40펜스였던 경우는 수차례의 소환에 불응하여 그 액수가 누적된 것으로 추론할 수 있으며, 1317년에 벌금액이 감소한 이유는 대기근이 절정에 달한 시기로서 그 만큼 촌락인들의 빈곤을 상징하는 것으로 이해될 수 있다.[2])

크롤리(D. A. Crowley)의 연구에 따르면, 10-11세기에 지방 권력이 국왕과 지방 영주들 사이에 분할되면서 10인조 제도도 지방 영주들의 권한으로 흡수되는 경향을 보였다. 그래서 장원을 지배한 영주들의 권력 강화의 한 수단으로 이 제도가 이용되었다. 특히 1300년 이전 급속한 인구증가가 10인조 제도의 발전을 촉진시켰다. 인구의 급속한 증가는 토지와 토지보유자들에 대한 영주적 통제가 강화될 수 있게 만들었으며, 그러므로 10인조 제도는 영주권 강화와 그 궤를 같이 하였다. 그런데 1300년을 기점으로 장원법원 문서에서 10인조 제도에 대한 기록이 거의 보이지 않기 시작한다. 이는 영주권의 약화와 연관성이 있는 변화일 것이다. 이러한 변화는 에식스 주에 속한 5곳의 촌락들, 즉 메싱(Messing), 칼탐(Chaltham), 이스트 앤드 웨스트 헤닝필드(East and West Hanningfield), 버덴(Berden) 촌락에서의 10인조 제도의 변화를 통해서 추적할 수 있다. 1329년에 칼탐 장원에서는 13명, 6명, 5명, 8명, 9명, 7명으로 구성된 10인조가 6개가 존재하였으며, 1339년에 이스트 헤닝필드 장원에서는 3명에서 8명으로 구성된 10인조가 7개 잔존하였다.

1) *Wakefield Court Rolls*, 10 Edward II, 1316. [Tourn held at Halifax on the Monday after St. Leonard the Abbot (Nov. 6)].

2) 홍성표, 『중세 영국 사회와 범죄』, 163-164쪽 참조.

또한 10인조의 수가 메싱 장원에서는 5개가 존재하였으며, 그 구성원들도 정확하게 10명으로 구성된 것이 아니라 3명에서 18명까지 서로 달랐다.[1] 이처럼 10인조 구성원 수가 서로 다른 이유는 무엇일까? 14세기 초부터 중반까지 잦은 농민들의 이동(mobility)으로 10인조 구성원들의 변화를 초래하였다. 위에서 지적한 것처럼 일부 10인조의 구성원이 3명에 불과하였던 것은 바로 농민들의 사회적 이동으로 인한 결원이 충원되지 않았기 때문에 나타난 결과였다. 부역이 잔존한 장원에서는 농민들의 자유로운 이동이 억제되었으나,[2] 14세기에 이르러 농민들에 대한 인신적 구속이 느슨해지면서 그들의 이동을 억제할 수 없게 되었다.

1379년부터 1411년까지의 에식스 주 기록에는 10인조에 대한 언급이 없다. 아마도 1416년에는 그 조직이 해체되었을 것이다. 그 이유는 무엇보다도 지방 정부의 새로운 법원, 특히 치안판사의 법원이 14-15세기에 발전하면서 그 조직이 쇠퇴하였을 것으로 추론할 수 있다.[3] 그리고 흑사병으로 인한 인구의 급속한 감소와 이로 인한 농민층의 자유로운 이동으로 10인조가 유지될 수 없었으며, 그리고 지방 행정의 중심 세력인 영주들의 세력을 압도할 수 있는 왕권이 성장함으로써 10인조가 그것을 대신한 새로운 조직 속에 흡수되어 나갈 수밖에 없었다.

---

1) D. A. Crowley, "The Later History of Frankpledge", p. 4.
2) C. N. L. Brooke and M. M. Postan, ed., *Carte Nativorum* (Northants. Record Society, XX, 1960), pp. xli-xlviii.
3) D. A. Crowley, *op. cit.*, pp. 10-11; B. H. Putnam, ed., *Proceedings before the Justices of the Peace in the Fourteenth and Fifteenth Centuries* (Ames Foundation, 1938) 참조.

2. 법원의 형태와 재판제도의 변화

1) 중앙법원—국왕의 법원

잉글랜드의 보통법(Common Law)[1]이 대륙법과는 여러 가지 점에서 다른 것처럼 잉글랜드의 법원도 대륙과 달랐다. 첫째, 왕국의 중심지인 웨스트민스터에 국왕이 주재한 국왕의 법원(King's Bench)이 있다는 점이 다르다. 국왕이 관심을 가진 사건이나 중요한 소송들을 청취하기 위해 국왕의 법원이 설치되었다. 이 법원에서는 국왕의 봉신들 간의 토지소송이나 상속에 관한 분쟁들을 주로 다루었다. 국왕의 법원은 존 왕 때에 처음 설치되었으나 헨리 3세가 그것을 부활시켜 국왕의 사법권을 강화시켰다.[2] 둘째, 40쉴링

---

1) 일반적으로 보통법이라고 번역하여 사용하고 있는데, 엄밀히 말하면 국왕의 법인 커먼로(Common Law)는 잉글랜드 왕국 전역에 적용된 일반성을 지니지 못하였다. 왜냐하면 지방마다 혹은 장원마다 그곳의 관습법이 국왕의 법보다 더 강력한 영향력을 끼치고 있었기 때문이다. 그러므로 일부 학자들, 특히 법학자들은 보통법이라는 용어 대신에 커먼 로라고 사용하기도 한다.

2) Ralph V. Turner, "The Origins of Common Pleas and King's Bench", *The American Journal of Legal History*, vol. xxi (1977), pp. 238-239, 245, 248. (국왕의 법원의 초기 성장에 관한 연구는 잉글랜드 법제사의 개척자인 스텁스(Bishop William Stubbs)와 메이트랜드(F, W. Maitland)에 의해서 이루어졌다. 국왕의 법원이나 일반청원법원(Court of Common Pleas)의 성장은 오랜 기간에 걸쳐서 진행된 전문화(professionalization)의 결과라는 견해를 그들은 피력하였다. 그러나 20세기에 이르러 미킹스(C. A. F. Meekings)를 비롯한 새로 등장한 역사가들이 지금까지 연구에

이상의 소송물가액 사건의 채무변제 불이행이나 국왕의 봉신들 사이에서 일어난 토지소유권 분쟁과 같은 불법침해죄를 주로 다룬 민사법원, 즉 일반청원법원이 있었다. 이 법원 역시 웨스트민스터에 설치되었다. 이 법원들은 넓은 웨스트민스터 홀(Westminster Hall)에 위치하여 대법관 법원(Chancery)과 함께 있었다. 12세기 말부터 발전한 이 법원들은 1884년까지 그곳에 있었다. 두 법원은 한 해의 15-20주 동안 개정되었는데, 주로 1월 13일 경의 힐러리 축일(Hilary), 예수 부활 대축일[1], 삼위일체 대축일[2], 미카엘 대천사 대축일[3]에 맞추어 법정이 열렸다. 두 법원은 때로는 웨스트민스터를 떠나 설치된 적도 있다. 예컨대 에드워드 3세가 스코트를 정복하려고 스코틀랜드를 원정하였던 기간인 1330년대에 5년 동안과 리처드 2세가 런던시민들과 다툼이 있던 1392년에 두 법원은 요크로 이동하여 설치되었다. 두 법원은 서로 경쟁관계가 아닌 상호 보완적인 관계였다. 민사법원은 처음에 국왕의 신하들 사이에서 발생한 토지소유권 분쟁 소송을 청취하려고 설치하였다. 그리고 민사법원은 주 법원, 백호장 법원, 장원법원과 같은 하급 법원에 대하여 감독권을 행사하였다.

브락톤 시대에 소송 의뢰인들을 위해 활동한 세속인 변호사들이 있었다. 그러나 재판관들 대다수는 국왕에게 봉사한 성직자들이었다. 비록 성직자라고 하더라도, 그들은 법에 관한 지식을 가지고 있었다. 그러나 14세기 초에

이용되지 않았던 소송장(plea rolls)과 다른 국왕의 기록들에 근거하여 새로운 각도에서 국왕의 법원의 역할에 대하여 연구하기 시작하였다. 일반청원법원의 성장은 전문화의 진행으로 설명될 수 있으나, 국왕의 법원의 성장은 12-13세기 잉글랜드의 정치적 상황과 관련이 있다. 즉 국왕의 통제로부터 벗어나려는 지배층에 대한 국왕의 통제 강화로 설명하였다. 그래서 그들은 12세기 말까지 일반청원법원이 출현하였다는 견해를 제시하였다. 그러나 국왕의 법원은 13세기 헨리 3세 통치기에 완전한 모습을 드러냈다고 주장한다.)

1) 325년 니케아 공의회 이후부터 춘분(3월 21일)이 지난 다음에 오는 보름이 지나고 첫 번째 맞는 주일을 부활 주일로 정하였다. 그러므로 부활 대축일은 매년 달랐으나, 대체로 4월경이다.
2) 2016년을 기준으로 할 때, 삼위일체 대축일은 5월 22일이다.
3) 2016년을 기준으로 할 때, 미카엘 대천사 대축일은 9월 29일이다.

큰 변화가 일어났다. 1300년까지 대부분의 재판관들이 세속인으로 교체되었으며, 1340년에 이르러서는 모든 재판관들이 세속인으로 교체되었다. 이는 사법부의 독립성을 고양시키기 위한 중요한 변화였으며, 새로운 사법부의 전통 수립에 하나의 전환기가 되었다. 그리고 세속인으로 교체된 재판관들은 전문법률가로서 성장하였다.

국왕은 고위성직자들, 백작들, 바론(baron)들, 다른 유력자들로 구성된 의회에다 국왕의 법원(king's court)을 설치하였다. 헨리 3세 통치기에 '의회(parliament)'는 국가 대사를 논의하기 위해서 국왕과 유력자들, 특히 고위성직자들과 바론들, 때로는 기사들과 시민들로 구성된 대규모 집합체일 뿐만 아니라 세금 징수, 법의 제정 공포는 물론 사법적 활동을 한 법원의 역할도 하였다. 의회 구성에 대하여 간단히 말하기는 어렵다. 왜냐하면 소집될 때마다 소집된 구성원들의 수와 계급별 분포가 달랐기 때문이다. 에드워드 2세 통치기인 1322년 9월에 소집된 의회는 21명의 주교들과 31명의 대주교들로서 고위성직자가 총 52명, 11명의 백작들과 66명의 바론들로 구성된 세속 영주들이 총 77명, 시의원들과 성속 영주들과는 분명히 차이가 있는 평의원(councillor) 10명, 각 주에서 선출된 기사들 74명, 도시민과 바러의 시민들 160명, 그리고 하위성직자 대표 141명 등 총 514명으로 구성되었다. 한편 에드워드 3세 통치 원년인 1327년에 소집된 의회에서도 5년 전과 큰 차이 없이 모든 주교들, 대수도원장들, 대귀족들, 각 주에서 기사 2명씩, 도시(city)마다 각각 대표 2명씩, 매 바러(borough)마다 대표 2명씩이 소집되었다.[1] 그런데 의회의 대표자 선발에서 특히 우리가 주목하여야 할 사항이 있다. 1328년에는 8명, 1334년에는 23명이 소집된 평의원들 중에 다수의 법률가들이 포함되었다는 점이다. 국왕의 법원, 즉 왕실 법원의 수석재판관인 제프리 스크롭(Geoffrey Scrope)과 민사법원의 수석재판관인 윌리엄 헐

---

1) E. B. Fryde and Edward Miller, ed., *Historical Studies of the English Parliament: Origins to 1399*, vol. 1 (Cambridge University Press, 1970), pp. 199, 218.

(William Herle)이 이 시기에 소집된 의회에 매번 참석하였으며, 국왕의 법정변호사(serjeant-at-law)들은 물론 법학박사들이 참석하였다. 법정변호사는 다른 변호사들보다 우선권을 지녔으며, 그의 지위도 높았다. 이는 의회에서 소송이나 청원과 같은 법률적 문제를 다루었음을 의미한다. 물론 이들의 소집은 국왕이 주도하였다. 국왕은 이들의 선출과 소집을 공식 서한으로 명하였기 때문이다. 그러나 그 구성원이 누구였던 간에 국왕이 소집한 의회가 어떤 기능을 주로 하였느냐에 따라서 그의 성격도 달리 정의될 수 있다.[1)] 그러나 분명한 점은 의회가 국왕의 법원의 역할을 하였다는 점이다. 의회는 국왕의 재판관들, 법률가들, 대법관들의 조력을 받아서 다른 하급 법

---

1) 중세 잉글랜드 의회의 본질을 정치체로 보는, 즉 대의제 기구라는 스텁스(William Stubbs)의 견해와 사법적 기능을 가진 법원으로 보는 메이트랜드(F. W. Maitland)의 견해로 나뉘어 메이트랜드 학파와 스텁스 학파 사이에 긴 논쟁이 있어 왔다. 두 학파 사이에서 의회는 본질이 무엇인가에 대하여 서로 다른 견해를 표명하였다. 즉 의회는 법원이라는 견해와 국왕과 국왕의 신민 전체(universitas) 사이에 이루어진 특정한 목적을 가진 회의체(assembly)라는 주장이 서로 대립한 것이다. [B. Wilkinson, *Constitutional History of Medieval England 1216-1399*, vol. iii (London, 1958), p. 266.] 그런데 그것의 본질이 재판을 위한 법원이라는 견해는 바로 그 회의체의 본질은 사법적 활동에 있다는데 근거하고 있다. 그의 주장에 따르면 에드워드 1세 통치기까지 의회는 다른 법원들보다 상위에 존재한 국왕의 법원이 되었다. 그래서 국왕을 중심으로 상위지배층들로 구성된 의회가 잉글랜드의 최고 법원이 되었다. [G. O. Sayles, *The Medieval Foundations of England* (London, 1948), p. 453.] 대립된 두 주장의 문제를 해결할 수 있는 실마리를 제공한 사료들 중에서 가장 중요한 것이 에드워드 1세 통치기에 시작된 의회 회의록(Rolls of Parliament)이다. 이 기록들 대부분은 사법적 소송 내용과 그 소송절차에 관한 기록만으로 구성되어 있다. 바로 이러한 사실에 근거하여 중세 잉글랜드 의회를 사법적 기능을 한 국왕의 법원으로 간주하는 것이다. 그러나 이와 같은 의회 회의록의 내용에도 불구하고, 의회에 참석한 사람들이 의회 회기 내에 국왕에게 청원을 할 수 있다는 점에 근거하여 의회의 성격을 사법적 기능뿐만 아니라 왕국 내의 문제를 논의하는 회의체라는 점도 고려하게끔 만든다. 에드워드 1세와 그 이후 에드워드 2세와 3세도 국왕은 왕국 내의 유력자들과 왕국의 문제를 함께 의논하기 위해서 회의를 소집하였다. 특히 해외 군사 원정을 비롯한 국왕의 통치행위에 드는 많은 비용을 확보하기 위하여 특별세(subsidy)를 징수하려고 하였고, 이는 세속 유력자들과 성직자들의 동의가 필요하였다. 이때 소집된 의회는 사법적 기능과는 다른 성격을 지닌다. 그러므로 당시 의회는 사법적인 일뿐만 아니라 정치적인 일을 수행한 다목적 집회의 복합체로 보는 것이 합리적인 견해라고 필자는 생각한다. 의회 성격과 기원 논쟁에 관해서는 Gerald P. Bodet, *Early English Parliaments* (Univ. of Toronto Press, 1967), pp. vii-xii를 참조하기 바란다.

원들로부터 온 문제들을 다루거나 각 주의 지배층으로부터 제기된 청원(petition)을 다룬 최고 법원으로서 기능을 하였다. 의회에 참석한 구성원들과 그들의 좌석 배치는 바로 의회가 소송 사건을 다룬 법원으로서의 기능도 하였음을 알린다. 국왕의 오른쪽 발 근처에는 잉글랜드의 대법관(chancellor), 수석재판관들과 그의 동료들, 의회의 대법관들이 착석하고, 국왕의 왼발 근처에는 왕실의 재무장관(treasurer), 시종장관(chamberlain)과 국왕의 재판관과 대법관들이 착석하였다. 두 명의 주요 대법관들이 재판관들 사이에 착석하여 모든 소송과 의회 업무를 기록하였다.[1)]

소송은 이해당사자가 국왕에게 사건을 청원함에 의해서 시작된다. 그렇다면 의회에서 어떤 형태의 재판이 어떤 절차를 통해서 이루어졌는가? 우선 형사재판의 경우를 예로 들면 다음과 같다. 첫째 1322년 랭커스터 백작 토마스를, 그리고 1330년에 로저 모티머(Roger Mortimer)를 모반죄를 범한 것으로 간주하여 의회에서 재판을 통해 중죄인으로 판결하고 교수형에 처한 경우를 예로 들 수 있다.[2)] 두 번째는 보통법에 기반을 둔 형사재판이다. 토마스 버클리 경(Sir Thomas de Berkeley)이 중죄인으로 법원에 소환되어 자신을 방어할 변론을 하도록 허용하였고, 12명의 기사들로 구성된 배심원들이 심리하였다.[3)] 국왕의 법원에서 분쟁을 종결시켜야 할 민사소송은 국왕이 소유한 여러 형태의 법원에서 그곳에서 활동한 재판관들에 의해서 결정

1) Harry Rothwell, ed., *English Historical Documents 1189-1327*, p. 929. (국왕이 중앙에 착석하고 그의 오른편 좌석에는 캔터베리 대주교, 런던 주교들, 윈체스터 주교가, 그리고 그 다음에는 차례로 다른 주교들, 대수도원장들과 소수도원장들이 착석하였다. 한편 국왕의 왼편에는 요크 대주교, 더럼과 칼라일 주교들, 그들 다음에는 백작들, 바론들, 영주들이 차례로 앉았다. 그리고 위에서 언급한 것처럼 국왕의 오른발 쪽과 왼발 쪽에 각각 소집된 의회 구성원들이 착석하였다.

2) 랭커스터 공에 대한 재판기록은 T. Rymer, ed., *Foedera, Conventiones, Litterae Cuiuscunque Generiis Acta Publica* (Record Commission, 1816-1869), II, Pt. i, p. 478. (이하 Foedera라고 약칭함.)과 *Rotuli Parliamentorum ut et Petitiones et Placita in Parliamento*, 6 vols. (London, 1832), II, p. 3에 있다.

3) E. B. Fryde and Edward Miller, ed., *Historical Studies of the English Parliament: Origins to 1399*, vol. 1, pp. 222-223.

되었다. 위에서 언급한 것처럼 국왕은 해당되는 사건을 재판하려고 몇 가지 형태의 다른 법원을 운영하였다. 첫째, 민사법원이 있다. 이 법원은 40실링 이상의 소송물가액 사건의 채무변제 불이행이나 토지소유권 분쟁과 같은 불법침해죄[1]를 다룬 웨스트민스터에 설치된 중앙법원이다.[2] 이 법원은 국왕의 수석재판관들에 의해서 운영되었다. 둘째, 경제사범 및 주지사들의 불법행위를 감독한 법원인 재무성 법원(Exchequer Court)이 있다. 12세기 말에는 그것이 국왕의 재판권의 중심이었으나, 13세기에 이르러 국왕의 재판권 확대와 전문화가 일어나 재무성 법원은 주로 세입(revenue)과 관련된 소송만을 전담하도록 세분화되었다.[3] 그 이후에도 재무성 법원의 기능에는 변화가 일어나지 않았다. 1300년 에드워드 1세 통치 28년에 발표된 법령에서 일반청원은 재무성 법원에서 다루지 않도록 하였으며, 에드워드 3세 통치기인 1338년, 1348년, 1357년에 발표된 법령에서도 그러한 재무성 법원의 역할은 계속되었다.[4] 재무성 법원은 대법관과 왕실 재무성 장관 등 2명의 재판관들로 구성되었던 점을 통해서도 그것의 기능을 이해할 수 있다. 이처럼 왕실의 조세 수입과 관련된 일을 담당한 재무성 법원은 국왕의 재판관들에 대한 대우에서도 드러난다. 에드워드 3세는 재무성 법원의 재판관들은 국왕으로부터 급료(fee)와 법복을 받아야 한다고 규정하였다. 그들은 가치가 적은 음식과 음료를 제공받을 수 있으나, 소송과 관련된 사람들로부터 어떠한

1) 중죄(felony)란 교수형에 처할 정도로 중한 범죄인 살인, 강간, 방화, 강도, 반역 등의 범법행위를 지칭하며, 불법침해(trespass)는 교수형에 처할 정도는 아니지만 사람이나 재물에 피해를 입힌 범법행위이다. 따라서 불법침해를 범한 자들에게는 벌금형에 처해지는 것이 일반적이다.
2) G. D. G. Hall, ed., *The treatise on the laws and customs of the realm of England commonly called Glanvill* (London, 1965), pp. 61, 98. (이하 *Glanvill*이라고 약칭함.)
3) H. Jenkinson and B. Formoy, ed., *Select Cases in the Exchequer of Pleas (1236-1304)*, Selden Society, 48, (1931) 참조.
4) 31 Edward III, st. 1, c. 12; A. L. Brown, *The Governance of Late Medieval England, 1272-1461* (London, 1989), p. 132.

선물도 받지 못하도록 명하였다. 그리고 1389년의 예에서 보는 것처럼 그들의 급료도 국왕이 필요하다고 인정될 때마다 인상하였다.[1] 이러한 국왕의 조치는 재판관들의 부정을 방지하기 위함이었을 뿐만 아니라 사법부의 재판권 독립을 위한 중요한 수단이 되었다. 이러한 중앙법원에 더하여 각 주와 백호장에 순회재판관을 파견하여 지방에서 발생한 중죄인들을 재판하였다. 촌락인들이 범한 범죄 중에서도 부채상환 소송, 에일 양조와 판매에 관한 법 위반 등과 같은 경범죄를 범한 자들은 장원법원에서 재판을 받았으나, 살인, 강도, 절도, 방화, 강간 등과 같은 중죄를 범한 자들은 국왕의 재판관들이 순회 재판할 때 그들에게 인계되어 재판을 받아 처벌하였다. 그러므로 국왕이 활동한 중심지인 웨스트민스터에 중앙법원으로서 국왕의 법원이 설치 운영되었으나, 실제로는 다양한 법원 운영과 재판제도를 통하여 국왕권이 전국에 미치고 있었다. 이러한 다양한 법원 운영과 재판제도는 중세 잉글랜드만이 가지고 있는 독특한 제도이다. 이것은 중세 잉글랜드를 봉건국가의 범주에 획일적으로 포함시킬 수 없는 이유이다.

중앙법원은 국왕의 이익과 관련된 소송들을 관리하였으며, 이러한 소송들을 종결시킨 사람은 수석재판관(chief justice)들이다. 그러므로 형사사건은 물론 민사사건과 관련된 모든 범죄에 관한 소송을 다룬 가장 권위 있는 법원은 국왕의 법원이다. 국왕의 법원에서는 주로 국왕의 인장이나 화폐 위조, 이단, 모반, 잉글랜드인과 관련하여 왕국 밖에서 일어난 형사사건에 대한 소송은 물론 국왕이 흥미를 가진 국왕과 귀족 간이나 혹은 귀족들 사이에 벌어진 부동산 점유침탈(disseisin) 소송, 교회의 성직추천권에 관한 소송, 과부산(dower)의 상속이나 소유권 분쟁, 신서(homage)의 수행과 상속세 납부에 관한 소송, 채무변제에 관한 소송 등 계약과 관련된 민사소송 문제들을 주로 다루었다.[2] 13세기를 통해서 국왕의 법원 업무가 30배나 늘어났다.

---

1) *Ibid.*, p. 136.
2) *Glanvill*, p. 4; *Bracton*, vol. ii, pp. 301-302.

1330년대까지 6,000건의 소송이 매년 국왕의 법원에서 심리되었다. 14세기 말에는 국왕의 법원 업무가 다수의 채무변제 소송 때문에 크게 증가하였으며, 그러한 증가는 15세기 중엽까지 지속되었다. 그러므로 이미 위에서 언급한 것처럼 국왕의 법원은 웨스트민스터에 설치되었으나, 지방의 치안을 확보하고 국왕의 사법적 권한을 확대하기 위해서 14세기부터 웨스트민스터를 떠나 요크를 비롯한 여러 주를 이동하면서 국왕의 법원을 임시로 설치하기도 하였다. 에드워드 3세 통치 초기 약 8년 동안은 국왕의 법원이 웨스트민스터에 설치되지 않았다.[1] 이후에도 국왕의 법원이 자주 웨스트민스터를 떠나 지방에서 재판을 하였다. 국왕의 법원이 어느 주에 도착하였을 때에 모든 지방법원들의 재판권은 중지되고 국왕의 법원이 주도하여 아직 판결이 내려지지 않은 중죄와 불법침해 사건을 청취하고 판결하였다. 그리고 국왕의 법원이 다음에 개정되기 전의 공백기에는 순회재판관들이 그 주를 방문하여 사건을 다루었다. 그러므로 순회재판관들도 각 주에서 일어난 특별한 소송을 담당한 국왕의 관리였다. 14세기 중엽까지 국왕의 법원은 평화의 수호자(keeper of the peace)나 치안판사(justice of peace)들의 재판권을 크게 제약하지는 않았으나, 1350년 이후부터 그 수가 크게 증가하였다.

사회질서 유지는 국왕의 법원과 국왕의 재판관들의 활동만으로 이루어지지 않았다. 도시와 농촌에 하위 법원과 재판관들의 무질서와 싸우려는 노력이 지속될 때 사회질서는 수립되는 것이다. 국왕의 법원의 활동을 보완하였던 가장 대표적인 법원이 교회법원이다. 교회법원에서는 교회법, 교황의 발표문, 신학과 모든 종교인들이 지켜야 할 도덕에 대한 종교회의의 결정에 따라 세속인들의 교회와 관련된 범법 행위를 재판하였다. 예컨대 간통과 간음이나 결혼의 규제 혹은 유언의 검증과 같은 문제들은 세속법원은 물론 교회법원에서도 다룬 대표적인 문제였다.

---

1) B. H. Putnam, *Proceedings before the Justices of the Peace in the Fourteenth and Fifteenth Centuries*, p. lix.

중세 말 소송이 없이도 분쟁을 해결한 다양한 비공식적인 수단이 발전하였다. 첫째, 레스터(Leicester)의 성 마리 대수도원장인 윌리엄과 같은 존경받는 인물이 분쟁을 중재하여 해결하기도 하였다. 그는 빈자들에게 도움을 주고 충언을 한 존경받는 인물이었다. 그는 평화를 사랑하고 분쟁이 일어나는 것을 싫어하였다. 그리하여 논쟁과 분쟁이 일어나면 당사자들을 화해시키는 중재 역할을 하였다.[1] 둘째, 수공업자 길드나 종교적 우애단체의 규칙에서 그 구성원들 상호 간에 소송을 제기하기 전에 길드의 관리 앞에서 구성원들은 조화로워야 한다는 점을 맹세하였는데, 이러한 공동체적 자기 규제의 실행이 소송의 남발을 억제할 수 있었다. 셋째, 분쟁 당사자들이 수용할 수 있는 협약을 추구한 '화해의 날(love day)'[2]을 갖는다. 넷째, 유력자나 재판관과 같은 제 3자의 중재와 판정에 공식적으로 복종한다.[3] 이와 같은 다양한 방법으로 국왕의 법원에 제기된 다수의 소송들이 사적으로든 혹은 법원에서의 공적인 협약에 의해서든 아니면 당사자들 사이에 화해를 통해서든 해결되었다. 예컨대 1248년 버크셔에서 순회재판관들 앞에 제기된 민사소송(civil action) 중에서 거의 절반이 위와 같은 방법으로 해결되었다.[4]

1) G. H. Martin, ed. and trans., *Knighton's Chronicle 1337-1396* (Oxford Univ. Press, 1995), pp. 199-201; *Calendar of Patent Rolls 1374-1377*, p. 322.
2) 민사소송의 경우 법원에서 원고와 피고가 합의에 의해서 고소 고발한 사건을 종결지었다.
3) Rosemary Horrox and W. Mark Ormrod, ed., *A Social History of England, 1200-1500* (Cambridge Univ. Press, 2006), p. 108.
4) M. T. Clanchy, ed., *The Roll and Writ File of the Berkshire Eyre of 1248* (Seldon Society, XC, 1973), pp. lviii-cviii.

2) 지방법원

지방법원에는 세 가지 형태가 있다. 일반적으로 매 3주마다 열린 백호장 법원(hundred court), 주지사의 관할구역에서 발생한 불법침해를 비롯한 사건을 재판한 주 법원(tourn), 그리고 런던과 같은 도시에서는 도시의 치안을 유지하고 범법행위를 예방하기 위해서 국왕의 법원과는 별도로 자치적 기구로서 도시민들의 법원으로서 도시법원이 설치되었다. 그런데 국왕의 법원인 중앙법원과 순회재판 사이에는 근본적인 차이가 있다. 재판관들이 중앙법원에서는 지방에 대한 유용한 정보를 소유하지 못하였다. 그러나 순회법원에 참여한 재판관들은 지방에 관한 유용한 정보를 소유하였다. 이러한 차이가 나는 것은 지방에는 국왕의 관리인 주지사, 1194년 순회재판기록에 처음 등장한 직책인 검시관들[1]이 있으며, 각 백호장과 각 촌락에는 사건이 발생한 지역과 범인들에 대한 유용한 정보에 접할 수 있는 배심원들이 있었기 때문이다.[2] 특히 배심원들은 범죄혐의자에 대한 증거를 수집하고 그것을 재판관에게 보고할 의무가 있었다. 1215년 제 4차 라테란 공의회에서 신성재판(ordeal)의 폐지를 결정한 이후, 잉글랜드에서는 범죄혐의자의 자백에

---

1) 검시관들은 중죄인의 해외 추방과 법익박탈의 전체 과정을 주관하고 그에 관하여 기록하고 보고하여야 한다. 그는 재난이 발생하였을 때나 강간사건, 탈옥사건, 사망사건 등과 같은 중죄가 발생하면 즉시 주지사와 그의 지방행정관에게 알려야 한다. 그리고 그 사건의 상황과 정황의 진실을 조사하여 기록함으로써 재판 자료로 이용하게 하여야 한다. 예컨대 사망사건이 일어나면 살인인지 사고사인지를 조사하고, 살인인 경우 누가 무슨 이유로 어떤 무기를 사용하여 살해하였는지를 조사하였다. 또한 죽은 자의 성별, 신체적 특징 등을 조사하고 사망에 이르게 한 상처의 깊이와 길이를 조사하였다. 사고사일 경우에는 그 이유와 과정을 조사하였다. 아울러 죽은 자가 남긴 재산도 조사 기록하였다. 이러한 사항들을 기록한 것이 검시관기록(Coroners' Rolls)이다. 한편 이러한 조사가 다 끝난 다음에 검시관은 죽은 자의 시체를 매장하여야 한다. 또한 강간사건의 경우 피해여성의 혈흔, 찢어진 옷의 흔적 등을 조사하여 재판에서 이용하게 하였다. [Charles Gross, ed., *Select Cases from the Coroners' Rolls A.D. 1265-1413* (London, 1896), p. xv.]

2) Roger D. Groot, "The Jury in Private Criminal Prosecutions before 1215", *The American Journal of Legal History*, vol. xxvii (1983), p. 125.

의존하였던 재판이 배심원의 평결[1]로 대치되었다.[2] 이를 계기로 주로 신성 재판이나 자백에 의존하였던 범법자들의 재판이 피고가 법정에 출두하면, 그에 대한 법률가들에 의한 변론이 이루어지는 과정에서 증인들의 증언과 증거가 제시되었다. 이를 지켜본 배심원들이 피고에 대한 유무죄를 결정하고 이들의 결정을 받은 재판관이 판결을 하는 형태로 재판제도가 점차 변모하였다. 즉 증거에 의한 재판으로 변화하기 시작한 것이다. 그러므로 증거에 근거하여 유무죄를 결정한 배심원들의 역할은 매우 중요하였다. 배심원은 사건 발생 지역에 거주하는 사람들 중에서 선발하는 것이 일반적인 관행이다. 누구보다도 사건관련자들에 대하여 잘 알고 있기 때문이다. 기사들의 경우는 그의 동료들이 배심원으로서의 역할을 하였다.[3]

(1) 주지사와 주 법원(sheriff tourn)

노르만인이 잉글랜드를 정복한 1066년 이후 잉글랜드를 다수의 주로 분할하였고, 이 분할이 1974년까지 거의 변함없이 그대로 지속되었다.[4] 그리

---

1) 형사사건의 배심원 제도는 1166년부터 시작되었다. 각 촌락마다 4명씩 선발하여 각 백호장마다 12명의 배심원이 선발되어 사건을 심리한 소배심(petty jury) 제도가 있었으며, 한편 그 시기는 불분명하지만 에드워드 1세 통치기 기록에 따르면 주를 대표하는 기사들과 다른 유력한 자들 23명 이하로 구성된 대배심(grand jury)에서 범죄혐의자들을 심리하여 12명 이상이 혐의가 충분하다고 인정하면 혐의자를 기소한 제도가 있었다. 그러나 대부분의 형사사건들은 주로 소배심에 의해 심리가 이루어졌다. (David Crook, "Triers and the Origin of the Grand Jury", *The Journal of Legal History*, vol. 12, no. 2 (1991), p. 103.

2) F. W. Maitland, ed., *Pleas of the Crown for the County of Gloucester before the Abbot of Reading and his Fellows Justices Itinerant: in the Fifth Year of the Reign of King Henry the Third and the Year of Grace 1221* (London, 1884), pp. xxxvii-xliv; Roger D. Groot, "The Jury of Presentment before 1215" *The American Journal of Legal History*, vol. xxvi (1982), p. 1.

3) A. J. Horwood, ed., *Year Book 30 and 31 Edward I* (Rolls Series, 1863), p. 531. [1293-1294년 요크셔의 순회재판에서 기사인 휴(Hugh fitz Henry)가 그의 동료들에 의한 심리를 주장하였고, 재판관은 그에게 기사들에 의한 심리를 허용하였다.]

4) Albert Kiraley, "Custom in Medieval English Law", *The Journal of Legal History*, vol. 9, no. 1 (May 1988), p. 31.

고 주(county 혹은 shire)의 분할 기준은 고대 색슨 왕국들, 예컨대 캔트, 에식스, 서식스 등이 기준이 되었다. 주지사는 국왕을 대리하여 주를 통치한 세속 관리였다. 통상 한 주에 한 명의 주지사를 국왕이 임명하였으나, 런던의 경우는 특별히 두 명의 주지사를 두었다. 각 주의 행정과 사법업무를 장악한 주지사는 그 지방에 능통한 토착민 중에서 국왕이 임명하였다. 그리고 주 법원을 이끈 재판관들은 그 지방의 토지소유자들이거나 그들이 지명한 사람들이었다. 주지사들의 권한은 시기마다 달랐다. 헨리 2세(1154-1189) 통치기를 통해서 국왕의 재판권이 확대될 때에는 주지사의 역할이 축소되었으나, 만약 필요하다면 주지사가 주의 군대를 소집하여 국왕의 평화를 회복 유지하는 등의 역할을 하였다. 이는 당시 잉글랜드에만 있었던 고유한 제도였으며, 이 제도하에서는 주지사의 권한이 상대적으로 강하였다. 주지사의 권한이 1166년에 크게 강화되었는데, 헨리 2세가 클라렌든 법(Assize of Clarendon)에서 각 주의 법과 질서를 유지할 전적인 책임을 주지사들에게 부여하였기 때문이다.

주지사의 강력한 권력이 부패를 낳을 수 있었다. 더구나 주지사들은 국왕으로부터 임금을 받지 않았을 뿐만 아니라 그들의 권력을 유지하기 위해서 국왕에게 매년 일정액의 돈을 납부하기도 하였다. 그렇다면 이들의 수입의 원천은 무엇인가? 1260년대 말의 기록에 따르면, 노팅엄 사람들은 그들의 자유를 침해당하지 않으려고 주지사에게 100실링을 지불하였다. 또한 주의 행정관(bailiff)들은 그의 직을 보유한 대가로 주지사에게 고정지대(ferms)를 지불하였다. 일부 주지사들은 범법자의 재산을 몰수하거나 무고한 사람들로부터 돈을 갈취하려고 투옥을 위협하기도 하였다. 한편 배심원의 임무로부터 면제되기를 원한다면, 주지사에게 뇌물을 주어야 하였다. 또한 주지사의 감옥에 투옥된 죄수들은 보다 좋은 대우를 받는다는 조건으로 돈을 지불하기도 하였다. 또한 주지사들은 그들의 지위와 권한을 남용하기도 하였다. 예컨대 캠브릿지 주지사, 그의 아내, 다수의 시종들이 자주 무료로 반웰(Barnwell) 수도원에 머물렀다. 1287년에 2박 3일 동안 그의 가족, 시종들과 함께 말 22필이 수도원에서 무료로 머물렀다. 그는 수도원장에게 자신의 포도주 통을 운반할 수도원의 마차를 빌려주지 않는다고 화를 내기도 하였다.[1] 헨리 2세는 1170년에 <주지사들의 조사(Inquest of Sheriffs)>를 통해서 주지사들의 부패 문제를 다루려고 하였으나, 이와 같은 조사를 위한 명령 만으로서는 주지사들의 부패를 근절시키지 못하였다.

주지사의 의무는 재정적이고 행정적이고 사법적인 데에 국한되지 않았다. 그는 국왕이 사용할 돈을 공급할 재무성(Exchequer)의 중요한 대리자였다. 이를 위해 주지사는 재무성에 매년 출두하였다. 그러나 14세기에 주지사들은 분명히 그들 자신의 주와 연관성을 갖기 시작하였다. 더욱이 그는 국왕의 의지를 집행할 책임이 있었다. 그는 가장 자주 국왕의 공식서한(writ)을 수령하였다. 그리고 국왕의 법원으로부터 발행된 재판의 집행, 소환, 몰수, 구인을 위한 명령을 수행하였다. 물론 국왕의 의지는 단순히 사법적으로 표현되지 않았다. 그래서 주지사는 군사적 동원과 군수품 징발의 책임이 있었다. 1236년 이전에는 주지사들이 왕령지의 감독 책임도 지고 있었다. 마지막으로 주지사는 주 법원의 재판을 소집하고 관장하고 집행하였고 그의 주 내에 있는 국왕의 백호장들을 관장하였다. 주지사에게 사소한 불법침해에 대한 재판관으로서 기능을 한 순회재판을 1년에 두 번 소집할 의무가 있었다. 순회재판 기간 동안에 주지사는 국왕의 재판관들에게 정보를 제공하기 위해 주의 검시관이 중죄인들의 죄를 기록하는 일을 감독하였다. 그래서 중앙정부와 지방정부는 주지사와 그의 신하들에게 상당한 정도 의존하였다.[2]

국왕의 재판관들이 각 주를 방문할 때에는 주지사도 그들에게 협력하고 재판에 관한 문제는 그들의 뜻을 따랐다. 왜냐하면 그들이 주도한 재판은 국왕을 대신하여 국왕의 평화를 왕국 내에서 이루는 행위였기 때문이다. 물론 주지사가 주 법원을 이끌었으나 사건에 대한 판결을 한 재판관은 아니었

---

1) Hunt Janin, *Medieval Justice: Cases and Laws in France, England and Germany, 500-1500* (McFarland and Company, Inc, 2000), p. 128.
2) Robert C. Palmer, *The County Courts of Medieval England 1150-1350*, p. 28.

다. 주지사는 경범죄들(minor offenses)에 대한 재판권을 가졌으나, 중죄에 관해서는 순회재판관이 처리하였다. 그러므로 순회재판관이 다음번에 자신의 주를 방문할 때까지 중죄인을 감옥에 구금하여 보호할 책임이 주지사에게 있었다. 따라서 죄인들을 가두어 둘 감옥은 주지사가 운영하였다. 만약 죄수들이 탈옥할 경우, 그에 대한 책임 또한 주지사와 간수들에게 있었다.

주지사들의 업무 중에서 가장 중요한 것은 여러 가지 조직을 통하여 자신의 관할 구역인 주의 질서를 유지하는 일이었다. 주의 질서 유지를 위해 주지사가 가장 많은 시간과 노력을 들인 일은 주 법원의 설치와 운영이었다. 주마다 서로 다른 정해진 날 하루 동안에 법정이 열렸다. 통상 매 6주마다 한 번 법정이 열렸다. 예컨대 노섬벌랜드, 랭커셔, 요크셔, 링컨셔와 도시에서는 매 6주마다 한 번씩 법정이 열렸다. 심지어 매 달마다 주지사가 주재한 법정이 열린 지역도 있었다. 주지사의 업무 중 대부분은 주 법원의 유지에 있었다. 이곳에서는 40실링 이하의 가치가 있는 소규모 개인 소송, 불법침해 소송, 지대지불이나 부역 이행 강제 등의 법적인 문제들을 다루었다. 도망한 농노에 대한 영주의 법적 권리문제나 불법적인 가축의 점유문제도 다루었다. 또한 영주들의 장원법원에서 다룰 수 없는 국왕의 평화를 깨트린 구타와 부상의 문제도 다루었다. 때로는 국왕의 재판관들의 지휘 하에 특별한 범죄 사실을 조사하기도 하였다. 혹은 지방 감옥에 투옥된 용의자들을 심리할 권한도 소유하였다.[1] 한편 주지사는 그의 관할 하에 있는 주에 속한 모든 백호장에서 1년에 두 번 소송을 담당한 법정을 열어야 하였다. 주지사의 법원인 턴(tourn)은 자유인의 법정이다. 그리고 이는 10인조 검열의 법정이기도 하다. 그러므로 1년에 두 번 거행된 의식인 10인조의 검열은 백호장 법원에서 실시되었다.

이번에 열린 순회재판과 다음 순회재판이 열릴 사이에 각 주에서 국왕의 소송을 유지하기 위해 임명된 검시관 직책이 1194년에 만들어졌다. 검시관

1) J. G. Bellamy, *Crime and Public Order in England in the Later Middle Ages*, p. 89.

은 주지사 다음으로 지위가 높은 관리이지만 보수를 받지 않고 직책을 수행하였다. 주 법원에서 선출된 검시관들은 주지사 앞에서 그의 직책 수행에 대한 맹세를 하였다. 그러면 검시관들은 어떤 기능을 하였는가? 그의 중요한 기능은 폭력이나 사고로 죽은 것으로 의심되는 시체를 검시하는 것이었다. 또한 그들은 심각한 육체적 상해, 강간, 탈옥, 매장물의 숨김 등의 소송을 조사하였으나[1], 갑작스런 사망, 가옥 파괴, 매장물 파괴 등도 검시관의 조사 대상이었다.[2] 그러나 검시관의 주요 기능은 무엇보다도 비정상적인 사망사건에 대한 증거 수집 및 용의자의 자백이나 법익박탈에 대한 증거를 수집 기록하는 것이었다. 이 기록들은 순회재판이 개정될 때 재판관들에게 제출되어 재판을 위한 중요한 증거 자료로 이용되었다. 또한 검시관들은 공범자 고발인(approver)의 선서를 받았다. 또한 이들은 법익박탈자들의 기록을 보관하고, 성역으로 도피한 중죄인들이 자신의 죄를 고백하면 그것을 청취하고, 그들을 해외로 추방한 절차를 관리하였다.[3] 또한 그는 주지사와 함께 혹은 단독으로 사법적인 일로 백호장 법원을 열고 심지어 주지사의 법원을 열었다.[4] 그는 주지사와 함께 빵과 맥주와 도량형 조례를 위반한 자들을 구인하였다.[5] 이는 국왕의 사법권이 장원법원과 연관되어 있음을 나타내는 증거이다. 일부 장원들은 자체의 검시관이 있기도 하였으나, 대부분은 주의 검시관들이 장원에서 발생한 사건에까지 영향력을 미쳤다.[6] 13-14세기 대부분의 주들에서는 이러한 기능을 하였던 검시관들이 4명이 있었는데, 요크셔와 캔트 주에서는 5명의 검시관이 있었다.[7]

---

1) F. M. Nichols, ed., *Britton*, vol. i-ii (Oxford, 1865), i. 8. (이하 *Britton*이라고 약칭함.)
2) *Bracton*, ii. p. 280.
3) *Bracton*, ii. p. 394; Charles Gross, ed., *Select Cases from the Coroners' Rolls A.D. 1265-1413*, pp. xxv-xxix.
4) *Ibid.*, p. xxvi.
5) *Bracton*, ii. 542.
6) *Britton*, i. 18, 37, 56; *Year Books 30-31 Edward I*, p. 502.
7) *Bracton*, ii, p. 430; Charles Gross, ed., *Select Cases from the Coroners' Rolls A.D. 1265-1413*, p. xx.

주 법원에서는 40실링 이하의 가치가 있는 소규모 재산과 관련된 개인 소송, 불법침해 소송, 지대 지불이나 역(service)의 강제적 이행에 관한 법적 조치 등의 문제를 주로 다루었다. 또한 도망하였다가 붙잡힌 농노들의 권리 주장이나 불법적인 가축 점유 문제도 주 법원에서 다루었다. 또한 영주들의 장원법원에서 다룰 수 없는 국왕의 평화를 깨트린 구타와 그에 따른 부상의 문제도 다루었다. 때로는 국왕의 재판관들의 지휘 하에 특별한 범죄를 다루기도 하였다.[1] 주 법원에서 주로 다룬 범법행위에 대하여서는 1332-1333년에 베드퍼드셔(Bedfordshire)에서 열린 법정에서의 소송사건 분포를 통해서도 이해된다.[2] 국왕은 무엇보다도 봉토의 이동에 대하여 관심이 컸다. 1215년 대헌장 18항에 따르면 점유침탈부동산 회복 소송, 사망자 보유 부동산 회복 소송 및 그 회복 소송에 관한 심리는 그 소송이 제기된 법원에서 열려야 한다. 만약 국왕이 왕국 밖에 있을 경우에는 대법관이 각 주에서 선발한 4명의 기사들과 함께 민사업무를 담당한 순회법원(assize)을 1년에 네 번 개정하기 위해서 각 주에 두 명의 재판관을 파견하여야 한다. 한편 1217년에 재선포된 대헌장에서는 순회법원 개정을 1년에 한 번으로 축소하였다. 그리고 헨리 3세(1216-1272) 통치기에는 순회법원이 불규칙적으로 열렸다. 그러나 에드워드 1세(1272-1307) 통치기에 이르러 순회법원 제도가 법적으로 진화하였다. 1285년 웨스트민스터 제 2 법령[3]에서 102명의 주 기사들의 조력을 받은 두 명의 순회재판관들이 점유침탈 부동산 소송을 위한 법원을 1년에 세 번씩 각 주에서 개정하도록 하였다. 그러나 순회재판관들이 항상 법원에 출두하지 않았기 때문에 1293년에 이 제도는 실패로 끝났다.[4] 1305년 에드워드 1세가 실시한 특별순회법원 제도의 실시로 특별치안판사

1) J. G. Bellamy, *Crime and Public Order in England in the Later Middle Ages*, p. 89.
2) A. L. Brown, *The Governance of Late Medieval England, 1272-1461*, p. 109. (7건의 법익박탈, 38건의 부채소송, 13건의 불법침해, 10건의 불법적 동산압류, 3건의 계약파기, 2건의 동산 불법점유, 1건의 다리 보수 명령 등이다.)
3) 13 Edward I, c. 30.
4) A. L. Brown, *The Governance of Late Medieval England, 1272-1461*, p. 120.

(justice of trailbaston)들이 다시 각 주를 방문하기 시작하였다. 이 제도는 에드워드 2세(1307-1327)에게 계승되었다. 그리고 에드워드 3세(1327-1377) 통치기에 새로운 법령[1)]의 발표로 순회법원 제도는 다시 활기를 띠었다. 1330년 이후 1년에 두 번 웨스트민스터의 재판관들이 순회재판관들로서 각 주를 순회하며 순회법원을 정기적으로 개정하였다. 이때 일어난 중요한 변화는 지방 젠트리(gentry)[2)], 지방의 유력자(magnate), 법률가들을 중죄와 불법침해를 찾아내 심판하고 노동법을 집행한 치안판사(justice of peace)로 임명한 점이다. 이는 주지사, 검시관이나 다른 지방관리들이 지고 있던 책임의 일부를 떼어내 치안판사에게 그 임무를 부여한 결과이다. 주지사들의 권한이 국왕의 평화 유지를 책임진 다른 관리들의 성장으로 점차 축소되어 나갔다. 예컨대 1194년경에 검시관 제도, 1242년경에 지방의 경찰 관리인 치안담당관(constable), 1263년경에 평화의 수호자(keeper of peace), 1305년에 특별순회재판관(justices of trailbaston), 그리고 1361년에 치안판사(justice of the peace)의 등장이 바로 그에 해당한다. 이러한 변화가 에드워드 3세 통치기에 확실하게 수립되었다. 이러한 변화 과정 속에서 그만큼 주지사의 권한이나 업무가 축소되었다. 이제 주지사는 사법적인 일보다 행정업무와 관련된 일을 주로 집행하였다. 토지와 동산의 점유권 분쟁 문제 해결, 부채 분쟁 해결, 도로의 유지 관리, 상업과 통화의 규제, 주 감옥의 유지 관리, 중죄인의 처형 감독, 전시에 군역납부를 위한 병사들의 동원과 같

---

1) 2 Edward III, c. 20.

2) 젠트리는 중세적인 용어는 아니지만, 귀족들의 군사적이고 신분적인 제도를 공유한 하위 토지소유계급을 대표하는 용어로서 사용되었다. 젠트리 집단 내의 엘리트는 기사들이다. 그들 중에 일부는 하위 영주들이 소유한 만큼의 영지를 소유하였다. 기사보다 하위의 젠트리 계급은 에스콰이어(esquire)이다. 14세기 중엽부터 이들도 기사와 마찬가지로 문장 박힌 갑옷을 입는 것이 허용되었다. 그리고 에스콰이어 밑에 잰틀맨(gentleman)이 있다. 이들에게도 15세기 중엽부터 문장 박힌 갑옷을 입도록 허용하였다. 세 계급을 나누는 절대적인 기준은 없었으나 토지소유 정도가 그러한 구분의 기본 바탕이 되었다. 15세기까지 세 계급의 1년 수입이 일반적으로 각각 40파운드, 20파운드, 10파운드 정도였다. (A. L. Brown, *The Governance of Late Medieval England*, 1272-1461, p. 148.)

은 업무를 담당하였다. 그러나 무엇보다도 주지사와 그의 행정관들의 보편적 업무는 국왕의 공식서한(writ)의 내용을 집행하는 일이었다. 그렇다고 주지사들의 사법적 임무가 완전히 소멸된 것은 아니었다. 주지사는 소송이 제기된 피고를 법정에 소환하여야 하고, 만약 피고가 법정에 출두하지 않으면 그를 구인하여야 한다. 그리고 주지사에게는 기소된 자의 신체 보호와 그의 보증인을 보호하여야 할 의무가 있었다. 또한 재판관들이 재판을 열기 전에 주지사는 배심원들을 소집하여야 한다. 이처럼 주지사의 역할은 재판을 담당한 재판관으로서의 임무가 아닌 순회재판관들이 자신의 주를 방문하여 범법자들을 재판할 여건을 만들어 주는 데에 제한되었다.

이러한 사법적 집행의 문제에서 변화가 일어나고 있을 때에 치안판사들에게는 최소한 분기마다 한 번씩 수 일 간에 걸쳐서 1년에 네 번 정도 주법원을 열어야 할 의무가 있었다. 치안판사단은 3-4명의 잰틀맨, 1명의 지방의 유력자, 법률적 지식을 갖춘 학식 있는 자로 구성하도록 1361년에 규정하였다.[1] 그러나 이러한 규정은 지속되지 않았다. 시기마다 그 구성원들에 변화가 있었기 때문이다. 1388년에는 순회재판관들과 6명의 잰틀맨으로 구성되었고,[2] 1390년에는 순회재판관과 지방 영주들 외에도 8명의 잰틀맨으로 구성되었다.[3] 위에서 언급한 것처럼 치안판사단은 주로 지방의 토지에 근거를 둔 잰트리로 구성되었다. 그리고 치안판사단이 과거 주지사들이 행한 중요한 범법자들에 대한 심리를 대신하게 되었다.

1251년에 일반순회법원(general eyre court) 제도가 시작된 이래 국왕의 재판관들이 매 7년마다 정기적으로 순회하면서 지방에서 발생한 민사업무와 형사업무에 관한 모든 범법행위를 재판하였다. 재판관들의 순회법원은 정기적으로 고정되어 있지 않고 통상 2-3팀이 운영되었다. 그러나 점차 일반순회

1) 34 Edward III, c. 1.
2) 12 Richard II, c. 10.
3) 14 Richard II, c. 11.

법원에서 국왕의 재판관들이 정기적으로 재판을 열어 각 주에서 발생한 범법 행위에 대하여 판결을 내리기 시작하였다. 부활절과 미카엘 대축일 근처에 6개월마다 주지사가 그의 관할 구역 안에 주 법원을 열었다. 이론적으로는 모든 제소인들, 자유인들, 영주의 직영지 관리인인 리브(reeve), 그리고 모든 촌락으로부터 4명의 남성과 10인조에 속한 모든 사람들이 법원에 출석할 의무가 있었다.[1] 이 법원에서는 지난 6개월 동안 관습의무를 소홀히 한 자들에게 의무 수행에 대한 강요가 있었고, 각종 범죄에 대한 고발과 기소 업무가 소배심 제도를 통해 처리되었다. 그런데 14세기까지 일반순회법원은 주에서 발생한 사건을 재판하는 수단으로서보다는 통치를 위한 방편이 되었다.[2] 14세기 10년대에 일반순회법원 제도가 폐지된 후, 1321년에 에드워드 2세는 런던시에서 새로운 순회법원 제도를 출범시켰다. 국왕은 이를 통하여 두 가지 중요한 부수입을 챙길 수 있었다. 즉 도망한 중죄인의 동산을 몰수할 수 있는 권리와 도망한 자가 속한 공동체에 대해 벌금을 부과할 권리였다.[3] 국왕의 재판관들이 지휘한 일반순회법원의 종말은 사법적 권위가 주지사들이 통제한 지방으로 전환되었음을 의미한다. 그러나 비록 법의 적용 권한이 중앙에서 지방으로 상당한 정도 이양되었다고 하더라도, 국왕의 재판관들은 사법적 임무를 계속하였다. 이러한 가운데 일반순회법원 제도에서 특별순회법원 제도를 비롯한 치안판사 제도가 유래하였다. 그러나 특별순회법원 제도는 에드워드 1세 통치 말에 만들어지고, 1340년대까지 부분적으로 지속되었으

---

1) Helen M. Cam, *The Hundred and the Hundred Rolls* (New York, 1960), pp. 118-128.

2) D. Crook, "The Later Eyres", *English Historical Review*, vol. 97 (1982), pp. 241-268.

3) Helen M. Cam, ed., *The Eyre of London 14 Edward II A. D. 1321* (Seldon Society, lxxxv, lxxxvi, 1968-1969), I, p. xx. 중죄인들이 소유한 동산을 국왕이 몰수할 수 있는 권한은 1329-1330년 순회법원에서 다시 문제가 되었으며, 1340년에 이르러서나 국왕의 그 권한을 의회로부터 승인받는다. [D. Sutherland, ed., *The Eyre of Northamptonshire, 3-4 Edward III A. D. 1329-1330* (Seldon Society, xcvii-xcviii, 1983), I, pp. xxix-xxx; D. Crook, "The Later Eyres", pp. 267-268.]

나 보편적으로 운영되지는 못하였다. 이러한 사실은 특별순회법원 제도가 평화유지를 위한 기구로서의 기능을 제대로 수행하지 못하였다는 증거이다. 한편 치안유지를 위한 또 다른 기구인 일반순회법원도 에드워드 1세 통치기에 큰 역할을 하지 못하였다. 일반순회법원이 한 지역에서 전국을 순회한 다음 다시 그 재판소가 되돌아오는 데에는 10년 정도가 걸렸기 때문이다. 일반순회법원의 회기도 점차 길어졌을 뿐만 아니라 그 기능도 약화되어 새로운 재판제도가 필요하게 되었다. 중앙법원인 웨스트민스터 법원으로 소송을 제기하기를 원한 소송당사자는 민사법원(Common Bench)에 소송을 제기하였고, 1273년에 처음 세워진 순회법원(assize circuit)의 발달이 민사소송 제기의 또 다른 길을 열었다. 위에서 언급한 것처럼 민사업무를 담당한 순회법원 재판관들의 역할은 일반순회법원의 재판관들보다 훨씬 더 제한적이었다. 그들의 임무는 부동산 점유침탈과 같은 사건의 청취에 국한되었다. 그러나 1299년 이후 민사업무를 담당한 순회법원이 순회형사법원(court of oyer and terminer)과 결합되면서부터 순회법원의 역할이 확대 강화되기 시작하였다. 감옥에 투옥된 미결수인 범죄용의자들에 대한 범죄 심리의 책임을 검시관과 순회형사법원의 재판관들이 맡게 되었다. 한편 에드워드 3세 통치기까지 순회법원과 순회형사법원 두 가지 요소가 완전히 결합되어 재판관들의 권한이 크게 강화되었다.[1] 이러한 새로운 제도의 발달 때문에 일반순회법원은 이제 더 이상 필요하지 않게 되었다. 그러나 1329년에 일반순회법원 제도가 다시 부활되어야 한다는 주장이 제기되기도 하였다. 노샘프턴 주의 소송에서 수석재판관(chief justice)인 제프리 스크롭(Geoffrey Scrope)이 일반순회법원은 왕국 내에서 7년마다 열어야 하고, 가난한 자와 부자를 가리지 않고 모두를 위한 순회법원을 열어야 한다고 언급하면서, 이는 왕국 내에서

1) A. Musson, *Public Order and Law Enforcement: The Local Administration of Criminal Justice, 1294-1350* (Woodbridge, 1996), pp. 85-122; P. Brand, *The Making of the Common Law* (London, 1992), pp. 138-141; Michael Prestwich, *Plantagenet England, 1225-1360* (Oxford Univ. Press, 2005), p. 518.

국왕의 평화를 유지하기 위한 수단이라고 주장하였다.[1] 그러나 1329년에 열린 일반순회법원은 그 제도가 완전히 폐지되기 전에 노샘프턴 주, 베드퍼드 주, 노팅엄 주, 더비 주 등 4개 주에서만 설치되는데 그쳤다. 지방 젠트리들이 일반순회법원 제도에 대하여 느낀 가장 큰 문제는 기본적인 법과 질서의 문제들을 다루지 않았고 그 효과도 일시적이었다는 점이다.

새로운 법원의 설치와 재판제도의 실시는 국왕에게 많은 경제적 이익을 주었다. 위에서 이미 지적한 것처럼, 국왕은 도망한 중죄인의 동산을 몰수할 권리와 그가 속한 공동체에 벌금을 부과할 권리를 주장하였다. 그리고 국왕은 그러한 권리 행사를 통해 얻은 수입을 자신의 정규 수입에 포함시키려고 노력하였다. 1329-1330년 순회법원에서 그 문제가 다시 전면에 부각되었다.[2] 마침내 1337년에 에드워드 3세는 중죄인들과 도망자들의 동산을 조사하도록 명하였다. 그러나 1338-1339년에 열린 의회에서 국왕의 그러한 시도를 포기하도록 귀족들이 압력을 가하였다. 언젠가는 자신에게도 해당될 수 있는 문제였기 때문에 저항한 것이다. 그리고 1340년에 국왕이 그러한 시도를 공식적으로 포기하였다.[3]

한편 새로운 재판제도의 실시와 함께 지방에 국왕의 재판관들을 파견하여 재판한 간격이 점진적으로 단축된 것은 범법자 처벌을 통한 사회질서 유지에도 목적이 있었으나, 한편으로는 왕권 강화와도 관계가 있는 변화였다. 국왕의 재판관들을 지방에 주기적으로 파견하여 범법자들을 재판하고 처벌한 것은 장원법정이나 도시법정의 권한을 약화시키는 기능을 하였다. 더구나 국왕의 재판관들이 지방 관습법이 아닌 보통법에 준하여 재판을 함으로써 재판제도와 재판에서 적용한 법의 통일성을 기할 수 있게 되었다. 이는

---

1) D. W. Sutherland, ed., *The Eyre of Northamptonshire, 3-4 Edward III A.D. 1329-1330*, I, p. xxii.
2) *Ibid.*, pp. xxix-xxx.
3) D. Crook, "The Later Eyres", pp. 267-268. 순회법원의 변화 과정에 대하여는 W. M. Ormrod, "Agenda for Legislation, 1322-c.1340", 참조 바람.

곧 중앙집권제의 수립을 촉진할 수 있는 법과 재판제도의 변화였다. 이러한 변화 속에서 유럽 대륙의 다른 나라들과는 다른 잉글랜드만의 사회체제인 '의사봉건제'를 논할 수 있는 것이다.

(2) 백호장 법원(hundred court)

주 안에 있는 가장 작은 행정적이고 사법적인 단위가 백호장[1])이고, 백호장 아래의 단위가 촌락이다. 백호장은 10세기까지 거슬러 올라가는 행정적이고 사법적인 단위였다. 그러므로 백호장에 설치된 법정이 백호장 법원이다. 백호장 법원은 소소한 민사소송(civil litigation)을 신속히 처리하였다. 주로 불법침해와 부채소송을 다루었다. 1234년의 조례에서 백호장 법원은 매 3주마다 개정하여야 한다고 규정하였다.[2]) 그러나 대다수 백호장이 이 조례를 따르지 않았다.[3]) 헨리 2세 치하에서는 2주일에 한 번씩 열렸으며, 1년에 12번이나 열린 적도 있다. 백호장 법원에 대하여 책임을 지고 있던 주지사는 법정의 사회를 그의 행정관(bailiff)이 보도록 하였으며, 위법자에 대한 처벌은 주로 벌금형이었다. 만약 법원이 잘못된 판결을 내리면 백호장 공동체는 집단적으로 그에 대한 책임을 졌다. 만약 어느 사람이 백호장 내에서 피살되었는데, 살인범이 잡히지 않으면 백호장 공동체가 주지사에게 벌금을 납부하여야만 하였다.

적은 토지를 소유한 지방민이었던 백호장의 행정관은 주지사가 임명하였다. 행정관이 주도한 법원에서는 사소한 범죄와 민사소송, 중죄에 해당하지 않는 가벼운 폭행사건, 40실링 이하의 불법침해와 부채소송, 계약위반, 중상비방, 빵과 에일의 조례 위반과 같은 사건을 다루었다. 위반자들에 대한 사

---

1) 백호장과 동등한 행정 단위가 북부와 동부에 스칸디나비아인들이 정착한 지역에 와펜테이크(wapentake)이다.

2) Alexander Luders, T. E. Tomlins, John Raithby, eds., *Statute of the Realm, 1101-1713*, 11 vols (London, 1810-1828), vol. I, p. 118; F. Pollock and F. W. Maitland, *The History of English Law before the Time of Edward I*, vol. I, pp. 538, 557.

3) A. L. Brown, *The Governance of Late Medieval England, 1272-1461*, p. 107.

실심리는 범죄용의자의 이웃에서 선발된 12명의 배심원단에 의해서 다루어졌다. 그러므로 백호장 법원은 이웃(neighbourhood) 법정이었다. 그러나 중죄인들에 대한 심리는 주지사나 다른 지방관리가 할 수 없었다. 왜냐하면 중죄로 기소된 자들은 국왕의 재판관들에 의해서 심리되었기 때문이다.

1181년 무장령(Assize of Arms)이 발표된 이래로 모든 자유인들은 그들이 소유한 부의 정도에 따라서 무기와 갑옷을 구비하여야 할 의무가 있었다. 13세기에 이르러 각 백호장과 도시는 이 법규가 강제적으로 시행될 수 있도록 각 백호장이나 도시에서 선출된 1-2명이나 그 이상의 경찰 관리인 치안담당관(constable)이 존재하였다. 치안담당관은 오늘날에 비유한다면 지방의 선출직 경찰 관리였다. 백호장의 치안담당관은 준군사적 역할도 하였다. 에드워드 1세 통치 13년인 1285년에 발표된 윈체스터 법령에 따르면, 각 백호장의 치안담당관은 1년에 두 번 백호장 내에 무기 검열을 하였으며, 무기비치나 무기관리를 소홀히 한 자들을 처벌할 권한을 소유하였다. 그러므로 백호장의 치안담당관은 백호장의 무장집단의 우두머리였다. 한편 14세기 중엽까지 백호장의 치안담당관은 도시의 치안담당관과 마찬가지로 야밤에 배회하는 이방인들과 불법적으로 무기를 소지한 자들을 체포하고, 범법자들을 추적하면서 범인체포 공시의 소리(hue and cry)를 질러야 하며, 범법자들을 체포하고 그들로부터 몰수한 동산을 잘 관리하여야 하며, 교회와 같은 성역으로 도피한 범법자들을 해외로 추방한 업무를 담당하는 등의 준 사법적인 업무를 수행하였다.[1] 심지어 그에게는 지방 도로를 관리할 책임도 있었다. 그러나 그에게 중죄나 불법침해를 조사할 권한은 없었다. 이 권한은 재판관들이나 배심원들에게 속하였기 때문이다. 도시의 치안담당관과 마찬가지로 백호장의 치안담당관도 임명권자인 주지사로부터 그의 업무를 지휘 받았다.[2]

---

1) *Ibid.*, p. 110.
2) J. G. Bellamy, *Crime and Public Order in England in the Later Middle Ages*, pp. 93-94.

(3) 도시법원

국왕으로부터 특허장을 받은 도시(town)와 바러(borough)에도 법원이 설치되었다. 그리고 13세기 말 이후부터 자치도시의 법원들, 주 법원들, 국왕의 법원이 각각 서로 독립적인 기능을 하였기 때문에 도시법원의 기능에 중요성이 있다. 그러나 14세기 중엽까지 주 법원들을 단순한 국왕의 법원의 연장선상에 있는 법원으로 간주하였다. 국왕의 법원은 주 법원들로부터 거의 모든 중요한 재판권을 넘겨받았기 때문이다.[1] 그러나 자치도시의 법원은 이와 달랐다. 국왕의 법원과는 완전히 독립된 법원으로 간주되었기 때문에 자치도시법원의 중요성이 있다. 규모와 중요성에 있어서 도시법원마다 달랐으나, 그것들의 공통점은 국왕의 사법권 확대를 위한 중요한 도구였다는 점이다. 시민들은 그들의 도시법원에서 심리를 받을 특권을 소유하였다. 만약 어느 시민이 국왕의 법원에 기소되면, 도시의 관리들이 국왕의 법원에 출두하여 도시법원의 권리를 주장할 수 있었다.[2]

1181년에 발표된 무장령이 1242년에 확대 강화되었고, 1285년 윈체스터 법령에서 더욱 강화되어 치안담당관을 2-3명 정도 선발하여야 하였다. 이들의 역할은 백호장의 치안담당관의 역할과 같았다. 범죄용의자를 추적 체포하여야 하고, 체포한 자들을 주지사나 그의 지방행정관에게 인계할 때까지 보호 감시하였다. 또한 그는 도시에서 정기시나 시장이 열릴 때에 불법으로 무기를 소유한 자들이나 비행을 범한 자들을 체포하여야 한다. 또한 주지사나 검시관[3]의 명령이 있을 때에는 기소 고발된 자들을 체포 구금하여야 하고,

1) Robert C. Palmer, *The County Courts of Medieval England 1150-1350*, p. 306.
2) B. Wilkinson, *Constitutional History of Medieval England 1216-1399*, vol. iii, p. 162.
3) Charles Gross, ed., *Select Cases from the ㅎ Coroners' Rolls A.D. 1265-1413*, pp. xxii-xxiii. (각 도시에 있던 검시관의 수는 1명에서 4명에 이르기까지 그 수가 일정하지 않았다. 존 왕 통치기에는 통상 4명이 있었으나, 그 후에는 2명이 일반적이었다. 가장 많은 수인 4명의 검시관이 있던 도시는 노샘프턴과 런던이었다. 이곳에는 14세기에도 4명의 검시관이 여전히 있었다. 그러나 13-14세기에 런던시민들이 그들 도시의 검시관을 직접 선출하지는 못하였다.)

또한 도피한 중죄인의 재산을 관리하여야 하였다.[1] 만약 범인이 도시를 벗어나면 그에 대한 책임으로 도시에 벌금이 부과되었다. 이는 촌락과 동일한 제도였다.[2] 그렇게 하여 도시 내에서 발생한 범법행위자들을 도시법원에 피고로 세웠다. 이처럼 치안담당관은 오늘날 경찰과 같은 임무를 수행하였다.

도시 가운데 런던이 가장 폭 넓은 권리를 소유하였다. 왜냐하면 런던은 하나의 주와 같고, 소규모 주들보다도 규모가 더 컸기 때문이다. 런던은 시민들이 선출한 2명의 주지사가 있었고, 백호장과 동등한 24곳의 구(ward)로 구성되었다. 그리고 각 구에는 구민들이 매년 선출한 행정관(alderman)이 있었다. 런던에는 세 곳의 주요 도시법원이 설치되었는데, 이곳에서 공공질서 확립에 필요한 일반적인 사건과 함께 런던시민들의 고소 고발과 같은 사법적 문제들, 특히 상업적 분쟁의 빠른 해결을 도모하였다. 예컨대 가장 오래된 런던 도시법원인 허스팅(Husting)은 매주 월요일에 시장과 행정관이 주재하여 개정되었는데, 토지소송과 민사소송을 격주로 다루었다. 물론 다른 법원과 마찬가지로 도시법원에서 가장 많이 발생한 것은 도시민들의 일상생활과 관련된 불법침해와 부채상환 문제였다. 에드워드 4세(1442-1483) 통치기에 런던 주지사의 법원에서 1년에 1,000건 정도의 민사소송을 취급하였다.[3] 그만큼 런던 도시법원에 제기된 소송건수가 많았다. 당시 런던은 국제적인 무역 도시였기 때문에 상인들 사이의 상행위로부터 파생된 법률적 문제를 별개의 법원에서 다루었으며, 외국상인들과의 상거래 과정에서 발생한 분쟁도 취급하였다.[4] 형사사건에 대한 재판도 주 법원에서

---

1) J. G. Bellamy, *Crime and Public Order in England in the Later Middle Ages*, p. 94.
2) F. Pollock and F. W. Maitland, *The History of English Law before the Time of Edward I*, vol. 1, pp. 564-565.
3) Rosemary Horrox and W. Mark Ormrod, ed., *A Social History of England, 1200-1500*, p. 97.
4) Helen M. Cam, "The law-courts of medieval London" in *Law-finders and Law-makers in Medieval England* (London, 1962), pp. 85-94; A. L. Brown, *The Governance of Late Medieval England, 1272-1461*, p. 114.

처럼 다루었다. 한편 각 구에도 백호장과 마찬가지로 법원이 설치되었으며, 그곳에서 다룬 사건도 런던시의 법원과 유사하였다.

(4) 장원법원(장원재판소)

13세기 잉글랜드에는 좁은 의미에서 볼 때 법은 없고 일반 관습만이 존재하였다. 그런데 이 관습은 일반인들의 관습이 아니라 법정에서 판결을 통해 확립된 규칙이었고, 이는 유사한 범법행위에 동일하게 적용된 하나의 규범으로 발전하여 나갔다. 이것이 잉글랜드의 관습법이고, 이것을 브락톤(Bracton)이 집대성하였다. 그러나 장원의 관습은 브락톤의 관습법과는 달리 각 장원마다 장원의 특성에 따라서 형성되었다. 경제적으로 볼 때 영주의 최대 관심사는 장원을 어떻게 운영하고 그로부터 많은 수익을 올릴 수 있는가 하는 문제였다. 그리고 사법적으로 볼 때 중죄인들은 순회재판관에게 인계되어 처벌하였으나, 불법침해와 같은 장원관습법을 위반한 경범죄는 벌금형에 처하여 장원질서도 유지하고 영주에게 경제외적 수입도 주었다. 장원의 관습은 영주에게 유리하게 수립되었으나, 일단 수립되면 농민들은 물론 영주들도 그것을 지켜야만 하였다. 그러므로 장원법원이 영주적 강제를 집행한 기구로서 만 이야기할 수 없다. 왜냐하면 장원관습이 수립되는 과정은 물론 영주에게 유리하게 작용하였을 것이지만, 영주와 신민들의 합의가 전제되었고, 일단 수립된 관행은 농민은 물론 영주의 관리들과 함께 영주 자신도 지켜야 하기 때문이다. 그리고 이 관습을 위반하였을 때 장원에 설치된 장원법원에서 영주의 대리인인 집사(steward)나 행정관(bailiff)이 사회를 보고, 촌락의 농민들 중에 선발된 배심원들의 심리로 재판이 진행되었으며 위반자에 대한 경제적 처벌이 가해졌다.[1] 만약 영주나 영주의 관리가 관습을 위반하면 신민들은 국왕의 법원에 제소할 수 있었다. 그러므

1) Albert Kiraley, "Custom in Medieval English Law", pp. 29-30.

로 장원법원은 기본적으로 영주의 이익을 보호할 목적으로 운영된 사적 제도라는 견해는 잉글랜드에 그대로 적용될 수는 없다. 이러한 점이 잉글랜드가 가지고 있는 사법제도의 중요한 특징 중의 하나이다.

백호장 법원처럼 장원법원도 매 3주에 한 번씩 열리는 것이 일반적이었다. 그러나 재판 절차는 다른 법원과는 조금 다르다. 장원 내의 모든 소작인들이 법정이 열리는 날에 출두할 의무가 있다. 법정에서 기소된 자가 그의 무죄를 공식적으로 맹세하고, 맹세의 진실성은 그의 친구들이나 이웃으로 구성된 12명 정도의 맹세보조자(oath-helper)들의 확증을 받았다. 그리고 사전에 그의 죄에 대한 증거를 조사한 배심원에 의해서 죄의 유무를 결정하게 된다. 이러한 과정은 장원의 관습에 따라서 진행되기 때문에 장원마다 재판 절차에 있어서 약간씩 차이가 있을 수도 있었다. 그런데 1270년대 이후부터 재판기록이 누적됨으로써 장원법원 발달의 새로운 단계가 시작되었다. 이제는 재판이 말에 의해서가 아니라 증거에 의해서 진행될 수 있게 된 것이다.

항상 촌락의 부유한 엘리트들인 집사나 리브(reeve)[1)]들의 리더쉽이 촌락 공동체를 이끌어갔다.[2)] 이들이 1년 동안 촌락을 이끌어 간 기록들이 장원법원문서(manorial court rolls)로서 남아 있다. 영주는 1년 중에 미카엘

---

1) 리브란 영주의 직영지를 주로 관리한 농장관리인이다. 지도적 농민인 리브는 그 장원의 농노나 관습소작인 중에서 선발되었으며, 그들에게는 지대 면제와 같은 혜택을 영주로부터 받았다. 그들의 역할은 주로 직영지의 작물경작, 가축 돌봄, 직영지에 필요한 노동력 조직 등의 일에 있었다. 그러나 리브로의 선발은 부담되는 일이었다. 스태퍼드셔(Staffordshire)에 알레와스(Alrewas) 장원 영주인 필립이 지배한 장원의 예에 따르면, 리브의 선출과 그 직책 수행은 상당히 부담스러운 일이었다. 장원의 관행에 따라서 가을에 관습소작인들 가운데 두 명이 리브의 후보자로 추천되면 영주가 그 중에서 한 명을 선발하고 선택되지 않은 나머지 한 명은 영주를 위해 봉사하지 않는 대신 6실링, 6실링 8펜스, 8실링, 심지어 어느 경우는 1마르크의 벌금을 부담하여야 하였다. 그러므로 리브란 영주의 장원관리를 대신한 직책이면서도, 그에 선발되는 것은 농민들에게 분노와 원망의 대상이 되었다.

2) C. Dyer, "The English Medieval Village Community and its Decline", *Journal of British Studies*, 33 (1994), pp. 407-429.

성인의 축일이 있는 9월 하순에 촌락을 이끌어 나간 결과인 촌락민들로부터 징수한 벌금, 지대징수 실태, 그리고 부역의 금납화(commutation) 등으로부터 얻은 경제적 수입과 지출에 대한 결산 보고뿐만 아니라 장원운영의 전반적 문제를 이들로부터 보고받았다. 이러한 과정에서 부역이나 지대납부 의무를 이행하지 않은 촌락민들에 대한 제재를 위해 장원재판이 열렸다. 또한 촌락 내에서 발생한 촌락구성원들 사이에서 발생한 불법침해, 부채, 조례위반, 토지거래, 소유권 분쟁, 상속과 상속세 납부와 연관된 문제를 주로 재판하였는데, 마을의 부유한 엘리트 중에서 선발된 배심원들에 의해서 심리가 이루어졌다. 그런데 이곳에서 행한 재판 결과는 체형보다는 대부분이 벌금형이었다. 그러므로 장원법원은 영주의 경제적 이익을 얻는 하나의 통로가 되었을 뿐만 아니라 촌락의 질서 유지를 위한 기능을 하였다. 장원법원은 국왕의 법원보다 분쟁 해결이 더 빠르게 진행되었으며, 소송에 필요한 비용도 상대적으로 적게 들었다. 그러나 국왕의 법원에 제소하는 것은 많은 비용이 필요하였다. 소송을 제기하기 위해서는 전문변호사(pleader)들의 고용은 물론 소송에 필요한 문서 업무를 담당할 법률가(attorney)의 도움도 필요하였다. 이에 많은 비용이 들어갔다. 또한 법정변호사(serjeant-pleader)에게 변호를 의뢰하거나 그로부터 법률자문을 얻기 위해서는 많은 비용을 지출하여야 하였다. 수석 변호사의 수입이 1년에 300파운드 이상이었으며, 변호사 실습생들의 1년 수입이 60파운드 정도로서, 이는 지방 젠트리의 1년 수입과 맞먹을 정도였다.[1] 이러한 비용을 지출한다고 소송에서 반드시 승소하는 것도 아니었다. 이러한 사실을 통해서 볼 때, 국왕의 법원에 소송을 제기하는 일은 많은 비용의 지출이 전제되었다. 더구나 국왕의 재판관들로부터 유리한 판결을 얻으려고 현물로 선물을 하여야 하였다. 그러한 선물은 소송에서

1) Rosemary Horrox and W. Mark Ormrod, ed., *A Social History of England, 1200-1500*, p. 101; E. W. Ives, *The Common Lawyers of Pre-Reformation England* (Cambridge, 1983), pp. 321-325.

승소하기 위한 필수적인 일이었다. 또한 주지사들의 챈슬러(chancellor)들은 소송당사자들에게 호의적인 배심원들을 배심원 명부에 올리는 대가로 뇌물을 받았다. 이러한 조건들을 충족시키기 위해서는 국왕의 법원에 소송을 제기하는 것은 많은 비용이 들게 마련이다. 그러나 장원법원에서의 소송은 그러한 부대비용이 필요하지 않았다. 그럼에도 불구하고 장원법원에 제기된 사건 해결의 열쇠를 쥔 배심원들이 소송당사자들의 이웃이기 때문에, 그리고 영주의 대리인들에 의해서 배심원들이 선정되고 그들에 의해서 재판이 진행되었기 때문에, 장원법원의 공정성 문제는 항상 제기될 수 있었다.

위에서 이미 언급한 것처럼 중죄를 범한 자들은 국왕의 대리인인 순회재판관들에게 이첩되어 장원법원이 아닌 주 법원에서 재판을 받도록 하였다.[1] 특히 강간은 가해자가 희생자에게 혹은 그의 친족들에게 경제적 보상이나 벌금납부로써 해결될 수 없는 범죄로서 국왕의 순회재판관에 의해서 재판을 받아야 하는 중죄에 해당한다. 그런데 리처드 1세(1189-1199) 통치기까지 개별적인 강간 사건에 대하여 알지 못한다. 왜냐하면 1190년대 이후부터 중앙법원의 기록인 소송기록(plea rolls)이 잔존하고, 순회재판에 관한 기록도 1194년부터 존재하기 때문이다.[2]

흑사병 발생 이후 인구감소로 인한 장원 운영의 어려움 속에서 영주들은 장원조직과 장원운영의 변화를 꾀하지 않으면 안 되는 지경에 이르렀다. 이러한 변화와 함께 장원법원의 역할 변화나 그 중요성도 감소하였다. 그러나 촌락 중심의 지방 조직이 해체되지 않는 한 장원의 중요성은 지속되었으며, 그에 따라 촌락공동체의 치안 유지 기능을 한 장원법원도 존속할 수밖에 없었다.

---

1) 폭행, 강도, 절도, 방화의 경우는 희생자 자신이 고소를 제기하였다. 그러나 모살(murder)의 경우는 희생자의 근친이나 종자(servant)가 소송절차를 시작하였다.

2) Roger D. Groot, "The Crime of Rape temp. Richard I and John", *The Journal of Legal History*, vol. 9, no. 3 (Dec. 1988), p. 324.

3) 재판제도의 변화—배심원 제도

배심원 제도가 1166년 헨리 2세가 공표한 클라렌든 조례(Assize of Clarendon)로부터 비롯되어 1176년의 노샘프턴 조례(Assize of Northampton)에 따라서 더욱 확대 실시되었다. 이에 근거하여 헨리 2세의 통치기인 1176-1177년에 진정한 의미에서 배심원 제도에 근거한 순회재판제도가 잉글랜드에 마련되었다고 말할 수 있다.[1] 그러나 배심원 제도는 1215년 이후부터 더욱 발전하였다. 소송 절차에 있어서 증거의 한 도구로써 이용된 죄인판별법인 신성재판(ordeal)이 1215년에 열린 제 4차 라테란 공의회에서 교황 인노켄티우스 4세(1243-1254)에 의해서 폐지되었기 때문이다. 이제부터 국왕의 재판관들은 재판 경험과 상식으로 범죄에 대한 재판을 하게 되었다. 이러한 변화 속에서 재판관들의 재판에 도움을 준 것은 바로 배심원 제도였다. 배심원들은 범죄용의자의 유죄 여부를 선고한 것이 아니라 재판관에게 유무죄 여부를 평결하였다. 평결이라기보다는 오히려 사실심리를 한 보고서를 재판관에게 제출하였다. 이러나 이 보고서는 범죄용의자의 유무죄를 결정할 권리를 소유한 것과 같다. 이러한 배심원 제도는 잉글랜드만의 독특한 제도이며, 이는 잉글랜드의 사법적 발달의 한 축을 형성한 제도였다.

한 명의 순회재판관이 매년 혹은 매 수년마다 각 주를 방문하여 국왕의 법원에서 다루어져야 할 모든 사건들을 심문 조사하여 결정하였다. 22개항으로 구성된 클라렌든 조례 제 1항에서 천명한 "국왕의 평화를 지키며 정의를 실천한다."[2]는 원칙에 따라 순회재판관들은 살인, 강도, 절도, 폭행 등과 같

---

1) W. T. Reedy, "The Origins of the General Eyre in the Reign of Henry I", *Speculum*, XLI (1966), p. 716; Raoul C. van Caenegem, "Public Prosecution of Crime in Twelfth Century England", eds., C. N. L. Brooke, D. E. Luscombe, G. H. Martin and D. Owen, *Church and Government in the Middle Ages* (Cambridge, 1976), pp. 74-75.

2) Assize of Clarendon, c. 1.

은 중죄인들을 재판하고 처벌한 형사업무를 담당하였다. 그리고 범죄용의자가 중죄인으로 판결이 날 때에는 그의 재산을 몰수하여 국왕의 소유로 하였다. 그러므로 헨리 2세의 새로운 재판제도는 국왕의 재산을 확대하는 하나의 수단이기도 하였다. 이러한 클라렌든 조례의 조항[1]에 근거하여, 이후 잉글랜드의 모든 왕들은 중죄인들의 재산을 몰수하여 국왕의 소유로 하였다.

1460년대에 수석재판관이었으며 당시 프랑스로 추방된 존 포테스큐(John Fortescue) 경이 잉글랜드 법의 우수성에 대하여 언급하면서, 특히 배심원 제도를 칭송하였다. 배심원에 의한 심리제도는 공명정대하고 진실의 보증자로서 언급하였다. 배심원들은 탐욕스러운 빈민이 아니고 지방의 부유한 자들이기 때문에 쉽게 타락하거나 부패하지 않는다고 주장하였다.[2] 이와 같은 그의 주장은 배심원들에 의한 심리제도가 공정하다는 점을 강조한 것이다. 그러나 과연 그런가? 부패한 배심원들에 대한 불평과 불만을 쉽게 찾을 수 있다. 배심원들은 유리한 평결을 내리는데 대한 대가로 범죄용의자들로부터 돈을 받거나 기소되지 않도록 보장한 가운데 돈을 받았다. 이에 더하여 배심원들은 지방 젠트리나 범죄자 집단으로부터 협박이나 테러 위협을 받을 수 있었다. 결국 배심원들이 분명한 증거에 근거하고 증언을 듣고서 평결을 내리지 않을 수도 있었다.

1285년 제 2차 웨스트민스터 법령의 전문(前文)을 통하여 짐작할 수 있는 것처럼, 주지사들이 배심원단의 사건 심리에 대하여 압력을 가하였다. "나날이 강도, 살인, 방화 범죄가 증가하고 있다. 왜냐하면 배심원들이 범죄용의자들을 기소하는 것을 마음 내키지 않아하기 때문이다."[3]라고 지적한다. 또한 기소배심원들(presenting jurors)은 용의자의 기소에 어느 정도 재

1) Assize of Clarendon, c. 5.
2) Sir John Fortescue, *On the Laws and Governance of England*, ed., S. Lockwood (Cambridge, 1997), pp. 30-47.
3) Alexander Luders, T. E. Tomlins, John Raithby, eds., *Statute of the Realm, 1101-1713*, vol. 1, p. 96.

량권을 지녔다. 그들은 도둑을 벌금형의 형벌을 받을 불법침해죄로 기소할 것인가 혹은 교수형과 사지절단형으로 처벌할 중죄인으로서 기소할 것인가를 선택할 수 있었다. 그러나 그 권한 못지않게 사실심리를 잘못한 배심원의 처벌에서 보듯이 배심원들의 의무 또한 컸다. 만약 사건 심리를 잘못한 것이 밝혀지면, 그에 대한 책임을 지고 배심원들은 투옥되었다.[1] 12펜스 이하의 가치를 지닌 물건을 절도하였을 경우, 이는 중죄가 아닌 경범죄에 해당한다. 그에 따라 불법침해죄로 처벌되었다. 그런데 절도한 물건의 가치가 12펜스 이하인지 여부를 결정한 것은 배심원들이었다. 도둑의 생명을 구하려고 사실심리배심원들이 절도한 물품에 대한 가치를 낮게 평가한 분명한 증거를 법원기록에서 쉽게 찾을 수는 없다. 그러나 재판기록에 등장하는 절도범에 대한 처벌에 일관성이 없었던 것만은 분명하다.[2] 예컨대 1328년 링컨셔에서 정기시나 시장에서 절도죄를 범한 범법자들을 중죄인으로 기소하여야 마땅하였으나, 배심원들은 그들을 벌금형으로 처벌할 수 있는 불법침해죄로 기소하였다.[3] 이처럼 배심원들이 범법자 처벌에 있어 중요한 역할을 하였으며, 이는 범법자 처벌과 사회질서 유지에 배심원들의 역할이 컸음을 뜻한다. 만약 법질서를 유지하는데 배심원들의 역할이 컸다면, 배심원의 선발과 그 운영이 제도적으로 안정되어야 한다. 그러나 배심원들이 중세 내내 불의와 야합하는 부정부패가 끊이지 않고 상존하였다. 예컨대 1315년 의회에서 도시와 지방에서 배심원들을 범죄 공모자로 끌어들이려는 범법자들이 있음을 지적하였다. 요크 주에서는 권력과 부를 가진 자들의 위협에도 불구

---

1) Helen M. Jewell, ed., *The Court Rolls of the Manor of Wakefield from September 1348 to September 1350* (The Yorkshire Archaeological Society, 1981), p. 73.
2) B. H. Putnam, ed., *Proceedings before the Justices of the Peace in the Fourteenth and Fifteenth Centuries*, pp. cxv, cxxxiv, clii, clix.
3) B. W. McLane, "Jurors attitudes towards local disorder: the evidence of the 1328 Lincolnshire trailbaston proceedings," in J. S. Cockburn and T. A. Green, eds., *Twelve Good Men and True: the criminal trial jury in England, 1200-1800* (Princeton, 1988), pp. 43-53.

하고 진실만을 이야기하지 못하는 빈곤한 자들로 구성된 배심원들에 대하여 언급하였다.[1] 이러한 점은 민사재판에만 해당하는 문제가 아니었다. 사실심리배심원들 중의 일부는 범죄가 발생한 백호장 출신이지만, 범죄발생지역과 배심원들의 거주지와는 상관관계가 적었다. 그렇다면 사실심리배심원은 어떻게 구성되었는가? 13-14세기에 배심원단 구성은 지역마다 혹은 시기마다 서로 달랐다. 그러나 대부분이 네 곳의 이웃 도시나 촌락으로부터 배심원들을 선발하였다. 예컨대 살인사건의 경우 시체가 발견된 곳이나 사망한 곳과 함께 그곳에서 가장 가까운 도시나 촌락 세 곳으로부터 배심원들을 선발하였다. 이러한 방법을 택한 것은 사건에 대하여 가장 잘 이해하고, 죽은 자에 대하여 가장 잘 아는 사람들을 배심원으로 선발하기 위해서이다. 그러나 때로는 배심원들이 3곳, 5곳, 6곳, 8곳의 도시로부터 선발되기도 하였다.[2] 사실 심리배심원단의 가장 보편적 형태는 4곳의 이웃 도시나 촌락의 10인조로부터 선발된 12명으로 구성된 것이다. 만약 백호장의 행정관이 배심원으로 선발하여 소집하였음에도 불구하고, 이에 불응한 자들에게는 벌금이 부과되었다.[3]

그러면 사실심리배심원들이 유무죄를 어떻게 결정하였는가? 민사재판과 마찬가지로 형사재판에서도 증거와 증언에 따라서 범죄용의자의 유무죄가 결정되었다. 그러나 증거의 제시와 증언 청취는 15세기까지 일반화되지 않았다. 그 이전에는 범죄혐의자들의 주변 평판이나 그의 행실에 근거하여 평결하였다.[4] 사실 배심원의 역사가 시작된 이래 배심원들의 평결은 증거나

---

1) Trevor Dean, *Crime in Medieval Europe 1200-1550* (London, 2001), p. 11.
2) *Bracton*, ii. 280; *Britton*, i. 9; Fleta, book I, p. 36.
3) W. J. Whittaker, ed., *Mirror of Justice* (Seldon Society, 1893), VII, p. 29. (이하 *Mirror of Justice*로 약칭함.)
4) Trevor Dean, *Crime in Medieval Europe 1200-1550*, p. 13; R. D. Groot, "The early thirteenth-century criminal jury", in *Twelve Good Men and True: The Criminal Trial Jury in England, 1200-1800*, ed. J. S. Cockburn and T. A. Green (Princeton, 1988), pp. 18-19; F. Pollock and F. W. Maitland, *The History of English Law before the Time of Edward I*, vol. II, p. 655.

증언에 의해서 이루어졌다기보다는 범죄용의자의 주장이나 명성 혹은 주변의 평판에 의해서 이루어졌다는 것이 더 정확한 주장일 수도 있다.

4) 지방에 파견된 국왕의 재판관

공공질서의 유지를 위해 지방의 유력인들을 평화의 수호자(keeper of the peace)로서 이용한 것은 12세기 말부터이다. 그 이후 1260년대 레스터(Leicester) 백작 시몽 드 몽포르(Simon de Monfort)의 난이 일어나 귀족들 사이에 분열과 대립이 발생한 어려운 시기에 지방의 유력자들이 평화의 수호자, 즉 치안판사로서 종종 임명되었다. 그러나 특정한 지역에서 발생한 범죄와 부패행위를 조사하기 위해서 에드워드 1세가 정기적으로 특별순회치안판사(justice of trailbaston)를 임명하였다. 1292-1293년에는 특별순회치안판사가 부랑자들의 실태를 광범위하게 조사하였고, 1297년 정치적 위기 이후인 1298년에는 각 주에서 발생한 광범위한 불법과 위법행위, 즉 절도, 강도, 부랑자 조사, 폭행, 모살, 불법사냥, 방화 등을 조사하여 재판하였다.[1] 그러므로 특별순회치안판사들의 활동은 일반 순회재판관인 치안판사들의 활동과 크게 다르지 않았다. 그들은 모두 각 주에서 발생한 각종 범죄를 동일한 방법으로 심리하고 그에 대하여 판결하였기 때문이다.[2] 다만 특별순회치안판사 제도는 에드워드 1세가 특별히 만든 제도로서의 의미를 지닌다. 또한 특별순회치안판사들에 의한 재판결과가 다른 경우와 비교하여 사면 비율이 높고 교수형의 비율이 낮았다[3]는 차이점이 있다. 이 제도는 15세기까지 지속되다가 폐지되었다. 1300년에 잠시 노샘프턴에서 치안판사가 아닌 특별순

---

1) *Calendar of Patent Rolls 1292-1301*, pp. 45-50.
2) G. O. Sayles, ed., *Select Cases in the Court of King's Bench under Edward II*, iv (Selden Society, 74, 1957), pp. lviii-lxvi; G. O. Sayles, ed., *Select Cases in the Court of King's Bench, Edward III* (Selden Society, 82, 1965), pp. 133-135.
3) A. L. Brown, *The governance of Late Medieval England, 1272-1461*, p. 118.

회치안판사가 임명되어 치안판사의 역할을 수행하였으나, 에드워드 2세 치하에서는 정기적으로 치안판사가 임명되어 지방의 평화유지를 위해 힘썼다.

특별순회치안판사의 기능은 몽둥이를 가지고 다니는 사람이란 뜻인 'trailbaston'에 담겨 있다. 특별한 지역에서 발생한 범죄와 부패를 조사하기 위해서 에드워드 1세가 정기적으로 임명한 치안판사가 특별순회치안판사이다. 특별순회치안판사들은 평화를 파괴한 자들을 조사하고 배심원들을 보호하였다. 이 제도는 공공질서가 심각하게 파괴되었을 때 에드워드 1세가 실시한 사법적 제도로서 사회질서 유지를 위한 가장 강력한 무기였다. 예컨대 평화의 파괴자들이 숲속에서 무리를 지어 떠돌아다니면서 방화, 절도, 살인을 범하는 불법행위를 범하였을 때, 특별순회치안판사들이 이들을 체포하여 국왕의 평화를 유지하려고 노력하였다. 이들은 통상 지방의 유력자(magnate)들인 젠트리에서 선발되었으며, 국왕이 임명하고 국왕의 명령을 수행하였으며 그의 명령에 복종하고 그의 재판을 관리한 국왕의 관리로서 성장 발달하였다. 그러므로 그는 국왕의 중앙법원과 국왕의 내각(council)의 감독을 받았다. 그러나 의회의 하원(Commons)에서는 지방의 기사들로 특별순회치안판사들을 임명할 것을 국왕에게 요구하였다. 의회에서 경제적 결정권을 쥐고 있는 그들의 견해를 국왕도 무시할 수 없었다.[1] 그러나 이러한 하원의 요구가 백작과 바론을 비롯한 유력자들과의 계급적 대립에 중점을 둔 것이 아니라 지방의 무질서를 통제할 효과적 수단을 원한 것이었다. 이러한 의회의 요구에 따라서 중요한 변화가 일어났다. 1330년경에 젠트리가 감옥에 투옥된 범죄용의자들인 미결수들을 재판하기 위한 재판관으로서, 또한 순회형사법원(court of the oyer and terminer)의 재판관으로서 중요한 역할을 하였다. 그 이후부터 순회재판관에 전문적인 재판관들과 법률가들이 참여하여 그들의 활동 영역이 확대되

1) B. H. Putnam, "The Transformation of the Keepers of the Peace into the Justices of the Peace, 1327-80," *TRHS*, 4th ser., 12 (1929), pp. 19-48.

는 결과를 초래하였다. 이는 지방의 평화유지를 위해 법률 전문가들의 활동이 그만큼 확대되었음을 의미하고, 이는 잉글랜드 사법제도의 발전을 위한 바람직한 변화였다.

위에서 언급한 것처럼 치안판사(justice of peace)의 선구자는 평화의 수호자(keeper of peace)이다. 1263-1265년 특별히 평화의 수호자가 지방의 기사들 중에서 선발되어 각 주를 지키도록 임명되었다. 그의 주요 임무는 자신이 관리한 지역의 치안 유지를 통해 국왕의 평화를 확보 유지하는 것이었다. 에드워드 2세가 1312년에 "평화의 수호자를 임명하는 것은 잉글랜드 왕국 내의 평화를 유지하기 위한 일이다."[1]라고 언급한 말 속에 그의 역할이 담겨있다. 또한 1327년 웨스트민스터 법령에서도 평화의 수호자에 대하여 다음과 같이 언급되었다. "각 주에서 국왕의 평화를 잘 유지 관리하기 위해서 각 주에 선량하고 적법한 사람들이 파견되어야 한다."고 평화의 수호자의 의미와 역할을 정의하였다.[2] 그러나 평화의 수호자에게 치안판사로서의 권한과 임무를 처음으로 부여한 것은 에드워드 3세 통치기인 1329년이다. 그의 의무가 영구적인 것이 된 1389년까지 간헐적으로 평화의 수호자들과 그들의 후계자들인 치안판사들이 중죄와 불법침해를 재판할 권한을 소유하였다.[3] 그런데 1350년부터 평화의 수호자, 즉 치안판사들은 흑사병 발생 이후 임금의 급격한 상승을 억제하기 위해서 노동자 법을 위반한 범죄를 재판할 권한도 소유하였다. 이전에는 종종 범법자들에 대한 고발을 조사하려고 직업적인 법률가들인 순회재판관(justice of assize)을 통상 1년에 두 번씩 파견하기도 하였다. 이들은 통상 재판관이거나 국왕의 변호사였다. 순회재판관들은 국왕의 감옥이나 도시의 감옥으로부터 이송된

1) F. Palgrave, ed., *Parliamentary Writs and Writs of Summons, Edward I and Edward II*, 2 vols (London, 1827-1834), II, ii (App.) p. 49.
2) Hunt Janin, *Medieval Justice : Cases and Laws in France, England and Germany, 500-1500*, p. 129.
3) J. G. Bellamy, *Crime and Public Order in England in the Later Middle Ages*, pp. 94-95.

미결수인 범죄용의자들을 재판하였다. 1361년에 웨스트민스터 법령에 따라서 치안판사가 평화의 수호자를 완전히 대신하기 시작하였다. 잉글랜드의 모든 주에서 법에 관한 학식이 있는 사람들 중에서 3-4명을 치안판사로서 선임하였다. 이들에게는 범법자, 반란자, 관직 매매자(barrator)들을 체포할 권한이 주어졌다. 그리고 불법침해죄를 범한 자들을 체포 구금하고 응징할 수 있는 처벌권도 그들에게 주어졌다.[1] 또한 국왕의 평화를 지켜야 하고 국왕의 도로를 통과하는 상인들이 강도나 도둑으로부터 고통을 당하지 않도록 보호하여야 할 의무가 있었다.

평화의 수호자가 재판관으로서 활동할 권한을 지닌 치안판사로 대치되는데 오랜 시간이 걸린 것은 국왕이 그들의 법률적 지식의 깊이에 의심을 품었기 때문일 것이다.[2] 이러한 두려움은 주로 1344년부터 연유한 법률적 훈련을 받은 평화유지의 임무를 받은 자들을 중죄나 불법침해죄를 심리하기 위해서 투입하면서 사라졌다. 중세 말 잉글랜드에는 범죄를 예방하고 범법자들을 체포할 적절한 경찰력이나 범법자들을 재판할 수 있는 전문적으로 훈련된 법관의 수가 적었다. 범법행위를 한 자를 체포하고 그의 죄를 재판하는 일은 중앙의 소수 전문 법관과 지방의 다수 아마추어들에 의해서 다루어졌다. 10여명 정도의 중앙법원의 재판관들, 순회재판관(justice of assize), 왕명의 출납을 담당한 대법관, 법률가(attorney)가 재판을 담당하였다. 여기에다 전문적인 법관이 아닌 아마추어 법률가인 주지사들, 치안담당관들(constables), 치안판사들이 재판과 관련된 업무를 담당하였다. 그러므로 전문적인 법관들이 아닌 아마추어들의 역할이 커지면 커질수록 중세 잉글랜드의 법집행의 공정성과 정확성의 문제가 제기될 수 있었다. 더구나 재판관이 재판을 위해 어느 한 지역에 왔을 때, 각 백호장과 바러에

---

1) Hunt Janin, *Medieval Justice : Cases and Laws in France, England and Germany, 500-1500*, p. 144.
2) J. G. Bellamy, *Crime and Public Order in England in the Later Middle Ages*, p. 95.

서 선발된 배심원들[1] 대부분은 그 지방의 재력가이고 한 때는 지방 정부에서 관직을 보유하였던 자들이었기 때문에 그들에게 공정성이나 정확성을 기대하기가 어려웠고, 더구나 그들에게 전문적인 법률적 지식의 소유를 기대할 수 없었다. 배심원들은 유용한 정보원으로부터 얻은 정보나 자신이 직접 목격한 사항, 그리고 재판관들로 받은 지시에 준하여 사법적 판단을 하였다. 이러한 환경에서 전문적인 법률가들의 양성이 중세 잉글랜드의 법질서 확립에 중요한 과제였다.

치안판사는 국왕의 내각(council)의 모임에서 왕명의 출납을 담당한 대법관과 왕실 회계 책임자인 재무성 장관에 의해서 선출되는 것이 일반적이었다. 그러나 넓은 토지를 소유한 유력자(magnate)들이 그들의 후원자를 확보하기 위한 수단으로서 그들이 원하는 자들을 치안판사로 선출하도록 압력을 행사하기도 하였다.[2] 치안판사의 법정은 1년에 4회 정도 개정되었다. 때로는 2개의 별도 치안판사가 주재한 법정이 열렸는데, 하나는 노동 범죄의 심리를 위해서, 다른 하나는 일반 범죄를 심리하기 위해서 개정되었다. 하루 한 건의 기소 범죄에 대하여 청취하였으나, 때로는 20-30건을 듣기도 하였다. 그만큼 치안판사의 업무는 과중하였으며, 다루어야 할 범죄도 많았다. 그러므로 치안판사의 업무가 과중하면 할수록 재판의 정확성이나 공정성을 확보하기가 더 어려웠을 것이다.

중앙에 설치된 다양한 형태의 국왕의 법원과 지방에 파견된 재판관들에 의해 설치된 여러 가지 형태의 법원과 재판은 잉글랜드 사법제도의 발달뿐만 아니라 중요한 정치적 변화를 일으킨 역할을 하였다. 이미 위에서 언급한 것처럼 중앙법정의 권한 강화와 국왕이 지방에 파견한 재판관들에 의한 보통법의 전국적 확대 적용은 법의 통일성을 기할 수 있었다는 문제뿐만 아

---

1) 중세 잉글랜드에서 배심원에 의한 재판이 진행되었기 때문에 대륙 국가들의 재판제도와는 크게 달랐다. 14-15세기에 12명으로 구성된 소배심제가 잉글랜드 재판의 본질인 반면, 대륙에서는 배심원에 의한 사건의 심리 제도가 쇠퇴하였다.

2) *Ibid.*, p. 96.

니라 왕권강화와 직결되는 문제였다. 에드워드 왕들이 필요에 따라서 다양한 형태의 재판관을 지방에 파견한 직접적 동기는 지방에서 발생한 중죄를 비롯한 여러 형태의 범죄에 대처하여 국왕의 평화를 유지하기 위해서이지만, 이러한 과정에서 국왕권이 지방 곳곳에까지 미치는 부수적 효과를 얻었다. 즉 국왕의 재판권 강화는 지방의 귀족은 물론 호족 세력을 억제할 수 있는 하나의 무기가 되었다. 비록 지방 영주들이 자신의 영지에서 장원재판소를 통하여 사법권을 행사함으로써 경제 외적 소득을 올리고 자신의 신민들에 대한 지배권을 행사하였다고 하더라도, 중죄인에 대한 재판권은 국왕이 파견한 순회재판관들에게 속하였다. 이를 통하여 국왕은 지방의 사법적 정의를 실현하려고 노력하였다. 한편 지방 통치의 핵심적인 세력인 주지사를 국왕이 임명하였으며, 그에 의해서 지방에서 이루어진 모든 재판이 진행되었다. 이러한 사법체제 속에서 왕권은 강화될 수 있었다. 물론 때에 따라서는 이러한 과정이 순조롭게 진행되는 것을 방해한 사건들이 일어나기도 하였다. 예컨대 에드워드 2세 통치기에 발생한 랭커스터 백작 토마스의 반란이나 에드워드 2세의 폐위사건이 대표적인 예이다. 그러나 전반적으로 볼 때, 에드워드 왕들에 의해 이루어진 사법제도의 변화와 사법적 질서의 강화는 지방의 봉건 세력을 억제하고 중앙집권적 정치체제의 수립이라는 과정과 깊은 연관성을 맺게 되었다.

제 2장:

범법자들의 처벌 회피 수단

1. **법익박탈**(outlawry)

법익박탈이란 중죄인이 자신이 지은 죄를 심문 받기 위해서 법정에 출두하지 않아서 그에게 내린 처벌의 한 형태이다. 중죄인에 대한 법익박탈의 사용은 브락톤(Bracton)의 보통법이나 헨리 3세 통치기에 주로 서리(Surrey) 순회재판기록에서 찾을 수 있다. 1166년 클라렌든 법에 따르면 법의 테두리 내에서 활동한 사람들과 법을 위반한(outlaw) 사람들 사이를 구분하였으며, 만약 어느 사람이 중죄를 범하고 도피하면 그는 법익박탈되어야 한다고 언급되었다. 중죄란 모살, 방화, 강도, 강간, 절도 등과 같은 국왕의 평화를 깨트린 심각한 범죄이고, 이 죄를 범한 자들은 국왕의 재판관에 의해서 국왕의 법원에서 죄에 대한 심리를 받아야 한다.[1)] 종종 중죄인들이 정해진 날 재판관 앞에 출두하지 않고 도피하는 경우가 있었는데, 이들에 대한 법원의 대응은 법익박탈을 선언하는 것이었다. 중죄인이 법원에 출두하지 않을 경우 네 차례에 걸쳐서 주 법원에 출두하도록 반복하여 소환하였음에도 불구하고 불출두할 경우 그에게 내린 법익박탈이 유효함이 확인된다. 그에 따라서 국왕은 그의 동산을 몰수하고 그의 주군이나 영주는 그가 보유한 토지를 몰수하였다. 그리고 투옥하였다. 그러나 런던시에서의 법익박

---

1) John Hudson, *The Formation of the English Common Law: Law and Society in England from the Norman Conquest to Magna Carta* (London, 1996), pp. 160-164.

탈은 이와 상이하였다. 런던법원에서는 중죄인이 소환에도 불구하고 세 번이나 법원에 출두하지 않을 경우 법익박탈이 선언되었다.[1] 이는 위에서 살펴본 웨이크필드 장원의 경우와 동일하다.

법익박탈을 당한 대부분의 중죄인들은 순회재판관들 앞에 출두하여 교수형에 처해질 위험성보다는 도피를 선택하였다. 예컨대 1263년에 서리(Surrey) 순회재판에서 227명이 범법행위로 기소되었는데, 그 중에서 122명(55%)이 법원에 출두하지 않았다. 그런데 이들 중에 116명(95%)이 법익박탈되어 재산을 몰수당하였다.[2] 도피한 자들 중에 거의 대다수가 법익박탈된 것이다. 한편 도망자들 중에 6명은 무죄가 선고되었으나 그들의 동산은 몰수되었다. 무죄가 밝혀지더라도 도피하였기 때문에 동산이 몰수된 것이다.[3] 한편 법익박탈된 자에게 은신처를 제공하고 부양하는 행위는 범인은닉죄와 동일한 것이기 때문에 이도 범죄행위이다.[4] 그래서 그러한 행위를 한 자도 중죄를 범한 자로서 도피하였을 때와 마찬가지로 법익박탈된다. 1300년부터 1385년까지 '개봉된 국왕의 칙허 등기부'에서 확인된 범인은닉죄를 범한 중죄인을 사면한 기록을 모두 125건 확인할 수 있는데, 어느 특정한 해에 집중되어 있지 않고 매년 고루 분포되어 있다. 그러므로 이를 통하여 어느 특정한 사실을 추론할 수는 없다.

14세기 전반부에 해당하는 1300년에서부터 1350년까지 '개봉된 국왕의 칙허 등기부' 기록으로부터 958건의 법익박탈에 관한 사실을 확인할 수 있었다. 이처럼 다수의 범법자들이 법익박탈되었다. 그런데 범법행위를 저지른

---

1) John C. Appleby and Paul Dalton, ed., *Outlaws in Medieval and Early Modern England: Crime, Government and Society, c. 1066-c. 1600* (Ashgate, 2009), p. 40; M. Weinbaum, ed., *The London Eyre of 1276* (London Record Society, 1976), pp. xviii-xiv.

2) John C. Appleby and Paul Dalton, ed., *Outlaws in Medieval and Early Modern England: Crime, Government and Society, c. 1066-c. 1600*, p. 41; S. Stewart, ed., *The 1263 Surrey Eyre* (Surrey Record Society, 40, 2006), p. lxxx.

3) *Ibid.*, no. 588, p. 282.

4) *Bracton*, vol. 2, p. 361.

후 도피한 자들이 반드시 중죄인들만은 아니었다. 예컨대 단순 절도행위자도 도피하여 법익박탈당하는 경우가 기록에 자주 등장한다. 그러므로 법익박탈이란 메이트랜드(F. W. Maitland)의 주장과는 달리 어떠한 형태의 범죄라도 범행 후 적절한 사법적 절차를 받지 않고 도피한 자들 모두에게 적용된 제재방법이었다. 물론 사면령에 따라서 법률적 권리를 다시 회복하게 되고 몰수당한 동산도 되돌려 받았다.[1)]

여성이 법익박탈되는 경우는 남성과 다르다. 비록 어느 여성이 한 남성을 법익박탈시킨 원인이 되었다고 하더라도, 그 여성을 법익박탈시킬 수는 없다. 왜냐하면 여성은 독립된 법적 존재가 아니기 때문이다. 10인조에 속하지 못한 12세 이하의 어린이가 법익박탈될 수 없는 것처럼 여성도 어린아이와 마찬가지이다. 어린아이처럼 여성도 법 안에 있는 하나의 인격체가 아니다. 그러므로 여성들은 12세 이상의 남성들이 10인조에 속하고 10인조 검열을 받는 것과 같은 대우를 받지 못하였다.[2)] 그렇다면 만약 어느 여성이 중죄를 범하고 도피한다면, 어떻게 되는가? 어느 여성이 중죄를 범하고 법익박탈된 상태로 도피하다가 체포되면, 그녀는 자신의 재산과 권리를 포기한 자(waiver)가 되기 때문에 재산은 국왕에게 몰수되고 재판결과에 따라서 처벌받았다. 남녀를 불문하고 법익박탈된 상태는 그들의 재산권 상실을 의미하는 것이기 때문에 재산이 몰수되는 것이다.

---

1) *Calendar of Patent Rolls 1321-1324*, p. 51.
2) *Bracton*, vol. 2, pp. 353-354.

2. **성직자의 특권**(benefit of clergy)

성직자들의 특권은 노르만 정복 이전부터 연유한다.[1] 그리고 12세기 이후부터 잉글랜드 교회는 반복하여 성직자의 권리와 특권을 주장하였다. 특히 헨리 2세(1154-1189)와 성직자인 토마스 베케트(Thomas Becket) 사이에 일어난 투쟁 이후 성직자들의 특권이 구체화되기 시작하였다.[2] 헨리 2세는 그가 신뢰한 토마스 베케트를 캔터베리 대주교로 임명하였으나, 대주교가 된 이후 그는 헨리 2세와 교회 지배 문제로 대립하였다. 특히 헨리 2세는 성당참사회원(canon)에 대한 처벌권을 누가 소유하느냐 하는 문제로 토마스 베케트와 충돌하였다. 헨리 2세는 토마스 베케트를 캔터베리 대주교 지위에서 해임하려고 하였으며, 이는 교황권을 침해하는 것이었다. 그러다가 국왕의 기사들 4명에 의해서 토마스 베케트가 살해되었다. 이 사건을 접한 교황 알렉산데르 3세(1159-1181)는 헨리 2세에게 그 사건의 책임을 물었고, 이를 계기로 헨리 2세는 교회 통제를 위하여 1164년에 발표한 클라렌든법(Constitution of Clarendon)의 내용 중에 상당수를 양보하여 잉글랜드 성직자들의 권리와 성직자들에 대한 교황권을 인정하게 되었다. 이를 계기

---

1) L. O. Pike, *A History of Crime in England*, vol. 1 (N. J., 1968), p. 105.
2) L. Gabel, *Benefit of Clergy in England in the Later Middle Ages* (New York, 1969), p. 47.

로 성직자의 여러 가지 특권이 인정되기 시작하였다. 특히 헨리 2세는 교회재판권에 대한 통제에 실패하였다. 헨리 2세는 1163년 웨스트민스터에서 개최된 회의에서 중죄를 범한 성직자의 신분을 박탈하여 그에 대한 처벌권을 종교재판소에서 세속재판소로 옮기려는 시도를 하였다. 이는 성직자로서 범법행위를 한 자들에게 부여한 특권을 박탈하려는 시도였다. 즉 중죄를 범한 성직자는 주교의 종교재판소에서 심리를 받고, 그에 대한 처벌도 교수형이 아닌 정죄(淨罪)였던 특권에 대한 제약의 시도였다. 이러한 시도는 결국 성공할 수 없었다. 그러나 헨리 2세 이후에도 역대 국왕들이 이 문제에 대한 변화를 시도하였다. 헨리 3세(1216-1272)는 그의 통치 말년에 성직자의 범위를 재속성직자와 수도성직자, 수녀들에게 한정시켰으며, 성직자에 대한 교회법원에서의 판결도 평생 동안 투옥이나 사형을 제외한 육체적 형벌을 내렸다. 그러나 점차적으로 성직자의 특권이 제약되기 시작하였다. 에드워드 3세(1327-1377) 통치기에는 심각한 반역의 경우에는 성직자의 특권 적용을 중지시켰다. 주교인 토마스(Thomas de Lisle)의 이중적 생활 형태를 분석하여 에드워드 3세 시대의 성직자들의 모습을 그린 존 아버스(John Aberth)는 그의 저술에서 에드워드 3세가 왜 성직자들의 특권을 제약하려고 하였는가를 설명하고 있다.

중죄를 범한 범인이라도 그가 성직자라고 주장하면서 세속법원에서 범죄에 대한 심문을 받을 수 없다고 주장하는 경우, 일단 고발된 자가 성직자의 특권을 주장하려면 그가 성직자임을 입증하여야 한다. 주교의 관리가 입회한 가운데 그가 성직자임을 입증하기 위해서 성경의 한 구절을 읽어보도록 하였으며, 그런 다음 일차적으로 그가 주교의 관리들에 의해서 성직자인지 여부를 확인받았다. 그리고 그가 성직자인지 여부를 그가 속하였다고 주장하는 교구의 주교로부터 확인받을 것이고, 만약 그가 성직자임이 확인될 경우, 범법행위로 인하여 세속 감옥에 투옥되었더라도 석방하였다. 그리고 주지사는 중죄 때문에 범인으로부터 몰수한 토지, 가옥, 동산 등을 지체 없이 그에게 반환하여야 한다. 그런 다음 그는 주교에게나 아니면 그가 속한 관할 교구의 주교에게 인계되었다. 신변을 인계받은 주교는 그를 주교의 감옥으로 투옥한 다음, 주교의 법원에서 성직자 동료들에 의해서 사실심리를 받으면서 신의 이름으로 그의 무죄를 맹세할 것이다. 범법행위를 한 성직자는 세속법으로부터 독립된 교회법에 따라서 그의 죄에 대하여 심리를 받았다. 일단 주교의 감옥에 투옥된 범법행위를 한 성직자는 그가 훌륭한 명성(good fame)을 지닌 사람임을 증명하여야 한다. 그리고 그가 말하는 것이 진실임을 보증할 무죄증명 선서자들(compurgators)를 확보하여야 한다.[1] 교회법원에서의 사실심리 결과 그의 중죄가 발견되면, 그는 교단으로부터 제명되고, 평생 동안 주교의 감옥에 투옥되는 형벌을 받는다. 이 과정에서 참회의 고통도 받게 될 것이다. 만약 그가 주교의 감옥에 평생 동안 투옥되는 대신 추방령을 받게 되면, 그는 법익박탈자가 되고, 그래서 성직자의 지위를 상실하게 되기 때문에 성직자의 모든 특권은 몰수되고 해외로 추방되어 평생 동안 잉글랜드로 귀국하는 것을 제한받게 된다. 그러나 성역을 이용한 성직자들의 경우, 세속 범법자들이 성역에 40일을 초과하여 머물 수 없었던 것과 같은 규제가 적용되지 않았다. 그리고 강제로 추방할 수 없었다. 예컨대 1299년에 어느 사람이 아우구스티누스 수도회의 수사를 범죄혐의자로 감옥에 투옥하였다. 에드워드 1세가 헤리퍼드(Hereford) 주교로부터 이러한 사실을 통지 받았을 때, 국왕은 그 성직자를 수도원으로 이송하라고 명하였다. 그래서 그는 세속 감옥으로부터 교회로 되돌아 왔다.[2] 이처럼 성직자들의 범법행위는 세속법이 아닌 교회법의 적용을 받아 세속인들과는 다른 예외적인 대우를 받았다. 이것이 성직자의 특권이다. 이러한 성직자의 특권은 잉글랜드 법의 통일성의 장애 요인이었다.

그러나 주교의 감옥에 투옥된 성직자가 탈옥하였을 때에는 문제가 다르다. 만약 탈옥 후, 다시 체포되면 성직자임에도 불구하고 그를 교수형에 처

1) *Ibid.*, pp. 94-95; L. O. Pike, *A History of Crime in England*, vol. 1, p. 299.
2) John C. Appleby and Paul Dalton, ed., *Outlaws in Medieval and Early Modern England: Crime, Government and Society, c. 1066-c. 1600*, p. 89.

하였다. 그가 법을 위반하여 법의 보호를 받을 수 없기 때문이다.[1] 그런데 만약 체포 당시 범죄혐의자가 세속인의 옷을 입고 있었기 때문에 성직자 지위가 입증되지 않을 경우에는 그의 지위가 인정될 때까지 주지사의 감옥에 투옥하였다.[2] 범법행위를 한 성직자들의 형벌로 교수형보다 투옥에 비중을 둔 것은 투옥도 일종의 형벌로 간주한 결과이며, 고백성사의 의미에서 알 수 있듯이 죄에 대한 처벌 기준은 육체적 처벌보다는 정신적인 것에 더 의미를 둔 속죄교리로부터 발달한 것이다.[3] 이러한 성직자들의 특권으로 인하여 자칭 성직자임을 주장하는 범죄자들이 있었으며, 이로 인하여 성직자들에 대한 유죄선고율이 자연히 높아질 수밖에 없었다. 하나왈트의 연구에 따르면, 1300-1319년 사이에 성직자들에 대한 유죄선고율이 60%에 이른다. 그녀는 이를 근거로 하여 높은 유죄선고율에는 배심원들의 반성직자적인 성향이 반영되어 있다고 주장한다.[4] 그러나 필자는 그녀의 주장이 지나치게 비약적이라고 생각한다. 왜냐하면 그녀 자신이 언급하고 있는 것과 같이 "강도와 같은 흉악범에 성직자들이 집중되어 있는데, 이는 영리한 전문 범죄자들이 교수형을 피하려고 성직자임을 사칭하였기 때문이다."[5] 결국 교수형을 피하려는 범법자들의 성직자 사칭[6]이 일반화되어 있던 당시의 상황이 강도와 연관된 성직자의 수를 증가시켰을 것이라는 주장이다.

성직자은 그들의 지위와 관계없이 성직자의 특권을 이용하였다. 주교와 대수도원장과 같은 고위 성직자들도 성직자의 특권을 이용한 사실들이 사료에서 다수 발견된다.[7] 1301-1302년에 윈체스터 주교는 울브시(Wolvesey)

---

1) *Ibid.*, p. 86.
2) *Norfolk Gaol Delivery Rolls*, 19 June 1315, m. 21d, m. 29.
3) T. F. T. Plucknett, *Edward I and Criminal Law* (Cambridge University Press, 1960), pp. 95-96.
4) Barbara A. Hanawalt, *Crime and Conflict in English Communities 1300-1348*, p. 55.
5) *Ibid.*, p. 264.
6) *Norfolk Gaol Delivery Rolls 1307-1316*, m. 32.
7) *Calendar of Patent Rolls 1374-1377*, p. 129. (웨스트민스터 대수도원장인 니콜라스가 국왕으로부터 사면을 받았다.)

에 있는 그의 감옥에 1년 동안 3명의 성직자를 투옥하였다. 그리고 윈체스터에 있는 그의 감옥에는 같은 기간 동안에 6명의 성직자들이 투옥되었다.[1] 하위 성직자들과 마찬가지로 고위 성직자들과 수도사들도 범죄활동에 가담하였다. 윈체스터 주교인 에이머 발렌스(Aymer de Valence)가 폭력을 행사하고 사람을 보내 메이드스톤(Maidstone) 장원에 방화하였으며, 코벤트리와 리치필드(Coventry and Lichfield) 주교인 월터 랭톤(Walter Langton)이 그의 정부의 도움을 받아 그녀의 남편을 모살하였다.[2] 에드워드 2세 통치 후반에 성직자가 갱단에 가담하여 활동한 경우도 있다. 1317년 루퍼드 소수도원(Rufford priory) 소속의 6명의 수도사들이 갱단을 결성하여 강도짓을 한 경우도 있다. 그들은 노팅엄 주에 있는 그들의 수도원 근처를 지나던 토마스(Thomas of Holm)을 포로로 잡아 그의 물품을 빼앗고 그의 몸값으로 200파운드를 지불할 때까지 포로로 잡아두었다.[3] 이처럼 명백히 중죄를 범한 성직자라도 국왕의 법이 아닌 교회법에 준하여 처벌하였다. 이는 분명히 사회질서 유지에 저해요인이 되었을 것이다.

만약 범죄용의자가 성직자라면 그는 두 가지 중에 한 가지를 선택할 수 있었다. 첫째, 그는 즉시 성직자의 특권을 주장하면서 교구장(주교나 대주교)이 출석한 교회법원에서 사실심리를 받을 것을 주장할 수 있다. 둘째, 고발된 자가 성직자라고 주장하지 않고 세속 배심원들 앞에서 그의 혐의에 대하여 재판을 받을 수 있다. 그리고 평결이 그에게 유리하게 내려지면, 그는 성직자의 특권을 주장하지 않을 것이다. 그러나 만약 그에게 불리한 평결이 내려지면 성직자의 특권을 주장할 것이고, 만약 성직자라는 그의 주장이 인정된다면 그의 범법행위에 대한 처벌은 교구장이나 주교의 책임으로 돌아갔다. 그런데 대체로 성직자의 범법행위에 대한 성직자들의 선택은 첫 번째

1) M. Page, ed., *Pipe Roll of the Bishopric of Winchester 1301-1302*, Hampshire Record Series, 14 (Winchester, 1996), p. 359.
2) Michael Prestwich, *Plantagenet England, 1225-1360*, p. 513.
3) *Calendar of Patent Rolls 1317-1321*, pp. 93, 174.

방법이 주를 이루었다. 성직자들의 범법행위에 대한 재판은 처음부터 성직자로서의 특권을 주장하는 것이 일반적이었는데, 이러한 방법이 그들에게는 유리하였기 때문이다. 이와 같이 비록 중죄를 범하였다고 하더라도, 성직자는 세속법에 따라서 재판을 받고 처벌받지 않는 특권을 소유하였다. 그리고 성직자 개인 재산이든 교회 재산이든 간에 그들의 재산권이 세속권으로부터 보호 받는 데까지 확대되었다. 결국 성직자들은 세속권으로부터의 모든 간섭과 지배에서 벗어난 치외법권의 특권을 누렸다.[1] 성직자의 특권 주장은 결국 범법행위에 대한 육체적 처벌을 면하는 수단으로서, 재산 몰수를 회피하는 수단으로서, 그리고 농노화되는 것을 피하는 수단으로서 인식되었다.[2]

15세기 말까지 성직자의 특권을 제약하려는 국왕의 시도가 있었다. 한편 성직자들의 특권은 종교개혁과 함께 점차 약화되기 시작하였다. 헨리 7세(1485-1509) 통치 4년인 1488년에 살인, 절도, 강간과 같은 중죄를 범한 성직자는 오로지 한 번만 성직자의 특권을 주장할 수 있다는 법을 제정 공포하였다.[3] 헨리 8세(1509-1547) 통치기인 1531년에는 살인과 같은 중죄를 범하였을 경우, 첫 번째 범법행위부터 성직자의 특권이 제한되었으며, 성역에 대한 특별대우도 폐지하였다. 그리고 1827년에 만든 새로운 형법에서 성직자와 성역에 대한 모든 특권은 폐지되었다.[4]

---

1) J. G. Bellamy, *Crime and Public Order in England in the Later Middle Ages*, pp. 50-53.

2) L. Gabel, *Benefit of Clergy in England in the Later Middle Ages*, p. 75; L. O. Pike, *A History of Crime in England*, vol. 1, p. 299; Candace Gregory-Abbott, "Sacred Outlaws: Outlawry and the Medieval Church" in John C. Appleby and Paul Dalton, ed., *Outlaws in Medieval and Early Modern England: Crime, Government and Society, c. 1066-c. 1600*, p. 78.

3) 4 Henry 7, c. 14.

4) Harold Potter, *An Historical Introduction to English Law and Its Institutions* (London, 1932), pp. 311-313.

3. 추방령(abjuration)

중죄인이 법적 처벌을 받을 수 있는 제 3의 선택이 있었다. 중죄인은 주지사의 사법권으로부터 벗어나기 위해서 도피할 수 있었다. 주지사의 사법권이 미치지 않는 곳으로 도피하여 체포되지 않으면 비록 중죄인이라고 하더라도 자유를 누릴 수 있었다. 그러면 어느 곳으로 도피하면 그러한 자유를 누리는 것이 가능하였을까? 그것은 잉글랜드를 벗어나는 것이다. 잉글랜드의 사법권이 미치지 않는 바다 건너 다른 곳으로 도피하면 중죄인이 자신의 생명을 부지할 수 있었다. 그러나 이러한 방법이 누구에게나 가능한 일은 아니었다. 바다를 건너야 할 배를 구하여야 하고, 바다 건너 미지의 지역에서 먹고 살아갈 돈이 필요하였기 때문이다. 그러므로 자신이 가진 모든 재산과 가족 친지를 버리고 해외로 도피하는 일이 쉽지 않았다. 그렇다면 권력이나 재산도 없는 중죄인들이 자신의 생명을 보존하기 위해서 택할 수 있는 방법으로는 어떤 것이 있었는가? 이것이 바로 추방령이다. 중죄인이 교회나 수도원 혹은 다른 특권을 지닌 성역(sanctuary)으로 도피하면 사법권을 지닌 관리가 그곳에 들어가 체포하지 못하였다. 그는 최소한 40일 동안 그곳에 머물 수 있는 특권이 보장되었다. 이때 검시관(coroner)[1]이 그곳에 와서 중죄인에게

1) 런던의 경우는 검시관 1명과 주지사 2명이 와서 범법자 자신의 중죄에 대한 고백을 청취하였다.

국왕의 평화에 복종하여 스스로 나와 체포에 응하던지 아니면 추방령을 선택하도록 요구하였다. 그리고 중죄인이 그곳에서 도망하지 못하도록 네 곳의 인근 마을 거주자나 도시민에게 그를 감시하도록 명하였다. 그냥 성역으로 들어가 중죄인을 체포하면 되는데, 어째서 이러한 복잡한 절차를 거쳤는가? 중죄인의 탈출을 방지할 목적으로 성역에 있는 그를 감시하는 문제와 성역 밖으로 그를 끌어내는 것은 별개의 문제였다. 경찰력을 사용하여 중죄인을 성역에서 강제로 끌어내는 것은 성역을 침범한 중대한 위법행위였다. 예컨대 런던에서 1334년에 그러한 위법행위가 범하여졌을 때에 캔터베리 대주교는 런던시장에게 성 바울 교회에 있던 대주교에게 출두하도록 소환하였다. 물론 논쟁이 있었으나, 결국 시장은 런던 교회의 수장인 캔터베리 대주교에게 복종하였다. 그리고 중죄인을 성역으로부터 강제로 끌어낸 시장과 그의 관리들에게 그를 원래의 위치로 데려다놓고 그들은 자신의 잘못을 반성하는 고백성사를 보도록 요구하였다.[1] 즉 그들에게 자신의 행동에 대한 일종의 참회를 하도록 요구한 것이다. 성역권이 1624년 폐지될 때까지 세속권으로부터 교회를 비롯한 성역을 보호한 역할을 하였다.[2]

살인용의자들이 세속의 사법권이 미치지 못하는 교회나 수도원과 같은 성역으로 도피하는 것은 자신이 범인이 아니라는 항변의 표시이기도 하지만, 한편으로는 범죄용의자를 체포하지 못하는 성역권을 이용하기 위해서이다.[3] 그렇다고 살인용의자의 도피를 수수방관하지는 않았다. 법에 따라 궐석재판을 하는 것이 상례이다. 그리고 후에 살인용의자가 체포되면 재판결과를 그대로 집행하였다.[4] 그러나 교회 내에서 일어난 살인사건에 대한 처

---

1) William Stubbs, ed., *Chronicles of the Reign of Edward I and II*, 2 vols, Rolls Series, 76 (London, 1882-1883), vol. I, pp. 363-364; Reginald R. Sharpe, ed., *Calendar of Coroners Rolls of the City of London A.D. 1300-1378*, p. xviii.

2) Statute of 21 James I, cap. xxviii.

3) *Calendar of Patent Rolls 1338-1340*, p. 229.

4) C. A. F. Meekings , *Crown Pleas of the Wiltshire Eyre, 1249* (Devizes, 1961), p. 58.

리는 이와 달랐다. 예컨대 교회 챈슬러(chancellor)를 살해한 자가 교회 관리인에게 체포되어 순회재판관들에게 인계됨으로써 교수형에 처해졌다.[1] 이와 같이 교회 구성원들이 범인을 체포하여 주지사에게 인계함으로써 성역권을 침해하지 않는 가운데 범죄용의자를 체포할 수 있었다. 만약 범죄용의자의 무죄 주장이 배심원들에게 받아들여지지 않으면, 그의 재산은 국왕에게 몰수되고 교수형에 처해졌다.[2] 범죄용의자에 대한 국왕의 동산과 토지 몰수는 외견상 당시 보통법의 정신과 배치되는 처벌이다. 즉 보통법에서는 범법자가 유죄판결을 받기 전에는 그의 동산이 약탈되거나 토지소유권을 몰수하지 못한다고 언급하고 있기 때문이다.[3] 그러나 중죄혐의자가 재판을 받지 않고 도피하면 유죄로 인정[4]되었기 때문에 유죄판결과는 상관없이 도피자의 재산을 몰수하는 것이 일반화되었다.

브락톤이 암시하고 있는 것처럼 추방령의 기원은 1166년에 발표된 클라렌든 법에서 발견된다. 중죄인이 중벌을 피하기 위해 가장 가까운 교회나 수도원과 같은 성역(聖域)으로 도피할 수 있었다. 성역에 범법자가 들어가면 처벌을 면하는 것은 아니지만, 범법자가 일단 성역에 들어가면 그를 강제로 끌어낼 수 없으며, 적법한 법적 절차가 진행되는 동안 그는 보호 받을 수 있었다. 그러나 성역이 속한 지역의 주교가 범법자의 성역 도피권을 인정하지 않고 국왕이나 교회 당국의 명령에 의해서 체포되는 수도 있었다. 예컨대 1322년에 이사벨라 버리(Isabella Bury)가 살인을 범한 후 런던의 어느 교회로 도피하였다. 그러나 런던 주교는 그녀가 불입권을 주장할 수 없다고 결정하고 교회로 들어가 그녀를 체포하도록 명하였다. 그녀는 후에 교수형에 처해졌다.[5] 한편 성역에 들어간 범법자가 자신의 죄를 고백하고 성역의 책임자에게 자신의 신변을 맡

1) Helen M. Cam, "The law-courts of medieval London", p. 74.
2) *Ibid.*, p. 73.
3) *Bracton*, f. 123.
4) *Bracton*, f. 124b; *Britton*, I, p. 43.
5) J. G. Bellamy, *Crime and Public Order in England in the Later Middle Ages*, p. 109.

긴다. 그리고 범죄혐의자는 성역의 규칙을 잘 준수할 것을 맹세한다. 만약 이를 준수하지 않고 성역 내에서 범법행위를 하면 세속권에 그를 넘겨줄 수도 있다.[1] 일부 성역에서는 그들에게 식사를 제공하지만, 일부는 그의 친구나 가족이 식사를 공급하여야 한다. 그렇게 성역에서 40일 동안을 머물 수 있었다.[2] 40일 이후에는 범법자에게 음식 공급이 거부된다. 성역으로 도피한 자들 중에 많은 수가 굶어 죽었던 사실은 바로 그러한 조치로부터 비롯되었다. 런던의 뉴게이트(Neugate)와 마샬시(Marshalsea) 감옥에서 자연사한 경우가 다수 발견되는데, 이러한 예들 중에 다수가 굶어 죽은 경우였다. 이들은 가족이나 친구들로부터 음식을 공급받지 못하였기 때문에 아사한 것이다.[3] 성역에 40일 동안 머문 자는 자발적으로 성역에서 나가야 한다. 만약 40일 이후에도 그들에게 음식을 제공하는 자가 있다면 그는 국왕의 적이며 평화의 파괴자로서 간주되었다. 만약 40일 이내에 성역을 떠나기를 간청한다면, 검시관에게 그의 죄를 고백하고 추방령을 통해 왕국을 벗어나 생명을 유지할 수 있었다. 만약 그가 추방령을 선택하면, "나는 사악한 행동을 하여 잉글랜드 왕국을 벗어나 국왕과 그의 상속자들의 허가 없이는 다시 귀국하지 않는다."라고 맹세하여야 한다.[4] 추방령은 검시관 앞에서 내려지고 다음 순회재판 때에 재판관들 앞에서 그에 관한 사항을 검시관기록에 기재한다. 만약 그가 추방을 선택한다면, 검시관으로부터 왕국을 떠나야 할 항구를 지정받거나 혹은 중죄인 자신이 항

1) 1322년에 어느 여성이 런던 교회에서 어느 성직자를 살해하였다. 그녀의 성역권 주장에도 불구하고 그녀는 런던 주교의 명령으로 세속권에 이양되어, 사실심리를 받은 다음 교수형에 처해졌다. (*Ibid.*, p. 109.)

2) 1624년 제임스 1세의 법령으로 성역권이 폐지될 때까지 그 권한이 반드시 지켜진 것은 아니었다. 1298년에 런던시에서 성역권이 더 이상 보호될 수 없다는 법안이 마련되기도 하였으며(*Calendar of Letter Book B*, p. 215), 1321년에는 범법자들이 성역으로 도피하면 그것은 누구의 책임인가 하는 책임론이 제기되기도 하였다. 이에 대한 에드워드 3세의 칙령도 발표되었다. (Reginald R. Sharpe, ed., *Calendar of Coroners Rolls of the City of London A.D. 1300-1378*, pp. xviii~xx.)

3) *Ibid.*, pp. 67, 72, 105-106, 113, 121.

4) Harry Rothwell, ed., *English Historical Documents 1189-1327*, p. 567.

구를 선택할 수도 있었으며, 그 항구에 도착해야 할 시간이 검시관에 의해서 정해진다. 통상 3일에서 수 주일에 이르는 시간을 지정받게 된다. 그리고 항구에 도착한 자들은 프랑스나 저지대 국가로의 항해를 떠난다. 그를 순례자 복장으로 위장시킨 다음, 40일 이내에 도버 항[1]을 통하여 프랑스나 플랑드르로 추방하였다고 메이트랜드는 주장한다.[2] 그러나 그의 주장처럼 반드시 도버 항구를 통해 추방된 것은 아니었다. 런던시에서 위법행위를 한 범법자들은 주로 남동쪽에 위치한 항구들인 도버 항이나 사우샘프턴(Southampton) 항을 통하여 추방되었는데, 예외적으로 해리지(Harwich) 항, 브리스톨(Bristol) 항을 통하여 추방된 경우도 있었다.[3] 추방령을 받은 자가 항구에 도착하여야 한 시간은 지역에 따라 서로 다르게 주어졌다. 예컨대 어느 중죄인은 서퍽 주에 있는 마일댄홀(Mildenhall)로부터 야마우스(Yarmouth)에 도착하는데 3일이 주어졌는가 하면, 말 한 필을 절도한 죄로 추방된 또 다른 자는 6일이 주어졌다. 1295년에 노리치(Norwich)에서 추방된 자에게 180마일의 여행거리에 3주간을 허용하였는가 하면, 약 170마일 정도 떨어진 거리인 린(Lynn) 근교로부터 샌드위치(Sandwich)까지 이동하는데 겨우 4일

---

1) 국외추방은 주로 도버 항구를 통하여 채널 제도(Channel Islands)를 비롯하여 외국으로 보내는 방식을 취하였으나, 포츠머스(Portsmouth) 항구를 비롯하여 여러 항구를 통하여 추방하였다. (C. Gross, *Select Cases from the Coroners Rolls*, p. 68.)

2) F. Pollock and F. W. Maitland, *The History of English Law before the Time of Edward I*, vol. II, pp. 590-591; John Reeves, *History of the English Law* (New Jersey, 1969), vol. 1, p. 193.

3) Reginald R. Sharpe, ed., *Calendar of Coroners Rolls of the City of London A.D. 1300-1378*, pp. xxi, 84, 90, 110-111, 113. 만약 도버 항에 도착하는데 4일이 허용되었다면, 다트퍼드(Dartford)-뉴윙턴(Newington)-캔터베리를 지나 도버 항에 도착하거나 혹은 싱글웰(Singlewell) -뉴윙턴-캔터베리를 거쳤다. 만약 도버 항에 도착하는데 3일이 주어졌다면, 로체스터를 거쳐 캔터베리에 도착하게 하였다. 만약 추방될 항구가 사우샘프턴 항이라면, 킹스턴-길드퍼드(Guildford)-알턴(Alton)에 머무는 것이 허용되었다. 혹은 코브햄(Cobham)-판햄(Farnham)-알레스퍼드(Alresford)나 혹은 윈체스터를 거쳐 항구에 도착하였다. 그리고 브리스톨 항구가 선택되었다면, 첫째 날은 위컴(Wicombe), 둘째 날은 옥스퍼드, 셋째 날은 윌트셔에 있는 하이워스(Highworth), 넷째 날은 말메스버리(Malmesburi), 다섯째 날에 브리스톨 항구에 도착하도록 추방자에게 시간을 부여하였다.

을 허용한 경우도 있다.[1] 왜 추방된 자들 사이에 주어진 시간의 차이가 나는가를 설명할 수는 없다. 아마도 검시관이 추방된 자의 건강이나 나이를 고려하여 항구까지 도착할 시간을 결정하였을 것으로 추정된다. 만약 정해진 기간 내에 왕국을 떠나지 않으면, 검시관은 죄인들의 추방령을 입증하고 교수형에 처하였다.[2] 그리고 국왕의 사면이 없는 한 추방지를 벗어나 잉글랜드로 귀국할 수 없었다.[3] 추방지로부터 탈출하여 본국으로 비밀리에 귀환하였다가 체포되면, 그는 법익박탈 상태이기 때문에 교수형에 처해졌다.[4] 추방령이 내리면 토지와 동산 등 그의 모든 재산은 몰수되고 그의 부인은 과부로 취급하였다. 결국 그는 생존하여 귀환하지 못한다는 전제가 추방령에 담겨있다.[5] 따라서 추방령은 사면이 아니라 다만 교수형 집행을 유예한 것에 불과하다.

1300년부터 1350년까지의 '개봉된 국왕의 칙허 등기부'을 조사한 결과, 추방된 자들의 사면에 관한 기록을 36건 확인할 수 있었다. 추방령과 관련된 36건의 기록 중, 20건이 살인, 13건이 절도와 강도, 3건이 장물취득자와 관련된 추방이었던 점으로 보아서 성역이 살인자와 같은 중죄인뿐만 아니라 단순 절도범,[6] 강도나 장물취득자들의 도피처로도 이용되었음을 확인할 수 있다.[7] 한편 여성이 6명이나 추방령을 받아 범법자의 추방에는 남녀의 구분이 없었다.[8] 그렇다면 이곳에 등장한 중죄인들은 어느 곳으로 추방되었는가?

---

1) *Britton*, i, p. 55; *Bracton*, ii, pp. 382-384; J. C. Cox, *The Sanctuaries and Sanctuary Seekers of Medieval England* (London, 1911), pp. 28-30; J. G. Bellamy, *Crime and Public Order in England in the Later Middle Ages*, p. 113.
2) Ralph B. Pugh, ed., *Wiltshire Gaol Delivery and Trailbaston Trials 1275-1306* (Devizes, 1978), p. 86.
3) *Bracton*, f. 136. (추방당하면서 다음과 같이 맹세하였다. "나는 왕국을 떠나 차후 국왕이나 그의 후계자들의 허가 없이 귀국하지 않겠다.")
4) Reginald R. Sharpe, ed., *Calendar of Coroners Rolls of the City of London*, p. xx.
5) Harold Potter, *An Historical Introduction to English Law and Its Institutions*, p. 314.
6) *Calendar of Patent Rolls 1317-1321*, p. 330. [여러 사람들이 소유하고 있던 토끼들을 절도하여 3년 동안이나 게레세이(gereseye)섬에 추방된 랄프 쌕을 사면함.]
7) *Calendar of Patent Rolls 1301-1307*, p. 71.
8) Reginald R. Sharpe, ed., *op. cit.*, p. 88.

사면장에 따르면, 추방자들을 아일랜드로 추방한 경우[1])도 있으나, 대부분이 잉글랜드 해협 남부와 프랑스 북서해안 부근 사이의 채널 제도(Channel Islands)나 프랑스로 추방되었다.[2]) 따라서 프랑스와 플랑드르로 추방하였다는 메이트랜드의 주장[3])과는 다르다.

추방된 자는 태풍과 같은 절박한 상황에 직면하여 대피처를 찾는 경우를 제외하고는 추방될 항구로 가는 동안에 오솔길을 따라 이동하여서는 안 된다. 오로지 국왕의 도로(highway)를 따라서 이동하여야 한다. 그는 성지를 순례하는 순례자처럼 숙박소를 이용할 수 있으나, 한 장소에서 2일 동안 머무는 것이 금지되었다. 얼마나 많은 추방령을 받은 자들이 정해진 항구로 가는 도중에 숲속으로 들어가 범죄 집단에 가입하였는지는 알 수 없다. 만약 그가 밤낮으로 허가된 도로를 벗어나거나 혹은 허가 없이 귀국하면, 그는 성역에 대한 모든 권리를 상실하고 누군가 그를 살해하도록 허용되거나 참수되었다.[4]) 그런데 숲속에 매복한 그의 적들로부터 그를 안전하게 보호하고 목적지까지 안전하게 도착하게 하려고 그가 범죄를 범한 지역에서 가장 가까운 4개 도시나 촌락으로부터 온 사람들이 목적지에 도착할 때까지 그를 감시하면서 동행하였다. 그에게 지정된 항구에 정해진 날 안에 도착하게 하기 위해서 가해진 규제였다. 추방된 자가 정해진 항구에 도착하면 폭풍우를 만나지 않는 한 즉시 배를 타고 왕국을 벗어나야 한다. 만약 타고 떠날 배가 없다면 하루에 한 번씩 바다에 나가 배를 구하여야 한다. 만약 40일 동안 배를 구하지 못하면, 추방령을 받은 자는 적당한 기회를 기다리기 위해서 성역으로 다시 돌아와야 한다.

---

1) *Calendar of Patent Rolls 1307-1313*, p. 57.
2) *Calendar of Patent Rolls 1307-1313*, p. 63. [그곳에는 건지 섬(Gernereye), 저지 섬(Jereseye), 사크 섬(Serk), 올더니 섬(Auerneye)이 있다.]
3) F. Pollock and F. W. Maitland, *The History of English Law before the Time of Edward I*, vol. II, pp. 590-591; John Reeves, *History of the English Law*, vol. 1, p. 193.
4) R. F. Hunnisett, ed., *Bedfordshire Coroners' Rolls*, No. 237.

4. 군사적 자원 확보와 범법자의 사면

그렇다면 추방령이 범죄 발생 예방에 효과가 있었는가? 물론 추방령은 범죄 발생 예방의 수단이었다. 그리고 추방령을 받은 자가 거주한 이웃 주민들에게는 범죄에 대한 경각심을 고취시키고, 또한 범법자라는 위험인 자를 제거한 결과로서 안심할 수도 있었을 것이다. 그러나 범법자들에 대한 처벌 방법이 13세기 말부터 14세기에 이르는 동안에 급격한 변화가 일어났다. 스코틀랜드와 웨일스 및 프랑스와의 빈번한 전쟁에 직면한 에드워드 1세는 범법자들을 사면하는 대신 그들로부터 군역을 징수하였다. 이러한 편법을 통한 군역확보책은 에드워드 2세와 3세에 의해서도 계승되었으며, 이는 범법자들에 대한 처벌의 한 방법으로서 추방령의 의미를 퇴색시켰다. 결과적으로 추방령이 중죄인들을 처벌하는 하나의 수단으로서의 역할을 하는데 한계를 드러낼 수밖에 없었다.[1)]

대외 전쟁에 필요한 군역을 납부하였던 징집된 병사들의 곡물과 가축 공급을 비롯한 식비와 임금 지불 비용을 비롯한 원정비용은 대귀족들이나 성직자들 못지않게 도시민은 물론 촌락인들에게 큰 부담이 되었다. 왕실의 입장에서도 전쟁은 크나큰 재정적 부담을 안겨주었고, 이를 직접세 징

---

1) A. Musson, *Medieval Law in Context: the Growth of Legal Consciousness from Magna Carta to the Peasants' Revolt* (Manchester, 2001), p. 172.

수로 충당하였다. 왕실에서 마련한 전비의 38% 정도가 동원된 군사들의 임금으로 지출될 정도로 인건비 부담이 높았다. 당시 촌락인을 비롯한 도시의 자유인들 중 상당수가 임금을 받을 목적으로 전사로서 전투에 참전하였을 정도이다. 그러나 전투가 농번기에도 지속될 경우 촌락인들에게는 큰 부담이 되었으며, 이는 탈영을 감행하기에 충분한 원인이 되었다. 플랑드르, 가스코뉴, 스코틀랜드에 출정하여 군역을 납부하던 병사들이 탈영하여 군사력이 부족하게 되자, 에드워드 1세는 1294년부터 전쟁터에 투입할 군사력 확보를 위한 비상수단으로 군역납부를 조건으로 중죄인들을 사면한 제도를 실시하였다.[1)] 이러한 목적을 위해 2,000명 이상의 범법자들이 사면되었다. 에드워드 3세 통치기에도 백년전쟁에 동원할 군사적 자원 확보를 위해 유사한 정책을 썼다. 크레시 전투에 동원하기 위해서 범법자들을 사면한 것이다. 크레시 전투가 일어난 1346년에 갑자기 사면자 수가 크게 증가한다. 군역납부를 조건으로 사면된 자가 187명, 왕비나 국왕의 친인척, 주교, 백작 등의 요구나 청원으로 사면된 자가 40명에 이른다. 한편 칼레를 포위 공격한 1347년에는 군역납부를 조건으로 사면된 자가 303명, 국왕의 주변 인물들의 요청이나 청원으로 사면된 자가 49명에 이른다. 이전이나 이후에 비하여 사면된 자들의 수가 급증한 것은 백년전쟁에 참여할 군사적 자원 확보와 깊은 관계가 있다. 이러한 사실은 1347년 국왕에 대한 의회의 청원에서 나타난다. 1353년에도 국왕의 군역을 수행하려고 해외에 머문다는 조건으로 범법자들을 사면하였다.[2)] 그리고 가장 많은 사면이 부여된 시기는 1360년과 1361년이다. 이 시기에 각각 428명과 164명이 사면되었다. 물론 이러한 사면은 주로 프랑스와의 전쟁에 투입될 군사적 자원 확보를 위한 것이었다. 그런데 중죄를 사면하

1) M. Prestwich, *War, Politics and Finance under Edward I* (London, 1972), p. 290. 이에 관한 구체적 예는 본문에서 자주 언급될 것이다.

2) *Rotuli Parliamentorum ut et Petitiones et Placita in Parliamento,* vol. ii, pp. 172, 253.

는 조건으로 군역을 납부자들에게는 임금을 지불하지 않았기 때문에 국왕의 입장에서는 전비도 절약하고 군사력도 확보하는 이점이 있었던 것이다. 그러나 도시민이나 촌락인들은 자신의 거주지 중심의 공동체 소속 의식이 강하였기 때문에 그들에게 국가의식이나 국민의식을 기대하기에는 시기적으로 아직 일렀다. 따라서 전쟁 자체도 국왕과 왕실 및 귀족들의 이해관계로부터 비롯된 봉건왕정의 전쟁이었다. 이러한 상황에서 병사들에게 애국심을 기대하기는 어려운 실정이었다. 그런데 이러한 제도의 실시는 중죄인들을 사회에서 제거시키려는 의도도 담겨 있으며, 실제로 어느 정도 효과도 거두었을 것이다. 그러나 편법을 사용한 군사력 확보는 결국 국왕 스스로가 법과 질서를 파괴하는데 주도적 역할을 한 폭이 되었나. 중죄인들에게 공적으로 중형을 면할 수단을 국왕이 제공한 상황에서 국내 치안질서가 잘 유지되기를 기대하는 것은 무리가 아닐까? 더구나 이 제도는 에드워드 1세 통치기에 국한된 것이 아니라 에드워드 2세와 에드워드 3세 통치기에도 계속되었기 때문에 14세기 내내 잉글랜드 사회에 끼친 악폐도 컸을 것이다. 예컨대 탈영병들이 소지한 무기는 지방의 무질서를 야기한 또 다른 원인이 되었다. 이러한 이유로 인하여 의회도 국왕의 사면권을 제한하려고 노력하였다. 의회의 청원이 에드워드 3세 치하인 1334년, 1339년, 1346년 등 3차에 걸쳐 있었다.[1] 의회가 국왕에게 이러한 청원을 한 배경에는 사면권을 남용함으로써 범법자들을 고무시킬 수 있다고 생각하였기 때문일 것이다. 결국 국왕은 의회에 대하여 중죄인들에 대한 특별사면 부여를 여러 차례 부인하기에 이른다.[2] 이러한 국왕의 행위는 국왕의 특별 사면권에 대한 의회의 제약에 정당성을 인정한 결과일 것이다. 그 만큼 이 제도의 실시로 인한 부작용이 뒤따랐다. 그럼에도

1) *Ibid.*, vol. ii, pp. 104, 161, 376.
2) Alexander Luders, T. E. Tomlins, and John Raithby, eds., *Statutes of the Realm, 1101-1713*, vol. 1, pp. 257, 264, 275, 286.

불구하고 에드워드 왕들이 계속하여 이 제도를 실시하였음은 전비를 적게 들이고도 잦은 전쟁에 필요한 군역을 쉽게 확보할 수 있는 장점이 있었기 때문일 것이다.

제 3장:

범죄의 유형과 처벌

1. 범죄의 유형

13세기 이전 잉글랜드의 형법상 범죄의 유형을 구분할 때 다음과 같은 두 가지 형태로 분류할 수도 있다. 그 하나는 사람에게 피해를 입힌 범죄요, 다른 하나는 재물에 손해를 끼친 범죄이다. 그런데 사람과 관련된 범죄로서는 살인, 강간, 반역, 폭행, 마법, 명예훼손 등이 있으며, 재물에 끼친 범죄로서는 절도, 강도, 장물취득, 방화, 사기와 문서위조 등이 있다. 에드워드 1세 통치기까지 범죄를 중죄와 불법침해죄 혹은 경범죄 등 두 가지로 구분하였다. 가장 사악하다는 의미를 지닌 용어인 'felony'에는 살인(homicide), 방화(arson), 강간(rape), 강도(robbery), 1쉴링이나 그 이상의 가치를 지닌 동산을 절도한 중절도(grand theft), 범인은닉죄(harbouring) 등이 속한다.[1] 1215년에 발표된 대헌장에서 언급된 것처럼 중죄는 국왕의 재판관들에 의해서만이 다루어질 수 있는 범죄이다. 그러므로 각 주에서 발생한 중죄는 국왕의 순회재판관들이나 웨스트민스터에 설치된 국왕이 직접 참여한 중앙법원에서만이 다루어졌다. 모반자나 중죄인에 대한 처벌은 교수형이 일반적 원칙이고 그의 동산과 토지는 국왕에 의해 몰수되었다. 한편 14세기에 이르러 13세기의 범죄구분법에 있어서 약간의 변화가 나타났다. 14세기에는

1) James Fosdick Baldwin, *The King's Council in England during the Middle Ages* (Gloucester, 1965), p. 102.

범법행위를 세 가지 영역으로 구분하였다. 첫째는 반역이다. 그것을 다시 대역죄와 소반역죄로 구분하였다. 둘째, 중죄이다. 위에서 언급한 중죄에 속한 범법행위는 물론 일정한 가치 이상의 물건을 절도하거나 강도한 경우와 일정한 가치 이상의 피해를 타인에게 끼친 불법침해도 중죄에 해당한다. 셋째, 불법침해이다. 각종 조례를 위반한 경우, 예컨대 에일의 양조와 판매가격을 규정한 조례를 위반하거나 에일과 포도주의 판매에 있어서 부정한 용기의 사용, 등급이 서로 다른 포도주와 에일을 혼합하여 판매함으로써 부당 이득을 취한 위반, 곡물이나 생선과 같은 식생활에 중요한 식품의 판매에서 부당 이득을 얻는 행위 등은 불법침해죄로 간주하였다. 대체로 중죄 중의 일부나 불법침해죄에 대한 처벌은 벌금형이었다. 그러나 일부 중죄인들은 교수형으로서 처벌하였다. 그렇다면 이러한 유형의 범죄 중 범법자를 교수형에 처한 중죄로 간주한 범죄로 어떤 것이 있는가? 반역, 살인, 방화, 강간, 강도(robbery), 가택침입절도(burglary), 중절도죄(grand larceny) 등 일곱 가지 범죄였다.[1] 이러한 유형의 범죄 가운데 인간과 관련된 범죄로서 중죄에 해당하는 가장 무거운 처벌을 받은 범죄가 반역죄이다. 12세기 말인 1187년부터 1189년 경 사이에 글레빌(Ranulf Glanvill)이 로마법과 게르만법을 참고한 가운데 반역죄의 개념을 수립하였다.[2] 그리고 1250년대 말에 이르러 브락톤(Bracton)이 글렌빌의 반역의 정의를 보다 발전시키는 과정에서 로마법적인 반역의 개념을 크게 반영하였다.[3] 1215년 바론들의 강요에 의한 존 왕의 대헌장 승인으로 약화된 왕권은 봉건왕정을 유지시키는 범주에서 그 힘을 발휘할 수 있었다. 그러나 13세기 말 에드워드 1세 통치기에 형법상 반역죄에 대한 법적 규정을 보다 다양하고 구체화시키면서 왕권

1) F. Pollock and F. W. Maitland, *The History of English Law before the Time of Edward I*, vol. II, p. 511.
2) *Glanvill*, pp. xi-xiv.
3) J. G. Bellamy, *The Law of Treason in England in the Later Middle Ages* (Cambridge University Press, 1970), pp. 6-9; 홍성표, 『중세 영국 사회와 범죄』, 23쪽.

이 강화되었다. 그러므로 에드워드 1세의 반역법 체계의 정비가 14세기 이후 잉글랜드의 형법 발달은 물론 왕권 강화의 초석이 되었다.[1] 왜냐하면 반역죄의 범주가 넓어지고 보다 구체화된 것이 단순히 형법상 반역죄에 대한 개념 변화에 국한되지 않고 대귀족들과 고위성직자들의 권리를 제약함으로써 사회구조 변화에 큰 영향을 끼쳤기 때문이다.

---

1) J. G. Bellamy, *Criminal Law and Society in Late Medieval and Tudor England* (Gloucester, 1984), p. 1.

2. 절도

1) 재산범죄의 유형과 특성 분석

이곳에서 다룬 1315년 9월 14일부터 1317년 8월 15일까지 약 2년간에 걸쳐서 웨이크필드 장원에서 발생한 강도와 절도사건은 총 292건이다. 이것을 범죄유형에 따라서 분류하면, 단순절도(larceny)가 221건(75.7%), 주거침입절도(burglary)가 63건(21.6%), 강도(robbery)가 8건(2.7%)이다.[1] 따라서 이러한 통계를 신뢰한다면, 웨이크필드 장원에서 일어난 재산범죄 중 단순절도가 절대 다수를 점유하고 있다. 한편 하나왈트는 1300년에서 1348년에 이르는 동안 웨이크필드 장원이 속한 요크셔 전체에 걸쳐서 필자와 동일한 유형의 범죄율을 조사한 결과, 각각 64%, 28.3%, 7.7%로 계산하였다.[2] 따라서 필자의 계정과 그의 산정 사이에 크게는 약 11%에서 적게는 5% 정도가 많거나 적은 차이가 나타난다. 즉 하나왈트는 주거침입절도와 강도는 필자의 산정보다 높게, 단순 절도는 낮게 산정하였다. 그렇다면 이러한 차이는 왜 일어났는가? 무엇보다도 하나왈트는 1300-1348년을 연구대상으로 삼은 반면, 필자는 대기근기인 1315-1317년만을 연구대상으로 택한

1) Bracton은 13세기 중엽 그의 보통법에서 절도를 latrocinio로, 강도를 roberia로 서술하여 구분하고 있다. (*Bracton*, f. 152.)
2) Barbara A. Hanawalt, *Crime and Conflict in English Communities, 1300-1348*, p. 67.

데에서 비롯된 결과일 것이다. 한편 구체적인 이유로서는 다음과 같은 사실을 열거할 수 있다. 장원기록을 통하여 경미한 절도(petty theft) 행위와 타인의 권리를 불법침해한 경우를 확실히 구분할 수 없는 경우가 많다. 즉 경미한 절도 행위가 불법침해로 기록된 경우가 다수 있다는 지적이다. 예컨대 1317년 4월 10일 할리팍스(Halifax)에서 열린 순회재판에서 휴(Hugh Waynwriht)의 아내인 아마벨(Amabel)이 토마스(Thomas of Ovendene)의 집을 방문하여 담요를 덮고 잔 다음 그것을 갖고 집으로 가버렸다.[1] 이러한 경우를 절도로 간주할 것인가 아니면 불법침해로 볼 것인가에 따라서 통계치에 차이가 나타날 수 있다. 필자는 사료에 자주 등장하는 'felonice furatus fuit'라는 문귀에서 보는 바와 같이 동사인 'furari'라는 용어만을 단순절도로 간주하였으며, 또 다른 절도 형태인 주거침입절도는 동사인 'burgare', 'deburgare', 'deburgacio'라는 용어가 사용된 경우만 절도행위로 간주하여 분석의 대상으로 삼았다. 'burgare'라는 용어는 1348년과 1353년의 연감(Year Books)에서 인용되었는데, 국왕의 재판관들이 그 용어의 분명한 의미를 부여하였으며, 그래서 그것이 보통법에서 사용한 하나의 용어가 되었다. 1348년 연감에서 정의한 바에 따르면, 가택침입절도는 평화로운 시기에 범의를 품고 타인의 가옥이나 교회를 침입한 범죄이다. 비록 어느 자가 아무 것도 훔쳐가지 못하였다고 하더라도, 가택침입절도죄를 범한 자는 그 자체가 중죄이기 때문에 교수형에 처하여야 한다고 규정하였다. 그러나 집 마당과 같은 경내(close) 침입은 폭력이 수반되더라도 중죄의 요건을 갖추었다고 보지 않았다. 왜냐하면 그것은 불법침해이기 때문이다.

한편 하나왈트는 재판기록 뿐만 아니라 미결수 감옥재판기록에 등장하는 절도와 강도사건을 전체 사건수에 포함시켜 분석함으로써 필자가 산정한 사건들의 비율에 차이가 발생할 수 있다. 그럼에도 불구하고 필자의 연구는

1) *Wakefield Court Rolls,* 10 Edward II, 1317. [Tourn at Halifax on the Monday after the Octave of Easter(Apr. 10)].

대기근 발생과 정치적 격변기에 웨이크필드 장원에서 일어난 절도의 특징과 그에 대한 사실심리와 재판의 특성을 이해한다는 한정적 의미 파악을 위해서는 가치가 있을 것이다.

2) 단순절도(larceny)

중세 잉글랜드의 보통법에 따르면 절도를 두 가지 형태로 구분하지 않고 소유자의 의사와는 관계없이 불법적으로 타인의 재물을 취득하는 행위로 규정하였다.[1] 그러나 절도를 공개적인 형태(publicum)와 비밀리(privatum)에 한 경우로 세분화시키고는 있다.[2] 이를 현대적인 관점에서 볼 때, 두 가지 형태의 절도, 즉 단순절도와 주거침입절도로 구분할 수 있으며, 필자도 이 원칙에 따라서 절도를 두 가지 형태로 나누어 분석하는 방법을 택하였다. 단순절도란 초지(草地)에 있는 가축을 몰고 가거나 주인이 없는 가운데 수확 후 쌓아둔 곡물을 가져가거나 혹은 열려있는 집에 들어가 각종 재물을 절취 운반(taking and carrying)하는 행위이다.[3] 그리고 이러한 유형의 절도를 절도품의 가치에 따라서 두 가지로 분류할 수 있는데, 그 하나는 소액절도(petty larceny)로서 통상 절도품의 가치가 12펜스 이하인 경우가 그에 해당하고, 다른 하나는 절도품의 가치가 12펜스 이상인 상대적으로 중죄에 해당하는 경우이다. 이같이 경미하고 무거운 절도행위의 기준을 12펜스로 삼은 이유는 그것이 형량(刑量) 결정의 근거가 되었기 때문이다. 즉 그것을 기준으로 교수형, 체형, 벌금형이 결정되는 것이 일반적

---

1) *Glanvill*, X. 13.; *Bracton*, f. 150b, f. 152. 이곳에서 단어에 대한 개념정의를 하지 않은 가운데 burglatores라고 언급하였다. (Bracton, f. 115.)

2) *Bracton*, f. 150b.

3) Barbara A. Hanawalt, ed., *Crime in East Anglia in the Fourteenth Century: Norfolk Gaol Delivery Rolls 1307-1316* (Norfolk Record Society, 1976), p. 9; Elisabeth G. Kimball, ed., *A Cambridgeshire Gaol Delivery Roll 1332-1334* (Cambridge, 1978), p. 9.

이었다.[1] 그러나 이러한 기준과는 다른 판결이 나타나는 것으로 보아 그것이 모든 경우에 그대로 적용되었다고 일반화시킬 수 없는 한계성도 있다. 예컨대 캠브릿지셔의 미결수 감옥재판기록에 따르면, 가벼운 절도죄도 벌금이 아닌 수 주일에서 수개월에 걸친 체형이 가해졌기 때문이다.[2] 그러나 보통법의 규정에 따르면, 중죄 여부를 판단하는 기준이 12펜스 이상의 가치를 지닌 물건의 절도이기 때문에 이곳에서도 이 기준에 따라서 단순절도의 특성을 밝히려고 시도하였다.

1315년 9월 14일부터 1317년 8월 15일에 걸쳐서 웨이크필드 장원법원 기록에서 확인한 단순절도 사건은 총 221건이다. 기록에 따르면 절도품의 종류는 매우 다양하였다. 예컨대 가축, 직물이나 양모 및 농업도구와 같은 동산, 곡물이나 빵과 같은 식품, 그리고 화폐나 보석과 같은 귀금속 등이 주요한 절도 대상물이었다. 그런데 그 중에서도 가축을 절도의 대상물로서 가장 선호하였는데, 이는 가축이 가장 가치가 있었을 뿐 만 아니라 이동시키기가 용이하였기 때문이다.[3] 절도품 중 다수를 점유한 가축의 종류를 구분하면 아래의 도표와 같다.

[도표 1] 절도한 가축의 빈도수

가축종류	암소	양	황소	송아지	말	돼지	나귀	염소	닭	거위	총계
절도건수	22건	19건	21건	14건	5건	2건	1건	1건	1건	1건	87건

1) W. S. Holdsworth, *A History of English Law*, iii, 3rd ed., (London, 1923), p. 366; F. Pollock and F. W. Maitland, *The History of English Law before Edward I*, vol. II, pp. 494-500.

2) Ralph B. Pugh, *Imprisonment in Medieval England* (Cambridge University Press, 1968), p. 27; Elisabeth G. Kimball, ed., *A Cambridgeshire Gaol Delivery Roll 1332-1334*, p. 9.

3) Barbara A. Hanawalt, *Crime and Conflict in English Communities, 1300-1348*, pp. 71-72.

[도표 1]을 통하여 볼 때, 가장 가치가 높고 농업과 밀접한 관계가 있는 소가 57건(65.5%)으로서 절도의 주요 대상물이었음을 파악할 수 있다. 그 다음으로는 절도범들이 양을 선호하였다. 양과 소의 절도건수를 합하면, 전체 중 87.4%를 점유한다. 그렇다면 절도범들이 주로 소나 양을 절도의 대상으로 택한 이유는 무엇인가? 사료에 나타난 바에 따르면 양 한 마리의 가격이 1쉴링에 이른다.[1] 그러나 소의 가격은 시기와 지역에 따라서 달리하고 있다. 베일리프(Bailiff) 지역에서는 황소 한 마리의 가격이 9쉴링[2]으로 나타난 반면, 동일 지역에서 황소 두 마리 값이 17쉴링으로 산정되기도 하였다.[3] 한편 10쉴링의 가치를 지닌 것으로 기록된 경우도 있다.[4] 결국 이러한 가격의 편차 때문에 황소가격의 정확성을 기할 수 없으므로 이곳에서는 8쉴링에서 10쉴링에 이른다고 언급할 수밖에 없다. 그러나 이 가격은 말 한 필 값[5]을 제외하고는 가장 값비싼 것이었다. 그 이외의 가축가격을 살펴보면, 암소 한 마리가 7쉴링, 암송아지 한 마리에 5쉴링, 당나귀는 한 마리에 8쉴링으로 각각 나타나고 있다.[6] 또한 돼지가격은 이 보다 훨씬

---

1) 이 장원에서 1315년부터 1317년에 이르는 동안 양의 가격은 거의 변함이 없었다. 왜냐하면 양의 가격에 관하여 언급한 4건의 기록 모두가 두당(頭當) 1쉴링으로 언급하였으며, 더구나 그 기록들이 시기를 달리하여 각각 Halifax, Bailiff, Holne, Birton 등의 지역에서 동일하게 나타나고 있기 때문이다. [*Wakefield Court Rolls*, 9 Edward II, 1315. (Tourn at Halifax, Monday next after the Feast of St. Luke the Evangelist)]; *Ibid.*, 9 Edward II, 1316. [Tourn held at Rastrike, Tuesday next following]; *Ibid.*, 10 Edward II, 1317. [Tourn at Halifax on the Monday after the Octave of Easter(Apr. 10)].

2) *Wakefield Court Rolls*, 9 Edward II, 1316. [Court held at Wakefield on Friday, the Morrow of St. Vincent the Martyr(Jan. 22)].

3) *Wakefield Court Rolls*, 9 Edward II, 1316. (Tourn at Halifax, on Monday next after the Octave of Easter).

4) *Wakefield Court Rolls*, 10 Edward II, 1316. [Tourn at Wakefield on Tuesday, the Feast of St. Edmund the Archbishop (Nov. 16)].

5) *Wakefield Court Rolls*, 10 Edward II, 1316. [Tourn at Wakefield on Tuesday, the Feast of St. Edmund the Archbishop (Nov. 16)]. 웨이크필드 장원의 베일리프(Bailiff) 지역에서 세 사람이 존(John of Horbiry)의 말을 절도하여 체포되었을 때, 그 가격을 33쉴링 8펜스로 계산하여 두 사람은 교수형에 처하고 다른 한 사람은 요크의 감옥으로 보냈다.

6) *Wakefield Court Rolls*, 10 Edward II, 1316. [Tourn at Wakefield on Tuesday, the Feast of St. Edmund the Archbishop (Nov. 16)].

낮아 두 당 2쉴링이다.[1)]

12-13세기에 시토교단이 요크셔의 서쪽 구(區)인 웨스트 라이딩(West Riding) 지역의 거대한 면적을 개간하여 양을 사육함으로써 잉글랜드에서 양모 산업이 발달할 기초를 마련하였다.[2)] 따라서 그 지역에서 가장 쉽게 절도할 수 있는 가축이 양이었다. 그럼에도 불구하고 가축도둑들이 양이나 양모보다는 소의 절도를 선호한 것은 위에서 이미 언급한 것처럼 가축가격의 차이에서 비롯된 것으로 여겨진다.

절도액수의 분포에 대한 이해를 통하여 절도행위의 특징도 파악할 수 있다. 절도액수 중에서 가장 가치가 낮은 것은 숫닭 한 마리를 절도하여 그에 대한 손실액 2펜스를 배상하고 6펜스의 벌금을 납부한 경우[3)]와 3펜스의 가치가 있는 거위 한 마리를 절도한 경우[4)]이다. 당시 절도액수가 12펜스를 초과한 경우에 중죄로 다스린 법의 적용으로 볼 때 배심원들이 벌금부과로 그 사건을 종결한 것은 당연한 결과이다. 한편 가장 규모가 큰 절도액수는 말 4마리를 절도한 경우이다. 위에서 언급한 것처럼 말 한 필의 가격을 33쉴링 8펜스로 산정할 때 절도액수가 132쉴링 32펜스에 이른다.[5)] 위에서 이미 언급한 사실을 제외한 가운데 절도액수 확인이 가능한 경우에 국한시켜 가축 절도액수의 분포를 살펴보면 다음과 같다. 절도액수가 10쉴링 이하인 경우가 37건(58.7%)으로서 다수를

1) *Wakefield Court Rolls*, 10 Edward II, 1317. [Tourn at Wakefield on the Thursday after the Octave of Easter (Apr. 10)].

2) Barbara A. Hanawalt, *Crime and Conflict in English Communities, 1300-1348*, p. 11; H. E. Hallam, *Rural England 1066-1348* (Glasgow, 1981), p. 199.

3) *Wakefield Court Rolls*, 9 Edward II, 1316.[Court held at Birton on Wednesday next after the Octave of Easter. [리처드(Richard of the Bothe)의 소유물인 숫닭 한 마리를 절도하여 2펜스의 손실을 입힌 길버트(Gilbert)의 아들 매튜(Matthew)에게 6펜스의 벌금이 부과되었다.]

4) *Wakefield Court Rolls*, 8 Edward II, 1315. (Tourn at Wakefield the Thursday after the Octave of Easter.)

5) *Wakefield Court Rolls*, 9 Edward II, 1316. [Tourn at Wakefield on the Friday next the Feast of the Octaveof Easter. [랄프(Ralph Skalle)가 네 사람에게서 한 마리씩 말을 절도하여 발견되는 즉시 체포한다.]

점유하고 있으며, 10쉴링 이상 20쉴링 미만이 14건(22.2%), 30쉴링 이상에서 50쉴링 이하가 8건(12.7%), 66쉴링 8펜스가 1건(1.6%)으로 분포되어 있다. 이로 미루어보아 절도품 중 다수를 점유하고 있는 것이 가축인 동시에 절도품의 가치로 보아도 다른 절도품에 비하여 매우 높았음을 파악할 수 있다. 따라서 가축절도 용의자가 체포되어 유죄 여부를 심리한 결과, 사실로 밝혀질 경우 모두가 중죄로 평결되었으며, 그로 인하여 교수형을 당하였을 것이다.

가축 다음으로 절도의 대상으로 선호된 품목은 곡물이다. 사료에서 확인된 곡물절도와 관련된 31건 중에서 귀리 절도가 23건(74.2%)으로 단연 압도적이었다. 그 이외에 호밀가루 절도가 5건, 대맥 절도가 2건, 엿기름 절도가 1건 등으로 각각 나타난다. 이로부터 우리는 웨이크필드 장원의 주된 재배 작물이 귀리라는 사실을 파악할 수 있다.[1] 이는 웨스트 라이딩 지역의 자연환경과 밀접한 관련이 있다. 이 지역의 대부분은 협탄층(coal-measures)[2]으로 이루어져 있으며, 개간활동도 기후나 토양조건이 양호하지 못한 곳에서 활발하게 진행되었다. 이 지역은 기온이 낮고 강수량이 많아 미생물 활동이 활발하지 못하여 유기물이 조부식(粗腐植)되어 산성토가 발달되었다. 따라서 토양이 척박하다. 이와 같은 기후와 토양 조건하에서는 밀보다 귀리의 생산성이 높았기 때문에 자연히 귀리를 주로 재배할 수밖에 없었다.[3]

곡물의 절도액수에 따른 분포를 검토하면 다음과 같다. 절도액수가 가장 낮은 경우는 1/2펜스의 가치를 지닌 귀리를 절도한 경우이고,[4] 한편 30쉴

---

1) H. E. Hallam, *Rural England 1066-1348*, p. 200.

2) 장원법원문서에서 보이는 불법행위에 관한 기록 중 석탄을 불법으로 채굴하여 판매한 예가 다수 보이는데, 이는 바로 그 지역의 토양조건을 나타내는 것이다. 이에 관한 예를 들면 다음과 같다. [윌리엄(William de Collay of Crigelestone)이 영주지에서 석탄을 채굴하여 판매한 죄로 그에게 12펜스의 벌금이 부과되었다.] [*Wakefield Court Rolls*, 8 Edward II, 1315. (Tourn at Wakefield on Thursday after the Octave of Easter.)]

3) H. E. Hallam, *Rural England 1066-1348*, p. 187.

4) *Wakefield Court Rolls*, 10 Edward II, 1316. [Tourn at Wakefield on Tuesday, the Feast of St. Edmund the Archbishop (Nov. 16)]. 리처드(Richard of Bateley)가 로

링의 가치가 있는 20쿼터를 절도한 것이 가장 고액에 해당하는 경우이다.1) 곡물 절도액수에 따른 분포를 보면 다음과 같다.

[도표 2] 곡물 절도액 분포도

절도액	2.d이하	4d.이하	6d.	10d. 이하	12d.	3s.	4s.	5s.	6s. 8d.	30s.	총계
건 수	3건	4건	3건	4건	3건	1건	4건	1건	3건	1건	27건

[도표 2]에 따르면, 절도액수가 12펜스 이하인 경우가 17건(63%), 3쉴링에서 6쉴링 8펜스가 9건(33.3%), 30쉴링이 1건(3.7%) 등이다. 이에 따르면 결국 절도자의 대부분이 경범죄에 해당하는 12펜스 이하의 가치를 지닌 곡물을 절도한 것으로 드러났다. 이러한 점은 곡물가격에 비하여 가축가격이 높았음을 나타내는 것인 동시에 절도품으로서의 곡물운반의 어려움이 반영된 결과일 것이며, 대기근기인 이 시기에 가구마다 곡물을 풍부하게 소유하지 못하고 있었음을 나타내는 증거이기도 하다. 이러한 추론이 음식물 절도에 대한 검토를 통하여 가능하다. 음식물로서 절도의 대상이 된 것은 모두가 귀리로 만든 빵과 오트밀이다. 이와 관련된 절도를 6건 확인할 수 있었는데, 8쉴링 12펜스의 가치가 있는 오트밀을 절도한 경우가 가장 고액2)에 해당되고, 그 다음으로는 4쉴링의 빵을 절도한 경우가 보인다.3) 그

버트(Robert of Fery)의 귀리 1/2sheaf(묶음)를 훔쳐 법원에 소환되었다.

1) *Wakefield Court Rolls*, 10 Edward II, 1317. [Tourn at Halifax on the Monday after the Octave of Easter. [나일((Nalle of Northland)의 아들인 헨리가 44쉴링의 가치가 있는 각종 가축과 함께 30쉴링의 가치가 있는 귀리를 훔치고 도망하였다. 그는 발견되는 즉시 체포될 것이다.]

2) *Wakefield Court Rolls*, 10 Edward II, 1317. [Tourn at Wakefield on the Thursday after the Octave of Easter (Apr. 10)]. [아마벨(Amabel Leche)의 남편인 알란이 아담(Adam of Kesseburgh)의 집에서 2차에 걸쳐서 8쉴링과 12펜스의 가치가 있는 오트밀을 훔쳤다.]

3) *Wakefield Court Rolls*, 9 Edward II, 1316. (Tourn at Rastrike, Tuesday next following.)

이외에는 4건이 모두 6펜스 정도의 소액절도이다. 수확기에 들판이나 곡간에 저장되어 있는 곡물을 운반하여 간 단순절도의 어려움 못지않게 음식물의 절도도 발각되기가 매우 용이한 경우에 속한다. 따라서 대부분 소량을 절도하였고, 종종 여성들이 행한 절도라는 특징을 지녔다.

가축과 곡물 다음으로 절도품의 대상으로서 자주 등장한 것은 그 가치가 매우 높았던 직물과 의류이다. 직물과 관련된 절도 5건 중에서 2건은 아마포(亞麻布)를 절도한 것인데, 하나는 1쉴링 10 1/2펜스의 가치를 지닌 9엘(ell)[1]을 절도한 경우이고, 다른 하나는 20쉴링에 해당하는 3롤(roll)을 절도한 경우이다.[2] 한편 나머지 3건은 모직물과 관련된 절도인데, 그 가치는 각각 2쉴링, 정확하게 산정할 수는 없으나 6쉴링 8펜스보다 적은 금액[3], 그리고 20쉴링이다.[4] 한편 무두질한 가죽을 절도한 경우가 5건 있는데, 그 중에서 18쉴링에 해당하는 황소가죽을 훔친 경우[5]가 있는가 하면, 나머지는 2 1/2펜스에서 10펜스에 이르는 소액절도이다. 그 밖에도 두건, 시트, 장갑, 양말 등을 절도한 경우도 나타나며, 접시나 냄비와 같은 주방용구의 절도도 있었으나, 절도품의 가치가 그리 크지는 않다.

절도품 중에서 현금과 관련된 기록이 5건이 있다. 절도액수의 크기는 일정하지 않아 6펜스, 21펜스, 6쉴링 8펜스, 12쉴링, 14쉴링 등 다양하

---

1) *Wakefield Court Rolls*, 10 Edward II, 1317. [Tourn at Wakefield on the Thursday after the Octave of Easter (Apr. 10)]. 1엘의 가격은 2 1/2펜스이다.
2) *Wakefield Court Rolls*, 10 Edward II, 1316. [Tourn held at Halifax on the Monday after St. Leonard the Abbot (Nov. 6)].
3) *Wakefield Court Rolls*, 10 Edward II, 1317. [Tourn at Halifax on the Monday after the Octave of Easter (Apr. 10)]. 이곳에서는 모직물의 정확한 가격을 계산할 수 없다. 왜냐하면 아마포, 모직물, 실, 버터와 밀가루를 모두 합한 금액이 6쉴링 8펜스이기 때문이다.
4) *Wakefield Court Rolls*, 10 Edward II, 1317. [Tourn at Halifax on the Monday after the Octave of Easter (Apr. 10)]; *Ibid.*, 10 Edward II, 1317. [Tourn at Wakefield on the Thursday after the Octave of Easter(Apr. 10)].
5) *Wakefield Court Rolls*, 10 Edward II, 1317. [Tourn at Wakefield on the Thursday after the Octave of Easter (Apr. 10)].

다.[1] 현금은 깊은 곳에 보관하므로 그 장소를 아는 자만이 절도할 수 있다. 따라서 현금 절도는 친족 간에 이루어진 것이 특징이다. 절도품 중 마지막으로 살펴볼 것은 판자이다. 판자 한 장의 가격이 3펜스에서 6펜스에 지나지 않고, 그것의 운반 자체가 용이하지 않아 소규모 절도행위로 추정할 수 있다. 실제로 12펜스의 가치가 있는 판자를 불법으로 취득하여 그에 대한 배상과 함께 12펜스의 벌금을 납부한 사건[2]이나, 3펜스의 가치가 있는 판자 한 장을 훔쳐 그에 대한 배상과 함께 6펜스의 벌금을 납부한 경우가 보인다.[3] 물론 이 두 경우는 절도액수가 적어 벌금형에 처해졌다. 그러나 판자의 재료인 목재를 절도한 경우는 각각 5쉴링이나 20쉴링으로서 절도액수가 비교적 많았다.[4] 그 이유는 확실하지 않지만, 판자와는 달리 목재의 경우는 마차를 이용하여 대규모로 절도하였기 때문에 절도액수가 많았던 것으로 추정된다.

그렇다면 절도행위에 있어서 공범이 점유하는 비율은 어느 정도였으며, 그 특징은 무엇이었는가에 대하여 검토하여 보자. 공범자가 있는 범죄가 총 26건인데, 단순절도 건수의 11.8%를 점유하고 있다. 이를 다시 공범자의

---

1) *Wakefield Court Rolls*, 9 Edward II, 1315. (Court at Birton, Wednesday next after the Feast of St. Luke, the Evangelist); *Wakefield Court Rolls*, 10 Edward II, 1317. [Tourn at Halifax on the Monday after the Octave of Easter (Apr. 10)]; *Wakefield Court Rolls*, 10 Edward II, 1317. [Court held at Birton on the Wednesday afetr the Octave of Easter (Apr. 10)]; *Wakefield Court Rolls*, 10 Edward II, 1317. [Tourn at Wakefield on the Thursday after the Octave of Easter (Apr. 10)]; *Wakefield Court Rolls*, 10 Edward II, 1317. [Court held at Wakefield on Friday, the Morrow of SS. Tiburcius and Valerian (Apr. 14)].

2) *Wakefield Court Rolls*, 9 Edward II, 1316. [Court held at Wakefield, Friday the Feast of St. Barnabas the Apostle. [요르단(Jordan Milner)이 카트워스(Cartworth)의 방앗간에서 두 장의 판자와 2쉴링의 가치가 있는 금속제품을 훔쳐서 12펜스의 벌금형에 처해졌다.]

3) *Wakefield Court Rolls*, 9 Edward II, 1316. (Court held at Birton on Wednesday next after the Octave of Easter.)

4) *Wakefield Court Rolls*, 9 Edward II, 1316. (Court held at Wakefield on Friday on the Feast of St. Mary of Egypt).

수로 분류하여 보면, 2인이 17건(65.4%), 3인이 6건(23.1%), 4인이 1건, 6인인 경우가 1건, 그리고 다수자로 기록된 경우가 1건 등이다. 한편 공범자들 중 친족이 공범관계를 이룬 경우가 6건(23.1%), 부부가 공범을 형성한 경우가 4건(15.4%)이다. 이를 다시 공범의 절도품 종류와 절도건수로 분류하여 보면, 가축이 9건(41%), 곡물과 음식이 5건(22.7%), 의류나 옷감이 3건(13.6%)으로 분포되어 있다. 그 이외에도 주방용구나 귀금속의 절도가 소수 등장한다. 절도품의 가치에 있어서도 다양하다. 즉 6펜스에서부터 10마르크에 이르기까지 그 편차가 크면서도, 어느 특정한 액수에 집중되어 있지 않다. 비교적 절도품의 가치가 낮은 6펜스에서 18펜스에 이르는 경우가 7건(31.8%)으로 다수를 점유하고 있으며, 그 다음으로는 10쉴링 이하가 5건(22.7%)이며, 나머지는 15쉴링이 1건, 20쉴링이 1건, 30쉴링이 1건, 40쉴링이 1건, 66쉴링이 1건, 10마르크가 1건, 가격불명이 3건 등이다.

이러한 사실들은 우리들에게 다음과 같은 흥미로운 점을 시사한다. 위에서 살펴본 것처럼 공범자가 있는 절도건수의 비율이 매우 낮다. 이는 절도액수가 적거나 은밀하게 절도품을 운반하여야 한다는 점으로부터 연유하는 바 크지만, 무엇보다도 공범관계 형성이 용이하지 못하였고 다수가 참여한 절도행위의 비밀유지가 어려웠음을 뜻하는 것이기도 하다. 실제로 공범자의 수와 절도액수가 반드시 비례하지 않는 사실로도 그러한 추정이 가능하다. 확인된 바에 따르면, 최대 규모의 절도단인 6인이 절도한 절도품이 2쉴링의 가치가 있는 양과 6쉴링 8펜스의 가치가 있는 모직, 아마포, 버터, 밀가루, 실 등이다.[1] 반면에 확인된 것 중 최대 절도액수인 10마르크의 가치가 있는 은을 비롯한 귀금속의 절도는 단독범의 소행이다.[2] 또한 신속 용이하고 비밀리에 운반할 수 있는 가축이나 귀금속이

---

1) *Wakefield Court Rolls*, 10 Edward II, 1317. [Tourn at Halifax on the Monday after the Octave of Easter (pr. 10)].

2) *Wakefield Court Rolls*, 10 Edward II, 1317. [Court held at Birton on the Wednesday after the Octave of Easter (Apr. 10)].

절도의 대상이었음도 확인할 수 있었다. 한편 공범자가 있는 절도행위 중 약 절반 정도가 친족 관계인 부자, 자매, 형제, 부부가 공범을 구성하였으며, 이는 비밀유지와 공범관계를 쉽게 형성할 수 있었기 때문이라고 생각된다.[1] 이러한 추정은 타인 간에 공범을 이룬 경우가 6건(23.1%)으로서 상대적으로 그 비율이 낮았던 점으로도 이해된다. 따라서 총 절도행위 중 약 77%가 친족 간 공범을 이루거나 단독범에 의해 절도행위가 이루어져, 비밀유지가 중요시되었음을 파악할 수 있다.

한편 친족의 물건을 절도한 경우도 있었다. 이에 관한 기록 중 아들이 아버지의 물건을 절도한 경우가 3건 확인되었는데, 이는 모두 동일인에 의하여 저질러진 범죄이기 때문에 동일 범죄로 간주할 수 있다.[2] 그런데 아들이 아비지 소유인 3실링의 가치가 있는 양 3마리를 절도하였음에도 불구하고 6실링 8펜스의 벌금부과로 사건을 종결하였다. 한편 동생이 형의 곡간에서 4실링의 가치가 있는 귀리 1쿼터를 훔쳐 체포된 경우,[3] 동생이 형의 암소 한 마리를 절도한 경우,[4] 여동생이 오빠의 현금 12실링을 절도하여 체포된 경우[5] 도 있다. 단지 4건에 불과한 친족 간 절도행위의 사례를 통하여 그 특징을 논할 수는 없다. 따라서 이곳에서는 친족 간 범죄란 은닉되기가 여타 범죄보다 용이하였으며, 친족 내에서 해결되는 속성이 있으므로 표면화되지 않은

---

1) *Wakefield Court Rolls,* 10 Edward II, 1317. [Tourn at Wakefield on the Thursday after the Octave of Easter (Apr. 10)]. 절도행위로 기소된 엠마(Emma of Baghill)의 가족인 두 아들 피터와 존도 도둑이며, 그녀의 남편의 도움으로 수차례에 걸친 절도행각이 발각되지 않았다.

2) *Wakefield Court Rolls*, 9 Edward II, 1316. [Court held at Wakefield on Friday next after the Octave of the Ascension. (1316년에 처음 기록이 나타나기 시작하여 1317년 5월 26일 동일한 법정과 1317년 4월 10일의 법정 기록에도 등장하는 것으로 보아 거의 1년간에 걸친 사건기록이다.)]

3) *Wakefield Court Rolls,* 10 Edward II, 1317. [Tourn at Wakefield on the Thursday after the Octave of Easter (Apr. 10)].

4) *Wakefield Court Rolls*, 8 Edward II, 1315. (Tourn at Rastrik on Tuesday after the Octave of Easter.)

5) *Wakefield Court Rolls,* 10 Edward II, 1317. [Tourn at Wakefield on the Thursday after the Octave of Easter (Apr. 10)].

경우가 다수 있거나, 아니면 혈연결속이 특히 강조된 가부장적인 중세의 가족구조 하에서 친족 간 범죄행위 발생이 적을 수뿐이 없다고 추정할 수 있을 따름이다. 이러한 사실은 절도행위자가 행정관이나 검시관에게 스스로 도둑이라고 자백하여도 절도행위 현장에서 체포되지 않으면 자백만으로 구금되지 않으며,[1] 그에 대한 처벌에서는 일반 범죄와 양형에 있어서 차이가 있음도 추론할 수 있다. 이러한 점은 위에서 열거한 사례에서 보는 바와 같이 절도액수가 교수형에 처할 수준임에도 불구하고 벌금형으로 사건을 종결한 사실로 추정된다. 그러나 기록된 친족 간 범죄행위를 통해서 볼 때, 절도액수는 여타 범죄의 경우와 다르지 않았다. 이는 일단 친족 간 절도행위가 이루어지면 일반 절도행위와 크게 다르지 않았음을 보여주는 것이다.

여성들의 절도행위 가담에 대한 기록도 다수 확인된다. 여성들이 단독범으로나 혹은 공범으로 단순절도에 가담한 기록을 38건(17.2%) 확인할 수 있었다. 그런데 하나왈트가 1300년에서 1348년에 걸쳐서 노퍽, 요크셔, 노샘프턴셔 등 3개 주에서 발생한 남녀 간의 범죄율을 1:9로 산정한 경우[2]나 요크셔의 범죄용의자 중 여성이 점유한 비율이 7.4%라는 주장[3]에 비하여 볼 때 필자의 산정 비율이 상당히 높다. 또한 웨이크필드 장원법원기록에서 나타나는 총 632건의 불법침해 중 여성들이 점유하는 비율이 약 11%인 사실을 고려하더라도, 1315년에서 1317년 사이에 단순절도에 가담한 여성들이 점유하는 비율이 매우 높았음을 파악할 수 있다. 더구나 후술하는 바와 같이 또 다른 절도형태인 주거침입절도에 가담한 여성에 관한 기록을 13건이나 확인할 수 있었던 점을 함께 고려한다면 그 비율은 더욱 높아진다. 이처럼 여성들의 주거침입절도 사건의 비율이 높았음은 당시 대기근으로 인하여 생활하기가 어려웠던

1) Bracton, f. 150b.
2) Barbara A. Hanawalt, "The Female Felon in Fourteenth Century England", *Viator*, vol. V (1974), p. 258.
3) Barbara A. Hanawalt, *Crime and Conflict in English Communities, 1300-1348*, p. 115.

상황을 반영한 것으로 이해된다. 한편 여성의 절도를 형태별로 분류하면 단독범이 30건(78.9%), 공범이 8건(21.1%)이었다. 공범을 다시 유형별로 분류하면 부부가 3건(37.5%), 남매가 1건(12.5%), 타인과 공범관계를 이룬 것이 4건(50%) 등이다.[1] 한편 절도행위에 있어서 여성이 주범인 경우가 30건(78.9%), 장물취득이 7건(18.5%), 종범인 경우가 1건(2.6%) 분포되어 있다.

그렇다면 남성에 비해 여성들의 단순절도 가담율이 낮은 이유는 무엇일까? 여성들의 절도가담 건수에 비해 체포율이 낮은 것인가? 여성범죄자를 관대하게 다루어 기소율이 낮거나[2], 아니면 선천적인 모성애로 온순하거나, 온실 속의 식물처럼 육체적으로 연약한 본성 때문에 범죄가담율이 낮은가?[3] 물론 그러한 것도 하나의 이유는 될 수 있으나, 그것만으로 남성에 비한 여성들의 절도 가담율이 낮은 점이 설명될 수는 없다. 웨이크필드 장원법원기록에 따르면, 범법자의 기소뿐 아니라 범법행위 자체에 관한 기록도 있기 때문에 기소율과는 상관없이 총 절도건수를 확인할 수 있다. 그리고 필자는 이에 준하여 남녀 간 절도의 특성과 절도품의 유형 및 절도품의 가치를 분석하였기 때문에 여성 범법자의 기소율이나 체포율이 남성에 비해 낮았다는 주장을 그대로 수용할 수 없다. 또한 여성이 절도에 가담한 38건 중 공범이 있는 경우가 8건에 지나지 않고 대다수가 단독범행이고, 더구나 30건은 여성이 절도의 주범이었다. 이는 온순성이나 연약성이라는 여성의 본성으로 여성범죄를 설명할 수 없음을 나타내는 지표이다. 이러한 필자의 주장은 여성들이 절도한 재물의 유형이나 그 가치를 통해서도 확인된다. 여성들이 가담한 절도

---

1) B. H. Westman, "The Peasant Family and Crime in Fourteenth Century England", *Journal of British Studies*, vol. xii (1974), p. 13. (공범자들의 성분을 분석한 결과, 전체의 약 1/3이 가족구성원으로 절도단을 구성하였다.) 이러한 그의 주장은 필자가 확인한 바와 크게 다르지 않다.
2) Barbara A. Hanawalt, "The Female Felon in Fourteenth Century England", p. 256.
3) W. A. Bonger, *Criminality and Economic Condition*, abridged by A. T. Turk (London, 1969), p. 64.

사건 중 절도품이 기록된 경우가 28건이다. 이를 재물의 유형별로 분류하면, 여성들이 절도 대상품으로서 가장 선호한 것은 곡물이나 식료품으로서 11건, 그 다음이 의복이나 직물이 6건, 양모가 2건, 가축, 현금, 가죽, 장신구 등이 각각 1건이고, 기타 5건 등이다. 또한 여성들이 절도한 재물의 가치는 1 1/2 펜스에서부터 10쉴링에 이르기까지 다양하다. 소액절도의 범주에 속한 12펜스까지가 17건(47.2%)으로서 다수를 점유하고, 12펜스 이상 1쉴링 이하가 3건(8.3%), 2쉴링에서 3쉴링이 3건(8.3%), 4쉴링에서 5쉴링이 2건(5.6%), 5쉴링 이상 8쉴링이 3건(8.3%), 10쉴링 이상이 1건, 그리고 가격불명이 7건(19.4%) 등이다. 위에서 언급한 남성들의 절도액수와 비교하여 보면 여성들의 절도액수가 적었음을 파악할 수 있다. 그렇다면 여성의 절도행위가 대담성이 요구된 단독범이자 주범이 대부분이었음에도 불구하고 절도액수가 남성에 비해 상대적으로 적은 이유는 무엇일가? 중세의 경제적 상황을 고려한 가운데 다음과 같이 그에 대한 이유를 제시하는 것이 타당하다. 일반적으로 여성들은 물품의 가치보다는 오히려 의식주와 직접 관계있는 재물을 절도하였으며, 특히 대기근기에 있어서는 그들의 경제적 관심이 절도품에 반영되었을 것이다. 대기근기에 남성들이 가정경제 유지를 위한 자원조달을 원활하게 하지 못할 경우, 여성들도 생계유지를 위한 방편으로 절도에 가담하게 되었을 것이다. 또한 운반의 용이성도 작용하였을 것이다. 자신의 힘의 한계 내에서 절도품을 운반하였기 때문이다. 힘에 부친 것은 아무리 고가품이라도 절도 대상에서 제외하였을 것이다. 여성들의 절도가 고가의 가축절도 보다는 곡물이나 식품, 의복이나 직물에 집중되었으며, 이것들이 전체 절도품 중 67.9%를 점유하고 있는 사실로부터 그러한 추론이 가능하다. 물론 필자가 여성들의 심리적이고 유전적인 특성에 준하여 여성의 절도행위의 성격을 해석한 주장을 부정하는 것은 아니다. 다만 이곳에서는 필자의 견해가 더 설득력이 있다고 주장할 따름이다.

3) 주거침입절도(burglary)

또 다른 형태의 절도행위인 주거침입절도는 은밀하게 농장이나 가옥의 출입문과 창문을 부수고 침입하여 타인의 재물을 절취한 특성을 지녔다.[1] 단순절도의 특성을 분석하기 위해서 이용한 것과 동일한 사료에서 확인된 주거침입절도 사건은 총 63건이다. 단순절도가 221건이었던 것에 비하면 22.2%에 불과하다. 그런데 하나왈트가 1300년에서 1348년에 이르는 동안 요크셔에서 발생한 중요범죄 3가지(단순절도, 주거침입절도, 강도) 중 주거침입절도가 점유하는 비중을 28.3%로 계정한 것에 비하면 필자의 산정은 그 보다 약 6% 정도가 낮다. 이러한 사실은 1315-1317년 사이 웨이크필드 장원에서 일어난 절도의 특징과 1300-1348년 요크셔 전체에서 발생한 절도 간의 차이를 나타내는 근거라고 여겨진다.

절도품의 종류와 그 빈도수를 조사한 결과 필자는 다음과 같은 결론에 도달하였다. 전체 63건의 절도사건 중 4건은 절도행위에 대한 촌락인들의 고소가 없거나 절도자 체포공보(hue and cry)[2]를 하지 않은 이유로 촌락인

---

1) Elisabeth G. Kimball, ed., *A Cambridgeshire Gaol Delivery Roll 1332-1334*, p. 9; Barbara A. Hanawalt, ed., *Crime and East Anglia in the Fourteenth Century*, p. 10; Barbara A. Hanawalt, *Crime and Conflict in English Communities, 1300-1348*, p. 78; B. H. Westman, "A Study of Crime in Norfolk, Yorkshire and Northamptonshire, 1300-1348," p. 178.

2) 촌락에 중죄인이 오면 그를 발견한 자가 이웃들이 그 용의자를 추적 체포하도록 소리를 지르거나 뿔나팔 소리를 내 중죄인의 출현을 알리고 그를 추적할 의무가 있었다. (John Amphlett, S. G. Hamilton and R. A. Wilson eds., *Court Rolls of the Manor of Hales 1270-1307* (3 vols. Worcs. Hist. Soc., 1910-1933), I, p. lviii; F. Pollock and F. W. Maitland, *The History of English Law before Edward I*, vol. I, pp. 578-579). 만약 촌락인들이 용의자를 생포하면 그를 감시하거나 주 감옥으로 이송할 책임도 그들에게 있었다. [William A. Morris, *The Frankpledge System*, p. 105]. 한편 용의자가 마을에 출현하였는데도 고발하지 않거나 그를 추적하지 않으면 개인이나 공동체에 벌금이 부과되었다. 예컨대 자신의 농장에 도둑이 들어 귀리 1/2 쿼터를 훔친 도둑을 보고서도 도둑이야 하고 소리를 지르지 않아서 12펜스의 벌금을 납부한 경우가 있으며 [*Wakefield Court Rolls*, 10 Edward II, 1317. Tourn held at Halifax on the Monday after the Octave of Easter (Apr. 10)], 공동체에게도 동일

들에게 벌금을 부과한 경우이기 때문에 분석의 대상에서 제외시켜 실제로 분석의 대상으로 삼은 것은 59건이다. 그러나 절도자 한 사람이 한 건의 사건에서 여러 가지 재물을 훔쳐 절도품의 형태와 그 빈도수 조사에서는 총 83건이 분석의 대상이 되었다.

[도표 3] 주거 침입 절도의 절도품 빈도수

종류	가축	곡물	식료품	의복, 침구	옷감	현금	장화	가재도구	농업도구	목재	광물	활	불명	총계
건수	4	13	14	21	7	4	2	1	1	1	1	1	13	83

[도표 3]을 통하여 다음과 같은 사실을 파악할 수 있었다. 첫째, 59건의 절도에 비하여 절도품이 83건에 이르는 것은 절도자가 한 번의 절도에서 단일 품목만을 훔친 것이 아니라는 점을 말한다. 또한 절도자가 가치가 큰 품목을 선정하여 계획적이고 전문적으로 절도한 것이 아니라 가옥이나 농장에 들어가 주로 의식주와 관련된 재물을 훔쳤음도 파악할 수 있다. 당시 가격이 제일 비싼 가축의 절도(4.8%)에 비하여 의복 및 침구(25.3%), 식료품(16.9%), 곡물(15.7%) 등 의식주 생활에 필요한 필수품을 절도한 것이 주류(57.8%)를 이룬 사실로 그러한 가정이 설득력을 지닌다. 또한 이는 대기근기의 상황을 반영하는 것이기도 하다. 둘째, 주거침입절도가 단순절도보다

한 사유로 18펜스나 40펜스의 벌금이 부과된 경우도 있다. [*Wakefield Court Rolls*, 9 Edward II, 1315. (Court held at Rastrik on the Tuesday next after the Feast of St. Luke the Evangelist)]. 한편 이유 없이 소리를 지른 자에게도 벌금이 부과되었다. [*Wakefield Court Rolls*, 10 Edward II, 1316. [Tourn held at Wakefield on Monday after the Feast of All Saints(Nov. 1)]. 예컨대 부당한 체포공보에 대한 장원법원의 처벌은 8펜스, 6펜스, 2펜스 등의 벌금의 부과였다. [Helen M. Jewell, ed., *The Court Rolls of the Manor of Wakefield from September 1348 to September 1350*, pp. 58, 114, 116, 210.] 따라서 촌락공동체 내에서 범죄가 발생하던가 아니면 다른 지역에서 범죄를 저지른 범법자가 그들의 촌락으로 잠입하든지간에 어떠한 경우라도 촌락인들에게는 위험스럽고 부담스러운 일임에 틀림없다.

상대적으로 고가인 가축의 절도건수가 적은 것이 뚜렷한 현상이다. 이는 절도방법의 차이로부터 연유하는 것이라 여겨진다. 가옥이나 농장의 문이나 창을 부수고 들어가 절도한 형태로는 방목하거나 축사에 있는 가축을 절도하기에 부적합하였다. 따라서 곡물, 식료품, 의복 및 침구의 절도건수가 상대적으로 많았던 것이다. 셋째, 곡물절도의 대상이 주로 귀리이다. 위에서 지적한 것처럼 그 지역의 기후와 토양조건이 열악하여 귀리가 주로 재배될 수뿐이 없었으며, 오트밀의 절도가 빈번하였던 점도 그곳의 주곡이 귀리였음을 시사한다. 이는 단순절도에서도 언급한 것처럼 대기근의 상태를 반영하는 것이기도 하다.

한편 절도품의 가치를 파악할 수 있는 것은 27건의 사건 기록을 통해서이다. 최하 3펜스[1]에서 최고 10마르크[2]에 이르기까지 다양하게 분포된 절도액수를 확인할 수 있었다.

[도표 4] 주거 침입 절도의 절도품 가치 분포도

금액	12d. 이하	16d. -18d.	2s.-5s.	6s. -10s.	12s. -15s.	16s. -20s.	40s.	5 mark	10 mark	불명	총계
건수	13	3	10	5	3	4	3	2	1	11	55

[도표 4]에 따르면 소액절도에 해당되는 12펜스 이하의 가치가 있는 물품을 훔친 경우가 가장 많다. 단순절도에서 절도품의 가치가 12펜스 이하인 소액절도가 23건으로서 전체의 10.4%를 점유한 반면, 주거침입절도의 경우는 23.6%를 차지하여 단순절도에 비하면 2배 이상이나 소액절도가 많았다. 그러나 고액절도의 경우에 있어서는 단순절도와 주거침입절도 사이에 큰 차

1) *Wakefield Court Rolls*, 10 Edward II, 1317. [Tourn held at Birton on the Wednesday after the Octave of Easter (Apr. 10)].
2) *Wakefield Court Rolls*, 9 Edward II, 1316. (Tourn at Rastrike on Tuesday next following).

이가 없다. 이는 위에서 제시한 절도액수의 분포를 통하여 쉽게 이해될 수 있는 문제이다. 그렇다면 단일 품목으로서는 가치가 가장 높았던 가축절도의 빈도수가 주거침입절도에서 보다는 단순절도에서 높았음에도 불구하고 고액절도 분포에 차이가 나타나지 않는 이유는 무엇일까? 이는 단일 절도행위에서 절취한 절도품의 분량의 차이로부터 비롯된 결과라 여겨진다. 단순절도에서는 가축절도가 다수인 반면, 주거침입절도에서는 곡물, 의복 및 침구류 등을 한 번에 다수 절도함으로써 총액에서는 차이가 나타나지 않기 때문이다. 그러나 그것이 어떤 형태의 절도이든 간에 절도행위자의 처벌에 있어서는 동일하였다. 예컨대 비록 주거침입절도 행위자가 체포되더라도 심문결과 여죄가 없고 절도액수가 소액인 점이 밝혀지면 중죄인에게 내린 형벌인 교수형이 아닌 투옥이나 방면한 점[1]이 단순절도와 다르지 않았다. 따라서 하나왈트가 주장한 것처럼 절도행위에 있어서 위험부담이 큰 주거침입절도에 의한 절도품이 단순절도에 의한 절도품보다 가치가 더 컸었고, 그에 따라서 중죄로서의 평결율이 더 높았다는 일반화[2]는 최소한 1315년-1317년 사이 웨이크필드 장원에 그대로 적용될 수 없다고 하겠다.

한편 2인 이상이 절도에 가담한 공범실태는 어떠하였는가에 대하여 살펴보자. 공범관계에 관한 기록은 총 17건(28.8%)으로서 그 비율로 보면 단순절도에 나타난 공범율에 비해 2배 이상이 더 많다. 이를 공범자의 수로 다시 분류하면, 2인인 경우가 11건(64.7%)으로서 절대 다수를 점유하고 있으며, 3인이 3건(17.6%), 4인이 2건(11.8%), 그리고 다수라고 기록된 것이 1건(5.9%) 등이다. 그런데 2인에 의한 절도 중 2건이 형제가 공범이었고, 3인에 의한 절도 중 1건은 부자와 타인이 공범관계를 이룬 것이었으며, 4인

1) *Wakefield Court Rolls,* 10 Edward II, 1317. [Court held at Wakefield on Friday the Morrow of the Epiphany (Jan. 6)]. 로버트(Robert Boton of Erdesloowe)의 농장을 침입하여 체포된 요르단(Jordan of Ydle)은 배심원들의 심문 결과, 6쉴링의 가치가 있는 귀리 4단(묶음)을 훔친 사실이 밝혀져 배심원들이 그를 투옥할 것을 평결하였다. 그러나 후에 그는 방면되었다.
2) Barbara A. Hanawalt, *Crime and Conflict in English Communities, 1300-1348,* p. 82.

에 의한 절도 중 1건은 어느 부자와 어느 부부가 일당을 이룬 것이었다.[1] 이같이 공범관계에 있어서 핵가족 구성원이 중심이었던 사실은 가옥의 시설 일부를 파괴하고 침입하여 절도함으로써 그 만큼 모험적이고 위험부담이 크며, 절도행위의 비밀유지를 위한 필요성으로부터 비롯된 결과이다.

단독범에 의한 절도액수가 상대적으로 공범의 그것보다 고액이었다. 단독범의 경우 고액 절도로 예시할 수 있는 것이 10마르크, 5마르크, 40쉴링, 20쉴링 등이다. 반면 공범의 경우 고액 절도로 예시할 수 있는 것으로서 40쉴링이 2건, 20쉴링이 2건, 그리고 5마르크가 1건 등이다. 그러나 문제는 절도액수의 최저치에서는 다른 모습을 드러낸다는 데에 있다. 단독범의 최저 절도액수가 3펜스이며, 더구나 6펜스인 경우가 4건이나 보인다. 한편 벌금형이나 감옥형에 해당하는 12펜스 이하의 절도액수가 단독범의 경우는 13건이나 있었다. 반면에 공범의 최저 절도액수는 6펜스이다. 이러한 사실은 공범에 의한 절도의 경우 최저 절도액수가 단독범에 의한 그것보다 상대적으로 고액이었음을 나타내는 것이다. 이는 다수에 의한 절도가 단독범보다 절도품의 양이 더 많았던 사실로부터 비롯된 결과이다. 한편 친족으로부터 절도한 경우가 2건[2]있는데, 이는 단순절도의 경우에서 나타난 3건과 유사하다. 또한 절도품 중 현금이 차지하는 비중이 높았던 점도 유사하다.

---

1) 일가족이 절도에 가담한 경우가 2건 있었는데, 그 중 하나는 아버지인 모콕(Mocok Whelp of Blakeburnschire)과 그의 아들인 존, 딸인 아그네스가 12 쉴링의 가치가 있는 귀리 6부셀을 절도한 경우이고, [*Wakefield Court Rolls*, 10 Edward II, 1317. Tourn at Halifax Monday next after the Octave of Easter (Apr. 10)], 다른 하나는 존(John Lowe)과 그의 아내 조안, 그리고 길버트(Gilbert Raton of Dalton)와 그의 아들인 로버트가 8쉴링의 가치가 있는 귀리 2쿼터를 절도하여 체포된 경우이다. [*Wakefield Court Rolls*, 10 Edward II, 1317. Tourn at Rastrik Tuesday next after the Octave of Easter (Apr. 10)].

2) 1건은 누이의 집에서 2쉴링의 가치가 있는 의복을 절도한 경우이고, [*Wakefield Court Rolls*, 10 Edward II, 1317. Tourn at Halifax on the Monday after the Octave of Easter (Apr. 10)], 다른 1건은 아버지의 집에서 2쉴링의 가치가 있는 의복과 현금 10 쉴링를 절도한 경우이다. [*Wakefield Court Rolls*, 9 Edward II, 1316. (Tourn at Wakefield on the Friday next after the Feast of the Octave of Easter)].

여성이 단독범으로나 공범으로 주거침입절도에 가담한 경우를 13건(22.0%) 확인할 수 있었다. 그 중에서 공범으로 가담한 경우가 3건(23%)이고, 나머지가 단독범(77%)이다. 한편 이와는 별도로 장물취득과 관련된 여성의 기록이 2건 확인되었다. 이러한 외형상 기록만으로는 주거침입절도에 있어서 여성이 종범으로서가 아닌 주범으로서 적극적 역할을 한 것으로 여겨진다. 한편 여성범죄 중 단독범의 특징을 살펴보면 다음과 같다. 절도품으로서 의복과 직물이 6건으로 가장 많고, 곡물이 2건, 식료품, 화폐, 농기구 등이 각각 1건, 포괄적으로 동산이라고 기록된 것이 1건, 그리고 불명이 1건이다. 이로 미루어보아 절도품의 형태에 있어서도 남성들과 차이가 없다. 그러나 절도품의 가치에 있어서는 남성의 경우와 차이가 있다. 10건의 단독절도행위 중 3건은 절도품의 가치가 기록되어 있지 않고, 나머지 7건 중 3건이 12펜스 이하이고, 2건이 3쉴링 4펜스, 1건이 16펜스, 그리고 나머지 1건이 15쉴링 6펜스였다. 이를 바탕으로 단독범에 의한 남녀 간 절도액수를 단순 비교하여 볼 때, 소액절도의 경우는 남녀 사이에 차이가 없으나, 고액절도의 경우는 남성들이 압도적으로 많았음을 파악할 수 있다. 이는 주거침입절도의 성격상 여성이 가치 있는 재물을 절도하기에는 남성에 비해 대담성이 약하였을 뿐만 아니라 주로 의식주 문제에 관심을 갖은 여성들의 관심을 반영한 결과라 여겨진다. 여성이 남성과 공범을 이루어 절도한 경우의 절도품 가치와 위에서 제시한 것과를 비교하면 그러한 추론이 가능하다. 4건의 남녀 공범이 취득한 절도품의 가치가 5마르크가 2건, 12쉴링이 1건, 8쉴링이 1건 등으로 나타나기 때문이다. 더구나 남성들이 단독범으로 취득한 절도액수가 여성의 경우보다 많았음은 위에서 지적한 필자의 견해를 입증하는 것이다.

4) 절도범의 심리와 처벌

범죄용의자나 범인을 체포하여 사실심리를 하거나 재판을 통하여 처벌하는 과정은 지역마다 약간씩 다른 형태를 취하였다. 그러나 대체로 다음과 같은 절차를 통하여 심리와 재판이 이루어졌다. 어느 공동체에서 범죄가 발생하면, 이웃들이 합세하여 그들의 사법관할구역까지 용의자나 범인을 추적하고, 그 구역을 벗어나면 이웃에게 그의 추적을 인계하였다. 만약 용의자를 체포하면, 그를 보호 감시하거나 주 감옥으로 이송할 책임도 공동체 구성원들이 졌다.[1] 매년 두 차례 이상 주지사가 범죄용의자를 심리하기 위하여 백호장을 방문하였다. 또한 그는 그의 예하의 관리인 행정관의 도움을 받아 용의자를 심리하기 위한 배심원을 선발하였다. 그의 이러한 권리이자 의무는 이미 12세기로부터 시작되었다.[2] 이러한 변화는 12세기에 이르러 절도와 강도 행위에 대한 국왕의 사법권이 주지사에게 이양된 결과이다.[3] 이외에도 주지사가 한 기능은 다양하다.[4] 그러나 주지사의 기능 중 가장 중요한 것은 범죄용의자의 범죄사실 심리를 위해 12명의 배심원단을 구성[5]하는 것이었으며, 이들이 용의자의 혐의를 법정에서 심리하고 그에 대한 증거를 수집하여

---

1) William A. Morris, *The Frankpledge System*, p. 105; Barbara A. Hanawalt, ed., *Crime in East Anglia in the Fourteenth Century*, p. 17.
2) T. F. T. Plucknett, *Edward I and Criminal Law*, p. 67.
3) *Glanvill*, pp. xxi, I, 2.
4) 죄인을 법원에 출두시키고 감옥에서 죄인이 사망하면 그에 대한 검시관의 소견을 법원에 보고하며, 범법자의 몰수된 재산을 국왕에게 보고한 국왕의 재정대리인이며 국왕의 주요 행정관리이기도 하다. (W. A. Morris and J. R. Strayer, ed., *The English Government at Work*, ii, pp. 53-73, 100-108; Elisabeth G. Kimball, ed., *A Cambridgeshire Gaol Delivery Roll 1332-1334*, p. 14.); *Glanvill*, VII, 17.
5) 1315-1317년 사이에 웨이크필드 장원에서 열린 법정에서 배심원의 숫자가 24명으로 구성된 경우가 단 한 차례 있었다. 이는 다수의 전문적인 가옥 침입절도자와 함께 다수의 다른 절도용의자들이 체포되어 두 차례에 걸쳐서 그들을 심리를 한 결과이다. [*Wakefield Court Rolls*, 10 Edward II, 1316. (Tourn at Wakefield, on Tuesday, the Feast of St. Edmund the Archbishop, Nov. 16)]. 이와는 달리 지역에 따라서는 배심원의 숫자가 다양하게 나타나는 경우도 있다. 예컨대 윌트셔에서는 배심원이 2명에서 24명에 이르기까지 다양하였으며, (P. R. O., Justices Itinerant, Etc., Eyre Rolls, rott. 4 and 9; P. R .O., Justices Itinerant, Etc., *Gaol Delivery Rolls*, rott. 2d. [30 Edward I (3 Aug. 1302)], 노퍽(Norfolk)의 린(Lynn)지역에서는 살인혐의로 체포된 자를 심리하기 위하여 배심원단을 18명으로 구성하기도 하였다. *(Norfolk Gaol Delivery Rolls*, 24 March 1316). 그러나 전형적인 배심원단의 규모는 12명의 남성으로 구성된 것이었다.

기소 여부를 결정하였다.[1] 용의자의 범죄행위가 유죄로 인정될 경우, 이에 대한 형벌은 집사(steward)가 통제한 또 다른 법정에서 결정되었다.[2] 이러한 사실은 웨이크필드 장원법원기록에서 확인되는데, 턴(tourn)과 코트(court)가 몇 차례씩 교대로 열려 범죄용의자에 대한 사실심리와 범법자에 대한 처벌이 이루어졌다.[3] 예컨대 범죄용의자에 대한 사실심리 후 바로 다음날 법정이 열려 그에 대한 형벌이 부과된 경우도 있다.[4]

한편 범인체포를 위한 또 다른 방법은 최하 행정조직인 10인조 제도를 활용한 것이었다.[5] 이미 위에서 자세하게 설명한 것처럼 12세 이상에 이른 모든 남성들이 상호보증의 맹세를 함으로써 어느 자가 스스로 도둑이 되거

---

1) 1315년에서 1317년 사이에 웨이크필드 장원법원기록에 등장한 턴(tourn)과 코트(court)의 개최횟수를 조사한 결과, 턴이 총 24회, 코트가 총 70회 열렸다. 그런데 이 중에서 배심원의 명단이 기록된 경우가 25회이다. 이를 바탕으로 턴과 코트에 참여한 배심원들의 수를 계산한 결과 총 312명에 이른다. 이를 다시 배심원으로 선정된 횟수에 따라 구분한 결과, 3회 이상 배심원으로 선정된 자가 35명에 이른다. 한편 3회 이상 선정된 자들의 참여 횟수에 따라서 구분한 바에 따르면, 리처드(Richard of Salsa-mara)가 7회로서 가장 많고, 5회가 8명, 4회가 16명, 3회가 10명이다. 그런 가운데에서도 동일인이 연속하여 배심원으로 선정된 경우가 극히 드물었던 점으로 보아 사실심리나 재판의 공정성을 기하려고 노력한 것으로 여겨진다. 배심원들의 역할 중 또 다른 것은 이들이 범죄자들의 보증인으로서도 사료에 자주 등장하는 점이다. 이로 미루어보아 그들이 공동체 내에서 중요한 집단을 형성하고 있었음을 파악할 수 있다. 그러나 이들의 역할은 그들의 경제적 지위에 관한 연구를 통하여 보다 자세히 밝혀질 것으로 기대한다.

2) W. P. Baildon, ed., *Court Rolls of the Manor of Wakefield 1274 to 1297*. vol. I (Yorkshire Archaeological Society, 1901), p. xi.

3) 보편적으로 사실심리 배심원으로 1-3명이 선발되어, 이들에 의한 범죄용의자의 행위가 불법인지 여부를 가릴 증거를 조사하고, 만약 이러한 과정을 통하여 범법행위가 밝혀질 경우, 그 다음으로 이를 재판하기 위한 절차를 담당할 기소배심원들이 12명 임명되었다. 이들에 의해 유죄가 인정될 경우, 그에 대한 형 집행은 검시관이 담당하였다.

4) 존(John de Holne)이 방목장에 있는 돼지 한 마리를 훔쳐 죽여 체포되었다. [*Wakefield Court Rolls*, 8 Edward II, 1315. Tourn at Birton on Thursday after the Feast of St. Luke the Evangelist (Oct. 18)]. 한편 다음날 웨이크필드 장원법정에서 동일 사건에 대하여 요크 감옥으로 이송될 때까지 6명의 보증인의 보증 하에 보석금 20쉴링을 납부하면 피고를 석방한다는 판결을 내렸다. [*Wakefield Court Rolls*, 8 Edward II, 1315. Court held at Wakefield on Friday after the feast of St. Luke the Evangelist(Oct. 18)].

5) Ralph B. Pugh, ed., *Court Rolls of the Wiltshire Manors of Adam de Stratton*, p. 3.

나 도둑의 일당이 되려는 시도를 차단하였다.[1] 이 제도는 본래 그 구성원들의 상호안전보장을 위한 목적과 함께 지배층의 효율적인 지배를 위한 수단이었다. 따라서 비록 선량한 이방인이더라도 10인조 구성원 중 어느 자가 그의 집에서 그를 하룻밤 재워주면 촌락공동체의 공동이익에 위배되는 행위로서 간주하였다.[2] 이러한 목적 때문에 그 조직은 정기적으로 주지사에 의해 검열을 받았고 관리되었다.

그러나 어느 자가 법원에 범죄혐의자로 소환되더라도 이에 응하지 않는 경우가 있었던 것은 그 제도 자체가 원활하게 운영되지 못하였던 것으로 추측된다. 통상 소환에 불응할 경우 그에 대한 제재로 벌금이 부과되었으나 정당한 사유가 있을 경우에는 사면되기도 하였다.[3] 웨이크필드 장원법원기록에서 벌금부과에 관한 기록을 13건 확인할 수 있었는데, 벌금액이 3펜스에서 40펜스[4]에 이르기까지 일정하지 않았다. 즉 벌금액이 3펜스인 경우가 3건, 6펜스인 경우가 9건, 40펜스가 1건 등으로 나타났다. 그런데 1317년에 열린 법정에서는 벌금액이 모두 6펜스였던 점으로 보아 1315년 이후 시기가 지날수록 점차 벌금액은 감소하였다. 벌금액이 40펜스였던 특이한 상황에 대한 원인과 함께 시기가 지나면서 벌금액이 감소한 확실한 이유는 알 수 없다. 그러나 벌금액이 40펜스였던 경우는 수차례의 소환에 불응하여 그 액수가 누진된 것으로 추론할 수 있으며, 1317년에 벌금액이 감소한 이유는 대기근이 절정에 달한 시기로서 그 만큼 촌락인들의 빈곤을 상징하는 것으로 이해될 수 있다.

---

1) *Bracton*, f. 124b.
2) *Bracton*, f. 124b; *Wakefield Court Rolls*, 10 Edward II, 1317. [Tourn at Wakefield on the Thursday after the Octave of Easter(Apr. 10)].
3) *Wakefield Court Rolls*, 10 Edward II, 1317. [Tourn at Halifax on the Monday after the Octave of Easter (Apr. 10)]. 절도용의자인 존(John of Risschilee)이 법정에 출두하지 않아 벌금형에 처했으나, 그가 병을 앓고 있음이 밝혀졌기 때문에 사면되었다.
4) *Wakefield Court Rolls*, 10 Edward II, 1316. [Tourn held at Halifax on the Monday after St. Leonard the Abbot (Nov. 6)].

이러한 과정과 절차를 통하여 체포된 범죄용의자는 국왕으로부터 재판권을 위임받은 주지사의 주관 하에 열린 법정에서 유죄 여부가 심리되고 배심원들에 의해 평결이 내려졌다. 그런데 위에서 지적한 것처럼 유죄로 평결된 피고에 대한 형벌부과는 별도의 법정에서 결정되었다. 일반적으로 부활절과 미카엘제에 대법정이 열렸으나[1], 웨이크필드 장원에서는 이 원칙을 따르지 않은 것으로 드러났다.[2]

그러나 배심원단의 구성이 용이하지 않았던 점으로 보아 용의자에 대한 사실심리와 범인의 재판이 쉽지는 않았던 것으로 추론된다. 배심원 선발의 기준과 원칙이 이러한 문제를 일으킨 중요한 이유 중의 하나이다. 배심원은 범죄용의자의 지역 출신, 절도품이나 강도품이 매매된 지역 출신, 혹은 용의자 체포지역 등에서 선발되었다.[3] 비록 재산소유 정도의 제한은 없었으나 통상 부농들이 배심원은 물론 촌락의 행정관인 리브(reeve)로 선발되었으며,[4] 성직자, 여성, 외국인을 제외시킨 가운데 각 백호장이나 버러(borough)에서 행정관이 그들을 선발하였다.[5] 한편 배심원들의 신분을 조사한 결과, 신분적으로는 자유인이나 농노는 물론 지방의 젠트리(gentry)층에서도 선발되어 신분적 구분이 없었던 반면, 위에서 이미 언급한 것처럼 특정한 자가 수차례에 걸쳐 배심원으로 선발됨으로써 그들이 공동체 구성원에게 영향력을 행사할 수 있는 특수한 계층으로 성장하여 갔음을 파악할 수 있

1) John Amphlett, S. G. Hamilton and R. A. Wilson, eds., *Court Rolls of the Manor of Hales 1270-1307*, I, p. xxiii.
2) 웨이크필드 장원에서는 턴이나 코트를 특정한 시기를 정하여 열었던 것이 아니라 1월부터 12월에 이르기까지 사건발생건수에 따라서 늘 열렸다. 그러므로 존(John Amphlett)의 견해처럼 일 년에 두 차례 열린 대법정(Great Court)에만 비중을 둔 것도 아니고, 메이트랜드가 주장한 것처럼 주기적으로 개최(F. Pollock and F. W. Maitland, *The History of English Law before the Edward I*, vol. II, p. 530.)된 것도 아니었다.
3) H. S. Bennett, *Life on English Manor* (London, 1947), p. 212.
4) Zvi Razi, *Marriage and Death in a Medieval Parish: Economy, Society and Demography in Halesowen 1270-1400* (Cambridge Univ. Press, 1980), p. 77.
5) J. G. Bellamy, *Crime and Public Order in England in the Later Middle Ages*, p. 122.

다. 이러한 견해는 배심원으로 선발되었던 자들이 산림감시원, 행정관, 법원의 하급관리(beadle)로서도 활동하였던 사실로서 확인할 수 있다.[1] 그런데 공동체 내에서 그들이 차지하는 비중을 이용한 불법행위도 나타난다. 그들의 친족이 범행에 연루되었을 때, 상호간에 그들의 범죄행위 처벌에 영향력을 끼칠 수 있었다.[2] 그러므로 배심원으로 선발됨으로써 향유할 수 있는 특권적 지위를 가볍게 포기할 수는 없었을 것이다. 그러나 웨이크필드 장원법원기록이나 노퍽 주의 미결수 감옥재판기록에 기록된 것처럼 배심원으로 선발된 자가 자주 법정에 출두하지 않아 재판이 열리지 못하고[3], 불참에 따른 벌금을 납부한 이유가 제시되어야만 그러한 논리가 충족될 수 있다. 우선 재판이 열린 지역이 배심원의 거주지로부터 원거리였다는 점이 그 이유로 제시될 수 있다. 그러나 이것만으로는 배심원의 지위 포기를 설명하기에 부족하다. 따라서 배심원의 역할과 그의 책무에서 그 이유를 찾는 것이 타당하다고 생각된다. 배심원으로 선발되면 우선 공정한 심리를 위한 선서를 하였다. 그런 다음 그는 용의자의 진술을 듣고 심문하며 그에 대한 증거를 수집한 후 유무죄에 대한 평결을 내렸다.[4] 만약 배심원들이 용의자의 기소를 결정하면 주지사는 행정관에게 그의 체포를 명하였다. 그러나 배심원들은 그들의 평결을 뒤바꿀 만한 새로운 사실이 밝혀지면, 진실을 밝힐 의무를 완수하지 못한 책임도 졌다.[5]

---

1) J. A. Raftis, "The Concentration of Responsibility in Five Villagers", *Mediaeval Studies*, vol. 28 (1966), pp. 92-118.
2) Elizabeth C. Furber, trans., *Essex Sessions of the Peace, 1351, 1377-1379* (Essex Archaeological Society, Colchester, 1953), pp. 32-37; Barbara A. Hanawalt, *Crime and Conflict in English Communities, 1300-1348*, pp. 52-53.
3) *Norfolk Gaol Delivery Rolls*, 25 Feb. 1315-26 June 1316. [총 386건의 사건에 대한 재판 중 44건(11.4%)은 배심원이 출두하지 않아 재판이 열리지 못하였다.]
4) N. D. Hurnard, "Jury of Presentment and the Assize of Clarendon", *English Historical Review*, vol. 56 (1941), pp. 374-401.
5) H. S. Bennett, *Life on English Manor*, pp. 213-214. 그러나 하나왈트가 노퍽 지역의 예를 든 것처럼 배심원들이 평균 15분에 한 건씩 사건을 심리한 가운데 정확한 판단을 기대하기란 애초부터 어려운 일이었다. (Barbara A. Hanawalt, ed., *Crime in East Anglia in the Fourteenth Century: Norfolk Gaol Delivery Rolls 1307-1316*, p. 19.)

사실 심리를 잘못하여 범죄용의자에 대한 처벌이 이루어지지 않거나, 그 반대로 무고한 자에게 처벌이 가해지면, 배심원들에게 벌금이 부과되거나 투옥되기도 하였다.[1)] 그러므로 범죄자의 신상과 그의 거주지에 대한 실정을 알지 못하는 상황에서 배심원으로 선발되는 것이 큰 부담일 수 있었다. 따라서 이러한 문제점을 방지하려고 사실심리와 재판에 참여한 유경험자와 새로 선발된 자들 간의 균형을 유지하려는 노력이 있었음이 배심원 선발 명단을 통하여 확인할 수 있다. 웨이크필드 장원법원기록에서 배심원 명단을 확인할 수 있는 25회의 법정에서 배심원으로 선발된 자들의 성향을 분석한 결과가 그러한 주장을 가능케 한다. 배심원이 새로운 인물로 교체된 비율이 6명인 경우가 5건 있었으며, 그 이외에는 1명 교체가 1회, 2명 교체가 4회, 3명 교체가 3회, 4명 교체가 4회, 5명 교체가 7회, 배심원 명단에 처음 등장하여 교체 여부를 확인할 수 없는 경우가 1건 등이다. 이에 따르면 새로 배심원단에 참여한 수가 6명에서 2명에 이르기까지 다양하다. 결국 이를 근거로 볼 때 매번 6명에서 11명은 1회 이상 배심원으로서 선발되었던 경험이 있던 자들로 배심원단이 구성되었다.

배심원들은 불공정 심리와 평결을 피하려고 비밀리에 용의자의 범죄사실을 심리하였다. 만약 이를 지키지 않으면, 배심원들에게 벌금이 부과되었다.[2)] 한편 공범이 있으면 이들을 분리 심리하고, 주범에 대한 평결이 있을 때까지 종범의 심리는 연기되었다. 그러나 배심원은 평결에 있어서 유죄와 무죄 이외에는 아무런 의사표시도 하지 못하였다.[3)] 이는 재판의 공정성을 기하려는 제도적 장치였다. 배심원의 평결이 유죄일 경우에는 비록 그 절차가 매우 복잡하였으나 절도품은 회수되었

---

1) Helen M. Jewell, ed., *The Court Rolls of the Manor of Wakefield from September 1348 to September 1350*, p. 73.
2) *Wakefield Court Rolls*, 35 Edward I, 1307. [Tourn at Wakefield on Friday, the Morrow of St. Boniface(June 5)].
3) Ralph B. Pugh, ed., *Wiltshire Gaol Delivery and Trailbaston Trials 1275-1306* (Devizes, 1978), pp. 63, 82; H. S. Bennett, *Life on English Manor*, p. 214.

으며[1]), 범죄자의 재산도 몰수되어 국왕에게 귀속되었다.[2]) 따라서 형식적으로는 재판으로부터 발생한 국왕의 이득은 매우 큰 것이었다. 그러나 실제로 재판기록에 따르면 범죄자들이 소유한 재산이란 거의 없었다. 이는 중죄인에게 교수형을 판결한 기록 말미에 항상 "아무개의 재산을 몰수하려고 하였으나, 그가 남긴 동산은 없었다."는 기록으로 확인된다.[3]) 또한 사건기록의 말미에 등장하는 또 다른 점은 그 사건에 대한 보증인이다. 이는 피고가 재판결과를 이행하지 못할 경우 - 특히 피고에게 부과된 경제적 의무를 이행하지 못한 경우 - 에 그에 대한 공동책임을 짐을 의미하며, 그런 의미에서 보증인은 보증을 통하여 신체적 구속이나 경제적 손실을 입을 수도 있었다.

중죄인의 판별은 매우 엄격하여 통상 주지사의 법원, 검시관의 심문, 치안판사의 심문, 촌락인들의 고발 등 다양한 기준에 따라서 결정되었다. 그런데 당시 재판기록에 따르면, 대체로 강도나 절도액수가 12펜스 이상인 경우, 살인, 방화, 강간 등 강력사건의 범죄자에게는 중죄를 적용하여 그를 교수형에 처하였다.[4]) 그러나 이러한 엄격한 법적용에도 불구하고, 범죄자의 교수형 평결율은 그리 높지 않았다.[5]) 또한 기소자의 유죄선고율

---

1) *Wakefield Court Rolls*, 9 Edward II, 1316. (Court held at Wakefield, Friday the Feast of St. Barnabas the Apostle). 이곳의 기록에 따르면 참수된 도둑인 휴(Hugh of Cokhill)의 가축 가운데 한 마리의 암소가 자기 소유라고 존(John of the Clife)이 주장하였다. 그는 1년 1일 이내에 문제의 암소가 자신의 것임을 증명해 줄 증인을 찾아야 함은 물론 설사 그것이 그의 소유라고 판명되더라도 그 소의 관리보호를 위한 벌금 6쉴링 8펜스를 납부하여야 한다.

2) *Glanvill*, VII, 17.

3) *Wakefield Court Rolls*, 10 Edward II, 1316. [Court held at Wakefield on Friday, the Feast of St. Wulfran the Bishop (Oct. 15)].

4) *Bracton*, f. 151b. [어떠한 기독교인도 소액절도의 경우는 극형에 처하지 못한다. (Habenda est ratio utrum res magna sit an minima. Pro parvo enim latrocino vel pro parva re nullus christinus morti tradatur.)]. 그러나 앵글로 색슨 시대에 예속인이나 그가 훔친 물건을 소유한 자를 교수형에 처한 'Infangtheof'라는 제도가 있었다. (John Amphlett, ed., *Court Rolls of the Manor of Hales 1270-1307*, p. 245). 이로 미루어보아 앵글로 색슨 시대가 14세기 초보다 절도 행위에 대하여 더 가혹하였다.

5) 노퍽 주 감옥의 미결수 감옥재판기록(Norfolk Gaol Delivery Rolls)에 따르면, 1315년 2월 25일부터 1316년 6월 26일까지 발생한 각종 사건 386건 중에서 범법자에게 교

도 낮았다. 통상 범법자들 중 1/3은 유죄선고를, 2/3는 무죄를 선고받았다. 요크셔의 경우도 유죄선고율이 13.7%로서 다른 주의 경우에 비해 훨씬 낮았다.[1] 물론 성직자의 범죄와 그 기소율을 합하면 그 비율은 상승할 것이다. 그러나 이러한 원칙이 14세기 잉글랜드의 모든 지역에 일률적으로 적용된 것은 아니었다. 예컨대 '개봉된 국왕의 칙허 등기부'에 따르면 가장 악질적인 범죄로 간주한 강도에게 강도액수와 관계없이 교수형이 아닌 벌금형으로 사건을 종결한 경우가 많다.[2] 한편 1348년 웨스트민스터 지역의 국왕 대리인인 재판관이 절도품의 가치와 상관없이 강도는 모두 중죄로 처벌함을 공시하였다.[3] 또한 절도액수에 관계없이 배심원들이 범죄자의 개인적인 사정을 고려하여 평결을 내렸음도 보인다.[4] 그러나 이곳에서 연구의 대상으로 삼은 웨이크필드 장원의 재판기록에 따르면, 위에서 언급한 원칙, 즉 범죄의 본질보다는 그 결과인 절도품의 가치를 기준으로 그에 대한 형벌을 결정하였다. 범법자에게 내려진 형벌 중 가장 가벼운 것은 구류이다. 구류기간은 몇 주(週)에서 평생까지 다양하였다. 에드워드 1세 치세 말까지 소액절도의 경우는 절도품의 가치가 1/2페니마다 3일, 1페니일 경우는 일주일의 비율로

수형 판결을 내린 사건이 72건(18.7%)이었다. [Delivery of Norwich Castle Gaol before William de Ormesby and John de Thorpe, 25 Feb. 1315에서부터 Delivery of Lynn City Gaol made before William de Ormesby, Richard de Walsingham and John de Fitton, 26 June 1316까지의 기록이다.], 이러한 비율은 다른 자료를 통해서도 확인된다. (J. G. Bellamy, *Crime and Public Order in England in the Later Middle Ages*, p. 158.)

1) Barbara A. Hanawalt, *Crime and Conflict in English Communities, 1300-1348*, p. 56. (유죄선고율이 대체로 주마다 유사하였다. 헌팅던셔(Huntingdonshire)는 27.2%, 서리(Surrey)는 27.1%, 노샘프턴셔(Northamptonshire)는 26.9%, 에식스(Essex)는 25.3%, 서머싯(Somerset)은 17.3% 등이다.)

2) *Calendar of Patent Rolls*, 6 July 1311(4 Edward II), p. 373.

3) T. F. T. Plucknett, '*Commentary*', *In Proceedings before the Justices of Peace in the Fourteenth and Fifteenth Centuries*, by Bertha H. Putnam (London, 1939), p. cxlii.

4) 피터(Peter le Synekere)가 2쉴링 10펜스의 가치를 지닌 동산을 절도하여 기소되었으나, 배심원들이 그가 생계에 영향을 받을 정도로 가난하여 절도하였음을 인정함으로써 중죄로 평결하지 않았다. (Delivery of Lynn City Gaol, 26 June 1316.)

형량이 부과되었다.[1] 그러나 이러한 원칙이 반드시 일률적으로 적용된 것도 아니다. 예컨대 토끼 한 마리를 불법으로 잡아 3주간이나 한 달간 투옥된 경우[2]가 있는가 하면, 6펜스의 가치가 있는 곡물을 훔쳐 1개월간의 징역형이 선고된 경우도 있으며,[3] 이미 살펴본 것처럼 8펜스의 가치가 있는 식료품을 훔쳐서 6주간의 징역형이 선고된 경우도 있다. 반면에 노퍽 지역에서는 절도액수가 적어 석방된 경우도 있다. 즉 중죄에 해당하는 12펜스의 가치가 있는 곡물을 강도질한 자에게 배심원들이 유죄평결을 하였음에도 불구하고 석방하였으며,[4] 이와 유사한 경우를 6건이나 확인할 수 있다.[5] 이와 같은 모습은 대기근으로 인한 범죄에 대한 관용에 중점을 둔 판결이라 여겨진다. 또한 당시의 재판이 관습법에 준하여 이루어졌기 때문에 범죄유형에 따른 형량이 지역마다 다른 것도 하나의 이유가 될 것이다.

성직자가 범죄행위를 범하였을 경우 관할 주교의 대리인이 그가 성직자임을 입증한 문서를 법원에 제출하면, 그를 세속법에 따라서 재판하지 않고 그의 신변이 교회법원으로 이관되었다.[6] 그들에 대한 교회법원에서의 심리는 통상 세속법에서 중죄로 판단되는 범죄라도 교수형이 아닌 참회로 결말이 나는 것이 통례였다.[7] 절도품의 가치가 매우 높거나 살인과 같은 중죄라도 무기형을 받아 주교의 감옥에 투옥되는 것이 고작이었다.[8] 성직자들이 범한 범죄 가운데 가벼운 절도행위도 있으나, 중죄도 많았다. 하나왈트의 조

---

1) T. F. T. Plucknett, *A Concise History of the Common Law* (London, 1956), p. 457. 이에 관한 구체적인 예는 Calendar of Prisoners in New Salisbury Gaol, 4 August 1302.를 참조할 것.
2) *Wakefield Court Rolls*, 3 Edward I, 1275. [Court at Wakefield on the Friday in the Eve of St. Margaret the Virgin(July 13th)].
3) P. R. O., Justices Itinerant, Etc., Eyre Rolls, 1015 rot. 5.
4) *Norfolk Gaol Delivery Rolls*, 4 August 1315.
5) *Norfolk Gaol Delivery Rolls*, 4 August 1315. (절도액수를 확인한 결과 10 펜스인 경우가 3건, 8펜스가 1건, 6펜스가 1건 등이다.)
6) *Norfolk Gaol Delivery Rolls*, 26 November 1315.
7) Barbara A. Hanawalt, *Crime and Conflict in English Communities, 1300-1348*, p. 55.
8) Ralph B. Pugh, ed., *Wiltshire Gaol Delivery and Trailbaston Trials 1275-1306*, p. 15.

사에 따르면, 1300-1348년에 요크셔에서 발생한 범죄 중 성직자 범죄율이 4.4%였다.[1] 그런데 이러한 비율은 노퍽 지역에서도 유사하게 나타나는데, 1315년 2월 25일부터 1316년 6월 26일까지 발생한 범죄 386건 중 성직자나 성직자로 사칭한 자에 의해 발생한 범죄가 21건(5.4%)에 이른다.[2] 특히 성직자들의 재산범죄 중 강도죄의 범죄율이 높은 것은 그들의 범죄가담율 못지않게 사회에 끼친 영향이 심각하였음을 뜻한다. 그럼에도 불구하고 세속인에 비해 상대적으로 그 처벌이 약하였던 점은 교회를 성역으로 간주하여 세속법원과 교회법원의 2원적 운영이라는 특성이 반영된 결과이다.

중죄로 기소된 여성의 비율이 남성에 비해 낮았다. 1300-1348년 사이 요크셔에서 발생한 여성의 범죄율은 단순절도의 경우 32.4%, 주거침입절도의 경우 28.9%, 강도의 경우 5.7%를 각각 점유한다.[3] 한편 여성 범법자의 기소율은 18%였는데, 이는 남성 범법자의 기소율 34%에 비하면 거의 절반에 가깝다.[4] 이러한 단순 비교를 통해서는 분명히 여성이 남성에 비해 범죄율이나 범법자 기소율이 낮았다고 결론지을 수 있다. 그러나 이를 통하여 여성의 사회적 적응력이나 순응도가 남성보다 높았다고 결론짓는 것은 성급할 수도 있다. 강도의 경우 남녀 기소율이 각각 11.6%와 5.7%로서 남성이 여성의 배에 이른다. 그러나 단순절도의 경우는 남성 대 여성의 기소율이 각각 35.8%와 32.4%이며, 주거침입절도의 기소율은 25.3%와 28.9%이다.[5] 이에 따르면 범죄에 가담한 여성의 수가 남성에 비해 적지만 단순절도의 경우는 남녀 범법자의 기소율이 유사하고, 더구나 주거침입절도자의 기소율은 남성에 비해 여성들이 더 높았다는 사실은 범죄의 질의 문제에 있어서 여성들이 남성 못지않았으며, 여성들의 사회적 순응도가 남성들보다 높았다고

---

1) Barbara A. Hanawalt, *Crime and Conflict in English Communities 1300-1348*, pp. 136-137.
2) *Norfolk Gaol Delivery Rolls*, 25 Feb. 1315, 26 June 1316.
3) Barbara A. Hanawalt, *Crime and Conflict in English Communities, 1300-1348*, p. 118.
4) Barbara A. Hanawalt, ed., *Crime in East Anglia in the Fourteenth Century*, p. 12.
5) Barbara A. Hanawalt, *Crime and Conflict in English Communities, 1300-1348*, p. 118.

말할 수 없는 근거이기도 하다.

여성들은 형의 면제나 집행의 연기가 가능한 경우가 있었다는 점에서 남성과는 달랐다. 14세기 재판기록에 따르면, 남편과 공범인 아내에게는 유죄가 선고되지 않았다. 이는 아내가 남편의 수권(手權)하에 있어 그에게 복종하여야 하므로 아내의 범죄는 자발성이 결여되어 있다는 점에 근거한다.[1] 이는 중세의 가부장적 가족구조 하에서 가장의 역할과 기능을 간접적으로 나타내는 것이기도 하다. 그렇다고 아내가 남편의 범죄에 동의하거나 공범자가 될 수 있다는 점을 말하는 것은 아니다. 다만 아내가 남편의 부도덕한 범죄로부터 보호되어야 함을 규정한 것일 따름이다.[2] 비록 아내가 남편에게 복종해야 하지만 악한 일에까지 복종할 필요는 없었다.[3] 이와 같은 재판기록은 13세기 잉글랜드의 보통법의 규정을 적용한 결과이다. 이와 유사한 기록이 7세기 웨섹스(Wessex)의 잉(Ine) 법에 처음 등장한다.[4] 예컨대 남편이 절도한 가축을 집으로 가져왔을 때 아내에게는 그 일에 관한 한 선택권이 없기 때문에 죄가 없다는 것이다. 그리고 3세기 후인 11세기에 카누트(Canute) 법에서도 동일한 조항이 보인다.[5] 그러나 만약 남편이 절도하였더라도, 아내가 열쇠를 소유한 곳, 즉 광(store room), 큰 궤 (largish chest), 화폐나 귀금속을 보관한 작은 궤에서 절도품이 발견되면 아내도 유죄이다.[6] 이는 결국 아내가 남편의 공범

---

1) *Wiltshire Gaol Delivery Rolls*, 5 Edward I, 21 June 1277; Angela M. Lucas, *Women in the Middle Ages: Religion, Marriage and Letters* (Harvester Press, 1983), p. 73.
2) *Bracton*, f. 151b. (Uxor vero sibi desponsata non tenebitur, quia virum accusare non debet nec detegere furtum suum neque feloniam, cum ipsa sui potestatem non habeat, sed vir. Consentire tamen non debet feloniae viri sui neque coadiutrix esse, sed feloniam et nequitiam viri impedire debet quantum potest.)
3) *Bracton*, f. 151b. (Et si obedire debeat viro, in atrocioribus tamen non erit ei obediendum.)
4) Ine 57; F. L. Attenborough, ed. and trans., *The Laws of the Earliest English Kings* (Cambridge, 1922), pp. 54-57.
5) II Canute 76.
6) II Canute 76.

자인 경우와 남편의 행위를 알지 못한 아내의 무지 사이를 구분하여 법을 적용하려는 의도로부터 비롯된 것으로 여겨진다.[1] 따라서 이와 같은 외형적인 사실만을 통하여 보면 앵글로 색슨시대에 비하여 13세기 이후가 여성범죄에 대하여 보다 관용적이었던 것으로 여겨진다.

한편 임신한 여성은 비록 범법행위에 대하여 유죄판결을 받았다고 하더라도 출산할 때까지 형의 집행이 연기되었다. 그러나 출산할 때까지 형의 집행이 잠정적으로 연기된 것에 불과하다. 예컨대 검사 결과 임신이 확인될 경우 비록 살인범이라도 형을 집행하지 않고 감옥으로 되돌려 보냈다.[2] 여성범법자가 임신을 주장하면 여성배심원을 임명하여 임신여부를 확인하고, 만약 임신이 확인되면 중죄로 인하여 교수형을 선고받았더라도 출산할 때까지 감옥에서 그 형의 집행이 연기되었다. 또한 그녀가 임신하고 있는 동안 고문당하지도 않는다.[3] 이러한 사례가 중세 잉글랜드 각지의 재판기록에서 나타나는 것으로 보아 일반화된 사실이었음을 파악할 수 있다.[4] 이는 자궁 속에 있는 태아를 살해하는 것은 죄악이라는 교회법에 근거한 규정이었다.[5] 그러나 이러한 교회법을 악

---

1) Christine Fell, *Women in Anglo-Saxon England* (British Museum Publications, 1984), p. 59.

2) Barbara A. Hanawalt, ed., *Crime in East Anglia in the Fourteenth Century*, p. 25; P. R. O., Justices Itinerant, Assize and Gaol Delivery Justices, etc., m. 2d. [1308년 4월에 열린 재판에 따르면, 아니스(Annis of Stanford)가 살인죄를 범하였으나, 그녀가 임신 중이라 감옥으로 되돌려 보냈다.]

3) *Bracton*, f. 152. (ubi dicitur quod praegnantis mulieris damnate poena differtur quoad pariat. Nec de ea quaestio habeatur quamdiu praegnans fuerit, id est non torqueatur.)

4) P. R. O., Justices Itinerant, Etc., *Gaol Delivery Rolls*, rott. 3, 9, 5d., 10, 12, 13d; Barbara A. Hanawalt, "The Female Felon in Fourteenth Century England", pp. 265-266; Ralph B. Pugh, ed., *Wiltshire Gaol Delivery and Trailbaston Trials 1275-1306*, p. 24; P. J. P. Goldberg, trans. and ed., *Women in England c. 1275-1525* (Manchester Univ. Press, 1995), p. 145.

5) Barbara A. Hanawalt, "Childrearing among the Lower Classes of Late Medieval England", *Journal of Interdisciplinary History*, 8 (1977), p. 9; P. Biller, "Childbirth in the Middle Ages", *History Today* (August 1986), pp. 42-43; H. Leyser,

용한 경우[1])가 나타나는 것으로 보아 그 폐단도 있었던 것으로 추정된다. 그러나 임신한 여성에 대한 형의 집행이 잠정적으로 연기된 것은 당시 일반적 관행이었다. 교수형 집행의 연기뿐만 아니라 특별한 사유가 있을 때에는 범법자의 죄를 사면하여 석방하기도 하였다. 예컨대 중죄를 범하여 교수형을 선고받은 여성이 임신 때문에 형의 집행이 연기되었다가 왕비 이사벨라의 간청으로 사면된 경우도 있으며,[2]) 정신 이상자임이 증명되어 사면된 경우도 있다.[3])

재판기록에 따르면 범법자의 무죄석방이나 조건부 석방의 경우도 자주 보인다. 범법자의 석방은 사실심리의 결과 무죄로 입증된 경우,[4]) 소액을 절도한 자가 자수한 경우, 극도의 기아상태에서 절도행위를 한 경우, 절도액수가 적은 경우, 범법자가 12세 이하인 경우 등이다.[5]) 이러한 점은 배심원들에

Medieval Women: A Social History of Women in England 450-1500 (London, 1995), pp. 123-130. 한편 앵글로 색슨 시대에도 태아에 대한 보호법이 있었다. 만약 임신한 여성이 살해되면, 살인자에게 벌금(wergild)을 2배로 부과하였다. (Christine Fell, *Women in Anglo-Saxon England*, p. 83.)

1) Delivery of Norwich Castle Gaol, 15 March 1316; Delivery of Great Yarmouth City Gaol, 20 March 1316; Barbara A. Hanawalt, *Crime and Conflict in English Communities*, 1300-1348, p. 43. [마틸다(Matilda Hereward of Brandiston)가 남편과 함께 1301년 6월 21일 절도죄를 범하여 교수형이 선고되었으나, 임신이 확인되어 출산할 때까지 형의 집행이 연기되었다. 그녀는 1301년 9월 25일, 1302년 1월 15일, 1302년 6월 5일, 1302년 10월 26일, 1303년 1월 22일까지 계속하여 임신이 확인되어 형의 집행이 연기되었다. 그러나 그 후의 기록이 없어 마틸다의 운명이 어떻게 되었는지는 확인할 수 없다.] 그녀의 남편은 1301년 교수형을 당하였음에도 불구하고, 아내는 2년 동안이나 계속하여 임신상태로 있어 교수형이 연기되었다. 이는 후술하는 바와 같이 간수들의 타락으로 인한 결과로 추론된다.

2) *Calendar of Patent Rolls 1313-1317*, p. 20; *Calendar of Patent Rolls 1350-1354*, p. 366.

3) *Calendar of Patent Rolls 1350-1354*, p. 535.

4) *Wakefield Court Rolls*, 8 Edward II, 1315. [Court held at Wakefield on Friday the Feast of St. Nicholas (Dec. 6)]. 19마리의 가축절도 용의자 2명이 구인되었다. 그러나 그들은 그것을 구매한 것이라 주장하여 12명의 배심원들이 사실심리를 한 결과, 무죄임이 밝혀져 석방되었다.

5) *Wakefield Court Rolls*, 9 Edward II, 1316; *Wakefield Court Rolls*, 10 Edward II, 1317; *Norfolk Gaol Delivery Rolls*, 15 March 1316; *Ibid.*, 22 March 1316; *Ibid.*, 14 June 1316; *Ibid.*, 26 June 1316.

의한 심리가 신중하게 이루어졌음을 뜻하는 것이기도 하다. 그런데 이와는 달리 보석금(auxilium)을 납부하여 조건부로 석방되는 경우가 다수 나타난다. 웨이크필드 장원에서 1315년에서 1317년 사이에 보증인의 보증 하에 범죄자가 보석금을 내고 조건부로 석방된 경우가 26건이나 있다. 이는 유죄판결을 받고 감옥으로 이송될 때까지 보증인들의 보증 하에 일정한 보석금을 내면 범죄자를 일시적으로 석방한 제도이다. 그 액수는 최고 6파운드 12실링 4펜스에서부터 최하 40펜스에 이르기까지 다양하였다. 보석금액의 분포에 따라서 분류하면, 최고액인 6파운드 12실링 4펜스가 1건, 20쉴링이 8건, 13쉴링 4펜스가 5건, 10쉴링이 1건, 6쉴링 8펜스가 9건, 4쉴링이 1건, 40펜스가 1건 등이다. 당시 농민이나 도시민의 경제 상태로 보아 보석금의 규모는 대단히 많은 액수였다.[1] 따라서 이는 부유한 자들만이 혜택을 받을 수 있는 제도였다. 특히 절도액수가 적은 데에도 불구하고 보석금의 규모가 컸던 사실이 이를 대변한다. 예컨대 귀리 2부셀을 장물 취득하여 기소된 에바(Eva)라는 여성은 40펜스의 보석금을 내고 석방되었으며,[2] 소액절도로 기소된 아담(Adam Pykenot)도 4쉴링의 보석금 납부를 조건으로 석방되었다.[3] 보석금 납부에 더하여 1명에서 6명에 이르는 보증인이 범죄자에 대하여 보증할 경우에 보석이 하락되었다. 보증인이 피고의 보석금은 물론 석방 이후의 모든 문제를 책임졌기 때문에 보증인을 구하는 것도 용이하지 않았을 것이다. 더구나 보증인들의 상당수가 배심원으로 선발된 경험이 있는 자들이었다. 따라서 이 제도를 이용할 수 있는 자들은 소수 부유한 자들과 공동체 내에서 유력한 자들에 국한되었을 것으로 추정된다.

---

1) 보석금의 규모가 6쉴링 8펜스, 13쉴링 4펜스, 20쉴링이었던 경우가 20건 (83.3%)에 이른다.
2) *Wakefield Court Rolls*, 10 Edward II, 1316. [Court held at Wakefield on the Friday after St. Lucy the Virgin(Dec. 13)].
3) *Wakefield Court Rolls*, 10 Edward II, 1316. [Court held at Wakefield on the Morrow of St. Katherine(Nov. 25)].

한편 범죄용의자를 보호한 제도로서 무고죄에 대한 처벌규정이 있다. 무고죄란 타인에 대한 중상모략이나 비방으로 인하여 성립된 죄이다. 이 시기에 나타난 무고죄의 형태는 절도죄를 빙자한 타인에 대한 모함이 주류를 이룬다. 만약 무고한 자를 제소하였으나 그에 대한 무죄가 입증되면, 제소자가 오히려 투옥되거나 그에게 벌금이 부과되었다. 이에 대한 자료가 웨이크필드 장원법원기록에서 7건 확인되는데, 그 중 3건은 벌금부과로 사건이 종결된 반면,1) 4건은 투옥되었다.2) 한편 20년 전의 범죄행위가 후에 밝혀져 그에 대한 처벌이 이루어진 경우도 있다.3) 이러한 제도는 선의의 피해자를 구제하기 위한 것인 동시에 범법자의 처벌에 시효만료 기간이 규정되지 않았던 당시의 사법제도의 한 단면을 드러내는 것이기도 하다. 이러한 제도의 시행은 억울하게 범법자가 되는 것을 방지하고, 한편으로는 엄격한 죄형법정주의 원칙을 적용한 사례라 하겠다.

---

1) *Wakefield Court Rolls*, 9 Edward II, 1316. [Tourn at Birton, Wednesday next after of the Octave of Easter. [아담(Adam Shepherd of Heppeworth)이 고의적으로 그의 이웃을 고발하여 그에게 2쉴링의 벌금이 부과되었다]. 한편 아마벨(Amabel of Sourbi)의 아들인 로저가 로버트(Robert of Saltonstall), 존(John Milner), 휴(Hugh of Lyntheseles), 리처드(Richard son of Alot), 토마스(Thomas of the Feld), 윌리엄(William son of Alcokes), 존(John son of Henry)과 사이가 매우 좋지 않았다. 그래서 그들은 20년 전에 로저가 절도를 하였다고 고의로 모함하여 고발하였다. 그러나 12명의 배심원들이 그 사건을 심리한 결과 로저가 무죄임을 평결하였다. 이에 따라 그들에게 무고죄를 적용하여 각각 10쉴링, 6쉴링 8펜스, 10쉴링 40펜스, 40펜스, 18펜스, 2쉴링의 벌금형이 부과되었다. [*Wakefield Court Rolls*, 9 Edward II, 1315.(Court held at Wakefeld on Friday, the Morrow of St. Edmund the King)].
2) *Wakefield Court Rolls*, 10 Edward II, 1316. [Court held at Wakefield on the Morrow of St. Katherine. [존(John of the Dene)이 백작 소유인 암소 한 마리를 절도하여 할리팍스 턴(Halifax Tourn)에 기소되었다. 12명의 배심원들이 그 사건의 사실심리를 한 결과, 아마벨(Amabel of Sourby)의 아들인 로저가 무고죄를 범한 것이 판명되어 오히려 그가 감옥에 투옥되었다.]
3) *Wakefield Court Rolls*, 9 Edward II, 1315. (Tourn at Halifax Monday next after the Feast of St. Luke the Evangelist). [아마벨(Amabel of Sourby)의 아들인 로저가 20년 전에 베이트(Bate the Littester)의 집에 침입하여 오트밀, 소금, 빵 등을 훔쳤음이 밝혀져 기소되었다.]

3. 강도

1) 강도사건과 강도범의 일반적 특징

강도와 단순절도는 어떻게 구분되었는가? 무력으로 다른 사람의 재물을 주간이나 야간에 빼앗아간 자가 강도이다. 그리고 소유주가 없는 동안에 다른 사람의 재물을 훔쳐간 자가 도둑이다.[1] 한편 1348년에 국왕의 재판관이 강도란 사형에 처할 만큼 중대한 범죄라고 선언하였듯이 타인으로부터 강탈한 물건의 유무에 관계없이 그 행위 자체가 중죄인 반면, 절도는 절도한 물건의 가치가 일정한 액수를 넘어야 중죄로서 간주하고 그렇지 않은 경우에는 불법침해죄로 간주하였다.

위에서 이미 지적한 것처럼 웨이크필드 장원의 경우, 강도사건이 상대적으로 적게 발생한 곳이다. 그런데 1315년의 웨이크필드 장원법원기록에 따르면, 강도사건에 관한 기록이 한 건도 없다. 따라서 필자는 1316년 한 해만을 분석의 대상으로 택할 수밖에 없었으며, 그것도 주지사가 주관한 법원에서 다룬 강도사건이 고작해야 9건에 불과하다. 이것도 다른 시기에 비하면 상대적으로 기록이 많은 편이다. 예컨대 1275년에는 2건, 1326년에는 1

1) *Britton*, I, 55.

건, 1348년에 1건 등이 장원법원문서의 기록에 등장할 뿐이다. 그런데 1316년에 발생한 9건의 강도사건을 분석한 결과, 현금과 관련된 강도사건이 5건이다. 이는 강도들이 현금을 가장 선호하였음을 나타내는 증거인데, 화폐는 강도의 속성상 운반이 쉬우면서도 가치가 높기 때문일 것이다. 그 외에 가축, 옷, 두건, 신발, 장갑 등이 강도물품으로 등장한다. 이러한 점은 하나왈트의 주장과 크게 다르지 않다. 그녀의 연구에 따르면, 강도가 가장 선호한 물품은 화폐였다. 즉 강도물품의 분포를 보면, 화폐가 29%, 옷이 18.9%, 말이 8.5%, 옷감이 4.9%였다.[1] 그런데 웨이크필드 장원에서 발생한 강도사건 중에서 강도물품이 현금인 경우, 그 분포를 보면 16실링, 13실링 4펜스, 6실링, 5실링, 3실링 4펜스, 2실링 4펜스 등으로 비교적 그 액수가 적어 하나왈드가 주장한 것과는 크게 다르다. 그녀의 주장에 따른다면, 강도는 한 번의 성공으로 일시에 많은 재물을 소유할 수 있었지만, 체포되면 교수형에 처해질 위험성도 그 만큼 컸다. 따라서 강도물품의 가치가 상대적으로 절도물품의 가치보다 컸다고 그녀의 연구에서 밝혔다.[2] 그러나 그녀의 주장이 웨이크필드 장원의 경우에는 적용될 수가 없다. 왜냐하면 웨이크필드 장원에서 현금과 관련된 절도액수가 6펜스, 21펜스, 6실링 8펜스, 10실링, 12실링, 14실링 등으로 나타나, 사실상 강도액수와 절도액수 사이에 큰 차이가 없기 때문이다. 그렇다면 그녀의 주장과는 다르게 웨이크필드 장원에서는 강도물품 중 화폐의 액수가 적은 이유는 무엇일까? 이는 웨이크필드 장원이 처한 특성을 반영하고 있다고 하겠다. 웨이크필드 장원이 위치하고 있는 웨스트 라이딩 지역은 기후와 토양조건이 열악하여 곡물도 소맥에 비하여 상대적으로 경제성이 떨어지는 귀리를 주를 재배하였고, 겨울 파종 작물로는 호밀이 재배되었다.[3] 한편 낮은 인구밀도와 넓은 초원이 양 사육을 가능케

1) Barbara A. Hanawalt, *Crime and Conflict in English Communities, 1300-1348*, p. 85.
2) *Ibid.*, p. 85. (그녀가 밝힌 바에 따르면, 강도물품 중 43.1%가 1파운드나 그 이상, 14.1%가 11-20실링, 18.5%가 5-10실링, 24.3%가 1실링이나 그 이하였다.)
3) David Hey, *Yorkshire from AD 1000* (London, 1986), pp. 70-73.

하였으며, 11세기 이후 개간활동으로 새로운 취락이 다수 형성된 곳이다. 이처럼 요크셔를 비롯한 북부지역은 후진적인 곳이다.1) 그러나 둠즈데이 북(Domesday Book) 시대인 1086년에 비하여 약 2세기 뒤에 요크셔의 인구는 크게 증가한다. 이스트 라이딩 지역은 9-10배, 노스 라이딩 지역은 11 1/2-13 1/2배인 반면, 웨이크필드 장원이 위치한 웨스트 라이딩 지역은 겨우 3 1/2배가 증가하였을 뿐이다.2) 더구나 요크셔와 같은 북부 지역은 대기근이 발생한 1315-1316년과 1321년에 스코틀랜드인들의 잦은 침략과 약탈로 인하여 경제적 어려움이 가중되었다.3) 그리고 가축전염병이 만연한 시기인 1313년에서부터 1317년까지 양 사육이 큰 타격을 입었다.4) 바로 이러한 조건이 강도들에 의해 강탈된 화폐액수가 적었던 이유일 것이다.

한편 웨이크필드 장원에서의 강도행위는 주로 1대1로 이루어졌지만, 2인이나 3인이 강도단을 이룬 경우도 있다. 그러나 강도에 참여한 인원수와 강도액수와는 상관관계가 없다. 강도들은 주로 야밤에 가옥에 침입하여 재물을 강탈하기도 하였으나,5) 인적이 드문 국왕의 도로, 도시의 도로, 숲 속 등에 매복하여 있다가 낮에 왕래하는 상인을 비롯한 부유한 자들을 무기로 위

1) 이러한 일반화에 예외적인 곳이 요크셔의 이스트 라이딩 지역이다. 이곳에서는 1281-1350년 사이에 새로 건설된 정착지 이름이 나타나고 있지 않다. 반면에 요크셔의 웨스트 라이딩 지역에서는 12개의 새로운 지명이 보인다. 한편 노스 라이딩 지역에서는 네 개의 새로운 지명이 나타나고 있다. (H. E. Hallam, *Rural England 1066-1348*, p. 179.)
2) *Ibid.*, p. 192.
3) Ralph B. Pugh, ed., *Wiltshire Gaol Delivery and Trailbaston Trails, 1275-1306*, p. 5; Ralph B. Pugh, "Some Reflections of the Medieval Criminologist" in *Proceedings of the British Academy*, pp. 83-84; A. Harding, *English in the Thirteenth Century* (Cambridge University Press, 1993), pp. 309-311.
4) David Hey, *op. cit.*, p. 87.
5) *Wakefield Court Rolls*, 10 Edward II, 1316. [Tourn held at Halifax on Monday after St. Leonard the Abbot(Nov. 6)]. 리차드(Richard the Smith of Werloley)와 니크의 아들 존이 야밤에 윌리엄(William the grave of Werloley)의 집에 와서 주위를 살핀 다음, 집에 들어가 만약 은화 1마르크와 상의(tunic) 한 벌을 주지 않으면 모든 재산을 불태우겠다고 위협하여, 윌리엄은 그들에게 2쉴링 4펜스의 현금과 3쉴링의 가치가 있는 상의 한 벌을 주었다. 후에 그들은 체포되었는데, 존은 다른 강도사건에도 연루되어 있었다.

협하여 재물을 강탈하였다.[1] 비록 동생이 형을 길거리에서 위협하여 입고 있던 옷과 신발을 빼앗아 간 특별한 경우[2]도 있으나, 강도의 대상은 그 특성상 주로 얼굴을 모르는 타인이다.[3]

그렇다면 노퍽 주에서 발생한 강도사건의 특징은 무엇인가? 1315년 2월 25일부터 1316년 6월 26일까지 노퍽 주의 미결수 감옥재판기록을 분석한 결과, 60건의 강도사건을 확인할 수 있었다.[4] 범행 장소는 집안, 도시 교외, 들판, 다리 근교, 교회 등 다양하게 나타나고 있다. 이는 바로 노퍽 지역이 웨이크필드 장원에서보다 부유한 상인들의 왕래가 잦았고, 귀족들이 런던에서의 생활을 위해 이곳을 자주 왕래하였음을 뜻한다. 또한 노퍽 주의 동부지역은 해안가에 접하고 있어 해외시장으로의 접근성이 양호한 지리적 이점을 갖고 있다.[5] 1086-1350년에 노퍽 주는 잉글랜드 중에서 가장 혼합농업이 발달한 지역 중의 한 곳이다. 밀과 보리 시장이 크게 발달하였으며, 귀리는 주로 말의 사료로 재배하였다. 한편 1281-1350년 사이에 새로 형성된 주거지가 겨우 두 곳에 불과한 것으로 보아 인구가 증가하였더라도 기존의 주거지가 팽창하였음을 쉽게 추론할 수 있다.[6]

노퍽 주의 강도들이 강탈의 대상으로 삼은 물품은 현금, 가축, 의복, 직물 등이었기 때문에 웨이크필드 장원과 크게 다르지 않다. 그런데 그 장원과는 달리 노퍽 주에서는 값비싼 모직물, 아마포, 말의 강탈 빈도수가

---

1) Barbara A. Hanawalt, ed., *Crime and East Anglia in the Fourteenth Century*, p. 10.
2) *Wakefield Court Rolls*, 10 Edward II, 1316. [Court held at Halifax on the Monday after St. Leonard the Abbot(Nov. 6)]
3) Barbara A. Hanawalt, *Crime and Conflict in English Communities, 1300-1348*, p. 83. (하나왈트가 분석한 바에 따르면, 기소된 강도들 중에서 9.9%만이 피해자와 동일한 지역에서 거주하였으며, 20.7%는 반경 5마일 이내이고 대부분이 15마일 이상 떨어진 곳에서 거주하였으며, 다른 주 출신의 강도가 49.1%에 이르렀다.)
4) 1315년의 미결수 감옥재판기록에 24건의 강도사건, 그리고 1316년에 36건의 강도사건에 대한 기록이 남아 있다.
5) John Langdon, "City and Countryside in Medieval England", *Agricultural History Review*, 43 (1995), p. 71.
6) H. E. Hallam, *Rural England 1066-1348*, pp. 34, 39, 42, 46-47.

높았다.[1] 이는 당시 웨이크필드 장원과 노퍽 주의 경제 상태를 비교할 수 있는 지표이기도 하다. 웨이크필드 장원과 노퍽 주의 경제 상태의 차이를 알리는 또 다른 지표 중의 하나는 현금 강탈액의 차이이다. 현금만을 대상으로 하였을 때, 11건의 기록 중 가장 많은 액수가 30파운드이고, 나머지는 쉴링 단위이다. 예컨대 40쉴링, 32쉴링이 두 건, 8쉴링, 5쉴링, 4쉴링, 40펜스가 각각 한 건, 그리고 가장 적은 액수인 2쉴링이 두 건 등으로 분포되어 있다. 이미 위에서 열거한 것처럼 웨이크필드 장원에서의 현금 강탈액은 최고가 16쉴링이고 최하가 2쉴링 4펜스이다. 사례가 많지 않다는 문제점이 있을 수 있으나, 확인할 수 있는 자료의 한계 내에서 볼 때, 양 지역 간의 현금 강탈액의 차이를 분명하게 보여준다. 또 다른 차이점은 웨이크필드 장원과는 달리 노퍽 주에서 체포된 강도들은 외지에서 강도행위를 하고 이곳으로 도피하였다가 검거된 자들이 다수 있다는 사실이다. 이는 범행 후 즉시 인접 지역으로 도피하여 체포를 면할 수 있었음을 뜻한다. 여러 지역을 이동하면서 강도행위를 하는 자들은 한 지역에 거점을 둔 강도와는 달리 지역과 지역을 신속하게 이동하면서 범행을 한 기동력을 갖춘 전문적 강도범들이다.[2] 특히 강도범들이 선호한 지역이 링컨셔, 레스터셔, 루트랜드(Rutland)가 만나는 3각 지역이다.[3] 이곳은 상인들의 왕래가 잦은 국왕의 도로가 지나고 있고, 세 지역이 만나는 곳이기 때문에 범행 후 다른 지역으로 도피하기에도 유리하였다. 1315년 노퍽 주에서 발생한 강도사건 24건 중에서 8건(33.3%)이 외지에서 강도행위를 하고 노퍽 주로 도피한 경우이고, 1316년에 발생한 강도사건 36건 중에서는 6건(16.6%)이 외지에서 강도행위를 하고 노퍽 주로 도피하였다가 체포된 경우이다. 강도행위를 범한 지역도 다양하여 서퍽, 캠브릿지셔, 노샘프턴셔, 링컨셔 등이며, 노퍽 주 내에서도 14세기 중

1) 값비싼 말을 강탈한 경우, 웨이크필드 장원에서는 한 건이 있으나, 1315년만을 대상으로 할 때 노퍽 주에서는 네 건이나 된다.
2) J. G. Bellamy, *Crime and Public Order in England in the Later Middle Ages*, p. 42.
3) *Calendar of Patent Rolls 1272-1281*, p. 178.

엽에 이르기까지 잉글랜드에서 가장 중요한 무역항구 중의 하나인 그레이트 야마우스(Great Yarmouth)를 비롯한 도시가 강도들의 도피처였다. 강도들의 범행 지역 중에서도 특히 노퍽 주의 인접 주들인 서퍽, 캠브릿지셔, 링컨셔가 그 중심에 있다. 당시 교통수단이 발달하지 않은 가운데 그러한 기동성을 발휘하기 위해서 자연히 주와 주 사이의 경계선을 강도의 장소로 택하였던 것이다.[1)]

외지에서 강도행위를 하고 노퍽 주에서 체포된 자들의 범죄행위에 대한 사실심리를 할 배심원이 필요한데, 이는 범행지역에서 파견되었다. 그러나 범행지역에서 배심원이 파견되지 않아 강도혐의자를 배심원이 파견될 때까지 감옥으로 이송한 경우도 있다. 배심원이 절도품이나 강도품이 매매된 지역이나 강도혐의자 체포지역에서 선발되는 경우도 있으나, 강도혐의자의 출신지역이나 강도행위를 범한 지역에서 선발하는 것이 통례였다.[2)] 강도혐의자의 신상과 강도에 관한 일반적 상황 및 그의 평소 행동양식을 잘 알고 있는 사람을 배심원으로 선발하기 위해서이다. 실제로 강도혐의자의 출신지역 배심원이 법정에 출두하여 그가 평소 나쁜 명성을 얻지 않았다고 진술하여 무죄 석방된 경우[3)]가 있다.

강도행위 후 외지로 도피한 자들은 대부분 강도와 절도로서 전문적인 명성을 얻고 있는 자들이기 때문에 강도를 하여 빼앗은 물품의 규모도 컸다. 그리고 강도뿐만 아니라 살인까지도 범하는 경우가 종종 있었다. 이는 강도범들의 행동양식을 잘 나타내고 있는 징표이다. 필자가 조사 대상으로 삼은 1315년 노퍽 주에서 발생한 24건의 강도사건 중에서 6건(25%)이, 그리고 1316년에는 36건 중에서 7건(19%)이 살인강도였다. 즉 60건 중에서 13건

---

1) Henry Summerson, "The Enforcement of the Statute of Winchester", p. 244. [런던 상인인 엘리아스(Elias le Caller)가 1320년 6월에 워릭셔와 스태퍼드셔의 경계선인 서턴 콜드필드(Sutton Coldfield)에서 강도를 당하였다.]
2) H. S. Bennett, *Life on English Manor*, p. 212.
3) *Norfolk Gaol Delivery Rolls 1307-1316*, m. 22d.

(21.7%)이 살인강도 사건이었다. 이는 강도가 단순히 타인의 물품을 강탈하는데 그친 것이 아니라 인적 피해를 주기도 하였으며, 심지어 살인도 하였음을 의미한다.

그렇다면 강도들이 어느 정도의 금품을 강탈하였을까? 강도들이 강탈한 현금과 동산을 합하여 보면, 그 액수는 크게 증가한다. 1315년에 발생한 24건의 강도사건 중에서 강탈한 물품 값의 총액이 기록된 23건에 한정시켜 강도액수의 분포를 살펴보면 [도표 1]과 같다.

[도표 1]　노퍽 주 강도액수의 분포도(1315년)

10d.	4s.	7s.	11s.	20s.	40s.	72s.	1/2 mark	1 mark	10 mark	20 mark	25 mark	합계
1건	1건	1건	1건	3건	4건	1건	2건	2건	2건	3건	2건	23건

한편 1316년에 발생한 36건의 강도사건 중 강도 물품과 현금에 대한 기록이 없는 5건을 제외한 31건에 한정시켜 강탈물품과 현금을 합한 액수의 분포를 보면 [도표 2]와 같다.

[도표 2]　노퍽 주 강도액수의 분포도(1316년)

10s.이하	10-20s.	21-40s.	41-60s.	70-100s.	£10-£20	£30	£100	합계
7건	6건	6건	4건	2건	4건	1건	1건	31건

[도표 1, 2]에 따르면, 노퍽 주를 대상으로 할 때, 1315년에 발생한 강도들의 강탈액이 1316년의 강탈액보다 훨씬 적다. 이는 대기근과 깊은 관계가 있다. 한편 노퍽 주의 강도범들에 의한 강탈액이 요크셔의 웨이크필드 장원에서의 강탈액과는 비교가 되지 않을 정도로 규모가 크다. 웨이크필드 장원에서 발생한 강도사건 중에서 현금과 동산을 합한 강탈액의 분포를 보면 [도표 3]과 같다.

[도표 3] 웨이크필드 장원의 강도액수 분포도(1316년)

22d.	3s. 4d.	5s. 5d.	6s. 6d.	13s. 4d.	20s.	21s.	40s.	합계
1건	1건	1건	1건	1건	1건	1건	1건	8건

[도표 1, 2, 3]을 통해서 파악할 수 있듯이 웨이크필드 장원에서의 강도액수는 노퍽 주에서의 그것과 비교할 수 없을 정도로 적다. 이에 대한 이유는 이미 위에서 지적한 것처럼 지리적 요인과 함께 당시의 사회·경제적 차이로부터 비롯되었다.

한편 강도에 참여한 범행자 수를 살펴보면 다음과 같다. 이미 위에서 언급한 것처럼 웨이크필드 장원에서 발생한 8건의 강도사건 중에서 5건이 두 명이 일당을 이루어 피해자 한 명을 대상으로 강탈한 경우가 5건이고, 나머지 3건은 한 명을 대상으로 한 단독범행이다. 한편 노퍽 주에서는 1315년에 24건의 강도사건 중에서 1건만이 5명의 강도단이 강도행위를 한 경우이고, 나머지는 단독범행의 강도사건이다. 한편 1316년에는 36건의 강도사건 중에서 1인을 상대로 한 단독범행이 28건으로서 절대 다수를 점하고 있으며, 2인이 1인을 상대로 범행한 경우가 5건인데, 그것도 부부와 형제가 일당을 이룬 경우가 3건에 이른다. 그리고 4인이 일당을 이룬 경우가 2건, 한 건은 특이하게 9명이 일당을 이루었다. 결국 두 지역 모두에서 강도는 단독범행이 중심을 이루었다는 결론에 이른다. 그것은 강도의 속성상 범행 후 기동력을 발휘하여 도피하거나 범행 자체를 은폐하기에 단독범행이 유리하였기 때문일 것이다. 공범자가 있더라도 형제간이나 부부간이었기 때문에 그러한 조건을 충족시킬 수 있었다.

여성들이 강도단의 일원이 되기도 하였다. 여행자들이 가던 길을 멈추게 한 유인 역할을 여성이 담당하였다. 예컨대 여성이 지나가는 행인을 오솔길에서 유혹하여 길을 멈추게 하고 대기하고 있던 남자 일당이 그들을 강탈하였다.[1)]

1) Barbara A. Hanawalt, *Crime and Conflict in English communities, 1300-1348*, p. 88.

이와 같은 방법으로 여성이 강도에 가담할 경우, 종범인 경우[1]가 주를 이루었다. 그러나 주범으로 살인강도에 가담하여 10파운드의 가치가 있는 물건을 빼앗고, 5마르크의 은화를 강탈한 경우[2]가 있는가 하면, 여성이 강도 일당이 되어 다른 여성을 강탈하고, 또 다른 강도사건에도 연루되어 교수형에 처해진 경우[3]가 있으며, 심지어 여성이 단독으로 남성을 상대로 강도행위를 하여 유죄판결을 받고 교수형에 처해진 경우[4]도 있다. 배심원의 사실심리 결과 무죄로 석방되기는 하였으나, 세 명의 여성이 강도단을 구성하여 기소된 경우도 있다.[5] 즉 여성들의 강도형태도 남성들과 하등 다를 바가 없다는 지적이다. 한편 성직자가 강도와 관련된 경우가 9건(15%)이 있다. 그런데 9건 중에서 8건은 강도혐의자로 체포된 자들이 자신이 성직자라고 주장한 경우이고, 실제로 관할 주교의 대리인이 법원에 출두하여 성직자임을 확인하여 주었다. 나머지 한 건은 성직자가 다른 성직자를 살인 강도한 경우[6]이다. 또한 일반인들로부터 강도의 피해를 입은 성직자에 관한 기록도 세 건이 있다. 전체 강도사건 중에서 성직자가 점유하는 비율이 15%에 이른 것은 14세기 일부 성직자들의 자질이나 도덕성에 문제점을 드러낸 것이라고 하겠다. 이러한 문제점의 발생을 일으킨 원인으로서 세속법원의 재판권으로부터 면제된 성직자들의 특권, 범법 성직자들의 처벌도 교수형이 아닌 정죄(purgation)였다는 점이 강도와 같은 중죄에 성직자들의 가담율을 높였을 것이다.

1) *Norfolk Gaol Delivery Rolls 1307-1316*, m. 28.
2) *Norfolk Gaol Delivery Rolls 1307-1316*, m. 27d.
3) *Norfolk Gaol Delivery Rolls 1307-1316*, m. 31.
4) *Norfolk Gaol Delivery Rolls 1307-1316*, m. 33.
5) *Norfolk Gaol Delivery Rolls 1307-1316*, m. 22d.
6) *Norfolk Gaol Delivery Rolls 1307-1316*, m. 27d.

2) 강도범의 기소와 처벌

글렌빌의 보통법에 따르면, 국왕의 평화를 파괴한 범죄인 살인, 방화, 강도, 강간, 위조 등의 죄는 중죄로서 사형이나 사지절단형에 처한다고 언급하고 있다. 이는 로마법으로부터 영향 받은 바가 컸다.[1] 이러한 법의 이념은 정의(justice)란 국왕이 지배한다는 점에 근거하고 있다.[2] 한편 부락톤의 보통법에 따르면, 강도에 대한 선고로 때로는 사형을, 때로는 불구형(mutilation)이 내려졌다.[3] 이는 지역마다 서로 다른 관습법을 통합하는 과정에서 보통법의 중요 형태가 아직 전국적인 통일성을 기하지 못하였음을 알리는 징표이다. 물론 지역마다의 법 적용의 차이가 1200년경에 이르면 점차 극복되기 시작하였으며, 특히 순회재판관이 지방마다 순회하며 중요한 범죄를 재판함으로써 법과 그 적용의 통일성을 기할 수 있게 되었다.[4] 그러나 이것은 시작에 불과한 것이다. 왜냐하면 그 보다 약 50년 뒤인 부락톤의 시대에도 지방마다 법 적용의 차이가 잔존하고 있었기 때문이다. 이는 바로 지방마다 존재한 중죄인의 미결수 감옥재판기록을 통하여 확인된다.[5] 그런 의미에서 13세기 말에서 14세기 초에 이르러 강도에 대한 형벌로 교수형의 평결이 고정되기에 이른 것[6]은 중요

1) John Hudson, *The Formation of the English Common Law: Law and Society in England from the Norman Conquest to Magna Carta*, p. 161.
2) *Ibid.*, p. 231.
3) *Bracton*, f. 146b.
4) Raoul C. van Caenegem, *The Birth of the English Common Law* (Cambridge University Press, 1973), p. 29.
5) 동일 죄목에 대한 처벌의 차이가 존재한 미결수 감옥재판기록이 잉글랜드의 형법 발달 과정을 파악할 수 있는 귀중한 자료이다. 그러나 불법침해죄에 대한 범법자의 감옥이송의 경우는 귀중한 자료로서의 가치가 다를 수 있다. 감옥이송은 범법자의 인신적 구속을 의미하지만 반드시 죄에 대한 형벌로서 주어진 기간만큼 투옥된 형법적 개념은 아니다. 만약 어느 자가 부채로 인해 감옥에 투옥되더라도, 그가 부채를 청산하고 벌금을 납부하면, 감옥에서 석방되었다. 그런 의미에서 불법침해와 관련된 범법행위의 경우, 감옥이란 사법적 사안이 해소될 때까지 일시적으로 수용된 장소이다.
6) *Britton*, I, p. 119; *Eyre of Northamptonshire*, pp. 167-168.

한 의미가 있다. 14세기에 이르면, 비록 강탈한 물품이 쉴링 보다도 가치가 적은 것이라고 하더라도, 강도는 중죄였다.[1] 예컨대 1348-1349년 국왕의 수석 재판관인 윌리엄 도프(William Thorpe)는 단 2펜스를 다른 사람에게서 강탈한 자를 교수형에 처하였다.[2] 그리고 1353-1354년에 이르러서는 국왕의 수석재판관이 일단 강도를 시도한 자는 강탈품이 전혀 없더라도 교수형에 처해야 한다고 언급하였다. 이는 1340년대 초에 재판관들이 만든 강도에 대한 사법적 관점을 반영한 판결이었다.[3] 이로써 강도와 절도의 강탈품이나 절도품의 가치가 12펜스를 넘었느냐 아니냐를 기준으로 하여 중죄인가 아니면 단순 불법침해인가를 결정한 웨스트민스터 첫 번째 법령과 1315년 캔트에서의 순회재판에서의 판결 기준[4]은 이제 의미를 잃게 되었다. 결국 12펜스를 기준으로 한 범죄의 경중 판단 관점이 에드워드 3세의 통치기인 14세기 중엽에 이르면 변하게 되고, 강도범에 대한 처벌이 강도물품의 다과에 관계없이 대폭 강화됨을 엿볼 수 있다. 특히 에드워드 3세 시대에 강도와 관련된 법령이 많이 발표되는데, 그 가운데에서도 상인에 대한 약탈과 관련된 법이 다수 발표된다.[5] 이는 당시 상인들을 상대로 한 강도가 성하였음을 의미한다.

하나왈트가 조사한 이스트 앵글리아 지방에서 14세기 초에 발생한 범죄별 유죄선고율을 보면, 위조범이 54%로 가장 높고, 그 다음이 강도로서 50%에 이른다. 그런데 모든 범죄의 평균 유죄선고율이 심리된 자들 중 1/3에 지나지 않았던 점[6]에 비교하여 본다면, 강도의 유죄선고율은 매우 높은 편이다. 범법자 중 어느 자가 유죄로 선고되느냐 아니냐 하는 점은 전적으

1) Sir Matthew Hale, *History of the Pleas of the Crown*, I (London, 1847), p. 532.
2) J. G. Bellamy, *The Criminal Trail in Later Medieval England: Felony before the Courts from Edward I to the Sixteenth Century* (Stroud, Sutton Publishing Limited, 1998), p. 76.
3) *Year Books*, 22 Edward III pl. 39; *Ibid.*, 27 Edward III pl. 38.
4) *Year Books of Edward II*, vol. v, Eyre of Kent, p. 79.
5) 2 Edward III cc.1; 5 Edward III c.14.
6) Barbara A. Hanawalt, ed., *Crime in East Anglia in the Fourteenth Century*, p. 20.

로는 아니지만, 어느 정도 범죄의 유형에 달려있다. 이러한 주장은 강도와 마찬가지로 재산범죄에 속하기는 하였으나, 강도와는 달리 타인의 재물만을 훔친 단순절도와 주거침입절도의 유죄선고율이 각각 30%와 38%였던 사실로도 이해될 수 있다. 그러나 강도혐의자에 대한 높은 기소율과 유죄평결율이 모든 곳에 일률적으로 적용될 수 있다는 주장은 아니다. 에드워드 1세의 통치기인 1275-1306년에 윌트셔 미결수 감옥재판기록에 따르면, 윌트셔에서는 강도혐의자들 중 기소된 자들이 13% 이하였고, 그들 중 26.3%만이 유죄평결을 받는다.[1] 물론 그에 대한 풍부한 사례를 전제로 그러한 결론에 이른 것은 아니다. 왜냐하면 평결 결과에 대하여 알려진 사람은 기소된 24인에 불과하기 때문이다. 그런데 이들 중에서 5인 만이 유죄평결을 선고받았다. 한편 1300-1348년에 걸쳐서 8개 주를 대상으로 분석한 하나왈트의 연구에 따르면, 헤리퍼드셔(Herefordshire)의 16.5%에서부터 요크셔의 5.2%에 이르기까지 강도범들에 대한 유죄평결율이 지역마다 서로 다르다. 그리고 8개 주의 평균값이 10.28%였다.[2] 이에 따른다면, 요크셔에서의 강도범에 대한 유죄평결율이 평균값에 절반 정도에 지나지 않는다. 뿐만 아니라 강도사건 발생 빈도수도 적었고 강탈품의 규모도 적었다. 그렇다면 1315-1316년 노퍽 주에서 발생한 강도의 유죄선고율은 어느 정도인가? 1315년 노퍽의 미결수 감옥재판기록에 따르면, 24건의 강도사건과 관련된 혐의자는 남성이 21명, 여성이 11명(34.3%)에 이른다. 이 중에서 살인강도와 관련된 자가 6명이고 무죄 석방된 자가 9명(28%)이며 공범자 고발인은 9명이다. 그리고 교수형에 처해진 자는 여성 한 명, 남성 한 명으로 총 두 명(6.25%)에 불과하다. 나머지 6명은 범행을 범한 주에서 배심원이 파견되지 않아 심리가 연기된 자이다.[3] 한편 1316년 노퍽 주의 미결수 감옥재판

---

1) J. G. Bellamy, *The Criminal Trail in Later Medieval England: Felony before the Courts from Edward I to the Sixteenth Century*, p. 93.

2) Barbara A. Hanawalt, *Crime and Conflict in English Communities, 1300-1348*, p. 67.

3) *Norfolk Gaol Delivery Rolls 1307-1316*, m. 19d.-m. 25d.

기록에 등장하는 강도혐의자는 모두 62명이다. 그 가운데 범행지역에서 배심원이 사실심리를 위해 출두하지 않아 감옥으로 이송된 자가 12명, 성직자로 자칭하여 주교에게 인계된 자가 8명, 11-12명에 이르는 보증인의 보증으로 석방된 자가 4명, 그리고 강도혐의자에 대한 처리 결과는 기록되지 않고 단순하게 '체포되었다' 라고 기록된 경우가 1명 등이다. 이들을 제외한 나머지가 교수형에 처해진 자와 무죄 석방된 자이다.[1] 유죄가 인정되어 교수형을 당한 자가 21명(33.8%)으로서 1315년의 경우보다 높은 비중을 점유하고 있다. 그리고 무죄 석방된 자가 16명(25.8%)으로서 1315년의 경우와 유사하다. 결국 1316년에는 무죄석방율 보다 유죄로 평결되어 교수형에 처해진 비율이 8% 정도 더 높았다. 이는 하나왈트가 분석한 14세기 초 이스트 앵글리아 지방에서 발생한 강도의 유죄선고율에는 크게 미치지 못하는 수치이다. 그러나 헤리퍼드셔 보다는 배나 더 높았으며, 특히 웨이크필드 장원이 속한 요크셔에 비하여는 28.6%나 더 높은 수치이다. 만약 강도혐의자가 외지인이어서 그 지역 출신의 배심원이 출석할 때까지 사실심리가 유보[2]된 경우와 관련된 자들 12명 가운데, 후에 이루어진 사실심리 결과, 유죄로 평결된 자들이 출현한다면, 유죄평결율은 더 높아질 것이다. 하나왈트의 이스트 앵글리아 지방을 대상으로 한 연구에 따르면, 대기근이 일어난 1316년과 그 이전과를 서로 비교할 때, 대기근기의 강도발생율과 강도혐의자에 대한 유죄평결율이 상대적으로 높았다. 1308-1316년까지 잔존한 노퍽 주의 미결수 감옥재판기록에 따르면 강도혐의자로 기소된 48명 가운데, 15명(31.2%)은 무죄석방, 14명(29.1%)은 유죄로 평결되었다.[3] 따라서 무죄평결율이 유죄평결율보다 높았으며, 이는 대기근기와는 다른 현상이다. 그러나 대기근기

1) *Norfolk Gaol Delivery Rolls 1307-1316,* m. 26-m. 34.

2) 이 경우 주지사가 어느 지역 출신의 심리배심원 한 명을 정하여 정해진 어느 날까지 출두시키도록 명령한다. (예로서 *Norfolk Gaol Delivery Rolls 1307-1316,* m. 33d.를 참조하기 바람.)

3) J. G. Bellamy, *The Criminal Trail in Later Medieval England: Felony before the Courts from Edward I to the Sixteenth Century,* p. 96.

인 1316년에 노퍽 주에서 강도혐의자에 대한 유죄평결율이 33.8%에 이르렀고, 이에 더하여 배심원이 파견되지 않아 사실심리가 유보되었던 자들 12명을 고려한다면, 대기근기에 강도혐의자들에 대한 유죄평결율이 상대적으로 매우 높았으며, 이는 기근과 관련이 있을 것이다.

그렇다면 강도범들에 대한 실질적인 유죄평결율이 낮고, 그것도 주마다 다른 이유는 무엇일까?

1316년 노퍽의 미결수 감옥재판기록에 따르면, 공범자 고발인의 고발에 의해서 강도혐의자가 체포된 경우가 전체 36건의 강도사건 중에서 15건(41.7%)에 이른다. 1315년의 6건을 합한다면, 총 60건의 강도사건 중에서 21건(35%)이 공범자 고발인의 고발로 공범자로 추정되는 자들이 기소되었다. 공범자 고발인의 고발은 자신의 교수형 집행을 지연시키기 위하여 그의 공모자라고 추정되는 자를 고발하는 행위이다.[1] 이 보다 적극적인 의미에서 본다면, 자신의 강도행위에 가담한 일당을 고발하여 그들이 유죄로 밝혀진다면, 자신은 추방형을 통하여 교수형으로부터 사면을 얻고자 하였다.[2] 또한 스코틀랜드에서의 군역납부를 조건으로 강도범이 사면된 경우도 있다.[3] 예컨대 만약 어느 자가 강도죄로 기소되었다면, 그는 자신의 유죄를 시인하고 교수형을 당하든지 아니면 그의 강도행위에 참여한 일당을 검시관에게 고발하고 생명을 구하든지 어느 하나를 택하여야 한다.[4] 그러나 공범자 고발인이 공범자라고 고발한 자가 무죄로 밝혀지면,[5] 이미 그는 중죄를 인정한 상태이기 때문에 즉시 교수형에 처해졌다. 그러나 만약 사실심리 결과

1) J. G. Bellamy, *op. cit.*, p. 195.
2) F. Pollock and F. W. Maitland, *The History of English Law before the Time of Edward I*, vol. II, p. 633; R. F. Hunnisett, *The Medieval Coroner*, p. 69.
3) Just. 3/119 m. 3.
4) James Fitzjames Stephen, *A History of the Criminal Law of England*, I (London, 1883), p. 250.
5) 만약 강도 피의자가 공범자 고발인의 고발에도 불구하고 무죄를 주장한다면, 공범자 고발인에게 결투를 신청할 수 있었다. 그리고 그 결투에서 공범자 고발인이 패한다면, 법원은 피의자에게 책임을 묻지 않았다. (*Eyre of Northamptonshire*, p. 206.)

중죄에 대한 소추가 잘 못된 것으로 밝혀지면, 동일 사안에 대하여 동일인에 의해 재소추가 될 수 없다는 원칙에 따라 그는 석방될 것이다.[1)]그런데 공범자 고발인이 강도단의 일원을 고발한 이후에도 그의 형 집행이 유예되거나 면제된 경우가 나타나지 않는 것으로 보아, 그 제도가 공범자 고발인이 기대한 만큼의 효용성이 있었던 것은 아니다. 더구나 공범자 고발인이 유죄로 판결된 가운데 공범자의 존재를 진술하였다면, 그것은 신뢰성이 크게 떨어지는 진술이다. 그렇다면 공범자 고발인을 활용한 중세 잉글랜드의 재판제도나 그 결과에 신빙성을 부여할 수 있는가? 자신의 생명을 구하려는 의도를 지닌 공범자 고발인의 진술은 애초부터 신빙성이 부족하였을 것이라고 생각한다. 이러한 필자의 의문은 노퍽 주의 미결수 감옥재판기록에 나타난 공범자 고발인의 고발사건에 대한 처리 결과에서도 잘 드러난다. 공범자 고발인과 관련된 21건의 강도사건 중에서 범행지역이 외지이기 때문에 그 지역 배심원이 출두할 때까지 사실심리가 연기되어 범죄용의자를 감옥으로 이송한 경우가 9건, 공범자 고발인이 일당의 고발을 취소하고 자신은 교수형을 당한 경우가 5건, 무죄가 2건, 강도혐의자가 필요한 때 법원에 출두할 것을 보증하거나 강도혐의자의 선행보증(manucaption)[2)]으로 석방된 경우가 3건이 있다. 마지막으로 공범자 고발이 사실로 판명되어 유죄로 평결됨으로서 교수형에 처해진 경우가 단 1건에 불과하다. 이러한 분포를 통하여 공범자 고발인이 거짓 제소하여 재판을 지연시키고, 결국은 자신의 생명을 연장시키거나 사면을 기대하기까지 하였기 때문에, 우리는 그것을 신뢰할 만한 제도가 아니었다고 주장할 수 있다. 교회법 학자들은 증인이 증거를 제시하기 전에 세 번 검증하고, 일단 제시된 증거는 취소할 수 없는 것으로

---

1) *Year Book of Edward II, 1311*, p. 12.

2) 이 경우 12명이 보증한 경우가 1건, 11명이 보증한 경우가 2건이다. 필요할 때에 강도혐의자가 법원에 출두할 것과 앞으로 강도혐의자의 선행을 보증한 보증인을 11-12명씩 확보한다는 것은 어려운 일이다. 강도혐의자의 행실에 대하여 확신하고 범죄를 범하지 않았을 것으로 인정한 동일거주지역의 동료들이 보증하였을 것이다.

언급하고 있다.[1] 그렇다면 이러한 문제점을 안고 있는 공범자 고발인 제도가 남용된 것은 아닌가? 남용되었다면 그 이유는 무엇일까? 결국 강도범의 사면욕구와 공범자 고발인 제도를 통하여 강도사건을 해결하려는 사법 당국의 의지가 결합되어 이 제도를 남용한 것으로 생각할 수 있다. 그럼에도 불구하고 중세 잉글랜드에서는 공동체의 질서유지, 즉 사회통제를 위한 목표 달성을 위하여 공범자 고발인 제도는 물론 범죄혐의자의 선행보증제도를 이용하였을 것이다. 왜냐하면 목격자나 증거가 없는 범죄를 탐문조사하고 처벌하는 수단으로 공범자 고발인 제도나 범죄혐의자의 선행보증제도를 활용하였기 때문이다. 현행범이 아닌 이상 범법자 색출 방법으로 공범자 고발인 제도와 같은 공적 고발제도를 범법자 색출에 이용하였던 것은 바로 중세 잉글랜드 형법제도가 지니고 있는 하나의 한계일 수도 있다. 그러한 한계점이 있는 제도들을 범법자 색출과 처벌에 광범하게 이용하였던 것은 강도에 국한된 문제가 아니다. 증거를 찾기가 어려운 범죄들인 간통, 이단, 흔적을 남기지 않은 절도 등도 바로 그러한 범주에 속한다.[2]

---

1) William Hamilton Bryson, "Witnesses: A Canonist's View", *American Journal of Legal History*, XIII (1969), p. 62.
2) Laura Ikins Stern, "Public Fame in the Fifteenth Century", *American Journal of Legal History*, 44 (2000), p. 203.

4. 반역죄

1) 반역죄란 무엇인가?

범죄 중에서 가장 무거운 벌을 내린 죄는 반역이다. 그렇다면 반역죄란 무엇인가?

일반적으로 중세 잉글랜드에서 수립된 반역의 법적 개념은 봉건 체제의 형성에 끼친 영향과 마찬가지로 족장에 대한 종사의 배신이라는 게르만적 개념과 공권력인 황제의 권위와 통치력에 손상을 끼친 위법행위라는 로마법적 개념으로부터 연유하였다.[1] 그러나 처음부터 반역죄의 개념이 분명한 가운데 그것이 관습법이나 성문법에 등장하지는 않았다. 11세기 카누트(Canute) 법이나 12세기 헨리 1세의 법(Leges Henrici Primi)에 따르면, 그 당시 반역의 법적 개념이 확실하게 존재하지 않은 가운데 반역이 배신(betrayal)과 동의어로 사용되었다.[2] 배신이란 곧 전장에서 주군이나 국왕이 위기에 처하였음에도 불구하고 그를 위기에서 구하지 않고 도망하는 행위를 지칭하였다. 전장에서 도망한 겁쟁이에 대한 처벌은 그가 소유한 토지를 몰수하여 그의 주군에게 귀속시키는 것이었다.[3]

---

1) J. G. Bellamy, *The Law of Treason in England in the Later Middle Ages*, p. 1.
2) Cnut, II, p. 77; L. J. Downer, ed., *Leges Henrici Primi* (Oxford Univ. Press, 1972), 13, 12. (p. 119).
3) Cnut, II, p. 77; L. J. Downer, ed., *Leges Henrici Primi*, 13, 12.

이처럼 11-12세기 잉글랜드에서는 주군에 대한 봉신의 충성 여부가 봉신의 반역 행위를 판단하는 기준이 되었다. 이러한 법적 개념은 중세 초 앵글로 색슨 시대에도 존재하였다. 즉 알프레드 왕(849-899) 통치기에도 주군을 배신하는 것이 모든 범죄 중에 가장 극악한 범죄로 여겼다.[1] 따라서 중세 잉글랜드에서 반역죄의 개념이 형성된 초기에는 게르만법으로부터 크게 영향을 받았다.

잉글랜드 법에서 반역 행위의 범주에 속한 범법 행위에 대하여 언급한 것은 게르만법의 영향을 많이 받은 헨리 1세(1100-1135) 통치기에 편찬된 헨리 1세의 법에서이다. 1115년경에 처음 편찬된 그 법 10조 1항과 13조 3항에 따르면, <국왕의 사법권에 관하여(De iure regis)>라는 제목으로 다음과 같은 범죄를 열거하고 있다. 잉글랜드 왕은 왕국의 평화와 안전을 위하여 그의 신민들에게 행사한 사법권은 다음과 같다. 국왕의 평화를 파괴하는 경우, 국왕의 시종들을 죽이거나 상해를 입히는 경우, 충성을 파기하고 반역(proditio 혹은 seditio)을 일으키는 경우, 국왕을 모욕하거나 명예를 훼손하는 경우, 국왕의 화폐를 위조하는 경우, 국왕의 보호 의무를 위반하는 경우, 군진(軍陣)이나 해전에서 이탈하여 도피하는 경우 등을 반역죄로 규정하였다.[2] 그러나 헨리 1세 통치기의 잉글랜드에서는 반역죄를 다른 중죄와 분리시키지 않고 포괄적으로 중죄로 언급하였을 뿐만 아니라 국왕에게 범한 대역죄(high treason)와 봉건 주군에게 저지른 상대적으로 가벼운 일반 반역죄(petty treason)와의 사이를 완전하게 구분하지 못한 초기 단계에 있었다.

이러한 반역에 대한 모호한 구분이 12세기 말 글렌빌의 보통법 시대에 이르러 보다 분명해지기 시작하였으나, 그럼에도 불구하고 아직도 반역이란

---

1) F. Pollock and F. W. Maitland, *The History of English Law before the Time of Edward I*, vol. II, p. 503.

2) L. J. Downer, ed., *Leges Henrici Primi*, p. 5. (헨리 1세의 법 이전의 법으로 앵글로 색슨 시대의 카누트 법이 있는데, 이는 노르만 정복 이전의 잉글랜드 법을 이해할 수 있는 중요한 자원이다. 왜냐하면 노르만 정복 이후 헨리 1세의 통치기까지 제정된 법은 없기 때문이다.)

분명하지 않은 범주에 속한 중죄였다. 이 시기에 반역의 의미는 앵글로 색슨 시대의 경우처럼 주로 배신이나 배반이 중심에 위치한다.[1] 그렇다면 누가 누구를 배반하는 것인가? 그 중심에는 국왕이 위치한다. 국왕의 신민들이 국왕을 배신하는 행위를 반역죄로 간주한 것이다. 이는 왕권의 성장과 깊은 관계가 있는 법적 변화라고 하겠다.[2] 한편 글렌빌의 보통법 시대에 이르러 이전 시대보다 반역의 개념을 보다 분명히 정의하기 시작하였다. 헨리 1세의 법보다 약 74년 뒤인 1189년경에 글렌빌이 로마법과 게르만법적 요소를 혼합한 가운데 반역의 법률적 개념을 보다 구체적으로 수립하였다. 이 시기부터 국왕의 법률가들이 국왕과 주군에게 범한 범죄의 성격을 각각 구분하여 서술하기 시작하였다. 봉신이 주군에게 범한 배신행위를 일반 반역죄로 칭한 반면, 국왕에게 범한 반역을 대역죄로 지칭하여 반역죄의 유형을 구분하기 시작한 것이다.[3] 또한 이때부터 대역죄에 해당하는 범죄를 보다 구체적으로 적시하기 시작하였다. 예컨대 국왕의 신체에 가한 행위로 사망하는 경우, 주군인 국왕이나 그의 군대를 배신하는 행위뿐만 아니라 이러한 일을 꾸미는 자들에게 도움을 주거나 그러한 일의 계획을 상의하거나 찬성하는 행위 등이 글렌빌에게는 대역죄에 해당하는 범죄였다.[4] 왕국이나 왕국의 군대를 배신하는 행위는 곧 국왕을 배신하는 것과 같은 것이기 때문일 것이다. 한편 글렌빌 시대에 대역죄의 범주에는 화폐 위조 행위뿐만 아니라

1) *Glanvill*, pp. 3, 171.
2) 브리톤은 반역을 해악(mischief)으로 정의하였다. 이는 반역의 행위나 그 결과에 중심을 둔 해석이라고 하겠다.
3) *Glanvill*, I, 2. (Crimen quod in legibus dicitur crimen lese maicstatis, ut de nece uel seditione persone domini regis uel regni uel exercitus.); F. Pollock and F. W. Maitland, *op. cit.*, vol. II, p. 504.
4) *Glanvill*, XIV, 1. (물론 그러한 일을 실천에 옮기지 않고 계획만하여도 대역죄에 해당하였다.) 한편 대역죄와 일반 반역죄를 구분한 또 다른 기준은 누가 반역자의 죄를 심리하였는가에 있다. 일반적으로 일반 반역죄의 심리 절차의 경우는 다른 중죄인의 심리와 동일하였다. 즉 대역죄인은 국왕의 법정에서 국왕의 재판관들이 그의 죄를 심리한 것과는 달리 일반 반역죄인은 그의 죄를 국왕의 치안관인 평화의 수호자가 심리하였다.(*Calendar of Patent Rolls 1476-1485*, p. 72 참조.)

각종 위조범죄가 포함되기 시작하였다. 즉 국왕의 특허장 위조, 계량기 위조, 화폐 위조 행위는 대역죄에 해당한다.[1] 헨리 1세의 법에서는 화폐 위조 행위만이 대역죄로 간주되었던 점에서 본다면 글렌빌의 보통법 시대에는 반역죄의 범위가 확대되고 보다 분명해지기 시작하였다고 말할 수 있다.

13세기 중엽에 이르러 브락톤(Bracton)은 글렌빌의 반역죄의 범주를 더욱 확대하고 구체화시키는 가운데 로마법적인 반역죄의 개념을 더욱 발전시켰다.[2] 브락톤은 그의 보통법에서 글렌빌의 반역죄에 대한 정의와 범주를 다시 언급하면서, 이에 새로운 사항들을 첨가하여 반역죄의 개념을 확대 정의하였을 뿐만 아니라 대역죄와 일반 반역죄를 보다 분명히 구분하였다.[3] 브락톤의 반역죄에 대한 개념 정의에 근거하여 1290년경에 알려지지 않은 사람이 플레타(Fleta)를, 그리고 1290년대에 또 다른 작자 미상의 브리톤(Britton)을 저술하면서 그들만의 반역죄의 개념을 재정의하였다. 플레타에 따르면 국왕 살해를 모의하거나, 국왕을 배신할 계획에 동의하거나 협조하는 행위, 국왕의 군대를 배반할 계획에 동의하거나 협력하는 행위는 그것을 실천에 옮기든 그렇지 않든 간에 반역행위에 해당한다. 브리톤도 역시 그와 유사하게 반역죄의 개념을 정의하였다.[4] 브락톤, 플레타, 브리톤 모두는 국왕 살해와 살해 음모를 대역죄에 포함시켰고, 브락톤과 플레타는 국왕의 살해 계획에 동의하는 행위도 대역죄에 포함시켰다.[5] 한편 브리톤은 국왕의 부모나 자녀들을 살해하여 국왕의 상속행위를 단절시키는 것도 대역죄로 간주하였다.[6] 그리고 브락톤만이 국왕을 배신할 계획을 숨기는 행위를 반역죄에 포함시켰다.[7] 또한 국

1) *Glanvill*, XIV, 7.
2) *Bracton*, II, pp. 6-9.
3) *Bracton*, II, pp. 334-337.
4) H. G. Richardson and G. O. Sayles, ed. and trans., *Fleta*, 3 books (London, 1955-1984), book 1, pp. 56-8. (이하 Fleta라고 약칭함.); *Britton*, I, pp. 40-1, 99.
5) *Bracton*, II, pp. 334; *Fleta*, book 1, p. 56; *Britton*, I, p. 40.
6) *Britton*, I, pp. 40, 99.
7) *Bracton*, II, p. 335.

왕의 아내나 딸을 욕보인 자도 대역죄에 포함시켰다.[1] 이처럼 13세기에 이르러 국왕과 관련된 각종 범죄를 대역죄로 규정하여 국왕의 신체와 왕권을 보호하고 강화시켰다. 자연스럽게 이러한 변화를 통하여 왕권이 강화되어 나갔다.

2) 반역자의 기소와 처벌

그렇다면 반역자를 어떻게 기소하고 처벌하였는가? 만약 어떤 자를 반역죄로 처벌하려면, 우선 반역혐의자를 반역죄로 기소하고 그의 죄를 입증하여야 한다. 에드워드 1세가 보다 분명하게 정의하고 에드워드 2세가 그것을 계승하여 이용한 반역죄에 대한 심판에서 반역혐의자에게 유죄판결을 내린 법적인 증거로 사용된 것이 국왕의 증거(record)였다. 국왕의 증거란 그 개념이 모호할 뿐만 아니라 국왕이 자의적으로 자신에게 적대행위를 하는 대귀족들을 억제하는 수단으로 사용할 가능성이 있었으며, 실제로 그렇게 하였기 때문에 에드워드 2세가 퇴위한 이후 국왕의 증거로 반역죄를 판단하는데 대한 불만이 일어났다. 그러므로 에드워드 3세 통치기부터 반역자의 유죄판결의 전거로 사용된 국왕의 증거는 국왕의 봉신이 국왕에게나 국왕의 군대에 대항하여 야전에서 전투를 벌인 직접적이고 사실적인 증거를 제외하고 모두 폐기되었다. 이에 따라서 14세기에는 국왕에게 반기를 들고 국왕과 국왕의 군대와 전투를 벌인 직수봉신은 반역죄를 범한 것으로 처벌되었다.[2] 예컨대 맨타이드(Mentheith) 백작과 파이프(Fife) 백작이 반역죄로 체포되었을 때, 에드워드 3세는 프랑스에서 칼레를 포위하고 있었다. 그럼에도 불구하고 그는 국왕의 증거에 의해서 그들의 반역죄에 대한 재판을 진행시켰고, 1347년 2월 24일에 국왕의 재판소에서 그들에게 교수형 선고를 내렸다.

1) J. G. Bellamy, *The Law of Treason in England in the Later Middle Ages*, p. 15.
2) Joseph Bain, ed., *Calendar of Documents Relating to Scotland* (Edinburgh, 1881-8), III, nos. 1485-7. (이하 *CDS*로 약칭함.)

두 사람이 스코틀랜드인이라는 것이 문제가 아니라 그들이 잉글랜드 왕에 대한 충성의 맹세를 깨트리고 국왕의 군대와 맞서 싸운 것이 문제였다.

통상 반역 행위자는 고발에 의해서 기소되었고, 그들에 대한 유죄판결도 피고의 동료 배심원에 의한 평결에 의해서 결정되었다.[1] 자유인이건 예속인이건 간에 누구라도 반역죄인의 고발이 허용되었고,[2] 비록 범죄혐의자가 미성년자라고 하더라도, 고발당하면 기소되었다.[3] 반역혐의자가 고발되면, 그는 즉시 그의 보증인들에 의해서 구인되어 투옥되고 법적으로 그가 무죄임이 밝혀질 때까지 구금되었으며,[4] 국왕의 특별한 명령이 있기 전까지는 보증인의 보증에 의해서 그를 석방하지 못한다.[5] 이때 고발자는 법정에 출두하여 반역혐의자가 아무 날 아무 시에 어느 장소에서 어떤 반역행위를 하였는가에 대한 증거를 제시하여 그를 고발하여야 한다. 그러므로 고발자는 그의 고발의 정당성을 입증할 준비를 하여야 하며, 만약 그렇지 못하면 고발자가 투옥되었다.[6] 고발자가 반역혐의자의 대역죄를 법정에서 증거가 아닌 말로서 증명하려고 하고, 범죄혐의자는 그의 반역혐의를 완강히 부정한다면, 그의 기소 여부는 통상 양자의 결투로 결정되었다. 60세 이상된 피고소인은 결투로서 그의 사실심리를 거부할 수 있었다.[7] 이때 고발자가 결투에서 패하면 그는 투옥되고 처벌받았다.[8] 한편 만약 반역혐의자를 고발한 자가 없으면, 반역혐의자는 그의 평판에 의존하여 그의 보증인에 의해서 구인될 것이고, 그에게 보증인이 없다면, 범죄에 대한 진실이 밝혀질 때까지 투옥된다. 그런 다음 그 문제의 진실이 밝혀질 때까지 반역혐의자는 재판관 앞에

---

1) J. G. Bellamy, *The Law of Treason in England in the Later Middle Ages*, p. 55.
2) *Glanvill*, XIV, 1.
3) *Bracton*, II, p. 335.
4) *Fleta*, book 1, p. 56.
5) 만약 반역혐의자에게 보증인이 없다면, 그는 다른 중죄인들처럼 자신의 결백을 맹세하였다.
6) *Fleta*, book 1, p. 57.
7) *Glanvill*, XIV, 1-2; *Fleta*, book 1, p. 57.
8) *Fleta*, book 1, p. 57.

서 다양한 문초를 통하여 사실 여부를 조사받았다.[1)]

반역죄에 대한 처벌은 다른 중죄와 분명히 구분되었다. 12세기 글렌빌의 보통법에 따르면, 반역죄인은 육체적 형벌에 더하여, 그의 동산을 국왕에게 몰수당하고 그의 상속권자들은 영원히 상속권을 상실한다고 언급하였다.[2)] 이는 13세기 브락톤과 플레타의 법에 그대로 계승되었다.[3)] 대역죄는 너무나 심각한 범죄이기 때문에 그의 상속자들이 상속권을 얻는다면 그것은 권리의 문제가 아니라 은총의 문제였다.[4)] 그렇다면 몰수한 재산은 누가 소유하였는가? 챈슬러인 윌리엄 도프(William Thorpe)가 국왕에게 반역죄를 범한 자나 국왕의 적에게 협력하였던 자의 동산과 부동산은 국왕에게 귀속된다고 언급하였다.[5)] 메이트랜드(F. W. Maitland)도 반역자의 토지는 그의 직속 주군이 아니라 국왕에게 귀속되는 규칙이 13세기에 있었다고 암시한다.[6)] 실제로 에드워드 1세 통치기에 그러한 실례가 사료에 다수 등장한다. 예컨대 에드워드 1세가 스코트의 반란을 정복하려고 한 13세기 말, 스코트 편에 서서 싸운 어느 잉글랜드인이 반역죄를 범한 것으로 재판을 받고, 국왕은 그의 토지를 몰수하였다.[7)] 반역자의 토지를 국왕이 몰수하는 것과 중죄로 인하여 주군이 봉신의 토지를 귀속재산으로 삼는 행위 사이에는 국왕과 대귀족 간의 다툼을 일으킬 여지가 있었다. 이러한 다툼이 존 왕 때 대헌장에서 대귀족들에게 유리하게 결말지어졌다. 대헌장 32조에 따르면, 국왕이 몰수한 토지를 1년 1일만 소유한 다음, 그 토지를 반역자의 주군에게

---

1) *Fleta*, book 1, p. 56. 만약 반역혐의자가 도망하면 그는 법의 보호권을 박탈당하였다. (F. Pollock and F. W. Maitland, *The History of English Law before the Time of Edward I*, vol. II, p. 466.)
2) *Glanvill*, XIV, 1.
3) *Fleta*, book 1, p. 56; *Bracton*, II, p. 335.
4) *Glanvill*, XIV, 1.
5) *Year Books, 22 Edward III*, p. 49.
6) F. Pollock and F. W. Maitland, *The History of English Law before the Time of Edward I*, vol. II, p. 501.
7) *Calendar of Patent Rolls 1292-1301*, p. 407.

반환한다는 점에 존 왕이 동의하였기 때문이다. 사실 몰수한 토지를 국왕이 소유하는 것은 왕권 확대를 위한 기반이요 그것을 상징하는 것이다. 그렇기 때문에 바론들과의 대립에서 대헌장을 승인한 존 왕의 약화된 왕권을 에드워드 1세가 반역죄에 대한 처벌권을 강화함으로써 다시 강화시켰다고 주장할 수 있다. 국왕의 직수봉신 뿐만 아니라 모든 봉신들이 국왕에게 군역과 충성의 의무를 진 것처럼, 그래서 왕권이 맨 하단의 봉신들에게까지 미칠 수 있었던 것처럼, 반역죄에 대한 처벌권을 국왕이 장악한 것은 곧 모든 봉신들에게 왕권이 미칠 수 있는 여지를 만든 것이다. 그러므로 왕권이 확대된 반역법의 강화는 잉글랜드의 봉건왕정의 성격이나 의사봉건제(Bastard Feudalism)을 논할 수 있는 법적인 근거가 되기도 한다.[1]

상술한 것처럼 반역자는 재산을 몰수당하고 극단적인 육체적 형벌도 받았다. 『정의의 거울(Mirror of Justice)』의 편찬자는 대역죄인은 법령과 국왕의 의지에 따라서 고문을 당하고 죽어야 한다고 언급한다. 즉 다른 범죄를 범한 중죄인과 반역죄인의 처벌과는 구분된다.[2] 반역자는 말꼬리에 묶여 사형장으로 끌려가는 것부터 다른 중죄인의 처벌과는 다르다고 브리톤은 언급하였다.[3] 13세기에 반역자는 교수형, 할복, 화형--일반적으로 중죄인들 중에서 남성들은 교수형에 처하고 여성들은 화형에 처함—효수, 사지절단 등 각종 처참한 처형법이 모두 사용되었다. 13세기 중엽부터 범죄인을 교수형시킨 다음 그의 창자를 빼내고 후에 육신은 네 부분으로 해체시켜 머리는 사람들이 많이 다니는 곳에 효수하여 반역 행위에 대하여 경각심을 불러일으키도록 조치하였다. 12세기 글렌빌의 시기에는 반역죄인에게 고문과 함께 극형인 교수형과 사지절단형에 처하였던 것[4]에 비한다면, 13세기 브락톤의 시대에는 반역죄인에 대한 처형이 더욱 가혹하여졌음을 알 수 있다. 예컨대

---

1) J. G. Bellamy, *Bastard Feudalism and the Law* (London, 1989) 참조하기 바람.
2) *Mirror of Justice*, VII, p. 135.
3) *Britton*, I, pp. 40-1.
4) *Glanvill*, XIV, 1.

에드워드 1세는 던바(Dunbar) 전투[1]에서 스코트에게 승리한 후, 이에 저항한 존 벨리올(John Balliol), 즉 존 1세를 비롯한 스코틀랜드인들을 대역죄인으로 처벌하였다.[2] 그 중에서도 1305년에 실시된 윌리엄 월레스(William Wallace)의 재판이 대표적이다.[3] 잉글랜드인의 시각에서 볼 때, 에드워드 1세의 스코틀랜드 지배에 저항한 스코틀랜드인인 윌리엄 월레스는 여러 가지 범죄를 범한 대역죄인이다. 그는 강도와 살인과 중죄로 교수형을 당하고, 신성모독으로 배를 갈라 창자를 드러내는 형벌을 받아야 하였으며, 여러 가지 약탈죄로 사지절단의 형을 받아야 하였다. 그리고 그의 심장과 간장과 폐와 다른 내장들은 불에 태워졌다.[4] 그런 다음 그의 목과 사지를 각각 다른 장소에 걸어놓아 교훈으로 삼도록 하였다. 에드워드 1세의 입장에서 본다면, 무엇보다도 그는 자신과 스코틀랜드인과 잉글랜드인들에 대한 반란(sedition)[5]을 범한 대역죄인이기 때문에 윌리엄 월레스를 극형에 처한 것이다.[6] 그러나 던바 전투 후 에드워드 1세의 포로가 되어 왕위를 상실하고 잉글랜드에 볼모로 잡혀간 존 벨리올처럼 모든 반역죄인을 극형에 처한

---

1) 홍성표, 『스코틀랜드 분리 독립 운동의 역사적 기원』, 「충북대학교 출판부, 2010」, 92-102쪽 참조.
2) 이때 이들이 신서 의무와 충성의 맹세를 이행하지 않은 것을 대역죄(lese-majesty; laesae majestatis)라는 용어를 사용하였는데, 이는 분명 새로운 것이었다. (William Stubbs, ed., *Chronicle of the Reign of Edward I and Edward II*, vol. I, p. 118.)
3) 홍성표, 『스코틀랜드 분리 독립 운동의 역사적 기원』, 130-134쪽.
4) Alfred J. Horwood, ed. and trans., *Year Books of the Reign of King Edward the Third Years XI and XII* (London, 1883), p. 170.
5) 윌리엄 월레스는 에드워드 1세에게 충성의 맹세를 하지 않았기 때문에 그는 모반죄를 범하지 않았다고 재판정에서 주장하였다. (William Stubbs, ed., *Chronicle of the Reign of Edward I and Edward II*, vol. I, p. 139.) 1296년 8월 말에 다수의 스코틀랜드인 바론들과 기사들이 에드워드 1세에게 충성의 맹세를 하려고 라나르크(Lanark)에 왔었는데, 이 때 윌리엄 월레스는 그 무리에 없었다. (*CDS*, vol. II, p. 186.) 그러나 에드워드 1세는 2년 후 스코틀랜드 공동체와 전체 스코틀랜드 주민들로부터 충성과 신서를 받은 것으로 주장하였다. (*Ibid.*, p. 252.)
6) William Stubbs, ed., *Chronicles of the Reign of Edward I and Edward II*, 2 vols., Rolls Series, 76 (London, 1882-1883), vol. I, p. 142; *Year Book 11-12 Edward III*, p. 171.

것은 아니라는 사실을 기억하는 것도 중요하다.

3) 반역죄의 구분

중세 초에는 신하가 그의 주군에게 복종보다는 충성의 의무를 졌다. 충성이란 국왕과 직수봉신 간에, 혹은 주군과 봉신 간에 쌍무적 계약 하에서 존재할 수 있으며, 또한 쌍방이 믿음을 지키는 한에서만 바쳐졌다. 13세기 이전에는 국왕들이 그의 신하가 그에게 불복종할 권리를 가지고 있는 것으로 인식하였으며, 암묵적으로 그 인식은 신서의 행위에 포함되었다. 국왕으로부터 부당한 대우를 받은 어느 신하가 반란을 통해서 자신의 정의를 추구할 권리가 있다고 주장되기도 하였다. 또한 바론들의 범법행위는 국왕이 아니라 그의 동료들에 의해서 재판받고,[1] 심각한 범죄행위도 벌금으로 처벌하고,[2] 왕국의 법에 의해서만 처벌될 수 있다고 규정하여 왕권을 크게 제약하였다.[3] 더구나 1215년 대헌장[4]에서 잉글랜드 바론들의 존 왕에 대한 저항이 그러한 이론에 의해서 정당화될 수 있었다. 존 왕이 바론들의 요구에 굴복한 것은 잉글랜드에서 대륙적인 봉건왕정을 유지시킨 결과를 낳았다. 왜

---

1) 대헌장 21조에 따르면, 백작들과 바론들은 그들의 동료들에 의해서만이 그리고 범죄의 본질에 따라서만이 처벌되어야 한다.
2) 대헌장 20조에 따르면, 자유인은 가벼운 범죄를 범하여도 처벌되지 않는다. 심각한 범죄는 그것의 정도에 따라서 벌금으로 처벌받아야 한다.
3) 대헌장 39조에 따르면, 자유인은 그의 동료들의 재판이나 왕국의 법에 의하지 않고서는 체포, 투옥, 토지소유권 박탈, 법익권 박탈, 추방 등을 당하지 않는다.
4) J. C. Holt, *Magna Carta* (Cambridge University Press, 1992), p. 188. (대헌장은 두 가지 분명한 상황을 반영한다. 그것은 유럽의 정치사상과 관행의 점증하는 성숙도로부터, 법에 따른 통치개념으로부터, 봉건적이고 종교적인 계서제 내에서 신민들의 권리보존을 위한 요구로부터, 그리고 통치의 정해진 패턴으로부터 출현한 것이다. 다른 한편 그것은 정치적 위기의 산물이다. 그것은 1204년 이후 노르망디 지방의 회복을 위한 프랑스와의 전쟁에 의해서 부과된 비상한 요구들로부터, 그리고 1214년 7월에 보빈(Bouvines) 전투에서 존 왕의 군사적이고 외교적인 계획의 최종적인 붕괴로부터 직접 연유하였다.)

냐하면 존 왕은 봉건적 구조의 상단에 있었으나, 어느 면에서 그와 대등한 대귀족들의 충성을 유지하는 대가로 그들의 충고를 받아들여야 할 의무가 그에게 있었기 때문이다.

에드워드 1세 통치기인 13세기 말에 이르러 국왕을 통치자로서 강하게 인식하는 흐름이 잉글랜드를 비롯한 유럽 여러 나라의 반역법 강화와 그 범위 확대에 영향을 끼쳤다. 브락톤의 보통법에서 언급된 국왕을 배신한 계획을 숨기는 행위를 반역죄로 규정한 것에 더하여 에드워드 1세는 스파이로서 국왕의 적에게 협력하는 행위나 적을 추종하는 행위도 반역죄로 간주하였다. 국왕의 적들은 결국 국왕을 죽이려고 시도하고, 국왕의 적에 협력하는 것은 분명히 국왕의 파멸을 위한 계획에 동조하는 것이다. 로마법적 개념의 반역죄를 적용하여 처벌을 강화한 성공적인 국왕은 에드워드 1세와 헨리 5세이다. 에드워드 1세는 국왕이 주도한 전쟁에 참여할 것을 요구한 소집 명령을 따르지 않는 자들에게도 반역죄를 적용하여 처벌함으로써 직수봉신들에 대한 지배권을 더욱 강화하였다. 그리고 이것은 로마법 이론을 수용한 결과이다. 에드워드 1세는 존 왕의 대헌장 시대와는 다른 왕정 체제가 수립될 법적 근거를 마련한 것이다. 이제 국왕의 지위(crown)는 단순히 국왕(king)을 상징하는 것이라기보다는 왕국을 통치하는 지배자(sovereign)의 지위로 변화되기 시작하였다. 특히 장자상속제가 실시된 12세기 말 이래로 권력의 정통성이 수립되기 시작하였고, 국왕의 육체적인 형상과 법률적 형상이 구별되기 시작한 13세기부터 국왕의 지위와 통치권은 더욱 강화되었다. 이러한 변화와 함께 왕권을 보호하고 확대시킨 도구인 반역법을 강화시켜 나가는 것은 자연스러운 변화일 것이다. 그러나 메이트랜드는 국왕과 하위 주군(lessor lord)사이의 구분, 즉 국왕에 대한 반역은 대역죄이고 영주에 대한 모반은 일반 반역죄라는 구분이 13세기 말에 법의 문제를 서술한 사람들에 의해서 적극적으로 주장되지 않았다고 암시한다.[1] 왜냐하면 14세기에 이르러 범법행위를 세 가지 영역

1) F. Pollock and F. W. Maitland, *The History of English Law before the Time of*

으로 구분하였는데, 첫째 반역, 그리고 그것을 다시 대역죄와 일반 반역죄로 구분하고, 둘째, 중죄, 셋째, 경범죄로 구분하였기 때문이다.[1] 그러나 13세기에 보통법을 편찬한 브락톤은 물론 플레타도 대역죄란 국왕과 관련된 범죄만이라고 언급[2]하여 일반 반역죄와 구분하고 있는 점으로 보아 메이트랜드의 주장을 그대로 수용하기는 어렵다. 이러한 주장은 다음과 같은 점으로도 더욱 분명해진다. 1328년에 앤드류 혼(Andrew D. Horne)이 쓴 『정의의 거울』에서 그는 국왕이 아닌 다른 자들 사이에 일어난 일반 반역죄에 대하여 언급하였다. 그는 어느 사람이 그의 동맹자의 아내를 성폭행하거나 그의 인장을 위조하거나 그의 아버지나 다른 친족이나 그의 영주나 그의 동맹자를 살해하는 경우 등을 반역죄의 범주에 포함시켰으나,[3] 대반역과 일반 반역을 구분하여 언급하지는 않았다. 『정의의 거울』에서와는 달리 13세기 말에 브리톤에서는 반역죄의 두 영역을 구분하여 언급하고 있다. 반역죄의 두 영역을 대반역(great treason)과 소반역(little treason)으로 불렀으며, 대반역에는 국왕의 살해, 국왕의 상속자를 해치는 경우, 국왕의 인장 위조, 국왕의 화폐 위조 등의 범법행위를 포함시켰다.[4] 한편 소반역에는 주군의 인장 위조나 그의 아내를 범하는 것, 그의 딸이나 그의 어린아이들의 유모를 폭행하는 것과 같은 손해를 끼친 범죄를 포함한다. 비록 사용한 용어는 다르다고 하더라도, 각각의 영역에 포함된 위법행위의 구분은 에드워드 1세 시대의 구분과 유사하였다. 그러나 대역죄와 소반역죄에 대한 분명한 법률적 구분은 1352년 에드워드 3세의 반역법(Statute of Treason) 제정 이후부터이다.

에드워드 3세 통치 25년에 제정된 반역법에서 국왕과 관련된 반역죄와 그렇지 않은 반역죄를 조심스럽게 구분하였다.[5] 대역죄를 범한 귀족이나 젠

Edward I, vol. II, p. 504.

1) *Ibid.*, p. 500.

2) *Fleta*, book 1, p. 56.

3) *Mirror of Justice* , VII, pp. 53-55.

4) *Britton*, I, pp. 40-1.

5) William Longman, *The History of the Life and Times of Edward the Third* (New

트리로부터 토지를 몰수하여 귀속재산으로 삼을 근거를 마련한 국왕은 지배층을 통제할 수단으로 반역법을 이용하려고 하였다. 이에 대하여 의회(하원)는 국왕에게 반역의 범주를 보다 정확하게 정의하여 줄 것을 청원하였다.[1] 이것이 대역죄의 범주를 보다 분명하게 정의하는 계기가 되었다. 그러므로 1352년 에드워드 3세의 반역법 제정 이후, 대역죄에 해당하는 범죄로서는 국왕, 왕비, 국왕의 상속자를 살해하려는 기도, 왕비나 국왕의 장녀를 폭행하는 행위, 왕국에서 국왕에 대항하여 전쟁을 일으키는 행위, 국왕의 적들에게 직접적인 도움을 주는 행위, 옥새나 국새 혹은 국왕의 화폐를 위조하는 행위, 대법관이나 왕실의 재무성 장관을 살해하는 행위로 대역죄의 범주를 규정하였다.[2] 그리고 다른 반역죄의 유형에 대하여서도 의회에서 논의하였다. 그에 따라서 노예가 그의 주인을, 아내가 남편을, 그리고 하위성직자가 고위성직자를 살해하는 경우도 반역죄의 범주에 포함시키게 되었다. 이는 사회질서를 무너트리는 반역죄의 개념과 그 범주를 보다 광범하게 확대 논의하였음을 뜻한다.

그렇다면 에드워드 3세가 대역죄와 일반 반역죄를 구분하여 대역죄의 범주를 보다 분명하게 한 이유는 무엇인가. 이에 대하여 다음과 같은 몇 가지 주장이 있다. 첫째, 중요한 목적은 아마도 정치적이라기보다는 법적이었고 대역죄와 일반 반역죄 사이를 분명하게 구분하고 재산몰수에 관한 규칙을 수립하는데 있었다.[3] 풀루크넷(T. F. T. Plucknett)의 견해도 이와 유사하다. 그는 1352년 반역법 제정의 목적은 반역과 같은 중죄를 정치적이 아니라 법적으로 다루는데 있었다고 주장한다.[4] 둘째, 그 법령 제정의 목적은

York, 1969), I, pp. 345-348. (1352년 1월 13일에 소집된 의회에서 반역법이 통과되었다.)

1) 25 Edward III. Stats. 5, cap. 2: F. Palgrave, ed., *Parliamentary Writs and Writs of Summons, Edward I and Edward II*, II, p. 239, no. 7.
2) David Green, *Edward the Black Prince* (London, 2007), p. 25.
3) M. McKisack, *The Fourteenth Century* (Oxford, 1959), p. 257.
4) T. F. T. Plucknett, *A Concise History of Common Law* (5th edn., London, 1956), p. 444.

정치적이라는 주장이다. 클라크(M. V. Clarke)가 이야기 한 것처럼, 1352년 법령 제정의 주요 목적은 에드워드 2세 통치기에 많은 귀족 가문들을 파멸시킨 강제적인 처벌의 재발을 방지하는데 있었다.[1] 국왕이 반역 행위를 자의적으로 해석하여 귀족들을 통제하는데 사용한다면, 그것은 전제정치이다. 그런 의미에서 반역의 범주를 대역죄와 일반 반역죄로 나누고, 또한 각각의 반역죄에 해당하는 죄명을 명시함으로써 국왕의 자의적 통치를 억제할 수 있었다. 그러므로 반역법 제정은 국왕이 귀족들에게 한 가장 중요한 정치적 양보이다.[2] 아마도 이것은 에드워드 2세 통치기에 자의적인 재판과 집행을 기억하고 있는 귀족들이 제기한 문제를 해결하기 위한 해결책일 수도 있다. 윌킨슨(B. Wilkinson)도 이와 유사한 견해를 피력하였다. 그 법령은 14세기 초를 특징짓는 피의 복수와 처형의 재발 가능성을 종식시키는데 있었다. 그리고 반역죄를 보다 분명하게 정의함으로써 국왕과 바론들 사이에 일어날 수 있는 분쟁을 방지하고, 설사 분쟁이 일어난다고 하더라도 양자가 화해할 수 있는 근거를 만들었다고 그는 주장한다.[3] 홀드워스(C. J. Holdsworth)도 에드워드 3세의 반역법 제정 의도는 주로 정치적 목적을 위해 반역의 범주를 확대시켰다고 주장한다. 그는 반역의 범주를 확대시킴으로써 국왕이 위법자들의 재산를 몰수하여 얻는 이익이 컸다고 주장한다.[4] 그러나 이러한 주장은 비록 국왕이 반역의 범주를 규정하는데 주도적 역할을 하였다고 하더라도, 이에 대한 논의와 그것을 법으로 정한 것은 의회이기 때문에 의회의 입법적 우월권을 해석하지 못한 한계성이 있다고 지적할

---

1) M. V. Clarke, *Fourteenth Century Studies*, ed., L. S. Sutherland and M. McKisack (Oxford, 1937), p. 132.

2) W. M. Ormrod, *The Reign of Edward III: Crown and Political Society in England 1327-1377* (Yale Univ. Press, 1990), pp. 48-49. (물론 반역법이 전제 정치에 대한 안전 장치였으나, 그 법이 14세기 중엽에 실질적인 왕권을 변화시키지는 못하였다.)

3) B. Wilkinson, *Constitutional History of Medieval England 1216-1399*, II, pp. 47-48.

4) C. J. Holdsworth, *History of English Law*, III, p. 290.

수 있다. 그러나 여러 차례에 걸쳐서 하원이 국왕에게 청원서를 제출하였다고 하더라도, 그 법은 전적으로 국왕의 법률가 집단의 자문기구에서 만든 것이며, 법 제정의 근거로서 참고한 것은 지난 수 십 년 동안 국왕의 법정에서 심의한 반역죄였다.[1] 그러나 에드워드 3세의 반역법 제정의 목적이 법적인데 있건 아니면 정치적인데 있건 간에 분명한 것은 반역의 개념과 그 범위는 물론 처벌에 관한 법적 기초가 에드워드 3세 시대에 제정된 반역법에서 확실하게 확립되었다는 점이다.

4) 반역법의 강화와 그 결과

에드워드 1세부터 3세에 이르는 통치기는 잉글랜드 역사상 가장 활발한 대외적인 팽창 정책으로 인하여 전쟁이 자주 일어났던 시기 중의 하나이다. 대귀족들의 왕권에 대한 도전으로 인한 국내 사정이 불안정한 가운데 프랑스, 웨일스 , 아일랜드, 스코틀랜드와의 전쟁을 수행하기 위해서는 군역확보와 전비마련이 가장 큰 문제 중의 하나였다. 직수봉신들이 국왕에게 진 봉건적 의무 중에서 가장 중요한 것이 군역납부이다. 국왕이 스스로 보유한 군대도 있지만, 그가 필요한 군사력의 상당 부분을 봉신들의 군역납부 의무에 의존하고 있었던 것이 중세 봉건왕정의 특징이었다. 국왕은 필요할 때마다 군역을 안정적으로 확보할 수 있어야 대내외적인 분쟁과 전쟁이 일어 날 때마다 그에 효과적으로 대응할 수 있다. 국왕은 직수봉신들의 군역납부가 원활하지 못하여 전쟁에 필요한 인력을 동원하지 못하는 경우, 혹은 봉건적 의무 기간을 초과한 군역 징수의 필요성이 있을 경우 그에 필요한 비용을 세속인이나 성직자들로부터 징수한 세금이나 혹은 부채를 통해 조달하였다. 용병을 고용하여 군역납부자를 확보해야 할 경우도 마찬가지이다. 그러나 문제는 에드워드 왕들이 거의 매년 전쟁을 일으켜 국고만으로는 용병들에게

1) J. S. Bothwell, ed., *The Age of Edward III* (Univ. of York, 2001), chap. 4.

일당을 지급하고 그들에게 보급품을 공급할 자금이 부족하였던 점이다. 군비 조달이 여의치 않게 되자 결국 에드워드 왕들은 대상인이나 대귀족 혹은 고위성직자들로부터 필요한 전비를 차용할 수밖에 없었다. 그러므로 규모가 큰 전쟁이 잦으면 잦을수록 국왕이 대귀족이나 고위성직자 및 대상인들에게 경제적으로 의존하는 정도가 깊어졌다. 이는 결국 대귀족들이나 고위성직자들에 의한 왕권의 제약으로 연결될 수 있었다. 이러한 상황에서 벗어나기 위하여 에드워드 왕들은 봉건 귀족사회에 영향력이 크고 왕권을 제약한 대귀족이나 고위성직자들의 세력을 억제하기 위한 수단으로 반역법을 비롯한 법을 강화하려고 시도하였다. 사실 국왕의 증거로 반역자를 심리한 반역법의 수립으로 다수의 반역자를 양산하고 그들에 대한 사면권 행사를 통하여 국왕은 필요한 전비와 군역의 일부를 마련하였다.

에드워드 왕들은 바론들과의 대립에서 패배한 존 왕에 의해서 약화된 국왕권을 다시 강화시킬 수단으로 반역법의 강화를 택하였다. 대역죄인은 그가 보유한 동산과 부동산을 국왕에게 몰수당하였을 뿐만 아니라 신체적 처벌도 다른 중죄인들과 달리 가장 가혹하게 당하였다. 그러나 그러한 보통법의 규정과는 달리 실제로는 재산 몰수와 벌금으로 처벌하는 것이 가장 일반화된 대역죄인의 처벌 형태였다. 국왕은 반역자로부터 몰수한 토지를 군역을 안정적으로 납부하고 충성하는 또 다른 자에게 양도하였으며, 벌금과 대역전(scutage)으로 확보된 자금으로 또 다른 군역납부자를 고용할 수 있었다. 이처럼 보통법에 규정된 반역자의 처벌법과 실제가 서로 상이하였다. 이와 같은 이론과 실제와의 괴리는 국왕권 강화와 효과적인 군역확보라는 이중적 목적을 달성하기 위하여 에드워드 왕들이 시행한 실용적인 통치 정책의 결과로 나타난 현상이다. 아마도 이는 웨일스 , 아일랜드, 스코틀랜드, 프랑스와 끊임 없이 전쟁을 한 대외적 상황과 내부적으로 대귀족권에 대항하여 왕권을 강화시키기 위해서 선택한 불가피한 조치일 수도 있다.

특히 1352년에 제정한 반역법은 에드워드 1세와 2세의 반역법 위반에 대한 자의적 해석으로 인하여 생긴 대귀족들의 피해를 줄이는 역할을 하였다. 왜냐하면 반역죄의 범위를 줄이고 국왕의 반역에 대한 자의적 해석의 근거가 되었던 국왕의 증거 제도를 폐지하였기 때문이다. 그럼에도 불구하고 에드워드 3세 통치기에 반역법은 국왕의 통치권 확립에 공헌하였다. 왜냐하면 반역법을 통하여 직수봉신들에 대한 국왕의 적절한 통제와 억제가 가능하였고, 중죄인은 물론 반역자들의 사면 대가로 납부한 군역은 물론 그들로부터 걷은 벌금과 봉토 몰수는 국왕의 또 다른 군역납부자를 확보할 수 있는 수단이 되었기 때문이다. 그러므로 반역법의 정비를 통하여 국왕권을 강화시켜나간 에드워드 왕들은 대륙의 다른 나라들의 봉건적 체제와는 다른 집권적 봉건왕정 체제, 즉 의사봉건제 하에서 잉글랜드를 지배할 수 있었다.

5. 방화죄

1) 방화죄란?

만약 어느 자가 폭동이나 소요 사태가 일어난 와중에, 혹은 자신의 악행을 감추기 위하여 악의가 담긴 의도로 불을 냈다면, 이것은 방화에 해당한다. 그러나 악의가 없는 단순한 화재는 실화로 간주하여 방화와는 구분하여 처벌하였다.[1] 이웃 재산에 손해를 입힌 실화의 책임은 1371년까지는 없었다. 1368년 열린 법정에서 이웃집으로 번진 화재로 인한 손실의 책임은 없던 것으로 판결하였다.[2] 그러므로 이곳에서 다루고자 하는 범죄는 실화가 아닌 방화이다. 방화(incendium)도 국왕의 평화를 해치는 범죄로서 살인, 강도, 강간, 절도, 위조와 함께 중죄에 해당한다. 따라서 방화범은 교수형과 사지절단형과 같은 극형에 처해진 것이 중세 잉글랜드 보통법의 정신이다. 그러나 중죄로 간주한 방화와 그 처벌에 관해 잔존한 기록이 극히 적을 뿐만 아니라 설사 그에 관한 기록이 있다고 하더라도, 방화는 주로 살인, 강도, 절도 등과 함께 나타나는 범죄이기 때문에 방화의 특성을 해명하는 데

1) *Bracton*, vol. ii, p. 414(f. 146b).
2) Robert C. Palmer, *English Law in the Age of the Black Death, 1348-1381* (University of North Carolina Press, 1993), p. 276.

에는 어려움이 뒤따른다. 비록 방화에 관한 기록이 있더라도 잉글랜드 각지의 미결수 감옥재판기록이나 검시관기록 혹은 순회재판기록 등에 단편적으로 분산되어 있다. 그러므로 중세사가들은 방화에 관한 사료가 존재하는 주(州)를 연구 대상으로 삼고, 또한 시기도 20-30년 단위를 기준으로 연구하는 수준에 머무를 수밖에 없다. 그것조차도 1980년대부터 본격적으로 연구가 이루어지기 시작하였다.[1] 사실 방화는 범행 동기가 상대에 대한 복수, 위협의 수단, 정신이상자의 소행 등으로부터 일어나는 것이기 때문에 다른 중죄에 비하여 상대적으로 발생 빈도수가 낮다. 그러므로 대외적으로 여성들이 자신의 치부가 드러나는 것을 기피하여 제소하는 경우가 드문 강간과는 다르다.[2] 따라서 필자의 연구도 잉글랜드 각지에 흩어져 있는 단편적인 기록들을 바탕으로 방화죄(crimen incendii)의 특징과 방화범에 대한 처벌에 대하여 간단히 언급할 수밖에 없는 제약성을 안고 출발한다.

2) 방화와 방화범의 일반적 특징

미킹스(C. A. F. Meekings)가 헨리 3세(1207-1272) 통치기인 1249년에 윌트셔의 순회재판기록을 분석한 결과, 총 567건의 재판기록 중에서 방화와 관련된 사건은 겨우 5건(0.8%)에 불과하고, 그 중에서 재판 결과 방화범으로 판명되어 교수형에 처한 것도 단 2명에 불과하다.[3] 방화에 관한 재판기록이 적은 것은 노퍽 주에 대한 하나왈트의 분석에서도 나타난다. 그녀는 에드워드 2세(1307-1327) 통치기인 1307-1316년에 노퍽 주의 미결수 감옥재판기록 777건을 분석한 결과, 그 기록에 등장하는 범죄는 주로

1) J. G. Bellamy, *Crime and Public Order in England in the Later Middle Ages*, pp. 3-4.
2) Barbara A. Hanawalt, *Crime in East Anglia in the Fourteenth Century: Norfolk Gaol Delivery Rolls, 1307-1316*, p. 11.
3) C. A. F. Meekings , ed., *Crown Pleas of the Wiltshire Eyre, 1249*, p. 98.

강도, 살인, 절도에 관한 것이고, 방화범에 관한 기록은 0.7%에 불과하다.[1] 더구나 방화범으로 기소된 자들 모두가 무죄 석방되었다.[2] 한편 랄프 퓨(Ralph B. Pugh)도 1275년부터 1306년까지 윌트셔의 미결수 감옥재판기록 1215건을 분석한 결과, 방화에 관한 기록이 11건 등장하는데, 그 중에서 3건은 동일한 방화 사건에 대한 중복 언급이기 때문에 실제로는 8건(0.66%)에 불과하다. 이처럼 현재 남아 있는 기록들을 통하여 방화가 전체 범죄 중에 점유하는 비율을 산정한 결과, 지역마다 큰 차이가 없이 1% 미만이었다. 물론 중세 잉글랜드에서 발생한 범죄 중 가장 일반적인 것이 살인, 강도, 절도이고, 방화나 화폐위조 및 강간 등의 범죄는 상대적으로 적었던 사실은 이미 중세사학자들의 연구로 밝혀진 점이다.

이처럼 매우 적은 기록을 통하여서나마 방화와 방화범의 일반적 특징을 살펴보면 다음과 같다. 강도나 절도와 관련된 방화가 아니라 단순 방화로만 기소된 방화범들의 특징을 살펴본 결과 다음과 같은 사실들을 확인할 수 있었다. 방화범은 단독범행이 큰 특징이다. 물론 형제를 비롯한 2인이 범행을 한 경우[3]가 있으나, 예외적일 수 있을 정도로 드물다. 그러나 방화만이 아니라 살인이나 강도와 결부된 방화의 경우는 범법자들이 수십 명에 이르기도 하였다.[4] 한편 방화의 대상은 주로 가옥이다.[5] 가옥이 불타면서 가옥 내에 곡물을 비롯한 재물이 손실을 입게 마련이다.[6] 가옥 이외에도 방앗간에 방화[7]하거나 울타리에 방화한 경우[8]도 있으며, 심지어 교회에 방화한

1) Barbara A. Hanawalt, *Crime in East Anglia in the Fourteenth Century: Norfolk Gaol Delivery Rolls, 1307-1316*, p. 11.
2) *Ibid.*, no. 30, no. 58. 참조
3) Martin Weinbaum, ed., *The London Eyre of 1276*, p. 79, no. 280; C. A. F. Meekings, ed., *op. cit.*, p. 209, no. 305.
4) *Calendar of Patent Rolls*, 28 Oct. 1279.
5) *Calendar of Patent Rolls*, 7 Dec. 1293.
6) *Calendar of Patent Rolls*, 30 Oct. 1304.
7) Ralph B. Pugh, *Wiltshire Gaol Delivery and Trailbaston Trials 1275-1306*, no. 570.
8) *Ibid.*, no. 952; *Calendar of Patent Rolls*, 15 Jan. 1285.

경우[1]도 있다. 그러나 그것은 예외적일 정도로 드문 경우이다. 이러한 특징은 1275-1306년 사이에 윌트셔 미결수 감옥재판기록을 분석한 랄프 퓨의 분석에서 그대로 드러난다. 1215건에 달하는 미결수 감옥재판기록을 분석한 그의 연구에 따르면, 11건의 방화 기록 중에서 울타리와 방앗간에 방화한 것을 제외한 나머지는 가옥에 대한 방화였다. 한편 방화혐의자로 여성이 기소되는 경우[2]도 있으나, 주로 남성들이 방화혐의자로 기소되었다. 그리고 특이하게 성직자가 방화범으로 체포되어 감옥에서 사망한 경우가 있다.[3]

노퍽 주에서 일어난 방화를 연구한 하나왈트의 연구에 따르면, 대체로 가옥에 대한 방화가 주류를 이루고 재물에 대한 방화는 매우 드물게 나타난다.[4] 방화범들의 방화 목적이 재물 취득에 있었지 그것을 파괴하는데 있지 않았기 때문에 나타난 결과이다. 사실 강도나 절도와 관련된 방화의 경우는 재물을 강탈하거나 약탈행위를 은폐하기 위하여 방화[5]하는 것이 일반적이다. 실제로 중세 잉글랜드의 절도범들이 선호한 방법이 절도하기 전이나 절도한 후 가옥에 방화하는 것이었다. 특히 중세 잉글랜드의 촌락은 가옥을 나뭇가지로 역은 다음 회반죽이나 진흙으로 벽을 만들었기 때문에 쉽게 부셔졌다. 그러므로 벽을 간단히 무너트리고 집 안으로 침입하는 경우도 있으나, 더 쉬운 방법으로 집에 불을 질러 연기 때문에 사람들이 집 밖으로 나오게 한 다음, 절도나 강도짓을 하는 것이었다.[6]

---

1) *Calendar of Patent Rolls*, 12 Sept. 1298.
2) C. A. F. Meekings , ed., *op. cit.*, p. 180, no. 146; Barbara A. Hanawalt, *Crime in East Anglia in the Fourteenth Century*, p. 27, no. 58.
3) Charles Gross, ed., *Select Cases from the Coroners' Rolls A.D. 1265-1413*, p. 80.
4) Barbara A. Hanawalt, *Crime in East Anglia in the Fourteenth Century: Norfolk Gaol Delivery Rolls, 1307-1316*, p. 11. (재물에 대한 방화는 전체 중 0.7%에 불과하다.)
5) John Aberth, *Criminal Churchmen in the Age of Edward III*, p. 150.
6) William Rishanger, *Chronica et Annales, 1259-1307*, ed., H. T. Riley (RS, XXVIII, 1865), p. 117; H. Rothwell, ed., *Chronicle*, Camden Society, 3rd ser., LXXXIX (1957), p. 224.

위에서 언급한 것처럼 방화는 강도나 절도를 수반하는 것이 일반적이다. 그러나 경우에 따라서는 살인이 수반된 경우도 있다. 예컨대 요크의 리치먼드 백작의 가옥을 불태우고 살림감시원을 살해한 경우[1]가 있는가 하면, 링컨 주와 루투랜드(Rutland) 주에서도 떠돌이들이 살인, 강도, 방화를 하여 주지사가 조사를 명하였다.[2] 교회나 수도원에 방화하고 재물을 강탈한 경우도 기록에 자주 등장한다. 그 중에서 심지어 수도원 원장을 살해하고 수도원의 부속 농장에 방화하고 성직자들을 폭행한 사건도 있다.[3] 아마도 이 사건은 단순히 수도원의 재물을 강도나 절도하기 위해 일으킨 방화는 아닐 것이다. 왜냐하면 수도원에 머물던 헤리퍼드(Hereford) 주교를 위협하고 그와 동행한 성직자들을 폭행하였기 때문이다. 수십 명이 교회에 몰려와 방화하고 강도짓을 한 것[4]으로 보아 방화의 일반적 형태와 유사하다. 방화의 또 다른 특징 중에 하나는 한 무리가 교회나 가옥에 불을 지른 경우이다. 방화는 중죄이기 때문에 범법행위가 발각되면 그에 따른 처벌도 무겁다. 따라서 익명성을 전제로 범행이 이루어지는 것이 보통이다. 대집단이 무리를 이루어 범행하면 범행 자체가 발각되기도 쉽고, 그에 따라 범행가담자들의 신원이 밝혀지기도 쉬웠다. 그럼에도 불구하고 수십 명이 집단을 이루어 방화하고 구타하고 강도짓을 한 대담한 범행이 이루어 진 경우[5]가 있다. 이러한 위험성에도 불구하고 대집단이 방화죄를 범한 이유가 무엇일까? 물론 자신의 아내를 강간한 자에게 원한을 갚기 위해 방화라는 수단을 동원한 경우[6]도 있으나, 대부분 큰 교회나 수도원, 심지어 장원 영주의 저택을 강도나 절도하기 위해서 집단을 이룰 수밖에 없었을 것이다. 그리고 그 과정에서 방화를 한 것이다.

---

1) *Calendar of Patent Rolls*, 27 Nov. 1308.
2) *Calendar of Patent Rolls*, 4 Dec. 1315.
3) *Calendar of Patent Rolls*, 1253. (membrane 19d.)
4) *Calendar of Patent Rolls*, 15 Jan. 1285.
5) *Calendar of Patent Rolls*, 15 Jan. 1285. (예컨대 92명이 교회에 방화하고 강도짓을 하여 기소되고 35명이 몰려와 방화하고 식솔들을 구타하여 고소된 사건이 있다.)
6) *Calendar of Close Rolls*, 4 July 1376.

3) 방화범의 처벌과 보통법

방화죄는 살인죄와 같은 방법으로 소송절차가 이루어져 방화범을 처벌하였다.[1] 방화를 중죄로 간주하여 처벌한 것은 글렌빌(Glanvill)의 보통법에 처음 등장하는데, 방화범은 교수형과 사지절단형에 처한다고 언급하였다.[2] 글렌빌의 보통법에서처럼 브락톤(Bracton)도 방화범은 중죄인이고 교수형으로 처단하여야 하는 것으로 언급하고 있다.[3] 한편 브리톤(Britton)의 보통법에서는 방화범에 대한 처벌을 화형으로 언급하고 있다.[4] 그러나 위에서 언급한 것처럼 글렌빌이나 부락톤의 보통법에서는 방화범을 교수형으로 처벌하여야 한다고 언급하고 있고, 기록에 등장하는 방화범에 대한 처형의 실례도 모두 교수형으로 기록된 것으로 보아, 브리톤의 방화범 처벌론은 일반성이 없다. 방화와 그 처벌에 대한 보통법에서의 간단한 언급과는 달리 브락톤의 보통법에서는 간단한 예를 첨부하여 다음과 같이 설명하고 있다. 만약 방화혐의자가 체포되어 주 법원에 기소되면 다음과 같이 소송은 진행된다. <A>가 자신의 집에 방화한 <B>를 고소하면, <A>가 법정에 출두하여 <B>가 자신의 집에 방화하였음을 목격하였다고 진술할 것이다. 또한 방화와 함께 집에 보관된 돈과 가재도구를 절도하였음을 진술할 것이다. 그러므로 방화혐의자는 방화와 함께 절도라는 두 가지 중죄를 범한 것이다. 한편 <B>는 법정에 출두하여 모든 사실을 부정할 것이다. <B>는 왕국의 법에 따라서 자신의 무죄를 방어할 기회를 갖은 것이다.[5] 배심원들은 방화혐의자의 범죄를 입증할 구체적 증거를 찾고, 또한 방화를 목격한 증인을 확보하

---

1) F. Pollock and F. M. Maitland, *The History of English Law before the Time of Edward I*, vol. II, p. 492.
2) *Glanvill*, I, 2, p. 3.
3) *Bracton*, p. 414(f. 146b).
4) *Britton*, I, p. 41.
5) *Bracton*, vol. ii, p. 415.

려고 노력할 것이다. 그 결과 범죄가 입증되면, 그는 중죄를 범한 중죄인으로서 극형에 처해질 것이며, 만약 혐의자가 무죄로 입증이 된다면, 오히려 고소인이 처벌을 받게 된다. 한편 14세기에 작성된 『정의의 거울(Mirrow of Justice)』에서도 방화범이 집에 방화하여 집 안에 있던 사람이 타 죽은 경우를 예로 들었다. 그리고 방화범은 중죄를 지은 것으로 처벌되어야 한다고 언급하였다.[1] 이처럼 중세 잉글랜드의 보통법에서는 일관되게 방화를 중죄로 간주하고, 방화범을 극형에 처하여야 하는 것으로 언급하고 있다.

그렇다면 방화범과 방화혐의자에 대한 실제 처벌은 어떠하였는가? 방화와 강도나 절도 행위를 한 자들에 대한 배심원들의 평결 결과 무죄로 석방되는 경우가 대부분이었다. 랄프 퓨가 조사한 윌트셔의 미결수 감옥재판기록에 따르면 방화사건 4건이 재판에 회부되었는데, 3건은 방화혐의자가 무죄로 석방되고, 다른 한 건은 사건 자체가 기각되었다.[2] 한편 하나왈트가 노퍽 주의 방화사건을 조사한 결과도 마찬가지이다. 4건의 방화와 절도가 결합된 사건의 용의자를 배심원들이 무죄 평결하였다.[3] 또한 가옥이 불탔으나, 의심이 가는 방화범이 없기 때문에 사건을 종결한 경우도 있다.[4] 그렇다고 이것이 실화로 판명된 사건도 아니다. 단순 실화로 인한 화재의 경우는 방화와 다르게 취급하였다. 예컨대 실화로 인하여 화재가 발생하여 가게 안에서 잠을 자던 모녀가 질식사하였는데, 이 사건은 시체검시와 함께 실화로 종결지었다.[5]

필자가 확인한 전체 방화사건에 대한 처리 결과는 다음과 같다. 필자가

---

1) *Mirrow of Justice*, vol. vii, pp. 55-56.
2) Ralph B. Pugh, ed., *Wiltshire Gaol Delivery and Trailbaston Trails 1275-1306*, p. 8. (사건에 대한 자세한 내용은 no. 618, no. 942, no. 1133, no. 1148을 각각 참조할 것.)
3) Barbara A. Hanawalt, *Crime in East Anglia in the Fourteenth Century*, pp. 11, 27, 74. (no. 30, no. 58, no. 437를 참조할 것.)
4) C. A. F. Meekings , ed., *Crown Pleas of the Wiltshire Eyre, 1249*, p. 252. (no. 541번의 내용을 참조할 것.)
5) Reginald R. Sharpe, ed., *Calendar of Coroners Rolls of the City of London A.D. 1300-1378*, p. 183.

확인한 42건의 방화사건 중에서 방화범에 대한 배심원들의 사실심리 결과, 무죄가 8건, 교수형이 3건, 사면이 2건, 나머지는 평결의 결과를 확인할 수 없는 경우이다. 이처럼 방화혐의자들에 대한 배심원들의 무죄평결율이 매우 높은 이유는 살인, 강도, 절도와 관련된 방화는 떠돌이 방랑자들에 의해서 범해진 특성이 있기 때문에 진범을 잡기가 어려웠을 것이다. 배심원들에 의한 사실심리는 살인이나 강도에 대한 필자의 언급에서 이미 밝힌 것처럼 매우 엄격하게 진행되었다. 그러므로 무고죄를 범한 자들이 밝혀지고, 그에 따라 그에 대한 처벌도 가능하였으며, 이는 법의 정의를 세우는데 큰 역할을 하였다. 예컨대 만약 방화범으로 고소된 자가 배심원들의 사실심리 결과 무죄로 밝혀지면, 그를 방화, 강도, 살인죄로 고발한 자가 오히려 무고죄로 교수형에 처해진 경우도 있다.[1)]

다른 중죄인들과 마찬가지로 국왕의 의도와 목적에 맞는 일을 하는 경우에는 방화범을 사면하였다. 물론 국왕의 사면권[2)]이 방화범뿐만 아니라 살인범이나 강도나 강간죄를 범한 중죄인들에게 행사되었다. 나오미 허나드(Naomi D. Hurnard)의 연구에 따르면, 전체 사면건수 1900건 가운데 140건을 제외하고 모두가 살인범들이다. 그러므로 사면 중에서 93%가 살인범이고 나머지 7%가 다른 중죄인에 대한 사면이다.[3)] 국왕의 사면권 행사는 방화범에게도 적용되었다. 방화범이 국왕의 전쟁에 참전하여 군역을 납부하는 조건으로 교수형 처벌이 면제된 경우가 기록에 나타난다. 예컨대 에드워드 3세는 아일랜드를 지배한 로버트 브루스의 세력을 진압하기 위해 필요한 군역을 납부한 휴 베게스(Hugh Begges)의 방화와 재물 약탈죄를 사면하였

1) Ralph B. Pugh, *Wiltshire Gaol Delivery and Trailbaston Trails 1275-1306*, no. 341.
2) Naomi D. Hurnard, *The King's Pardon for Homicide before A.D. 1307* (Oxford, 1969), p. 1. (국왕의 사면권 행사는 앵글로 색슨 시대로 거슬러 올라간다. 7세기 말 캔트에서 도둑이 체포되었을 때, 국왕은 그를 처벌할 것인가, 노예로 만들 것인가, 아니면 속전을 납부하는 것으로 사면할 것인가를 국왕이 선택할 수 있도록 법으로 정하였다. 앵글로 색슨 시기 말에는 살인범에게도 이러한 사면법이 적용되었다.)
3) *Ibid.*, pp. 245-246.

다.[1] 이러한 예는 다른 곳에서도 나타난다.[2] 그리고 필자가 살인죄를 검토하는 과정에서 언급한 것처럼 에드워드 왕들은 거의 매년 스코틀랜드, 아일랜드, 프랑스 등과의 전쟁을 수행하는 과정에서 군역납부를 조건으로 중죄인들에 대한 사면권을 자주 행사하였다. 방화범도 예외는 아니었다.

---

1) *Calendar of Patent Rolls 1324-1327*, p. 196.
2) *Calendar of Patent Rolls 1348-1350*, p. 139.

6. 성범죄

1) 간통과 이혼

혼인을 성사로 규정한 것은 혼인에 대한 기독교적 모형의 승리인 동시에 혼인에 대한 오랜 신학적 논쟁의 종말이기도 하다. 혼인은 금해야 할 죄악 중의 하나인 간통을 피할 정당한 수단이다. 혼인은 배우자 간의 성적 욕구를 합법적으로 해소할 수 있는 수단이기 때문에 성적 욕구의 해소는 배우자 모두에게 평등하게 주어져야만 할 상호 교환의 영역이다. 그러므로 혼인은 남녀가 순결과 정절을 지키는 수단이기도 하다. 성 바울 시대로부터 부부간 성적 관계에 있어서 평등이 주장되었으며, 교회도 이를 혼인식에서 확인하려고 하였다. 그러나 이와 같은 규범들이 부부관계의 실제에 그대로 적용되지 않았다. 아내는 남편의 권위에 복종하도록 강요하였으며, 이와 같은 불평등이 당시의 사회구조나 가족구조는 물론 재산권 및 상속권 등에 실현되어 있다. 특히 귀족사회에서는 남성들의 혈통을 통하여 각종 봉건적 지위와 특권 및 재산이 상속되었기 때문에 혼인이란 그러한 것들이 남계를 통하여 전해지는 하나의 수단이기도 하였다. 남편의 혈통을 잇고 재산을 상속할 적자(嫡子)를 얻으려는 남성들의 욕구를 충족시키기 위해서는 간통과 강간에 대한 제재가 남성보다 여성에게 더 가혹할 수밖에 없었다.[1] 사실 남

---

1) Thomas Aquinas, Summa contra Gentiles, III, 123: Christiane Klapisch-Zuber, ed., *A History of Women in the West*, p. 228.

편과 아내 모두에게 부과된 절개(fidelity)가 아내에게 더 강요되었다는 점은 기혼여성의 간통(adultery)에 대한 신학적이고 도덕적인 언급에 의해 더욱 공고화되었다. 아내의 겸양, 온건성, 정절 등이 남편의 합법적인 부성(父性)을 보증할 자녀를 출산하는 수단이기 때문에 그것들을 아내가 지키는 것은 매우 중요한 일이다. 특히 남편이 아내의 육체를 통제하는 것이 그의 부성을 잇는 자녀 출산의 중요한 수단이었기 때문에 정절은 여성들의 중요한 덕목이다. 금욕과 온건성은 여성들의 음란성을 약화시키는 수단이며, 아내의 침묵은 아내를 남편의 동반자로 만드는 조건이었다. 이와 같이 부계 중심적 사회구조에서는 부부간의 관계가 평등한 가운데 사랑과 신뢰를 바탕으로 한 가정 수립이란 애초부터 기대하기 어려웠다.[1]

이혼의 동기나 주체 및 선택권이라는 관점에서 볼 때, 중세는 고대와 상이하였다. 중세 교회가 허용한 중요한 이혼사유는 배우자의 간통과 교회법으로 금지시킨 친등(親等)을 어긴 근친혼이다. 그리고 이는 보통법에서도 똑같이 규정하고 있다.[2] 기독교를 정신적 지주로 삼은 중세사회에서는 혼인의 불가해소성(不可解消性)에 근거하여 혼인관계는 부부 중 어느 한편이 사망하지 않는 한 해소될 수 없었다. 혼인이란 성스런 계약이기 때문에 배우자가 생존하여 있는 한 깨질 수 없으며, 그렇기 때문에 교회법으로 규정한 특별한 사유에 해당되지 않으면 사실상 이혼은 불가능하였다. 또한 재혼은 배우자 중 어느 한편이 사망하지 않는 한 허용되지 않았기 때문에 이를 어기며 재혼하는 것은 간통죄를 범하는 것이나 마찬가지이다.[3] 이러한 성서의 교리가 세속인들의 일상생활에 수용됨으로써 부부관계의 순결유지와 가정생활의 도덕성 확립이라는 순기능적 측면도 진작시켰으나, 한편으로는 이혼이 허락되지 않음으로써 한 남성이 두 여성과, 혹은 한 여성이 두 남성과 관계를 맺는 내연관계를 맺게 한 역기능도 나타났다. 이러한 사회적 환경 속에서 '궁정식 사랑(courtly love)'이 나타날 수 있었다.

---

1) J. G. Bellamy, *The Criminal Trial in Later Medieval England*, p. 181.
2) *Glanvill*, VI, 17.
3) Matthew 5:31-35, 19:3-12; Mark 10:11-12; Luke 16:18.

음유시인들이 읊은 귀부인에 대한 존경과 경건한 사랑이란 본질적으로 실현될 수 없는 비밀성을 지닌 남녀관계를 전제하고 있기 때문에 그것은 성애적(性愛的) 욕구라는 현실성과 기독교적 이상이 불안정하게 공존한 토대 위에 세워진 모순율이다.[1] 물론 음유시인들의 여성에 대한 예찬론인 궁정식 사랑이 여성의 지위향상에 공헌하였으며[2], 남성들의 거친 예절을 순화시키는데 일조하였던 것도 사실이다.[3] 이는 아퀴텐느의 엘레아노르가 세운 '사랑의 법정(court of love)'과 동일한 성격을 지녔다.[4]

12세기의 귀족들은 혼인을 봉(封)의 확대를 위한 수단으로 생각하고 사랑과 혼인이 양립할 수 있는 것으로 간주하였다. 궁정식 사랑이란 주로 주군의 부인과 봉신 사이에 이루어진 사랑이기 때문에 건전한 사랑도 아니고 성취될 수도 없는 사랑이었다. 따라서 진정한 사랑을 추구한 도피처가 그들에게 필요하였을 수도 있으며, 바로 그것이 추상적이면서도 이루어질 수 없는 '궁정식 사랑'을 노래하거나 '사랑의 법정'을 열게 만들었는지도 모른다. 따라서 봉건사회의 혼인과 궁정식 사랑 사이에는 이율배반적인 의미가 함축되어 있다. 즉 남성들에게 결혼이란 자신의 봉토(封土)를 확대하고 정실부인으로부터 후계자를 생산할 수 있는 수단이었다. 이러한 가운데 교회가 혼인가능 친등을 규제하고 간음을 대죄(大罪)로 규정한 것은 바로 성적 물란을 방지하고 가정 윤리를 바로 세우고자 함을 세속인들에게 주지시키려고 노력한 결과였다.[5] 결국 이혼을 금지시킨 기독교 교리 때문에 오히려 불안정한 부부관계를 더욱 조장하였다. 이혼을 위한 까다로운 조건이 이혼과 재혼이 용이하였

---

1) Arima Angerman, Geerte Binnema, Annemieke Keunen, Vefie Poels, Jacqueline Zirkzee(eds.), *Current Issues in Women's History* (London, 1989), pp. 221, 226.
2) C. S. Lewis, *The Allegory of Love* (Oxford, 1938), p. 4; H. J. Chaytor, T*he Troubadours* (Cambridge, 1912), pp. 17-18; Sidney Painter, *Mediaeval Society* (Cornell Univ. Press, 1975), p. 36.
3) Samuel G. Williams, *History of Medieval Education* (New york, 1903), pp. 99-112.
4) Montgomery Belgion, trans., *Love in the Western World* (Princeton Univ. Press, 1983), p. 123.
5) *Ibid.*, p. 34.

던 것보다 오히려 여성에게 더 큰 희생을 요구하였을 수도 있기 때문이다.

한편 글랜빌(Glanvill)의 보통법에 따르면, 아내가 수치스런 행위(turpitudo)인 간통을 범하였을 경우에 남편은 아내에게 이혼을 요구할 수 있고, 이 때 아내는 과부산에 대한 권리마저 상실하였다.[1] 그러나 남편이 간통을 저질렀을 경우에 대한 아내의 권리가 언급되어 있지 않다. 그렇다고 간통에 관한 처벌에 있어서 남녀 간 차별을 법으로 규정하였던 것으로 생각할 수는 없다. 왜냐하면 후술하는 바와 같이 간통과 관련된 사건을 보면 그 처벌에 있어서 남녀의 구분이 없었기 때문이다.

그렇다면 간통의 유형과 그 처벌은 어떠하였는가에 대하여 살펴보자. 우선 유부남과 처녀가 불륜관계를 맺은 경우를 예로 들 수 있다. 특히 남성이 그의 부인을 집에서 내놓고 불륜을 저지른 악질적인 사건도 있다.[2] 이에 대한 사실심리를 위해 법원출두를 거부한 남성에게 벌금 6쉴링 8펜스가 부과되고, 이와는 별도로 간통한 남녀 모두의 재산이 몰수되었음은 물론 그들의 상속권도 박탈하였다.[3] 이와 같은 처벌은 매우 가혹한 것이다. 특히 벌금액인 6s. 8d.는 교수형에 처할 절도범을 감옥으로 이송하기 전 보석으로 석방하기 위한 보석금과 동일한 금액이었던 점[4]으로 미루어보아 그 액수의 크기를 짐작할 수 있다. 더구나 상속권을 박탈한 점은 그들로부터 친족구성원의 자격을 박탈한 것이나 마찬가지이고 경제적으로는 파산선고를 내린 것과 동일한 것이다. 한편 영주의 예속인들이 간통으로 처벌된 경우도 있다. 그 중 하나는 남녀 모두가 예속인인 경우[5]이고, 다른 하나는 남성은 자유인이고 여성이

1) *Glanvill,* VI, 17.
2) *Wakefield Court Rolls,* 8 Edward II, 1315. [Court held at Wakefield on Friday after the Feast of St. Matthias the Apostle(Feb. 25)].
3) *Wakefield Court Rolls,* 8 Edward II, 1315. [Court held at Wakefeld on Friday after the Feast St. Gregory the Pope(March 12)].
4) 홍성표, 「14세기 초 영국에서의 재산범죄 실태와 처벌」, 『서양중세사연구』 제1집, 1997, 42쪽.
5) *Wakefield Court Rolls,* 10 Edward II, 1316. [Court held at Wakefield on the Friday after the Feast of All Saints(Nov. 1)].

예속인인 경우[1])이다. 그런데 전자의 경우는 사생아를 임신시켜서 6쉴링 8펜스의 높은 벌금이 부과된 반면, 후자의 경우는 비록 영주의 예속인 여성과 간통하였으나, 그녀가 신분적으로 예속인이자 과부였고 남성은 자유인이었기 때문에 남성에게는 비교적 적은 액수인 6펜스의 벌금을, 그리고 예속인 과부에게는 12펜스의 벌금이 부과되었다.[2]) 이와 같은 점은 영주의 예속인 여성과 혼인하려는 자가 영주에게 혼인허가세로 6펜스를 납부하였던 장원법원의 기록들이 곳곳에서 발견되고 있는 사실과 서로 연관성이 있는 것으로 추론된다. 한편 유부녀들이 간통한 사건들도 다수 발견된다. 그 가운데에서도 특이한 경우는 유부녀가 간통한 다음 간부와 함께 남편의 재물을 갖고 도주한 사건이다.[3]) 이에 대한 처벌은 기록되지 않아 알 수 없으나, 아마도 그들은 동산과 부동산을 몰수당한 처벌을 받았을 것으로 추론된다. 그런데 유부녀와 유부남 사이의 간통은 매우 엄하게 처벌하였다. 남녀 모두에게 재산몰수형과 함께 추방형에 처하였다.[4]) 그러나 이들 남녀에게 벌금형으로 감형되었으나, 매우 많은 액수인 10쉴링과 40펜스가 벌금으로 부과되었다. 지금까지 살펴본 것처럼 간통사건과 관련된 남녀는 그들의 신분, 결혼 여부 등의 조건에 따라서 처벌의 정도를 달리하였다. 그런데 가장 무거운 형벌은 교수형 다음의 중벌인 추방형까지 부과할 정도로 간통을 중죄로 간주하였다. 그러나 종

1) *Wakefield Court Rolls, 10* Edward II, 1317. [Tourn at Wakefield on the Thursday after the Octave of Easter (April 10)].
2) l*Roll of Court of Chalgrave,* 11 June 1310. (Curia Petri le Loring domini de Chalgrawe tenta apud Chalgrawe die jouis in festo sancti Barnabe apostoli anno rengni regis Edwardi filii regis E. tercio). 이에 따르면 제프리(Geoffrey le Emperur)가 영주의 승인 없이 그의 여성 예속인(bondwoman)과 혼인하여 그에게 보증인의 보증과 함께 6펜스의 벌금이 부과되었다. [Galfridus le Emperur quia desponsauit natiuam domini sine licencia domini, ideo dictus Galfridus in misericordia. plegius, Rogerus de Merston'.(Marg. vjd.)].
3) *Wakefield Court Rolls,* 35 Edward I, 1307. [Tourn at Wakefield the Friday following the Feast of St. William(June 8)].
4) Court held at Wakefeld on Friday after the Feast of St. Gregory the Pope(March 12), 8 Edward II; Court held at Birtone on Wednesday after the Octave of Easter, 8 Edward II.

국에는 벌금형으로 감형되었으며, 그에 대한 처벌에 있어서도 남녀 간 차별을 두지 않았다. 그러나 유부남이나 유부녀 혹은 영주의 예속인이 간통죄를 범하면 그에 대한 처벌은 처녀나 자유인에 비하여 상대적으로 무거웠으며, 이는 벌금액이 매우 많았던 점으로도 이해된다. 처녀와 총각의 간통이나 과부나 홀아비의 간통은 결국 이들 사이에 혼인을 통한 화해가 가능하였다. 만약 간통에 뒤이어 양자 간에 결혼합의가 이루어질 때에는 피고가 법률적 책임을 면할 수 있었다. 그러나 전반적으로 볼 때 강도와 절도와 같은 형사범의 경우 피해액이 12펜스를 초과할 경우에는 그에 대한 형벌이 교수형이었던 점에 비추어 본다면 간통죄에 대한 처벌이 매우 가벼웠다. 그러나 교회법원에서는 간통죄를 범한 자들을 파문,[1] 고행, 투옥, 채찍질, 벌금, 노예화 등으로 처벌하여야 한다고 주장하였다.[2] 간통에 대한 처벌을 교회에서 다룬 이유는 그것을 도덕적 비행으로 간주하였기 때문이다.

앵글로 색슨 시대의 잉글랜드에서도 로마식 친등계산법을 따랐으며[3], 지배층 내부에서의 근친혼이 있었던 점도 역시 마찬가지였다. 4촌 사이의 혼인[4]은 물론 계모와의 혼인[5]도 나타나고 있는 것으로 보아 그와 같은 주장은 타당성이 있다. 한편 10세기에 이르러 교회령에 따라 금지된 혼인가능 촌수(寸數)를 준수하지 않은 혼인의 유효성을 교회가 인정하지 않았으며,

---

1) J. G. Bellamy, *Crime and Public Order in England in the Later Middle Ages*, p. 155. (법정에 출두하지 않고 도피하여 파문하였다.)

2) James A. Brundage, ed., *Sex, Law and Marriage in the Middle Ages* (Variorum, 1993), p. 73.

3) T. M. Charles-Edwards, "Kinship, Status and the Origins of the Hide", *Past and Present*, no. 56 (1972), pp. 23-24.

4) 7세기 노섬브리아(Northumbria)의 왕인 오스위(Oswiu)가 그의 사촌인 앤플래드(Eanflaed)와 혼인하였는데 교회가 이에 반대한 증거는 남아있지 않다. [Rosaline Hill, "Marriage in Seventh Century England", ed. M.H. King and W.M. Stevens, *Saints, Scholars, and Heroes* (Minneapolis, 1979), p. 7.]

5) 7세기 캔트(Kent)의 애드발트(Eadbald)는 그의 계모와 혼인하였으며, [Bede, *Ecclesiastical History of the English Nation*, trans. J. Stevens, revised J. A. Giles (London, 1963), p. 73], 858년 캔트의 에더발트(Aethebald)도 계모와 혼인하였다. [Frances and Joseph Gies, *Marriage and Family in the Middle Ages* (Cambridge, 1987), p. 105.]

이에 해당되는 경우에 교회는 이혼을 허용하였다.[1] 그렇다면 중세 기독교 사회에서는 친등계산법과 혼인가능 촌수를 어떻게 규정하였을까? 8세기 초반까지 교회법에서는 로마의 친등체제에 따라 4촌 이내의 혼인을 금지시켰다. 퇴행적 유전인자를 근친 간에 공유하고 있기 때문에 근친혼이 후손의 번성에 지장을 초래할 수 있다는 의학적 근거에 따라서 금지시킨 것이다.[2] 그러나 교황 그레고리우스 7세(1073-1085)는 게르만족들을 기독교로 개종시키려고 그들에게 관습적으로 이어져 내려온 4촌 이내의 혼인을 허용하였다.[3] 한편 교회는 기독교 교리에 준하여 영세를 통해서 맺어진 같은 대부모(代父母) 밑에 대자녀(代子女)들이 서로 혼인하는 것을 금지시킴으로써 근친의 범위를 확대시켰다. 이는 대부모와 대자녀도 정신적 친족관계로 규정한 결과이다.[4] 11세기에 이르러 그레고리우스 7세의 개혁과 함께 근친의 범주가 4촌에서 7촌으로 확대되어 근친혼의 규제가 더욱 강화되었다.[5] 이러한 조치의 동기와 의도가 무엇인지는 뚜렷하지 않으나, 토마스 아퀴나스의 주장을 통하여 그 이유를 유추할 수 있다. 즉 근친혼은 존경심을 위협하고 수치심을 유발할 수 있으며, 사회적 관계의 확대를 저지하고 친족 간의 성적 경쟁으로 인한 반목과 긴장을 일으키며, 무엇보다도 번식력이나 아이들의 건강을 위협한다.[6] 비록 교회가 이와 같은 이유로 근친혼을 규제하였다고 하더라도, 교회는 세속인, 특히 귀족층의 근친혼을 규제하여 세속인의

---

1) R. M. Helmholz, *Marriage Litigation in Medieval England* (Cambridge Univ. Press, 1974), p. 77.

2) Bede, *Ecclesiastical History of the English People*, ed., B. Colgrave and R. A. B. Mynors (Oxford, 1969), p. 85.

3) *Monvmenta Germaniae Historica*, LegumⅢ, ConciliaⅡ. Ⅰ, 19-21. (이하 *MGH*로 약칭함.)

4) Rayna Rapp, Ellen Ross, and Renate Bridenthal, "Examing Family History", *Feminist Studies*, vol. 5 (1979), p. 183.

5) Jack Goody, *The Development of the Family and Marriage in Europe* (Cambridge, 1983), p. 56.

6) Thomas Aquinas, *Summa Theologica za zae*. 154q.

생활 전반을 지배할 수 있었으며 유증을 통한 교회령의 확대도 가능하였다.[1] 사실 근친혼의 범위가 확대됨으로써 농민층에게는 중소 장원의 내부에서 남녀가 배우자를 구하기가 어려웠으며 장원 외부로부터 배우자를 구함에 따라 혼인세 납부가 크게 증가하고, 이로 인한 교회법 위반[2]이 불가피하였을 뿐만 아니라 후손 단절에 따라 보유지를 교회에 유증하는 일도 증가하였다. 바람직하지 못한 부작용으로 인하여 1215년 라테란느 공의회에서 근친의 범위를 7촌에서 4촌으로 다시 환원시켜 근친혼의 범위를 완화시켰다. 인간에게 마치 네 가지 체액이 있는 것처럼 4촌 이내의 친족 남녀가 혼인하는 것을 금지하는데, 이를 어기고 혼인하면 그들은 영원히 보호받을 수 없다.[3] 이와 같은 혼인가능 친등의 완화는 지배층이 친족 재산과 지위를 보존하려고 족내혼(族內婚)을 여전히 선호하였을 뿐만 아니라 근친혼이라는 이유를 내세워 이혼하는 사례가 빈번하였기 때문이었다.[4] 결국 로마시대 이래 근친의 범주가 11세기로부터 13세기 초에 이르는 시기에 일시적으로 4촌에서 7촌으로 변하였으나, 중세 전반을 놓고 볼 때에는 4촌의 범주가 지속되었으며, 이에 따라서 근친혼에 대한 규제가 강화되지 않았다고 하겠다. 잉글랜드 교회가 인정한 이혼 사유도 혼인 장애로 규정한 근친혼이었으며, 이는 논쟁의 여지가 없는 이혼 수단이었다.[5] 세속인들은 교회법을 준수하지 않은 가운데 혼인하였다가, 교회법에서 금한 근친혼을 사유로 이혼을 제기하였으며, 이로부터 여성들이 피해를 당하였다. 이는 간통의 경우와 하등 다를 바가 없다.

---

1) Malcolm Todd, *Everyday Life of the Barbarians, Goths, Franks, and Vandals* (London, 1972), pp. 65-66.
2) H. S. Bennett, *Life on English Manor*, p. 245.
3) Canons of the Fourth Lateran Council, 1215, c. 50; Harry Rothwell, ed., *English Historical Documents, 1189-1327* (London, 1975), p. 665.
4) G. Duby, Medieval Marriage: T*wo Models from Twelfth Century France*, trans. E. Forster (Baltimore, 1978), p. 32.
5) R. M. Helmholz, *op. cit.*, p. 77.

근친혼은 친족결속과 친족재산의 보존은 물론 지위계승을 위한 수단으로 귀족층이 이용한 방법이다. 특히 남자 상속권자가 없을 경우에는 여자 상속권자를 친족의 범주에 묶어두려는 수단으로 근친혼이 더 필요하였을 것이다.[1] 이러한 점에서 교회가 근친혼을 규제하려고 한 노력은 결과적으로 남성들의 정략적인 혼인을 억제하고 여성들도 남성 상속권자가 단절되어 가계 상속권을 행사하는 등 그들의 지위 향상에 공헌한 결과를 초래하였다. 왜냐하면 근친혼을 이유로 이혼하려는 남성들의 의도를 억제한 효과를 거두었기 때문이다. 그러나 교회의 이러한 노력에도 불구하고 이혼과 재혼에 관한 교회법이 제대로 지켜지지 않았던 것으로 추론된다. 1076년 캔터베리 대주교 랑프랑크(Lanfranc)가 성직자의 축복 없는 혼인이란 합법적인 의식이 아니며, 이혼금지령을 발표[2]한 이후, 1102년 웨스트민스터 공의회에서도 대주교 안젤무스(Anselmus)가 다시 이혼금지령을 언급[3]한 사실로 보아 교회의 이혼금지령이 잘 지켜지지 않았던 것이 분명하다. 그러나 13세기 초에 이르러 잉글랜드에서는 이혼에 관한 중요한 사항이 교회에 의하여 결정되었다. 캔터베리 대주교인 스티븐 랭턴(Stephen Langton)이 혼인관계가 배우자들의 동의에 의하여 이루어진 것처럼 동의에 의하여 혼인관계도 해소될 수 있음을 인정하기에 이르렀다.[4] 이러한 관점은 분명히 12세기 말까지 로마 교회법에서 선언한 혼인의 불가해소성, 즉 죽음이 부부를 갈라놓지 않는 한 이혼할 수 없다는 원칙과 상충된 주장이다. 문제는 과연 그의 관점이 교회의 정통교설로 수용되었으며, 실제로 그의 교설이 실제 이혼문제에도 확대 적용되었는

1) Jack Goody, *op. cit.*, p. 44. (약 20%는 여성상속권자를, 약 20%는 상속권자를 남기지 못하여, 결국 조사대상의 약 60%만이 남계를 따라서 정상적으로 혈연과 가족보유지가 상속 계승되었다.)

2) David E. Engdahl, "English Marriage Conflicts Law before the Time of Bracton", *The American Journal of Comparative Law*, vol. 15 (1967), p. 115.

3) D. Whitelock, M. Brett, and C. N. L. Brooke, eds., *Councils and Synods with Other Documents relating to the English Church*, vol. 1 (Oxford, 1981), p. 674.

4) Stephen Langton, *Commentarius in Sententias*, lib 3, dist.21, C.1, n.143 (Consensus facit matrimonium. Ergo soluto consensu solvitur matrimonium.)

지 여부이다. 또한 그의 견해와 다른 주장은 없었으며, 있었다면 어떠하였는가 하는 점이 밝혀져야 그의 교설의 실효성 여부가 입증될 것이다.

교권의 전성기인 13세기에 토마스 아퀴나스는 아담과 이브로부터 연유된 인간의 죄악이 종속을 낳았고,[1] 본래 그의 지위나 자질은 타고난 것이어서 이를 벗어나려는 것은 신의 계율을 거역하는 것이나 마찬가지라는 주장[2]을 하였는데, 이는 여성의 종속성을 강하게 암시하고 있다. 즉 그러한 주장 속에는 남성 중심의 성의식을 전제하고 있다. 이러한 견해는 중세를 관통하는 여성에 대한 교회의 입장이요, 또한 세속법과 일치된 견해이기도 하다. 물론 교회가 친족범위의 확대와 축소를 통하여 세속인들의 이혼을 규제하고, 이를 통하여 가족생활의 윤리적 규범을 제시하였다는 점에서는 공헌이 인정되기도 한다. 그러나 그 자체가 바로 여성의 지위 상승과 직결되지 않았다는데 문제의 소지가 있다. 이혼불가라는 기독교적 강제성이 내연관계를 양산하여 오히려 여성의 지위를 악화시킬 수 있었기 때문이다. 그러나 교회가 이혼과 간통을 금지시키고 일부일처제를 강조함으로써 세속사회의 가정윤리나 성윤리의 확립에 직접적으로 공헌하였음은 부정할 수 없는 사실이다.

2) 유괴

현대적인 의미에서 강간(rape)이란 상대방에게 강제로 성적인 관계를 맺고자 한 폭력행위이다. 그러므로 강간은 사람을 속여서 꾀어 강제로 납치한 범죄인 유괴(abduction)와는 원칙적으로 다른 범죄이다. 그러나 중세 잉글랜드에서는 이와는 다른 관점을 가지고 있었다. 강간에 대한 중세적 개념은 약탈, 유괴, 납치를 의미한 로마법의 용어인 <raptus>로부터 연유한다. <raptus>란 본래 여자납치, 즉 유괴라는 의미이다. 그러므로 성폭행의 의미

---

1) Summa Theologica, 1. Ⅱ, Q. 91. Art 1.
2) Summa Theologica, 1. Ⅱ, Q. 9, 65. Art 3.

를 함축하고 있지는 않다.[1] 본래 그 단어는 강제적인 성적 접촉보다는 피해 여성의 부모, 후견인, 남편으로부터 강제로 어느 여성을 납치 유괴하여 간 범죄를 뜻한다. 따라서 그것은 공적인 범죄이기보다는 피해 여성에 대한 법적 권한을 소유한 남성에 대한 사적 과오였다. 더구나 유괴는 국왕의 평화를 깨트린 범죄이기는 하나, 때로는 아내가 남편의 구속으로부터 벗어나려고 유괴라는 방법을 사용하였기 때문에 유괴란 피해 여성의 의지에 전적으로 반한 것이 아닌 경우도 있었다.[2] 그런데 4세기 콘스탄티누스 대제 시대에 이르러 유괴를 공적인 범죄로 간주한 이래, 6세기 유스티니아누스 대제 때에 미혼여성, 과부, 수녀에 대한 성적 범죄를 <raptus>로 정의하였으며, 12세기에 그라티아누스(Gratian)가 그의 교회법에서 <raptus>란 여성을 유괴하는 행위에 더하여 그녀와 강제적으로 성적인 관계를 맺는 것을 말한다고 정의하여 <raptus>가 유괴에 더하여 강간의 의미를 지니게 되었다. 그라티아누스 이후 교회법 학자들은 폭력사용, 유괴, 성교, 상대방의 동의 없는 강제력 사용 등 네 가지를 강간의 구성 요소로 간주하였다. 한편 에드워드 1세 이후에 강간에 대한 용어상의 변화와 분화가 나타났다. <raptus>가 강간을 의미하되, 그 대상이 누구이냐에 따라서 용어를 다르게 사용하였다. 처녀성을 빼앗는 것을 의미할 때에는 강간(stuprum)이라고 불렀고, 성폭행의 피해자가 기혼녀나 과부라면 간통(fornication)이라고 칭하였다. 따라서 이 시기에 이르러 성적 폭력을 의미하는 강간이 동시에 유괴라는 의미로도 완전하게 사용되기에 이르렀다.[3] 따라서 이곳에서 살펴보고자 하는 여성의 유괴를 이론적으로나 원사료의 기록을 통해서나 강간과 별개로 검토하기가 사실상 어렵다. 그럼에도 불구하고 필자가 유괴를 별도로 다루고자 함은 분

1) John Aberth, *Criminal Churchmen in the Age of Edward III: the Case of Bishop Thomas de Lisle*, p. 62.
2) *Ibid.*, p. 62. (1361년 부활절기에 존(John Froil)이 리차드(Richard de Wodeford)의 아들인 존의 아내 엘리자벧(Elizabeth)을 유괴한 죄로 기소되었는데, 비록 이 행위가 국왕의 평화에 반한 것이기는 하지만, 엘리자벧의 의지에 반한 것도 아니다.)
3) J. G. Bellamy, *The Criminal Trial in Later Medieval England*, pp. 166-167.

명히 기록에 성폭행이 아니라 재산약탈을 위한 수단으로 유괴하는 행위가 자주 나타났기 때문이다.

재산을 소유한 과부나 상속녀의 재산을 불법적인 방법을 통하여 자신의 재산확대를 원한 수단으로 이용하고자 한 젠트리나 귀족들이 그들을 유괴한 경우가 종종 있었다. 왜냐하면 유괴를 통하여 그녀와 결혼하면 그녀의 재산에 대하여 남편이 평생권을 보유할 수 있었기 때문이다.[1] 유괴는 육체적으로 폭력을 행사하여 납치한 범죄이더라도, 성적인 폭력을 행사하지 않아 강간죄로 고소되지는 않았다. 그리고 납치행위로나 강간죄로 고소되지 않게 하려고 납치범은 납치여인과 성적인 관계를 맺지 않고 그녀와 합법적으로 결혼하기를 원하였다. 사실 강간과 연계되지 않은 유괴 그 자체는 중죄가 아니었다.[2]

재산 강탈이 유괴의 중요한 목적 중의 하나이기 때문에 남성 상속자들을 유괴하고 동산을 약탈한 경우도 있었다.[3] 그러나 유괴의 일반적 모습은 여성을 대상으로 이루어졌기 때문에 단순히 재산 문제에 국한된 것이 아니라 성적 문제와 관련성을 맺게 마련이다. 따라서 국왕이나 그의 재판관의 허가와 가해자와 피해자 가족들의 동의하에 피해 여성과 가해 남성이 혼인함으로써 강간죄에 대한 사면이 이루어졌던 것처럼, 만약 당사자 간의 동의하에 결혼한다면, 유괴범도 사면하였다.[4] 그러므로 납치 유괴한 남성이 여성에게 성적인 강제행위가 있었더라도, 강간과 유괴를 분명하게 구분할 수가 없었다. 왜냐하면 피해여성이 성폭행 행위가 있었음을 고발하지 않는다면 범죄

1) 홍성표, 『서양 중세사회와 여성』, 「도서출판 느티나무, 1999」, 96-116쪽.
2) J. G. Bellamy, *The Criminal Trial in Later Medieval England*, p. 172.
3) *Calendar of Patent Rolls*, 5 May 1315. [5명이 괴한이 로저(Roger)의 집을 침입하여 상속권자인 존(John)을 납치 유괴하였다.]; Calendar of Patent Rolls, 15 Nov. 1318. [8명의 괴한이 침입하여 상속권자인 토마스(Thomas)를 유기하고 그의 동산을 약탈하여 갔다.]; *Calendar of Patent Rolls*, 16 April 1318. (8명의 약탈자들이 동산을 빼앗고 상속권자인 아들 존을 유괴함.)
4) *Glanvill*, XIV, 7.

의 성격상 강간죄가 겉으로 드러날 수 없기 때문이다. 그러므로 유괴자를 중죄인으로 기소하기는 어려웠다. 그리고 이와 같은 난점을 12세기 말 글랜빌의 보통법에서 찾을 수 있다. 12세기 보통법에서 확인할 수 있는 성적 범죄에 대한 간단한 언급과 그 처벌에 관한 사항이 13세기에 이르러 부락톤의 보통법은 물론 10년 간격을 두고 발표된 두 가지 웨스트민스터 법령에서 그 내용이 한층 더 강화되었다.[1)]

재산 강탈을 목적으로 하였기 때문에 유괴는 다수자에 의하여 저질러진 범죄였다. 상속권자인 남성의 유괴뿐만 아니라 여성을 유괴한 경우에도 다수자들이 개입하였다. 필자가 '개봉된 국왕의 칙허 등기부'에서 확인한 여성 유괴 사건 22건 중에서 유괴범이 한 명인 경우가 단 3건에 불과하고, 나머지는 2명이 1건, 3명이 2건, 5명이 2건, 6명이 1건, 7명이 1건, 8명이 1건, 9명이 1건, 10명이 2건, 12명이 1건, 16명이 1건, 심지어 30명인 경우가 1건이나 있고, 기타 다수자로 기록된 경우가 5건에 이른다. 남성을 유괴하는 경우에도 5-8명이 동원되었던 점[2)]에 비추어 볼 때, 유괴를 위해서 다수자가 동원되는 것이 일반적이었다. 그런데 유괴 대상자가 처녀로서 상속녀인 경우가 6건에 불과하고 대부분이 유부녀를 납치한 경우이다. 유부녀를 납치한 경우는 남편이 유괴범들을 고소하였다. 그러나 미혼의 상속녀를 납치한 경우는 이와 사정이 달랐다. 상속녀를 유괴한 다음 그녀의 아버지의 동의 없이 며느리로 삼은 경우[3)]에서 보는 바와 같이 강제로 혼인시켰다. 그 후 이 사건이 어떻게 처리되었는지는 기록이 없어 확인할 수는 없으나, 만약 강제적인 유괴와 결혼이 강간으로 판결이 나지 않고, 양가 사이에 화해가

---

1) J. B. Post, "Sir Thomas West and the Statute of Rapes, 1382", *Bulletin of the Institute of Historical Research*, vol. LIII (1980), p. 24.

2) *Calendar of Patent Rolls,* 20 August 1311; *Ibid.,* 5 May 1315; *Ibid.,* 16 April 1318; *Ibid.,* 15 November 1318.

3) *Calendar of Patent Rolls,* 24 Feb. 1320. [윌리엄 콜맨(William Coleman)이 그의 딸 율리아나(Juliana)를 유괴하여 며느리로 삼았을 뿐만 아니라 그의 동산을 약탈하고 그의 종복들을 폭행한 다섯 명을 고소함.]

이루어졌다면 유괴범은 사면이나 벌금 부과로 처벌하고 사건은 종결되었을 것이다. 그러나 유괴 후 반드시 결혼으로 화해가 이루어진 것만은 아니었다. 미혼의 상속녀 자매를 유괴한 경우[1]도 있기 때문이다.

유괴에 대한 처벌은 주로 벌금형 및 감옥형인데, 게르만법에서 그 예[2]를 찾을 수 있는 것처럼 벌금형이 주류를 이루었다. 유괴는 중죄가 아니라 불법침해였기 때문에 유괴범에 대한 사면도 용이하였을 것이다.[3] 실제로 불법행위를 범한 유괴범을 사면한 경우가 사료에 자주 나타난다. 이는 유괴를 중죄로 간주하지 않았음을 나타내는 증거이다. 유괴범에 대한 처벌이 명문화된 것은 에드워드 1세 시대에 이르러서이다. 즉 에드워드 1세의 통치 3년인 1275년에 발표된 첫 번째 웨스트민스터 법령에서 유괴죄가 인정되면 2년 간 투옥하거나 벌금을 부과하였다. 만약 벌금을 납부하지 못하면 투옥기간은 더 길어진다.[4] 이러한 처벌이 그 보다 10년 후에 발표된 두 번째 법령에서 더욱 강화되었다. 즉 수녀를 유괴하면 3년형에 처하고, 어린이를 유괴하면 2년형에 처하였으나, 그를 부모에게 되돌려 보내지 않으면 유괴자를 평생 투옥하였다. 그러나 공소피고인이 무죄 방면되면, 소송에서 패한 상소인에게 손해배상금 징수는 물론 1년간의 징역형을 선고[5]하여 무고한 자를 제소하는 행위를 차단하려고 하였다.

---

1) *Calendar of Patent Rolls*, 7 August 1308; *Ibid.*, 25 Sept. 1315; *Ibid.*, 28 Dec. 1315; *Ibid.*, 6 March 1316; *Ibid.*, 21 August 1316; *Ibid.*, 3 Oct. 1316.
2) Lex Gundobada, XII. [만약 어느 남자가 여자를 유괴한다면, 그는 여자 가격의 9배를 그녀의 후견인에게 지불하여야 하고, 12솔리디(solidi)의 벌금을 납부한다.]; Pactus Legis Salicae, XIII.
3) *Calendar of Patent Rolls*, 24 Jan. 1259; *Ibid.*, 26 April 1321.
4) 1 Statute of Westminster c. 13.
5) 2 Statute of Westminster, c. 12.

3) 순결과 강간

재판 과정에서 성폭행을 당한 피해 여성들에 관한 여러 사실들이 겉으로 드러나게 마련이기 때문에 강간죄에 대한 고소가 용이하지 않았다. 글랜빌의 보통법에 따르면, 성폭행 당한 여성은 그 즉시 인근 촌락으로 가서 그녀가 당한 피해, 즉 찢어진 옷이나 흘린 피와 같은 증거를 신뢰할 수 있는 남성에게 보여주어야 한다.[1] 이는 범죄가 발생하였을 때, 범인 추적을 알리는 고함소리(hue and cry)와 동일한 효과가 있는 것이다. 그런 다음 그녀는 백호장의 행정관(reeve)에게도 알려야 한다. 그 후에 주 법원(county court)에서도 동일한 사실을 공개적으로 밝혀야 한다.[2] 그런 다음 그녀는 강간범을 법원에 제소할 수 있었다. 글랜빌 보다 약 70년 뒤에 보통법을 집성한 부락톤도 강간범에 대한 제소 절차를 약간 수정하였으나, 글랜빌과 유사하게 언급하였다. 그에 따르면, 피해 여성은 백호장의 전례관(provost)에게나 혹은 국왕의 법정변호사(sergeant)나 검시관(coroner) 및 주 장관에게 고지하여야 한다. 강간에 대한 고지를 받은 즉시 그들은 피고소인을 구인하여야 한다. 그리고 피해 여성은 범인이 강압적으로 자신을 성폭행하였음을 재판 과정에서 주장하여야 한다.[3] 특히 그녀 자신이 검시관에게 가서 강간의 증거인 찢어진 옷, 타박상이나 기타 부상의 흔적을 제시하여 자신의 피해를 입증하여야 한다.[4] 만약 어느 여성이 그녀의 옷이 찢어졌거나 옷에 피가 묻어 최근에 강간당하였음을 입증할 증거를 갖고서 제소하였다면, 피상소인인 남성은 4-6명의 증인에 의해 구인되었다. 그러나 강간사건이 발생한 시점이 최근이 아니기 때문에 확실한 증거가 없다면 2명의 증인만으로도 피상소인

1) *Glanvill*, 175-6.
2) *Glanvill*, XIV, 6.
3) *Bracton*, vol. II, pp. 415-416. 물론 이것은 처녀성만이 보호되어야 함을 뜻하는 것은 아니다. 기혼녀, 과부, 심지어 창녀들에게까지도 성폭행을 하는 것은 중죄에 해당한다.
4) R. F. Hunnisett, *The Medieval Coroner*, p. 57.

은 구인되었다.[1] 강간범이 강간한 사실을 부정할 때를 대비하여 진실 여부를 가리기 위한 수단으로 진실만을 말할 것을 맹세한 4명의 여성들을 임명하여 피해자의 처녀성도 검사하였다.[2]

미결수 감옥재판기록을 통하여 볼 때, 강간범에 대한 처벌 기록이 매우 드물게 나타난다.[3] 1307-1316년 노퍽의 미결수 감옥재판기록을 분석한 하나왈트에 따르면, 전체 범죄에 관한 기록 중 강간은 0.3%에 불과하였다.[4] 또한 1300-1348년에 걸친 시기에 요크셔에서는 전체 범죄 중 강간이 0.7%, 노퍽에서는 0.2%, 노샘프턴셔에서는 0.1%에 지나지 않았다.[5] 다른 학자들의 연구결과에서도 이와 유사하게 나타난다. 1221년 글로스터셔에서 국왕의 소송사건 중 살인이 255건인데 반하여, 강간은 13건에 불과하였고, 1249년 윌트셔의 순회재판에서는 살인이 110건인데 반하여, 강간이 18건에 지나지 않았다.[6] 그렇다면 강간사건이 다른 범죄에 비하여 상대적으로 적게 발생한 이유는 무엇일까? 이는 실제로 발생한 사건 모두가 표면화되지 않았기 때문일 것이다. 이러한 지적은 13-14세기에 전체 강간 사건의 10% 이상이 보복의 위험 때문에 기록되지 않았다는 카터(J. M. Carter)의 연구에 의해서 입증된다.[7] 특히 1285년 제2차 웨스트민스터 법령 발표 이후 강간이 중죄로 격상된 이후 사건 기록이 감소하였다.[8] 더구나

---

1) *Bracton,* f. 122; f. 147.
2) *Bracton,* f. 148.
3) Ralph B. Pugh, ed., *Wiltshire Gaol Delivery and Trailbaston Trials 1275-1306,* p. 8.
4) Barbara A. Hanawalt, *Crime in East Anglia in the Fourteenth Century,* p. 11.
5) B. H. Westman, A Study of Crime in Norfolk, Yorkshire and Northamptonshire, 1300-1348, Ph.D. dissertation, Univ. of Michigan, 1970, p. 136.
6) F. W. Maitland, ed., *Pleas of the Crown for the County of Gloucester before the Abbot of Reading and his Fellows Justices Itinerant: in the Fifth Year of the Reign of King Henry the Third and the Year of Grace 1221, passim; C. A. F. Meekings , ed., Crown Pleas of the Wiltshire Eyre,* 1249, passim.
7) J. M. Carter, *Rape in Medieval England: an Historical and Sociological Survey* (London, 1985), pp. 3, 42, 94-96, 113, 153.
8) A. Finch, "Women and Violence in the Later Middle Ages: the Evidence of the Officiality of Cerisy", *Continuity and Change,* vol. 7 (1992), p. 32; F. W. Maitland, *The History of English Law before the Time of Edward I,* vol. I, p. 491.

피해 여성은 자신이 당한 강간사건이 표면화되기를 원하지 않았을 것이며, 또한 피해 여성이 강간범과의 합법적인 결혼으로 사건을 평화적으로 해결하기도 하였기 때문에, 강간사건의 표면화를 더욱 감소시켰을 것이다. 또 따른 이유로 추정할 수 있는 것은, 배심원들이 강간범을 교수형에 처하기를 원하지 않았을 수도 있다는 점이다.[1] 예컨대 피해자인 여성과 그녀의 친족들이 강간 사건을 제소하는데 실패한 경우가 그러한 사실을 대변하는 것이다. 1249년 월트셔 순회재판에서 20건의 강간 사건 중, 6건은 무죄, 8건은 고소를 철회하거나 법정에 출두하지도 않은 경우, 그리고 단지 3건만이 용의자가 유죄 평결을 받았다. 또한 1248년 버크셔 순회재판에서 9건의 강간사건 중 6건이 법정 제소에 실패하였으며, 2명에게만 유죄평결을 내렸다.[2] 그리고 대기근기인 1316-1317년 캔트 주의 평화의 수호자(keeper of the peace) 기록에 따르면, 5건의 강간사건 중에서 용의자에게서 유죄를 발견한 것은 겨우 1건이다.[3] 이처럼 강간범에 대한 기소율과 유죄평결율이 다른 범죄에 비하여 상대적으로 낮았다. 강간 사건에 연루된 남성들이 자주 기소되지 않았으며, 강간혐의자 중에서도 0.5%만이 기소되었던 사실[4]이 바로 그러한 점을 잘 대변하고 있다. 이처럼 기소율이 낮았던 이유는 배심원들의 평결이 있기 이전에 피고측과 원고측 간에 법정 밖에서 화해가 이루어졌기 때문이기도 하다. 피고와 원고가 서로 혼인을 약속함으로써 화해가 이루어진 것이다.[5] 그런데 화해의 결정은 여성들이 주도권을 행사하였다.[6] 그리고 이는 법에 의한 것이 아니라 교회와 국왕의 허락에 의하여 가능하였다.[7] 물론 전체 강

---

1) Barbara A. Hanawalt, *Crime and Conflict in English Communities*, 1300-1348, p. 104.
2) J. B. Post, "Ravishment of Women and the Statutes of Westminster", *Legal Records and the Historian*, ed. J. H. Baker (London, 1978), pp. 152-153.
3) J. G. Bellamy, *The Criminal Trial in Later Medieval England*, pp. 178-179.
4) Barbara A. Hanawalt, *Crime and Conflict in English Communities*, 1300-1348, p. 123.
5) Bracton, vol. II, p. 418; *Glanvill*, p. 176; F. Pollock and F. W. Maitland, *The History of English Law before the Time of Edward I*, vol. I, p. 491.
6) *Bracton*, f. 148.
7) *Bracton*, f. 147b.

간사건 중에서 화해로 사건이 종결된 경우가 어느 정도인지 불분명하다. 그러나 부분적으로는 화해에 관한 기록을 확인할 수 있다.[1] 강간범에 대한 기소율과 유죄선고율이 낮았던 점이 그러한 사실을 간접적으로 나타내는 지표이다.

하나왈트의 연구에 따르면, 강간범으로 기소되어 사실심리를 받은 자들 중에서 25%만이 유죄선고를 받았는데, 이는 다른 유형의 범법자들에 비하여 상대적으로 낮은 수준이다.[2] 첫 번째 웨스트민스터 법령에서는 강간 피해 여성이 제소하지 않으면, 강간범에게 투옥과 벌금으로 죄의 대가를 치르게 하였으나,[3] 두 번째 법령에서는 피해 여성이 소송을 제기하지 않더라도 피고는 중죄를 범한 것으로 간주하여 교수형에 처할 수 있도록 법 규정을 바꾸었다.[4] 그러나 실제로는 주마다 강간범에 대한 처벌이 다양하였다. 간통은 불법침해로서 그 죄를 저지른 자를 벌금형에 처한 것이 일반적이지만, 강간범에게는 원칙적으로 그의 성기를 제거하거나 봉사로 만든 처벌을 하였다.[5] 캔트 주의 순회재판에서는 강간한 자의 눈을 멀게 하고 고환을 제거하기도 하였다.[6] 여성의 순결을 빼앗아 그녀의 아름다움을 파괴시킨 것이 바로 강간범의 눈이었기 때문에 그를 봉사로 만든 것이다. 이는 강간을 불법침해에서 중죄로 간주한 법적 견해의 변화를 반영하고 있는 것이다. 그리고

---

1) 예컨대 1249년 윌트셔 순회재판에서 강간에 대한 제소가 19건 있었는데, 이 중 4건이 화해로 해결되었다. (J. G. Bellamy, *The Criminal Trial in Later Medieval England,* p. 165.)
2) Barbara A. Hanawalt, *Crime in East Anglia in the Fourteenth Century,* p. 20. (살인죄를 범한 자들 중 23%, 단순절도(larceny)자 중 30%, 주거침입절도(burglary)자 중 38%, 강도죄를 범한 자들 중 50%, 방화죄를 지은 자들 중 30%, 장물취득(receiving) 중 14%, 위조지폐 제조자들 중 54%가 각각 유죄선고를 받았다.)
3) Statute of Westminster I, c. 13, 3 Edward I (1275).
4) F. Pollock and F. W. Maitland, *The History of English Law before the Time of Edward I,* vol. II, p. 491.
5) *Bracton,* f. 147.
6) *Year Books of Edward II,* vol. v, Eyre of Kent,, p. 134. (qe ele eust creue les oyls....e cope ses botons); *Calendar of Patent Rolls 1281-1292,* p. 192.

이러한 변화는 부락톤의 보통법을 통해서도 확인된다.[1] 그러나 기록에 따른다면 실제로는 배심원들에 의한 교수형 평결율은 그리 높지 않았다.[2] '개봉된 국왕의 칙허 등기부'에 기록된 강간과 관련된 사항을 살펴보면, 범법자에게 유죄선고를 한 후에 여러 가지 이유로 그들 대다수를 사면한 기록이 주류를 이루고 있다. 1249년 2월 25일부터 1318년 6월 29일까지의 '개봉된 국왕의 칙허 등기부'에 등장한 강간범에 관한 기록이 40건에 이르는데, 이 중에서 5건[3]을 제외한 나머지는 강간범에 대한 사면 기록이다. 강간범에 대한 사면의 유형을 보면, 강간범과 피해 여성 및 그녀의 친족과의 화해로 사면된 경우,[4] 제3자의 사면 간청으로 사면된 경우,[5] 스코틀랜드와의 전쟁에 군역을 납부하는 조건으로 강간범을 사면한 경우,[6] 마지막으로 특별한 사유 없이 사면된 경우[7] 등으로 분류된다. 그런데 여성을 유괴하여 강간함은 물론 이에 더하여 재물을 강탈한 악랄한 범죄행위자에 대하여서도 피해 여성의 의사와 상관없이 사면한 경우[8]도 있으며, 사실심리의 결과 무죄로 밝혀져 사면된 경우도 있다.[9] 이러한 사면기록이 당시 성범죄에 대한 사회적 의식을 반영하고 있는 것이다.

그렇다면 강간범을 기소하여 유죄를 선고한 비율이 낮고, 또한 확정판결을 받은 자들을 자주 사면하였던 이유는 무엇일까? 첫째, 남성 중심의 사회

1) *Bracton,* f. 127b, 147-148b.
2) 홍성표, 「14세기 초 영국에서의 재산범죄 실태와 처벌」, 35-36쪽; J. G. Bellamy, *Crime and Public Order in England in the Later Middle Ages,* p. 158.
3) *Calendar of Patent Rolls,* 19 May 1253; *Ibid.,* 20 Feb. 1287; *Ibid.,* 2 Sept. 1296; *Ibid.,* 21 Oct. 1308; *Ibid.,* 8 June 1315; *Ibid.,* 17 Jan. 1318.
4) *Calendar of Patent Rolls,* 11 Dec. 1255; *Ibid.,* 3 May 1285; *Ibid.,* 15 Feb. 1306; *Ibid.,* 26 April 1306.
5) *Calendar of Patent Rolls,* 14 Dec. 1309.
6) *Calendar of Patent Rolls,* 16 Dec. 1310.
7) *Calendar of Patent Rolls,* 29 June 1318.
8) *Calendar of Patent Rolls,* 15 Aug. 1309.
9) *Norfolk Gaol Delivery Rolls,* 28 July 1312. (Delivery of Norwich Castle Gaol held before William de Ormesby and Richard de Walsingham.)

구조와 성 윤리가 중세 잉글랜드 사회를 지배한 결과라고 하겠다. 신학적 입장에서는 남녀 간 동등한 성적 권리와 책임을 부여하였으나, 현실적으로는 가문의 명예에 관계되지 않는 한 남성들에게는 성적 자유를 부여하고 여성들에게는 정숙함을 요구한 남성중심적인 이중적 성 윤리가 중세 잉글랜드 사회를 지배하였기 때문이다. 법률적으로 볼 때도 강간을 불법침해가 아닌 중죄로 간주한 것은 에드워드 1세의 통치기에 이르러서이며,[1] 이후에도 유괴와 함께 강간을 종종 불법침해로 간주하였다.[2] 둘째, 강간이란 여성과 그 여성이 속한 가족이나 친족의 수치심을 자극한 범죄이다. 실제로 적대관계에 있는 자의 아내나 과부를 강간하여 그에게 수치심을 불러일으킨 경우도 있다.[3] 따라서 피해자나 그 가족이 강간범을 고소하지 않고 보복에 치중하여 사건의 진상 파악을 위한 증거 제시나 증언을 기피할 수도 있다. 셋째, 강간범의 기소율과 유죄선고율이 낮은 또 다른 이유는 위에서 이미 언급한 것처럼 과부나 처녀에 대한 강간이 곧 혼인으로 연결되어 화해로 결말이 지어질 수도 있었기 때문이다. 그라티아누스의 교회법에 따르면, 만약 유괴하여 성폭행한 여성과 혼인하기로 화해와 협상이 이루어지면 유괴하여 성적 관계를 맺었더라도, 남성의 행위를 강간으로 간주하지 않았고 그녀의 부모들이 동의한다면 그들은 혼인할 수 있었다.[4] 설사 강간하였더라도, 양자 간에 화해가 이루어져 소송을 취하하면 피고를 사면하였다.[5] 이와 같은 원인들로 인하여 강간사건은 기록된 것보다 실제로는 더 많이 발생하였을 것으로 추정된다. 넷째, 강간범은 세속법에 따라서 재판을 받고 처벌되었다. 그러나 간통(adultery), 근친상간, 중혼은 기독교 교리에서 벗어난 범죄이기

1) Westminster II, 13 Edward 1, st. 1, c. 34.
2) B. H. Putnam, ed., *Proceedings before the Justices of the Peace in the Fourteenth and Fifteenth Centuries*, p. cxvii.
3) Barbara A. Hanawalt, *Crime and Conflict in English Communities*, 1300-1348, p. 273.
4) James A. Brundage, ed., *Sex, Law and Marriage in the Middle Ages*, pp. 65, 74; J. G. Bellamy, *The Criminal Trail in Later Medieval England*, p. 172.
5) C. A. F. Meekings , ed., *Crown Pleas of the Wiltshire Eyre*, 1249, p. 240.

때문에 교회법원에서 다루었다. 그러므로 이러한 형태의 성범죄는 세속법원이 간여하지 못하였다. 이러한 성범죄에 대한 분리 원칙 때문에 성범죄에 대한 기록이 축소되었다. 강간사건은 세속법에 따라서 다루어져 강간범을 처벌하였다. 그러나 간통이나 중혼과 같은 범죄를 범한 자들은 교회법원에서 매질이나 다른 육체적 고통의 처벌을 받았다. 1315년 더럼(Durham)에서 간통으로 유죄를 선고받은 여성이 시장터에서 6번의 매질을 당하였고 오클랜드(Auckland) 교회 주변에서 6차례의 채찍질을 당하였다.[1] 그러나 간통을 범한 자들은 체벌의 고통보다 벌금을 내는 경우가 더 많았다.

---

1) F. Pollock and F. W. Maitland, *The History of English Law before the Time of Edward I*, vol. II, p. 544.

7. 살인

1) 살인의 유형

폭력적 범죄의 한 부류인 살인의 유형은 크게 두 가지로 분류된다. 그 하나는 계획적으로 비밀리에 의도적으로 저지른 매복 살인, 폭행 살인, 범의(犯意)를 가진 살인인 모살(murder)[1]로서 국왕재판소에서 재판하고 처벌한 중죄이다.[2] 살인은 주로 절도나 강도를 하는 과정에서 일어나는 것으로 이해하고 있으나, 실제로는 이웃 사이에나 혹은 친족 간에 일어난 논쟁과 다툼 속에서 발생하는 경우가 더 많았다.[3] 다른 하나는 배심원들에 의해서 사면 받을

1) 'murder'라는 용어가 14세기에는 두 가지 의미로 사용되었다. 본래 살인범이 체포되지 않았을 때 그가 속한 공동체가 지불한 벌금(murdrum)과 관련된 특별한 의미였다. 그러나 그 후 죄질이 나쁜 비밀리에 저지른 살인을 뜻하게 되었다. 그러나 1390년까지 이러한 구분을 성문법에서는 하지 않았다. (Barbara A. Hanawalt, *Crime and Conflict in English Communities, 1300-1348*, p. 97; J. G. Bellamy, *Crime and Public Order in England in the Later Middle Ages*, p. 29.)

2) *Bracton*, f. 121, f. 134b, f. 135; Thomas A. Green, "Societal Concepts of Criminal Liability for Homicide in Medieval England", *Speculum*, vol. XLVII, no. 4 (1972), p. 687.

3) Esther Cohen, "Pattern of Crime in Fourteenth Century Paris", *French Historical Studies*, vol. II (1980), pp. 318-319; 실제로 검시관기록을 통하여 1300-1415년 사이의 노샘프턴셔 지역에서 발생한 살인의 동기를 분석한 하나왈트의 연구에 따르면, 논쟁과 다툼이 51%, 강도가 24.5%, 정당방위가 7.2%, 음주가 4.3%, 재산분쟁이 3.7% 등으로 분포되어 있다. 그리고 농촌지역에서는 살인사건 중 약 1/3, 도시에서는 약 1/4

수 있는 살인(homicide)이다. 그런데 이를 다시 두 가지 형태로 분류할 수 있는데, 그 하나는 과실치사와 사고사이며, 다른 하나는 정당방위에 의한 살인이다.[1] 12세기 글렌빌(Glanvill)의 보통법 시대에는 없었던 계획적인 살인과 과실치사를 13세기 부락톤(Bracton)의 보통법 시대에 이르러 구분하기 시작하였다. 따라서 12세기에는 살인의 성격을 구분하지 않고 모든 살인사건을 국왕의 법원에서 재판하여야 하는 중죄로 간주한 반면, 13세기에 이르러서 고의적이고 비밀리에 저지른 살인 행위와 공개된 장소에서 발생한 살인 행위를 구분하여 처벌하기 시작하였다.[2] 이러한 구분이 1249년 윌트셔의 순회재판기록에 분명하게 나타난다.[3]

과실치사나 사고사란 부주의로 인하여 일어난 사망사건이다. 예컨대, 말을 타거나 쟁기질하다가 사망한 경우,[4] 남편과 아내가 다투다가 남편이 아내에게 던진 칼이 싸움을 말리던 사람의 위에 박혀 사망한 경우,[5] 다른 목표물에 돌을 던졌으나, 그것이 지나가던 사람의 머리에 맞아 사망한 경우 등이 있다.[6] 그 이외에도 레슬링을 하면서 놀다가 사망한 경우, 자신의 칼 위에 피해자가 넘어져 사망한 경우, 풀을 베는 낫으로 상해를 입어 사망한

이 주로 피살자의 집에서 살인이 일어났다. 술집에서의 다툼은 7% 정도에 지나지 않았다. (Barbara A. Hanawalt, *Crime and Conflict in English Communities, 1300-1348*, pp. 101, 171.)

1) *Bracton*, f. 120b; F. Pollock and F. W. Maitland, *The History of English Law before the Time of Edward I*, vol. II, p. 486; J. M. Kaye, "The Early History of Murder and Manslaughter", *Law Quarterly Review*, vol. 83 (1967), p. 365; Thomas A. Green, "The Jury and the English Law of Homicide, 1200-1600", *Michigan Law Review*, vol. 74 (1976), pp. 415-420.

2) *Bracton*, f. 134b; F. Pollock and F.W. Maitland, *The History of English Law before the Time of Edward I*, vol. II, pp. 485-488.

3) C. A. F. Meekings , ed., *Crown Pleas of the Wiltshire Eyre, 1249*, p. 61.

4) *Bracton*, f. 121.

5) *Calendar of Patent Rolls 1281-1292*, p. 23; *Calendar of Patent Rolls 1301-1307*, p. 421.

6) *Bracton*, f. 121; *Calendar of Close Rolls 1227-1231*, p. 507; *Calendar of Patent Rolls 1324-1327*, p. 17. 이것이 우발적 사고에 의한 단순 살인으로 판정되려면, 새를 향하여 돌을 던졌는데, 불행히도 지나가던 사람이 맞아 사망하였음을 입증하여야 한다.

경우, 끓는 물에 데어 사망한 경우, 마차 바퀴에 깔려 사망한 경우 등 그 유형은 다양하다.[1] 이 때 그 사건이 과실치사인지 아니면 사고사인지 여부를 가리는 것은 최초 목격자의 증언이 결정적이다. 그리고 과실치사임이 밝혀지면, 살인범을 사면하거나 혹은 그에게 벌금이 부과되었다.[2] 그에게 교수형이 아닌 벌금을 부과한 것은 불운으로 인한 사망이었음을 인정한 결과이다. 예컨대 1268년 식탁보에 싸여있던 칼이 떨어져 아들의 머리에 상처를 내고, 그것으로 인하여 사망한 사건에 대한 국왕의 최종판단은 피고에게 1/2 마르크(mark)의 벌금부과였다.[3] 역시 마차에 치어 사망한 어린이의 경우[4]도 마차 주인에게 사면이 아닌 벌금이 부과되었다. 이와 같이 사망사고를 일으킨 피고에게 사면이 아닌 벌금을 부과한 것은 중죄로 간주할 수 없는 살인사건, 즉 사고사나 과실치사에 내린 판결의 형태였다.[5] 그러나 이러한 판결은 사건에 대한 철저한 사실심리가 전제된다. 그러므로 심리 받지 않은 사면은 있을 수 없었다.[6] 따라서 사건의 원인을 조사한 사실심리 배심원(trial jury)의 역할이 매우 중요하다.

용서할 수 있는 살인 행위에 또 다른 유형으로서 정당방위가 있다. 살인용의자에 대한 심문의 목적 중 하나는 그 살인이 증오와 범행의도를 지닌 살인이었는지 아니면 위급한 상황에서 자신의 생명을 보호하기 위한 살인이었는지 여부를 가려내는데 있으며,[7] 이를 통하여 사면 대상을 선별하였

---

1) Naomi D. Hurnard, *The King's Pardon for Homicide before A.D. 1307*, pp. 141-142; C. A. F. Meekings , ed., *Crown Pleas of the Wiltshire Eyre, 1249*, p. 239.
2) 1267년 이전에 정당방위나 과실치사로 살인한 살인범을 교수형에 처한 기록이 있다. (*Year Book 21 Edward III*, p. 17). 메이트랜드는 이에 근거하여 후대의 법률가들이 정당방위나 과실치사의 경우도 교수형에 처하였다는 그릇된 사실을 믿었다고 언급하였다. (F. Pollock and F. W. Maitland, *op. cit.*, vol. II, p. 481.)
3) J.I.1/1109, m.2.
4) *Calendar of Close Rolls 1242-1247*, p. 50.
5) Naomi D. Hurnard, *King's Pardon for Homicide before A.D, 1307*, p. 116.
6) *Calendar of Patent Rolls 1292-1301*, p. 4.
7) *Bracton*, f. 142; *Fleta*, book II, p.84.

다.[1] 정당방위에 의한 살인에 관한 판정 기준은 매우 엄격하였다. 어느 자가 자신의 생명, 아내의 생명, 주군의 생명, 그리고 그의 가정의 다른 구성원의 생명을 위협하는 자로부터 보호하려고 그를 살해하였을 때나 공격받은 사람이 더 이상 물러설 수 없는 위급한 상황에서 일어난 사건이라면, 이를 정당방위로 간주하였다. 살인의 정당성을 입증하려면, 사전 모의한 혐의가 없고 위급한 상황에서 살인을 한 다음 도피하지 않았다는 증거의 제시가 필요하였다.[2] 그리고 이에 대한 판정의 근거는 과거의 재판기록에서 찾아냈다.[3] 한편 강도나 도둑을 살해한 경우[4]도 사안에 따라서 정당방위에 의한 행위로 간주하는 경향이 있었다.[5] 또한 체포에 저항한 중죄인을 살해하는 경우[6]도 정당방위로 간주하였다.

과실치사나 정당방위에 의한 살인과 의도적인 살인과를 구분하는 책임은 배심원들의 몫이었다. 그러나 노퍽의 검시관기록에서 발췌한 하나의 사례에서 보는 바와 같이 정당방위에 대한 배심원들의 평결이 항상 올바른 것만은 아니었다.

> "윌리엄이 그의 칼을 잡아 뽑으려고 그의 손으로 칼을 만졌다. 그런 다음 로버트를 때렸다. 윌리엄이 그를 죽이려고 하는 줄 알고 방어를 위한 수단으로 로버트가 자귀를 윌리엄의 머리에 내려쳐 그를 죽였다."[7]

---

1) *Calendar of Close Rolls 1242-1247*, pp. 53, 145, 210, 491.
2) Naomi D. Hurnard, *King's Pardon for Homicide before A.D. 1307*, p. 93.
3) *Calendar of Patent Rolls 1307-1313*, p. 148.
4) C. A. F. Meekings , ed., *Crown Pleas of the Wiltshire Eyre, 1249*, p. 218.
5) *Bracton*, f. 155.
6) *Calendar of Close Rolls 1279-1288*, p. 502. (순회재판의 결과, 체포에 저항하는 중죄인을 칼로 찔러 살해한 자에게 정당방위의 평결이 내려진 1288년 이듬해 범인은 석방되었다.)
7) J.I.2.102,m.9/2. (Willelmus misit manum suum ad cultellum suum abtrahendum et ad percuciendum dictum Robertum. Idemque Robertus timens quod idem W. voluit occidisse eum in defensione vite sue percussit eundem W. in capite super cervicem eiusdem cum quadam hachia.)

이 사건에 대한 사실심리에서 로버트는 정당방위로 윌리엄을 살해하였음을 주장하고, 그것이 받아들여져 그는 사면되었다. 그러나 사면하더라도, 이 사건의 성격은 사고사의 범주에 속하는 것이며, 따라서 로버트에게 벌금을 부과하는 것이 합당한 평결이었을 것이다. 이와 같이 살인사건에 적용한 정당방위의 개념은 매우 모호하였다.

2) 살인사건의 조사와 재판

사건에 대한 조사와 재판은 피해자나 그의 친족의 제소로 시작된다. 살인의 경우는 피살자 자신이 제소할 수 없으므로 친족이나 친구의 제소로 사건에 대한 심리가 시작된다. 그러나 범죄발생의 일차적 책임은 바로 범죄발생 지역에 거주한 주민들에게 있었으며, 사건발생이나 시체를 최초로 목격한 자는 범죄 발생과 범인추적을 알리는 체포공보(hue and cry)를 하여야 하고, 이로부터 사건 조사는 시작된다. 이러한 행동은 자신이 용의자로 의심받는 상황으로부터 벗어나는 길이기도 하다. 그러나 사고사일 경우는 범인 체포공보를 할 필요가 없었다.[1] 한편 1년에 두 번 정도 주지사에 의해 열린 순회법원[2]에 주민들이 출두하여 이웃에서 일어난 범죄에 관한 정보를 제공함으로써 범법자들을 색출하기도 하였다. 만약 살인용의자가 사건 현장에서 체포되거나 기소배심원(대배심)에 의해 용의자의 혐의가 입증되면,[3] 살인자와 공범자는 검시관에 의해 주 감옥(county gaol)으로 이송되

---

1) *Britton*, I. 39.
2) 국왕의 사법적 권한이 전국적으로 확산되기 시작한 것은 국왕의 대리인인 주 장관이 일년에 두 번 각 주의 촌락을 순회하여 재판소를 열면서부터이다. 12세기 헨리 1세에 의해 수립된 이 제도는 각 주에서 발생한 소송사건을 국왕의 대리인이며 순회재판관인 주지사나 그의 집행관이 순회하면서 처리하여 이를 순회재판소라고 불렀다.
3) 기소배심원들은 위반행위가 중죄(felony)인지 불법침해(trespass)인지를 결정할 재량권을 소유하였다. 그러나 이들 두 가지 죄목 간의 경계가 확실하지 않아서 어떤 경우는 중죄임에도 불구하고 불법침해로 규정하였다. [Barbara A. Hanawalt, "Economic Influences on the Pattern of Crime in England 1300-1348", p. 284.]

었다.[1] 주 검시관은 사건의 진상 파악을 위하여 시체를 최초로 발견한 자와 죽은 자와 가장 가까운 이웃들을 구인하여 사건에 대한 진술을 들었으며,[2] 또한 시체를 검시하여야 하고, 통상 사건 발생 인근에서 선발된 법을 잘 지킨 2-4명의 향사들을 소환하여 그들의 진술도 듣고, 또한 그들 가운데 사실심리 배심원을 선발하여 사건의 전말을 조사케 한다.[3] 그리고 심문 결과, 살인용의자의 유죄가 인정되면, 주지사에게 인계하였다.[4] 피해자가 사망하기 이전에는 어느 부분에 부상을 입었으며, 어떤 종류의 무기로 부상을 당하였고, 부상 정도는 어떠한가를 조사하는 것도 그의 몫이다.[5] 시체는 검시관이 검시할 때까지 매장하지 않았다. 만약 검시관이 검시하기 전에 시체를 매장하면 그와 관련된 공동체에 벌금이 부과되었다. 그러나 만약 교회에서 마지막 장례의식을 치렀다면, 시체의 최초발견자는 구인되지 않았다. 아마도 검시관이 최초발견자를 무죄로 인정할 기회를 가졌기 때문일 것이다.[6]

피살자를 처음 발견한 사람은 살인용의자로 조사받았다.[7] 왜냐하면 살인의 경우, 최초목격자가 일단 그 사건의 일차 용의자로 지목받고, 조사를 받아 무죄임을 입증하여야 하기 때문이다. 만약 살인 현장이나 근처에 있었음

---

1) Helen M. Cam, ed., *Year Book of Edward II*, p. 66.
2) C. Gross, ed., *Select Cases from the Coroners Rolls A.D. 1265-1413*, p. xxv. [일부 주에서는 최초의 시체발견자가 그의 이웃 네 명에게, 그들은 다시 백호장(hundred)의 관리인 지방행정관(bailiff)에게, 그는 다시 주 검시관에게 이 사실을 알려야 한다.]
3) *Calendar of Patent Rolls*, 1317 Jan. 6; *Ibid.*, 1318 Jan. 6; Bracton, f. 121b; 촌락공동체 구성원들은 선대로부터 내려오는 지역적 정보를 공유하고 있었기 때문에 사건발생지역에서 배심원을 선발하는 것이 일반적이었다. (Phillipp Schofield, "The Late Medieval View of Frankpledge and the Tithing System: An Essex Case Study", Zvi Razi and Richard Smith, eds., *Medieval Society and the Manor Court*, p. 408.)
4) *Bracton*, f. 122b.
5) *Bracton*, f. 140.
6) C. Gross, ed., *Select Cases from the Coroners Rolls*, pp. 83, 94-96.
7) C. A. F. Meekings , ed., *Crown Pleas of the Wiltshire Eyre, 1249*, pp. 185-186; C. Gross, *Select Cases from the Coroners' Rolls A.D. 1265-1413*, p. xxv.

에도 불구하고 그 살인과 무관함을 밝히지 못하면 그도 체포되었다.[1] 이로 인하여 살인 현장을 목격하거나 피살자를 발견하고도 당국에 신고하는 것을 기피하였다.[2] 따라서 살인사건의 목격자가 사건발생을 신고하지 않아 사건이 미궁에 빠진 경우[3]도 있다. 이러한 제도적 허점을 이용하여 다른 사람을 모함하기 위한 수단으로 거짓으로 제소하는 경우도 있었다. 그러나 만약 거짓임이 밝혀지면, 제소자는 교수형에 처해짐을 각오하여야 한다.[4] 한편 살인용의자가 중죄를 범하지 않은 것으로 밝혀지면, 그는 석방되었으며, 석방 여부에 대한 재량권은 주지사에게 있었다. 그러나 살인용의자가 중죄를 범하였음이 밝혀지면 그의 재산은 몰수되어 국왕의 소유가 된다. 왜냐하면 그는 법률상 보호권을 박탈당하여 재산소유권도 상실하게 되기 때문이다.[5] 사실 법이박탈이 국왕의 주요 수입원 중의 하나였으며, 배심원들은 종종 죄인의 체포와 처벌보다 그의 동산에 더 많은 관심이 있는 것처럼 보인다.[6]

순회법원이 개정되면, 각 배심원들은 평결을 위한 자료 수집을 목적으로 사건의 목격자나 용의자를 소환하여 조사하였다. 특히 사망자가 사고로 죽었는지 아니면 폭력으로 죽었는지 여부를 밝히기 위한 조사가 이루어져야 한다. 이와 같은 배심원들의 사실심리는 사망사고가 정당방위였는지 또는 과실치사였는지 아니면 의도적 살인이었는지 여부를 가리기 위함이었다. 배심원들은 평결을 내릴 때까지 철저하게 격리된 생활을 하여, 주지사나 그의

---

1) Tourn at Wakefield on the Monday in the Morrow of Holy Trinity(June 9), 3 Edward I, 1275.
2) C. A. F. Meekings , ed., *Crown Pleas of the Wiltshire Eyre, 1249*, p. 177.
3) *Wakefield Court Rolls*, 3 Edward I, 1275. [Tourn at Wakefield on the Monday in the Morrow of Holy Trinity(June 9)].
4) Ralph B. Pugh, ed., *Wiltshire Gaol Delivery and Trailbaston Trials 1275-1306*, p.84. [존(John le Bakere)이 헨리(Henry Smith)의 집에 방화하고 또 다른 존(John Cole)의 집에 침입하여 절도하고, 리처드를 살해하였다고 제소하였다. 이를 심리한 결과, 무죄로 밝혀져 그를 석방하고, 거짓 제소한 존(John le Bakere)을 교수형에 처하였다.]; C. A. F. Meekings , ed., *Crown Pleas of the Wiltshire Eyre, 1249*, p. 243.
5) *Calendar of Patent Rolls 1247-1258*, p. 37.
6) C. Gross, ed., *Select Cases from the Coroners' Rolls A.D. 1265-1413*, p. xxiv.

행정관도 배심원들에게 접근하지 못하였다.[1] 배심원단의 구성도 민감한 문제였다. 배심원단을 어떻게 구성하느냐가 공정한 판결의 전제조건이기 때문이다. 13-14세기에 배심원단의 구성은 지역과 시기에 따라 약간씩 다르다. 시체가 발견된 곳이나 사망자가 산 곳의 주민이나 인근 지역의 촌락이나 도시 네 곳에서 유력한 주민을 대표자로 선발하였던 것이 전형적인 형태이다.[2] 이러한 점은 도시나 촌락이나 동일하게 적용되는 문제였다.[3] 그러나 도시에서보다는 촌락지역에서 그러한 제도가 적절하게 이용되었다. 왜냐하면 도시민보다는 농민들이 이웃의 반사회적 행위에 익숙해 있고, 그 행위를 고발할 것으로 기대할 수 있었기 때문이다. 이렇게 선발된 배심원들의 재량권 범위가 매우 큰 만큼, 배심원들의 책임도 컸다.[4] 만약 그릇된 평결이었음이 밝혀지면, 배심원들에게 벌금이 부과되거나 투옥되었다.[5] 그 만큼 재판에 있어서 배심원들의 역할이 컸기 때문에 오심에 대한 책임 또한 컸을 것이다. 따라서 배심원으로 선발되는 것이 좋은 일만은 아니었다. 이와 같은 배심원들의 역할과 책무에 비추어 볼 때, 배심원으로 활동한 유경험자와 고령자 중심으로 배심원을 선발하였을 가능성이 매우 높다. 실제로 존 베델(John Bedell)의 연구에 따르면, 1272-1327년에 배심원으로 선발된 자들의 연령분포를 조사한 결과, 에드워드 1세 때에는 40대가 39.7%, 50대가

---

1) Helen M. Cam, ed., *Year Books of 14 Edward II*, p. xxiv, 27.
2) *Britton*, II. p. 280; *Fleta*, book I. p. 36. 그러나 부락톤은 인근지역 4-6 곳에서 배심원을 선발하여 일정하지 않았다고 언급하고 있다. (*Bracton*, f. 121b.); Barbara A. Hanawalt, "Community Conflict and Social Control: Crime and Justice in the Ramsey Abbey Village", *Medieval Studies*, vol. 39 (1977), p. 423; C. A. F. Meekings, ed., *Crown Pleas of the Wiltshire Eyre, 1249*, p. 34. [1249년 뉴 솔즈버리(New Salisbury)의 배심원 명단이 남아 있는데, 그에 따르면, 배심원들의 대다수는 지역 문제에 오랜 경험을 갖고 있는 자들이다.]
3) *Year Books 30-31 Edward I*, p. 525.
4) J. A. Raftis, "Social Structures in Five East Midland Villages", *Econ. Hist. Rev.*, vol. 18 (1965), pp. 84-85; E. Searle, *Lordship and Community: Battle Abbey and Its Banlieu* (Toronto, 1974), pp. 432-435.
5) 실제로 배심원들이 살인용의자를 잘못 기소하여 12명의 배심원 모두가 처벌받은 경우도 있다. (C. A. F. Meekings , *Crown Pleas of the Wiltshire Eyre, 1249*, p. 156.)

18.7%이고, 에드워드 2세 때에는 40대가 33.7%, 50대가 36.7%를 점유하고 있어 40대와 50대가 배심원의 주류를 이루고 있으며, 20대와 60대 이상은 그 비율이 상대적으로 낮았다.[1] 이러한 연령구조는 배심원으로 활동한 유경험자와 신중한 판단으로 현명한 결정을 내릴 수 있을 것으로 기대되는 연령층의 사람들을 배심원으로 선발하려는 의지를 반영하고 있는 것이다.

3) 살인범의 처벌

1249년 윌트셔 순회재판기록에 따르면, 법정에 출두한 자들 중 179명이 무죄 석방되었다.[2] 이 중에서 살인범이 점유하는 비율이 29%이고, 단순절도가 40.2%이다. 한편 하나왈트의 연구에 따르면, 강도로 기소된 자들 중 37%, 주거침입절도의 경우는 32%, 단순절도의 경우는 27%가 유죄선고를 받은 반면, 살인죄로 기소된 자들 중에서는 17%만이 유죄선고를 받았다.[3] 한편 14세기 초 8개 주에서 일어난 살인범의 유죄평결율은 약 12.5%에 이르고, 리처드 2세 통치기에는 평균 20%에 달한다.[4] 이와 같이 살인용의자들에 대한 무죄석방율은 높고, 유죄선고율이 낮은 이유는 무엇 때문일까? 재산범죄자들의 죄상은 절도나 강도를 통하여 취득한 현물이 증거품으로 있어 유죄를 입증하기가 비교적 쉬웠던 반면, 살인사건의 경우 현행범이거나

---

1) John Bedell, "Memory and Proof of Age in England 1272-1327", *Past and Present*, vol. 162 (1999) 참조.

2) C. A. F. Meekings , ed., *Crown Pleas of the Wiltshire Eyre, 1249*, p. 99. 이들을 죄목에 따라 분류하며 다음과 같다. 살인 52명, 단순절도 72명, 범죄자와 내통한 자 9명, 범인은닉죄 8명, 강도 7명, 주거침입절도 2명, 상해를 입힌 자 9명, 강간 5명, 위조화폐 주조 1명, 폭력 14명.

3) Barbara A. Hanawalt, "Community Conflict and Social Control: Crime and Justice in the Ramsey Abbey Village", *Medieval Studies*, vol. 39 (1977), p. 420.

4) J. G. Bellamy, *The Criminal Trial in Later Medieval England*, p. 69; Ralph B. Pugh, "Some Reflections of a Medieval Criminologist", *Proceedings of the British Academy*, vol. 59 (1973), p. 86; Barbara A. Hanawalt, *Crime and Conflict in English Communities, 1300-1348*, p. 59.

살인목격자가 없으면, 살인범들의 죄상을 밝혀내기가 쉽지 않았다. 살인범에 대한 유죄선고율이 낮은 점은 범법자에 대한 교수형 비율에도 그대로 반영되어 있다. 윌트셔 순회재판기록에 등장하는 교수형에 처해진 29명에 대한 죄목을 분류한 결과, 단순절도 16명(55.2%), 살인 6명(20.7%), 범법자 은닉죄 3명(10.3%), 주거침입절도 2명(6.9%), 강도 1명(3.4%), 상해죄 1명(3.4%) 등으로 분포되어 있다.1) 이와 같이 살인범에 대한 교수형 비율이 다른 범법자에 비하여 상대적으로 낮았던 점은 위에서 살펴본 유죄판결율과 무관하지 않은 결과이다.

여성의 살인가담율이 남성에 비하여 낮게 나타난다. 필자가 이용한 1300-1350년 '개봉된 국왕의 칙허 등기부'에 기록된 사면장에 준하여 볼 때, 조사된 2268명의 살인혐의자 중에서 여성이 25명으로 1.1%에 지나지 않는다. 실제로 여성들은 살인보다는 절도에 가담하는 비율이 더 높았다. 이는 적과 마주치거나 싸움에 직면한 남성이 그로부터 도피하기보다는 맞서는 것이 남성다움의 표시로 여긴 인성과 무관하지 않을 것이다.2) 살인이란 힘의 우위를 통하여 이루어진 폭력이다. 따라서 살인은 여성에 비하여 남성들이 더 많이 범하였다. 이러한 특징은 사용한 살인 무기를 통하여서도 파악할 수 있다. 그리고 이러한 결과는 13세기 순회재판기록을 분석한 기븐(J. B. Given)의 연구에서 나타나는 여성과 남성의 비율을 따져보아도 유사함을 발견할 수 있다.3)

기븐의 연구에 따르면, 7개 지역의 순회재판기록을 조사한 결과, 여성들의 무죄석방율도 남성들과 큰 차이가 없는 것으로 나타났다. 1128명의 남성 중 717명(63.6%)이 무죄로 밝혀지고 123명의 여성 중 77명(62.6%)도 무죄석방되어 무죄석방율에는 남녀 간 큰 차이가 없다. 그러나 남성 1128명 중

---

1) C. A. F. Meekings , ed., *Crown Pleas of e Wiltshire Eyre, 1249*, p. 98.

2) Trevor Dean, *Crime in Medieval Europe*, p. 23.

3) James Buchanan Given, *Society and Homicide in Thirteenth Century England*, pp. 48, 136. (순회재판기록에 등장하는 살인의 희생자들 중 1959명(80.5%)이 남성이고 475명(19.5%)만이 여성이다. 기소된 살인자들의 성별분포를 보면, 전체 3492명 중에서 남성이 3193명(91.4%), 여성이 299명(8.6%)이다.

206명(18.3%)이 교수형을 당하였고, 여성의 경우는 41명 중 14명(34%)이 교수형을 당하여 여성의 교수형 비율이 남성에 비하여 15%나 높다.[1] 이러한 사실은 하나왈트가 14세기 미결수 감옥재판기록에 대한 연구를 통하여 얻은 결과인, 만약 중죄로 기소된 남녀를 기소율과 무죄율로 비교한다면, 법정은 여성들에게 더 관대하였다는 주장[2]과 다르다. 사실 배심원들은 여성들이 저지른 폭력에 대하여 관대하지는 않았다. 물론 살인사건의 경우, 주범이냐 아니면 종범이냐,[3] 단독범이냐 아니면 공범이 있느냐, 범인이 여성이냐 남성이냐, 살인범이 피살자와 거주지가 동일하냐 아니면 외지인이냐 등의 문제가 사실심리 과정에서 배심원들에 의하여 검토된다. 그러나 그것은 사건 그 자체, 특히 피고와 피해자를 구분하기 위한 수단이지, 여성에게 가벼운 처벌을 내리기 위한 것은 아니었다.

원칙적으로 살인범은 교수형에 처해졌다. 그렇다면 이와 다른 예외적 조치에는 어떤 것들이 있는가? 비록 폭력이 성행한 중세 잉글랜드 사회라고 하더라도, 다음과 같은 경우에는 예외로 다루었다. 첫째, 12세 이하의 미성년자가 살인을 저질렀을 경우 그를 사면하였다. 미성년자이기 때문에 법익권을 박탈하지 않고 석방하였다.[4] 둘째, 성직자가 살인을 범하였을 경우에

1) *Ibid.*, p. 137.

2) Barbara A. Hanawalt, *A Study of Crime in Norfolk, Yorkshire and Northamptonshire, 1300-1348* (Ph.D. thesis, Univ. of Michigan, 1970), p. 133.

3) 살인사건에 대한 재판 과정의 특징을 몇 가지 경우로 나누어 볼 수 있다. 살인은 중죄이기 때문에 유죄로 인정될 때는 교수형에 처해진다. 그런데 살인의 경우 주범과 종범을 구분하지 않고 교수형에 처하는 것이 보통법의 정신이다. 따라서 주범이 무죄로 석방되면 별도의 심리 없이 종범도 석방된다. (James Buchanan Given, *Society and Homicide in Thirteenth Century England*, p. 8.) 그러나 이러한 보통법의 정신과는 달리 실제로 살인범들에 대한 판결에서는 주범에게는 무거운 벌을, 그리고 종범에게는 상대적으로 가벼운 벌을 내렸다. (Thomas A. Green, "Societal Concepts of Criminal Liability for Homicide in Medieval England", *Speculum*, vol. XLVII, no. 4 (1972), p. 673.)

4) *Bracton*, f. 125b; *Calendar of Patent Rolls 1307-1313*, pp. 198, 349. (이곳에 등장하는 미성년자의 연령은 7세와 8세이다.) Barbara A. Hanawalt, "Economic Influences on the Pattern of Crime in England, 1300-1348", p. 158; Joseph R. Strayer, ed., *Dictionary of the Middle Ages* (New York, 1987), vol. 9, p. 311.

도 그의 재산을 몰수하여 국왕의 소유로 하되, 그를 관할 구역의 주교에게 인계하여 교회법에 따라서 처벌하였다.[1] 비록 그를 투옥시킬 권한이 국왕에게 없다고 하더라도, 성직자에 대한 사면권은 주교에게 있는 것이 아니라 국왕에게 있었다. 국왕은 성직자의 살인행위를 사면하되, 만약 누가 그를 상대로 소송을 제기하면 다시 법정에 서야 한다는 조건으로 사면하였다.[2] 셋째, 임신한 여성의 교수형 집행을 출산 시까지 유예하였다. 그리고 후에 왕비의 요청에 따라서 국왕이 그녀를 사면한 경우가 있다.[3] 넷째, 후술하는 바와 같이 국왕을 위한 군역납부를 조건으로 중죄인들을 사면한 경우가 다수 있다. 다섯째, 교수형을 피할 방법으로 범행 후나 혹은 투옥되었더라도 탈옥하여 성역인 교회나 수도원으로 도피한 다음 추방령에 따라서 영불 해협에 위치한 외진 섬이나 프랑스와 같은 외국으로 추방된 경우도 있다.

4) 사면과 공동체의 질서유지

살인사건에 연루된 자들에 대한 사면의 대부분이 군역납부를 조건으로 한 사면이나 국왕의 즉위를 기념한 특별사면이 주류를 이루고 있으며, 과실치사, 정당방위, 정신이상자의 살인 등과 관련된 자들에 대한 사면이 소수를 점유하고 있다. 필자가 조사대상으로 삼은 시기인 1300년부터 1350년까지의 '개봉된 국왕의 칙허 등기부'의 기록으로부터 총 3096건의 사면장을 확인할 수 있었다.[4] 그런데 그 중 일반사면 대상인 정당방위에 의한 살인이 467건(15.0%), 과실치사가 39건(1.26%), 정신이상이 7건(0.2%), 유아살인

1) *Bracton*, f. 123b.
2) *Calendar of Patent Rolls 1324-1327*, p. 176.
3) *Calendar of Patent Rolls 1307-1313*, p. 349; *Calendar of Patent Rolls 1313-1317*, p. 20.
4) 미결수 감옥재판기록을 통하여서는 사면된 중죄인에 관한 기록을 거의 확인할 수 없다. 사면된 자가 재범하여 다시 체포되거나 다시 재판을 받는 경우에나 기록에 등장한다.

2건(0.06%)[1] 등이 전체 중에서 점유하는 비율이 514건(16.6%)에 지나지 않아 그리 높은 편이 아니다. 결국 14세기 전반기에 에드워드 왕들에 의하여 내려진 사면은 국왕들이 특별한 목적을 가지고 내린 특별사면이 주류를 이루고 있었다고 하겠다. 그렇다면 특별사면의 형태에는 어떤 것들이 있었는가? 무엇보다도 에드워드 통치기에 잉글랜드에 대한 저항에 중심에 섰던 웨일스 , 스코틀랜드와의 전쟁과 프랑스와의 백년전쟁에 출정할 군역확보를 위한 수단으로 살인범들을 사면한 것이 주류를 이루고 있다.[2] 물론 군역납부지가 스코틀랜드에 한정된 것이 아니라, 가스코뉴, 스페인, 웨일스, 아일랜드, 프랑스, 플랑드르 등 여러 지역을 망라하고 있다. 이들 지역과 관련된 군역납부를 조건으로 한 살인범들에 대한 사면이 1448건(46.8%)에 이르러 선체 사면의 거의 절반에 이를 정도이다. 군역납부를 조건으로 한 사면 중에서도 특히 백년전쟁 초기인 1339년에 520건, 1340년에 120건에 이르러 군역납부를 조건으로 사면한 전체 건수 중에서 44.2%에 이르고 있다. 또한 1346-1347년에도 사면자들이 집중 분포되어 있다. 이는 프랑스와의 전쟁 초기에 필요한 군역 확보를 위하여 살인범들을 특별 사면하였음을 뜻한다. 그들에 대한 사면도 군역납부 기간이 명시된 매우 까다로운 조건이 뒤따랐다. 확인한 바에 따르면, 자비로 군역납부지에서 군역을 수행하였으며,[3] 파이크의 주장[4]과는 달리, 그 기간도 일정하지 않았다. 어느 경우는 1년 간,[5]

1) *Calendar of Patent Rolls 1307-1313*, p. 198. (7세가 되기도 전에 엠마를 살해한 니콜라스를 사면함.); *Calendar of Patent Rolls 1307-1313*, p. 349. (아직 8세가 되지 않은 윌리엄을 사면함.)
2) H. J. Hewitt, *The Organization of War under Edward III, 1338-1362* (Manchester, 1966), pp. 29-30. (1339-1340년에 850건 정도의 중죄인들이 사면되었고, 1346-1347년에는 수백 건의 사건과 연루된 자들을 사면하였는데, 이 중에서 살인자들이 점유하는 비율이 3/4을 초과한다.)
3) *Calendar of Patent Rolls 1338-1340*, p. 457; *Calendar of Patent Rolls 1340-1343*, p. 513.
4) Luke Owen Pike, *A History of Crime in England*, I, p. 294. (군역납부 기간을 1년으로 한정하였다.)
5) *Calendar of Patent Rolls 1338-1340*, p. 457.

어느 경우는 2년 간,[1] 심지어 어느 경우는 국왕이 명령만 하면 언제나 출정한다는 조건이 있는가 하면,[2] 전쟁기간 동안이라고 그 기간을 불명확하게 정한 경우도 보인다.[3] 더구나 누군가 사면에 대하여 이의를 제기하고자 소송을 제기하면 다시 심리를 받는다는 조건부 사면이었다. 그럼에도 불구하고 추방지로부터 벗어나고 교수형을 면할 수 있는 중요한 수단이 군역납부였기 때문에 중죄인들이 이러한 방법을 택하였다.

한편 1327년 3월 10일부터 시작하여 4월부터 5월과 6월 사이에 일반사면(general pardon) 119건이 집중되어 있다. 이는 에드워드 3세가 즉위하면서 628건(28.2%)에 이르는 살인사건과 관계된 살인범들을 특별 사면한 사실과 관계된 것이 분명하다. 물론 선왕 시대에 발생한 살인사건에 연루된 자들에 대한 사면이 주류를 이루었지만, 대관식 이후에도 군역납부와 상관없이 사면은 계속된다.[4] 이와 같이 군역납부와 즉위에 따른 특별사면이 전체 사면 중에서 67.0%를 점유하고 있다. 그렇다면 에드워드 왕들이 단행한 이러한 특별사면은 어떤 의미가 있을까? 무엇보다도 가장 흉악한 범법자인 살인범도 통치목적을 위해서는 국왕이 사면할 수 있었다는 점을 지적하여야 하겠다. 에드워드 왕들이 통치하던 시기인 13세기말부터 14세기말까지는 봉건귀족들의 힘을 우위로 한 봉건적 체제에서 국왕의 힘을 우위에 둔 중앙집권적 봉건 왕정 체제로의 전환을 모색하던 시기이다. 봉건귀족들 보다 그의 힘을 우위에 두고자 하는 국왕은 자신의 목적을 실현하고자 인명에 대한 폭력자인 살인자들조차도 대규모로 사면하였다. 결국 에드워드 왕들은 흉악범들에 대한 사면을 통하여 자신의 세력 확대를 달성하였는지는 몰라도, 살인범들의 흉악한 행위에 대하여 합법성을 부여한 결과를 낳았다. 과연 이런 가운데 사회질서 유지가 가능하였겠는가?

1) *Calendar of Patent Rolls 1338-1340*, p. 324.
2) *Calendar of Patent Rolls 1334-1338*, p. 463.
3) *Calendar of Patent Rolls 1307-1313*, p. 197.
4) *Calendar of Patent Rolls 1327-1330*, pp. 53, 139, 162.

중세의 정치이론상 법의 집행과 평화유지의 책임은 국왕에게 있었다. 따라서 국왕은 즉위식에서 평화유지와 정의실현을 맹세하였다. 중죄인을 교수형에 처한 이유를 '국왕의 평화와 안녕을 해치는 행위'에 두고 있는 것이 그 증거이다.[1] 국왕은 이러한 통치목적을 실현하기 위하여 무엇이든 행할 수 있었다. 전쟁에 출정할 군사력 확보를 위한 수단으로 살인범들을 사면하여 군역을 납부하도록 하였던 것이 좋은 본보기이다. 물론 전쟁수행을 위해 군역을 확보할 수 있었고, 군사적으로 봉건귀족에게 의존성이 약화되기는 하였을지라도, 전쟁이 끝난 다음, 사면된 자들이 귀향하여 그들의 공동체나 이웃에 끼친 역작용을 고려하여야 할 것이다. 일반적으로 전쟁기간이나 재향군인들이 귀향하는 휴전기나 종전 후에 범죄가 크게 증가하지는 않지만, 살인은 다른 범죄에 비하여 상대적으로 그 증가폭이 더 컸던 사실을 하나왈트가 8개 주를 대상으로 한 14세기 초 미결수 감옥재판기록의 조사를 통하여 확인하였다.[2] 또한 이러한 점은 2차세계대전시 잉글랜드에서, 그리고 남북전쟁기나 그 이후에 미국의 오하이오에서 살인사건이 크게 증가함과도 궤를 같이 하고 있다.[3] 이러한 사실에 근거할 때, 14세기 초부터 중반에 이르기까지 에드워드 왕들이 '국가의 평화와 사회의 안녕을 위한다'는 명분하에 살인범들을 대대적으로 사면하여 전쟁터에 투입한 점은 비록 국왕권 강화에는 공헌하였을지 몰라도 당초 표방한 목표인 사회질서 유지와 안녕과는 다른, 오히려 정반대의 현상이 나타날 수도 있었다. 국왕들의 사면권 남발이 결국

---

1) *Bracton*, II, p. 283; F. W. Maitland, *Pleas of the Crown for the County of Gloucester before the Abbot of Reading and his Fellows Justices Itinerant: in the Fifth Year of the Reign of King Henry the Third and the Year of Grace 1221*, p. xxxvi; Charles Travis Clay, ed., *Yorkshire Assize Rolls for the Reigns of King John and King Henry II* (Yorkshire Archaeological Society, 1911), p. xi; Barbara A. Hanawalt, ed., *Medieval Crime and Social Control*, p. 164.
2) Barbara A. Hanawalt, *Crime and Conflict in English Communities, 1300-1348*, pp. 223-237.
3) *Ibid.*, pp. 236-237; Eric H. Monkkonen, *The Dangerous Class: Crime and Poverty in Columbus, Ohio, 1860-1885* (Cambridge, 1975), pp. 53-54.

범죄예방을 위한 조직과 그 기능을 무력화시켜 오히려 사회질서 유지에 부정적 영향을 끼쳤을 것이라는 지적이다. 더구나 범법자는 국왕의 평화유지와 공공복리를 해치는 행위를 하였기 때문에 처벌받아야 한다는 보통법의 정신으로 볼 때, 특별사면의 예들은 그 정신에도 위배되는 것이다.

살인은 집단적 성격을 지녔으며, 모든 사회 계층에 의해 공유된 범죄이다. 친족, 친구, 이웃 등은 결속력이 매우 강한 집단이었기 때문에 그에 속한 개체의 다툼이 곧 집단의 다툼으로 변모하기 쉬웠으며, 폭력은 이러한 집단적 정체성(identity) 확인 과정에서 나타난 난폭한 행위이다. 귀족을 비롯한 강자들에게는 분쟁과 다툼으로 오는 스트레스를 발산할 토너먼트(tournament), 사냥, 축제와 같은 분출구가 있었다.[1] 그러나 하위계층에 속한 자들에게는 폭력이란 반대자의 행위에 영향을 끼칠 수 있는 소수의 유용한 수단 중의 하나이다. 부농이나 자유인들은 그들의 분쟁을 해결하기 위하여 왕령재판소나 영주재판소에 쉽게 접근할 수 있었다. 비록 자유인이라도 가난한 농민은 국왕의 법원에 소송을 제기할 재원이 없었다. 그러므로 법원이 있더라도, 그것은 부자와 강자의 전유물이었다. 따라서 폭력이란 주로 빈곤한 자와 약자의 분쟁해결을 위한 주요 수단일 수밖에 없었다. 폭력에 의지하여도 가난한 자는 잃을 것이 없었다. 그의 희생은 곧 죽음을 뜻하기 때문에 약자들은 폭력만이 자신을 지킬 수 있는 수단이라고 생각하였다. 따라서 날이 어두운 후에는 칼이나 창은 물론 철퇴를 비롯한 활 등 다른 무기들을 지참하고 스스로의 안전을 확보하였다. 이러한 의식과 환경 속에서 분쟁 상대를 방패로 가격하고 창으로 찔러 살해한 사건이 일어날 수 있었다.[2] 심지어 어느 농민은 야간에 자신을 보호하려고 헬멧과 창을 갖추기도 하였다.[3] 살인무기로 가장 많이 사용된 것은

---

1) Juliet Vale, "Violence and the Tournament", Richard W. Kaeuper, ed., *Violence in Medieval Society* (Boydell Press, 2000), pp. 143-158.
2) *Calendar of Patent Rolls 1301-1307*, p. 313.
3) R. F. Hunnisett, ed., *Bedfordshire Coroners' Rolls*, p. 48.

칼이었다.[1] 그러나 항상 무기를 지니고 있다고 하더라도, 살인행위가 자주 나타나는 것은 아니다. 영주권이 강한 지역에서는 살인발생율이 상대적으로 낮았다. 또한 비분할상속 지역, 영주권과 공동체의 연대의식이 강한 곳, 집촌지역에서는 폭력적 행위가 상대적으로 적게 일어났다.[2] 노퍽 주와 같은 곳의 촌락에서는 결속력이 강하여 공동체가 분쟁을 방지한 주요 역할을 하였다.[3]

---

1) Reginald R. Sharpe, ed., *Calendar of Coroners Rolls of the City of London*, p. 260.
2) James Buchanan Given, *Society and Homicide in Thirteenth Century England*. pp. 170-173.
3) *Ibid.*, p. 152.

8. 화폐위조

1) 화폐와 경제변화

물가변동의 화폐적 요인은 통화량이나 통화의 유통속도 못지않게 금속화폐의 순도나 중량, 즉 화폐의 질의 문제가 있다. 정해진 순도나 중량에 미달하는 화폐가 유통될 경우, 화폐 자체의 가치가 하락할 뿐만 아니라 소재가치(素材價値)가 적은 화폐가 유통되면, 이것도 액면가치(額面價値)를 지니고 있는 까닭에 마치 물가가 상승한 것과 같은 영향이 있고, 소재가치가 높은 화폐는 유통되지 않고 보장(保藏)되게 마련이다. 이 때 화폐에 대한 신뢰도는 하락하여 화폐보유욕이 환물욕(換物欲)으로 바뀌게 된다. 이 경우에 화폐구매력이 하락하여도 환물욕의 증가에 따라서 화폐의 유통속도가 상승하는 까닭에 물가는 인상되게 마련이다.

화폐획득의 욕구는 주로 필요한 재화의 구매로 인한 지출의 필요에서 초래되는 것이지만, 그 이외에 보장을 위한 화폐소유욕도 간과할 수 없다. 만약 화폐수요가 거래상의 수요만이라고 한다면, 화폐수량설의 가설인 화폐 총량이 화폐총지출이라는 논리는 타당할 것이다. 그러나 화폐의 총공급량에서 보장된 화폐총량을 공제한 나머지가 재화구매에 사용된 소비수요가 된다. 만약 중세 말 농민이나 상인들의 투자수요가 적었다면, 소비수요가 곧 유효수요가 된다. 그러므로 유효수요의 변화가 물가등락을 결정하는 것으로 생각하여야 한다.

통화량을 결정하는 요소로서 고려되는 것은 국내에서의 금은의 생산량, 외국과의 무역수지를 통한 외국화폐의 유입, 외국으로부터 귀금속의 유입에 따른 화폐주조 등이다. 그런데 잉글랜드 자체에서 생산된 은이란 데번셔(Devonshire) 광산으로부터 생산된 소량의 은과 은그릇 종류의 용해를 통해 얻은 은이 주류를 이룬다. 따라서 부족한 은을 보충하기 위한 수단으로 주로 강(Ghent), 브뤼쥐(Bruges), 브뤼셀 지역으로부터 유입되었으나, 항상 필요량에는 미치지 못하였다. 그러므로 다른 나라에서 사용되고 있던 은화나 은괴가 잉글랜드로 유입되어 잉글랜드 화폐로 주조되었을 가능성이 높았다.[1] 물론 이러한 가정이 충족되기 위하여서는 14세기 잉글랜드와 외국과의 무역관계에서 잉글랜드가 매우 유리하였다는 전제가 있어야 한다. 그러나 포스탄(M. M. Postan)은 국내에 축적되어 있던 은이 교역발달에 따라서 화폐로 변형되어 유통되었다고 주장한다. 왜냐하면 동방지역으로부터 잉글랜드로 은이 유입된 증거가 없기 때문이다.[2] 이에 더하여 그는 13세기 말과 14세기 초 유럽 전체를 고려할 때, 국제적 결제수단인 금화의 주조를 위한 금광의 감소 현상을 지적하고 있다.[3] 본질적으로 그의 주장에는 국내에 축적된 은의 화폐화가 전제되어 있기 때문에 유럽지역 은광에서의 생산량 감소가 화폐유통량 부족의 주된 원인이 아니라는 것이다. 채광된 은의 양이 축적된 은의 양에 비하여 항상 적었다. 특히 1300-1320년에 생산량보다 축적량이 더 많았다.[4]

그러나 포스탄의 가정은 다음과 같은 문제점을 안고 있다. 에드워드 1세

1) C. G. Crump and A. Hughes, "The English Currency under Edward I", *Economic Journal*, V (1895), pp. 58-59.

2) M. M. Postan, "Money, Population and Economic Changes in Late Medieval Europe", *Economic History Review*, XII (1959-1960), p. 64.

3) M. M. Postan, "The Trade of Medieval Europe: the North", M. M. Postan and E. E. Rich, eds., *The Cambridge Economic History of Europe*, II (Cambridge, 1952), pp. 201-202.

4) N. J. Mayhew, "Numismatic Evidence and Falling Prices in the Fourteenth Century", *Economic History Review*, vol. XXVII (1974), p. 2.

통치기 35년 동안 은의 축적량이 약 400,000파운드에서 1,600,000파운드로 약 4배가 증가하였으나, 이를 에드워드 3세가 낭비하였다.[1] 그렇다면 많은 양의 은이 국내에서 생산될 만한 광산이 새로 개발되지 않은 가운데 은의 축적량이 증가할 수 있었던 이유는 무엇인가? 더구나 유통된 은화는 마멸되거나 동전의 테두리를 깎는 범법행위가 없다는 전제하에서 은의 저장설(貯藏說)이 설득력을 지닌다. 그러나 은화는 유통과정에서 상당한 손실이 일어난다. 만약 은의 생산이 중단된다면, 50-100년 사이에 모든 은화의 절반 정도가 손실될 것이라고 페터슨(C. C. Patterson)은 추정하고 있다.[2] 또한 금화는 국제적 지불수단, 은화는 국내유통이라는 포스탄의 지적과는 달리 대규모 국제적 지불수단으로서 은화와 함께 금화도 1252년 이후 주조되어 유통되었다.[3] 또한 전쟁, 무역, 밀수출 등의 방법으로 은이 잉글랜드에서 다른 나라로 유출될 수 있었고, 실제로 그러하였다.[4] 에드워드 왕들은 웨일스, 플랑드르, 스코틀랜드, 가스코뉴(Gascony)와의 전쟁 시 재원조달이 큰 문제였다. 1294-1298년 전쟁에서 잉글랜드 정부는 재원 확보를 위한 방법으로 교회재산을 몰수하거나,[5] 프랑스 필립 4세에 대한 에드워드 1세의 전략은 플랑드르에서 사보이(Savoy)까지 프랑스 국경을 따라 집단 동맹 체제를 형성하는 것이었다. 그리고 그 동맹체제는 동맹국들에 대한 재정지원으로 형성되었다. 에드워드 1세는 1294년에는 47,000파운드를, 1298년에는 최소한 165,000파운드를 동맹국 군주들에게 증여하였다. 그리고 이때는 상위영주권 행사에 대한 저항으로 웨일스와 스코틀랜드에서 반란이 일어나고 이를 진압하기 위한 전

1) C. G. Crump and A. Hughes, *op. cit.*, p. 65.
2) C. C. Patterson, "Silver Stocks and Losses in Ancient and Medieval Times", *Economic History Review*, 2nd ser., XXX (1972), p. 221.
3) P. D. A. Harvey, "The English Inflation of 1180-1220", *Past and Present*, 61 (1973), pp. 28-29; Robert S. Lopez, "Back to Gold, 1252", *Economic History Review*, IX (1956), p. 219.
4) S. E. Rigold, "The Trail of the Easterlings", *British Numismatic Journal*, 3rd ser., VI (1949-1951), pp. 31-55.
5) F. M. Powicke, *The Thirteenth Century*, 2nd edn. (Oxford, 1962), pp. 670-671.

쟁이 자주 있던 시기이다.[1] 한편 잉글랜드 군대가 가스코뉴와 플랑드르 및 웨일스 와 스코틀랜드로 파견되면, 군인들에 의하여 잉글랜드 화폐가 그곳에서 소비되었다. 이와 같은 일련의 전쟁 결과, 1294년에서 1298년 사이에 약 350,000파운드가 잉글랜드로부터 유출되었다.[2] 이로 인하여 1304년에는 600,000파운드 정도의 은화만이 잉글랜드에서 유통되었다. 그런데 에드워드 1세가 행한 두 번의 화폐개혁 중 첫 번째 개혁이 있던 1279년에 500,000파운드를 주전소에서 개주(改鑄)하였던 사실은 전쟁기에 잉글랜드의 화폐가 대량 유출되었음을 알려주는 분명한 증거이다. 13세기 잉글랜드에서의 화폐주조에 관한 사항이 위와 같은 사실을 잘 반영하고 있다. 에드워드 1세는 1279년 3월에 시작하여 1290년 7월 사이에 약 891,000파운드의 은화를 재주조하였는데, 이때에 약 285,000파운드는 외국의 은으로 충당하여 그 충당율이 전체에 약 1/3에 이른다. 따라서 화폐주조에 이용된 잉글랜드의 은의 양은 606,000파운드에 이른다.[3] 이에 따르면 결국 매 10년마다 평균적으로 은화가 250,000파운드 손실되었다는 계산이 나온다.

그렇다면 이러한 큰 손실의 원인은 무엇일까? 무엇보다도 가장 큰 손실은 마멸로부터 초래되었다. 화폐주전국은 용광로에서 손실된 은이 매 파운드 당 1 1/4펜스를 허용치로 계정하였다. 즉 500,000파운드의 은화를 주조할 때, 손실될 수 있는 은의 양이 전체의 0.52%에 해당하는 2,600파운드이다. 13세기 잉글랜드국의 화폐주전국은 10년마다 2-2 3/4%의 은이 마멸되는 것으로 추정하였으며, 오늘날 돌리(R. H. Dolley)나 씨비(W. A. Seaby)도 동일하게 추정하고 있다.[4] 한편 유통과정에서 인위적으로 동전의 테두리를 깎아

---

1) John Cannon and Ralph Griffiths, *The Oxford Illustrated History of the British Monarchy* (Oxford Univ. Press, 2000), pp. 207, 216, 220.
2) M. Prestwich, "Edward I's Monetary Policies and their Consequences", *Economic History Review*, vol. 22 (1969), p. 411.
3) N. J. Mayhew, "Numismatic Evidence and Falling Prices in the Fourteenth Century", p. 4.
4) *Ibid.*, p. 3.

동전의 중량이 감소하는 경우도 있다.

만약 잉글랜드로부터 해외로 은이 유출되었다면, 그것의 가장 중요한 원인은 국제적 교역일 것이다. 에드워드 1세가 스코틀랜드와의 전쟁을 준비하면서 가장 필요하였던 것은 전비(戰費) 마련이었다. 그는 외국상인들로부터 돈을 차용하고 후에 양모로 부채를 청산하는 방법을 사용하였다. 또한 14세기 초 주전소에서는 페니를 생산하는데 필요한 외국 은을 구입하고 이에 대한 청산을 양모로 하였다.[1] 당시 잉글랜드의 수출품은 양모, 주석, 납, 가죽 등이었는데, 이 중에서 양모가 대표적 수출품이었다. 한편 수입품으로는 가스코뉴 지방으로부터 포도주[2]와 소금을, 플랑드르로부터 직물과 향신료를, 그리고 에스파냐로부터 철을 수입하였다.[3] 그런데 대표적인 수출품인 양모와 수입품인 모직물과의 무역균형을 비교하여 봄으로써 은의 유입과 유출 문제를 추론할 수 있다. 플랑드르 지역의 모직물 산업이 발달함에 따라서 잉글랜드의 양모공급지로서의 역할은 증대하였다. 에드워드 1세 때 매년 30,000색(sack)에서 40,000색이 수출되었다.[4] 이러한 양모 수출정책은 에드워드 3세 시대에 이르러 더욱 강화된다. 즉 그는 양모 수출 상인이 수출한 양모를 외국에 팔지 못하고 다시 국내로 반입할 경우에는 1색 마다 은화 2마르크(mark)의 벌금을 징수하였다.[5] 이와 같은 양모수출 장려 정책은 곧

---

1) M. Prestwich, "Edward I's Monetary Policies and their Consequences", p. 414.

2) 에드워드 1세 즉위 때에 포도주 생산지로서 프랑스에 남아 있던 유일한 잉글랜드 영토로서 1307년에 이곳에서 포도주로 얻는 수입이 약 17,000파운드 정도였다. (케네스 O. 모건 엮음, 영국사학회 옮김, 『옥스퍼드 영국사』, 「한울 아카데미, 1997」, pp. 165-166.)

3) C. G. Crump and A. Hughes, "The English Currency under Edward I", pp. 64-65.

4) A. R. Bridbury, "Before the Black Death", *Economic History Review*, 2nd ser., XXX (1977), p. 398; E. M. Carus-Wilson and O. Coleman, *England's Export Trade, 1275-1547* (Oxford, 1963), p. 13. (각각의 색에는 양모 364파운드가 채워졌다. 그런데 양 한 마리에서 평균 1-1 1/2파운드의 양모가 생산되므로 각 색에 양모를 채우려면 약 260마리의 양이 필요하였다.)

5) R. Ruding, *Annals of the Coinage of Great Britain and its Dependencies*, I (1840), p. 213; N. J. Mayhew, *op. cit.*, p. 12.

국고의 증가와 직결된다. 1297년 양모수출업자들이 국왕에게 납부한 양모수출세가 귀족들의 토지재산 평가액의 1/5에 이를 정도였다.[1] 한편 잉글랜드 동부지역의 도시들로부터 완제품의 직물이 수출되었으나,[2] 에드워드 3세 시대에 이르러 그의 강력한 직조육성 정책에 따라 15세기 잉글랜드 제 1수출품의 면모를 갖추게 될 서막[3]에 불과한 것이다. 그러나 주석의 생산과 수출이 13세기에 급격하게 증가하였으며,[4] 또한 북유럽으로 곡물이 대규모로 수출되었다.[5] 한편 에드워드 1세, 2세, 3세 통치시기에 은의 생산량이 무시하여도 좋을 만큼 소량이기 때문에 이 당시 화폐주조에 사용된 귀금속은 보장된 것이 아니라 교역을 통해 외국으로부터 유입된 것으로 대부분 충당되었다[6]는 가정을 가능케 한다. 실제로 1304-1309년 사이에 무역수지 개선을 통하여 외국의 은화가 상당량 잉글랜드로 유입되었는데, 5년 사이에 유입된 외국 은화를 사용하여 608,575파운드의 잉글랜드 화폐로 재주조되었다.[7] 에드워드 1세 통치기에 외국 은이 약 백만 파운드 정도 유입되었으며, 이로 인하여 그의 통치 35년 동안 은의 축적량이 크게 증가할 수 있었다.[8]

---

1) E. Miller, "The Fortunes of the English Textile Industry during the Thirteenth Century", *Economic History Review*, 2nd ser., XVIII (1965), p. 81. (1275년 에드워드 1세가 재원확보를 위한 수단으로 양모수출세를 부과하였다.)
2) E. M. Carus-Wilson, "The English Cloth Industry in the Late Twelfth and Early Thirteenth Centuries", *Economic History Review*, 1st ser., XIV (1944-1945), pp. 32-34; E. Miller, "The Fortunes of the English Textile Industry during the Thirteenth Century", p. 68.
3) E. Lipson, *The Economic History of England*, vol 1 (1959), p. 442.
4) A. L. Poole, *From Domesday Book to Magna Carta*, 2nd edn. (Oxford, 1955), p. 83.
5) P. D. A. Harvey, *op. cit.*, p. 28.
6) C. G. Crump and A. Hughes, *op. cit.*, p. 59; A. E. Feaveryear, *The Pound Sterling* (London, 1931), p. 12.
7) C. G. Crump and C. Johnson, "Tables of Bullion Coined under Edward I, II and III", *Numismatic Chronicle*, 4th ser., XII (1913), Mavis Mate, "High Prices in Early Fourteenth Century England: Causes and Consequences", *Economic History Review*, XXVIII (1975), pp. 1-2.
8) C. G. Crump and A. Hughes, *op. cit.*, p. 65.

따라서 은의 생산이 부진하던 13세기에서 14세기 초에 외국과의 교역을 통하여 많은 양의 은이 잉글랜드로 유입되어 화폐로 유통되었다고 하겠다.

14세기 잉글랜드의 은 부족 상태를 이해할 수 있는 또 다른 증거는 은 가격의 상승과 함께 구리, 주석, 납의 합금인 백랍을 동전으로 사용하였다는 점이다. 다시 말하면 통화의 질 하락을 통하여 은 부족 상태를 유추할 수 있다. 화폐의 중량이나 순도 중의 한 가지나 두 가지 모두를 고려한 가운데 화폐의 질을 저하시키는 것이 은 부족 상태를 벗어나는 가장 손쉬운 방법이다. 은의 부족을 유추할 수 있는 또 다른 근거는 주기적으로 은의 유출을 금지한 법령의 발표이다. 예컨대 1299년에 발표된 스테프니 법령(Statute of Stepney)이 대표적이다.[1] 한편 악화의 유입금지와 양화 유출방지를 위한 조례(ordinance)가 수시로 발표되었다. 실제로 위조화폐나 모조화폐를 잉글랜드 내로 반입하지 못함을 규정한 조례의 발표와 그의 지속적인 실시[2]와 함께 잉글랜드 화폐, 은 식기류 등의 유출금지 정책, 즉 주로 페니와 은의 유출 통로였던 항구에서 상인이나 그들이 이용한 배를 조사하여 국왕의 허락 없는 은화, 은괴, 은그릇 등의 유출을 방지하였다. 만약 허가되지 않은 은의 유출을 시도하다가 적발되면, 국왕의 이름으로 주지사나 시장이 그것을 압수하였다.[3] 이러한 시책을 실시하여 국내 화폐의 질을 유지하고 화폐 공급 부족의 원인이 된 은의 지속적인 유출을 방지하였다. 그러나 이러한 조례의 계속적인 발표와 그에 따른 규제책이 실시되었음은 그의 정책이 크게 효과를 거두지 못하였음을 뜻한다.[4]

1) R. Ruding, *Annals of the Coinage of Great Britain and its Dependences*, I, p. 200.
2) *Calendar of Close Rolls 1337-1339*, p. 39; *Calendar of Fine Rolls 1337-1347*, p. 21.
3) *Calendar of Fine Rolls 1327-1337*, p. 347.
4) N. J. Mayhew, *op. cit.*, p. 12.

2) 악화유통과 범법자 처벌

1299년 이전 잉글랜드 페니의 은 함유량은 22 1/2 그레인(grain), 순도가 92 1/2 퍼센트에 달하였으며,[1] 이는 14세기 초반까지 변함없이 유지되었다.[2] 14세기 중반 이후 15세기를 통하여 중량이 여러 차례 감소하였으나, 순도는 계속 유지되었다. 그런데 1544년에 발행된 화폐는 순도가 50퍼센트에 지나지 않았고, 에드워드 6세 때에는 순도가 13세기에 비하여 1/4 정도, 엘리자벤 여왕 시대에는 중량이 페니당 8 그레인에 불과하여 13세기에 비하여 거의 1/3 수준으로 떨어졌다.[3] 그러므로 14세기 초를 기점으로 하여 은화의 순도나 중량이 점차 하락하였다. 반면에 프랑스나 이탈리아에서 유통된 은화의 은 함유량은 매우 적었다. 예컨대 잉글랜드와의 교역에 중요한 지역인 투르, 제노아, 밀라노에서 유통된 은화는 잉글랜드 은화의 은 함유량에 1/4 정도에 지나지 않았고, 베네치아의 은화는 1/16 정도에 불과하였다.[4] 이로 인하여 잉글랜드 은화가 외국으로 유출되고, 외국의 악화가 유입될 가능성은 항상 열려 있었다.

대륙으로부터 잉글랜드로 유입된 악화[5]는 잉글랜드의 통화관리에 심각한 영향을 끼쳤다. 잉글랜드의 파운드가 바다 건너 어느 지역에서 위조되어 잉글랜드로 유입됨으로써 파운드보다 가치가 떨어지는 악화가 왕국 내에서 양

---

1) Edward Victor Morgan, *The Study of Prices and the Value of Money* (London, 1950), p. 21.
2) N. J. Mayhew, "Numismatic Evidence and Falling Prices in the Fourteenth Century", p. 13.
3) Edward Victor Morgan, *op cit.*, p. 21.
4) C. M. Cipolla, "Currency Depreciation in Medieval Europe", *Economic History Review*, 2nd ser., IV (1962-1963), p. 422.
5) 불량화폐로 폴라드(pollard), 크로카드(crockard), 럿쉬본(lushbourne) 등이 있다. (N. J. Mayhew, *op. cit.*, p. 13.) 그런데 이들 화폐는 특정한 국가나 화폐주조소에서 제작한 것이 아니라 잉글랜드에서 특별히 사용하려고 플랑드르 지방에서 개인이 주조한 화폐인 것 같다. (C. G. Crump and A. Hughes, "The English Currency under Edward I", p. 62.)

화와 함께 유통되기 때문이다. 따라서 국왕은 항상 순도에 문제가 있는 악화를 유입시킨 상인들에 대한 감시를 게을리 하지 말도록 수시로 명하였으며, 동전주변을 깎아내 중량이 모자라는 불량화폐(clipped money)의 유입도 감시 감독하도록 재무성의 출납관에게 지시하였다.1) 그리고 순도와 중량이 모자라는 악화는 발견되는 즉시 재주조를 위해 구멍을 낸 다음 화폐교환소로 보내야 한다.2) 동전은 유통과정에서 자연스럽게 닳아서나 혹은 인위적으로 깎아내서 중량이 적어질 수도 있다. 어느 채권자가 채무자들에게 액면가치를 초과하여 파운드 당 3쉴링 4펜스에서 5쉴링 정도를 더 지불할 것을 요구한 경우3)를 통하여 유통화폐의 중량감소의 심각성을 이해할 수 있다. 만약 중량이 감소한 구화폐를 재주조할 경우 본래의 무게에 준하는 화폐를 만들 수 없기 때문에 그러한 요구를 채권자들에게 한 것이다. 실제로 화폐학자들은 화폐가 유통과정에서 10년마다 2% 혹은 2 1/2-2 3/4%가 닳아 손실된다고 계산하고 있다. 이는 동전마다 0.5-0.55 그레인 정도가 손실됨을 의미하며,4) 이에 따르면 50년에 총 유통화폐의 10%가 손실됨을 뜻한다.5) 총손실량은 계산할 수 없으나, 만약 동전 깎아내기를 이에 더한다면 유통화폐의 중량감소로 인한 손실량은 매우 컸으리라는 점은 쉽게 짐작된다.

에드워드 1세와 2세는 국내외의 모든 상인들에게 잉글랜드 내의 15개의 주요 항구6) 중의 한 곳을 통하여 공식적으로 교역을 하도록 명하였다. 이것

---

1) *Calendar of Close Rolls 1318-1323*, pp. 198, 228; *Calendar of Close Rolls 1327-1330*, p. 42.
2) *Calendar of Close Rolls 1318-1323*, p. 156.
3) R. Ruding, *Annals of the Coinage of Great Britain and its Dependencies*, I, pp. 1, 211.
4) R. H. Dolley and W. A. Seaby, "A Parcel of Edwardian Sterlings in the Ulster Museum", *Seaby's Coin and Medal Bulletin* (1968), p. 166.
5) Sir John Craig, *The Mint: A History of the London Mint from A.D. 287 to 1948* (Cambridge, 1953), p. xvi.
6) 15개의 주요 항구란 London, Sandwich, Dover, Winchelsea, Southampton, Portsmouth, Bristol, Conway, Berwich-on-Tweed, Newcastle-on-Tyne, Kingston-on-Hull, Boston, Lynn, Yarmouth, Ipswich 등을 말한다.

은 악화의 유입과 양화의 유출을 방지하기 위함이었다.[1] 1315년 악화를 지참하거나 유입하여 유통시킨 자들을 처벌하기 위해, 에드워드 2세는 선왕이 1291년에 반포한 법령을 재공표하였다.[2] 그러나 1317-1319년에 악화유통에 대하여 조사한 조사관들이 그것의 유입과 유통에 관한 사실을 거의 적발하지 못하였을 뿐만 아니라 비록 적발하더라도, 소액의 벌금부과로 위법자들을 처벌하였다.[3] 실제로 사실조사를 위한 특별위원들을 임명하였으나, 그들에 의하여 적발된 위법자들은 소수에 지나지 않았다. 비록 적발하더라도, 법에 따라 그 물품을 몰수하거나[4] 벌금부과로 처벌[5]하였기 때문에 불법행위가 근절되지 않았다. 그렇다면 이러한 사실이 당시 잉글랜드에서 통화질서가 유지되었음을 뜻하는가? 각 항구에 설치된 화폐교환소를 통해서 잉글랜드의 법정화폐와 악화를 상호 교환하도록 강제하였다. 그러나 국내외 상인들이 이를 잘 지키지 않았다. 왜냐하면 악화의 실질가치 이상인 명목가치로 교역에 사용할 수 있었기 때문이다. 실제로 이탈리아 상인들이 양모 꾸러미 속이나 옷 속에 페니를 숨겨 유출시키려고 하다가 적발되어 벌금을 물거나 투옥되는 경우가 자주 있었다.[6] 1297년과 1303년 사이에 화폐개혁을 단행하여 약 1,139,978 파운드의 은화가 재주조되었으나, 1304년에 이르러 600,000파운드 정도만이 잉글랜드 내에서 유통되고 있었던 점이 바로 당시 화폐유출의 실상을 대변한다.[7] 그렇다면 500,000파운드 이상의 화폐가 어디로 사라졌는가? 물론 이것 모두가 외국으로 불법 유출된 것이라고 할 수는 없다. 그러나 양화인 잉글랜드 화폐가 주로 상인들을 통하여 외국으로

---

1) Mavis Mate, "High Prices in Early Fourteenth Century England: Causes and Consequences", p. 5.
2) *Ibid.*, p. 12.
3) *Ibid.*, p. 13.
4) *Calendar of Close Rolls 1296-1302*, p. 315.
5) *Calendar of Patent Rolls 1292-1301*, p. 435.
6) Mavis Mate, *op. cit.*, p. 5.
7) Mavis Mate, "Monetary Policies in England, 1272-1307", *British Numismatic Journal*, 3rd ser., XLI (1972).

유출되었을 것이라는 점은 쉽게 유추할 수 있다.

파운드를 위조하거나 변형시키는 행위는 중죄에 해당한다. 화폐와 관련된 범법자들은 반역자로서가 아니라 중죄인으로 기소되었다. 왜냐하면 반역자들은 고문의 형벌로 죽었으나, 화폐위조범은 그러한 처벌을 받지 않았기 때문이다.[1] 1317년 1월 10일과 1319년 2월 2일의 기록에 따르면, 화폐를 위조하거나 동전 깎아내기와 같은 범죄에 대한 처벌은 초범일 경우 그가 소유한 불법적 화폐의 몰수, 재범일 경우는 화폐 몰수에 더하여 범법자의 동산 몰수, 세 번째는 교수형과 같은 체형을 가하는 것이 원칙이었다.[2] 이러한 원칙에 따라 처벌한 경우를 확인할 수 있다. 에드워드 1세가 즉위한지 9년째 되던 해인 1281년 4월 20일 기록에 따르면, 옥스퍼드의 어느 부부가 위조화폐를 주조[3]하고 동전을 깎아낸 죄로 기소되어 교수형에 처해졌다.[4] 그러나 필자가 조사한 경우들 대부분이 이러한 원칙과는 달랐다. 악화의 소지자와 사용자에 대한 처벌 기록을 조사한 결과, 처벌보다는 사면이 주류를 이룬다. 기록에 따르면, 악화를 제조하여 잉글랜드 내로 반입한 범법자들에 대한 처벌이 대부분 초범에게 적용한 처벌의 형태를 띠었다. 악화를 유입하여 사용한 죄로 기소된 재범의 경우도 재산을 몰수하고 교수형에 처하여야 함에도 불구하고, 국왕은 그를 벌금형으로 처벌하였다.[5] 예컨대 벌금액이 500마르크에 달하는 경우[6]가 있는가 하면 200파운드의 벌금납부로 사면된 경우[7]도 있다. 그런데 두 경우 모두 범법자가 잉글랜드의 여러 곳에서 악화

1) Ralph B. Pugh, ed., *Wiltshire Gaol Delivery and Trailbaston Trials 1275-1306*, p. 7.
2) *Calendar of Close Rolls 1313-1318*, p. 448; *Calendar of Close Rolls 1318-1323*, p. 123-124.
3) 일반적으로 구리, 놋쇠, 수은 등을 사용하여 제조한 위조화폐 제조 행위는 비밀을 요하기 때문에 단독으로 위조하거나 부부 혹은 가족이 공모하는 경우가 대부분이다. [Luke Owen Pike, *A History of Crime in England*, vol. I, p. 266.]
4) J. I. 1/1005 pt. 2 rot. 160.
5) *Calendar of Patent Rolls 1292-1301*, p. 473.
6) *Calendar of Patent Rolls 1292-1301*, p. 557.
7) *Calendar of Patent Rolls 1292-1301*, p. 531.

를 유통시킨 혐의로 기소된 자들이다. 한편 상인이 상품판매 대금으로 받은 6파운드 5쉴링이 후에 악화로 판명되었으나, 고의성이 없어 사면된 경우도 있다. 따라서 그가 악화를 소지한 것이 의도된 행위가 아니며, 상인으로서 명성 있는 자들이라는 청원서를 제출하여 보증함으로써 사면되었다.[1] 또한 동전 주변을 깎아내 중량 미달의 화폐를 만든 죄로 기소된 자가 완전한 법적 지위까지도 회복하면서 사면된 경우도 있다.[2] 이와 같은 사실들로 판단컨대, 악화를 유입시킨 자와 그 소지자에 대한 3단계 처벌 원칙이 그대로 적용되지 않아 체형보다는 화폐몰수나 벌금부과와 같은 경제적 처벌이 주류를 이루었다고 하겠다. 그런데 사면된 자들 대부분이 상인이었으며, 또한 그들 대부분은 잉글랜드와의 교역을 위해 이탈리아의 플로렌스, 씨에나에서 온 상인이었다. 이들은 악화를 잉글랜드 내로 유입시킨 다음, 이것으로 상품을 구매한 죄를 범한 것이다. 악화의 유입과 사용은 주로 규모가 큰 국내 정기시나 국제적 거래가 이루어지는 정기시에서 이루어졌다. 따라서 런던, 그레이트 야마우스(Great Yarmouth), 킹스 린(King's Lynn)과 같은 곳이 악화사용자들에게는 매력적인 장소였다.[3] 이곳에서 빠르게 악화를 사용하고 다른 곳으로 이동할 수 있는 기동성을 발휘하는 것이 가능하였다.

그렇다면 악화유입과 그 유통에 대하여 국왕은 어떻게 대처하였는가? 악화유통에 대한 가장 적극적인 대처 방안은 국내외 상인들이 잉글랜드와의 교역을 위해 악화를 유입하는 행위를 승인하되, 런던이나 캔터베리의 화폐교환소에서 파운드로 교환하여 사용하도록 허용하는 것이다.[4] 한편 악화유통을 원천적으로 차단시키거나 유통되는 화폐를 몰수하고, 그것을 소지하거나 사용한 자들을 처벌하는 것도 하나의 방법이다. 물론 양화인 파운드나 은괴가 잉글랜드로부터 유출되지 않도록 방지하는 것도 중요하지만, 플랑드르나 플

1) *Calendar of Close Rolls 1346-1349*, p. 204.
2) *Calendar of Patent Rolls 1313-1317*, p. 43.
3) Barbara A. Hanawalt, *Crime and Conflict in English Communities, 1300-1348*, p. 111.
4) *Calendar of Patent Rolls 1292-1301*, pp. 510, 519, 528, 531, 587.

로렌스와 같은 지역에서 제조된 크로카드나 폴라드와 같은 악화의 국내 반입을 원천적으로 차단하고, 만약 불법적인 수단으로 반입하였다면, 유통되지 못하도록 압류하는 방법도 중요하다. 각 도시의 시장과 집행관이나 항구의 감독관, 그리고 주지사들에게 악화유입을 원천적으로 차단하고, 만약 이것이 여의치 않을 경우에는 악화유통을 차단하라는 국왕의 명령이 자주 하달되었다.[1] 특히 항구를 통하여 상인들이 악화를 유입하였기 때문에 항구를 철저히 감독하도록 명하였다.[2] 그런데 문제는 이러한 국왕의 금지령이 수시로 발표되었다는데 있다.[3] 이는 국왕의 명령이 잘 이행되지 않았음을 반증하는 것이다. 따라서 악화유통의 또 다른 대처방안은 발견될 때마다 악화를 압류하는 것이었다. 예컨대 플랑드르 상인들이 물품을 싣고 항구에 들어와 그 항구의 감독자가 배를 수색한 결과, 악화인 크로카드와 폴라드 102파운드와 은으로 만든 4개의 컵, 4개의 스푼, 6개의 소품을 국왕의 법령에 따라서 압수하였다. 그러나 왕비인 마가렛의 요청으로 감독자에게 상인인 존에게 화폐교환소에서 잉글랜드의 파운드로 교환한다는 조건으로 그 돈을 되돌려주었다.[4] 이러한 예들에서 보는 바와 같이 사면으로 인하여 압류의 시책이 실효를 거두지 못하는 실정이었다. 실제로 이러한 예를 다수 발견할 수 있다.[5] 한편 악화를 소지한 자로부터 몰수하였다가 그것을 반환한 경우도 다양하게 나타난다. 예컨대 악화의 유입시 몰수한다는 법령이 발표되기 전에 유입되어 다시 왕국 밖으로 유출한다는 조건으로 반환한 경우,[6] 왕국 내에서 물품을 판매하고 받은 대금인 경우,[7] 왕비의 요청에 따라 반환한 경우,[8] 프란치스

1) *Calendar of Close Rolls 1296-1302*, p. 390.
2) *Calendar of Fine Rolls 1307-1319*, pp. 79-80.
3) *Calendar of Close Rolls 1333-1337*, p. 514; *Ibid., 1341-1343*, p. 105.
4) *Calendar of Close Rolls 1296-1302*, p. 434.
5) *Calendar of Close Rolls 1296-1302*, pp. 262-264, 434, 468; *Ibid., 1307-1313*, p. 329.
6) *Calendar of Close Rolls 1296-1302*, p. 262
7) *Calendar of Close Rolls 1296-1302*, p. 264.
8) *Calendar of Close Rolls 1296-1302*, p. 434.

코 교단의 수도사들이 반입한 악화를 하느님과 성 프란치스코에 대한 국왕의 경의 표시로 반환한 경우[1] 등 다양하다. 그러나 왕국으로 유입된 악화를 압류한 경우가 반환한 경우보다 수적으로 많았다. 즉 1296년에서 1313년까지 악화의 압류에 대한 기록이 27건인데 반하여, 압류하였다가 반환한 기록은 7건에 불과하다. 이는 결국 악화를 압류하여 화폐주조소로 보내 재주조하였음을 뜻한다. 그러나 위에서 열거한 예들에서 본 것처럼 압류라는 방법으로는 악화유입을 방지하기가 사실상 어려웠다. 그렇다면 에드워드 1세가 악화유통에 어떠한 방법으로 대처하였는가?

에드워드 1세는 개주(改鑄)를 통하여 왜곡된 화폐유통을 바로 잡으려고 하였다. 결국 악화유통 방지를 실현하지 못하자, 그는 대대적인 화폐개혁을 선택하게 된다.

3) 화폐개혁

잉글랜드의 파운드를 닮았으나 조잡하게 만든 화폐가 플랑드르와 플로렌스와 같은 외지에서 생산되어 잉글랜드로 유입 사용되었다. 이른바 폴라드와 크로카드로 불린 이 화폐들은 포함된 은의 중량이나 순도로 볼 때 잉글랜드 화폐에 비하여 질이 낮았던 점은 이미 위에서 언급하였다. 따라서 질이 낮은 화폐를 잉글랜드로 유입하고 대신 양질의 파운드를 유출하여 이득을 얻으려는 외국상인들[2]의 노력은 자연스러운 것이다. 이에 국왕은 상인들이 상거래를 위해 폴라드와 크로카드와 같은 악화를 잉글랜드로 유입하여

1) *Calendar of Close Rolls 1296-1302*, pp. 263-264. 그러나 1296년에서 1307년까지의 7건의 기록을 통하여 확인한 바에 따르면, 주교를 비롯한 성직자들도 국왕으로부터 해외 출국을 승인 받아야 하며, 그들과 그들의 수행원들이 파운드나 은괴를 유출하지 못하였다. (*Calendar of Close Rolls 1296-1302*, pp. 20, 539, 576; *Ibid.*, *1302-1307*, pp. 68-69, 209, 375, 508.)

2) 불량화폐와 관련된 상인들은 주로 플로렌스 출신이다. 일부는 루카(Lucca)라는 곳 출신도 있다. (*Calendar of Close Rolls 1296-1302*, p. 354.)

거래를 하되, 환전소에서 합법적인 절차를 거쳐 교환하여 사용할 것을 전제조건으로 승인하였다.[1] 또한 국왕이 허락할 때에는 파운드의 유출도 가능하였다.[2] 국왕의 명에 의해 항구의 환전소를 감독한 감시원이 불량화폐를 지참하고 귀가하도록 허락하기도 하였다.[3] 또한 1298년 플랑드르로부터 군대가 귀환하는 과정에서 악화가 다수 유입되기도 하였다.[4] 한편 성직자들에 의해 화폐의 유입과 유출이 이루어지기도 하였다. 국왕은 식솔들을 대동한 고위성직자들의 해외여행을 승인하면서 부가적으로 언급한 내용이 바로 화폐와 은괴의 유입과 유출금지령이다. 특히 씨토 수도원장에게 모(母)수도원에 납부한 납부금을 자의적으로 지불하기 위하여 화폐를 유출하지 말도록 명하였다. 이는 외국인 수도사들에게도 동일하게 적용되는 문제였다.[5] 만약 성직자들이 필요에 의해 화폐를 유출하고 유입하려면 사전 허가를 받도록 요구하였다.[6] 이를 어기면 비록 성직자라도 처벌을 감수하여야 한다. 그런데 런던, 노퍽, 서퍽, 링컨 주 등의 항구를 통하여 해외로부터 유입되고 유출된 것은 주로 화폐였다.[7] 그러나 이 외에도 왕국으로부터의 유출을 감독하였다. 1306년 1월 5일 국왕이 그레이트 야마우스 시장에게 명하기를 국왕의 허가 없이 왕국 밖으로 곡물, 가축, 말, 갑옷, 화폐, 은이나 금으로 만든 식기류, 은괴를 유출할 수 없으며, 만약 이를 위반하면, 누구라도 그에

---

1) *Calendar of Patent Rolls 1292-1301*, pp. 504-505. [플로렌스의 프리스코발디(Friscobaldi) 상인조합 소속의 상인들에게 국왕이 허락하였다.]; *Calendar of Patent Rolls 1292-1301*, pp. 510, 519, 528, 531, 587. [루카(Ballardi of Lucca) 상인조합의 상인들에게도 동일하게 허용하였다.]
2) *Calendar of Close Rolls 1302-1307*, pp. 137-138.
3) *Calendar of Patent Rolls 1292-1301*, p. 435.
4) J. D. A. Thompson, *Inventory of British Coin Hoards, A.D. 600-1500* (Royal Numismatic Society, 1956), pp. 37, 102-103; M. Prestwich, "Edward I's Monetary Policies and their Consequences", p. 411.
5) *Calendar of Close Rolls 1307-1313*, p. 292.
6) *Calendar of Close Rolls 1296-1302*, pp. 539, 550, 576; *Calendar of Close Rolls 1302-1307*, pp. 68-69, 209, 375, 508.
7) *Calendar of Patent Rolls 1292-1301*, pp. 341, 528, 550; *Calendar of Close Rolls 1296-1302*, pp. 332, 412-413, 480-481, 509, 513.

대한 벌로 토지와 동산을 몰수한다. 다만 가스코뉴 항을 통해 곡물을 합법적으로 운송할 수 있는 예외를 두었다.[1] 에드워드 2세도 선왕의 정책을 계승하여 말, 무기, 금, 은 등을 해외로 유출하지 못하도록 34곳의 도시와 항구의 시장 및 감독자들에게 명하였다.[2]

그렇다면 지속적인 악화의 유입과 양화의 유출에 대한 에드워드 1세의 근본적인 대처 방안은 무엇이었는가? 에드워드 1세는 화폐개혁을 택하였다. 화폐개혁은 악화유통을 일시에 통제할 수 있는 방법이었다. 이에 그는 두 번에 걸쳐 화폐개혁을 단행하였다. 헨리 3세에 의한 대규모 개주가 단행된 이래 30년이라는 시간이 흘러 통화의 마모, 혹은 인위적으로 주화주변을 깎아내어 그 상태가 열악하였다. 이러한 이유로 주화가 매 10년마다 250,000 파운드 정도가 소실되는 형편이었다.[3] 그러나 이 보다 더 중요한 화폐개혁의 이유는 악화가 유입되고 양화가 유출됨으로써 유통화폐량이 크게 감소할 뿐만 아니라 유통화폐 자체의 질도 매우 낮았던 점이다.

에드워드 1세의 제 1차 화폐개혁은 1279년 4월부터 시작하여 1281년 말까지 진행되었는데,[4] 이 시기에 주조한 화폐가 고품질[5]이었다. 메이휴는 제 1차 화폐개혁시에 891,000파운드의 페니를 개주하였는데, 이 중에서 285,000파운드의 페니는 외국 은화를 페니로 개주한 것이고, 나머지

---

1) *Calendar of Close Rolls 1302-1307*, p. 522.
2) *Calendar of Close Rolls 1307-1313*, p. 44.
3) N. J. Mayhew, "Numismatic Evidence and Falling Prices in the Fourteenth Century", p. 4.
4) Ralph B. Pugh, ed., *Wiltshire Gaol Delivery and Trailbaston Trials 1275-1306*, p. 7.
5) 런던 화폐주조소에서 생산된 페니의 은 함유량의 변화를 통하여 에드워드 1세 시대에 화폐가치를 엿볼 수 있다. 화폐개혁을 단행한 1279년 이전에는 은 1파운드 당 은화 242펜스를 생산한 반면, 1279년부터 1307년까지는 243펜스를, 1308년에서 1334년까지는 244-248펜스를, 1335년부터 1343년까지는 252펜스를, 1344년부터 1350년까지는 266-281펜스를, 그리고 1351년부터 1376년까지는 300펜스를 생산하였다. 한편 캔터베리 화폐주조소에서도 이와 유사한 비율로 생산하였는데, 은 1파운드 당 243펜스를 생산한 기간이 런던의 경우보다 길어 1331년까지이다. 반면에 1344년에 266펜스를, 그리고 1346년부터 270펜스를 생산한 것으로 기록되었다. (C. G. Crump and C. Johnson, "Tables of Bullion Coined under Edward I, II, and III", pp. 205-235.)

606,000파운드는 잉글랜드의 페니를 재주조한 것이라고 주장한다.[1] 한편 크라이그(Craig)는 415,000파운드 이상의 화폐가 런던과 캔터베리 주전소에서 발행되었으며, 전체 개주량은 500,000파운드 정도 되는 것으로 추론하였다.[2] 그렇다면 메이휴와 크라이그 간의 총 화폐주조량에 관한 계정의 차이는 어째서 나타나는가? 크라이그는 런던과 캔터베리 주전소에 남아 있는 기록에 근거하여 화폐주조량을 계정한 것이고, 메이휴는 이에 더하여 계정이 남아 있지 않은 다른 곳까지도 합하여 추정한 수치이다. 물론 메이휴의 총주조량 계정은 추정치이기 때문에 전적으로 신뢰할 수는 없으나, 분명한 점은 런던과 캔터베리 주전소의 수치에 근거한 크라이그의 계정보다는 훨씬 더 많았을 것이라는 점은 쉽게 추론할 수 있다.

두 번째 화폐개혁은 1299년 성탄절에 에드워드 1세의 포고문으로부터 시작되었다. 그런데 제 1차 화폐개혁과는 달리 제 2차 개혁은 양화인 파운드의 유통량이 감소[3]한 반면, 외국에서 주조된 불량화폐의 유통량이 증가하여 물가상승에 영향을 끼친 점을 바로 잡기 위하여 실시하였다. 양모무역의 번창으로 잉글랜드로 외국화폐가 지속적으로 유입되었고, 이것이 화폐개혁을 가능하게 한 것이다. 그 날부터 부활절까지 폴라드와 크로카드는 액면가치의 절반 가치로만 유통될 수 있으며, 부활절 이후는 화폐로서의 가치를 인정하지 않는다고 선언하였다. 1297년 플랑드르 지방에서 잉글랜드의 파운드

---

1) N. J. Mayhew, "Numismatic Evidence and Falling Prices in the Fourteenth Century", p. 4.

2) Sir John Craig, *The Mint: A History of the London Mint from A.D. 287 to 1948*, pp. 38-53; C. G. Crump and C. Johnson, "Tables of Bullion coined under Edward I, II, and III", pp. 200-245; M. Prestwich, "Edward I's Monetary Policies and their Consequences", p. 407.

3) N. J. Mayhew, "Numismatic Evidence and Falling Prices in the 14th Century", p. 14; M. Prestwich, "Edward I's Monetary Policies and their Consequences", p. 414. (1279년에서 1290년 7월까지 런던과 캔터베리 화폐주조소에서 891,000파운드의 화폐를 주조하였는데, 두 시기 사이인 10년 동안에 사장된 화폐가 250,000파운드에 이르러 실제로 유통된 것은 641,000파운드에 지나지 않았다.)

와 크로카드와의 공식적 교환비율이 22쉴링 대 20쉴링이었다.[1] 그러나 에드워드 1세가 화폐개혁을 단행할 때에 교환비율은 이보다 훨씬 더 낮았다. 즉 국왕이 왕국내의 모든 주지사들에게 폴라드와 크로카드 2펜스를 잉글랜드 파운드 1페니와 동일한 가치로 교환하여야 한다고 명하였다.[2] 이 명령이 에드워드 1세의 제 2차 화폐개혁이 시행된 1300년과 1301년에 걸쳐서 나타나고 있다. 그러나 이를 통하여 크로카드나 폴라드의 유통이 잉글랜드에서 단절된 것은 아니었다. 1309년 10월 23일 기록에 따르면 프로렌스의 프리스코발디(Friscobaldi of Florence) 상인조합의 상인들에게 이러한 교환비율을 재차 언급하고 있다.[3] 한편 통화개혁을 위한 첫 단계로서 1299년 3월에 잉글랜드의 파운드와 금은제 식기류의 유출을 금지한 스테프니 법령이 발표된 것이었다 그리고 외국화폐를 파운드로 교환할 수 있는 화폐교환소도 설치하였다. 증거에 따르면, 그 법령의 효과는 매우 컸다. 폴라드와 크로카드를 파운드로 교환하고, 비록 소량이지만, 이 외에 다른 화폐는 스테프니 법령의 이름으로 몰수하였다.[4] 이를 계기로 잉글랜드에서는 상업적인 거래가 잉글랜드 파운드, 순도가 표시된 금은 식기류, 물물교환으로만 이루어지게 되었다.[5] 1299년 11월에 런던과 캔터베리 이외에 다른 지역에도 주전소를 설치하였고, 1300년 3월 29일에 국왕은 외국화폐의 재주조를 위한 계획을 세웠으며, 이에 따라 400명 이상의 화폐주조 기술자들이 프랑스와 플랑드르 지역으로부터 초빙되었다.[6] 1300년 2월 19일 런던 주전소에서 폴

1) H. B. Earle Fox and J. Shirley Fox, "Numismatic History of the Reigns of Edward I, II, and III", *British Numismatic Journal*, VI (1906), p. 205; G. Macdonald, "A Hoard of Foreign Sterlings found at Galston", *Numismatic Chronicle*, 5th ser., III (1923), p. 73.
2) *Calendar of Close Rolls 1296-1302*, pp. 331, 386, 447.
3) *Calendar of Close Rolls 1307-1313*, p. 183.
4) J. D. A. Thompson, *Inventory of British Coin Hoards, A.D. 600-1500*, p. xli.
5) Alexander Luders, T. E. Tomlins, John Raithby, ed., *Statutes of the Realm*, 1101-1713, vol. I, pp. 131-133.
6) M. Prestwich, "Edward I's Monetary Policies and their Consequences", p. 412.

라드와 크로카드의 소유자가 잉글랜드 파운드로의 개주에 책임을 지고 화폐 주조세를 납부하여야 한다고 고지하였다.[1] 이는 1279년에 실시한 것처럼 전면적인 화폐개혁이 아니라 잉글랜드에서 유통되고 있는 악화인 폴라드와 크로카드를 양화인 파운드로 개주하려는데 목표가 있음을 뜻한다. 그리고 이러한 일련의 과정을 통하여 250,000파운드를 발행하였다.[2] 새로 발행한 화폐의 중량과 순도는 제 1차 화폐개혁 때의 것과 다를 바가 없었다.[3]

그렇다면 에드워드 1세의 두 차례에 걸친 화폐개혁은 성공적이었는가? 이는 화폐개혁의 효과를 통하여 이해할 수 있다. 개주는 법적 조치와 함께 범죄예방을 위한 수단이요, 또한 통화의 가치 하락을 막고 개선하려는 방법 중의 하나이다. 에드워드 1세 시대의 제 2차 개주의 효과는 1차 때와 유사하다. 잉글랜드 화폐가 외국 상인들에게 인기가 있고, 1303-1309년에 외국 은의 상당량을 파운드로 개주하기 위하여 런던과 캔터베리 화폐주조소로 운반하였다. 1307년에 43,000파운드 이상이 주조되어 1300년에 주조된 양과 맞먹을 정도였다.[4] 국왕은 자연히 화폐주조량의 증가를 통하여 주전세 (seignorage)를 징수함으로써 막대한 이익을 얻을 수 있었다.[5] 화폐주조 시에 고정된 부담금이 있었다. 통화관리를 런던의 화폐주조 감독자 등의 관리들에게 위임하되,[6] 이를 통하여 세입증대를 꾀하였다. 따라서 통화관리는 국왕에게는 경제적 수입의 원천 중에 하나이다. 주전세가 은 파운드 당 6펜

1) C. G. Crump and A. Hughes, "The English Currency under Edward I's", p. 63.
2) *Ibid.*, p. 64.
3) 1281년 3월 페니의 무게가 22 2/9 그레인(grain)으로 고정되었다. 국왕은 새로운 화폐주조시에 적절한 중량과 순도 유지에 항상 주의를 기울이도록 재무성의 출납관과 바론들(barons)에게 명령하였다. (*Calendar of Close Rolls 1318-1323*, p. 592.)
4) M. Prestwich, "Edward I's Monetary Policies and their Consequences", p. 413.
5) *Ibid.*, p. 413.
6) 많은 양의 화폐를 다룬 관리들이 자주 착복하였다. 따라서 국왕은 자신이 신뢰할 만한 인물을 책임자로 임명하려고 하였다. 에드워드 1세도 예외는 아니었다. [Mavis Mate, "A Mint of Trouble, 1279 to 1307", *Speculum*, vol. XLIV (1969), p. 201; Charles Johnson, *The De Moneta of Nicholas Oresme and English Mint Document* (London, 1956), pp. 59-61.]

스였으나, 1279년 화폐개혁 시에 에드워드 1세는 9펜스로 인상하였다. 이에 더하여 주화료(鑄貨料) 5 1/2펜스를 징수하였다. 이는 은 매 파운드 당 1쉴링 7펜스를 징수하였음을 뜻한다. 그러나 1281년에 그 비용을 약간 감하여 1쉴링 4펜스로 낮추었다.[1] 이와 같은 에드워드 1세의 화폐정책이 성공을 거두었음은 그를 계승한 에드워드 2세의 정책을 통해서도 확인된다. 에드워드 2세는 즉위하던 해 3월 17일에 발표한 포고령에서 선왕대의 화폐처럼 적절한 중량을 지닌 가치 있는 화폐가 유통되기를 바랐으며,[2] 모든 주지사들에게 명하기를 아직도 선왕대에 주조한 화폐가 가치를 지니고 있기 때문에 화폐개혁을 할 의사가 없음을 명백히 하고 있다.[3] 그러나 통화개혁 이후에도 양화의 유출은 지속되었다. 에드워드 1세에 의한 통화개혁은 오히려 파운드 보다 질이 낮은 화폐가 잉글랜드로 불법으로 유입될 수 있는 환경을 더욱 조장한 결과를 낳았다.

---

1) C. G. Crump and C. Johnson, "Tables of Bullion Coined under Edward I, II, and III", pp. 204-207.
2) *Calendar of Close Rolls 1307-1313*, p. 67.
3) *Calendar of Close Rolls 1307-1313*, p. 343.

9. 불법침해

불법침해라는 단어인 'transgressio'는 거의 모든 잘못된 행위와 과실, 즉 악행을 포함한다. 비록 모든 불법침해죄가 중죄는 아니지만 모든 중죄는 불법침해죄에 해당한다.[1] 그러므로 좁은 의미에서 불법침해죄는 중죄(felony)와 대비되어 사용된다.[2] 그렇다고 불법침해죄가 경범죄(misdemeanour)에 해당하지는 않는다. 왜냐하면 이 용어는 훨씬 후대에 사용되었기 때문이다.

위와 같은 불법침해죄에 대한 의미 정의를 고려하여 본다면, 불법침해죄에 대한 처벌은 악행을 바로 잡으려는 시도이다. 그러나 13세기 말부터 불법침해는 악행의 개념에만 국한된 것이 아니라 신체적인 피해, 경제적 손실 등 다방면에 걸쳐서 그 개념이 확대 형성되었다. 예컨대 국왕의 승인 없이 직수봉신이 토지나 가옥을 타인에게 양도하면, 그것은 국왕권을 불법침해한 것이다. 또한 자신이나 혹은 부모, 형제자매의 영혼 구제를 위해 종교단체에 가옥이나 토지를 기부하는 법(Statute of Mortmain)에 따라서 수도원이나 교회에 혹은 공양당(chantry)에 가옥이나 토지를 기증할 때에도 국왕의 승인을 받아야 하고, 그에 따른 벌금도 국왕에게 납부하였다.[3] 일반적으로 자

1) *Bracton*, f. 119b.
2) *Bracton*, f. 125; *Britton*, vol. I, p. 105.
3) T. A. M. Bishop, "Monastic Demesnes and the Statute of Mortmain", *English Historical Review*, vol. 49 (1934), p. 303.

신의 친족이 사망한 경우나 혹은 자신이 생존하였을 때 사후에 영혼구제를 위한 매일 미사를 거행하여 줄 것을 요청하면서 자신의 가옥과 토지를 헌납하여, 이를 집전할 성직자의 생계를 도왔다.[1] 그런데 직수봉신이 가옥과 토지를 종교단체에 양도하였기 때문에 국왕이 그로부터 군역을 징수할 법적인 근거를 상실하게 된다. 그러므로 봉신들이나 런던의 대상인들이 종교단체에 가옥과 토지를 양도하는 행위는 국왕에게 적절한 보상이 필요하였고, 국왕은 벌금으로 보상받았다. 1300년부터 1385년 사이에 '개봉된 국왕의 칙허 등기부'에 기록된 종교단체에 기부한 경우가 267건으로서 그렇게 많지는 않았다. 그러나 이러한 경우에 더하여 개인들 사이에 발생한 불법침해 소송을 국왕의 재판관들이 다루었기 때문에 이들로부터 징수한 벌금도 국왕권 침해로부터 징수한 벌금 못지않게 많은 액수가 재무성(Exchequer)에 귀속되어 국고에 보탬이 되었다. 국왕이 벌금을 징수하여 국고에 귀속시킬 수 있는 범법행위인 불법침해죄의 영역은 매우 넓다. 봉신들이 국왕의 승인 없이 봉토를 상속하거나 양도하는 행위, 불법사냥과 산림지 훼손, 법정 소환 불응, 종교단체에 무허가 토지 기증, 회계와 결산 부정, 부채소송, 그리고 이유가 밝혀지지 않은 불법침해 등이 있다. 1300년부터 1385년까지 '개봉된 국왕의 칙허 등기부'에 따르면, 이들 영역의 위반자 수는 순서대로 나열하면 1609건, 353건, 2152건, 267건, 872건, 1610건, 1175건등으로 분포되어 총 8038건에 이른다. 만약 이외에도 필자의 부주의로 누락된 부분도 감안한다면, 불법침해죄에 대한 처벌로 거둔 벌금액이 왕실 재정에 큰 도움이 되었음은 분명하다. 비록 불법침해죄를 범하였다고 하더라도, 가난 때문에 벌금과 투옥을 사면한 경우[2]도 있었다. 그러나 각종 불법침해죄에 대한 제재를 통해 국왕을 비롯한 영주들은 장원으로부터 얻은 지대를 비롯한 경제적 수입 이외에 재판권 행사를 통한 경제외적 수입을 많이 얻을 수 있었다.

---

1) *Calendar of Patent Rolls 1321-1324*, p. 11.

2) *Calendar of Patent Rolls 1334-1338*, p. 125. (가난 때문에 56명을 특별히 사면하였다.)

불법침해의 첫 번째 영장은 1220년대에 형법소송에서 나타나고, 그것이 그 이후에 하나의 모형이 되었다.[1] 그리고 13세기 중엽인 헨리 3세 통치기에 불법침해에 대한 소송이 인식 가능한 형태를 취하였다.[2] 한편 메이트랜드는 헨리 3세 통치기보다 더 이른 시기에 불법침해의 실례에 대하여 주목하였다.[3] 그러나 불법침해에 대하여 본격적으로 주목하고 법률적으로 묘사한 것은 13-14세기에 법률사가들이었고, 이는 보통법에 실현되었다.[4] 그렇다면 불법침해죄에 속한 행위로는 어떤 것이 있는가? 불법침해의 범주는 매우 넓다. 일반적으로 가벼운 폭행이나 부상, 부채상환을 하지 않아 재산의 손실을 초래한 경우, 빵과 맥주가격에 대한 조례 위반의 경우 등은 불법침해죄에 해당되어도 국왕의 법원에 출두할 필요성이 없었다. 이 경우 불법침해에 대한 처벌은 교수형이나 재산몰수가 아니라 벌금형이나 단기간의 투옥이었다. 그러므로 각 주, 도시 혹은 장원에서 열린 법정에서 그러한 종류의 불법침해죄를 범한 자들을 감옥형이나 벌금형으로 처벌하였다.[5] 그런데 불법침해죄라도 국왕의 법원에 회부되는 경우가 있었다. 국왕의 법원으로 회

---

1) G. D. G. Hall, "Some Early Writs of Trespass", *Law Quarterly Review*, 73 (1957), pp. 67-69.

2) Henry G. Richardson and George O. Sayles, ed., *Select Cases of Procedure without Writ under Henry III*, Selden Society, 60 (London, 1941), pp. cxiii-civ.

3) F. W. Maitland, ed., *Select Pleas in Manorial and Other Seigniorial Courts*, Selden Society, ii (London, 1889), p. lvi. 이러한 메이트랜드의 주목을 헨리와 조오지의 편저에서도 주목하였다. (Henry G. Richardson and George O. Sayles, ed., *op. cit.*, p. cxiii, n. 1.)

4) Phillipp R. Schofield, "Trespass Litigation in the Manor Court in the Late Thirteenth and Early Fourteenth Centuries", in Richard Goddard, John Langdon, and Miriam Müller, ed., *Survival and Discord in Medieval Society: Essays in Honour of Christopher Dyer* (Belgium, 2010), p. 146; Stroud F. C. Milsom, "Trespass from Henry III to Edward III" in S. F. C. Milsom, *Studies in the History of the Common Law* (London, 1985), pp. 1-90; M. S. Arnold, ed., *Select Cases of Trespass from the King's Courts 1307-1399*, 2 vols, Selden Society, 100 (London, 1984), vol. I, pp. ix-x.

5) 국왕의 소송인 경우 피고는 대체로 런던에 있는 마샬시(marshalsea) 감옥으로 투옥되었다.

부되어야 할 불법침해에 대한 영장에는 개인 간의 신체 상해와 부상, 동산의 절도나 강도로 훔친 물건을 운반해 가는 행위, 불법 감금, 가축의 살생, 인장의 절도와 그것의 불법 사용, 가축으로부터 받은 손실에 대한 가축 소유자의 손해 배상, 토지에 대한 여러 가지 손실, 종자들의 노동력 손실에 대한 피해, 수렵장을 파괴한 행위 등이 포함된다.[1] 국왕의 수렵장이나 산림지 혹은 양어장을 침범하여 불법으로 사슴이나 토끼를 사냥하거나 물고기를 잡거나 혹은 목재를 불법 채취하는 것도 국왕의 재산권 침해로서 불법침해이다. 정도에 지나친 우격다짐의 비행들(forcible wrongs)도 불법침해에 해당한다. 즉 사람, 토지, 동산에 대한 비행 등이 모두 불법침해이다.[2] 한편 동산을 부당하게 점유하거나 계약을 파괴하는 행위도 불법침해로 간주하였다. 계약에 의한 채무 발생은 거래의 불이행으로부터 온 결과이다. 그러므로 부채상환의 불이행도 불법침해에 해당한다. 예컨대 어떤 상품을 구매한 자가 그에 대한 대금을 청산하지 않을 경우, 그것은 거래에 기초한 채무 발생이다. 왜냐하면 상품을 구매한 자는 구매 대금을 지불하겠다는 약속을 한 것이고, 이를 이행하지 않으면 계약을 위반하는 행위이기 때문이다. 이론상 장원법원에서 타인에게 40쉴링 이상의 손실을 끼친 행위도 불법침해에 속하였다.[3] 한편 무력을 동반한 폭행으로 피해자가 부상을 당하였을 때에도 불법침해로 간주하였다. 그러므로 불법침해는 사람과 재물에 대하여 가한 범죄를 포괄하는 광범위한 범법행위이다. 이러한 불법침해에 대한 관점은 에드워드 1세 통치기에 세워졌다. 1278년 글로스터 법(Statute of Gloucester)이 발표된 이후 불법침해에 대한 법률적 견해가 수립되었으며, 이후부터 이에 대한 소송이 증가하였다. 파머(Robert C. Palmer)도 이와 유사한 관점

1) Robert C. Palmer, *English Law in the Age of the Black Death, 1348-1381* (University of North Carolina Press, 1993), p. 155.
2) S. F. C. Milsom, "Trespass from Henry III to Edward III", p. 16.
3) Phillipp R. Schofield, "Trespass Litigation in the Manor Court in the Late Thirteenth and Early Fourteenth Centuries", p. 156.

을 제시하였다.[1])

위와 같은 불법침해의 범주에 대한 규정에서 보았듯이 12세기와 13세기 초에 불법침해죄는 중죄의 범주와 완전히 분리된 것은 아니었다. 여러 사람들이 어느 농부를 폭행하고 칼로서 그에게 심각한 부상을 입힌 다음 7파운드의 가치가 있는 그의 재물을 강탈하여 도망하였다. 이 사건은 강도인가 아니면 절도인가 아니면 불법침해인가? 이론적으로 중죄와 재물취득 불법침해 사이를 구분할 수 없었기 때문에 그 사건을 불법침해로 간주한 것에 대하여 이의를 제기할 수 없었다.[2]) 이러한 문제는 강간을 불법침해로 볼 것인가 중죄로 볼 것인가 하는 구분이 명확하지 않은 점으로서도 이해된다. 그러므로 배심원들에 따라서는 유사한 사건을 불법침해로 간주하기도 하고, 또 다른 배심원들은 중죄로 판결하는 문제가 일어날 수 있었다.

1356-1359년에 베드퍼드셔(Bedfordshire)의 치안판사들이 207명을 불법침해죄로 기소하였다. 이들 중에 재판에서 다루어진 자들은 200명인데, 8명은 무죄석방, 24명은 법익박탈, 168명(81%)은 벌금형을 선고받았다. 1377-1397년에 워릭 주와 코벤트리 시의 치안판사 재판기록에 따르면 244명의 남녀가 불법침해죄로 기소되었다. 그 중에서 38명은 법익박탈, 5명은 사면, 171명(71%)은 벌금형을 받았다. 겨우 23명만이 무죄방면되었다. 14세기 말과 15세기 초에 치안판사들은 법에 규정된 임금보다 높은 임금을 지불하거나 수령한 행위, 군역이나 부역납부의 계약기간이 끝나기 전에 이탈한 행위, 법정 임금을 받고서 노동하는 것을 거부한 행위와 같은 노동법 위반과 관련된 사건을 다루는데 큰 부담을 가졌다. 노동법 위반 행위는 넓은 의미에서 불법침해죄에 해당한다. 이와 같은 경제사범들의 유죄판결율이 다른 경우보다 더 높았다. 1377-1397년에 워릭 주와 코벤트리(Coventry) 시

1) S. F. C. Milsom, *op. cit.*, p. cxxvii; Robert C. Palmer, *The County Court of Medieval England, 1150-1350*, p. 298.

2) B. H. Putnam, ed., *Proceedings before the Justices of the Peace in the Fourteenth and Fifteenth Centuries*, p. clix.

의 치안판사들의 재판기록을 보면 경제사범으로 기소된 자가 300명을 넘었다. 이로 인하여 기소된 것으로 알려진 201명 중에서 벌금형 192명(95.5%), 사면 1명, 기타 3명, 그리고 무죄방면은 없었다.[1] 위에서 예를 든 세 가지 사례에서 우리가 확인하였듯이 불법침해죄에 대한 처벌은 거의 모두가 벌금형이었다. 그러므로 벌금형을 통하여 획득한 돈이 국고의 개선, 즉 국왕의 재정 상태를 개선하는데 도움을 주었다고 주장할 수 있다.

1270년대 이전의 장원법원에서는 불법침해죄로 처벌한 경우가 그렇게 많이 나타나지 않는다. 그러나 장원법원에서의 불법침해 소송의 양상과 국왕의 법원에서의 양상이 완전히 일치하지 않는다. 불법침해 소송의 형식은 국왕의 법원에서처럼 장원법원에서도 발달하였다.[2] 보통법의 형식을 따른 불법침해 소송은 13세기 말까지는 없었다. 물론 장원마다 차이가 있다. 예컨대 요크셔의 웨이크필드(Wakefield) 장원법원의 재판기록에서는 1274년에 불법침해에 대하여 세부적으로 기록되어 있다.[3] 반면에 옥스퍼드셔의 쿡섬(Cuxham) 장원의 재판기록에는 불법침해에 관한 소송 기록이 하나도 없으며, 14세기 초에 이르러서나 소송기록들이 나타난다.[4] 글렌빌은 12세기 중엽에 보통법에서 도둑을 포함한 비행과 불법침해는 지방 영주들의 정의의 개념 결핍으로 인하여 주 법원에서 국왕의 순회재판관들에 의해서 다루어져야 한다고 주장하였다.[5] 그러나 12세기 보통법의 기준으로 볼 때 비행은

---

1) *Ibid.*, pp. 43-61; E. G. Kimball, ed., *Rolls of the Warwickshire and Coventry Sessions of the Peace, 1337-1399*, p. lxvii; E. G. Kimball, ed., *Records of Some Sessions of the Peace in Lincolnshire, 1381-1396*, pp. liii-liv.
2) Henry G. Richardson and George O. Sayles, ed., *Select Cases of Procedure without Writ under Henry III*, pp. cxiii-civ; George E. Woodbine, "The Origins of the Action of Trespass(1)", *Yale Law Journal*, vol. 33 (1923-1924), pp. 800-801.
3) W. P. Baildon, ed., *Court Rolls of the Manor of Wakefield*, vol. 1, p. 9.
4) P. D. A. Harvey, ed., *Manorial Records of Cuxham, Oxfordshire, circa 1200-1359* (Oxfordshire Record Office, London, 1976), pp. 639-640.
5) Stroud F. C. Milsom, *Historical Foundations of the Common Law*, 2nd edn (London, 1981), pp. 286-287.

중죄가 아니기 때문에 지방법원에서 다루어 질 수 있는 경범죄였다. 13세기에 이르러 국왕의 평화를 깨트린 무력을 동반한 비행도 불법침해에 해당하는 것으로 간주하였다. 가벼운(small) 폭력이나 행동은 불법침해와 연결되지 않았으며, 그 경우 벌금형에 처해지는 것이 일반적이었다. 그러므로 모든 비행이 불법침해 소송과 직결되지는 않았다.

10. **범법자의 처벌 유형**

1) 벌금형

중세 잉글랜드에서 범법자들을 처벌한 형태는 대체로 네 가지이다. 첫째, 무죄 방면이다. 재판 결과 범죄행위가 발견되지 않으면 즉시 무죄 방면하였다. 이러한 점은 중세 잉글랜드의 범법자 처벌 형식이 오늘날의 사법적 체계와 동일하다. 둘째, 가장 가벼운 벌칙인 벌금형이 있다. 물론 범죄의 형태나 그 중함에 따라서 벌금액수는 서로 달랐다. 셋째, 무기징역형에서부터 며칠간의 구류형에 이르는 투옥형이 있다. 그러므로 죄수들을 투옥할 국왕의 감옥은 런던뿐만 아니라 각 주나 심지어 성에도 있었다. 이를 관리하는 책임은 주지사나 그의 행정관 혹은 성의 관리책임자에게 있었다. 넷째, 교수형이 있다. 중죄인의 생명을 빼앗은 형벌은 교수형 이외에도 참수형, 사지절단형 등이 있는데, 이러한 극형에 처한 중죄인은 주로 반역죄를 범한 자에게 내린 형벌이었다. 교수형을 비롯한 중죄인에 대한 극형의 문제는 본 저서 곳곳에서 필요할 때마다 언급하였기 때문에 이곳에서는 독립된 하나의 소단원으로 분리하여 언급하지 않겠다.

중세 잉글랜드 왕들은 물론 영주들이 법과 질서의 유지를 위해 즐겨 사용한 방법이 범법자들에 대한 벌금 부과였다. 대부분의 소송에서 내린 판결은 벌금형이었다. 벌금형은 모든 형태의 법원에서 피고에게 부과된 처벌의 한 형태이다. 범법자의 유죄가 인정되자마자 법정은 그를 측은히 여겨 자비를 베푼다(in misericordia)고 선언한다. 만약에 국왕의 법원이라면, 국왕이 그를 측은히 여긴다고 할 것이며, 주 법원이라면 주지사가 그를 측은히 여긴다고 할 것이고, 영주의 법원이라면 영주가 그를 측은히 여긴다고 언급할 것이다. 그런 다음 범법자는 담보물을 제시하고 벌금이 얼마이든지 간에 지불을 약속한다. 재판이 끝날 때에 선량하고 법을 잘 지킨 사람들, 즉 범법자의 동료 두 명이 벌금납부를 보증한다. 만약 범법자가 벌금납부를 이행하지 않을 경우에는 보증인들이 그에 대한 책임을 진다는 서약과 같은 것이다. 그리고 벌금을 납부하지 않을 경우에는 그에 합당한 체형이 가해졌다. 그러므로 범법자의 경우는 자신의 죄에 대한 처벌이 체형이 아니기 때문에 판결에 대하여 만족할 것이고, 법원을 운영한 주체인 국왕이나 주지사 혹은 영주들은 벌금을 수입으로 얻어 만족스러울 것이다. 그러나 이 제도가 가지고 있는 문제점 중에 가장 중요한 것은 만약 중죄인에게 벌금형을 부과한다면, 유사한 범죄가 자주 발생할 수도 있으며, 재범을 범하는 경우도 일어날 수 있기 때문에 사회질서 유지에 어려움을 겪을 수 있는 점이다. 더구나 범법자에게 부과된 벌금액이 많지 않을 경우에는 그러한 위험성이 더 높아질 것이다. 실제로 앵글로 색슨 시대에도 범법자에게 벌금을 부과하는 것이 일반적이었고, 그 액수도 많지 않았다. 그래서 벌금형은 무서운 벌칙이 아니었다. 또한 글렌빌 시대인 12세기에 지방법원에서 일어난 민사소송의 경우 벌금액이 3펜스인 경우가 일반적이었다.[1] 한편 13세기부터는 형사소송에 있어서도 체형이 아닌 벌금형이 범법자에게 주로 선고되었다. 대헌장에서 벌금은 범법자의 선량한 이웃들에 의해서 정해진다는 점을 법령으로 정했다. 그리고 경범죄 때문에 벌금형을 선고받지는 않았다.[2] 한편 백작들과 바론들

1) F. Pollock and F. W. Maitland, *The History of English Law before the Time of Edward I*, vol. II, p. 515.
2) Charter, 1215, c. 20.

은 그들의 동료들에 의해서 적법한 판결을 받아 벌금형이 부과되었다.[1] 물론 이 당시에도 범죄의 경중에 따라서 벌금액은 달랐다. 만약 벌금을 내지 못할 경우 감옥에 1-2년 동안 구금되었다. 그러므로 사실상 벌금은 국왕과 범법자 사이에 석방을 위한 전제 조건이었다.

한편 장원법원에서는 주로 경범죄나 불법침해죄를 다루었기 때문에 대부분의 범법자에 대한 처벌은 벌금형이 주를 이루었다. 장원법원에서 벌금형을 받은 범법행위는 다음과 같은 경우이다. 첫째, 타인의 신체에 가벼운 상해를 입히거나 가벼운 손해를 끼쳐 피해를 입힌 경우이다. 둘째, 부채소송에서 부채를 지지 않았다고 거짓 주장을 하다가 발각되거나 부채소송에서 부채를 지고 있음이 밝혀진 후에도 부채를 상환하지 않은 경우는 물론 부채소송이 제기된 법정에 피고로서 출두하지 않을 경우에 벌금형에 처해졌다. 셋째, 제빵과 에일의 양조 및 판매 규칙을 정한 조례를 위반한 경우, 예컨대 판매가격을 위반하거나 에일의 적절한 도수를 유지하지 못한 경우, 그리고 고품질의 에일에다 저품질의 에일을 혼합하여 높은 가격으로 판매한 경우도 벌금형에 처하였다. 한편 판매하는 빵의 중량을 속이거나 불순물을 섞어서 중량을 속이는 경우도 처벌되었다. 넷째, 타인의 곡물경작지에 가축들을 방목하여 피해를 입힌 경우도 벌금형에 처해졌다. 다섯째, 계약기간을 지키지 않았거나 계약사항을 이행하지 않은 경우도 벌금형에 처했다. 예컨대 가축판매 후 그 대금을 정해진 기간 안에 지불하지 않은 경우가 이에 해당한다. 여섯째, 영주의 산림지에서 목재나 땔나무를 불법적으로 채취하여 벌채권을 위반한 경우는 영주권을 불법침해한 행위이기 때문에 벌금형에 처해졌다. 뿐만 아니라 영주의 산림지에서 호두와 같은 열매를 주어가는 경우도 불법행위에 해당하여 벌금형에 처해진다. 일곱째, 곡물이나 소금과 같은 생활필수품을 매점매석하다 적발되면 벌금형에 처해졌다. 여덟째, 이 이외에도 영주에게 납부하여야 할 각종 세금, 예컨대 결혼허가세, 토지등록세, 상속세

1) Charter, 1215, c. 21.

등을 납부하지 않으면, 이는 영주권에 대한 불법침해이기 때문에 벌금형에 처해졌다.[1] 위에서 열거한 것처럼 농민들에게 벌금형이란 영주권에 대한 불법침해나 영주가 발표한 조례나 장원관습을 위반하였을 경우에 가해진 형벌이었다. 그런데 장원법원에서 위법행위에 대한 재판 결과는 대부분 벌금형이기 때문에 장원법원의 운영으로부터 나오는 벌금은 영주들에게 경제외적 소득이 되었다.

흑사병이 잉글랜드에 1348년 6월부터 8월 사이에 상륙하여 1349년에 전국적으로 전파되었다. 그리고 1351년에 이르면 잉글랜드에서 흑사병은 진정되는 추세를 보인다. 이러한 사실에 따르면 요크 주에서 흑사병이 본격적으로 영향을 끼친 것은 1349년이고, 그 영향은 1350년까지 지속되다가 1351년에 흑사병의 영향으로부터 벗어난다. 그렇다면 이 시기에 요크 주에 속한 웨이크필드(Wakefield) 장원[2]에서 영주의 법원이 징수한 벌금액은 어느 정도였는가? 이것은 흑사병이 유행한 시기에 장원법원 운영의 실태를 파악하는데 유익한 자료가 될 것이다. 1349년 1월 8일부터 12월 22일까지 웨이크필드 장원재판은 총 31회가 열렸으며, 법정에서 징수한 총 벌금액은 31파운드 9쉴링 18펜스이다.[3] 또한 1350년 1월 7일부터 12월 23일까지 34회

---

1) Moira Habberjam, Mary O'Regan and Brian Hale, ed., *The Court Rolls of the Manor of Wakefield from October 1350 to September 1352*, p. 42.

2) 웨이크필드 장원은 11세기 말 경 이래로 워렌(Warenne) 가문이 소유하였다. 그런데 흑사병이 잉글랜드에 상륙하기 직전인 1347년 6월 30일에 적법한 상속자를 남기지 못하고 존 워렌(John Warenne)이 에드워드 1세의 손녀인 조안(Joan)을 과부로 남기고 사망하였다. 워렌의 여백작인 조안은 1359년 6월 30일까지 웨이크필드에 대해 과부산 권리를 소유하였다. 그러므로 1348-1349년과 1349-1350년의 웨이크필드 장원법원기록은 워렌 백작 사망 이후에 것이다. 웨이크필드 장원은 13곳의 그레이브가 관리한 촌락으로 구성되었다. 각 촌락마다 1명의 그레이브가 선출 임명되었는데, 만약 그레이브 선발에 촌락민이 불참하면 1-2펜스의 벌금이 부과되었으며, 그레이브로 선출된 자가 그 직을 거부하면 벌금을 부과하였다. 그 벌금액도 12펜스에 이를 정도로 고액이었다. 그런데 그레이브(grave) 직책을 수행하는 자에게는 영주가 매년 5쉴링을 급료로 지급하였다. (Helen M. Jewell, ed., *The Court Rolls of the Manor of Wakefield from September 1348 to September 1350*, pp. xv, 11, 60, 68, 87.)

3) *Ibid.*, pp. 54-162.

의 법정이 열려 징수한 벌금액은 28파운드 15쉴링 1페니에 이른다.[1] 그러므로 흑사병이 크게 창궐하였던 1349년에 벌금징수와 흑사병의 영향으로부터 벗어나기 시작한 1350년의 벌금징수와는 큰 차이가 없다. 또한 1년 동안 열린 법정이 1349년에는 31회였는데, 1350년에는 34회의 법정이 열려 법정 개정 횟수도 큰 차이가 없었다. 그러므로 법정의 개정과 위반자들로부터 징수한 벌금액만을 대상으로 할 때 최소한 웨이크필드 장원에서는 흑사병으로 인하여 법정 개정이 영향을 받지 않았다고 말할 수 있다. 그러나 이는 잘못된 판단이다. 왜냐하면 장원법원이 관습적으로 정해진 시간에 열리지 않았으며, 부채도 청산되지 않아 법정에서 채무자들에게 벌금을 가장 많이 부과하였으며, 장원을 이탈하는 소작인들을 토지에 묶어두려고 지대도 감면하여 주어야 하였다.[2] 그리고 위법행위를 한 자들을 법정에 출두하도록 강제하기도 어려웠다. 예컨대 1350년 10월 21일 열린 법정에서는 그레이브(grave)[3]를 선출하여야 할 때 출석하지 않은 자 72명에게 벌금이 부과되었으나, 실제로 이들은 법정에 출두하지 않았다. 그래서 그레이브 선출을 위한 선거가 1350년 12월 2일까지 연기되었다.[4] 이러한 사실들은 흑사병의 영향으로부터 일어난 사건들이다. 한편 벌금징수액의 많고 적음을 가늠하기 위하여 당시 웨이크필드 장원의 영주가 1년 동안에 장원 운영을 통해서 얻은 소득과 벌금징수액을 서로 비교하여 볼 필요가 있다. 워렌(Warenne) 여백작인 조안(Joan)이 과부산(dower)의 권리를 소유하여 1359년에 장원으로부터 얻은 소득은 120파운드이다.[5] 이에 준하여 볼 때 웨이크필드 장원법원으로부터 1349년과 1350년 1년 동안 영주가 각각 얻을 수 있는 벌금징

1) *Ibid.*, pp. 227-259; Moira Habberjam, Mary O'Regan and Brian Hale, ed., *The Court Rolls of the Manor of Wakefield from October 1350 to September 1352*, pp. 1-53.
2) *Ibid.*, pp. 9, 12, 23-24, 60.
3) 다른 지역에서는 그레이브를 리브(reeve)라고 불렀다.
4) *Ibid.*, pp. xxii, 2-3, 12.
5) Helen M. Jewell, ed., *op. cit.*, p. ix.

수액은 장원 경영으로부터 얻는 수익의 약 21%에서 27%에 이를 정도로 매우 높은 비중을 차지하고 있다. 이러한 사실을 통하여 우리는 영주들이 장원법원의 운영을 통하여 자신의 경제외적 수입도 올리고, 장원법원의 운영을 통하여 장원에 속한 신민들도 지배하였음을 이해할 수 있다. 한편 흑사병이 유행하던 시기와 흑사병의 영향으로부터 벗어난 시기에 영주는 신민들로부터 어떤 명목으로 장원법원을 통하여 벌금을 징수하였는가를 비교하여 보는 것도 의미가 있는 일이다.

2) 투옥형과 감옥

감옥은 단순히 범법자들을 교화시키는 수단으로서 뿐만 아니라 공공질서 유지를 위한 중요한 도구였다. 대부분의 중세 잉글랜드 왕들은 범법자들에게 벌금을 부과하거나 중죄가 확인된 자들은 즉시 처형하는 것을 선호하였다. 그러나 범죄혐의자가 자수하거나 체포되어 재판을 받는 과정에서나 유죄판결을 받은 자가 투옥될 감옥이 필요하였다. 대부분의 소송에서 벌금형이 주류를 이루었으나, 투옥형도 있기 때문이다. 형벌적 투옥은 그 기간이 수 주일에서 무기징역형[1]으로서 평생 동안 투옥되는 등 다양하였다. 에드워드 1세 통치 말까지 가벼운 절도범에게는 훔친 물건 값 페니 당 1주일, 반 페니 당 3일의 비율로 투옥하여 처벌하였다.[2] 무기징역형은 흔치 않았으나 없는 것도 아니었다. 예컨대 1345년 리처드란 자가 웨스트민스터 법원에서 배심원들을 위협하고 상해를 입혀서 그의 오른손을 절단하고 평생 동안 런던탑에 투옥하도록 선고하였다.[3] 또한 1348년 에드워드 3세에게 불법침해

1) Reginald R. Sharpe, ed., *Calendar of Coroners Rolls of the City of London A.D. 1300-1378*, p. 220. (1339년 5월 23일 사망한 살인자의 형벌이 무기징역이었다. 그는 뉴게이트 감옥에 수감되었다가 감옥에서 사망하였다.)
2) T. F. T. Plucknett, *A Concise History of the Common Law*, p. 457.
3) 1345년 리처드란 자가 웨스트민스터 법정에서 배심원들을 위협하고 상해를 입혀서 그

죄로 기소된 윌리엄 로딩(William Rothyng) 경이 무기징역형을 선고 받았다.[1] 한편 도시법원에서의 투옥은 구류와 처벌 두 가지 목적을 가진 형벌이었다. 도시당국자들은 무역중심지에서 부채를 지불하지 않은 채무자에게 부채상환을 강요할 수 있는 최고의 장소가 감옥이라고 믿었다. 그러나 일반적으로 중죄인이 아닌 경우 재판관들은 범법자에게 투옥의 선고를 내리고, 미결수인 그에게 벌금을 내도록 허용하였다. 벌금형과 투옥형이 동시에 집행된 것이다. 투옥이 벌금과 동반되었기 때문이다. 만약 부과된 벌금을 납부하면 투옥을 사면한 경우가 그러한 경우에 해당한다. 일정한 액수의 벌금 납부를 대가로 범법자가 처벌을 면제받은 것이다. 그러므로 이론적으로 말하면 벌금이란 범법자와 재판관, 즉 중앙법원인 국왕의 법원의 수석재판관이나 순회재판관과의 거래이다. 이러한 형태의 처벌은 국왕의 법원뿐만 아니라 주지사의 법원, 도시법원, 장원법원에도 적용된 일반성을 지녔다. 한편 재판관들은 경찰 의무를 게을리 한 사람들과 공동체에게 용서를 베푸는 대신 벌금을 징수하였다. 또한 재판관들은 범법자들을 체포하거나 기소하지 않아 주, 백호장, 도시, 10인조로부터도 벌금을 징수하였다. 물론 투옥된 자들이 벌금을 납부하고 보석을 받아 석방되는 경우도 있으나, 중죄를 범한 자들, 특히 모반과 관련된 범죄자, 방화죄를 범한 자, 탈옥의 혐의를 받은 자나 국왕이나 그의 수석재판관의 명령으로 체포된 자는 보석에 의한 석방에서 제외되었다.

헨리 2세 통치기에 각 주에 범법자들을 투옥할 감옥을 세웠다. 그러나 재판을 통해 형벌이 부과된 자들에 대한 투옥 장소로서의 감옥이 아니라 아직 재판을 받지 않은 미결수들을 구금하는데 필요한 장소였다. 이러한 생각은 13세기 브락톤의 시기까지 계속되었다. 왜냐하면 브락톤은 감옥이란 죄수를

의 오른손을 절단하고 평생 동안 투옥하도록 선고하였다. [G. O. Sayles, ed., *Select Cases in the Court of the King's Bench, Edward III* (Selden Society, 82, 1965), p. 41.]

1) *Calendar of Patent Rolls 1348-1350*, p. 222.

처벌하기 위한 장소가 아니라고 생각하였기 때문이다.[1] 그렇다고 형벌로서 투옥이 없었던 것은 아니다. 헨리 2세는 거짓 맹세를 한 자는 최소한 1년 동안 투옥하라고 국왕의 법에서 명하였다. 또한 헨리 3세는 특허장에서 산림법을 위반한 자에 대한 처벌을 1년간의 투옥으로 규정하였다.[2] 그러나 정해진 기간 동안 죄인을 투옥하는 것은 보통법의 규정이 아니라 조례(ordinance)에 의해서 이루어졌다. 그런데 에드워드 1세 통치기에 이르러 법에 의한 투옥이 구체적으로 규정되기 시작한 큰 변화가 일어났다. 위에서 이미 언급한 것처럼 절도범에 대한 투옥의 기준이나 무기징역형의 선고가 바로 에드워드 1세 시대에 만들어진 범법자들에 대한 처벌의 기준이 되었다. 투옥은 세속지배자들의 지배를 위한 도구로서 뿐만 아니라 주교와 같은 교회지배자들에게도 하위성직자들을 다스리는 좋은 수단이었다. 중죄를 범한 성직자는 속죄가 불가능할 경우 교회법원에서 평생 투옥의 판결을 내리고 주교의 감옥에 투옥되었다. 이런 경우 정죄도 허용되지 않았다. 이는 국왕의 교회에 대한 압력으로 나타난 결과이다.[3] 도시에서의 투옥은 상인들을 처벌하는 수단으로 이용되었다. 예컨대 부채를 청산하지 않은 채무자에게 부채청산을 촉구하는 수단으로 투옥을 이용하였다. 그러나 에드워드 왕들의 통치기에 범법자 처벌의 한 형태로서 투옥도 일반적 규칙으로 자리를 잡았으나 그것도 벌금(fine) 부과를 위한 준비 단계에 지나지 않았다. 비록 범법자가 투옥되더라도 1-2년 후 범법자는 벌금을 물어야 하였다. 만약 그가 돈이 없어 벌금을 납부하지 못하면 그는 보다 긴 기간 동안 투옥되었다. 중죄인은 1년간 투옥된 다음 많은 액수의 벌금을 내고 석방되는 것이 전형적인 형식이었다. 그러나 만약 그가 벌금을 납부할 돈이 없으면 1년간 더 투옥되었다.[4]

---

1) *Bracton*, f. 105.
2) *Forester Charter, 1217*, c. 10.
3) J. G. Bellamy, *Crime and Public Order in England in the Later Middle Ages*, p. 166.
4) Statute of Westminster, I, c. 9; F. Pollock and F. W. Maitland, *The History of English Law before the Time of Edward I*, vol. II, p. 517.

중세 잉글랜드에는 그 기능에 따라서 여러 가지 형태의 감옥이 존재하였다. 비록 비상시를 대비하여 성(castle)에 감옥이 있었으나, 주(shire)나 도시에는 사용 가능한 감옥 하나 이상을 소유할 수 없었다. 여러 곳에 감옥이 있던 런던의 경우는 예외였다. 가장 큰 규모의 감옥은 12세기에 세워진 런던과 미들섹스(Middlesex)의 죄수들을 투옥하는데 이용한 뉴게이트(Newgate) 감옥이다.[1] 이보다 후대에 세운 유명한 감옥은 많은 범법자들을 가두었던 플리트(Fleet) 감옥이다. 이것은 본래는 런던인 범법자들을 투옥한 감옥이었다. 그러나 14세기 초부터 플리트 감옥은 재무성의 감옥이 되었고, 주로 부채소송이 다루어졌던 민사소송의 감옥으로 사용되었다.[2] 플리트 감옥에 채무자들을 투옥한 것은 에드워드 1세와 에드워드 3세 때에 발표된 부채 상환을 위한 법령의 결과이다.[3] 그런데 뉴게이트 감옥과 플리트 감옥은 잉글랜드 전 지역으로부터 온 죄수들을 수용하였다. 그래서 1380년경에 런던의 자유인 범법자들을 투옥하기 위해 세운 감옥이 루드게이트(Ludgate)였다.[4] 한편 재판을 기다리는 범죄용의자나 이미 선고를 받은 자들로서 사면이 기대되는 자들이 투옥된 사우스워크(Southwark) 감옥이 있다. 그리고 1370년대까지는 두 개의 감옥, 즉 국왕의 법원(King's Bench)의 감옥과 마샬시(Marshalsea) 감옥이 세워졌다. 한편 한 번 감옥에 들어가면 살아서 나오기 힘들고 탈옥이 힘들다고 한 런던탑의 감옥은 주로 전쟁에서 체포된 외국인 고위직과 귀족계급 죄수들을 투옥하는데 이용되었다. 마지막으로 콘힐(Cornhill)의 툰(Tun)은 야간통행금지를 위반한 자들을 투옥

---

1) M. Bassett, "Newgate Prison in the Middle Ages", *Speculum*, xviii (1943), pp. 233-246.

2) M. Bassett, "The Fleet Prison in the Middle Ages", *University of Toronto Law Journal*, v (1943-44), pp. 383-402; John Bellamy, *Crime and Public Order in England in the Later Middle Ages*, p. 168.

3) 1285년에 에드워드 1세가 발표한 상인법(statute of merchants)과 에드워드 3세 통치 25년에 발표한 법령(25 Edward III st. 5c. 17)이다.

4) *Calendar of Letter Book H*, p. 97.

한 임시 감옥소였다.[1)]

감옥에 투옥된 입감자들은 보통 100명 정도이고 300명은 넘는 경우는 아주 예외적이었다. 그러나 이 죄수들을 모두 수용하기 위해서 감옥이 2층으로 만들어졌다. 예컨대 1293년 옥스퍼드 대학의 챈슬러(chancellor)는 국왕에게 감옥을 2층으로 확대하는 계획을 허용하여 줄 것을 요청하였다.[2)] 중죄인들을 1층에 수감하고 경범죄자들을 2층에 수감할 계획으로 그러한 요청을 한 것이다. 만약 재소자가 돈이 있다면, 간수들이 그에게서 돈을 받고 거의 모든 물건을 제공하였기 때문에 감옥에서의 생활을 편안하게 할 수 있었다. 죄수는 불을 피울 연료, 등불, 음식과 음료수, 침구류 마련을 위해 간수에게 돈을 지불하여야 하였다.[3)] 1393년에 런던 시민공동체는 루드게이트 감옥의 간수들에게 죄수들의 침대와 등불에 대한 부담을 지게 해서는 안 된다고 요구하였다. 그러나 이 명령이 그대로 이행되지는 않았다. 한편 가난한 죄수들에게는 굶어죽지 않을 정도로 질이 낮은 식사를 제공하는 것이 전부였다. 그러나 죄수들이 간수에게 돈을 주면 질이 좋은 음식을 제공받고, 감옥소 내의 편의시설을 이용할 수 있었다. 심지어 죄수들이 간수에게 지불할 식사비용이 계급에 따라서 정해지기도 하였다. 죄수들이 감옥에서 지불하여야 할 비용 중에서 식비가 가장 많이 지출된 항목이었다. 15세기 플리트 감옥에서는 귀족의 경우 주 당 1파운드 13쉴링 4펜스, 기사는 18쉴링 6펜스, 그리고 하위계급은 주 당 5쉴링을 지불하여야 하였다. 그러므로 교수형에 처해진 중죄인이 남긴 동산이란 하나도 없다는 기록은 놀라운 일이 아니다. 부유한 자와 가난한 자 사이의 수감생활의 차별은 간수들의 부정한 행위로

---

1) J. G. Bellamy, *Crime and Public Order in England in the Later Middle Ages*, p. 169; Barney Sloane, *The Black Death in London* (The History Press, 2011), p. 21.
2) G. O. Sayles, ed., *Select Cases in the Court of the King's Bench, Edward I* (Selden Society, 55, 1936), ii, p. 151.
3) Ralph B. Pugh, *Imprisonment in Medieval England*, pp. 165-191; Norval Morris and David J. Rothman, eds., *The Oxford History of the Prison* (Oxford Univ. Press, 1998), p. 32.

간단하게 넘길 수 없는 문제이다. 왜냐하면 이는 14세기 잉글랜드의 법 집행에 형평성이 상실된 단면을 보여주는 것이기 때문이다. 이러한 부조리는 이미 지방 관리들이 죄수를 주 감옥으로 호송할 때 안전한 호송을 위한 호송비를 요구하면서부터 시작되었다.[1] 심지어 간수들이 부유한 죄수들로부터 돈을 받고 그의 탈옥을 도와주기도 하였다.[2] 이러한 간수들의 부패 행위는 플리트 감옥뿐만 아니라 다른 런던 감옥들에서 나타난 일반적인 문제였다.[3] 1295년에 요크 감옥에 대한 에드워드 1세의 개선명령이나 1315년 버크셔에서 국왕에게 수감제도의 개선을 청원한 사실들은 그와 같은 불법행위에 대한 불만으로부터 표출한 것이다.[4] 이와 같은 간수들의 횡포는 그들이 봉급을 거의 받지 못하거나 전혀 받지 못한 보상의 성격을 띤 결과였다.[5]

런던의 여러 감옥에서 많은 수의 죄수들이 굶어죽거나 중죄가 아닌 다른 합법적인 사유로 사망하였다. 1295년 6월에 에드워드 1세는 웨일스에서 소요가 발생한 시기에 요크 감옥에서 발생한 죄수들의 기아로 인한 사망과 사망 위험성에 대하여 대법관인 윌리엄(William de Ormesby)과 로저(Roger de Burton)에게 조사하도록 명령하였다.[6] 1315년에는 버크셔의 윈저(Windesore) 시에 있는 주 감옥이 시의 외곽지대에 위치하여 죄수들을 그곳으로 이송하는 문제가 큰 부담이었다. 더구나 외진 곳에 위치하여 식료품의 공급이 원활하지 못하였다. 윈저 시의 시민공동체(commonalty)가 너무나 취약하여 감옥에 있는

---

1) *Wakefield Court Rolls*, 10 Edward II, 1317. [Court held at Wakefield on the Friday after the Conversion of St. Paul(Jan. 25)]. 존(John Leggundo)을 웨이크필드 감옥으로 호송한 리처드(Richard the Northren)가 안전한 호송을 위한 대가로 그로부터 6쉴링 8펜스를 받고, 호송 도중에 한 켤레의 목이 긴 구두까지 얻어 존에게는 동산이 하나도 남지 않게 되었다.
2) R. F. Hunnisett, *The Medieval Coroner* (Cambridge, 1961), p. 166.
3) J. G. Bellamy, *op. cit.*, p. 173.
4) *Calendar of Patent Rolls 1292-1301*, p. 161; *Calendar of Patent Rolls 1313-1317*, p. 328.
5) Ralph. B. Pugh, *Imprisonment in Medieval England*, pp. 165-191.
6) *Calendar of Patent Rolls 1292-1301*, p. 161.

죄수들을 도시민들이 구호할 수 없었다. 그래서 죄수들이 재판을 받기도 전에 굶어 죽었다.[1] 그러한 문제는 버크셔만의 문제가 아니었다. 1315-1316년 런던 뉴게이트(Newgate) 감옥에서 60명 이상이, 1316년 월링포드(Wallingford)에서 28명이 감옥에서 사망하였으며, 1316-1317년에 메이드스톤(Maidstone)에서는 71명이 감옥에서 사망하였다.[2] 14세기 런던의 검시관기록에 따르면, 감옥에서 굶어서 사망한 경우도 있으나, 자연사한 경우도 매우 많았다. 자연사한 경우가 58건에 이르는데, 이들의 직접적인 사인은 기록되지 않았다. 다만 중죄에 의한 사망이나 사고사가 아니라 질병에 의한 사망이라는 관점에서 자연사(rightful death)라고 기록하였을 것이다. 그런데 이들이 투옥되었던 감옥이 대부분 뉴게이트 감옥이고, 단지 2건만이 마샬시(Marshalsea) 감옥에서 사망 사건이 발생하였다.[3] 한편 먹지 못하여 굶어서 사망한 경우의 기록이 3건 있는데, 모두 뉴게이트 감옥에서 발생한 일이다.[4] 감옥에서 굶어 죽은 자들은 강도와 불법침해죄로 투옥되었다가 1322년에 사망하였는데, 이들의 사망은 아마도 소기근과 관련이 있을 것이다. 중세 잉글랜드의 수형제도가 안고 있는 문제점은 여기에 그치지 않는다.

심지어 간수들은 죄수의 손목에 채운 수갑을 느슨하게 하여 주는 대가로 돈을 받기도 하였다.[5] 1319년 뉴게이트 감옥의 간수였던 에드먼드가 죄수들에게 돈을 요구하면서 수갑을 채우고 고문과 같은 억압적인 행위를 하였을 뿐만 아니라 그들로부터 돈을 받아 기소되어 유죄판결을 받았다.[6] 1328년에 요크에서는 요크 성에 3일 동안 바지와 셔츠가 벗겨진 채로 3일 동안 수갑을 채워 매달아 논 채로 갇혀있던 존(John Brumpton)이 자

1) *Calendar of Patent Rolls 1313-1317*, pp. 328-329.
2) Trevor Dean, *Crime in Medieval Europe 1200-1550*, p. 123.
3) Reginald R. Sharpe, ed., *Calendar of Coroners Rolls of the City of London A.D. 1300-1378*, pp. 105-106, 113.
4) *Ibid.*, pp. 53, 54, 67.
5) J. G. Bellamy, *Crime and Public Order in England in the Later Middle Ages*, p. 171.
6) *Ibid.*, pp. 172, 176.

신의 생명을 구하려고 휴 디스펜서(Hugh Despenser the younger)에게 옥스퍼드셔에 있는 땅과 방앗간을 양도하였다. 즉 뇌물을 주고 자신의 생명을 구한 것이다. 국왕과 각 공동체는 감옥 제도의 폐단을 알고 있었다. 국왕은 1431년에 뉴게이트 감옥에 수용된 죄수들의 불만을 두 명의 성직자와 런던시민공동체가 청취하고 그들이 왜 감옥에 들어오게 되었는지를 조사하여 보고하도록 명하였다.[1] 물론 그 결과가 감옥 제도와 죄수들의 수형생활 개선에 반영되어 문제점이 개선되었는지는 확인이 불가능하다. 그러나 감옥 제도의 문제점을 듣고 확인하였다는 점은 시민공동체나 국왕이 수형제도의 문제점을 파악하고 있었다는 사실과 연관되어 있는 것이다. 이는 곧 잘못된 수형제도의 개선으로 연결될 수 있는 가능성을 예측하게 한다.

일부 감옥에서는 죄수들이 인근 교회의 미사(missa)에 참석하기 위해 외출을 하는 등 바깥세상과 교류할 수 있는 기회가 있었다. 플리트 감옥에서는 13세기 말까지 죄수들이 간수들을 동반한 가운데 반나절 동안 개인적인 일을 보려고 외출하는 대가로 10펜스를 지불하였다. 1315년 버크셔의 평민들이 국왕에게 한 청원 덕분에 중죄로 기소되어 윈저 감옥에 투옥된 사람들이 원하는 기간 동안 밖의 세상으로 나갈 수 있도록 허용되었다.[2] 물론 이는 도시 외곽에 떨어져 있는 감옥의 죄수들에게 식품을 공급하기 위한 수단으로 허용된 것이지만, 국왕에게 청원한 수형제도의 개선책이 마련된 것이다. 그럼에도 불구하고 탈옥은 일반화되어 있었다. 죄수들이 탈옥하면 간수들이 죄수들로부터 얻은 각종 수입이 없어질 뿐만 아니라 탈옥의 책임을 간수들이 져서 국왕으로부터 문책을 당하였기 때문에 간수들은 죄수들의 탈옥을 두려워하였다. 그래서 간수들이 죄수들을 감시하여 탈옥을 방지한 것은 자연스러운 일이었다. 그리고 범법자뿐만 아니라 탈옥한 자를 숨겨주는 일도 중죄에 해당하기 때문에 탈옥하더라도 죄수가 도피하여 숨어 지낼 곳도

---

1) *Calendar of Letter Book K*, pp. 124-127.
2) *Calendar of Patent Rolls 1313-1317*, pp. 328-329.

마땅하지 않았다. 그럼에도 불구하고 탈옥은 계속하여 일어났다. 감옥에서 간수나 동료 죄수들로부터 괴로움을 당하여 비참하게 생활하는 것보다 탈옥하여 도피생활을 하는 것이 더 났기 때문이다. 한편 집단적인 탈옥이 자주 발생하였다. 예컨대 1325년 9월 8일 런던에서 10명의 죄수들이 뉴게이트 감옥에서 탈옥한 경우를 예로 들 수 있다. 이미 위의 <살인범의 처벌>에서 언급한 것처럼 집단적으로 탈옥하여 성역으로 도피한 다음, 해외 추방령을 요구하고 그에 따라서 사우샘프턴 항구와 도버 항구를 통하여 국외로 추방되어 처벌을 면한 경우를 보았다. 또한 1363년에도 악인들(evildoers)에 의해서 주도된 집단적 탈옥사건을 조사하도록 국왕이 명령하였다. 링컨 주에 스턴퍼드(Staunford)와 슬리퍼드(Sleford) 감옥을 부수고 중죄인들이 집단 탈옥한 것이다. 그들은 트렌트 강(Trent)에서 익사한 동료 탈옥자가 지니고 있던 10파운드의 돈과 다른 동산을 가지고 시체는 그 강에다 버리고 도주하였다.[1] 물론 평시에 있던 탈옥은 죄수들 개개인의 작당으로 혹은 개인적인 행동으로 간수를 매수하거나 혹은 간수의 감시가 소홀한 틈을 타서 발생한 일이다. 그러나 위에서 언급한 것처럼 집단적 탈옥은 감옥 내부 세력에 의해서라기보다는 외부 세력에 의해서 감옥의 문이 열려서 일어난 경우이다.

3) 사면

중세 잉글랜드 왕들은 중죄가 아닌 범법행위를 한 자들에게 사면을 자주 부여하였다. 그러나 사면 형식은 벌금 부과였다. 범법자에게 투옥형 대신에 벌금형을 부과한 것은 앵글로 색슨 시대 이래로 13세기에도 일반화된 방법이었다. 특히 흑사병으로 인한 인구의 격감 이후, 노동자 법을 위반한 자들에 대한 처벌이 투옥보다는 벌금형이었다.

범법자들이 다음과 같은 몇 가지 방법을 통해 사면되었다. 첫째, 벌금

1) *Calendar of Patent Rolls 1361-1364*, p. 450.

(amercement)을 납부하면 사면의 형식을 취하여 석방하였다. 벌금납부로 사면을 구매한 것이다. 그러므로 사면은 미래에 발생할 어려움으로부터 벗어나고자 범법자가 벌금의 형식을 빌어서 국왕에게 정해진 벌금을 납부하고 자유를 구매한 것이다. 구매된 사면은 재판관들이나 의회가 아니라 국왕이 부여한 것이기 때문에 범법자와 국왕 사이에 이루어진 일종의 거래였다. 예컨대 1383년 3월에 발생한 농민봉기에 가담한 에식스의 존(John Awedyn)이 여러 의회에서 사면 대상에서 제외되었음에도 불구하고, 리처드 2세로부터 직접 사면을 받았다.[1] 사면의 구매는 이제 일상적인 일이 되었으나, 그 액수가 쉴링 단위가 아니라 파운드 단위였기 때문에 누구나 구매에 의한 사면의 혜택을 볼 수는 없었다. 1390년 조례에서 모반, 강간, 모살, 은폐된 곳에서의 살인, 폭행에 의한 범법자들은 사면하지 말아야 한다는 점을 담았다. 그럼에도 불구하고 위에서 언급한 것처럼 모반, 강간, 모살에 대한 대귀족들과 하위계급 간의 사면 비용이 서로 달랐다. 만약 범법자가 귀족이나 고위성직자였다면, 그리고 그가 모반, 강간, 살인과 같은 중죄를 범하였다면, 그는 사면의 대가로 1,000파운드를, 대법관이나 하위계급은 200마르크를 사면의 대가로 지불하여야 한다.[2] 사면의 대가로 받은 돈은 모두 국왕의 국고로 들어갔다.

둘째, 1328년 노샘프턴 법령에서 정당방위나 사고사에 의한 사망이었다면, 비록 살인이라고 하더라도 범법자에게 사면을 부여하여야 한다고 규정하였다. 이 경우는 국왕의 사면절차 없이 범법자를 사면하였다. 즉 배심원들에 의해서 범죄용의자가 사고사나 정당방위로 살인하였음이 입증된 후 그에게 사면이 부여되었다. 정당방위로 살인하였는가 여부에 대한 판단은 전적으로 배심원들의 조사와 결정에 달렸다. 그러므로 배심원 선발에서부터 배

---

1) *Calendar of Patent Rolls 1381-1385*, p. 239.
2) 13 Richard II st. 2 c. 1; Alexander Luders, T. E. Tomlins, John Raithby, ed., *Statute of the Realm, 1101-1713*, vol II, pp. 68-69.

심원들의 평결에 이르기까지 모든 과정은 주지사나 그의 행정관에 의해서 관리 감독되었기 때문에, 사건을 대하는 그들의 태도에 따라서 사망사건 처리의 공정성 여부가 결정되었다. 그래서 주지사나 그의 행정관 못지않게 배심원들도 사건 처리에 큰 부담을 졌다. 특히 배심원들이 큰 부담을 졌다. 위에서 언급한 것처럼 배심원들의 평결이 잘못되었음이 밝혀지면, 그들은 투옥되거나 벌금형에 처해졌기 때문이다. 사고사란 불운한 일로 사망한 경우를 말한다. 예컨대 계단이나 사다리에서 떨어져 머리나 척추를 다쳐서 사망한 경우, 창문에서 밖으로 떨어져 머리를 다쳐 사망한 경우, 걸려 있던 도끼나 칼이 머리에 떨어져 치명상을 입은 경우, 강물이나 우물에 빠져 익사한 경우, 높이 적재한 목재가 무너져 덮치면서 사망한 경우, 말발굽에 차여서 사망한 경우, 마차에 깔려서 사망한 경우, 끓는 물에 신체의 일부를 데인 화상으로 사망한 경우, 불을 킨 초가 쓰러져 일어난 화재로 사망한 경우, 잘못 쏜 화살에 맞아 사망한 경우 등 그 예는 많다. 위와 같은 사고로 인하여 인명의 피해가 있을 때에는 목격자가 검시관과 주지사에게 보고하여야 한다. 검시관은 즉시 그 사고의 원인을 조사하여 사고사 여부를 판단한다. 물론 사고사임을 입증한 것은 목격자이지만, 목격자가 없을 경우에는 검시관의 조사와 배심원들의 평결이 사건의 성격을 결정하였다. 장기간 만성 질환 때문에 고생하다가 사망한 경우는 검시관들도 사망 원인을 쉽게 결정할 수 있다. 그러나 사고사인 경우는 타살인지 혹은 자살인지 아니면 사고사인지를 결정하기가 쉽지 않았다. 특히 감옥에 갇힌 죄수가 사망하였을 때 사망 원인을 결정하기가 쉽지 않았다. 죽은 자를 매장하기 전에 간수는 검시관에게 보고하여야 하고, 검시관은 중죄에 의한 사망인가 아니면 합당한 이유가 있는 사망(rightful death)인가 여부를 밝혀내야 한다. 만약 합당한 이유가 있는 사망일 경우 검시관은 간수에게 죽은 자의 매장을 허락하였다.

셋째, 벌금을 납부하여 국왕으로부터 사면 받는 것 못지않게 많은 수를 사면한 것은 에드워드 1세 통치 마지막 10년에 프랑스와의 전쟁에서 군역을 확보할 목적으로 군역납부를 조건으로 범법자에게 사면한 것이다. 특히 아쟁코르(Agincourt) 원정 이후 군역납부를 조건으로 많은 사면이 이루어졌다.

1296년 3월 초에 국왕은 스코틀랜드 원정에 군역을 납부할 자들을 살인이나 강도 혹은 다른 범법행위로 감옥에 투옥된 자들이나 법익박탈된 자들 중에서 모집하도록 대법관인 로저 브라바존(Roger Brabazon)을 임명하였다. 이러한 계약 행위의 결과 범법자에게 사면이 부여되는 것이기 때문에 그 계약 사항에 대한 보증인의 보증이 필요하였다.[1] 계약된 군역의무를 지정된 날까지 수행하지 않을 경우 그는 다시 재판에 회부되었다. 이러한 예들은 위에서 언급한 것처럼 여러 곳에서 나타난다. 에드워드 3세는 1343년 브레타뉴로 출발하면서 살인, 강도로 기소된 자들이 자신의 비용으로 1년 동안 프랑스와의 백년전쟁에 출정하는 대신에 그가 범한 범죄를 사면하였다.

전쟁에 동원된 군사들의 규모와 전비 조달의 실상을 파악하기 위하여 에드워드 왕들의 통치기에 일어난 전투와 전투에 참여한 전사들의 규모 및 그들에게 지급한 일당에 대하여 살펴보면 다음과 같다.

에드워드 1세의 잉글랜드 통치 시작 연도인 1272년부터 에드워드 3세의 통치 마지막 해인 1377년까지 105년 동안은 과거 어느 시기보다도 잉글랜드가 활발하게 대외적인 정복과 팽창정책을 폈던 시기이다. 에드워드 1세와 2세 통치기에는 웨일스, 아일랜드, 가스코뉴 및 스코틀랜드 정복 전쟁 그리고 에드워드 3세 통치기에는 스코틀랜드 정복 전쟁과 프랑스와의 백년전쟁 등으로 거의 매년 군사적 원정이 끝이지 않았다. 이처럼 끝임 없는 군사적 충돌에서 승리를 거두기 위해서는 국왕이 원활하게 활용할 수 있는 군사력의 동원이 필수적이다. 그리고 동원된 군사들에게 지급한 일당과 그들에게 공급한 보급품 조달이 필요한 군사비의 대다수를 점유하였다. 봉건적 군역납부 의무를 진 직수봉신들로부터 징수한 봉건적 기사역 이외에 필요한 전사들을 국왕이 동원할 경우에 전쟁참여자들에게 일당을 지급하여야 했다. 특히 직수봉신이 진 40일 간의 기사역 납부의 의무기간을 벗어난 기사역이나 궁병에게 지급된 일당의 수준은 보병에 비하여 높았다. 전투에 참가한

---

1) *Calendar of Patent Rolls 1292-1301* p. 186.

중기병, 보병, 기병 등은 그들의 기능에 따라서, 그리고 직급에 따라서 받는 일당[1])이 서로 달랐다.

전쟁을 계획하면서부터 국왕은 많은 액수의 전비 마련이라는 과제를 떠안았다. 필요한 전비를 어떻게 마련하느냐가 전쟁에서의 승리를 위한 요건 중의 하나였다. 그러므로 국왕이 주도한 전쟁에서 전비 조달이 국왕의 중요한 임무였다. 그런데 재무성(Exchequer)과 대법관청(Chancery) 및 왕실재정을 총괄한 내수사(Wardrobe)의 남겨진 기록을 통하여 부분적으로 소비된 전비의 규모를 복원하는 것이 가능하지만, 1298년부터 에드워드 1세 통치 말까지 스코틀랜드와의 전쟁에 소비된 전비를 분명하게 밝혀내는 것은 사실상 불가능하다. 왜냐하면 각 부서에서 지출된 전체 지출액 중에서 군사비가 분리 기록되지 않았기 때문이다.[2]) 그럼에도 불구하고 다음과 같은 몇 가지 예를 통하여 당시 지출된 전비의 규모를 추정할 수 있다.

에드워드 1세가 1282년 여름부터 1283년 여름까지 1년 동안 웨일스 를 침입하였는데, 이 때 사용된 전체 전비가 약 150,000파운드에 달하였다.[3])

---

1) 1294-1295년에 가스코뉴에 파견된 웨일스 와 잉글랜드의 보병들과 기병들의 임금이 크게 차이가 났다. 잉글랜드의 보병들은 기사들의 임금에 겨우 1/12의 불과하였다. [Michael Prestwich, *War, Politics and Finance under Edward I* (London, 1972), p. 93.] 한편 1317년 9월 9일의 기록에 따르면, 코커무스(Cokermuth) 성의 방어를 위해 동원된 자들 중에서 중기병들에게는 매일 12펜스를, 성 정복 기계 운영 기술자(engineer), 석공(mason), 목수(carpenter)에게는 6펜스를, 화물운반인(porter)에게는 4펜스, 파수꾼(watchman)에게는 3펜스, 일반 보병들에게는 일당 2펜스가 7월 15일부터 8월 5일까지 임금으로 지불되었다. (*Calendar of Close Rolls 1313-1318*, pp. 496-497.) 스코틀랜드와의 전투에 관한 기록에 따르면, 잉글랜드군의 보병 대장에게는 일당 1쉴링, 20명의 보병의 지휘자인 소대장에게는 일당 4펜스를, 일반 보병에게는 2펜스를 지급하였다. 한편 기사들은 보병보다 훨씬 더 많은 임금을 받았다. 기사 대장(banneret)은 일당 4쉴링, 기사에게는 2쉴링이 지급되었으며, 스콰이어(squire)나 기사의 종자들에게도 1쉴링이 지급되었다. (M. Prestwich, *War, Politics and Finance under Edward I*, p. 160.) 에드워드 1세 시대의 전사들의 임금 수준은 에드워드 2세와 3세 시대에도 큰 변화가 없었기 때문에 이를 일반화시켜 전비를 계산할 수 있다.
2) M. Prestwich, *War, Politics and Finance under Edward I*, p. 175.
3) John Edward Morris, *Welsh Wars of Edward I* (Haskell House Pub Ltd., 1996), pp. 196-197; M. Prestwich, *op. cit.*, p. 170.

한편 비록 전쟁이 일어난 1283년이 아니라 그 이듬해에 국왕의 총수입액이지만, 그 해 국왕은 26,828파운드 3쉴링 9 1/4펜스에 이르는 수입이 있었으며, 이 중에서 8,000파운드가 관습적 의무로부터 들어온 수입이었다.[1] 두 자료를 서로 비교하여 보면, 국왕의 1284년 1년간 수입은 1283년에 지출된 전비의 17.9%에 불과하였다. 한편 1294년 11월 11일부터 1298년 3월 24일까지 약 3년 4개월 동안 가스코뉴에 대한 잉글랜드군의 방어적 전투에 지출된 전비가 359,288파운드 5펜스에 이르렀다. 1년에 평균 89,822파운드의 전비가 지출된 폭이다. 그런데 이 가운데 가스코뉴에 있던 병력에게 지불한 임금이 137,595파운드 2쉴링 9펜스에 이른다.[2] 그러므로 병사들에게 1년에 평균 34,399파운드가 임금으로 지출되었다. 1284년 1년 동안 국왕의 수입이 26,828파운드였던 것과 비교하다면, 국왕은 전쟁을 하는 동안 매년 병사들에게 지불한 임금만으로도 7,571파운드의 돈이 부족하였다. 여기에다 병사들에게 공급한 식료품 조달비용을 합한다면 부족액은 크게 증가할 것이다. 또한 1294년부터 1298년 초 플랑드르로부터 에드워드 1세가 귀국할 때까지 지출된 총 군사비가 750,000파운드에 이르렀다.[3] 이 비용에는 물론 1294년 웨일스 반란 진압, 1296년 던바 전투, 1298년 폴커크 전투에서 지출된 전비 모두가 합산된 것이다. 그런데 1294년부터 1297년까지 조세징수를 통해 얻은 에드워드 1세의 수입은 1294년 81,838파운드 9쉴링 4 3/4펜스, 1295년에 52,870파운드 2쉴링 6 3/4펜스, 1296년에 38,485파운드 18쉴링 0 1/2페니, 1297년에 34,418파운드 2쉴링 2 1/2펜스에 이르렀다.[4] 이것들의 총 합계는 약 207,617파운드에 이르러 지출된 전비가 수입액의 3.5배에 이르렀다. 한편 대규모 전투가 아닌 성을 수비한 소규모 방어적 전투에 지출된 비용에 관한 예를 들면 다음과 같다. 1300년에 캐러라베록

1) *Ibid.,* 178.
2) *Ibid.,* p. 171.
3) *Ibid.,* p. 175.
4) *Ibid.* p. 179.

(Caerlaverock) 원정에 관한 자료에서 그 성의 수비를 위해 13,574파운드가, 식료품 조달비로 5,063파운드가 소비되었다. 또한 기사들의 임금이 3,077파운드, 장궁의 사수와 국왕의 근위병들의 임금으로 1,038파운드가 지출되었다. 또한 원정 중에 죽거나 잃어버린 말 값으로 2,000파운드가 지불되었다. 그러므로 이 원정에 소요된 총 비용은 24,752파운드였다. 이처럼 성을 수비한 방어적인 소규모 전투에 지출된 비용만도 국왕의 1년 동안의 수입액과 맞먹을 정도이다. 한편 칼라일에서 출발하여 덤프리스를 거쳐 턴베리 성까지 비교적 단거리 원정인 1301년 전투에서 지출된 전비는 1300년 원정보다 더 증가하였다. 그 중에서 가장 많은 비중을 차지하는 것은 보병의 임금으로서 15,746파운드가 지출되었는데, 이는 총 전비인 77,291파운드의 20%에 이른다.[1] 결국 국왕의 1년 간 수입은 전투에 동원한 병사들의 임금 지불에도 부족한 액수였다.

그렇다면 국왕은 부족한 전비를 어떻게 마련하였을까? 프레스트위치(M. Prestwich) 교수의 계산에 따르면, 에드워드 1세는 자신의 통치기에 세속인들로부터 약 5십만 파운드를 직접세로 징수하고, 성직자로부터 3십만 파운드를 징수하여 총 8십만 파운드의 가용한 자금을 확보함으로써, 이를 1294년부터 1297년까지 4년 동안에 걸쳐서 일어난 프랑스와의 가스코뉴 전투와 스코틀랜드 지배를 위한 전투에서 필요한 전비로 지출하였다. 만약 이 계산이 정확하면, 1294년부터 1298년 3월까지 359,288파운드를 전비로 사용하였다. 결국 국왕이 61,000파운드의 부족한 전비를 충당하였다는 계산이 된다. 그렇다면 국왕은 부족한 전비를 어떻게 마련하였을까? 첫째, 직접세나 간접세와 같은 세금징수를 통하여 확보하는 방안이 있다. 예컨대 런던시민들에게 그들이 보유한 동산에 세금을 부과하여 징수함으로써 이를 원정비에 충당하였다.[2] 이를 위하여 세금징수자를 임명하였다.[3] 둘째, 상인들로부터

1) *Ibid.*, pp. 175-176. (스털링 성을 점령하기 위해 1303년과 1304년 원정에서는 각각 75,000파운드와 80,000파운드의 전비가 소요되었다.)
2) *Calendar of Fine Rolls 1307-1319*, p. 280.
3) *Calendar of Fine Rolls 1307-1319*, p. 300.

수입품에 대한 관세[1])를 징수하거나 수출품에 수출세를 부과하여 전비에 충당하였는데, 잉글랜드의 대표적 수출품인 양모를 수입해 간 외국 상인들로부터 수출세를 징수하였다.[2]) 그런데 백년전쟁기에는 양모판매업자나 수출업자들로부터 전체 양모판매액의 1/9을 수출세로 징수하였다.[3]) 에드워드 1세 통치 초에 평민들이 소유한 동산의 1/15세를 직접세로 징세하였던 것에 비하여 세금징수액이 크게 증가한 것이다. 당시 세속인들로부터 징수한 세액 중에서 약 116,000파운드를 수출세로 징수하였다.[4]) 잉글랜드 정부는 양모 매 색(sack)마다 5마르크를 관세로 부과하였다.[5]) 그러나 위에서 지적한 것처럼 징수한 세금만으로 필요한 전비를 충당할 수 없었다.

그렇다면 국왕은 각종 세금이나 양모 수출세 징수를 통하여 확보한 국고만으로 충당할 수 없었넌 부족한 전비를 어떻게 마련하였을까? 가장 손쉬운 방법이 부채로 충당하는 것이다. 국왕의 전비를 대부하여 준 사람들은 주로 고위성직자와 상인들이었다. 국왕은 고위성직자들인 주교, 대수도원장, 소수도원장, 수녀원장 등에게 필요할 때마다 전쟁보조금을 대부하여 줄 것을 요청하였다.[6]) 심지어 국왕은 교회가 징수한 십일조

---

1) *Calendar of Fine Rolls 1307-1319*, p. 338. (런던 항구를 통해 들어온 수입품에 대하여 관세를 징수하도록 세관에 다음과 같이 명하였다. 60실링의 가치가 있는 채색 옷감에 1/2마르크, 40실링의 가치가 있는 옷감마다 4실링, 와인 매 톤마다 5실링, 직물, 왁스, 모피, 주석, 납, 철 등의 매 파운드마다 2실링을 금번 미카엘제부터 다음 미카엘제까지 징수한다.)

2) *Calendar of Fine Rolls 1307-1319*, pp. 312, 335, 352, 359. [플로렌스나 제노아의 상인조합이 잉글랜드 왕에게 약속한 전쟁보석금을 4,500마르크를 지불하였다. 그런데 보스턴 항구, 사우샘프턴 항구, 하텔폴 항구에서 잉글랜드 양모를 수입해 가려는 외국 상인들에게 양모 매 색(sack)마다 10실링을 징수하였다.]

3) *Calendar of Close Rolls 1339-1341*, p. 663; *Calendar of Close Rolls 1341-1343*, p. 144.

4) *Ibid.*, p. 197.

5) *Ibid.*, p. 199. (1303년에 에드워드 1세는 외국상인들과 수출 양모 매 색마다 3실링 4펜스의 관세를 추가로 부담할 것을 협상하였다. 이로부터 1303년 미카엘 축일부터 통치 말까지 관세 수입이 매년 18,000파운드에 이르렀다.)

6) *Calendar of Close Rolls 1313-1318*, p. 220; *Calendar of Close Rolls 1318-1323*, p. 27.

(1/10세) 중에서 차용하여 줄 것을 요청하였다.[1] 한편 국왕은 도시민들에게도 필요한 전비를 대부하여 줄 것을 자주 요청하였다.[2] 예컨대 양모판매 상인들에게 양모를 판매할 때 매 색마다 일정한 액수를 대부해 주는 조건을 국왕은 제시하였다.[3] 현물로 전비를 충당한 경우도 있다. 곡물, 와인, 선박 등 원정에 필요한 물품을 징발하였다. 해로를 통하여 군사적 원정을 할 때 필요한 것이 선박이다. 병사들은 물론 군수품을 수송하여야 하기 때문이다. 그런데 선박 소유자들은 도시의 대상인들이기 때문에 국왕은 그들이 소유한 선박의 징발령을 내리기도 하였다. 따라서 군사적 원정 때마다 항구 도시에 시장이나 바론들에게 가용한 선박을 모두 동원하라는 선박동원령이 내려졌다.[4] 그러나 국왕의 선박징발령에 따라서 선박이 원활하게 동원된 것은 아니다. 도시에 따라서는 동원할 배가 없다는 구실로 국왕의 선박동원령을 거부한 경우도 있다.[5] 국왕도 명확한 이유가 있을 경우에는 선박동원령을 거부한 자들을 처벌할 수 없었다.

전쟁 중이나 전쟁이 일어날 가능성이 있을 때, 적들에게 군량미가 유입되는 것을 적극적으로 방어하는 것은 전술의 기본원칙이다. 그러므로 전쟁을 수행하려면 국왕은 군역의 의무를 진 모든 자들에게 말과 무기를 갖추고 정해진 장소에 정해진 날에 집합하도록 명령함과 아울러 아군에게 식량의 원활한 보급을 위한 대책을 수립하고 적들에게 곡물이 반출되는 것을 금지시켰다.[6] 스코트가 잉글랜드군의 곡물창고를 습격하여 부수고 약탈하

---

1) *Calendar of Close Rolls 1318-1323*, p. 203.

2) *Calendar of Letter Book E*, p. 37. (런던시장과 시민들이 국왕으로부터 1,000마르크의 대부를 요청받았다.)

3) *Calendar of Close Rolls 1327-1330*, pp. 251, 236, 434.

4) 1302년 11월 7일의 기록에 따르면, 잉글랜드 남동부의 5개 항구(Cinque Ports)의 시장과 바론들에게 57척의 선박 동원령을 내렸다. [선박동원령에 관한 기록이 자주 나타난다. (*Calendar of Close Rolls 1302-1307*, pp. 433, 482; *Calendar of Close Rolls 1313-1318, p. 98; Calendar of Fine Rolls 1307-1319*, p. 268.)]

5) *Calendar of Close Rolls 1302-1307*, p. 76.

6) *Calendar of Close Rolls 1296-1302*, pp. 192, 259; *Calendar of Close Rolls*

여 가는 행위가 자주 일어났기 때문에[1] 군량미가 적의 수중에 들어가는 것을 방지하고자 특별 명령을 발표하기도 하였다. 에드워드 2세가 프랑스 왕 루이 10세(1314-1316)에게도 스코트나 플랑드르의 반도들에게 군량미가 들어가지 않도록 협조를 요청한 서한을 보낼 정도로 곡물이 전쟁 시기에 중요한 무기 중의 하나였다.[2] 아군에게도 적절한 시기에 곡물을 비롯한 식료품이 원활하게 보급되지 못하면 병사들의 사기가 크게 저하될 수 있기 때문에 전쟁 전에 식량의 반출금지령을 내리고, 이를 위반한 자에게는 곡물 몰수라는 처벌을 가하였다.

무기를 몸에 지닐 수 없는 부적합한 자, 군역납부 대신에 대역전(scutage)을 납부하기를 원하는 자를 제외한 소집명령을 받은 모든 백작이나 바론들은 가급적 많은 말과 무기를 갖고 정해진 날 정해진 장소에 출두하여 군역을 납부하여야 한다.[3] 그리고 전쟁에 참여한 백작과 바론은 물론 일반 병시에 이르기까지 전쟁참여자들 모두는 국왕의 소집해제 명령이 있기 전에는 군진을 이탈해서는 안 된다.[4] 1299년 2월 21일 기록에 따르면, 에드워드 1세는 링컨 주의 주지사를 비롯한 모든 주지사들에게 스코트의 반란을 진압하기 위해 파견된 병사들을 이끌고 국왕의 승인 없이 철수시킨 사건을 조사하도록 명령하였다.[5] 만약 국왕의 명령이 없음에도 불구하고 전쟁참여자가 군진을 이탈하면 일정기간 안에 복귀할 것을 명령함과 아울러 이를 어길 경우 체포명령이 하달되었다.[6] 예컨대 1302년 11월 13일에 브리스톨 성의

1318-1323, pp. 132-133.

1) *Calendar of Close Rolls 1318-1323*, p. 66.
2) *Calendar of Close Rolls 1313-1318*, pp. 220, 228, 308, 322.
3) *Calendar of Close Rolls 1296-1302*, p. 611; *Calendar of Close Rolls 1318-1323*, p. 700.
4) *Calendar of Close Rolls 1318-1323*, p. 30.
5) *Calendar of Close Rolls 1296-1302*, p. 375.
6) 백년전쟁기인 1347년 8월 24일에 프랑스 칼레에서 군진을 이탈한 자들에게 9월 8일까지, 즉 15일 이내에 복귀하도록 한 국왕의 명령이 하달되었다. (*Calendar of Letter Book F*, p. 167.) 그리고 국왕의 옥새가 찍힌 특별허가서 없이 프랑스의 군진에서 이

성수장인 니콜라스에게 국왕이 브리스톨 성에 투옥되어 있던 6명을 석방하라고 명하였다. 그들은 스코틀랜드에서 '미겔(Mighel)'이라고 불린 선박에서 국왕으로부터 임금을 받고 군역을 수행하던 중 국왕의 허락 없이 철수하였기 때문에 투옥된 것이다. 그들은 근무지로 원대 복귀하여 성실히 군역의 의무를 수행할 것을 약속하였기 때문에 석방되었다.[1)]

국왕의 동원령이 내려졌을 때, 이를 이행하지 않거나 해외로 도피하는 자나 군역납부 이행을 거부하는 자는 반역죄를 범한 것이기 때문에 재산 몰수와 함께 체포되었다. 그리고 이러한 조건은 이미 국왕과 대귀족들이 서로 군역납부 문제를 협의할 때 그들이 동의한 사항이다.[2)] 국왕의 신뢰를 깨트린 적들과 대결함을 피하거나 거부하는 자들 모두를 처벌할 것이라는 점을 국왕을 대신하여 주지사가 자신의 관할 구역 사람들에게 알렸다.[3)] 그리고 국왕의 명령을 위반할 경우 주지사가 그들의 재산을 몰수하고 체포할 권한을 국왕으로부터 위임받았다.[4)] 그러나 군역동원령에 따르지 못한 합당한 사유가 있을 경우에는 처벌을 면하였다.[5)] 그리고 대역전을 납부한 것이 확인된 직수봉신을 무죄 석방하도록 조치한 것으로 보아 실역 대신 대역전을 납부하여도 군역을 수행한 것으로 간주하였다.[6)]

또한 국왕의 반역자 정벌을 위한 군사적 원정에 협조하지 않거나 방해하는 것도 반역행위로 처벌하였다. 런던시의 기록에 따르면, 스코틀랜드

탈한 자들이 런던에서 발견되면 즉시 체포하도록 시장에게 명령하였다. (*Calendar of Letter Book F*, p. 154.)

1) *Calendar of Close Rolls 1296-1302*, p. 564.
2) *Calendar of Close Rolls 1313-1318*, p. 430.
3) *Calendar of Close Rolls 1302-1307*, p. 85.
4) *Calendar of Letter Book E*, pp. 163-164.
5) *Calendar of Close Rolls 1318-1323*, p. 436. (1322년 4월 1일 기록에 따르면, 글로스터 주지사에게 반역자들을 토벌하기 위한 군역납부에 존이 병약하여 불참한 것이 사실로 밝혀져 몰수한 동산과 부동산 모두를 되돌려주도록 국왕이 명하였다.)
6) *Calendar of Close Rolls 1302-1307*, p. 497.

정복을 위한 국왕의 보병 파견 업무를 방해한 죄로 런던시민인 리차드 월링퍼드(Richard de Walyngford)를 투옥하였다.[1] 그러나 국왕의 전비 마련을 위한 모금 요구를 거부한 것은 반역죄에 해당하지 않았다. 1322년 에드워드 2세가 스코틀랜드 원정에 필요한 전비로 2,000마르크의 자금을 지원하여 줄 것을 런던시장에게 요청하였다. 이에 시장을 중심으로 런던시민들이 모금하였으나, 리차드 월링퍼드가 반대하고 유언비어를 전파시킨 혐의로 고발되었다. 런던시장과 참사회원들이 그의 행위에 대한 답변을 듣기 위해 그의 구인을 요청하였다. 19명의 참사회원들과 주지사 및 다수의 시민들이 그의 변명을 듣기 위해 시청에 모였으나 그는 정해진 날 출두하지 않았다. 그리하여 그는 런던시민의 자격을 박탈당하고 런던시 의회로부터 추방되었다.[2] 모금활동을 반대한 행위는 모반행위에 해당하지 않기 때문에 시민권 박탈에 그치고 투옥되지는 않았다.

반역자들의 토지를 몰수하는 것[3]이 국왕권을 확립하는 하나의 수단이기도 하지만 한편으로는 국왕이 자신의 지배영역과 지배권을 확대하는 수단[4]이기도 하고 귀족들을 국왕권의 통제 하에 놓는 방법이기도 하였다. 그러나 실제로는 적들과 내통하거나 협력한 자들에 대해서는 통상 토지 몰수로 처벌하였으며, 또한 반역죄로 기소되어 처벌하더라도, 후에 사면하여 주고 토지를 되돌려 준 것이 기록에 자주 등장한다. 물론 반역죄에 대한 사실심리 결과 무죄가 밝혀지면 몰수한 토지를 되돌려 주었다. 한편 반역으로 의심받은 자들 중에서 많은 사람들이 사면을 통하여 반역의 혐의를 벗어나기도 하

1) *Calendar of Letter Book E*, p. 91.
2) *Calendar of Letter Book E*, pp. 31-32.
3) 토지몰수와 관련된 기록이 다수 등장하는데, 이 중에서 몇 가지 경우만 열거하면 다음과 같다. (*Calendar of Patent Rolls 1307-1313*, p. 447; *Calendar of Close Rolls 1313-1318*, pp. 33, 357, 359; *Calendar of Patent Rolls 1313-1317*, p. 502; *Calendar of Patent Rolls 1321-1324*, pp. 107, 108, 175, 178, 191, 206, 210, 302.)
4) 국왕이 반역자로부터 몰수한 토지를 다른 자에게 양도한 경우가 기록에 다수 등장한다. 예컨대 *Calendar of Patent Rolls 1321-1324*, p. 206, 210의 기록을 참조할 것.

였다. 그런데 반역자 및 반역자에게 협력한 자들에 대한 사면이 특히 1320년대의 기록에서 집중적으로 나타나고 있다. 필자가 확인한 1315년부터 1350년까지의 사면에 관한 기록 143건 중에서 1322년에 34건[1], 1323년에 24건, 1324년 13건[2], 1326년 12건, 1327년 29건[3] 등이 집중적으로 분포되어 있다. 아마도 이는 에드워드 2세 통치기에 랭커스터 백작 토마스의 반란은 진압하고 에딘버러/노샘프턴 평화조약(1328년)이 체결되기 전에 스코틀랜드의 독립전쟁을 제어하기 위해 필요한 인적 자원을 확보하려고 내린 사면이었을 것이다. 증세나 차용을 통하여 필요한 전비를 조달하지 못한 에드워드 왕들이 반역자를 비롯한 중죄인들을 사면하여 주는 대신 국왕에게 일정한 양의 군역을 납부하게 하였다.

한편 에드워드 왕들은 범법자들의 군역납부라는 방법과 함께 속죄금, 혹은 사면금을 납부하면 그들의 처벌을 사면하여 주기도 하였다. 반역죄를 범한 자들을 사면한 유형 중에서 벌금납부를 통하여 사면한 기록이 다수 등장하는 것을 통하여 그 이유에 대한 파악이 가능하다. 전쟁비용의 조달을 위한 방안으로 국왕이 반역자를 사면 조치하였을 것이다. 스코틀랜드 왕국의 로버트 브루스(Robert Bruce)와의 빈번한 전쟁과 국내의 반역 세력에 대항하여 투쟁하여야만 하였던 에드워드 2세 통치기에 잉글랜드의 정치적 상황이 그러한 추측을 가능하게 한다. 이러한 추측을 가능하게 한 또 다른 사실은 스코틀랜드와의 전쟁을 위해 살인자와 같은 중죄인들도 스코트와의 전쟁에 참여한다는 조건으로 사면하는 경우가 자주 등장하는 점

---

1) 1321-1322년 사이에 에드워드 2세는 내전으로 곤경에 처하였다. 그는 반란세력인 랭커스터 백작 토마스를 비롯한 대귀족들과 힘겨운 싸움을 하였다. (*Calendar of Close Rolls 1318-1322*, p. 534.)

2) 1322-1323년에는 기후 불순으로 인한 흉작으로 물가가 상승하는 등 경제적으로 큰 고통을 당하였으며, 이에 더하여 스코틀랜드와의 전쟁을 지속하여 에드워드 2세는 어려움에 빠졌다. (홍성표, 『중세 영국사회와 범죄』, 33쪽 참조.)

3) 1326년에는 에드워드 2세의 왕비인 이사벨라의 주도로, 왕자인 에드워드의 묵인과 대귀족들의 공모로 에드워드 2세가 폐위되는 사건이 일어났으며, 1327년에 에드워드 왕자가 에드워드 3세로 즉위하였다.

이다.[1] 또한 벌금납부로 반역죄를 사면한 경우도 자주 등장한다. 예컨대 1316년에 스코틀랜드 원정군에 선발된 자가 이에 불참하여 구인되었으나, 그의 석방과 지위 회복을 위해 20실링의 벌금을 납부하였다.[2] 또한 1322년의 사면기록에 따르면, 반역자에게 벌금으로 1,000마르크를 부과하고, 이를 납부하는 대가로 사면한 기록이 여러 건 등장한다.[3] 교수형의 형벌로부터 생명을 구하고 토지몰수를 면하는 조건으로 1,000마르크[4], 200마르크[5], 100파운드[6] 등의 벌금을 납부하는 것은 가혹한 처벌이 아닐 수도 있다. 그러나 1,000마르크는 일시에 벌금으로 납부하기에 부담스러운 큰 금액이다. 그러므로 일정한 액수, 예컨대 500마르크나 200마르크를 선납하고 매년 100마르크씩 분할납부하도록 허락하였다.

이처럼 각종 유형의 반역자에 대한 보통법의 처벌 규정과는 다른 기록이 자주 등장한다. 그 이유가 무엇일가? 장원을 무단으로 이탈한 농노를 체포하여 그의 목숨을 빼앗는 것보다 영주가 벌금을 징수하는 대신 살려두는 것이 노동력도 확보하고 경제적인 이득도 얻는 일거양득의 방법인 것처럼 에드워드 왕들도 반역자들의 재산을 몰수하고 벌금을 징수하는 방법으로 그들을 처벌하였다.[7] 그 자체로서 반역자에 대한 처벌의 효과는 거둘 수 있었고 몰수된 재산을 매개로 국왕에게 충성하는 또 다른 자를 확보할 수 있었다. 즉 반역자로부터 거둔 벌금으로 국왕에게 충성할 또 다른 군역납부자를 고

---

1) *Calendar of Patent Rolls 1327-1330*, pp. 380, 381, 383, 384, 395, 402, 404, 419, 437, 459.
2) John Lister, ed., *Court Rolls of the Manor of Wakefield*, vol. IV, p. 137.
3) *Calendar of Patent Rolls 1321-1324*, pp. 183, 302, 295, 395, 418.
4) *Calendar of Patent Rolls 1321-1324*, p. 183; *Calendar of Patent Rolls 1324-1327*, p. 333.
5) *Calendar of Patent Rolls 1321-1324*, p. 302.
6) *Calendar of Patent Rolls 1321-1324*, p. 295.
7) 몰수된 재산의 규모가 장원과 성 그리고 부속건물인 경우가 있는가 하면 (*Calendar of Patent Rolls 1321-1324*, pp. 108, 206.), 가옥이나 (*Calendar of Patent Rolls 1321-1324*, p. 210), 방앗간 (*Calendar of Close Rolls 1327-1330*, p. 153)은 물론 현금과 금, 그리고 그릇도 있다. (*Calendar of Close Rolls 1327-1330*, p. 121.)

용할 수 있었다. 또한 다른 중죄인들과 마찬가지로 반역자들에게도 전투에 참여하는 조건으로 사면하였다.[1] 이미 위에서 언급한 것처럼 1300년부터 1350년 사이에 '개봉된 국왕의 칙허 등기부'에 등장하는 살인범에 대한 사면장 3096건 가운데 군역납부를 조건으로 사면한 경우가 1448건(46,8%)에 이른다. 반역자들에 대한 사면도 이와 유사하다. 이처럼 거의 매년 일으킨 잦은 전쟁으로 인하여 많은 인력과 전비가 필요하였던 에드워드 왕들은 원활하게 군역과 전비를 확보하기 위한 방안으로 반역자들을 극형에 처하는 대신 벌금징수와 군역납부로 잠정적으로 사면하는 실용적인 정책을 실시했다.

그렇다면 국왕이 사면권을 남발한 것이 당시 공공질서 유지에 큰 위협은 되지 않았는가? 이는 사면된 자들에 대한 통계적 자료를 통해서 유추하여 볼 수 있다. 1377-1397년에 워릭셔와 코벤트리에서 재판회기 중에 중죄로 기소된 169명 중에서 오로지 16명만이 사면되었다.[2] 그리고 불법침해죄로 기소된 244명 중에서 5명만이 사면되었다.[3] 또한 1361년과 1398년 사이에 글로스터셔에서 치안판사에게 기소된 215명의 중죄인들이 국왕의 법원에 소환되었을 때에 겨우 6명만이 사면되었으며, 불법침해죄로 기소된 142명 중에서 4명만이 사면되었다. 그리고 1396년 글로스터셔를 방문한 국왕의 재판관 앞에 소환된 254명의 중죄인 중에서 11명만이 사면되었다.[4] 이와 같은 낮은 사면율은 링컨셔, 슈롭셔(Shropshire), 스태퍼드셔(Staffordshire)에서 14세기 말과 15세기 초에서도 나타난다.[5] 이러한 통계자료들을 통해서 볼 때,

1) 홍성표, 『중세 영국사회와 범죄』, 74-76쪽.
2) E. G. Kimball, ed., *Rolls of the Warwickshire and Coventry Sessions of the Peace, 1377-1397*, p. lxvii.
3) J. G. Bellamy, *Crime and Public Order in England in the Later Middle Ages*, p. 197.
4) E. G. Kimball, ed., *Rolls of the Gloucestershire Sessions of the Peace, 1361-1398*, p. 49.
5) J. G. Bellamy, *Crime and Public Order in England in the Later Middle Ages*, p. 197.

범법자들에 대한 사면율이 낮았기 때문에 사면 자체가 공공질서 유지에 큰 위협 요인이 되지 못하였음을 암시한다고 밸라미(J. G. Bellamy)는 언급하였다. 그러나 이것은 너무나 단순화한 일반화이다. 사면율이 낮았다고 공공질서 유지가 가능하였는가? 이들에 대한 사면이 단순사면인가 아니면 군역납부를 조건으로 한 사면인가의 구분이 필요하고, 만약 단순사면율이 낮다면 그 이유가 무엇인가를 검토하여야 할 것이고, 군역납부를 조건으로 한 사면이라면 당시 외국과의 전쟁에 이들을 이용하였는가, 그리고 이들이 전쟁 후 귀국하여 또 다른 불안 요인이 되지 않았는가를 추적하여야 한다. 그러므로 국왕이 범법자들에 대한 사면권을 남발하지 않았다면, 이것은 오히려 사회질서 유지에 공헌하였다기보다는 범법자들에 대한 처벌이 체형이나 벌금형에 치중하였음을 뜻하는 것이다. 특히 국왕의 사법권 행사에서 중죄인들에 대하여 교수형과 같은 체형보다는 벌금형의 비중이 높았던 점은 이미 알려진 사실이다. 이는 봉건 군주로서 국왕이 토지를 비롯한 국왕의 재산으로부터 산출된 소득 못지않게 사법권 행사로 얻는 소득도 많았음을 의미한다. 물론 국왕의 사면권 남발이나 법률적 지식이 부족한 지방의 토호들이 재판관이나 배심원 등으로 재판에 관여함으로써 법과 질서 유지에 저해 요인으로 작용하였다. 외형상으로 볼 때, 국왕의 사면권 남발이 억제된 점은 그것이 당시 사회질서 유지에 긍정적으로 작용하였다고 주장할 수 있다. 그러나 만약 우리가 재판의 내면에 있던 사실인 벌금형의 비중이 높았던 점을 간과한다면, 밸라미의 일반화는 잘못된 것이다. 오히려 벌금형의 비중이 높았던 점이 당시 사회질서 유지에 부정적으로 작용할 수 있기 때문이다.

중세의 정치이론상 법의 집행과 평화유지의 책임은 국왕에게 있었다. 따라서 국왕은 즉위식에서 평화유지와 정의실현을 맹세하였다. 중죄인을 교수형에 처한 이유를 '국왕의 평화와 안녕을 해치는 행위'에 두고 있는 것이 그 증거이다.[1] 국왕은 이러한 통치목적을 실현하기 위하여 무엇이든 행할 수

---

1) *Bracton*, II, p. 283; F. W. Maitland, *Pleas of the Crown for the County of*

있었다. 전쟁에 출정할 군사력 확보를 위한 수단으로 살인범들을 사면하여 군역을 납부하도록 하였던 것이 좋은 본보기이다. 그러나 특별한 목적 때문에 중죄인들을 사면한 행위가 국가의 평화와 사회의 안녕을 유지시키는데 공헌하였겠는가? 물론 전쟁수행을 위해 군역을 확보할 수 있었고, 군사적으로 봉건귀족에게 크게 의존한 상태로부터 벗어날 수는 있을지라도, 전쟁이 끝난 다음, 사면된 자들이 귀향하여 그들의 공동체나 이웃에 끼친 역작용을 고려하여야 할 것이다. 일반적으로 전쟁기간이나 재향군인들이 귀향하는 휴전기나 종전 후에 범죄가 크게 증가하지는 않지만, 살인은 다른 범죄에 비하여 상대적으로 그 증가폭이 더 컸던 사실을 하나왈트가 8개 주를 대상으로 한 14세기 초 미결수 감옥재판기록 조사를 통하여 확인하였다.[1] 이러한 사실에 근거할 때, 14세기 초부터 중반에 이르기까지 에드워드 왕들이 "국가의 평화와 사회의 안녕을 위한다."는 명분하에 살인범들을 대대적으로 사면하여 전쟁터에 투입한 점은 비록 국왕권 강화에는 공헌하였을지 몰라도 당초 표방한 목표인 사회질서 유지와 안녕과는 다른, 오히려 정반대의 현상이 나타날 수도 있었다. 국왕들의 사면권 남발이 결국 범죄예방을 위한 조직과 그 기능을 무력화시켜 오히려 사회질서 유지에 부정적 영향을 끼쳤을 것이다. 더구나 범법자는 국왕의 평화유지와 공공복리를 해치는 행위를 하였기 때문에 처벌받아야 한다는 보통법의 정신으로 볼 때, 특별사면의 예들은 그 정신에도 위배되는 것이다. 이러한 관점에서 볼 때 밸라미가 언급한 것처럼 "우리가 소유한 통계적 증거가 사면이 공공질서 유지에 큰 위협이 되지 않았음을 암시한다."는 주장은 문제가 있다고 생각한다. 밸라미가 그러

Gloucester before the Abbot of Reading and his Fellows Justices Itinerant: in the Fifth Year of the Reign of King Henry the Third and the Year of Grace 1221, p. xxxvi; Charles Travis Clay, ed., *Yorkshire Assize Rolls for the Reigns of King John and King Henry III*, p. xi; Barbara A. Hanawalt, ed., *Medieval Crime and Social Control*, p. 164.

1) Barbara A. Hanawalt, *Crime and Conflict in English Communities, 1300-1348*, pp. 223-237.

한 주장을 한 근거는 사면 받은 자들의 수가 적었다는데 근거하고 있다. 중죄인이나 불법침해를 범한 자들 중에서 사면된 자들의 비중이 10% 미만이었다는 사실에 근거하여 중죄인들 사면 때문에 공공질서가 유지되지 못하였다는 주장을 밸라미는 비판하였다. 그러나 필자는 밸라미와 생각이 다르다. 비록 사면된 자가 소수라고 하더라도, 그들이 재범을 범하지 말라는 법이 없다. 특히 살인범이나 강간범과 같은 흉악범이라면 더 큰 문제가 될 수 있다. 그러므로 사면된 자들의 흔적을 찾아서 그들이 다시는 범법행위를 범하지 않았다는 점이 확인될 때 밸라미의 주장은 설득력이 있을 것이다. 더구나 에드워드 왕들의 통치기에 군역납부를 조건으로 사면된 자들이 2,000여 명에 이르렀으며, 이들이 스코틀랜드 접경지역이나 프랑스 원정을 위해 대기하였던 요크에서 자주 범법행위를 범하였음은 이미 필자가 여러 곳에서 확인한 사실이다. 그러므로 만약 군역납부를 조건으로 사면된 자들을 전체 사면자 수에 포함시킨다면, 사면자 수가 적다고 말할 수도 없으며, 사면된 자들이 국왕의 평화와 사회의 공공질서를 파괴하는 행동을 하지 않았다는 일반화는 더군다나 할 수가 없다고 하겠다.

제 4장:

12-13세기 사회·경제적 변화와 범죄

1. 인구증가

자급자족적인 농업사회에서 사회·경제적 변화를 일으킬 수 있는 가장 직접적이고 중요한 요인은 인구의 증감이다. 그러나 사회변동을 설명할 중요한 근거인 인구변화에 관한 자료가 제한된 지역만을 포함하고 있거나 혹은 이용할 수 있는 자료의 부분적인 공백이나 수치의 부정확성 때문에 자료 자체가 한계성을 지닌다.[1] 그럼에도 불구하고 다수의 인구 학자들이 여러 가지 자료들, 예컨대 둠즈데이 북(Domesday Book), 담로세 징수(hearth tax) 장부, 사망자 기록부(inquisitions post mortem), 인두세(poll tax) 징수와 토지등록세(entry fine), 장원법원문서(manorial court rolls), 상속세를 비롯한 여러 가지 세금을 납부한 납세자의 증감 기록, 교회에 잔존한 출생과 사망에 관한 기록, 그리고 가옥수의 증가에 따른 촌락 규모의 확대, 신생도시 수의 증가, 개간에 따른 경작지 면적의 확대와 가구당 보유지 면적의 세분화 등의 자료를 이용하여 중세 잉글랜드의 인구 변화를 추정하고 있다. 그런데 둠즈데이 북을 제외하면 나머지는 단편적이고 간접적인 자료들이기 때문에, 이를 바탕으로 중세 잉글랜드 전체 인구수를 계정하는 것은 부정확하다. 따라서 학자마다 총인구수의 산정에 차이가 나게 마련이다. 럿

1) Denys Hay, *The Medieval Centuries* (New York, 1964), p. 32.

셀(J. C. Russell)은 14세기 초에 닥친 기근과 흑사병으로 인하여 사회변동이 일어난 최악의 시기를 제외하고 잉글랜드는 번영한 국가였고, 기근과 동시에 발생한 역병이 인구동향에 충격을 주기에 충분하지 않다고 주장하였다.[1] 이는 포스탄(M. M. Postan)의 인구론을 비판한 것이다. 한편 바바라 하비(Barbara Harvey)는 기근이 인구경향의 장기적인 감소를 초래하였다는 증거가 없다고 결론지었다.[2] 그래서 1348년 흑사병 이전 수 십 년 동안 인구가 안정적이었다고 주장하였다. 포스탄은 13세기 말 잉글랜드의 인구가 18세기 산업혁명이 일어나기 직전의 인구 규모와 비교될 수 있다고 주장한다.[3] 그는 서펵 주에서의 납세자 수의 변화를 조사한 결과, 13세기의 납세자 수가 16세기에 비하여 약 3.8배 정도 더 많았음을 밝혀냈다.[4] 그래서 1348년 흑사병이 발생하기 직전에 잉글랜드의 총인구수를 600만 명으로 추산하였다.[5] 한편 티토(J. Z. Titow)는 글레스톤버리 대수도원(Glastonbury Abbey)에 속한 장원들의 가옥수, 지대형태의 변화, 물가변화 등을 토대로 인구수를 조사한 결과 포스탄과 유사한 결과를 얻었다.[6] 이처럼 여러 학자들의 연구결과로 밝혀진 것처럼, 잉글랜드의 인구는 지속적으로 증가하여 11세기에 비하여 12-13세기에 3배 이상이 증가하였다. 돕(M. Dobb)은 노

---

1) J. C. Russell, "The Pre-Plague Population of England", *Journal of British Studies*, v (1966), pp. 1-21.
2) B. F. Harvey, "The Population Trend in England between 1300-1348", *Trans. Roy. Hist. Soc.*, 5th ser., xvi (1966), pp. 23-42.
3) M. M. Postan, "Some Economic Evidence Declining Population in the Later Middle Ages", *Econ. Hist. Rev.*, II (1950), p. 245.
4) M. M. Postan, "Village Livestock in the Thirteenth Century", *Econ. Hist. Rev.*, XV (1962), p. 220. (물론 시기마다 면세점이 다르기 때문에 획일적으로 인구증감을 말하기는 어렵다. 그러나 1327년은 1283년보다 면세점이 낮았음에도 불구하고 납세자 수가 1393명에서 803명으로 감소하였고, 1560-68년에는 368명으로 더욱 줄어들었다.)
5) M. M. Postan, ed., *The Cambridge Economic History of Europe*, I (Cambridge, 1966), p. 569; J. Z. Titow, *English Rural Society 1200-1350* (London, 1969), pp. 72-73.
6) J. Z. Titow, "Some Evidence of the Thirteenth Century Population Increase", *Econ. Hist. Rev.*, XIV (1961), pp. 218-219.

르만 정복기에 약 200만 명이던 잉글랜드의 인구가 14세기 초에 이르면 350만 명으로, 럿셀은 둠즈데이 북 시기인 1086년에 110만 명에서 흑사병 발생 직전에 370만 명으로 증가하였다가 제 1차 인두세 징수기인 1377년에는 220만 명으로 감소하였다고 주장한다.[1] 브로드니츠(G. Brodnitz)는 둠즈데이 북 시기에 150만 명에서 13세기에 이르면 400-500만 명으로, 킹(E, King)은 1175년에 250만 명에서 1300년경에 이르면 400-500만 명으로, 마리아 켈리(Maria Kelly)는 둠즈데이 북 시대에 175만 명에서 225만 명이던 잉글랜드 인구가 흑사병 발생 직전인 1347년에 500-600만 명으로 증가[2]하였다고 각각 주장한다. 한편 씨봄(F. Seebohm)은 1086년에 150만 명에서 180만 명이었던 인구가 흑사병 이전에 500만 명으로,[3] 할램(H. E. Hallam)노 흑사병 전야에 잉글랜드와 웨일스의 약 600만 명의 인구가 150,000 평방킬로미터의 면적에서 거주하여 1평방 킬로미터 당 40명이 거주한 것으로 각각 주장하였다.[4] 이는 당시 이탈리아나 프랑스의 단위면적 당 거주 인구수와 유사한 수치이다. 중세 잉글랜드의 인구변화에 대한 학자들의 연구에 따르면, 대체로 1086년에 150만 명이던 인구가 흑사병 발생 직전에 500만 명 정도로 증가하였다. 비록 학자들마다 약간의 인구산정에 차이는 있다고 하더라도, 11세기부터 13세기에 이르는 시기에 인구가 급격하게 증가하였음에는 견해의 일치를 보고 있다. 그러므로 1086년부터 흑사병 발생 직전까지 약 300년 사이에 잉글랜드 인구가 약 3.5배 정도 증가하였다. 이와 같은 빠른 인구증가는 국가 차원에서 최초로 인구조사가 실시된

1) J. C. Russell, *British Medieval Population* (Albuquerque, 1948), pp. 54, 146, 246, 269, 270; J. C. Russell, "Late Medieval Population Patterns", *Speculum*, vol. XX, no. 2 (1945), p. 166.
2) Maria Kelly, *A History of the Black Death in Ireland* (Tempus, 2001), p. 50.
3) F. Seebohm, "The Population of England and Wales before and after the Black Death", *Fortnightly Review*, vol. IV (1866), pp. 87ff.
4) H. E. Hallam, "Population Movements in England, 1086-1350", in *The Agrarian History of England and Wales*, vol. 2 (1988), pp. 536-537.

1801년과 약 50년 뒤인 1851년의 인구를 비교하여 보면 이해된다. 인구조사 결과에 따르면, 1801년에 잉글랜드와 웨일스의 인구가 8백 9십만 명이었는데, 50년 뒤인 1851년에는 1천 7백 9십만 명에 이르러, 50년 사이에 총인구가 2배 정도 증가하였다.[1]

할램은 13세기 링컨셔의 소택지의 인구가 19세기 인구조사에서 기록된 수보다 더 많았다고 주장하였다. 그리고 서머싯 주의 타운톤 장원관습집(Taunton Customal)에 따르면, 1209년에서 1311년까지 12년 사이에 타운톤(Taunton) 장원의 인구가 배 이상 증가하였던 것으로 조사되었다.[2] 그리고 이곳에서의 인구의 급격한 증가는 농노들이 납부한 인두세 납부자 목록을 통한 럿셀의 또 다른 연구에서도 증명되었다.[3] 이들의 주장 중에서 럿셀의 인구증가 수치가 가장 낮다. 이에 대해 크라우스(J. Krause)는 럿셀이 가구당 부양 인구수를 지나치게 적게 잡았기 때문에 총인구수가 다른 학자들의 계산보다 상대적으로 적은 것이라고 비판한다.[4]

이처럼 급격하게 빠른 수준으로 인구가 증가하려면 높은 인구증가율을 전제하고 있다. 럿셀은 연평균 인구증가율을 0.46%[5], 헬라이너(K. F. Helleiner)는 0.38%[6], 아벨(W. Abel)은 0.43%[7]을 각각 제시하고 있다. 한편 예외적이라고 할 수 있을 정도의 높은 인구증가율을 제시한 경우도 있다. 티토는 윈체스터(Winchester) 교구에 속한 타운톤(Taunton) 장원에서

1) David Hey, *Yorkshire from AD 1000*, p. 245.
2) H. E. Hallam, "Some Thirteenth Century Censuses", *Econ. Hist. Rev.*, X, no. 3 (1958), p. 259.
3) J. C. Russell, "Recent Advances in Medieval Demography", *Speculum*, XL, no. 1 (1965), p. 98.
4) J. Krause, "The Medieval Household: Large or Small?", *Econ. Hist. Rev.*, 2nd ser., IX (1957), pp. 420-432.
5) J. C. Russell, *British Medieval Population*, p. 246.
6) K. F. Helleiner, "Population Movements and Agrarian Depression in the Later Middle Ages", *Canadian Journal of Economics and Political Science*, XVII (1949), p. 368.
7) W. Abel, *Agrarkrisen und Agarkonjunktur* (Berlin, 1966), p. 75.

인두세 납부자들 수의 변화를 통해서 조사한 결과, 1209-1315년 사이에 인구증가율이 0.85%[1]에 이르렀으며, 뒤비(G. Duby)도 12세기 말에서 13세기에 인구증가율이 0.72%[2]에 달하였다고 각각 주장한다. 또한 할리(J. B. Harley)의 연구 결과에 따르면, 스톤리(Stoneleigh) 교구에 속한 12개 장원을 조사한 결과, 둠즈데이 북 편찬 시기인 1086년에는 경작지 1000에이커 당 4.58-32.1명이던 인구수가 헌드레드 롤스(Hundred Rolls)의 편찬시기인 1279년에는 37-232명으로 증가하였다.[3] 인구증가율이 가장 낮았던 장원은 옥스힐(Oxhill)로서 1086년에 경작지 1000에이커 당 기록된 인구수가 22.7인에서 1279년에 37인으로 증가한 반면, 에쇼우(Ashow) 장원은 29.3인에서 232인으로, 카운돈(Coundon) 장원은 12.4인에서 240인으로 각각 증가하였다.

그렇다면 인구가 11세기부터 13세기에 이르기까지 급격하게 증가한 이유는 무엇일까? 첫째, 사망률에 비하여 출생율이 현저하게 높거나 사망률이 낮은 경우를 가정할 수 있다. 그런데 중세 잉글랜드에서 발생한 전쟁이나 기근과 같은 주기적인 대변동이나 질병에 의하여 생식력이 낮았기 때문에 사망률 저하란 기대할 수 없었다. 또한 질병의 치료의학이 발달하지 못하고 예방의학 수준이 낮았던 당시로서는 사망률 수준도 매우 높았다. 그러므로 인구증가를 이야기할 때 사망률이 높았으나, 출생율이 그보다 더 높았다는 가정에서 출발하여야 할 것이다. 그러나 출생율 증가에 따른 인구증가론에 반론을 제기하는 학자들은 영아나 유아 사망률이 매우 높았으며, 결혼연령, 독신비율, 피임 등과 같은 제도적 통제로 인하여 출생율과 사망률이 균형을 이루어 실질적인 인구증가의 폭은 그렇게 크지 않았다고 주장한다. 둘째, 당

---

1) J. Z. Titow, *English Rural Society 1200-1350*, p. 220.
2) G. Duby, *The Early Growth of the European Economy* (Cornell University Press, 1979), pp. 182-183.
3) J. B. Harley, "Population Trends and Agricultural Developments from the Warwickshire Hundred Rolls in 1279", *Econ. Hist. Rev.*, XI (1958), pp. 9, 15.

시 인구의 대다수를 구성한 농민들의 음식은 곡물류가 주종을 이루었다. 그러므로 탄수화물 섭취량이 다른 영양소에 비하여 많았다. 당시 농민들의 식생활에 있어서 문제가 있다면, 그것은 열량섭취량의 문제가 아니라 오히려 균형 있는 영양 섭취일 것이다. 농업혁명을 주장한 린 화이트(Lynn White)에 따르면 농민들에게 단백질 공급을 증가시킨 계기는 2포제에서 3포제로의 변화라고 주장한다. 경작법의 변화로 콩과 식물의 재배가 가능하게 되고, 그 결과 단백질 공급의 증가가 가능하게 되었다. 단백질 섭취가 콩과 식물뿐만 아니라 우유와 치즈, 해안가 거주자들은 청어와 같은 생선을 통해서도 가능하였다. 셋째, 임신, 출산, 월경으로 인하여 여성들은 철분섭취량이 남성보다 많아야 한다. 12세기 이후 식단의 개선과 함께 나무가 아닌 쇠로 만들어진 조리 기구를 사용함에 따라서 여성들의 철분섭취량이 점차 증가하게 되었다. 특히 해안가에 위치한 지역에서 거주한 여성들은 해조류 섭취를 통하여 철분을 충분히 공급받을 수 있었다. 이를 계기로 여성의 기대수명이 남성보다 길어지게 되었을 뿐만 아니라 철분 섭취량의 증가는 여성들의 사망률 감소에 공헌하였고 임신율 상승과 질병에 대한 저항력을 증대시켜 출산율 증가에 이바지하였다. 넷째, 치료의학이나 예방의학과 같은 의학지식의 발달이 사망률을 낮추는데 공헌하였는가? 13세기에 있어서 의학지식의 발달에 따라서 사망률이 크게 낮아지리라고 기대할 수 없었다. 그러나 의학지식이 발달하지 못하였다고 인구가 급격하게 증가하였다는 주장이 신빙성이 없는 것은 아니다. 음식물의 고른 섭취의 중요성, 유행성 질병 환자의 격리의 필요성 등과 같은 예방의학은 당시에도 발달하였다. 그리고 이러한 예방의학 수준이 인구증가에 간접적인 공헌은 할 수 있었다.

기존의 경제적 활동 영역만으로는 증가된 인구를 부양할 수가 없었다. 그런데 13세기 잉글랜드인들은 런던으로부터 약 170마일 정도 떨어진 엑스터(Exeter)로부터, 그리고 런던으로부터 약 200마일 정도 떨어진 요크에 이르는 경계선의 남동쪽에 집중적으로 거주하였다. 따라서 인구증가는 이러한 거주영역을 벗어나 외곽지역으로 거주지역과 농경지가 확대되게 마련이다. 인구증가로 토지가치가 상승하자 산림지나 숲지, 황무지 심지어 늪지까지도 경작지로 변모된 개간활동이 활발하게 일어났으며, 기존의 농민층이 보유하고 있는 경작지 규모의 소규모화가 진행되었다. 특히 농업기술이나 농업자본이 풍부하지 못한 경제적 환경 속에서 증가된 인구를 부양할 수 있는 최선의 방법은 단위면적당 생산량 증가보다는 총생산량의 증가이고, 이를 위한 방법으로서는 농지의 개간과 간척사업의 활성화였다. 황무지나 산림지는 물론 심지어 소택지를 개간하여 경작지로 만들었다. 농민들은 개간사업을 소규모로 한 반면, 영주들은 상대적으로 풍부한 자본과 노동력을 투자하여 대규모로 하였다. 예컨대 캔트 주의 수천 에이커의 소택지가 13세기 중엽 이전에 개간되었으며, 홍수의 피해를 주기적으로 입고 있던 동부 서식스 지역의 소택지도 배수 작업을 통해 13세기 말에 이르러 양질의 경작지나 목초지로 변모되었다. 소택지가 경작지로 변모하는데 크게 공헌한 것은 수차나 풍차의 발명이었다. 수차나 풍차의 힘으로 배수가 가능하였기 때문이다. 우스터 주교 영지에서 12세기 말과 13세기 중엽 사이에 2천 에이커 정도가 개간되어 경작지화 된 것도 그것의 힘이 컸기 때문에 가능하였다. 한편 대규모 개간활동은 지명의 변화나 새로운 취락의 형성을 통해서도 추적할 수 있다. 에식스나 캔트에서는 물론 노샘프턴셔, 버킹햄셔, 캠브릿지셔 등지에서도 그러한 변화가 나타난다. 그러므로 개간활동에 의한 경작지 면적의 확대는 어느 특정 지역에 국한된 문제가 아니라 전국적인 현상이었다.

경작지 면적의 세분화 과정을 통해서도 인구증가를 파악할 수 있다. 8세기 앵글로 색슨 시대 전형적인 농민의 경작지 보유 면적은 하이드(hide) 단위였으나, 13세기에 이르면 1/2버게이트(virgate) 이하가 농민들의 일반적인 토지보유 면적이다. 동남부 지역에 위치한 주들에서는 1버게이트 이하의 경작지를 보유하고 있던 농민들이 전체 농민 중에 90% 정도를 점유하고 있던 반면, 서북부 지역에 있는 주들에서는 약 53%를 점유하고 있어 경작지의 세분화에 따른 소토지 보유농이 동남부 지역에 더 많이 분포되어 있다. 특히 5에이커 미만의 소토지보유농이 조사대상자의 36%를 점유하고 있는 점은 경작지의 세분화나 편중이라는 점을 반영하고 있으며, 이는 인구밀도가 높은 동남부 지역에서 상대적으로 두드러진다.

13세기에 이르면 농민층 내부에서도 사회적 분화가 일어나기 시작하였다. 통상 그들이 보유한 보유지의 규모에 따라서 부농, 중농, 빈농으로 구분할 수 있다. 부농은 자신의 가족노동력 만으로는 경작할 수 없을 정도로 넓은 면적의 토지를 보유하였다. 일반적으로 부농이란 30에이커 이상의 보유지를 보유한 농민층을 지칭한다. 이들은 영농 계절에 빈농층으로부터 고용노동력을 확보하여 자신의 보유지를 관리하였다. 중농이란 통상 15에이커 정도를 보유한 농민층을 말한다. 이들은 자신의 가족노동력 만으로도 보유지를 관리할 수 있었다. 반면에 빈농이란 5에이커나 그 이하의 토지를 보유하여, 그것에서 생산된 농산물로서는 가족을 부양할 수 없기 때문에 임금노동자로서의 활동을 통하여 얻은 부가적 소득으로 가족의 생계를 유지하여야 할 정도로 가난한 농민층을 말한다. 한편 도시가 발달함에 따라서 비농업인구인 도시민들에게 식량을 공급할 기회가 확대되고, 이를 통해 부를 창조한 부농층이 성장하였다. 즉 도시성장은 도시민 내에서 일어난 사회적 분화뿐만 아니라 농민층에게도 사회적 분화가 일어날 수 있는 동기를 제공하였다. 다양한 상속관행이 농민층의 사회적 분화를 촉진시키기도 하였다. 예컨대 장자상속제 하에서의 가족보유지를 상속받은 상속자와 상속에서 제외된 가족 구성원들 사이에 사회·경제적 분화가 일어날 수 있었다.

식민과 개간을 통하여 확대된 경작지에서의 농민과 영주와의 관계는 영주와 농노와의 관계가 아니라 지주와 소작인의 관계였다. 따라서 농민들은 영주에게 지대인 소작료만 지불한 자유 신분이었다. 더구나 농민들에게 잉여생산물이 생기고, 이를 판매할 수 있는 주변 여건, 즉 도시와 도시민이 성장함에 따라서 농민들도 화폐를 소유하게 되었다. 한편 영주들도 도시에서의 사치스런 생활을 위해 화폐의 필요성이 증가함으로써 영주들은 농민들의 부역이나 지대를 화폐로 대신 납부할 것을 요구하였다. 농민층의 신분적 예속의 상징인 부역이 화폐 대납됨으로써 농민들의 신분적 해방이 이루어지고, 장원제가 붕괴되기 시작하였다. 한편 도시의 규모가 커지면서 주변 농촌지역에 도시의 영향력이 확대되어서, 이제는 영주가 아닌 도시나 도시민이 촌락이나 농민들을 경제적으로 지배하는 시대가 열리기 시작하였다. 예컨대 도시민들이 농민들로부터 구입할 곡물의 양이나 곡물가격을 결정하고, 이를 농민들이 따르도록 강요하였다.

잉글랜드는 13세기부터 곡물과 양모의 주요 수출국이 되었다. 곡물은 동부의 항구를 통해 스칸디나비아 지역으로, 양모는 동남부 지역의 항구를 통해 플랑드르 지방으로 각각 수출되었다. 그런데 활발한 곡물시장의 발달이 영주 경영과 결합되었을 때에는 다음과 같은 현상이 일어날 수 있다. 만약 영주가 농민들에게 토지를 임대하여 얻는 수익보다 곡물가격이 크게 상승하여 곡물을 생산하여 그것을 시장에 판매하여 얻는 수익이 더 크면, 영주들은 직영지 모두를 직접 경영하려고 할 것이다. 그러므로 금납화(commutation) 되었던 농민들의 부역을 원래의 형태로 환원시킬 뿐만 아니라 오히려 전보다 더 많은 노동력을 농민들에게 요구하는 변화가 나타날 수 있었다. 이러한 현상을 봉건 반동(feudal reaction)이라고 부른다. 금납화를 통해 신분적으로 해방 과정을 겪던 농노들이 다시 영주에게 예속되는 과정에서 농노들의 저항은 자연스럽게 일어났다. 그리고 이 저항은 14세기 말 농민봉기로 연결되었다.

포스탄은 14세기 흑사병의 발생을 계기로 나타난 잉글랜드에서의 인구감소는 11-13세기에 '과도한 팽창'의 결과라고 주장한다. 그러므로 그는 14세기 중엽의 흑사병이 갑작스런 경제적 쇠퇴의 원인으로 믿었다.[1] 아벨(W. Abel)이 이미 포스탄과 유사한 주장을 발표하였다. 한편 티토도 포스탄이 주장한 흑사병 발생 이전 잉글랜드에서 나타난 심각한 토지부족과 인구과잉에 동의하였다.[2] 뒤비(George Duby)도 인구과잉에 따른 문제에 대하여 포스탄의 주장을 크게 벗어나지 않는다. 럿셀도 이러한 주장을 피력한 대표적 학자 중에 한 사람이다. 이들의 주장은 흑사병 발생 전야에 유럽에서 나

1) M. M. Postan, "Some Economic Evidence of Declining Population in the Later Middle Ages", pp. 221-246.
2) J. Z. Titow, "Some Evidence of the Thirteenth Century Population Increase", pp. 218-223.

타난 높은 수준의 인구밀도에 주목하고 있다. 이와 같이 11-14세기에 사회·경제적 변화를 맬서스적 해석에 기초를 두어 설명한 인구론자들에 비해, 화폐론으로 그들의 주장을 반박한 학자들이 등장하였다. 그들 중에 대표자인 로빈슨(W. C. Robinson)은 화폐공급량의 변화로서 당시 경제변화를 설명하여 포스탄의 이론을 비판하였다.[1] 이를 계기로 두 계파의 학자들 사이에 인구과잉과 화폐공급량을 가지고 중세 말 경제적 변화에 대한 논쟁이 진행되었다.

14세기 초에 잉글랜드는 대폭적인 물가 상승을 경험하였다. 가축 가격, 낙농품 가격, 대부분의 식료품 가격이 약 1305년부터 크게 인상되었다. 이는 주로 화폐가치 하락과 외국 은화의 대규모 유입의 결과이다.[2] 1310년대 말까지 1299년 마지막 화폐 개주 때보다 물가가 25% 이상 인상되었다. 1315년까지 물가 사정은 이미 심각할 정도로 불안하였다. 에드워드 1세 치하에서 심각한 물가변동을 성공적으로 통제하였던 화폐 개주는 시도되지 않았다.[3] 포스탄은 화폐유통량이 많으면 많을수록 물가는 상승한다고 주장하였다. 9-10세기와 13세기 사이에 유럽의 오랜 경제적 침체는 무역불균형으로 인하여 금은과 같은 화폐주조의 원료가 동방으로 유출된 결과 교환의 매개수단이 부족하였다. 또한 귀족이나 교회가 귀금속을 축적하여 그것을 화폐가 아닌 보장의 수단으로 사용하여 화폐유통의 매개물이 부족하였다. 그러나 13세기 물가상승의 이유는 새로운 은광이 개발되고 동방과의 무역균형이 역전되면서 귀금속이 서유럽으로 유입되었기 때문에 나타난 결과이다.

1) W. C. Robinson, "Money, Population and Economic Change in Late Medieval Europe", *Econ. Hist. Rev.*, XII (1959), pp. 63-76.
2) J. E. T. Rogers, *A History of Agriculture and Prices in England*, vol. I, pp. 344-345, 352, 357-358, 431-432; D. L. Farmer, "Some Livestock Price Movements in Thirteenth Century England", *Econ. Hist. Rev.*, xxii (1969), pp. 12-14; M. Prestwich "Edward I's Monetary Policies and their Consequences", pp. 412-416.
3) D. L. Farmer, "Some Livestock Price Movements in Thirteenth Century England", *Econ. Hist. Rev.*, xxii (1969), pp. 12-13.

그러나 그는 금속화폐의 총 축적량이 적고, 동방지역의 새로운 광산개발로부터 비롯되었다기보다는 오히려 보장된 금속으로부터 새로 유통된 화폐의 대부분이 유래하였다고 주장한다. 그러므로 그는 유통화폐량의 증가가 물가 상승의 원인이라는 화폐학파의 주장을 수요 공급이론으로 반박하였다. 첫째, 물가변화는 수요와 공급의 변화 때문에 발생한다. 인구증가로 인하여 수요가 증가하는데 공급이 비탄력적인 곡물의 공급 속성 상 곡물가격은 상승한다. 간단히 말하면 인구증가로 인하여 먹는 입이 많아지면 물가도 따라서 상승하고 인구감소로 인하여 먹는 입이 줄면 수요가 줄기 때문에 물가도 하락한다는 주장이다. 그러므로 흑사병으로 인한 인구의 급격한 감소는 물가 하락으로 연결된다는 주장이다. 둘째, 화폐공급량의 증가가 교역발달에 영향을 끼치면 물가는 오히려 하락한다. 즉 물가를 결정하는 것은 유효수요이다.[1] 이에 대하여 로빈슨은 두 가지 가정을 제시하였다. 첫째, 중세시대 물가변동은 금과 은과 같은 귀금속의 공급 변동이 주요 요인이 아니고, 둘째, 경제성장은 주로 물가 변동 때문에 일어나는 것이 아니었다. 이에 대하여 포스탄은 재차 로빈슨의 그러한 주장과 가정은 수용하기가 어렵다고 언급하면서 유효수요인 경우가 아니면 수요가 물가에 영향을 끼치지 않는다고 주장하였다.[2] 즉 인구증감이 유효수요의 변화에 중요한 요인이지 화폐수량의 변화가 물가변동에 결정적 영향을 끼치지 않는다고 재차 주장한 것이다. 그러나 포스탄의 주장은 다음과 같은 점이 충족될 때 정당성을 지닐 수 있다. 어느 시점에서 증가된 노동력이 생산고 증가에 전혀 보탬이 되지 않았다는 주장에 대하여 신뢰할 수 있는 답변이 있어야 할 것이다. 물론 인구변동이 잉글랜드의 경제적 발달에 중요한 요소였으나, 증가된 인구가 더 많은 생산고를 올려 공급을 늘렸으며, 또한 이들이 더 많은 수요를 자극하였을 것이

1) W. C. Robinson, "Money, Population and Economic Change in Late Medieval Europe", pp. 64-69.
2) *Ibid.*, p. 77.

다. 이러한 논쟁은 결국 당시 토지보유 형태, 단위면적 당 생산량, 농업자본의 문제, 린 화이트(Lynn White)가 언급한 농업혁명이라는 변화가 생산량 증가에 끼친 영향 등의 문제에 대한 검토가 있어야 해결될 수 있을 것이다. 이에 대하여는 필자의 저서[1]를 참조하기 바란다.

---

1) 홍성표, 『중세 영국 농민의 생활수준 연구』, 「탐구당, 1987」

2. 도시발달과 그 영향

10-11세기 서유럽에서는 새로운 생활에 대한 각성이 일어났다. 중세 전반을 통하여 인구의 절대적인 구성원은 토지에 얽매인 농민들이었다. 그리고 대부분의 농민들이 영주의 토지를 경작하고, 그 토지에서 경제적 부를 생산하였다. 그러나 11세기에 이르러 이탈리아 상인들이 비잔티움과 이슬람의 도시와 상업적인 접촉, 즉 원격지 무역을 크게 확대시켜 나가면서 농민이 아닌 상인들이 토지와 관계없는 곳으로부터 경제적 부를 창출하고, 동방의 귀중한 산물을 공급해 주는 역할을 하였다. 서방 세계에서 도시생활의 쇠퇴와 중간계급의 실질적인 소멸이 로마의 몰락과 중세 초의 분수령을 이룬 것과 마찬가지로 도시생활의 부흥과 도시민의 부와 힘의 성장은 중세 초에서 중세 말과 근대 초로 이행되는 큰 전환점을 이룬다. 이러한 변화로부터의 영향을 잉글랜드도 예외 없이 받았다.

메이트랜드(F. W. Maitland)는 앵글로 색슨 시대부터 존재한 바러(borough)란 군사적 방비시설을 갖춘 요새화된 장소라고 정의하였다. 그는 바러란 군사적일 뿐만 아니라 농업적 성격이 강한 반면, 도시(town)란 상업공동체의 성격이 강하다고 양자를 구분하였다. 그렇다고 양자의 성격이 확연하게 구별되는 것은 아니다. 9세기에 로체스터나 캔터베리에서 도시생활을 하였던 흔적이 있고, 런던은 비드(Bede) 시대에 이미 스칸디나비아 및 대륙과 교역을 한 중요한 무역중심지로서의 역할을 하고 있었다. 도시들도 과거 로마의 키비타스

(civitas)가 위치하였던 곳에서 발달하였는데, 대표적인 곳이 런던, 요크, 링컨, 캔터베리 등이다. 요크와 링컨과 같은 바러는 새롭게 성장하는 시장도시(market town)와 연계되어 발전하였다. 그리고 브리스톨, 노팅햄, 옥스퍼드, 노리치와 같은 바러들은 플랑드르의 도시와 형태가 유사하였는데, 그 이유는 상업 활동을 위한 양호한 입지조건 때문이었다. 이곳에는 상인은 물론 수공업자들도 활동하여 중세 중기의 도시와 그 형태가 크게 다르지 않았다. 즉 11세기에 이르면 잉글랜드의 바러도 교환의 성격을 강하게 드러내고 도시도 12세기를 전후하여 방어적 성격을 나타낸다. 그러므로 12세기에 바러와 도시를 확연하게 구분하기는 어려워진다. 12세기에 이르러 바러들이 국왕으로부터 특허장을 받은 1,000명 이상의 인구를 갖춘 도시로 성장하여 나갔다. 초기에 상인들은 교역활동을 하기에 적합한 곳이나 지방 영주들이 특권을 부여하였던 곳에서 생활하였다. 통상 그들은 성벽 근처나 대수도원, 대성당, 주교 도시 근처에 정착하였다. 이는 사람들의 왕래가 잦고 교통이 편리한 곳에 상인들이 정착하였음을 의미한다. 국왕이나 주교 및 봉건영주들은 도시와 시장 설립을 승인한 특허장을 발행하였다. 그리고 도시와 시장의 설립을 승인한 영주들은 여러 가지 부수적 수입을 얻을 수 있었다. 그 중에서 시장세는 도시 수입의 중요한 부분이다. 시장세는 상품판매를 위해서 시장을 이용한 대가로 지불한 세금이다. 시장에 노점을 설치할 권리세, 상품저장창고의 사용세(seldage), 건물 유지비와 성벽 유지세(murage), 다리 이용세(pontage), 도로 이용세(pavage) 등이 징수되었다. 그러므로 시장세를 면제하는 것은 큰 특권의 부여이다. 그러나 도시민의 인신적 자유, 고정지대 납부, 동업조합 구성권, 하급재판권을 갖는 법정 설치권 등은 영주가 허락하여야 도시민이 보유할 수 있었다. 자치도시는 새로운 도시가 출현하여 성립된 것이 아니라 일반적으로 기존의 도시가 자치권을 획득하여 설립되었다. 11-12세기에 원격지 상업이 부활하면서 방어시설을 갖춘 로마 도시인 키비타스나 영주의 성에 정착하지 못한 상인들이 성벽 바깥에 자신들의 정주지를 건설하였다. 상인정주지에 인구가 증가하자, 자신들을 방어하기 위해 정주지 주변에 성벽을 축조하였다. 이처럼 키비타스나 성 바깥에 새로운 성벽을 쌓아 상공업의 중심

지로 발달한 것이 중세도시의 전형이다. 그리고 중세도시가 얻은 자치권은 개인이 아니라 도시공동체에게 부여된 것이었다.

11세기 이후부터 농업생산력이 증대하고 인구가 증가함에 따라서 개간활동이 활발해져 잉여생산물이 산출되고, 이것을 교환하기 위해 정기적으로 열린 주시장(weekly market)이 활성화되었다. 가축, 곡물, 모직물, 소금, 생선 등 생활용품 판매가 주를 이룬 교환이 주시장에서 이루어졌다. 한편 원격지 무역도 11세기 이후부터 발달하였다. 스칸디나비아와 북해 무역, 노르망디나 북부 프랑스, 저지대 국가와 라인란트 지역과 잉글랜드가 교역을 하였다. 약 1000년경에 노르망디와 플랑드르, 일 드 프랑스, 루앙, 독일의 여러 도시들로부터 상인들이 정규적으로 상업 활동을 위해 런던을 왕래하였다. 국왕이 동세한 양질의 은화가 유통되어 교역을 자극하였다. 10-11세기에 8곳 이상의 화폐주조소가 있었으며, 최소한으로 계산하여도 5백만 펜스의 은화가 유통되었다. 은화 주조의 주요 원료는 양모 수출의 대가로 독일로부터 받은 은이다. 그러나 상업의 중심지인 도시의 규모가 과장되어서는 안 된다. 다비(H. C. Darby)의 계산에 따르면, 둠즈데이 북 조사 시기에 100곳 정도가 도시(town)로 불렸고, 7개 도시 정도가 각각 주민이 4,000명 정도이다. 그리고 32개 도시가 각각 1,000명을 넘었다.[1] 근대적 기준으로 볼 때, 소규모 도시들은 촌락보다도 규모가 작았다. 그러나 노르만족의 잉글랜드 정복 이후 새로운 성, 수도원, 대성당이 건설됨으로써 도시 규모가 커졌다. 또한 대륙과의 교역 발달로 상품 수송을 위한 항구의 규모도 커졌다. 소금, 소금에 절인 청어, 곡물의 수출과 내수를 위한 교역은 항구의 성장을 조장하였다. 스칸디나비아, 독일, 플랑드르로부터 온 해외 상인들에게 보스턴과 그레이트 야마우스와 같은 오래된 항구들 못지않게 린(Lynn)과 같은 새로운 항구 도시가 큰 매력을 주었다. 린의 항구는 캠브릿지셔, 노퍽, 링컨

---

1) Susan Reynolds, *An Introduction to the History of Medieval Towns* (Oxford, 1977), pp. 36-37.

셔의 개간지에서 생산된 물품을 모아서 수출한 창구 역할을 하였다. 궁정과 재정 관리의 중심지로서 윈체스터의 중요성은 대귀족들의 거주와 함께 직물 산업의 발달로 상인들에게 매력을 준 점에 있다. 윈체스터의 번영은 헨리 1세의 통치기에 시작되었다. 1108년 이후 헨리 1세는 윈체스터에 있는 궁정에서 보냈다. 그러나 1176년 이후 윈체스터의 정치적 중요성이 감소하면서 런던이 대신 정치적이고 상업적 중요성을 갖게 되었다. 헨리 2세 통치 말에 런던의 인구는 15,000명에서 20,000명 정도로 추산된다. 그리고 런던은 당시 잉글랜드에서 국제교역의 중심지로서 중요한 기능을 하였다. 런던에는 12곳의 공식 화폐주조소가 있었는데, 11세기 말에 잉글랜드 유통화폐의 약 1/4을 생산하였다.[1] 한편 12세기 초에 링컨은 요크보다 더 부유한 도시였다. 링컨 시는 노르웨이 등 북쪽의 여러 도시와 교역을 한 6,000명 이상의 인구가 거주한 중요한 교역 중심지이고 화폐주조소가 있던 도시였다.

베레스퍼드(M. Beresford)의 연구에 따르면, 그는 노르만 정복 후 14세기 초까지 531곳의 도시를 확인하였는데, 그 중에서 11-13세기에 새로 건설된 도시가 172곳이며, 이 가운데 현재까지 위치가 확인된 곳은 79곳이다. 그의 주장에 따르면, 새로운 도시가 12세기부터 13세기에 집중 건설되었다. 예컨대 웨일스에서 극적인 변화가 1070-1330년 사이에 일어나는데, 이때 거의 100개에 이르는 신생도시가 출현하였다. 특히 1086년부터 1100년까지는 국왕과 수도원 및 세속 영주들이 신생도시 건설에 고루 참여하였는데, 1100년부터 1188년까지는 국왕이나 수도원의 도시건설은 감소한 반면, 세속 영주들의 신생도시 건설은 크게 증가한다. 이러한 현상은 13세기 말까지 지속되어 세속 영주들이 건설한 신생도시가 전체 도시 중에서 60% 이상을 점유한다.[2] 한 지역을 대상으로 신생도시가 어느 정도로 나타나는가를 검토하여 보면 다음과

1) Michael Dolley, *The Norman Conquest and the English Coinage* (London, 1966), pp. 12-14.

2) 이순갑, 「12, 13세기 바러의 재편-특히 시장의 설치와 특권을 중심으로」, 『서양중세사 연구』, 제 17호 (2006), 156쪽 참조.

같다. 주 시장(weekly market)과 정기시(fair)의 보유와 활성화는 중세 도시의 주요 기능이다. 특히 13세기 요크셔에서 국왕의 특허장을 얻은 주 시장과 정기시가 새로 생겨 활성화되었다. 십자 도로가 위치한 곳에 생성되어 있던 구 시장(old market)이 있는 엠리(Emley)에서 목요일에 열릴 주 시장과 5월에 4일 동안 열릴 수 있는 정기시 개장을 위한 특허장을 윌리엄 우드홀(William of Woodhall)이 국왕으로부터 1253년에 얻었다. 같은 해 후턴 파그넬(Hooton Pagnell) 영주는 목요일에 개장할 수 있는 시장과 3일 동안 열 수 있는 정기시 개장권을 국왕으로부터 얻었다. 이 이외에도 여러 지역이 유사한 허가를 국왕으로부터 받았다. 이스트 라이딩(East Riding) 지역에서 브리드링턴(Bridlington) 지역은 1200년에 시장 개설권을 얻었고, 버턴 애그네스(Burton Agnes)는 1257년에 목요시장과 정기시 개설권을 얻었고, 카나비(Carnaby)는 1299년에 목요시장과 정기시 개설권을, 필리(Filey)는 1221년에 금요시장 개설권을, 플램버러(Flamborough)는 날자가 정해지지 않은 시장과 정기시 개설권을 얻었다.[1] 이와 같은 새로운 시장과 정기시 개설권은 14세기 초에도 계속되었다. 로더프(Lowthorpe)는 1304년에 금요시장과 정기시를, 나퍼턴(Nafferton)은 1304년에 목요시장과 정기시 개설권을 얻는 등 시장 개설에 따라 도시팽창은 계속되었다. 이러한 도시성장은 흑사병 발생과 국가경제의 쇠퇴에 따라서 중지되었고 개설된 시장들도 다수가 폐쇄되었다. 국가경제의 쇠퇴와 인구감소가 잉글랜드의 촌락뿐만 아니라 소규모 시장중심의 도시쇠퇴에 영향을 끼쳤다. 이러한 전반적인 쇠퇴는 요크 지방에서도 나타난다. 1363년에 기록을 보면 요크의 상인들이 헐(Hull)에서 대륙으로 수출한 양모 2,700색(sack) 중에서 1,600색을 요크에서 수출하였다. 50년 전에는 200색 정도가 수출되는데 그쳤었다. 그러나 이러한 양모 수출 성장은 15세기에 이르러 끝났다. 1420년 이후 요크의 인구는 감소하고 상인들의 무역활동도 축소되었다.[2]

---

1) David Hey, *Yorkshire from AD 1000*, p. 94.
2) *Ibid.*, p. 96.

그렇다면 12-13세기에 도시가 활발하게 건설된 이유는 무엇이며, 그것이 중세 잉글랜드 사회에 어떤 영향을 끼쳤는가? 신생도시의 증가는 도시와 농촌을 잇는 도로의 개선, 인구증가와 그에 따른 사회·경제적 변화 등의 문제와 관계가 깊다. 기존 도시의 규모가 확대되고 그 기능이 다양화되면 계층 간의 이동의 폭과 속도는 넓고 빠르게 변할 것이다. 이러한 변화는 도시거주자의 증가에 따라 가능하다. 사실 도시의 신생이나 기존 도시의 규모 확대 및 기능의 다양화는 인구증가나 인구이동의 결과로 나타날 수 있다. 물론 11-13세기에 잉글랜드의 도시와 농촌 간의 기능이 완전하게 분화된 것은 아니다. 대부분의 도시들은 주민들에게 필요한 식량을 공급하기 위해 주변 농촌에 의존하고 있었다. 이러한 도시의 농촌 의존적 성격은 수송수단의 발달로 벗어날 수 있지만, 양자 간의 의존 관계는 중세시대 내내 지속된다. 도시가 식량의 자급자족이 이루어지지 못할 경우 주변 농촌에 의존하여야 하기 때문에 시장도시를 도시 주변의 농촌과 분리하여 이해할 수는 없다. 당시의 도로 사정이나 교통수단의 발달에 비추어 볼 때, 대체로 농민들은 이동 범위가 12마일 정도에 지나지 않았다. 그러므로 대체로 반경 3.4마일에서 9.6마일 이내에 거주한 촌락인들에게 시장도시의 영향력이 미친다. 그리고 농촌은 개간활동을 통한 경작지 면적의 확대나 생산성 향상을 위한 농업기술의 개선을 통해 증가된 인구의 부양력을 높여야 하였다. 그러므로 도시의 신생이나 기존 도시의 발달은 원격지 교역의 부흥이라는 피렌느(H. Pirenne)의 명제만으로는 설명이 불가능하다. 인구증가가 상품 수요자의 증가와 관계를 맺을 경우, 상품 수요자의 증가는 결국 상업 활동을 촉진한다. 그러므로 원격지 교역의 발달뿐만 아니라 인구증가와 인구이동이 도시의 신생 및 기존도시의 성장과 관계가 있다.

도시건설이 활발해짐에 따라 농민들의 사회적 이동도 촉진되었다. 베레스퍼드의 주장에 따르면, 11-13세기에 172개의 새로운 도시가 건설된 것으로 추정되는데, 그 중에서 79개의 도시는 확실히 신생도시이다. 그런데 79개 중에서 52개가 13세기에 건설되어 그 비율이 약 66%에 이른다. 신생도시 건설이 가장 활발하였던 지역이 잉글랜드 남서부 및 남부 내륙지방이었는데, 이는 당시 농민들의 지리적 및 사회적 이동의 증가가 나타난 지역과 일치하고 있다. 이러한 사실은 인구의 급속한 증가가 도시발달과 깊은 연관성이 있음을 보여주는 것이다.[1] 사회제도란 오랜 시간에 걸쳐서 만들어지고 웬만한 내외적 충격에도 변화하지 않는 지속성을 지닌다. 그러나 내외적 충격으로 인하여 일단 사회제도가 급속하게 변동하기 시작하면 새로운 사회수립을 위한 동력이 형성되어 기존의 사회와는 다른 체제가 수립된다. 인구의 급격한 증가, 화폐경제의 발달, 도시의 활발한 건설과 규모 확대, 개간에 따른 경작지 면적의 확대 등이 중세 잉글랜드 사회를 변화시키기에 충분한 동적 요소들이다. 특히 도시의 규모 확대와 신생도시의 증가에 따라 농민들의 사회적 이동이 뚜렷하게 증가한다. 합법적이든 불법적이든 간에 장원을 이탈하여 도시로 이동하는 농민들의 수가 증가하고 그들의 활동이 매우 크면 클수록 농민들의 사회이동(social mobility)도 증가한다. 이러한 변화 속에서 영주들은 장원을 경영하고 유지하기 위한 새로운 활로를 찾아야만 하였다. 한편에서는 영주들이 농민과의 타협을 통해 장원경영의 새로운 활로를 찾으려고 하였는가 하면, 또 한편에서는 영주들이 기존의 봉건적 강제로 농민들을 장원에 묶어두려는 시도를 하였다. 그러므로 영주와 농민과의 새로운 관계 수립이 이루어져야 하였으며, 그렇지 못할 경우 양자 간의 긴장상태는 확대될 가능성이 있었다. 영주와 농민이 서로의 필요에 따라서 때로는 협력과 협동의 관계를 유지하였으나, 이제는 대립과 긴장의 관계로 변모하게 되었다. 농민봉기도 이러한 변화과정에서 이해될 수 있다.

도시의 규모가 커지고 신생도시가 다수 출현하게 됨으로써 도시와 농촌 간의 관계도 더욱 긴밀하게 발전하였다. 도시민의 주축인 상공업자들은 식량을 외부에서 조달하여야 하였으며, 농민들은 이들에게 잉여농산물을 판매하여 화폐소유가 가능하게 되었다. 한편 영주들도 도시에서의 사치스런 생활을 위해 화폐가 필요하게 되었다. 이런 가운데 영주의 농노에 대한 지배

---

1) 홍성표, 『중세 영국 농민의 생활수준 연구』, 163-164쪽.

구조의 변화가 불가피하게 나타났다. 부역의 금납화가 빠르게 진행 확산되면서 농노들의 신분적 해방이 이루어지게 된 것이다. 이와 같은 일련의 변화는 15세기에 이르러 서유럽 사회 전역에 파급되어 봉건제의 한 축을 이룬 장원제 혹은 농노제가 해체 내지 붕괴의 길을 걷게 된다. 한편 화폐경제의 발달에 따라서, 봉건제의 또 다른 축인 주종제도 큰 변화를 겪게 되었다. 중세 말 기사들의 전투가 원격지화, 장기화되고 성곽전의 형태를 띠어, 이러한 전투 형태에 부적합한 기사 대신 보병이나 궁병의 역할이 증대되었다. 그러므로 봉신이 부담하였던 실역인 기사역 대신 주군에게 대역전(scutage)을 납부하고, 주군은 이를 보병이나 궁병을 용병으로 고용하는데 사용하였다. 이러한 과정에서 봉신들은 주군에게 납부한 군역납부의 의무로부터 해방되었다. 이처럼 장원제와 주종제가 도시성장과 화폐경제의 발달에 따라서 해체되기 시작하였다.

중세도시는 문화, 교육, 법률의 발전에도 공헌하였다. 예컨대 도시의 부가 증가하면서 조형미가 뛰어난 고딕양식의 교회를 축조하는데 공헌하였으며, 기존에 성직자 양성의 교육에서 벗어나 도시민들의 실용적인 목적을 위한 도시 학교가 설립되고 대학도 설치되었다. 상거래의 필요성 속에서 공문서 작성법, 대차대조표 작성법, 외국상인들과의 교역에 필요한 외국어 교육, 상거래에서 나타날 수 있는 각종 위반 사례에 대한 법률적 해결을 위하여 도시 학교에서 법학교육이 이루어졌다. 그래서 도시 학교에서 통역사, 변호사, 공증인 등이 양성되었다. 결국 13세기 말 이후부터 제후들이나 국왕들이 필요로 한 관료들을 배출하는 창구로서 역할을 한 것이 바로 도시와 도시민들이었다. 도시민들은 자치권, 비봉건적인 도시생활 양식을 통하여 귀족이나 성직자와는 구별되는 계급으로 성장하였다. 즉 도시와 상업의 발달 이후부터 봉건사회에 존재한 3신분인 귀족, 성직자, 농민에 더하여 새로운 시민계급이 추가됨으로써 4신분으로 변모하였다. 그러나 중세도시와 도시민은 봉건체제의 한계를 벗어나지는 못하였다. 도시는 영주와 봉건적 계약을 맺고 그의 사법권 아래 있었다. 그리고 도시민의 생활도 상호 통제와 규제를 전제하고 있다. 그럼에도 불구하고 도시민들이 중세사회의 변화를 초래한 역동적인 역할을 하였다. 도시민이 성장함에 따라서 모든 계급의 생활수준이 상승하고, 농노제가 해체되어 예속민들의 신분적 해방이 진행되었으며 학문과 예술이 부활하였다. 그리고 도시민과 국왕과의 협력 하에 중앙 정부의 힘이 강화되었다. 그러나 도시와 도시민들이 자유를 위해 투쟁하였다면, 그것은 자신들의 자유를 위한 싸움이었던 것처럼, 이러한 모든 것은 자신의 이익을 추구하는 과정에서 자연스럽게 나타난 변화였다.

3. 12-13세기 사회변화와 범죄

1) 웨이크필드 장원과 범죄

웨이크필드 장원법원문서는 1274년 10월 할리팍스(Halifax)에서 열린 법정에서부터 1298년 9월에 열린 웨이크필드 법정에 이르기까지 약 24년 동안의 법정 기록을 담고 있다. 한편 런던시의 순회재판기록은 1244년과 1276년 등 2년에 국한된 기록이다. 물론 이와 같은 기록들이 13세기 잉글랜드에서 일어난 모든 범죄의 특성을 대변하지는 못한다. 그러나 이 자료들을 통하여 촌락지역과 도시에서 발생한 범죄의 특성에 대한 대체적인 윤곽은 이해할 수 있을 것으로 기대한다.

웨이크필드 장원법정은 매 3주마다 영주의 대리인인 집사(steward)가 주재한 가운데 주로 웨이크필드에서 열렸다. 만약 집사가 부재할 때에는 부집사(depute-steward)가 법정을 관리하였다. 이들이 관리한 법정에서는 주로 대체로 다음과 같은 세 가지 사항을 다루었다. 첫째, 토지거래이다. 예컨대 가족 내에서든 아니면 타인 사이에서든 간에 토지양도를 위한 허가세 납부와 관련된 사실이다. 13세기는 인구증가 때문에 나타난 경작지 분할로 농민의 토지보유에 소규모화가 진행되었으며, 이 과정에서 농민 사이에 토지거래가 활발하여, 이른바 농민의 토지시장(peasant land market)이 발달하였다. 둘째, 각종 소송(litigation)이다. 소송의 중요한 분야는 토지, 가축을 비롯한 재산권 분쟁이다. 특히 토지소유권 분쟁은 소송 중에서 가장 자주 일어난 분야로서, 과부산을 둘러싼 소유권 분쟁이 과부와 전남편의 가족들 사이에서 상속권을 둘러싸고 소송이 자주 일어났다. 셋째, 장원의 범법행위(offence)이다. 살인, 강도, 절도, 방화, 강간 등과 같은 중죄는 국왕의 순회재판관들에 의해서 범죄의 심리가 이루어지고, 그에 대한 형벌을 과하였기 때문에, 원칙적으로 장원법원문서에 중죄에 관한 내용이 기록될 수 없다. 그럼에도 불구하고 살인, 강도, 절도와 같은 중죄인에 대한 처벌 기록이 나온다. 이것으로 판단컨대 장원법원에도 검시관이 파견되어 참석한 가운데 배심원 12명의 심리를 통해서 중죄인에 대한 처벌을 할 수 있었다. 그러나 중죄에 관한 기록보다는 불법침해죄에 관한 기록이 대부분이다. 예컨대 부채소송, 명예훼손, 불법점유, 불법채취 등이다.

13세기 잉글랜드는 인구의 급격한 증가로 개간활동도 활발하게 이루어져 경작지 면적이 확대되었을 뿐만 아니라 기존 경작지의 세분화가 진행되었다. 여기에 요크셔에 속한 웨이크필드 장원도 예외는 아니었다. 둠즈데이 북(Domesday Book) 시기인 11세기에 가구당 경작지 보유면적이 30에이커에 달하였는데, 13세기에 이르러 약 45% 정도의 가구가 7.5에이커인 1/4버게이트(virgate) 정도의 경작지를 보유하게 되었다. 200년 사이에 약 절반 정도의 가구가 보유지 면적이 1/4로 감소한 것이다. 이러한 변화의 주된 이유가 인구증가라는 점에는 학자들 사이에 견해의 일치를 이루고 있다.[1] 농업기술의 발달이 느리고, 농업자본이 충분하지 않은 가운데 문제해결을 위한 일차적 수단은 개간을 통한 경작지 면적의 확대였다. 이를 통해서 곡물의 총생산량 증가를 시도하는 것이 증가된 인구를 부양할 수 있는 수단이었다. 한편 13세기 잉글랜드에서는 가구당 경작지 보유면적의 축소 현상이 두드러지게 나타난다. 이는 개간과 함께 증가된 인구를 수용할 수 있는 또 다른 수단이었다. 이러한 사실은 13세기 웨이크필드 장원법원에서 나타난 토

1) 홍성표, 『중세 영국 농민의 생활수준 연구』, 121-122쪽

지양도와 그 허가세를 납부한 사실들로부터 확인된다.

이미 위에서 언급한 것처럼 1274년 10월부터 1298년 9월까지 약 24년 동안 농민들이나 도시민들 사이에 이루어진 토지거래 허가세 납부 기록이 228건 확인되었다. 이와 같은 토지거래 사실 중에서 우리가 특히 주목해야 될 사항은 다음과 같은 두 가지 점이다. 첫째, 거래된 토지규모는 약 1/4에이커에 해당하는 1루드(rood)에서부터 비교적 넓은 면적인 약 20에이커를 나타내는 토지면적 단위인 보베이트(bovate)[1]에 이르기까지 다양하였다. 그리고 영주에게 납부한 토지거래 허가세도 쉴링 단위인 경우도 있으나 대부분이 6펜스에서 12펜스에 이르기까지 펜스 단위였다. 토지거래 허가세가 펜스 단위였던 이유는 대부분의 토지거래가 5에이커 미만인 에이커 단위였기 때문이다. 이러한 사실은 인구증가에 따른 경작지의 세분화가 폭넓게 진행되고 있었음을 알려준다. 즉 농민의 토지시장이 발달하였음을 엿볼 수 있다. 토지거래는 대부분이 타인 사이에 이루어졌으나, 부자[2], 모자[3], 모녀[4], 부녀[5], 형제[6], 그리고 남매[7] 사이에서도 이루어졌다. 이러한 점은 친족 사이에서도 토지거래가 활발하였음을 나타내는 증거이다. 둘째, 13세기에 인구증가에 따른 개간활동이 매우 활발하여 경작지 면적의 확대가 이루어졌음은 일반화된 사실이다. 이를 확인할 수 있는 사실이 웨이크필드 장원에서도 나타난다. 1275년, 1277

---

1) F. W. Maitland, *Domesday Book and Beyond* (Cambridge Univ. Press, 1987), pp. 395-396. [토지측량단위로서의 보베이트는 옥스갱(oxgang)과 같은 단위이다. 그런데 이 단위는 비드(Bede: 673?-735) 시대부터 사용된 8마리 소가 끈 쟁기에 의한 토지경작단위(plough-land)로서보다는 한 가족이 경작 가능한 가족 부양을 위해서 보유한 토지면적 단위로서의 성격이 강한 토지측정단위였다.] 지역마다 보베이트의 면적은 약간씩 다르지만, 대체로 20에이커를 1보베이트로서 간주하였다.

2) William Paley Baildon, ed., *Court Rolls of the Manor of Wakefield 1297 to 1309*, vol. 1, p. 87.

3) *Ibid.*, p. 148.

4) *Ibid.*, p. 183.

5) *Ibid.*, p. 95.

6) *Ibid.*, p. 97.

7) *Ibid.*, p. 96.

년, 1285년 장원법원 기록에 따르면, 약 14건의 '새로운 토지(nove terre)'에 관한 기록이 등장한다.[1] '새로운 토지'란 개간지를 의미하며, 개간지 보유자는 웨이크필드 장원의 소유자인 백작으로부터 경작권을 넘겨받고, 그 취득허가세를 납부함은 물론 매년 일정액의 지대납부와 부역납부를 약속하였다. 예컨대 개간지 2에이커 취득허가세로 20실링을 백작에게 납부하였으며, 매년 부역은 물론 지대 8펜스 납부를 조건으로 새로운 토지에 대한 경작권을 획득하였다.[2] 일반적인 토지거래보다 상대적으로 무거운 부담을 지고 개간지에 대한 보유권을 획득한 것이다. 물론 가족 간에 '새로운 토지'를 증여한 경우도 있다.[3] 이 경우도 취득허가세를 영주인 백작에게 납부하여야 한다. 한편 1285년, 1296년, 1297년, 1298년에 황무지를 증여한 경우가 14건 등장한다.[4] 황무지를 1보베이트 증여한 경우도 있으나, 대부분이 '새로운 토지'와 마찬가지로 에이커 단위의 소규모이다. 그렇다면 황무지를 왜 증여하였을까? 개간하여 경작지화하기 위한 수단이었다. 그러므로 '새로운 토지'나 황무지의 거래는 모두 인구증가로 인한 경작지의 확대 필요성이 반영된 결과이다. 이러한 사실들을 통해서 볼 때 13세기 요크셔에서도 다른 곳과 마찬가지로 인구증가에 따른 개간활동이 매우 활발하게 나타났다고 주장할 수 있다. 그러나 인구증가에 비례하여 경작지 면적도 크게 확대되지 않으면, 그에 따른 경제적 문제로 범법행위가 증가할 수 있다고 가정할 수 있다.

그렇다면 13세기 웨이크필드 장원에서 나타난 범법행위와 그에 대한 처벌에 대하여 구체적으로 살펴보기로 한다.

13세기 웨이크필드 장원에서 경범죄에 해당하는 범법행위 중에 가장 많이

---

1) *Ibid.*, pp. 71, 72, 160, 192, 245, 247, 253(두 건), 271(두 건), 274, 276, 277, 291.

2) *Ibid.*, p. 72. (Ricardus Frraunceys dat domino xxs. pro licentia capiendi duas acras nove terre de Comite in Heppewrth.....faciendo pro servicia et consuetudine domino viijd. per annum.) 고딕체는 이해를 돕기 위해 필자가 표시한 것이다.

3) *Ibid.*, p. 71. (어머니가 아들에게 새로운 토지 4 1/2에이커를 증여하였다.)

4) *Ibid.*, pp. 208, 209, 245(두 건), 274, 276, 277, 279, 285 그리고 vol. ii에서 pp, 6, 33(두 건), 41, 49.

발생한 것은 불법침해이다. 토지취득 허가세에 관한 기록에 이어 두 번째로 많다. 불법침해 중에서 가장 많이 그리고 자주 언급된 사항은 다음과 같다. 첫째, "아무개가 아무개를 상대로 하여 불법침해 소송을 제기하였다."고 간단히 언급된 사항이다. 기록으로만 보아서는 어떤 불법침해 소송을 왜, 어떻게 제기하게 되었는지를 파악할 수는 없다. 불법침해에 관한 430건에 달하는 전체 소송 기록 중에서 위에서 언급한 것과 같은 형태의 기록이 255건(59.3%)에 이른다.[1)] 이러한 이유로 인하여 필자가 불법침해 소송과 관련된 어떤 일반화를 도출하여 내는데 방해를 받았다. 그러므로 이곳에서는 불법침해 소송의 특징에 대한 경향성만을 언급할 수 있을 따름이다. 불법침해로 재판에 회부된 사건 중에서 원인이 밝혀진 것만을 대상으로 할 때, 가장 많은 유형의 불법침해가 타인의 가축을 불법으로 점유한 것이다. 둘째, 원고와 피고 사이에 화해를 통하여 불법침해 소송을 취하한 경우가 많이 등장한다. 13-14세기 잉글랜드 사회에서 발생한 폭력이나 불법침해 혹은 부채소송에서 분쟁해결을 위한 다양한 비공식적인 방법이 발달하였다. 그 가운데 하나의 방법이 분쟁당사자들 사이에 수용할 수 있는 협약을 추구한 화해의 날(love day)을 갖는 것이다. 국왕의 법원에 제기된 다수의 소송이 사적 조약에 의해서든 법정에서 협정에 의해서든 간에 당사자들이 화해를 통해 소송을 해결하였다. 이미 위에서 언급한 것처럼 1248년에 버크셔(Berkshire)에서 순회재판관들에게 제기된 민사소송(civil action) 중에 거의 절반이 화해로 해결되었다.[2)] 국왕의 법원에 이러한 형태의 화해는 영주 차원의 지방법원에서도 이루어졌다. 웨이크

---

1) 이미 언급한 것처럼 불법으로 마른나무를 채취하거나 농민 소유의 가축이 영주의 산림지나 농경지에 피해를 입힌 사건을 불법침해로 간주하여 벌금에 처해진 경우는 대단히 많다. 필자는 어느 법정에서 그러한 위법행위로 제재를 받은 사람들에 관한 내용의 묶음을 하나의 사건으로 간주하여 통계치를 냈다. 만약 하나의 법정에서 제재를 가한 판결 속에 벌금을 낸 사람들을 한 명씩 따로 계산한다면, 불법침해 소송 건수는 필자가 계산한 것에 배 이상으로 그 수가 늘어날 수 있을 것이다.

2) M. T. Clanchy, ed., *The Roll and Writ File of the Berkshire Eyre of 1248*, pp. lviii-cviii; Rosemary Horrox and W. Mark Ormrod, ed., *A Social History of England, 1200-1500*, p. 108.

필드 장원법원도 예외는 아니었다. 불법침해나 부채소송 및 폭행소송에서 자주 등장하는 화해허가세 납부는 원고와 피고 사이에 화해한 결과이다. 실제로 원고와 피고 사이에 협의에 의해서 불법침해 소송을 취하하더라도 영주의 허가를 받아야 한다. 영주는 화해허가세를 법정을 통해 받음으로서 많은 경제외적 소득을 올릴 수 있었다. 영주의 법원을 통하지 않고 당사자가 화해를 통해 불법침해를 해결할 때에는 원고에게 벌금이 부과되었다.[1] 그러므로 불법침해 소송의 취하는 영주의 법원에서 화해허가세를 납부하는 것을 조건으로 승인하였다. 화해허가세는 기록에 등장하는 전체 25건 중에서 6펜스가 15건으로서 가장 많다. 그 이외에 12펜스가 6건, 4펜스가 1건, 3펜스가 1건, 2펜스가 1건 등이다. 불법침해 중에서 마른나무 불법취득에 대한 벌금, 영주의 산림지나 경작지에 농민 소유의 가축이 불법 침입하여 입은 피해 등의 범법행위에 부과한 벌금액과 큰 차이가 없다. 즉 불법 행위에 대한 벌금액이 대부분 6펜스이고 그 보다 중한 벌일 경우에는 12펜스가 부과되었다. 그런데 유일하게 불법침해 화해허가세로 5실링을 납부한 경우가 등장한다.[2] 기록을 통하여 그 이유를 자세하게 알 수는 없으나, 이전에 개정된 웨이크필드 장원법원의 재판기록[3]에 따르면, 여러 차례에 걸쳐서 산림에 불법으로 침입한 자들 5명에게 거짓 진술한 데 대한 벌칙으로 무거운 벌금을 부과한 것으로 추정된다. 셋째, 마른나무, 나무 가지 등을 영주의 승인 없이 불법으로 채취한 위법행위가 많았다.[4] 그런데 그에 대한 벌금액도 12펜스에 이른 경우[5]도 소수 있으나, 대체로 1-6펜스에 이르기까지 많지 않았다. 마른나무나 나무 가지의 불법 채취가 자주 발생한 것은 농민들이 가정에서 석탄보다는 나무를 주로 연료로 사

1) William Paley Baildon, ed., *Court Rolls of the Manor of Wakefield 1297 to 1309*, vol. I, p. 103.
2) *Ibid.*, p. 103.
3) *Ibid.*, p. 99.
4) *Ibid.*, vol. I, pp. 193, 202, 217, 237, 239, 295; *Ibid.*, vol. II(1906), pp. 3, 18, 23, 25, 28, 29, 37, 39, 52, 53.
5) *Ibid.*, p. 202.

용하였음을 뜻한다. 그러나 나무의 불법채취는 판매를 위한 목적도 있었다. 그리고 불법 채취한 마른나무의 양에 따라서 펜스 단위가 아니라 쉴링 단위의 벌금이 부과되기도 하였다. 예컨대 땔나무 7마차를 불법 채집하여 판매하다가 적발되어 벌금 2쉴링을 납부한 경우가 있다.[1] 한편 호두, 밤, 도토리 등을 비롯한 견과류의 불법채취는 물론 사과를 불법으로 채취하다가 적발된 경우도 있다.[2] 마른나무 불법채집 못지않게 많은 불법침해 사건은 말, 소, 양, 돼지 등의 가축을 잘 못 관리하여 백작의 산림지나 농작물 밭에 들어가서 피해를 일으켜 소송을 불러일으킨 사건이다. 이에 대한 처벌도 주로 1-6펜스에 이르기까지 벌금액이 많지 않았다. 그러나 때로는 12펜스의 벌금이 부과된 경우[3]도 있으며, 심지어 황소 6마리나 12마리를 방목하다가 영주의 농경지에 피해를 입혀서 2-3쉴링의 벌금이 부과된 경우도 있다.[4] 넷째, 백작의 공원이나 산림지에서 사슴을 비롯한 동물을 밀렵하다가 적발된 범법행위도 자주 일어났다.[5] 이는 불법침해로서 벌금부과의 대상이었다. 다섯째, 모든 소작인들은 영주의 방앗간에서 곡물을 갈아야 할 의무가 있다. 이를 통하여 영주가 방앗간 사용료를 징수하였다. 그러므로 만약 이를 위반하면 벌금부과 대상이 되었다.[6] 여섯째 허가 없이 돌을 채굴하는 것도 범법행위이다. 뿐만 아니라 석탄을 허가 없이 채굴하는 것도 불법행위이다.[7] 일곱째, 도로를 허가 없이 내거나 기존의 도로를 변형시키는 일도 불법행위이다. 또한 수로도 불법으로 변경시킬 수 없었다. 인간이나 가축의 이동 통로를 훼손하거나 변경시키는 것은 분명히 범법행위에 해당하였다.[8]

---

1) *Ibid.*, vol. I, p. 301.
2) *Ibid.*, vol. I, pp. 239, 246, 308.
3) *Ibid.*, vol. I, pp. 117, 136-137, 166, 175, 185,
4) *Ibid.*, vol. I, pp. 136-137, 166.
5) *Ibid.*, pp. 82, 89, 100, 104, 107, 168, 172.
6) *Ibid.*, vol. I, pp. 86, 107, 122, 128.
7) *Ibid.*, vol. I, pp. pp. 96, 268, 274
8) *Ibid.*, vol. I, p. 274.

불법침해와 더불어 장원법원에서 가장 자주 다룬 또 다른 문제는 부채소송이다. 기록에서 확인한 부채소송 건수는 107건이다. 그런데 부채소송의 특징은 다음과 같은 몇 가지가 있다. 가장 대표적인 부채 발생의 원인은 요크 지방의 대표적인 작물인 귀리판매대금을 청산하지 않았거나 혹은 또 다른 요크 지방의 대표적 산물인 양과 양모판매대금을 청산하지 않아 발생하였다.[1] 이러한 점은 요크 지방이 가지고 있는 특성이 그대로 반영된 결과이다. 또한 양 이외에 황소나 암소, 돼지 등의 가축판매대금을 지불하지 않아 부채소송이 제기된 경우도 있다.[2] 한편 부채의 경우도 다른 경범죄의 경우와 마찬가지로 당사자 간에 화해를 통해서 채무를 청산하더라도 화해허가세를 납부하였으며, 그 액수도 위에서 언급한 다른 경우와 비교하여 크게 다르지 않다.[3] 부채소송은 타인들 사이뿐만 아니라 친족 간에도 이루어졌다. 예컨대 형제나 남매 사이에 부채소송을 제기한 경우가 있다.[4] 한편 다른 시기에서는 찾아볼 수 없던 부채 청산을 위한 새로운 방법이 이 시기에 나타난다. 즉 백작이 부채를 회수하는데 조력하여 주면 그에 대한 대가를 채권자가 백작에게 지불한 형식이 기록 여러 곳에서 보인다.[5] 조력에 대한 대가로 영주인 백작에게 지불한 금액은 부채 액수에 따라서 달랐다. 그러나 대체로 6펜스를 납부한 것이 일반적 모습이었다. 이처럼 대부분의 범법행위에 대한 벌금형은 대단히 무거운 형벌이 아니었다. 벌금액의 많고 적음은 범죄의 경중에 따라서 부과된 것이 원칙이다. 채무로 인한 소송이 제기되면, 그것은 경범죄에 해당하기 때문에 벌금액도 많지 않았던 것이다. 한편 경범죄의 재판에서 자주 일어난 일이 무고(誣告)에 대한 처벌이다. 예컨대 가축이나 곡물을 구입한 대금을 이미 지불하였으나, 아직 받지 못하였다고 소송을 제기한 경우가 자주 눈에

1) *Ibid.*, vol. I, pp. 97, 231, 233, 244, 293; vol. ii, p. 34.
2) *Ibid.*, vol. I, pp. 251, 261; vol. ii, pp. 6, 36, 38, 42.
3) *Ibid.*, vol. I, pp. 123, 290, 306; vol. ii, pp. 16, 18, 24.
4) *Ibid.*, vol. I, pp. 112, 260, 282, 290.
5) *Ibid.*, pp. 170, 180, 200, 217, 219, 225.

띈다.[1] 그러나 재판 결과 이미 대금이 지불되었음이 밝혀지면, 고소를 제기한 자에게 무고죄로 벌금이 부과되었다. 물론 대금이 청산되지 않았다면 채무자는 대금 청산은 물론 벌금도 납부하여야 한다.[2] 이러한 경우에도 피고가 납부한 벌금액이 6펜스가 주류를 이룬다. 아마도 이것은 부채 청산 화해허가세와 같은 맥락에서 이해되어야 할 것이다. 이러한 무고죄에 대한 기록이 경범죄 재판기록 곳곳에서 발견되는 것으로 보아 당시 웨이크필드 장원 거주자들의 생활의식이나 공동체 의식의 수준을 미루어 짐작케 한다.

빵과 에일 조례를 위반한 자들에게는 칼과 징벌구(tumbrel)을 씌우는 형벌을 가했다는 주장[3]이나 사소한 절도(petty theft)를 범한 자에게 채찍질 형벌을 가했다는 언급[4]은 최소한 웨이크필드 장원의 재판기록에서는 찾아볼 수가 없다. 에일 양조와 판매 위반에 관한 재판기록이 다른 시기에 비하여 상대적으로 적다. 약 24년 동안의 재판 기록에서 에일과 관련된 사항이 32건에 불과하고, 빵의 조례 위반과 관련된 사실은 겨우 1건에 불과하다. 그렇다면 상대적으로 다른 시기나 지역에 비하여 에일 조례 위반자에 관한 기록이 매우 적은 이유는 무엇일까? 이곳의 에일 양조와 판매업자들이 준법정신이 투철하여 조례를 위반하는 경우가 드물었기 때문인가? 혹은 웨이크필드 지역 사람들이 에일 소비가 적었기 때문에 양조량이 적었고, 그래서 위반자 수가 적었는가? 아니면 위반자들에 대한 재판 기록이 누락되었는가? 현재로서는 그 어느 것도 확실하게 주장할 수 있는 증거가 없다. 다만 현재 기록에 등장하는 사실에 근거하여 에일 조례 위반자들에 대해 특징을 설명할 수 있을 뿐이다.

---

1) *Ibid.*, vol. I, pp. 233, 242, 244. (귀리 1쿼터 대금에 대한 지불 요구가 거짓 주장이었음이 밝혀져 원고는 6펜스의 벌금을 납부하였으며, 5실링의 부채 상환 소송을 제기하였는데, 이것도 거짓 주장임이 밝혀져 6펜스의 벌금형에 처해졌고, 귀리 대금 3실링의 지불요구도 거짓 주장임이 밝혀져 6펜스의 벌금형에 처해졌다.)
2) *Ibid.*, vol. I, p. 220.
3) *Britton*, I, 61.
4) *Bracton*, f. 151b.

에일 조례 위반자는 총 75명으로서 여자가 56명, 남자가 20명, 그리고 남녀 언급이 없는 경우 3건 등으로 분포되어 있다. 남녀 간의 분포비율은 다른 시기나 지역과 큰 차이가 없다. 재판 기록을 통해서 보면 역시 에일의 양조와 판매는 주로 여성의 일이었다. 위반자에 대한 처벌도 역시 벌금형이었다. 벌금액의 분포도 역시 다른 시기나 지역과 큰 차이가 없다. 가난으로 벌금을 사면해 준 경우가 3건, 벌금액이 기록되지 않아 파악이 불가능한 경우가 2건 있으나, 그 이외에 벌금액이 기록된 73건 중에서 3펜스가 2건, 6펜스가 54건, 12펜스가 17건 등으로 분포되어 있다. 벌금액 분포도 다른 시기와 지역과 큰 차이가 없다. 한편 빵의 조례를 위반한 자에 관한 기록이 유일하게 1건 등장한다. 그런데 위반자인 남성에게 부과된 벌금이 4쉴링에 이르러 매우 많은 액수이다. 그 기록만 가지고서는 이유를 파악할 수 없으나, 벌금액이 매우 많은 점을 통해서 볼 때 중한 범법행위를 하였음에 틀림없다.

또 다른 경범죄로서 명예훼손 혹은 중상비방(defamation)이 있다. 국왕의 법원에서는 명예훼손에 대한 소송을 허락하지 않았다. 명예훼손이란 거짓으로 다른 사람을 '도둑'이나 '강도' 또는 '살인자' 혹은 '매춘부', 또는 '고리대금업자'라고 지칭하거나 그렇게 소문을 낸 것이다. 그 용어에서 볼 수 있듯이 명예훼손은 남녀 모두가 범한 범법행위이다. 타인을 그렇게 지칭한 것은 다른 사람과의 다툼이나 폭행 사건에서 화를 참지 못하고 겉으로 표현한 말 속에 담긴 언어폭력이다. 그 용어들 모두는 중죄에 해당하는 범죄를 지칭하는 말이 아니면 사회적으로 지탄을 받는 일에 해당하는 것이다. 타인에 대한 그러한 지칭은 인격모독과 서로 관련이 있는 것이다. 에드워드 1세 치하에서는 만약 피상소인이 무죄 방면되면, 그를 고소한 자는 1년 동안 투옥되고 불명예를 끼친데 대한 배상으로서 손해배상을 하도록 한 법이 제정되었다.[1] 그럼에도 불구하고 13세기 웨이크필드 장원법원에서의 명예훼손

1) B. H. Putnam, ed., *Proceedings before the Justices of the Peace in the Fourteenth and Fifteenth Centuries*, p. 539.

에 대한 처벌은 체형이 아니라 벌금형이었다.[1] 벌금액도 쉴링 단위인 경우[2]도 있으나, 대체로 3펜스나 12펜스가 부과되었다.[3] 이러한 처벌이 에드워드 1세 통치 2년인 1274년과 1297년에 이루어진 것이기 때문에 에드워드 1세의 새로운 법에 적용될 수 있었으나, 실제로는 그렇지가 않았다. 에드워드 1세 통치기에 만들어진 법령이 전국적으로 확대 적용되지 않았기 때문에 그러한 괴리가 나타난 것이다. 물론 다툼이나 폭행의 과정에서 명예훼손이 일어날 수 있었으나, 그렇지 않은 경우도 있었다. 예컨대 백호장의 구성원들은 자신의 백호장에서 발생한 강도나 절도 혹은 살인사건을 목격하였을 경우, 큰 소리로 주변의 사람들이 듣게 '도둑이야' 혹은 '강도야'라고 범인체포공보(hue and cry)를 할 의무가 있었다. 만약 사건을 목격하고도 범인체포공보를 하지 않거나 혹은 범인체포공보를 잘못하였거나 거짓으로 할 경우,[4] 그는 수치스런 행동을 하였기 때문에 벌금형에 처해졌다. 벌금액수는 사건에 따라서 다른데, 2펜스로 벌금액수가 적은 경우도 있으나, 6-8펜스로 많은 경우도 있다.[5] 그러므로 체포공보는 잘못하면 벌금형에 처해질 수 있는 부담스러운 의무였다.

중죄인들에게는 경범죄를 범한 자들과 동일한 기준으로 처벌할 수 없는 것이 보통법의 정신이다. 그렇다면 13세기 웨이크필드 장원법원에서 중죄인들에게 내린 형벌은 어떤 형태였는가? 폭행이 중죄 중에서 가장 많이 발생한 범죄행위였다. 기록을 통해서 확인할 수 있는 109건의 폭행사건 중에서 폭행의 도구가 기록된 것은 겨우 18건에 불과하다. 그런데 그 중에서 칼을 이용하여 상대편에게 상해를 입힌 경우가 6건, 막대기를 사용한 경우가 6건,

1) William Paley Baildon, ed., *Court Rolls of the Manor of Wakefield 1297 to 1309*, vol. I, pp. 80, 82, 307.
2) *Ibid.*, p. 82.
3) *Ibid.*, pp. 80, 307.
4) Helen M. Jewell, ed., *The Court Rolls of the Manor of Wakefield from September 1348 to September 1350*, pp. 58, 114, 116, 210.
5) *Ibid.*, pp. 58, 114, 116.

돌로 상해를 입힌 경우가 2건, 그리고 나머지는 도끼 2건, 곤봉 1건, 쇠로 만든 포크 1건 등이다. 런던시에서 발생한 폭행사건과 유사하게 웨이크필드 장원에서도 폭행의 도구로 칼과 막대기를 주로 사용하였다. 그렇다면 폭행에 따른 손해배상을 피해자가 어느 정도 요구하였으며, 실제로 지불된 손해배상은 어느 정도였는가? 살인에 이를 정도로 중한 무기인 칼이나 도끼를 사용하여 폭행하여 머리에 상해를 입었음에도 불구하고, 손해배상을 요구한 액수는 6쉴링 8펜스[1], 13쉴링 4펜스[2], 3쉴링[3] 등이다. 그러나 피해자가 가해자에게 요구한 액수와는 달리 실제로 폭행에 대한 합의금은 이 보다 훨씬 적었다. 살인 무기에 해당하는 칼이나 도끼를 사용하여 폭행을 한 경우는 막대기와 같은 무기를 사용한 경우보다 벌금액이 매우 많았다. 물론 무기의 형태보다는 피해자가 입은 상처의 경중에 따라서 벌금은 부과되었다. 예컨대 도끼로 머리에 상처를 낸 피고가 자신의 행위를 법정에서 인성하여 2쉴링의 벌금형에 처해졌으며,[4] 도끼로 폭행하여 상해를 입은 피해자와 가해자가 법정에서 화해를 하여 화해허가세를 4쉴링 납부한 경우[5]가 있는가 하면, 나무막대기로 등허리나 머리를 구타하여 4펜스나 6펜스의 벌금을 납부한 경우[6]를 상호 비교하여 봄으로써 그러한 주장을 입증할 수 있다. 한편 불법침해나 부채소송에서 보았듯이 폭행사건에서도 양 당사자 간에 화해허가세를 납부하여 폭행사건을 종결한 경우가 많다. 화해허가세를 납부하여 폭행사건이 종결된 경우가 총 12건이 확인된다. 그런데 합의세를 4쉴링이나 2쉴링 납부한 예외적인 경우[7]가 있으나, 6펜스가 5건, 12펜스가 5건으로 분포되어 있다. 그런데 이는 부채나 불법침해와 같은 다른 형태의 범죄보다

1) *Ibid.*, vol. I, p. 134.
2) *Ibid.*, vol. I, p. 145.
3) *Ibid.*, vol. ii, p. 29.
4) *Ibid.*, vol. I, p. 230.
5) *Ibid.*, vol. I, p. 119.
6) *Ibid.*, vol. I, pp. 278, 281, 283.
7) *Ibid.*, vol. I, p. pp. 119, 185.

합의세 자체가 무거웠다. 그리고 합의세는 벌금액(amercement)과 큰 차이가 없었다. 즉 벌금액의 분포를 보면 2쉴링인 예외적인 경우[1]와 함께 12펜스가 3건, 6펜스가 10건, 4펜스가 1건 등으로 분포되어 있다. 이처럼 폭행범에게 부과된 벌금액이나 폭행사건의 당사자 간에 화해를 위한 허가세가 모두 6펜스가 주를 이룬다. 폭행사건은 경중을 가리지 않고 상대적으로 무거운 처벌을 한 것이다.

웨이크필드 장원법원 문서에서 확인된 중죄 중에서 절도 사건은 74건, 강도 5건, 살인 4건이다. 웨이크필드 장원에서 발생한 절도의 특성도 다른 농촌지역에서의 절도의 특징을 그대로 반영하고 있다. 절도품으로 선호된 것이 대부분 웨이크필드 지역에서 생산되는 귀리와 농사에 필요한 황소, 그리고 이곳에서 많이 사육한 양이다. 양, 소, 돼지와 같은 가축 절도가 가장 많아 17건이 확인된다. 그리고 귀리를 비롯한 곡물 절도가 11건, 직물과 옷 절도가 6건, 가재도구 절도가 5건, 화폐 절도가 3건, 그리고 기타 치즈, 신발, 건초, 양털, 목재, 이탄(泥炭) 등이 절도의 대상물이었다. 이미 위에서 언급한 것처럼, 12펜스 이상의 가치가 있는 물품을 절도한 자는 중죄로 간주하여 교수형에 처하는 것이 보통법의 정신이다. 그러나 74건의 절도와 관련하여 교수형으로 처벌된 경우는 단 2건에 불과하다. 8쉴링 6펜스의 가치가 있는 물건을 단순절도한 자[2]와 18펜스의 가치가 있는 옷과 6펜스의 가치가 있는 그 옷의 후드(hood)를 절도하였음을 고백한 여성을 교수형에 처하였다.[3] 네 마리의 황소를 절도하여 2쉴링의 벌금을 부과한 경우[4], 2쉴링의 가치가 있는 이탄(turf) 한 마차를 절도한 자에게 벌금 2쉴링[5]을 부과하는 등 펜스 단위가 아닌 쉴링 단위의 벌금을 부과하였다. 보통법에서 12펜스 이상의 가

---

1) William Paley Baildon, ed., *Court Rolls of the Manor of Wakefield 1297 to 1309,* vol. I, p. 230.
2) *Ibid.,* vol. I, p. 103.
3) *Ibid.,* vol. I, p. 292.
4) *Ibid.,* vol. I, p. 231.
5) *Ibid.,* vol. I, p. 263.

치가 있는 물품을 절도하면 교수형에 처한다고 언급하고 있다.[1] 그러나 그보다 더 많은 가치가 있는 물품을 절도하였음에도 불구하고, 교수형이 아닌 벌금형에 처해진 경우가 있다. 분명히 보통법의 정신이 웨이크필드 장원법원에서는 실현되지 않았다. 이는 왕국에 널리 공통적으로 적용한다는 의미를 가진 보통법의 적용에 한계가 있음을 나타내는 것이다. 즉 왕권이 지방 곳곳에 영향을 미치고 있지 못함을 보여주는 것이다. 순회재판관들의 판결에 의하여 공동체의 질서와 평화가 유지된다면, 영주권은 크게 위축된다. 그러므로 장원법원에서 범법자들에 대한 벌금형의 강화를 통하여 영주들은 그의 소작인들에 대한 지배력을 강화시킬 수 있었다. 그렇다면 지방법원인 장원법원에서 어떻게 절도범에게 교수형을 판결할 수 있었는가? 중죄인은 순회재판관이 지방을 1년에 2-3번 순회할 때 주지사가 관장한 재판에서의 판결에 따라 처벌하는 것이 일반적인데, 어떻게 웨이크필드 장원법원에서 절도범에게 교수형을 선고할 수 있었는가? 즉 장원법원에서는 경범죄만 관리할 수 있었고, 중죄에 대한 심리와 중죄인의 처벌은 주지사가 관리한 순회법원에서 할 수 있는 업무였다. 사료에 등장하는 기록에 따르면, 8실링 6펜스의 가치가 있는 물건을 단순절도(larceny)한 혐의로 투옥되어 있던 자가 장원법원을 관리한 집사(steward)와 국왕의 검시관(coroner)이 참석한 재판에서 자신의 절도행위를 인정하였다. 그래서 교수형이 집행된 것이다. 여기에서 주목해야할 사항은 바로 국왕의 검시관이 재판에 참여하였다는 점이다. 앞에서 이미 언급한 것처럼 검시관은 교수형 집행과 그 후의 모든 일을 책임지고 처리한 관리이다. 즉 검시관이 재판에 참여함으로써 절도범에 대한 재판은 국왕의 법원에서 재판한 것과 동일한 효과를 거둔 것이다. 그래서 장원법원에서 절도범에게 교수형을 판결하고 형을 집행할 수 있는 것이었다. 물론 이때 이 재판에 참여한 배심원들의 역할도 있었을 것이다. 기소배심원들은 재판과정에서 큰 재량권을 소유하였다. 예컨대 도둑이 불법침해자로 분류되어 벌금형에 처

1) *Bracton*, f. 151b.

해지거나 교수형이나 사지절단형에 처할 수 있는 중죄인으로 평결할 수도 있었다. 이러한 예는 여러 곳에서 발견되지만, 특히 1328년 링컨셔의 배심원 평결에서 확인된다.[1)]

절도범들은 대부분 남성이다. 여성이 전체 중에서 차지하는 비중이 6건에 불과하여 매우 낮다. 그리고 여성들이 절도한 품목은 주로 곡물, 가재도구, 옷, 화폐 등과 같은 이동하기에 편리한 물건들이다. 아마도 가축 절도나 이동이 용이하지 않은 절도품은 대부분 남성들이 운반하였기 때문에 여성의 절도 비율이 낮았을 것이다. 한편 형제 사이에 절도를 한 경우가 2건[2)], 아버지의 곡간에서 귀리를 훔친 아들에 관한 절도사건 1건[3)] 등 친족 사이에 이루어진 절도 사건도 있다.

2) 런던시와 범죄

런던시에서 발생한 범죄를 재판한 대표적인 법원은 런던시장, 시 참사회원(alderman), 그리고 주지사 앞에서 국왕의 재판관들이 연 지방법원인 허스팅(husting)이다. 특히 민사소송(common pleas)을 위한 순회재판은 국왕의 재판관들이 연 국왕의 법원이었다.[4)] 지방법원은 격주마다 월요일에 열렸다. 1244년부터 연유한 이 법원은 1272년에 하나의 제도로서 분명하게 수립되었다.[5)] 기록에 등장하는 모든 중죄인 고소는 주 법원에서 청취한 하

1) B. W. McLane, "Jurors attitudes towards local disorder: the evidence of the 1328 Lincolnshire trailbaston proceedings", in J. S. Cockburn and T. A. Green, eds., *Twelve Good Men and True: the criminal trial jury in England, 1200-1800*, pp. 43-53.
2) William Paley Baildon, ed., *Court Rolls of the Manor of Wakefield 1297 to 1309*, vol. I, p. 189; William Paley Baildon, ed., *Court Rolls of the Manor of Wakefield 1274 to 1297*. vol. II (Yorkshire Archaeological Society, 1906), p. 49.
3) *Ibid.*, vol. I, p. 272.
4) C. A. F. Meekings , ed., *Crown Pleas of the Wiltshire Eyre, 1249*, pp. 1-2.
5) Martin Weinbaum, ed., *The London Eyre of 1276*, no. 235, p. xxiii.

나의 예를 제외하고 모두 국왕의 소송(crown plea)만을 위한 지방법원에서 청취된 사건이다.[1] 이때 국왕이 임명한 재판관은 요크의 윌리엄(William of York), 캑스턴의 제레미(Jeremy of Caxton), 배스의 헨리(Henry of Bath)이다. 윌리엄은 국왕의 법원에 재직한 중견 판사이고, 제레미는 그의 보좌관이다. 헨리는 중앙법원 어디에도 속하지 않은 재판관이지만, 이때 요크 주의 주지사로 봉직하고 있었다. 이처럼 지방의 대귀족이나 고위성직자가 아닌 전문적인 법관이 순회재판을 관장하기 시작하였으며, 이러한 변화가 헨리 3세 통치기인 1246-1249년에 처음 나타나기 시작하였다.[2]

13세기 런던에서 발생한 범죄의 특성을 밝혀보는데 이용된 1244년의 순회재판기록은 런던 타워(Tower)에서 4월 17일에 열려 6월 초까지 약 1개월 반 정도 지속된 재판의 내용 486건을 담고 있다.[3] 그런데 이 중에서 형법상 범죄와 관련된 내용은 절반 정도이고, 나머지 항목들은 토지불법점유에 관한 해석, 그리고 런던 시내 상점이나 가옥들의 증개축 허가 사항들이 기록되었다. 인구증가로 인한 거주지 확대와 상인들의 상점 확장을 허가한 사항이다. 한편 런던에서 일어난 범죄의 특성을 분석하려고 선택한 또 다른 순회재판기록은 1276년 2월 3일부터 3월 중순 경까지 약 1개월 반 정도 런던 타워에서 로저(Roger de Seyton)와 그의 동료 재판관 랄프(Ralph de Fremingham), 존(John de Cobham), 제프리(Geoffrey de Leukenore), 토마스(Master Thomas de Sedington) 등 전문 재판관들인에 의해서 열린 재판에 관한 기록 786개 항목이 담겨있다.[4] 그 중에서 형법상 범죄와 관련 기록은 296개 항목이고, 1244년의 기록과 마찬가지로 나머지 항목은

---

1) *Ibid.*, no. 131, pp. ix, xvi.
2) C. A. F. Meekings , ed., *op. cit.*, p. 11; William Paley Baildon, ed., *op. cit.*, vol. I, no. 75, pp. 30-31.
3) Helena M. Chew and Martin Weinbaum, ed., *The London Eyre of 1244* (London Record Society, 1970).
4) Martin Weinbaum, ed., *The London Eyre of 1276*, p. xi; *Calendar of Patent Rolls 1272-81*, p. 131.

토지불법점유 사건과 같은 문제에 대한 법률적 해석이 담겨있다. 물론 약 1개월 반 정도씩 열린 순회재판에 관한 기록 두 건을 가지고 13세기 런던에서 발생한 범죄의 일반적 특성을 밝혀내는 데에는 한계가 있을 것이다. 비록 이와 같은 사료의 한계가 있다고 하더라도, 필자는 13세기 런던에서 일어난 범죄의 제한된 특성을 파악하는 것은 가능하다고 생각한다.

1244년의 순회재판기록을 분석한 결과, 사망과 관련된 사건은 사고사 67건, 살인 36건, 폭행치사 13건, 자살 3건 등으로 분포되어 있다. 그 이외에 중죄에 해당하는 절도 11건, 강도 3건, 화폐위조 범죄 3건, 강간 2건, 방화 1건이며, 기타 범법 행위로서 폭행 11건, 포도주 조례 위반 6건, 무고죄 4건, 부채 5건, 불법침해 2건, 범인 은닉 7건 등이 있으며, 벌금납부에 관한 기록이 21건이 있다. 이에 따르면 순회재판관의 재판이 대부분 사망사고와 관련된 것임을 알 수 있다. 사망사고는 총 119건이다. 그리고 교수형에 처할 수 있는 중죄인 살인, 폭행치사, 강간, 절도, 강도, 화폐 범죄, 방화사건이 총 69건이다. 사망사건 중에서 사고사가 차지하는 비중이 67건(56.3%)으로서 절대 다수를 차지한다. 사고사의 원인별 분포는 다음과 같다. 주로 템스강에 빠져 익사한 익사 사고가 30건(44.8%)에 이른다. 또한 어린이들이 푹 파인 물이 찬 구덩이에 빠져 익사한 경우도 있다. 그 다음으로 많은 사고사는 원인 불명으로 사망한 경우로서 12건이다. 원인불명이란 심장마비로 인하여 급사한 경우나 혹은 목격자도 없이 길거리에서 사망하여 시체로 발견된 경우이다. 한편 돌이나 석재에 깔려 압사한 경우도 10건이나 된다. 또한 계단이나 사닥다리에서 떨어져 목뼈가 부러지는 등의 2차 피해로 사망한 경우가 6건, 뜨거운 물이나 끓이던 죽에 빠져 화상을 입고, 결국 화상 때문에 나타난 합병증으로 사망에 이른 경우도 6건에 이른다. 나머지 3건은 말발굽에 차여 사망하거나, 낙마하여 사망하고, 도끼를 잘 못 다루어 부상을 입고, 그 부상으로 인하여 사망한 경우가 있다. 이처럼 런던에서 발생한 사고사 중에서 다수를 차지하는 것은 템스 강에 빠져 익사한 경우이다. 사고사 다음으로 많은 사망사건은 살인이다. 살인과 폭행치사를 합한 수가 49건으로서 사망자 중에서 41.2%를 점유한다. 살인 도구로 사용된 것은 주로 칼이다. 이 이외에 도끼, 막대기, 화살 등도 살인무기로 사용되었다. 살인용의자를 포함한 중죄를 범한 자가 범행 후 도피하면 법익박탈되었다. 전체 살인과 폭행치사와 관련된 사건 49건 중에서 살인자들이 중죄를 범한 후 도피하여 법익박탈된 경우가 16건(32.7%)이다.[1] 살인이나 폭행치사를 범한 후 도피한 자들의 비율이 매우 높은 편이다. 거의 살인자들 세 명 중에 한 명은 도피한 것이다. 그리고 범죄를 범한 성직자가 법익박탈된 경우도 3건이나 된다. 또한 살인이나 절도, 강도 등과 같은 중죄(69건)를 범한 후 교회로 도피하여 추방령을 원한 경우도 15건이나 되어 중죄 중에서 점유하는 비율이 21.7%에 이른다.[2] 반면에 살인용의자를 재판에 회부하여 재판한 결과, 살인죄가 확인되어 교수형에 처한 경우가 겨우 3건에 불과하다.[3] 살인자에 대한 교수형의 비율이 매우 낮은 편이다. 뉴게이트 감옥에 투옥된 자들이 후에 교수형에 처해졌는지 알 수 없기 때문에 교수형의 비율이 낮을 수 있다. 또한 중죄인이 교회와 같은 성역으로 도피한 경우가 많은 것도 교수형 비율이 낮은 이유 중의 하나이다. 이들 중에서 일부는 추방령에 처해지고, 교회에서 사망한 경우도 있으며, 나머지는 야밤에 감시가 소홀한 틈을 타서 교회에서 탈출하여 추방령도 피하고 신체적 처벌도 면하였다.[4] 한편 중죄를 범한 후 범행 장소를 벗어나 도피함으로써 법익박탈된 자들이 많았으며, 살인용의자가 도피하여 재판이 중단된 경우도 10건에 이른다. 이 모든 경우는 중죄인들에 대한 교수형 집행이 잠정적으로 연기된 것이나 마찬가지이다. 그러므로 겉으로 드러난 숫자만 가지고 중죄인에 대한 교수형 집행율을 언

---

1) Helena M. Chew and Martin Weinbaum, ed., *The London Eyre of 1244*, no. 45, 94, 109. 116, 119, 123, 130, 136, 144, 155, 156, 161, 162, 164, 178, 180.
2) *Ibid.*, no. 49, 93, 98, 107, 117, 125, 127, 139, 140, 146, 149, 151, 163, 221, 317.
3) *Ibid.*, no. 98, 130, 140.
4) 성역으로 도피한 중죄인이 후에 야밤을 이용하거나 감시가 소홀한 틈을 타서 다시 성역으로부터 도피한 자들이 있으며(*Ibid.*, no. 70, 135, 148.), 성역에서 중죄인이 사망한 경우(*Ibid.*, no. 102, 130)도 있다.

급할 수는 없다. 한편 성직자의 범죄 가담에 관한 언급이 5건 확인되는데, 특히 성직자의 살인이 3건[1]이나 된다. 지금까지 언급한 사실들에 근거하여 볼 때, 그 이유가 무엇이었든 간에 살인자들에 대한 엄격한 법집행과 처벌이 이루어지지 못한 것이 중세 잉글랜드 사회이다. 이처럼 공정하고 정당한 법집행이 이루어지지 않은 사회에서 사회질서가 올바로 수립되기를 바랄 수는 없는 것이다.

한편 1276년 런던 순회재판의 기록을 분석한 결과, 불법침해와 조례위반과 같은 경범죄를 제외하고 341건의 사건 기록을 파악할 수 있었다. 이를 분석한 결과, 213건의 사망사건을 확인할 수 있었다. 사망자의 분포는 살인 103건(48.4%), 사고사 73건(34.3%), 폭행치사 21건(9.9%), 그리고 병사가 8건, 기아사가 5건, 자살이 2건, 급사가 1건 등이다. 살인과 사고사가 사망사건의 대부분을 차지한다. 살인무기는 1244년의 순회재판기록과 마찬가지로 1276년의 기록에서도 칼이 가장 많이 사용된 것으로 나타난다. 그 이외에 막대기, 화살, 도끼 등이 사용되었다. 그런데 살인자는 대부분 남성이었으며, 여성이 살인자인 경우는 세 건에 불과하다. 이러한 남성 편중의 살인사건은 런던시에서만 나타난 특이한 사실은 아니다. 다른 지역에서도 유사한 현상이 나타난다.[2] 그렇다면 어째서 살인에 칼이 많이 사용되었는가? 중세 잉글랜드 사회는 치안이 불안하여 자신의 생명을 스스로 보호하기 위해서 칼과 같은 무기를 항상 몸에 지니고 다녔다. 그러므로 쉽게 칼을 살인무기로 사용한 것이다. 이는 런던과 같은 대도시는 물론 웨이크필드 장원과 같은 농촌에도 적용되는 일반성을 지닌 문제였다.

살인용의자들이 범법행위를 범한 후 도피하여 법익박탈된 경우가 67건(54.0%)에 이른다. 살인과 폭행치사 사건 124건 중에서 절반이 넘는 수의

---

1) *Ibid.*, no. 45, 144, 152.

2) 1238년 데본(Devon) 주의 순회재판기록에 따르면, 살인자 146명 중에 겨우 5명만이 여성이었다. (Henry Summerson, ed., *Crown Pleas of the Devon Eyre of 1238* (Devon and Cornwall Record Society, 1985), p. xxviii.

살인용의자들이 살인 후 도피하였다. 이는 당시 살인사건 해결의 문제점을 직접적으로 나타내는 지표이다. 한편 사고사는 1244년 순회재판의 경우와 마찬가지로 템스 강에 빠져 익사한 경우를 포함한 익사사건이 33건(45.2%)으로서 절대 다수를 점유하고 있으며, 다음으로 많은 것이 벽이 무너져 압사한 경우나 돌이나 건축재에 압사한 경우가 15건(20.1%), 계단이나 사닥다리에서 떨어져 부상당하여 사망한 낙상사고가 14건(19.2%)를 점유하고 있다. 그리고 뜨거운 물이나 죽(mash)에 빠져 화상을 입어 사망한 경우도 9건(12.3%)이나 된다. 한편 중죄에 속하는 절도, 강도, 강간, 방화, 화폐위조에 관한 기록이 54건 등장한다. 그 중에서 가장 많은 사건은 절도로서 42건(77.8%)에 이른다. 중범죄 사건(178건)과 관련된 중죄인 중에서 런던 시내나 인근 교회[1]로 도피하여 자신의 죄를 고백하고 추방령을 원한 경우가 41건(23.0%)에 달한다.[2] 그런데 추방령을 원해 성역으로 도피하여 그곳에 머물다가 비밀리에 성역에서 탈주한 경우도 4건이나 더 있어 추방령과 관련된 사건이 실제로는 45건에 이른다. 중죄인들 네 명 중에 한 명은 추방령이라는 방법을 통해 자신에게 주어질 신체적 처벌을 면한 것이다. 추방령을 선택한 범법자들의 분포를 보면, 절도가 가장 많은데 26건이나 된다. 이는 전체 추방령을 택한 자들 41건 중에 63%를 점유하고 있다. 그 이외에 추방령을 택한 사건은 살인 6건, 탈옥 3건, 화폐위조 1건, 중죄인 은닉 1건, 폭행 1건, 장물취득 1건, 강도 1건, 원인 불명 1건 등으로 분포되어 있다. 그러므로 추방령을 선택한 범법자 중에서 절도범과 살인범이 가장 많다. 추방령과 관련된 여성의 경우는 단 두 건에 불과한데, 하나는 남편 살해범으로서, 다

---

1) 성역으로 도피한 자들은 자신과 가까운 곳에 위치한 교회를 선호하였다. 도피자들이 가장 선호한 교회는 다음과 같은 곳이다. 괄호안의 숫자는 도피자들이 선택한 수이다. St. Mary Woolchurch(5번), Friars Minor(4번), St. Lawrence Jewry(3번), St. Mary Conyhope(3번), St. Paul and St. Thomas London Bridge(3번).

2) 추방된 자들 중에 약 2/3는 방랑자나 이방인이었다. 도망자들은 그들의 현재 위치에서 가까운 곳에 있는 교회로 도피하여 자신의 죄를 고백하고 추방령을 원하면, 주지사들과 시종장관(chamberlain)이 직접 그의 의사를 확인하고 추방령을 내렸다.

른 하나는 다른 남성을 살해한 죄로 추방령을 선택하였다.[1] 여성이 여성을 살해하고 성역으로 도피하여 추방령을 원하였으나, 추방령이 결정되기 전에 성역을 탈주하여 잠적한 경우도 있다.[2] 그러므로 추방령과 관련된 사건 대부분은 주로 남성과 관련된 것이다. 추방령은 범죄와 사회질서 유지 사이의 문제점을 다시 한 번 생각하게 만든 사례이다. 이러한 문제점은 당시 중죄인에 대한 교수형 집행율을 통해서도 입증된다. 기록에 등장하는 중죄인에 대한 교수형 집행은 모두 15건이다. 이들의 범죄명은 살인이 9건, 절도가 4건, 폭행이 1건, 죄명에 대한 기록이 없는 경우 1건으로 분포되어 있다. 살인범들에 대한 교수형 비율이 가장 높다. 교수형으로 처형된 자들 중에 7명의 중죄인은 1276년 런던탑에서 열린 법정에서 교수형 판결을 받았으며[3], 10명은 순회재판이 열리기 이전에 교수형이 집행되었는데, 이들 중 8명은 뉴게이트(Newgate) 감옥에서 죄수들을 재판한 감옥에 투옥된 미결수를 재판한 재판관(justice of gaol delivery)에 의해 교수형이 선고되었다.[4] 이 이외에 1267년에 교수형이 집행된 자도 있으며[5], 살인 후 도버 성으로 도피하였다가 성수장에게 체포되어 교수형에 처해진 경우도 있다.[6] 살인, 폭행치사, 절도, 강도, 강간, 방화, 화폐위조와 같은 중죄에 해당하는 사건이 모두 178건인데, 교수형으로 처형된 사건이 모두 15건으로서 이것이 중죄 중에서 차지하는 비율이 8.4%에 불과하다. 이미 위에서 살펴 본 것처럼 1244년의 순회재판에서는 중죄인에 대한 교수형 처벌율은 이 보다 더 낮다. 런던시의 순회재판에서 다룬 중죄인들에 대한 교수형 처벌 비율과 다른 주들에서 열린 순회재판에서의 교수형 처벌과의 비교를 통해서 당시 중죄인에 대한 교수형 처벌 수준을 상호 비교 확인할 수 있다.

1) Martin Weinbaum, ed., *The London Eyre of 1276*, no. 81, 84.
2) *Ibid.*, no. 117.
3) *Ibid.*, no. 98, 146, 276, 277, 284.
4) *Ibid.*, no. 41,49, 94, 128, 163, 197, 202.
5) *Ibid.*, no. 188.
6) *Ibid.*, no. 203.

1221년 순회재판관들이 글로스터(Gloucester)를 찾아 약 330건의 범죄 사건을 재판하였는데, 그 중에서 겨우 14건의 범법자들에게만 교수형이 선고되고(4.2%), 100건(30%)의 범법자들에게는 법익박탈이 선고되었다. 1241년 옥스퍼드셔의 일반순회법원에 기소된 자들 대다수가 법정에 출두하지 않았다. 63명은 도망하여 잡지 못하였고, 26명은 성역으로 도피하여 해외로 추방되었다. 법정에 선 33건의 기소자들 중에 겨우 3명(9.1%)만이 재판절차에 따라 교수형에 처해졌다.[1] 이러한 양상은 1249년 윌트셔(Wiltshire)의 일반 순회재판에서도 유사하게 나타난다. 살인으로 35명이 기소되었는데 법정에 출두한 24명 중에서 오로지 한 명(4.2%)만이 교수형 선고를 받았다. 그러나 단순절도의 경우는 유죄선고율이 높았다. 법정에 출두한 75명 중에서 15명이 유죄선고를 받았기 때문이다. 그러나 강간과 관련된 19건의 사건 피의자 중에서 단 한 사람도 유죄선고를 받지 않았다.[2] 1256년에는 노섬벌랜드(Northumberland)에서 77명의 살인용의자들을 재판하였는데, 그 중에서 72명(93.5%)은 법익박탈되고 4명만이 교수형(5.2%)에 처해졌다.[3] 법익박탈의 비율이 상당히 높은 편이고 교수형 비율이 매우 낮은 편이다. 이러한 현상은 이미 위에서 언급한 것처럼 노섬벌랜드에 국한된 문제점은 아니었다. 그리고 각 지역의 중죄인 교수형 처벌율과 런던시의 순회재판법원에서 내린 처벌율을 비교하여 볼 때, 런던시의 순회재판법원에서 내린 교수형 처벌율이 매우 낮은 것이 아니었다.

1) I. Cooper, ed., *The Oxfordshire Eyre 1241* (Oxfordshire Record Society, 1989), 56, nos. 810, 834, 839, 840, 845, 990, 1016.
2) C. A. F. Meekings , ed., *Crown Pleas of the Wiltshire Eyre, 1249*, pp. 79-80, 95.
3) J. G. Bellamy, *Crime and public Order in England in the Later Middle Ages*, pp. 157-158.

3) 범법자 처벌과 사회질서 유지

유죄선고율이 매우 낮았던 점은 런던 법원에서도 마찬가지였다. 1280년대에 런던의 뉴게이트 감옥의 범법자 미결수 감옥재판기록에 따르면, 절도범의 유죄선고율이 약 30%, 살인용의자의 유죄선고율은 약 20%로서 매우 낮은 편이다.[1] 이처럼 범법자들에 대한 중형선고율이 낮은 것은 13세기 만의 상황이 아니다. 14-15세기에서도 중죄인들에 대한 처벌 수준이 13세기와 유사하게 나타난다.[2] 특히 중죄인에 대한 교수형 처벌율이 매우 낮은 편이다. 그 원인은 여러 가지가 있겠으나, 필자가 생각하는 가장 중요한 이유는 다음과 같다. 중죄를 범한 후 도피한 죄인들에 대한 체포율이 낮았으며, 더

---

1) R. B. Pugh, "Some reflections of a medieval criminologist", pp. 86-87; J. G. Bellamy, *The Criminal Trial in Later Medieval England*, p. 14.

2) J. G. Bellamy, *Crime and Public Order in England in the Later Middle Ages*, pp. 157-158. 캔트(Kent) 주에서 1348년에 이송된 17개의 감옥에 분산 수용되었던 중죄와 불법침해죄로 기소된 337명 중에서 83명만이 유죄판결을 받았다. [B. H. Putnam, *Kent Keepers of the Peace* (Kent Archaeological Society Record Branch, xiii, 1933), pp. xxxv-xxxvi.] 1377-1397년에 워릭주(Warwickshire)와 코벤트리(Coventry) 시의 치안판사의 기록에 따르면, 231명이 중죄인으로 고발되었다. 그들 중에서 기록에 등장하는 자가 169명인데, 86명은 법익박탈, 44명은 무죄, 16명은 사면, 13명은 교수형에 처해졌다. [E. G. Kimball, ed., *Rolls of the Warwickshire and Coventry Sessions of the Peace* (Dogdale Society, xvi, 1939) 참조.] 한편 1396년 부활절에 국왕의 재판소가 링컨에서 열렸을 때에 소환된 자들은 224명의 중죄인이었다. 그들 중에 54명은 법정에 출두하였는데, 그 중에서 42명은 무죄 방면되고 11명은 사면되었다. 나머지 117명은 법익박탈되고 단 한 명도 유죄선고를 받지 않았다. 또한 1400-1414년 슈롭셔(Shropshire)의 치안판사의 기록에 따르면, 178건의 중죄와 관련된 251명의 중죄인이 기소되었다. 그런데 이 중에서 156명은 국왕의 재판소에 소환되었으나, 실제로는 14명만이 재판을 받았고 단 한 명도 유죄선고를 받지 않았다. ((J. G. Bellamy, *Crime and Public Order in England in the Later Middle Ages*, p. 157; E. G. Kimball, *The Shropshire Peace Roll, 1400-1414*, p. 41.) 이러한 예들에서 보았듯이, 지역에 따라서 혹은 도시와 촌락 사이에 차이가 있으나, 대체로 유죄선고율이 10-30%에 불과하여 매우 낮았고, 중죄인들을 교수형에 처한 비율은 더 낮았다. 반면에 중죄인들에 대한 추방령이 수반된 법익박탈이나 무죄선고율이 상대적으로 매우 높았다. 이처럼 중죄혐의자들에 대한 매우 낮은 중형 선고율과 추방령이 수반된 법익박탈이라는 방법으로서는 범법자들로부터 사회를 보호할 수 없었을 것이다.

구나 범행 후 교회를 비롯한 성역으로 도피한 자들에 대한 추방령이 문제의 핵심이다. 물론 도피자든 추방령으로 추방된 자들이건 간에 이들에 대한 처벌이 사면된 것이 아니라 일시적으로 처벌이 유예된 것과 같다. 도피한 자들이 체포되면, 범죄에 대한 심리는 계속될 것이며, 죄에 대한 합당한 처벌이 뒤따를 것이다. 그러나 문제는 도피한 자들에 대한 검거율이 어느 정도인지는 현재 연구 수준으로서는 확실하게 파악할 수 없다는 점이다. 더구나 추방령으로 해외로 추방된 자들이 비밀리에 귀국하였을 때 체포되면 사형이 집행되었으나, 그 전에는 다른 제재가 가해지지 않았다. 그리고 이들의 동향에 관한 파악이 사법 당국의 자발적인 노력에 의해서 이루어진 것이 아니라 범법자들의 전 거주지의 지인들이나 다른 곳의 지인들에 의한 범법자 출현 공보에 의존하였기 때문에 체포 검거율도 낮을 수밖에 없었다. 이처럼 런던뿐만 아니라 잉글랜드의 다른 지역에서도 살인과 같은 중죄인들에 대한 엄한 처벌이 뒤따르지 않는 상황에서 13세기 잉글랜드의 사회질서가 유지되기를 기대할 수 있었겠는가? 당시 잉글랜드는 범죄발생 예방과 발생한 범죄에 대한 신속한 해결을 위해서 10인조 제도를 중시하였다. 1244년뿐만 아니라 1276년에도 10인조에 가입한 시민을 제외하고 누구라도 런던시에 3일 이상 머물 수 없었다. 만약 이러한 규제를 위반하면 이방인을 숨겨준 자에게 벌금을 부과하였다.[1] 또한 10인조에도 벌금을 부과하였다.[2] 그러나 1276년 순회재판기록에서는 이러한 위반자 처벌에 관한 기록이 단지 3곳에서만 나타난다.[3] 그 제도가 원활하게 운영되지 못하였음을 나타내는 간접적인 지표이다. 범죄예방을 위한 런던시 당국의 의지만 발표되었지 실제로 그 제도가 원활하게 운영되지 못하였음은 범죄와 방랑자와 이방인과의 관계에서도 파악할 수 있다. 비록 10인조에는 소속되었으나, 방랑자(vagabond)이기 때문

1) Helena M. Chew and Martin Weinbaum, ed., *The London Eyre of 1244*, no. 62, 242.
2) *Ibid.*, no. 82, 94, 108, 142, 152, 162, 178, 180.
3) Martin Weinbaum, ed., *The London Eyre of 1276*, no. 185, 250, 258.

에 10인조의 규제를 받지 않은 경우가 8건[1]이나 조사되었으며, 이방인(stranger)이기 때문에 처음부터 10인조에 가입이 되어 있지 않은 경우가 12건이다.[2] 이처럼 10인조 제도가 범죄예방과 발생한 범죄 해결을 위한 제도로서의 기능을 제대로 발휘하지 못하는 상황에서 10인조 제도가 사회질서를 유지하는데 결정적 공헌을 하였다고 말할 수는 없다. 더구나 사회질서 유지에 부정적인 기능을 한 또 다른 제도는 추방령(abjuration)이다. 중죄를 범한 범법자들이 교회를 비롯한 성역으로 들어가 주지사나 검시관에게 자신의 범행을 자백하고 추방을 원하면 해외로 보낸 제도가 추방령이다. 그러므로 추방령은 범법자에게 평생 동안 잉글랜드로 다시 돌아오지 않는다는 조건으로 신체적 처벌을 유예시킨 제도이다. 물론 교회를 성역으로 간주하고 비록 범법자라고 하더라도 성역에 들어간 자에게 신체적 처벌을 하지 않는다는 성스러운 종교적 의미가 있지만, 추방령은 중죄인들에게 도피처를 제공한 부정적인 측면이 있으며, 이는 범법자들에게 좋지 않은 영향을 끼쳤다. 이미 위에서 구체적인 수치를 통해서 언급한 것처럼 1276년 런던의 순회재판에서 추방령을 받아 처벌을 면한 자들의 면면을 보면 그러한 부정적 측면을 이해할 수 있다.

한편 성직자들의 범죄율이 높은 점과 그들에 대한 재판이나 처벌 과정이 세속인과 다른 점 또한 사회질서 유지에 부정적인 작용을 하였다. 성직자들이 세속인과 다른 것은 고도의 종교적이고 도덕적 계율에 따라서 생활함으로써 세속인들에게 모범을 보인다는 점이다. 그런데 범법자가 스스로 성직자임을 주장하는 경우가 많았다.[3] 이는 세속인들과는 달리 세속법에 의한 처벌이 면제된 성직자들에게 주어진 특권을 주장하기 위함이었다. 비록 범

1) *Ibid.*, no. 20, 23, 28, 38, 61, 83, 106, 245. (이 사례들 중에서 no. 61, no. 83, no. 245는 살인과 관련된 것이고 나머지는 모두 절도와 관련된 것이다.)
2) *Ibid.*, no. 23, 57, 58, 90, 151, 186, 231, 233, 236, 239, 242, 275. (이 중에서 4건은 절도와 관련된 사건이고, 7건은 살인과 관련된 사건이며, 나머지 1건은 절도와 살인이 복합된 사건이다.)
3) *Ibid.*, no. 18, 39, 55, 111, 116, 187, 256, 261, 264, 282.

법자라고 하더라도 성직자임이 확인되면 관할 주교에게 인계되었다.[1] 성직자임을 주장한 자들 중에서 사면하여 석방된 경우[2], 세속법원에서 기소된 경우[3], 주교에게 인계된 경우[4], 법익박탈된 경우[5], 세속법원에서 유죄가 발견되어 처벌한 경우[6] 등 다양하다. 한편 살인으로 기소된 자들이 다양한 이유를 구실로 국왕으로부터 사면을 받아 석방된 경우가 11건이나 된다.[7] 국왕의 사면령으로 석방된 자들 모두는 살인사건과 관련된 범법자로서 원칙적으로는 중죄로 인한 중형에 처벌되어야 한다. 그러나 이들 모두는 국왕 헨리의 특허장을 법정에서 제시하거나 국왕의 직접 명령에 따라서 석방되었다. 국왕의 특허장에 의한 석방의 전제 조건은 있었다. 만약 누군가가 범법자를 국왕의 법원에 고소하지 않는다면, 그가 범한 국왕의 평화의 파괴 행위를 사면한다는 것이었다. 11건의 살인용의자들이 이러한 국왕의 사면장으로 석방된 것이다. 그런데 국왕의 사면권이 법의 엄격한 적용과 사회질서 유지라는 점에는 악영향을 끼쳤을 것이다. 이러한 부정적 현상은 에드워드 1세, 2세, 3세 통치기에 절정을 이룬다. 그 이유는 에드워드 왕들의 통치기에 스코틀랜드나 프랑스와의 전투가 반복 지속되었기 때문이다. 범법자들에게 국왕의 군대에서 군역을 납부하는 대신에 중죄에 대한 처벌을 유예시킨다는 조건으로 징집하여 전투에 참여시킨 정치적 판단이 반복 실행된 조치를 지적하는 것이다.

마지막으로 사회질서 수립에 부정적인 영향을 끼친 것은 바로 죄수들의 탈옥과 탈옥 후 성역으로의 도피이다. 위에서 언급한 것처럼 살인용의자들이 법정에 출두하지 않고 도피한 비율이 30%를 넘을 뿐만 아니라 탈옥도

1) *Ibid.*, no. 282.
2) *Ibid.*, no. 187, 256, 261, 282.
3) *Ibid.*, no. 116, 264.
4) *Ibid.*, no. 39, 55, 116, 187, 264, 274, 282, 316, 479.
5) *Ibid.*, no. 149, 192.
6) *Ibid.*, no. 116, 264, 316.
7) *Ibid.*, no. 6, 72, 75, 78, 170, 176, 189, 207, 208, 218, 219.

자주 발생하였다. 당시 중죄인들의 대부분은 뉴게이트 감옥에 투옥되었으며, 그곳으로부터의 탈옥에 관한 사실들이 다수 나타난다.[1] 이에 더하여 집에 갇혀 있다가 탈옥하거나 주지사의 집에 갇혀 있다가 탈옥하는 등 뉴게이트 감옥이 아닌 곳에서 탈옥한 경우도 있다.[2] 한편 추방령을 기대하고 성역에 들어가서 기다리는 동안 성역으로부터 몰래 탈출하여 도피한 경우도 많다.[3] 이처럼 죄수들이 탈옥하여 성역으로 도피한 다음, 추방령을 통해 중벌을 벗어나려고 하였으며, 한편 감시가 소홀한 틈을 타 성역을 탈출한 사건이 빈번하였던 점은 당시 죄수 관리가 허술하였던 사실을 보여주는 것이다. 이 또한 사회질서 유지에 큰 저해 요인이 되었음에 틀림없다. 사실상 범법자들의 엄한 처벌을 통하여 사회질서를 바로 세우고, 다시는 그와 유사한 범죄가 발생하지 않도록 예방하기 보다는 범법자들의 동산을 몰수하여 국왕의 소유로 한 당시의 제도가 국왕이나 주지사나 런던시장들에게는 더 매력적인 일일 수도 있었을 것이다. 범법자들에 대한 재판의 결과를 기록한 사항의 말미에 그들에게 동산이 있나 혹은 없나를 언급하고, 있으면 어느 정도 되고, 그것을 어떻게 처리하였다는 언급이 항상 뒤따랐다. 이는 범법자들의 재산을 어떻게 처리할 것인가의 문제와 관련된 것이고, 결국 그 재산 처리는 국왕의 몰수였다.

---

1) *Ibid.*, no. 60, 62, 176, 208, 219, 257, 263, 316.
2) *Ibid.*, no. 20, 37, 83, 134, 204,
3) *Ibid.*, no. 48, 61, 83, 108, 117, 149, 183, 194, 223, 234, 260, 316.

제 5장:

기근과 내란과 전쟁과 범죄

1. 기근의 발생

1) 14세기 초 사회와 경제

1300년까지 잉글랜드의 가용할 수 있는 토지의 대부분은 경작지화되었다. 그럼에도 불구하고 인구의 계속된 증가에 대하여 당시의 농업기술이나 농업자본으로는 대처할 수 없었다. 만약 자원을 초과하여 인구가 계속 증가하면 어떤 결과가 초래될 것인가? 인구 증가에 대처하여 황무지, 숲지 등을 개간하여 경작지로 변모시켜 곡물의 총생산량 증대를 위해 노력할 것이다. 그러나 만약 이러한 노력에도 불구하고 인구를 부양할 수 있을 정도로 곡물의 총생산량이 증가하지 않으면 곡물가격은 지속적으로 상승하게 된다. 그러나 이러한 경제적 상태에서 곡물가격은 급격하게 상승하지는 않는다. 그렇다면 곡물가격의 급격한 상승은 어떤 경우에 일어나는가? 기후변화로 인한 흉년의 발생이다. 만약 기후변화로 인한 흉년의 발생과 같은 충격이 가해지면, 식량 부족으로 고통을 당한 도시의 소시민들, 농촌의 소토지보유자나 임금노동자들의 생활은 영주나 부유한 농민 혹은 부유한 도시민들에 비하여 받는 충격은 상대적으로 크게 마련이다. 그런 의미에서 1315-1316년의 대기근 발생, 1321-1322년 소기근의 발생과 함께 가축의 전염병으로 인한 양과 소의 대량 폐사가 당시 사회에 어떤 영향을 끼쳤는가 하는 문제는 검토할 가치가 있다. 특히 이때 소시민들과 소토지보유자들이나 임금노동자들과 같은 하층민들은 식량자원의 부족이라는 큰 압박을 받았을 것이고, 이는 곧 그들의 생존 문제와 직결되었던 것으로 짐작할 수 있다. 그렇다면 이러한 상황에서 그들은 생존을 위해 어떤 수단을 강구하였을까? 이들이 범죄의 유혹에 끌리지는 않았는가? 이러한 주제는 궁핍과 범죄와의 상관성을 파악할 수 있는 하나의 방법이 될 수 있다.

식량공급을 초월하여 인구가 계속 증가할 경우 인구수 조절을 위해 다음과 같은 일이 일어날 수 있다. 첫째, 산아제한이나 전쟁과 같은 요소가 작용하여 인구수를 조절할 수 있다. 그러나 기독교 사회인 중세시대에 산아제한으로 인구를 조절하도록 그대로 내버려 두지는 않았다. 또한 중세시대에 일어난 전쟁이란 국지전이고, 당시 살상용 무기를 가지고는 일시에 다수를 살상할 수 없었기 때문에 전쟁으로 인한 인구의 급격한 감소를 상정할 수는 없다. 둘째, 흑사병과 같은 치사율이 높은 질병이 발생하여 오랜 기간 동안 유행하면 사망률을 높이고, 이는 결국 인구조절에 큰 영향을 끼치게 될 것이다. 셋째, 가뭄이나 홍수, 혹은 냉해와 같은 자연재해가 곡물생산에 타격을 주고, 결국 곡물가격을 상승시켜서 사람들이 필요한 영양분을 원활하게 섭취할 수 없게 될 것이다. 이는 결국 질병에 대한 면역력을 약화시켜서 인구 감소를 유발시켰을 것이다. 위와 같은 세 가지 경우들 중에서도 특히 단기간에 인간 생존에 가장 치명적인 피해를 준 것은 흑사병의 발생이다. 그리고 가뭄과 홍수는 단기적으로 인간생존에 큰 피해를 준 자연재해이다. 그래서 필자는 이곳에서 1315-1316년 대기근과 1321-1322년의 소기근을 일으킨 원인과 그것이 당시 곡물생산과 곡물가격 변동에 어떤 영향을 끼쳤으며, 기근이 범죄 발생율을 높이는데 어떻게 작용하였는가를 파악해 보고자 한다. 특히 잉글랜드 북부에 위치한 요크 주와 런던을 중심으로 홍수와 대기근과 곡물가격의 변동과의 상관관계 문제를 조사하고자 한다. 그리고 이러한 자연재해가 범죄 발생과 어떤 연관 관계가 있는지 검토하여 보고자 한다. 범죄에 관한 문제는 요크의 웨이크필드 장원법원의 재판기록을 중심으로 하여 각종 장원법원의 재판기록들, '개봉된 국왕의 칙허 등기부(Calendar of Patent Rolls)'와 '밀봉된 국왕의 칙허 등기부(calendar of Close Rolls)'에 있는 범법자들에 대한 사면장, 런던에서 일어난 사실을 기록한 문서철(Letter Book)에 근거하여 검토할 것이다.

2) 대기근

단위면적당 농업생산량의 많고 적음은 여러 가지 이유 때문에 나타날 수 있다. 예컨대 토질의 문제, 농업도구의 문제, 농업자본의 문제, 농업기술의 문제 등 여러 가지 이유가 있다. 그런데 우리가 간과해서는 안 되는 중요한 이유가 하나 더 있다. 그것은 기후변화의 문제이다. 만약 혹독한 추위의 겨울과 비가 자주 많이 내려 습한 여름이 지속된다면 단위면적당 곡물 생산량에 큰 변화가 온다. 이른바 '소빙하기(Little Ice Age)' 이론이 바로 그에 해당한다. 13세기에 인구가 지속적으로 증가할 수 있었던 것은 위에서 지적한 단위 면적당 농업생산량 증가에 필요한 여러 가지 요소의 개선에 따른 것이 아니라 활발한 개간활동에 따른 경자지 면적의 확대 때문에 나타난 곡물의 총생산량 증가의 결과이다. 그런데 농업생산성을 개선할 수 있는 요건의 개선 없이 농작물 재배를 계속한다면, 토양의 비옥도는 낮아지게 된다. 이러한 상황이 지속되는 가운데 농산물 생산에 큰 타격을 줄 수 있는 기후변화가 일어나면, 기근의 위험성이 나타나게 된다. 그리고 기근이 인구감소에 큰 영향을 끼치게 될 것이다. 비가 너무 많이 내려 습한 기후가 지속되었기 때문에 나타난 결과가 바로 1315년부터 시작되어 1316년까지 지속된 대기근이다. 알프스 이북의 모든 유럽 지방에 비정상적으로 비가 너무 많이 내려 홍수가 졌으며, 이로 인한 피해가 컸음에 연대기 작가들이 주목하였다.[1] 또 다른 기근이 1321-1322년에 닥아 왔다. 이때는 1319-1321년에 발생한 소와 양과 같은 가축에 전염병이 발병하여 많은 수의 가축이 폐사함과 동시에

---

1) H. S. Lucas, "The Great European Famine of 1315, 1316 and 1317," *Speculum*, 5 (October 1930), pp. 343-377; N. Denholm-Young, ed., *Vita Edwardi Secundi* (London, 1957), p. 64 (이하 *Vita Edwardi Secundi*로 칭함); Johannes de Trokelowe, *Annales*, ed., H. T. Riley (Rolls Series, no. 28), pp. 92-96; Herbert Maxwell, ed., *Chronicle of Lanercost*, 2 vols. (Llanerch Press, 2001), I, pp. 217, 233. (이하 *Chronicle of Lanercost*라고 약칭함.)

기근이 발생하여 큰 피해를 주었다.

1315-1322년에 발생한 홍수와 가뭄으로 인한 일련의 곡물수확 실패와 전염병으로 인한 가축의 폐사가 당시 잉글랜드 사회에 심각한 영향을 끼쳤다. 왜냐하면 1315년 5월부터 시작하여 여름을 거쳐 가을인 9월까지 몇 개월에 걸쳐서 큰 비가 계속 내려 가축의 사료인 건초를 만드는데 지장을 주었을 뿐만 아니라 인간생존에 필요한 곡물수확에 큰 피해를 주었기 때문이다. 1314년 여름에도 큰 비가 내려 가을에 습하였으나,[1] 1315년 여름에 내린 비에 비하면 피해 정도가 크지 않았다. 그러나 1315년에 내린 비로 인하여 윈체스터 지역의 장원들에서 밀 생산량이 평균 약 60% 정도 감소하였고, 1316년에는 55%까지 하락하였다. 잉글랜드 북부는 남부보다 더 큰 고통을 당하였다. 북부에 있는 볼튼(Bolton) 소수도원에 일부 장원에서 밀 생산량은 전년도 수확의 1/5 정도로 감소하였다. 이로 인한 곡물가격 상승은 자연스러운 현상이었다.[2] 기록에 따르면 1315년 5월 11일 성령강림절 무렵부터 비가 내리기 시작하여 여름과 가을에 걸쳐서 거의 쉬지 않고 10월까지 내렸다.[3] 특히 1315년 8월에 시작된 폭우로 인하여 비정상적으로 기온이 낮아 작물이 냉해를 입어서 열매를 맺지 못하였다. 이로 인하여 가을에 곡물수확을 정상적으로 할 수 없었을 뿐만 아니라 건초를 만들 수 없었으며, 무엇보다도 다음 해 봄에 파종하는 일도 어려웠다.[4] 더구나 작물이 한창 성장할 시기인

---

1) *Vita Edwardi Secundi*, p. 64.
2) David Green, *Edward the Black Prince*, pp. 54-55; J. E. T. Rogers, *A History of Agriculture and Prices in England*, vol. 1, pp. 196-197, 230; D. L. Farmer, "Some Grain Price Movements in Thirteenth England", p. 212; Michael Prestwich, *The Three Edwards: War and State in England, 1272-1377* (London, 2003), p. 221.
3) William Stubbs, ed., *Chronicles of the Reigns of Edward I and Edward II*, vol. I, p. 278; *Vita Edwardi Secundi*, p. 214.
4) *Vita Edwardi Secundi*, p. 64; J. Z. Titow, "Evidence of Weather in the Account Rolls of the Bishopric of Winchester, 1209-1350", *Econ. Hist. Rev.*, 2nd ser., xii (1959-60), pp. 385-386; H. J. Hewitt, *Medieval Cheshire* (Manchester, 1929), pp. 32-34.

6-8월 사이에 냉해와 폭우로 인한 습한 기후 때문에 농작물이 완전히 성장할 수 없었으며, 그나마 수확한 곡물들을 햇볕에 말려서 창고에 저장할 수가 없을 지경이었다. 모진 추위가 온 겨울이 지난 다음해인 1316년에도 1315년과 동일한 기후 패턴이 계속되었다. 이처럼 1315년부터 시작된 기근은 비정상적으로 많은 비가 지속적으로 내린 자연재해에 의해서 초래된 결과이다.[1] 이러한 비 피해로 인한 흉년은 1317년 초까지 계속되었다. 경작과 파종의 형태로 볼 때 봄비는 귀리, 보리의 파종을 방해하였고, 여름에 내린 비는 곡식이 익는 것을 방해하였으며, 여름에서부터 가을까지 지속된 비는 밀과 호밀과 같은 가을 파종을 어렵게 만들었다.[2] 또한 봄 파종의 실패는 가을 수확의 실패라는 결과를 낳았으며, 이는 겨울동안에 먹을 식량 확보에 어려움을 가중시켰다. 그러므로 1315년 파종과 수확 실패로 인하여 1316년에 새로운 곡물을 수확할 때까지 기근은 지속되었다. 그리고 만약 1316년에 곡물수확에 지장을 준 기후변동이 있었다면, 기근은 1316년은 물론 1317년까지 지속될 수밖에 없었다. 1315년과 1316년의 기근으로 인한 식량부족은 지역적인 현상이 아니라 잉글랜드 전역의 문제였다. 한편 일조량 부족으로 인하여 소금 생산량이 급감하면서 소금 가격도 크게 상승하였다.[3]

1315년에 발생한 홍수가 어느 정도의 피해를 주었는지에 대하여 여러 연대기를 비롯한 기록에서 단편적으로 언급되고 있다. 성 알반스(St. Albans)의 수도사이자 연대기 작가인 존 트로케로위(Johannes de Trokelowe)는 서픽 주민들이 겪은 무서운 기근에 대하여 묘사하였다. "성속(聖俗)을 막론하고 대귀족들이 그들이 관습적으로 베풀어왔던 빈민구호 활동을 중단하였다. 그래서 빈곤한 자들은 어떻게 살아야 할지를 몰랐고 구걸하는 것을 부끄럽게 느꼈다. 그들은 부족한 식량으로 살아가는 일에 적응하지 못하고 살

---

1) H. S. Lucas, "The Great European Famine of 1315, 1316, 1317", pp. 343-377.
2) *Vita Edwardi Secundi*, p. 214.
3) J. E. T. Rogers, *A History of Agriculture and Prices in England*, vol. I, p. 230.

인과 강탈로 내몰렸다. 말고기가 너무나 부족하여 살찐 개를 훔쳐갔고, 여성들은 물론 남성들이 비밀리에 이방인들의 인육을 먹었다고 다수의 사람들이 주장하였다. 심지어 투옥된 도둑들이 기존의 죄수들에 의해서 감옥에서 잡혀 먹히기도 하였다."[1] 비록 이와 같은 존 트로케로위의 기록이 과장된 것이라고 하더라도, 다음과 같은 단편적인 기록을 통해 당시 기근이 얼마나 심각하였는지를 이해할 수 있다. 연대기 작가들 중에서 히그댄(Higden)은 그의 연대기에서 에드워드 2세가 스코트 정벌을 위한 원정 계획을 세워 요크에 집결시킨 그의 병사들이 기근과 질병으로 인하여 큰 피해를 입어 그의 원정 계획을 포기할 수밖에 없었다고 언급하였다.[2] 한편 기근 발생의 원인인 홍수 피해에 관한 국왕의 피해 조사 명령이 '개봉된 국왕의 칙허 등기부(Calendar of Patent Rolls)'나 '밀봉된 국왕의 칙허 등기부(Calendar of Close Rolls)'에 다수 등장한다. 1315년 8월 30일 기록에 따르면, 요크 주에 위치한 킹스턴 어펜 헐(Kyngeston-upon-Hull) 근교에 밀턴(Milton) 장원이 국왕의 소유인데, 이곳에 닥친 홍수로 인하여 토지와 목초지가 물속에 잠겨 큰 피해를 입었다. 이에 국왕은 순회형사재판관(justice of oyer and terminer) 4명에게 그 피해를 조사하도록 명하였다.[3] 같은 해 9월 18일과 10월 6일 기록에 따르면, 서머싯(Somerset) 주 머크(Merk)에 있는 교회 토지가 입은 홍수 피해와, 같은 주에 킹스버리(Kyngesbury)를 비롯한 여러 곳의 바스 앤드 웰스(Bath and Wells) 주교령지가 입은 홍수 피해를 조사하도록 국왕이 명령하였다.[4] 홍수 피해에 대한 국왕의 조사 명령은 1316년에도 계속된다. 1316년 2월 20일에 작성된 기록에 따르면, 요크 주의 저지대에서 홍수 때문에 제방이 무너지고 물이 범람하여 곡물 파종지가

---

1) Johannes de Trokelowe, *Annales*, pp. 92-96. (그의 연대기는 1307년부터 1323년까지 에드워드 2세 통치기의 역사를 담고 있다.)
2) Barbara A. Hanawalt, *Crime and Conflict in English Communities, 1300-1348*, p. 252.
3) *Calendar of Patent Rolls 1313-1317*, p. 413.
4) *Calendar of Patent Rolls 1313-1317*, pp. 414, 417.

물에 잠겨 곡물수확이 불가능하게 되었고, 가축을 방목하고 건초를 얻는 초지가 침수되어 가축에게 큰 피해를 입혔음을 조사 보고하도록 국왕이 명령하였다.[1] 이러한 피해는 요크 주에서 발생한 홍수로 인하여 우스 강(Ouse)과 포스 강(Fosse)이 범람하여 발생한 것이다. 홍수로 인해 요크 성벽 262피트(feet)의 기반이 무너져 내려서 성벽이 파괴되었다.[2] 한편 국왕은 같은 해 같은 날에 밀턴 장원에 대한 피해 조사를 다시 언급하면서 노팅엄(Nottingham) 주의 여러 지역에서 발생한 홍수 피해를 조사하도록 특별순회재판관들에게 명령하였다.[3] 이러한 홍수 피해는 잉글랜드뿐만 아니라 당시 스코틀랜드[4], 아일랜드[5], 프랑스, 독일이 공통적으로 입은 자연재해였다.[6] 프랑스에서는 잉글랜드 보다 약 3주 전인 4월 중순에 비가 내리기 시작하였으며, 독일에서도 9월에 홍수 피해가 발생하였다. 플랑드르를 비롯한 저지대 국가들이 홍수 피해를 입기는 다른 국가들과 마찬가지였다.[7]

이러한 기후변동으로 인하여 곡물가격이 가파르게 상승하는 것은 당연하였다. 이와 같은 무서운 재난의 지표는 로저스(J. E. T. Rogers)가 조사한 곡물가격 변동을 통해서 파악이 가능하다.

1) *Calendar of Patent Rolls 1313-1317*, pp. 429-430.
2) *Calendar of Close Rolls 1313-1318*, pp. 262-263.
3) *Calendar of Patent rolls 1313-1317*, p. 430.
4) *Chronicle of Lanercost*, vol. II, p. 217.
5) *Calendar of Patent Rolls 1313-1317*, pp. 429-430.
6) Henry S. Lucas, "The Great European Famine of 1315, 1316, and 1317", in E. M. Carus-Wilson, ed., *Essays in Economic History*, vol. II (London, 1962), p. 351; *Vita Edwardi Secundi*, p. 214; *Annales Londonienses*, p. 236.
7) Henry S. Lucas, *op. cit.*, p. 346.

1313-1318년 주요 곡물의 평균 가격 변동(쿼터당 가격)[1]

연도	소맥(밀)	대맥(보리)	귀리	호밀
1313년	5s. 6 3/8d.	4s. 3/8d.	2s. 8 1/4d.	4s. 3 1/2d.
1314년	8s. 4 3/8d.	5s. 4d.	2s. 8 3/4d.	7s. 5d.
1315년	14s. 10 7/8d.	13s. 1d.	4s. 10 1/2d.	11s. 11 5/8d.
1316년	15s. 117/8d.	8s. 9 5/8d.	5s. 4 7/8d.	14s. 3 1/4d.
1317년	8s. 3 1/2d.	5s. 7 1/8d.	3s. 9 1/2d.	5s. 8 5/8d.
1318년	4s. 6 1/2d.	3s. 5 1/2d.	2s. 1d.	3s. 7 1/8d.

위의 도표에 따르면 기근기인 1315년과 1316년에 곡물가격이 그 시기 전후에 비하여 2-4배 정도 더 높았다. 그런데 귀리 가격의 변동은 크지 않았다. 이는 다른 작물에 비하여 귀리는 비가 많이 내린 기후에서나 토질이 좋지 않은 토양에서도 잘 자라는 특성을 지닌 곡물이기 때문에 가능하였다. 그러나 비록 귀리 가격의 변동폭이 크지 않았음에도 불구하고, 중세 잉글랜드인들의 주식인 밀과 보리와 호밀 같은 곡물가격은 1315-1316년에 크게 상승하였다. 이러한 곡물수확의 실패로부터 온 농업위기를 역사가들은 대기근(Great Famine)이라고 부른다. 위의 도표에서 보듯이 대기근기인 1315년에 밀 판매가격이 쿼터 당 14쉴링 10 7/8펜스이고, 1316년에는 15쉴링 117/8펜스였다. 대기근기의 밀 판매가격이 어느 정도 높았었는지는 근대 잉글랜드의 역사에서 밀의 쿼터 당 가격이 가장 높았던 1800년 12월과 비교하면 쉽게 이해가 된다. 당시 밀 가격은 쿼터 당 6파운드 13쉴링 4펜스였는데, 이것은 평상시 밀 가격에 2배를 넘지 않는 수준이다.[2] 그러나 1315년에 밀 가격은 평시에

---

1) J. E. T. Rogers, *A History of Agriculture and Prices in England*, vol. I, pp. 230-231. D. L. Farmer, "Some Grain Price Movements in Thirteenth Century England", p. 210. (로저스의 물가변동에 대한 연구에는 다음과 같은 제약이 있다. 첫째, 동일한 지역에서 정기적으로 변동한 물가를 대상으로 조사하지 못하여 매년 조사 대상으로 택한 지역이 상이하였다. 둘째, 분석의 대상으로 택한 지역이 잉글랜드 전역에 걸쳐 산재하여 있으나, 주로 동부와 남부 및 중부지방에 위치한 장원의 기록을 중심으로 구성하였다. 그러므로 북부와 남서지방에 물가 변화를 파악할 수 있는 자료는 거의 이용하지 못하였다.)

2) J. E. T. Rogers, *A History of Agriculture and Prices in England*, vol. 1, p. 198.

비해 3배나 높게 인상된 것이며, 1316년에 밀 가격은 평시에 비해 거의 4배나 상승하였다. 이는 대기근기에 곡물가격이 평시에 비해 얼마나 인상되었는지를 짐작케 하는 것이다. 밀의 평균가격인 쿼터 당 10쉴링 이상으로 인상된 시기는 작물생육에 부적합한 기후가 닥친 시기인 1315년, 1316년, 1321년, 1351년, 1369년 등이다. 그런데 이 시기들 중에서도 1316년에 밀 가격이 가장 높았다.

물론 이러한 곡물가격의 상승은 지역마다 약간의 차이가 있었으나 전반적인 상승 동향은 잉글랜드 전역에서 나타난다. 1314년 가을까지는 기근의 심각함을 크게 느끼지 못하였다. 그러나 1314년 말로 가면서 급격히 밀 가격이 인상되었으며, 특히 성탄절에 이르러 밀 수확의 전망이 어두워지면서부터 밀 가격이 급격히 상승하고, 이로부터 심각한 기근의 징조가 나타나기 시작하였다. 보리 가격도 역시 상승하기 시작하였고, 귀리 가격은 밀에 비해 비교적 가격이 안정되어 있었다. 호밀도 밀 가격과 연동되어 변하였으며, 콩은 가격변화가 크게 일어나지 않았다.[1] 그러나 1315년 봄이 되면서부터 곡물가격이 가파르게 상승하기 시작하였다. 1315년에 밀과 보리의 순 생산량이 정상적인 시기에 비하여 절반에도 미치지 못하였다고 파머(D. L. Farmer)는 주장하였다.[2] 이러한 주장을 입증할 수 있는 증거로서 노섬벌랜드(Northumberland)로부터 템스 강 남쪽에 이르는 지역과 카디프(Cardiff)가 있는 웨일스 남동부의 옛 주인 글라모간 주(Glamorganshire)로부터 케임브리지에 이르는 지역의 물가동향에 관한 자료들이 광범하게 남아 있다. 1315년에 밀이 쿼터 당 20쉴링에 판매되었으나 곧 30쉴링으로 인상되었고 세례자 요한 축일인 6월 24일까지는 40쉴링에 이르렀다.[3] 1316

1) *Ibid.*, pp. 196-197.
2) D. L. Farmer, "Some Grain Price Movements in Thirteenth Century England", pp. 217-218.
3) *Ibid.*, p. 228; Henry S. Lucas, "The Great European Famine of 1315, 1316, and 1317" in E. M. Carus-Wilson, ed., *Essays in Economic History*, p. 352.

년에도 잉글랜드 북부의 일부 지역에서도 밀이 쿼터 당 40쉴링에 판매될 정도로 곡물가격이 크게 인상되었다.[1] 이는 로저스가 조사한 1316년 밀 가격의 최고치에 비해서도 거의 3배에 달한다. 물론 예외적인 사실이라고 하더라도, 파머의 조사를 신뢰한다면, 그야말로 곡물가격이 살인적으로 상승한 것이다. 잉글랜드 전역의 평균치를 계산한 로저스의 산정에 따르면, 1261-1400년 잉글랜드에 밀 가격의 평균치가 쿼터 당 5쉴링 10 3/4펜스였으며,[2] 1313년에 평균 밀 가격이 5쉴링 6 3/8펜스[3]였다. 이에 비하면 1315년의 밀 가격이 4배 정도 상승하였다. 이러한 모습은 다른 곡물인 보리나 귀리와 호밀에서도 유사하게 나타난다. 1261-1400년에 보리 가격은 쿼터 당 평균 4쉴링 3 3/4펜스, 귀리 가격은 2쉴링 5 3/4펜스, 호밀 가격은 4쉴링 4 7/8펜스였다.[4]

개별적인 장원이나 도시에서의 곡물가격 변동을 보더라도 대기근기에 곡물가격이 큰 폭으로 인상되었음을 알 수 있다. 윈체스터 장원의 직영지에서 1315-1316년에 네 가지 기본 곡물가격의 변동을 조사한 파머의 연구에 따르면, 위에서 언급한 로저스의 곡물가격 변동과 큰 차이가 없다. 대기근기인 1315년과 1316년을 기점으로 곡물가격이 큰 폭으로 상승하였음은 1314년과 1317년의 곡물가격 변동을 서로 비교하면 이해된다. 이를 도표로 나타내면 다음과 같다.

1) *Chronicle of Lanercost*, vol. II, p. 217.
2) J. E. T. Rogers, *A History of Agriculture and Prices in England*, vol. I, pp. 226-235.
3) *Ibid.*, p. 230.
4) *Ibid.*, p. 245.

윈체스터 장원의 곡물가격 변동(쿼터 당 가격)[1)]

연도	소맥(밀)	호밀	대맥(보리)	귀리
1314	6s. 7d.	6s. 1d.	5s. 1d.	2s. 9 1/4d.
1315	16s. 3d.	12s. 4 3/4d.	11s. 4 1/4d.	5s. 0 1/2d.
1316	15s. 5 3/4d.	13s. 0d.	10s. 6 1/4d.	5s. 6 1/2d.
1317	7s. 11d.	5s. 9 1/2d.	5s. 9d.	3s. 11 3/4d.

윈체스터 장원들에 있어서 곡물가격 변동은 당시 곡물 생산량 변동과 연계하여 파악할 수 있다. 1315년에 밀 생산량은 평소에 비해 약 60% 정도 생산되었으며, 1316년에는 55% 정도에 불과하였다. 한편 보리는 1315년에 약 80% 정도, 1316년에 68% 정도가 생산되었으며, 귀리의 경우 1315년에 약 89% 정도, 1316년에 71% 정도가 생산되었다.[2)] 이러한 생산수준을 고려한다면, 위의 도표에서 보는 바와 같은 곡물가격의 상승은 불가피하였다.

1315년에 밀 가격은 성탄절 이전까지는 예외적일 정도로 높지 않았다. 파종을 위한 종자 구입도 문제가 없었다. 남부 웨일스, 옥스퍼드 주와 런던 인근에서 겨울 동안에 쿼터 당 7쉴링 4펜스 정도면 구할 수 있었고, 높아야 10쉴링을 넘지 않았다. 그러나 1316년 2월 초에 본격적인 곡물가격의 인상이 시작되었다. 로저스는 1315년 가을에 밀 가격이 쿼터 당 8쉴링이었는데, 1316년 여름까지 26쉴링 8펜스로 인상되었다고 지적하였다.[3)] 존 트로케로위는 1315년 여름에 밀 1쿼터 당 20쉴링에 판매되었고 30쉴링까지 인상되었으며, 1316년 6월까지는 40쉴링으로 인상되었다고 언급하였다.[4)] 런던에

---

1) D. L. Farmer, "Some Grain Price Movements in Thirteenth Century England", pp. 212.
2) J. Z. Titow, *Winchester Yields: A Study in Medieval Agricultural Productivity* (Cambridge, 1972), p. 145.
3) J. E. T. Rogers, *A History of Agriculture and Prices in England,* vol. I, p. 197.
4) Ian Kershaw, "The Great Famine and Agrarian Crisis in England 1315-1322", *Past and Present,* no. 59 (1973), p. 8.

서는 한 때 밀이 쿼터 당 40실링에 판매되기도 하였으며,[1] 캔터베리 연대기에 밀이 쿼터 당 26실링 8펜스에, 보리는 쿼터 당 16실링에 판매되었다고 언급되었다. 한편 레스터(Leicester) 시장에서는 밀이 쿼터 당 44실링에 판매되었다.[2] 이 시기에 레더헤드(Letherhead) 장원에서는 밀의 판매가격이 쿼터 당 26실링 8펜스에 이르러 최고가를 형성하였다.[3] 잔존한 자료가 많지 않아서 잉글랜드 북부 지역에서의 곡물 수확과 곡물가격 변동에 대하여 파악하기가 쉽지 않다. 그러나 볼튼 소수도원(Bolton Priory)에 속한 요크셔의 웨스트 라이딩(West Riding)에 위치한 영지들에서 단위면적 당 생산량은 남부 지방에 비하여 항상 좋지 않았다. 이것은 그 지역이 석회암 지대이기 때문에 토질이 비옥하지 않았기 때문이다. 한편 웨스트 라이딩 지역에서 1315-1316년에 밀 생산량은 14세기 초 생산량의 평균치보다 19% 정도 하락하였다. 한편 호밀은 전년도에 비하여 1315년에 생산량이 11.5% 정도 감소하였고, 보리는 전년도 생산량에 비해 1315년에 겨우 41% 정도 생산되었고 1316년에 71% 정도로 회복되었다.[4] 토질에 따른 곡물수확량의 차이는 다른 곳에서도 감지된다. 예컨대 햄프셔(Hampshire)에 페어햄(Fareham) 장원은 배수가 잘 되는 토양 지역으로 이루어져 생산량이 높은 반면, 진흙, 모래, 자갈밭으로 이루어진 햄프셔 북부 장원들에서는 기근기에 모든 작물의 수확량이 적었다.[5] 이러한 단편적인 사실들에 기초하여 볼 때 우리는 다음

1) William Stubbs, ed., *Chronicles of the Reign of Edward I and Edward II*, vol. I, p. 236.
2) Henry Knighton, Chronicle of Henry Knighton, I, p. 411.
3) *Chronicle of Lanercost*, vol. II, p. 197; J. E. T. Rogers, *op. cit.*, vol. II, p. 73.
4) Ian Kershaw, "The Great Famine and Agrarian Crisis in England 1315-1322", pp. 17-18.
5) L. D. Stamp, ed., *The Land of Britain: the Report of the Land Utilization Survey of Britain* (London, 1940), pp. 313-315, 321-322, 325, 331, 367; J. Z. Titow, *Winchester Yields: A Study in Medieval Agricultural Productivity*, pp. 49, 59, 69, 127-128; Ian Kershaw, "The Great Famine and Agrarian Crisis in England 1315-1322", p. 19.

과 같은 점을 이해할 수 있다. 첫째, 1315-1316년에 평시에 비하여 곡물생산량이 크게 줄었다. 위에서 언급한 것처럼 윈체스터 장원들에서의 곡물 생산량을 연구한 티토(J. Z. Titow)의 연구결과에 신빙성을 부여한다면, 곡물가격 상승은 불가피하였다. 평년 수준에 미치지 못하는 곡물생산은 큰 폭의 곡물가격 인상으로 이어졌다. 둘째, 밀 가격을 중심으로 곡물가격의 변동을 살펴 볼 때 장원마다 혹은 지역마다 곡물가격의 차이가 있었다. 많게는 쿼터 당 거의 15실링에 차이가 났다. 이러한 사실들로 볼 때 지역마다 기근의 정도에 차이가 있었을 것이다. 셋째, 지역마다 곡물가격의 차이로부터 오는 문제점을 해소시키기 위해서 지역 간에 곡물 수송이 원활하게 이루어지지 못하였다. 도로 사정과 수송 수단이 좋지 못하여 잉여 곡물이 있는 지역에서 부족한 지역으로의 원활한 이동이 이루어지지 못한 것이다. 그러므로 곡물을 원거리로 수송하여 차익을 얻을 수 있는 상인들의 활동이 활발하지 못하였다. 이러한 주장은 당시 서부 지방에서는 상대적으로 물가가 안정적이었던 점으로 설명이 가능하다. 예컨대 1316년에 체프스토우(Chepstow)에서는 밀이 쿼터 당 16실링에, 혼합곡물은 12실링에, 그리고 귀리는 5실링에 판매[1] 되어 다른 지역의 곡물가격에 비해 상대적으로 저렴하였다.

한편 1315년과 1316년에 절정을 이루던 곡물가격이 1317년 여름인 6월과 7월에 이르러 급격히 하락하기 시작하여 1318년에 이르러 과거 수준에 도달하였다. 이에 따라서 1318년의 풍작이 빈곤과 고난의 실질적 종말을 가져왔다는 견해가 제기되었으나,[2] 이것이 농업위기가 끝났음을 의미하지는 않는다. 왜냐하면 농업위기의 또 다른 측면인 가축 전염병의 피해를 주목하여야 하기 때문이다. 기근기에 양의 역병이 발병하였으며, 1319년에는 소에게 영향을 끼친 역병이 발생하였다. 이러한 가축의 역병은 1319년에 잉글랜

1) *Ibid.*, p. 8.
2) Jean Scammell, "Robert I and the North of England," *English Historical Review*, lxxiii (1958), pp. 385-403.

드 북부와 스코틀랜드에까지 퍼져 큰 피해를 주었다.[1] 그러나 기근으로 인한 영향은 1318년에 사라졌다. 이는 당시 곡물가격의 변동을 통해서 파악이 가능하다. 캠브릿지셔, 노팅엄셔, 요크셔, 서리 등의 지역에서 곡물가격이 1261-1400년의 평균치에 도달하였다. 옥스퍼드셔의 쿡섬(Cuxham) 장원에서는 1318년 6월에는 밀 가격이 쿼터 당 2쉴링 8펜스로, 그리고 8월에는 그보다 인상된 가격인 쿼터 당 5쉴링으로 하락하였다.[2] 이러한 하락 경향은 보리, 귀리, 호밀의 경우에서도 나타나고 있다.

밀 가격 인상은 보리, 귀리, 콩, 엿기름 등의 가격 인상으로 이어졌다.[3] 그러나 곡물가격만이 인상된 것은 아니다. 태양이 뜨는 날이 적었기 때문에 소금가격도 전보다 4배나 상승하였다. 1315년 이전에 소금가격은 쿼터 당 3쉴링이었는데, 일조량 부족으로 인한 생산량 하락으로 1315-1316년에 소금의 평균가격은 쿼터 당 13쉴링을 넘었으며, 1316-1317년에 11쉴링으로 하락하였다.[4] 그러나 런던의 경우는 이보다 소금가격이 더 높았다. 1315년에 쿼터 당 30쉴링에 판매되던 런던의 소금가격이 다음 해에는 40쉴링으로 인상되었다.[5] 당시 낙농품 가격도 크게 인상된 것으로 보아 전반적으로 식료품이 부족하였던 것으로 이해된다.[6] 이와 같은 급격한 물가상승은 런던의 연대기 여러 곳에서 나타난다.

역병으로 인한 가축 폐사도 대기근이나 소기근과 관계가 있다. 대기근기

1) *Chronicle of Lanercost*, p. 240.
2) J. E. T. Rogers, *A History of Agriculture and Prices in England,* vol. I, pp. 198-199; *Ibid.,* vol. II, pp. 77-78.
3) Henry S. Lucas, "The Great European Famine of 1315, 1316, and 1317" in E. M. Carus-Wilson, ed., *Essays in Economic History*, p. 352.
4) J. E. T. Rogers, *op. cit.*, vol. I, pp. 458, 480.
5) *Annales Londonienses*, p. 238; Henry S. Lucas, "The Great European Famine of 1315, 1316, and 1317," p. 352; William Stubbs, ed., *Chronicles of the Reign of Edward I and Edward II*, vol. I, pp. 238, 279.
6) Ian Kershaw, "The Great Famine and Agrarian Crisis in England 1315-1322," p. 9; William Stubbs, ed., *op. cit.*, vol. I, pp. 92-93.

에 많은 가축이 폐사한 증거는 여러 곳에서 발견된다. 예컨대 햄프셔에 티치필드 대수도원(Tichfield Abbey)에 속한 장원에서는 1313년에 468마리의 양이 방목되었는데, 1317년에 이르러 137마리로 감소하였다.[1] 한편 노팅엄셔에 있는 국왕의 가축농장인 셔우드 포레스트(Sherwood Forest)에 있는 클리프스톤(Clipstone) 농장에서 1316-1317년 사이에 어린 양의 약 72%가 죽었으며, 전체 가축의 절반 정도가 폐사하였다. 햄프셔에 크로리(Crawley) 장원에서는 전체 가축 중에서 1/5이, 그리고 새끼 양의 절반이 폐사하였다.[2] 볼튼 소수도원(Bolton Priory)에서 대기근 이전에 3,000마리의 양을 사육하였는데 대기근기인 1315-1316년에 그 수가 2/3 이상 감소하여 1,005마리에 불과하였고, 1317년에는 913마리로 크게 감소하였다.[3] 대기근기에 입은 가축의 피해는 양에 국한된 문제가 아니었다. 소의 손실도 컸다. 1316-1317년에 노팅엄셔에 있는 국왕의 농장인 클리프스톤 장원에 암소와 황소를 합하여 186마리가 있었는데, 1320년에 64마리만 남았고, 그 중에서 32마리는 질병으로 죽었다.[4] 비록 양에 대한 파괴적인 역병의 흔적이 1317년에 지나갔다고 하더라도, 소에게만 영향을 끼친 새로운 역병이 1319년 부활절에 에식스에서 북쪽으로 전파된 결과이다. 라너코스트 연대기의 기록에 따르면, 1319년에 소의 역병이 남쪽에서 북쪽으로 전파되어 나갔다.[5] 그래서 1319년 말에는 잉글랜드 북부와 스코틀랜드까지 가축의 역병이 퍼져 나갔다. 1319년 여름에 버윅(Berwick)에서 황소들이 갑자기 거의 전멸하다시피 하였다. 이러한 역병은 1321년까지 스코틀랜드와 아일랜드를

---

1) D. C. Watts, "A Model for the Early Fourteenth Century", *Econ. Hist. Rev.*, 2nd ser., xx (1967), p. 544.
2) N. S. B. Gras and E. C. Gras, *The Economic and Social History of an English village* (Cambridge, 1930), pp. 400, 406, 412; Ian Kershaw, "The Great Famine and Agrarian Crisis in England 1315-1322," p. 21.
3) *Ibid.*, p. 22.
4) *Ibid.*, p. 25.
5) *Chronicle of Lanercost*, p. 240.

공격하였으며, 1324-1325년에는 아일랜드 전역을 공격하였다.[1] 그러므로 기후변화에 따른 흉년의 도래 못지않게 가축의 전염병, 특히 양과 소의 전염병으로 잉글랜드 전역이 큰 피해를 입었다. 엎친 데 덮친 격이 된 것이다. 기후변화로 인한 흉작과 가축전염병의 유행이 잉글랜드의 하층민에게 더욱 큰 고통을 주었다.

파머는 윈체스터 주교령지에 근거하여 가축가격을 분석한 결과, 곡물부족으로 인하여 그 부족분을 충당하려는 의도로 고기에 대한 수요확대는 없었다고 주장하였다.[2] 한편 하나왈트는 곡물부족으로 인하여 가축을 잡아먹어 기근의 문제를 해결하려고 하니, 자연히 농업에 필수적인 가축도 부족하게 되었고,[3] 이에 따라서 가축가격도 동반 상승하였다고 주장한다. 실제로 1315-1316년에 황소가격이 급격하게 상승하였으며, 쟁기나 마차를 끈 말의 가격은 급격히 하락하였다. 이러한 현상에 대하여 그녀는 황소를 축력으로 이용하기보다는 식품으로 대치된 주요 재원이 된 반면, 기근으로 인한 인구 감소로 경작지 면적도 축소되어 주요한 축력의 재원 중에 하나인 말의 가격이 하락한 것으로 추론한 것 같다. 실제로 가축의 역병 전파에 뒤이어 농업에 필요한 황소 수가 적어서 말의 노동력으로 농경을 한 사례가 크게 증가한다.[4] 윈체스터 장원에서 1320년부터 축력으로 말만을 이용하였는데, 이는 아마도 역병으로 인한 황소들의 폐사로 나타난 결과일 것이다.[5] 한편 링

1) William F. Skene, ed., *John of Fordun's Chronicle of Scottish Nation* (Edinburgh, 1993), p. 1010; B. MacCarthy, ed., *Annals of Ulster* (Dublin, 1893), ii, pp. 437, 439, 441; Ian Kershaw, *op. cit.*, p. 14.
2) D. L. Farmer, "Some Livestock Price Movements in Thirteenth Century England", p. 14.
3) Barbara A. Hanawalt, "Economic Influences on the Pattern of Crime in England, 1300-1348", *American Journal of Legal History*, vol. XVIII (1974), p. 289; Henry S. Lucas, "The Great European Famine of 1315, 1316, and 1317" in E. M. Carus-Wilson, ed., *Essays in Economic History*, p. 355.
4) *Chronicle of Lanercost*, p. 240.
5) Ian Kershaw, "The Great Famine and Agrarian Crisis in England 1315-1322," p. 26.

컨셔의 씨토 교단에 속한 라우스 파크(Louth Park)의 연대기 작가는 작물 재배의 실패는 물론 가축전염병의 유행으로 황소, 양, 들판의 다른 짐승들이 죽어서 황폐화되었다고 한탄하였다.[1] 그러므로 인간이 곡물부족으로 소를 잡아먹어 농경에 필요한 소들의 수가 급격히 감소하였다는 하나왈트의 주장은 신빙성이 없어 보인다.

만약 이 시기가 잉글랜드인에게 고난의 시기였다고 한다면, 에드워드 2세와 그의 정부도 고난의 시기였다. 국왕의 재원 중에 큰 비중을 차지한 양들로부터의 수입도 크게 감소하였기 때문이다. 당시 잉글랜드의 주요 수출품인 양모 생산량이 급감함에 따라서 관세 수입도 큰 폭으로 감소하였다. 1312-1313년 한 해에 양모 수출로부터 얻은 수입이 12,000파운드에 달하였다. 그러데 대기근이 발생한 1315-1316년에 양모 수출에 따른 1년의 수입이 7,100파운드로 급감하였다.[2] 스코틀랜드 국경 지대에 위치한 잉글랜드 국왕 소유의 성들을 지원하기 위한 곡물은 이탈리아 상인을 통해서 지중해 지역으로부터 수입하였는데, 그 비용의 상당 부분이 양모 수출로부터 얻은 수익과 관세로 충당되었다.[3] 그러므로 양모와 관련된 수입 감소는 그 만큼 스코트의 침입에 대비한 접경 지역의 여러 성들 유지를 어렵게 만들었다. 물론 스코틀랜드와 아일랜드도 기근으로 인하여 겪은 고통은 잉글랜드와 마찬가지였다. 1315년에서 1318년 사이에 잉글랜드를 후원한 아일랜드 군대의 스코틀랜드 침입 실패의 주요 원인 중에 하나가 기근이었다.

기근이 발생한 시기에 사망자 산정을 할 수 있는 증거가 거의 없는 실정이다. 그러나 상속세(heriot)가 사망세인 것을 감안할 때 당시 상속세 납부의 실태를 통하여 사망자 수를 부분적으로 파악할 수 있다. 예컨대 윈체스터 장원들에서 지불된 상속세 납부자 수의 증가로 볼 때 거의 10% 정도의

1) *Ibid.*, p. 30.
2) J. R. Maddicot, *The English Peasantry and the Demands of Crown: 1294-1341* (Oxford, 1975), p. 163.
3) *Calendar of Patent Rolls 1313-1317*, pp. 603, 636.

사람들이 사망하였다.[1] 대도시 지역에 사망자는 장원에서보다 더 많았다. 도시에서의 사망률을 산정할 근거는 없지만, 아마도 1316년 5월과 10월 사이 약 6개월 동안에 도시 인구의 약 1/10이 사망하였을 것이다.[2] 중세 잉글랜드에서 인구밀집 지역 중 한 곳인 에식스(Essex)에서는 대기근기에 인구의 약 15%가 사망한 것으로 추정하였다.[3] 이 수치는 여러 학자들이 대기근기에 사망자 수를 추정한 것 중에서 가장 높은 비율에 해당한다. 12세 이상의 남성들의 이름을 기록한 10인조 목록에 대한 연구에서 1315년과 1317년 사이에 15% 정도가 사망한 것으로 나타난다.[4] 이 이외에도 잉글랜드 각지에서 대기근기에 많게는 15%에서 적게는 10% 정도가 사망한 것으로 추론된다. 서머싯 주에 타운톤(Taunton) 장원으로부터 나온 유사한 증거가 기근기에 인구의 약 9%가 사망하였음을 암시하고, 윈체스터 주교가 소유한 장원들에서 지불된 상속세로 추정컨대 농노들의 약 10%가 사망하였으며, 우스터 주에 헤일스오웬(Halesowen) 장원의 법원기록에서 14세기 20년대에 15%의 사망률을 기록하고 있다.[5] 이러한 단편적인 주장들에 근거한다면, 대기근기에 잉글랜드 인구의 10-15%가 사망한 것으로 추정된다. 그러므로 당시 총인구수를 400만-500만 명으로 추산할 경우, 약 40만 명에서 75만 명이 기근으로 사망한 것이다. 결국 기후변동으로 인한 농산물의 수확 실패가 평시보다 사망자 수를 증가시켜 인구가 크게 감소하였다고 볼

---

1) M. M. Postan and J. Z. Titow, "Heriots and Prices on Winchester Manors", *Econ. Hist. Rev.*, 2nd ser., xi (1958-59), pp. 399, 407.
2) Ian Kershaw, "The Great Famine and Agrarian Crisis in England 1315-1322", p. 11.
3) Colin Platt, *The Black Death and its Aftermath in Late Medieval England* (London, 1977), p. 14; L. R. Poos, "The Rural Population of Essex in the Later Middle Ages", *Econ. Hist. Rev.*, vol. 38 (1985), p. 521; L. R. Poos, *A Rural Society after the Black Death: Essex 1350-1525* (Cambridge Univ. press, 1991), pp. 106-107; Zvi Razi, *Life, Marriage and Death in a Medieval Parish: Economy, Society and Demography in Halesowen 1270-1400*, p. 45.
4) John Aberth, *From the Brink of the Apocalypse* (Routledge, 2001), p. 17.
5) *Ibid.*, p. 17.

수 있다. 농촌 지역에서 기근으로 인하여 인구가 큰 폭으로 감소하였다면, 곡물가격의 급격한 상승의 영향을 농촌보다 더 받을 수밖에 없는 도시는 기근으로 인한 영향도 더 크게 받았을 것이다. 이러한 경제적 상황에서 빈곤한 자들은 어떻게 생존할 수 있었을까? 범죄와는 연관성이 없었을까? 기근과 범죄와의 연관성 여부를 추적하는 것은 그러한 가정과 의문의 사실 여부를 확인하는 하나의 방법이 될 것이다.

3) 소기근

곡물가격의 급격한 변동이 1321-1322년 사이에 다시 한 번 나타난다. 1318년에 곡물가격이 하락하기 시작하여 1320년까지 하락세가 그대로 유지되었다. 그러나 1320년 가을에 평년작 이후 기후변화로 인하여 그 이듬해인 1321년에 또 다른 기근이 찾아왔다. 기근과 함께 가축가격도 인상되었다. 대기근기처럼 많은 비가 내려서 곡물수확에 큰 영향을 주고, 그로 인하여 곡물가격이 크게 상승한 것이 아니라 소기근은 오히려 오랜 가뭄 때문에 일어난 일이다.[1] 이러한 주장의 근거는 매우 건조한 조건에서 생육이 잘 되지 않는 작물인 보리의 생산이 1315년과 1316년보다 1321년에 더 실패하였기 때문이다.[2] 또한 1325-1326년 여름에 발생한 큰 가뭄이 가축의 역병 발생에 또 다른 원인이 되었던 점도 그러한 추론을 가능하게 한다.[3] 역사가들은 이 시기에 나타난 농업위기의 결과가 1315-1316년 대기근에 비하여 그 영향이 상대적으로 적었다고 하여 소기근이라고 부른다.

---

1) Ian Kershaw, "The Great Famine and Agrarian Crisis in England 1315-1322", p. 15. 일부 학자들은 1321년 기근도 1316년처럼 홍수로 인한 습한 기후 때문에 발생하였다고 주장한다. [Seymour Phillips, *Edward II* (Yale University Press, 2010), p. 252.]

2) J. Z. Titow, "Evidence of Weather in the Account Rolls of the Bishopric of Winchester, 1209-1350", p. 388.

3) Ian Kershaw, "The Great Famine and Agrarian Crisis in England 1315-1322", p. 15.

1319년에는 곡물가격이 낮았으나, 1321년에 곡물가격이 급격하게 상승하였다.[1] 소기근은 물론 에드워드 2세에 대한 랭커스터 백작 토마스의 일당이 일으킨 내란의 영향도 있었을 것이다. 그러나 무엇보다도 기후변화에 따른 작물의 수확 실패 때문에 곡물가격이 크게 상승하였다. 비록 대기근기인 1315-1316년의 곡물가격 상승에는 미치지 못하였으나 소기근기에 어떤 장원에서는 1316년보다 더 높은 가격으로 밀의 판매가격이 형성되었다. 예컨대 1321년에 서식스에서 밀의 판매가격이 쿼터 당 21s. 4d.에 이르러 대기근기 못지않게 곡물가격이 상승하였다.[2] 다음 도표에서 보는 것처럼 대기근기와 그 전후 시기 사이의 곡물가격 변동폭을 비교하여 볼 때 소기근기에는 그것의 폭이 대기근기의 비하여 상당히 낮았다. 그러므로 소기근기의 농업위기를 확대해석하여서는 안 된다고 생각한다. 이러한 주장은 로저스가 산정한 대기근기와 소기근기의 주요 곡물의 평균 가격변동을 비교하여 봄으로써 가능하다. 로저스가 조사한 소기근기인 1321년 전후 잉글랜드에서 나타난 곡물가격의 변동과 파머가 조사한 윈체스터 장원에서의 곡물가격 변동을 제시하면 다음과 같다.

1320-1325년 주요 곡물의 평균 가격 변동(쿼터당 가격)[3]

연도	소맥(밀)	대맥(보리)	귀리	호밀
1320년	6s. 5d.	4s. 1 3/4d.	2s. 5d.	5s. 5d.
1321년	11s. 7 3/4d.	8s. 5d.	4s. 3/4d.	10s 4 3/8d.
1322년	8s. 11 7/8d.	6s. 6d.	3s. 2 1/2d.	7s. 0d.
1323년	7s. 5 3/8d.	4s. 4 1/8d.	2s. 7 1/4d.	5s. 7d.
1325년	5s. 8 3/8d.	3s. 8 1/2d.	2s. 1d.	3s. 9d.

1) J. E. T. Rogers, *A History of Agriculture and Prices in England*, vol. 1, pp. 200, 230; D. L. Farmer, "Some Grain Price Movements in Thirteenth Century England, p. 212; J. Z. Titow, "Evidence of Weather in the Account Rolls of the Bishopric of Winchester 1209-1350", p. 388.
2) J. E. T. Rogers, *op. cit.*, vol. I, p. 200.
3) *Ibid.*, vol. I, pp. 230-231.

1320-1322년 윈체스터 장원의 주요 곡물가격 변동(쿼터당 가격)[1]

연도	소맥(밀)	대맥(보리)	귀리	호밀
1320년	6s. 3 1/2d.	4s. 0d.	2s. 6d.	4s. 4 1/2d.
1321년	13s. 3d.	7s. 7d.	4s. 2 3/4d.	9s. 11d.
1322년	8s. 7d.	5s. 11 3/4d.	3s. 4 3/4d.	5s. 9 3/4d.

비록 로저스는 잉글랜드 전역을 대상으로 한 연구이고 파머는 윈체스터 장원에 국한된 곡물가격 변동에 대한 조사이지만, 두 사람 간의 곡물가격 변동 조사에는 큰 차이가 없다. 로저스의 연구에 따르면, 1321년에 밀의 평균 가격은 1315년 대기근기의 그것에는 미치지 못하지만 평년기인 1320년과 1325년에 비해 2배 이상으로 크게 인상되었다. 그러나 그것은 잉글랜드의 평균치에 불과한 것이다. 지역에 따라서는 평균치보다 매우 높은 가격을 형성하여 기근의 심각성을 보여준다. 예컨대 1321년에 서식스에서는 밀 가격이 쿼터 당 21쉴링 4펜스에 달해서 위의 도표에서 보는 바와 같은 평균치의 2배에 이르렀으며, 평년기에 비해 4배 이상 상승한 가격이었다. 이러한 가격은 대기근기와 크게 차이가 없다. 그런데 곡물가격이 동일한 주에 속한 서로 다른 두 지역에서도 크게 차이가 나기도 하였다. 예컨대 밀 가격의 상승에 비례하여 보리와 귀리와 호밀가격도 높게 형성되었는데, 특히 옥스퍼드 주에 속한 쿡섬 장원과 옥스퍼드시에서는 6-7월에 밀이 쿼터 당 16-17쉴링에 판매되었으며, 보리도 쿡섬 장원에서는 3월에 쿼터 당 5-6쉴링에, 옥스퍼드시에서는 5-6월에 쿼터 당 10-11쉴링에 판매되어 두 지역 간 가격 차이가 2배에 이르렀으며, 쿡섬 장원의 경우 6-7월에 귀리가 쿼터 당 6-7쉴링에, 옥스퍼드시에서는 5월에 6쉴링에 판매되었다. 그리고 호밀은 옥스퍼드시에서 6-7월에 쿼터 당 12-14쉴링에, 심지어 7월에는 17쉴링에 판매되

1) D. L. Farmer, "Some Grain Price Movements in Thirteenth Century England", p. 212.

어 매우 높은 판매 가격을 이루었다.[1] 그러므로 밀 가격과 마찬가지로 다른 곡물가격도 위의 도표에서 제시된 평균 곡물가격의 2배에 이른다. 1322년에도 밀 가격은 전년도와 마찬가지로 여전히 높았다. 쿡섬 장원에서는 2-4월 사이에 쿼터 당 10-11쉴링에 이르다가 6-7월에 이르러 쿼터 당 7-8쉴링으로 하락하였다. 옥스퍼드시에서도 밀 가격이 쿼터 당 8쉴링으로 하락하였다. 한편 귀리 판매 가격이 옥스퍼드시에서는 6-10월 사이에 2쉴링 4펜스에서 2쉴링 6펜스에 이를 정도로 안정적이었고, 쿡섬 장원에서도 3쉴링에 불과하였다. 그리고 1323년에 이르면 모든 곡물가격이 안정적 상태를 유지하는데, 이는 기근을 극복하였음을 나타내는 지표로 볼 수 있다.

그렇다면 쿡섬 장원과 옥스퍼드시처럼 같은 주에 속한 두 지역 간의 곡물가격 차이가 크게 일어난 이유는 무엇일까? 아마도 이것은 기근기에 원활한 곡물수송이 가능한 교통시설 뿐만 아니라 홍수와 가뭄을 이겨낼 수 있는 수로시설이나 제방시설의 존재와 깊은 관계가 있을 것이고, 도시인 옥스퍼드시는 농촌인 쿡섬보다 부양해야 할 인구수가 더 많았기 때문일 것이다. 그렇다면 남부와 중부 혹은 북부 지역 간 곡물가격이 차이가 발생한 이유는 무엇일까? 지역에 따라서 기근의 정도가 달랐던 결과일 수도 있으며, 여분의 곡물이 있는 지역으로부터 기근지역으로 운송 판매될 교통수단이나 판매조직과 판매제도가 발달하지 못하였기 때문에 일어난 일일 수도 있다. 곡물생산지역이라기보다는 곡물 소비지역인 런던과 같은 대도시와 인구밀집 지역인 중소도시는 곡물 생산지역인 농촌지역보다 곡물가격의 변동폭이 더 컸을 것이다. 남부 웨일스의 카디프와 같은 도시지역이나 런던 근교는 곡물판매가격이 농촌지역보다 더 높았던 점이 이러한 주장을 가능하게 한다.

기근으로 인한 사망자 발생에 대기근 못지않게 소기근의 영향도 컸다. 이러한 점은 죄수들이 감옥에서 기근으로 굶어죽은 사례를 통해서 이해된다. 감옥에서 기근으로 인하여 사망하였을 것으로 추론케 하는 것은 런던시의 감옥에

1) *Ibid.*, p. 200.

서만 일어난 일이 아니다. 1322-1323년에 노샘프턴셔(Northamptonshire)에서 발생한 사망자의 검시관기록에 따르면, 먹지를 못하여 굶어서 감옥에서 사망한 사건이 4건이나 발견된다. 1322년 8월 1일 기록에 따르면, 절도로 노샘프턴 성의 감옥에 투옥된 자가 목마름과 기아로 죽었으며[1], 1323년 3월 20일 기록에 따르면, 배고픔과 추위로 사망한 사실이 있으며[2], 1323년 7월 25일에도 노샘프턴 성 감옥에서 기아사가 발생하였고[3], 1323년 9월 11일에 감옥에서 사망한 말 도둑도 식음료의 부족과 추위로 인하여 사망하였다[4]. 이처럼 기근기에 감옥에서 기아사한 경우는 런던뿐만 아니라 다른 지역의 감옥에서도 발생하였다. 한편 감옥에서 사망한 자들의 범죄 기록이 확인된 경우만을 놓고 볼 때, 강도가 6건, 절도가 7건, 불법침해가 3건, 공범지 고발인(approver)의 경우가 3건으로 분포되어 있다. 사망자들 대부분이 기근과 관계가 있는 생활범죄와 관련된 자들이다.

1) Charles Gross, ed., *Select Cases from the Coroners' Rolls 1265-1413*, p. 79.
2) *Ibid.*, p. 80.
3) *Ibid.*, p. 80.
4) *Ibid.*, p. 81.

2. 스코트와의 전쟁

스코트의 잉글랜드 북부 침입이 거의 50년 동안 지속되었으나, 그 중에서도 격렬한 전투는 1314-1319년, 1322-1323년, 1332-1337년 등 세 차례에 걸쳐서 일어났다. 14세기 초기에 양 세력 사이에 일어난 전투는 스코트의 수장인 로버트 브루스가 잉글랜드로부터 독립한 왕국을 건설하려는 계획의 실현 과정에서 일어났다. 그런데 스코트와 격렬하게 싸운 전투 중에서 가장 대표적인 것이 에드워드 2세 통치기인 1314년에 일어난 배넉번(Bannockburn) 전투이다. 에드워드 2세는 귀족들과 지속적으로 충돌하여 정세가 불안하였으며, 스코트의 로버트 브루스에게는 잉글랜드의 정치 불안이 독립운동을 위한 큰 기회가 되었다. 이러한 상황에서 스코트와 잉글랜드군 사이에 배넉번에서 큰 교전이 벌어진 것이다. 1314년 에드워드 2세가 스코틀랜드를 침입한 직접적인 목적은 스털링 성의 구원이었다. 그러나 그의 전투 준비 규모, 동원한 군대 규모로 볼 때 그의 실질적인 침입 목적은 로버트 브루스와 그의 공범자들의 저항을 진압하는데 있었다. 그러나 그 목적을 달성하지 못하였다. 배넉번 전투에서 스코틀랜드 군대가 대승을 거두었기 때문이다. 잉글랜드 왕이 이끈 군대가 국경 북쪽에서 패배한 것은 600년 만에 처음 있는 일이다. 자신의 능력과 동원한 병력의 수를 과신하여 무모하게 공격한 것이 아니라면, 스코틀랜드 군대보다 4배 이상의 병력을 소유한 에드워드 2세가 배넉번 전투에서 패배한 것은 전투에서의 패배 이상의 결과를 초래하였다. 이 시기를 통해 스코틀랜드 왕의 일관된 목표는 자신의 위치를 잉글랜드가 인정하고 잉글랜드 왕의 상왕권 주장을 포기시키는 일이다. 이러한 목표 중의 일부를 로버트 브루스, 즉 로버트 1세가 배넉번 전투를 통하여 달성한 것이다.

배넉번 전투를 통하여 로버트 1세는 여러 가지 소득을 얻었다. 첫째, 배넉번 전투는 스코틀랜드 군대의 대승으로 종결되었다. 스코틀랜드 편에서는 윌리엄 비폰트(William Vipont) 경과 월터 로스(Walter Ross) 경을 제외하고 주목 받는 사람 중 누구도 희생되지 않았다. 그러나 잉글랜드의 손실은 대단히 컸다. 바론 중에서 27명이 살해되고 헤리포드 백작을 비롯한 22명의 바론들이 포로로 잡혀갔다. 헤리퍼드 백작을 석방하는 대가로 로버트 1세는 잉글랜드에 연금되어 있던 그의 아내, 딸인 마조리, 그의 누이인 메리, 그리고 글레스고 주교인 위샤트의 석방을 요구하였다.[1] 그 이외에 앵구스 백작, 존 세그레이브, 모리스 버클리, 안토니 루시 등을 고액의 포로석방금을 받고 풀어주었다.[2] 기사들 중에는 42명이 살해되고 60명이 포로로 잡혔다. 유명인 중에서 살해된 자들은 글로스터 백작 등이 있고, 에스콰이어 가운데는 700명이 사망하고 평민 중 다수가 살해되거나 포로로 잡혔다. 둘째, 버윅을 제외한 모든 지역이 로버트 1세의 지배하에 들어감으로써 스코틀랜드 왕국이 보다 안전해졌다. 1314년 11월 6일에 전쟁터에서 가까운 곳인 캠버스케니스 수도원에서 열린 의회에서 로버트 1세에게 충성을 바치지 않은 자들의 스코틀랜드 내에 모든 토지, 부속건물에 대한 몰수와 함께 그들의 지위를 박탈한다는 법을 만들었다. 왜냐하면 그들은 배넉번 전투에서

---

1) Barbour, *The Bruce*, p. 245; *CDS*, iii, no. 393; *Foedera*, iii, p. 446.
2) F. Palgrave, ed., *Parliamentary Writs and Writs of Summons, Edward I and Edward II*, 2 vols (London, 1827-34), II, ii, p. 649; A. King, "'According to the custom used in French and Scottish wars' : Prisoners and casualties on the Scottish Marches in the fourteenth century", *Journal of Medieval History*, 28 (2002), p. 272. (엘링햄(Ellingham) 영주인 로버트(Robert de Clifford) 경은 포로석방금으로서 100파운드를 지불하여야만 했고 100마르크의 가치가 있는 말들과 마구를 상실하였다.)

잉글랜드 왕에게 협력하여 스코틀랜드 왕국과 국왕을 배신한 적과 같은 존재이기 때문이다.[1)] 그 법은 로버트 1세가 배넉번 전투에서 자신에게 복종하지 않고 잉글랜드 편에 가담한 자들에 대한 제재 수단으로 이용하였다. 배넉번 전투에서 승리한 로버트 1세는, 비록 잉글랜드인들이 그의 존재를 인정할 준비가 되어있지 않았지만, 잉글랜드의 상왕권 주장으로부터 벗어날 기반을 마련하였다. 이제 잉글랜드의 위협으로부터 벗어나 안전해진 로버트 1세가 왕국 내에 모든 남성들로부터 충성서약을 확보하고 국왕으로서의 권위가 확보되어 왕국을 안정적으로 통치할 수 있게 되었다. 셋째, 배넉번 전투에서 승리한 스코틀랜드 군은 막대한 전리품을 얻었다. 중요한 성인 스털링 성과 보스웰 성을 장악하였으며 갑옷을 비롯한 많은 전리품을 얻었다. 스코틀랜드 군이 획득한 전리품을 실은 마차 행렬이 20마일에 이르렀고, 획득한 물품의 가치는 200,000파운드에 이를 정도이다.[2)] 그 물품 목록 중에는 잉글랜드 왕과 귀족들의 것인 금과 은 그릇, 군대에게 지불할 화폐 상자, 무기, 텐트, 와인, 곡물, 건초, 가축, 수많은 전투용 말과 그 말의 마구 등이 있다. 로버트 1세의 부하 중에 이 물품을 분배받지 않은 사람이 거의 없었을 정도이다.[3)] 넷째, 보병이 중무장 기병을 물리쳤다는 것은 전술상 큰 승리이다. 이는 1302년 플랑드르 도시민이 코르트레이크 시에서 프랑스 기사들을 물리친 이후 최초로 달성한 성과이다. 토마스 그레이 경은 스코틀랜드 보병이 잉글랜드의 기병을 물리칠 수 있는 전술을 플랑드르 사람으로부터 배웠다고 언급하였다.[4)] 그러나 그것이 사실이든 아니든 간에 소규모의 보병이 대규모의 잉글랜드군에 승리할 수 있었던 것은 바로 로버트 1세의 교묘

---

1) *APS*, I, p. 464; A. A. M. Duncan, ed., *The Acts of Robert I* (Edinburgh University Press, 1988), no. 41; W. C. Dickinson, G. Donaldson, Isabella A. Milne, ed., *A Source Book of Scottish History*, i, p. 126.
2) *Vita Edwardi II*, p. 54.
3) Ronald McNair Scott, *Robert the Bruce*, p. 164.
4) H. Maxwell, ed. and trans., *Scalacronica, by Sir Thomas Grey of Heton* (Glasgow, 1907), p. 55.

한 전술, 특히 게릴라 전술 덕분이다. 폴커크 전투, 라우던 힐 전투, 그리고 배넉번 전투에서 스코틀랜드 보병의 공격대형은 고슴도치 전투대형(schiltron)이었다.[1] 이것은 기병이 약한 스코틀랜드 군의 승리를 위한 최선의 전투대형이었으며 전술이었음을 말해준다. 왜냐하면 배넉번 전투에서 이 전투 대형이 보병에게 놀라운 위력을 가져다주는 전술임이 밝혀졌기 때문이다. 폴커크 전투에서 드러난 이 대형의 약점을 보완하여 배넉번 전투에서 이용함으로써 대승을 거둘 수 있었던 것이다.

로버트 1세가 배넉번 전투를 통하여 큰 결실을 얻었음에도 불구하고, 에드워드 2세가 로버트 1세를 스코틀랜드의 합법적 군주로 인정하지 않았다. 즉 그가 상왕권을 갖고 있는 한 스코틀랜드는 독립왕국이 아니라 잉글랜드의 봉신국가이다. 이 문제의 해결은 1328년 에든버러/노샘프턴 평화조약 체결까지 기다려야 하였다. 한편 배넉번 전투 후 스코틀랜드의 영주들이 로버트 1세에게 충성을 맹세하였으나, 벨리올 가문과 같은 세력 있는 바론들이 아직도 로버트 1세에게 저항하고 있었다. 이는 로버트 1세가 스코틀랜드를 완전히 장악하지 못하였다는 증거이다. 배넉번 전투에서 크게 패배한 잉글랜드는 이후 5년 동안 스코트와 대결하였으나 계속하여 열세에 놓였다. 예컨대 1318년 1월에 스코트의 왕 로버트 1세는 잉글랜드군이 보유하고 있었던 버윅 시와 성을 되찾으려는 공격을 하였고, 이를 점령하였다. 배넉번 전투 이후 스코트가 잉글랜드에 가장 심각한 타격을 준 전투였다. 잉글랜드 북부는 스코트에 의해서 황폐화되고, 같은 해 5월에는 요크셔까지 침범하여 잉글랜드에 큰 피해를 입혔다.[2] 에드워드 2세가 스코트에게 빼앗긴 버윅 시를 되찾으려고 1319년 버윅 시를 포위 공격하였으나 실패하고, 에드워드 2세는 1319년 12월 21일부터 1321년 성탄절까지 스코트와 휴전하기로 합

---

1) 이 전투 대형은 근대적인 용어로 번역하면 방패로 만든 성벽(shield-wall)이란 뜻이다. [Aryen Nusbacher, *Bannockburn* (Gloucestershire, 2005), p. 132.]

2) *Chronicle of Lanercost*, p. 272.

의하였다.[1] 에드워드 2세가 당면한 목표는 그의 사촌인 랭커스터 백작 토마스가 주도한 바론의 내란을 분쇄하는 일이었다. 이때 스코트와의 충돌이 동시에 있었다. 이러한 상황에서 에드워드 2세는 항상 국내문제의 해결을 우선시하였다. 그러므로 에드워드 2세의 군대가 1319년에 스코트의 중심지인 버윅에 대한 공격은 랭커스터 백작 토마스와 리크(Leake)조약을 통해 화해하여 국내 문제의 해결을 일시적으로 억제할 수 있었기 때문에 가능하였다. 스코트와 맺은 휴전이 끝남에 따라서 1322년에 요크셔에 대한 스코트의 침입이 재개되었다. 에드워드 2세는 이에 대항하여 군대를 일으켰으나 곧이어 발생한 소기근과 질병으로 인하여 그의 군대가 큰 피해를 입고 곧 철수하였다. 랭커스타 백작 토마스 일당의 반란을 진압한 에드워드 2세는 모반세력을 후원한 스코트에게 복수하기 위해 1322년 5월에 계획한 스코틀랜드 침략은 심한 바람으로 인하여 바다를 통한 군량미 보급이 원활하게 이루어지지 않아 실패하였다. 이에 국왕은 1323년 3월 30일부터 1336년 6월 12일까지 13년 동안의 휴전 조약을 스코트와 맺었다.[2]

휴전 후 약 4년 동안 국내 문제를 정비한 스코틀랜드의 왕 로버트 1세는 휴전협정을 깨고 잉글랜드를 침입할 기회를 잡았다. 에드워드 2세가 왕비인 이사벨라와 그녀의 정부인 로저 모티머(Roger Mortimer)가 공모하여 왕좌에서 쫓겨난 폐위사건이 1327년에 일어난 틈을 이용한 것이다. 그리고 그의 아들 에드워드가 같은 해 에드워드 3세로 즉위하였다. 그러나 로버트 1세가 질병으로 죽음에 임박하고 그의 아들도 겨우 4세에 불과하여 전쟁보다는 휴전을 원하였다. 그렇게 하여 맺어진 평화조약이 1328년의 에딘버러/노샘프턴 조약이다.[3] 그러나 에드워드 3세가 그의 조부인 에드워드 1세의 스코틀

---

1) *Foedera*, iii, p. 816; *CDS*, iii, no. 681; *Chronicle of Lanercost*, p. 240.
2) T. Thomson and C. Innes, eds., *The Acts of the Parliaments of Scotland*, 12 vols (Edinburgh, 1814-1875), i, pp. 479-481. (이하 *APS*로 약칭함.)
3) 홍성표, 『스코틀랜드 분리 독립운동의 역사적 기원』, 「충북대학교 출판부, 2010」, 261-269쪽.

랜드 지배정책으로 회귀하고자 한 욕망을 드러내면서 그 평화안은 폐기될 수밖에 없었다. 에드워드 3세가 1333년부터 1337년 사이에 스코틀랜드 왕국을 매년 침입한 사실이 그 구체적 증거이다. 스코틀랜드 왕국이 브루스 가문과 벨리올 가문에 대한 충성으로 분열되었을 때에 에드워드 3세는 에드워드 벨리올(Edward Balliol)의 스코틀랜드 왕위계승에 대한 주장을 지원하였다. 심지어 그는 스코틀랜드와 근접한 요크로 그의 통치의 중심지를 옮겨서 1332-1337년 사이에 여러 차례에 걸친 군사적 원정을 단행하였다. 그 전쟁들은 값비싼 대가를 치렀고 1333년 7월 19일에 일어난 할리던 힐(Halidon Hill) 전투를 제외하고 다른 전투는 성공을 거두지 못하였다.[1) 그러나 에드워드 3세는 스코틀랜드 문제보다 더 시급하고 심각한 문제에 부딪치게 되었다. 프랑스와의 백년전쟁이 시작된 것이다.

1) *Foedera*, ii, pt. 2, p.866; *Chronicle of Fordun*, p. 149; *Chronicle of Wyntoun*, ii, p. 400; *CDS*, iii, no. 233; *Chronicle of Lanercost*, pp. 278-281.

3. 기근과 전쟁과 범죄

1) 기근과 범죄

토마스 맬서스(Thomas Malthus)가 1798년에 발표한 <인구론(On the Principle of Population)>에서 기아란 한정된 생산체제에서 먹여 살릴 수 있는 이상으로 인구가 증가하였기 때문에 발생한다고 보았다. 이러한 맬서스의 이론을 중세 유럽에 적용하여 중세 사회와 경제를 해석한 사람이 포스탄(M. M. Postan)이다. 그는 12-13세기의 인구가 당시 경제적 여건으로 수용할 수 없을 정도로 급격하게 증가하였다고 주장한다. 그리고 그러한 인구팽창이 농업위기를 초래하고, 이로 인하여 결국 인구조절의 한 수단으로서 기근이 발생하였다고 생각하였다. 그는 14세기 초 잉글랜드에서 일어난 기근도 이러한 논리로 설명하려고 시도하였다. 기근으로 인하여 소작인들 중에 다수가 생존수준의 한계에 내몰렸다. 당시 가구당 인구수, 단위면적당 곡물생산량, 농민들의 지출액 등을 고려한 가운데 농민가구당 생활수준을 유지하기 위해 필요한 경작지 면적을 산정한 결과, 1/2버게이트(virgate), 즉 15에이커가 필요하였다.[1] 이를 전제로 당시 농민 가구당 보유지 면적을 검토한 결과

1) 홍성표, 『중세 영국 농민의 생활수준 연구』, 51-60쪽.

에 대한 포스탄과 티토(J. Z. Titow)와 코스민스키(E. A. Kosminsky)의 연구결과는 다음과 같다. 포스탄은 108개의 장원을 조사 분석한 결과, 약 1/2 정도의 농민들만이 1/2버게이트의 경작지를 보유하였으며, 전체 소작인의 45% 정도가 1/4버게이트(7.5에이커)나 그 이하의 토지를 보유한 점을 밝혔다.[1], 티토도 역시 13세기 중엽 25개의 윈체스터 교구에 속한 장원들을 분석한 결과, 10에이커나 그 이하의 토지를 보유한 농민들이 약 50% 정도이고 워그레이브(Wargrave) 장원 같은 경우는 그 비율이 73.6%에 이른다고 주장하였다.[2] 한편 코스민스키도 중부지역에 위치한 여러 주들에서 거주한 농민들의 보유지 실태를 분석한 결과, 7.5에이커 이하를 보유한 농민의 비율이 46%에 이르는 것으로 산정하였다.[3] 물론 그가 분석의 대상으로 삼은 지역 중에서 옥스퍼드 주에 속한 장원들이 1/3을 점유하고 있는 한계점이 있으나, 분석의 결과는 포스탄이나 티토와 크게 차이가 나지 않는다. 이들의 연구에 따르면, 13세기 영국 농민들 중에 약 절반 정도만이 가족을 부양하고 영주에게 공납을 납부할 정도의 소출을 얻을 수 있는 토지를 보유하였다. 이러한 경제적 문제의 해결은 결국 토지구매 자본을 벌어 부족한 토지를 구입하거나 임금노동자로서 활동하여 농업을 통해 얻은 수입 이외에 또 다른 수입원을 확보하는 수밖에 없었다. 물론 농업기술이 발달하여 단위면적 당 생산량이 크게 증가하는 방법도 있으나, 이는 화학비료가 사용되기 시작한 20세기 초에 이르러서나 이룰 수 있는 문제였다. 물론 린 화이트(Lynn White)가 주장한 농업경영에 있어서 혁명적인 변화가 12세기부터 시작하여 13세기에 나타난다. 경작지 이용 방법에 있어서 2포제에서 3포제로의 변화, 소에서 말로의 축력 이용의 변화, 마구와 쟁기를 비롯한 농기구의 개선 등의 변화가 바

1) M. M. Postan, *The Cambridge Economic History of Europe*, I (Cambridge, 1966), pp. 603, 619; .

2) J. Z. Titow, *English Rural Society 1200-1350*, pp. 78-79.

3) E. A. Kosminsky, *Studies in the Agrarian History of England in the Thirteenth Century* (Oxford, 1956), p. 228.

로 그에 해당한다.[1] 그러나 이러한 변화가 단위면적 당 생산량의 급격한 증가를 가져올 수는 없었다. 근본적으로 연작으로 인한 토질의 악화 방지를 위한 수단으로서 양이나 소와 같은 가축의 배설물의 시비나 콩과식물의 재배를 통한 토질유지로서는 역부족이었다. 화학비료의 발명과 같은 지속적인 토질유지 방법이 마련되지 않는 한 단위면적 당 생산량이나 파종량 당 생산량[2]의 증가를 기대할 수는 없었다. 13-14세기 초에 단위면적 당 파종량과 생산량과의 상관관계를 분석한 결과, 생산수준의 급격한 변화가 없었음을 파악할 수 있다. 이러한 점은 농업기술이나 농업도구의 개선이 실질적인 생산량 증가에 크게 공헌하지 못하였음을 나타내는 것이다. 사실상 시비량(施肥量)의 증가를 통한 토질개선과 시비법의 개선 없이는 단위면적 당 생산량은 증가할 수 없다.[3] 그러므로 당시 영주는 물론 농민들에게 농업을 통한 소득 증대가

---

1) Lynn White, *The Pirenne Thesis: Technology and Innovation in the Middle Ages* (Boston, 1966), pp. 82-83; Lynn White, *Medieval Religion and Technology* (London, 1978), p. 20; 홍성표, 『중세 영국 농민의 생활수준 연구』, 43-46쪽.

2) 13-14세기 윈체스터 교구에 속한 장원들의 파종량 당 생산량의 비율은 평균적으로 밀은 4.32배, 보리는 5.11배, 귀리는 2.63배였으며 (J. Z. Titow, *Winchester Yields: A Study in Medieval Agricultural Productivity*, pp. 30-35, 48-49, 148.), 햄프셔에 클롤리(Crawley) 장원의 경우 1315-1383년에 밀이 2.6배, 보리가 2.2배, 귀리가 1.3배였는데, 이는 1208-1226년이나 1384-1448년의 파종량 당 생산량과 큰 차이가 없었다. [홍성표, 『위의 책』, 90-91쪽; N. S. B. Gras, *The Economic and Social History of an English Village*, p. 41; Edmund King, *England 1175-1425* (London, 1979), pp. 24-25.] 그러나 파종량 당 생산량을 일정한 수준으로 일반화시킬 수 없는 단점이 있다. 왜냐하면 그 수준은 장원마다 상이하고 심지어 같은 장원에서도 해마다 서로 다르기 때문이다. 예컨대 윈체스터 교구에 속한 에친스웰(Ecchinswell) 장원에서 풍년인 1309년에 밀의 파종량 당 수확량의 비율이 1 : 8.6인 반면, 남동부의 서리 주에 속한 이셔(Esher) 장원에서는 겨우 1 : 2.5에 불과하였다. 이러한 차이는 같은 장원에서도 나타난다. 에친스웰 장원에서 밀의 파종량 당 생산량은 1309년에는 1 : 8.6, 1310년에는 1 : 3.5, 1311년과 1313년에는 1 : 4.5의 비율로 생산되었다. [E. Miller and J. Hatcher, *Medieval England: Rural Society and Economic Change 1086-1348* (London, 1978), p. 216.] 그러나 현대의 파종량 당 생산량이 1 : 15에서 1 : 20에 이르는 것에 비하면 중세 잉글랜드의 그것은 매우 낮은 수준이다.

3) Lord Beveridge, "The Yields and Price of Corn in the Middle Ages", *Economic History Review*, II (1927), p. 160; M. K. Bennett, "British Wheat Yield per Acre for Seven Centuries", *Economic History*, III (1935), pp. 27-28.

있었다면, 그것은 주로 개간을 통한 경작지 면적의 확대 결과 초래된 곡물의 총생산량 증가의 결과였다고 주장할 수 있다. 이러한 농업 환경 하에서 기후변화와 같은 외부적인 큰 충격이 주어지면 어떤 결과가 나타날까? 단위면적당 생산량이나 총생산량에 급격한 감소를 초래하여 기근에 처하게 될 것이고, 가족을 부양할 수 있을 정도의 경작지를 보유하지 못한 생존수준의 한계에 처하였던 전체 농민들의 약 절반은 기근의 위기 속에서 가족의 생계유지를 위한 수단으로 범죄의 유혹에 내몰릴 수 있었을 것이다.

1315-1316년의 대기근기와 1321-1322년의 소기근기에 생존수준의 한계에 내몰린 자들에게는 더 없는 고통이 뒤따랐다. 결국 그러한 경제적 난관을 극복할 하나의 수단으로 범죄의 유혹에 내몰릴 수도 있었다. 기근이 도래하였을 때에 귀족, 고위 성직자, 부유한 평민들은 그들이 과거부터 시행하였던 자선활동을 중단하고 가구 소비를 축소시킴으로써 기근의 재난을 극복하려고 노력하였다. 더군다나 가축의 전염병이 돌아 소와 양과 가금류의 수도 크게 감소함으로써 섭취할 수 있는 계란, 우유, 치즈는 물론 고기의 양도 많이 줄었다. 이러한 가운데 도시빈민들이나 빈농들은 높은 물가와 흉년을 극복할 수 있는 별다른 수단이 없었다. 그들은 가진 자들을 약탈하여 생계를 이어가든지 아니면 굶어 죽는 수밖에 없었다. 빈민들의 생활은 상상 이상으로 악화되었다. 이 시기의 생활상을 기록한 연대기에 따르면 조금은 과장된 것이지만 기근의 고통을 다음과 같이 전하고 있다. 존 포던(John of Fordun)의 연대기에 따르면, 1310년에 스코틀랜드에 기근이 도래하여 스코트는 말고기는 물론 불결한 죽은 소고기도 먹었다. 7년 뒤에 아일랜드는 더욱 심각한 기근을 겪었다. 대기근의 정점기인 1317년에 아일랜드인들은 “너무나 배가 고파서 죽은 자의 시신을 묘지에서 끄집어내서 살을 먹었다. 그리고 여성들은 배가 너무 고파서 자신의 자식들을 먹기도 하였다.” 잉글랜드에서는 1316년에 가난한 자들이 어린이를 유괴하여 잡아먹기도 하였다.[1] 개, 고양이, 비둘

1) John Aberth, *From the Brink of the Apocalypse*, p. 13.

기를 잡아먹으면서 기근을 견디었으며, 심지어 배고픔을 잊으려고 대마를 피워 대마초 중독자가 크게 늘었다는 서술[1)]은 그나마 우리들을 덜 당황스럽게 만든다. 이미 위에서 언급한 것처럼 투옥된 죄수들이 배고픔으로 인하여 동료 죄수들을 살해하고 인육을 먹었다는 서술은 우리를 더욱 당황스럽게 만든다. 이러한 이야기는 존 트로케로위의 연대기에서도 확인할 수 있다. 그러나 학자들은 이와 같은 식인 이야기를 과장된 것으로 무시한다. 그럼에도 불구하고 우리는 그러한 이야기 속에 담겨있는 시사점, 즉 굶어죽는 것을 피하려는 절망적인 시도를 증언한 것으로 받아들일 수 있다. 기근으로 인한 절망적인 경제적 상태가 무법을 촉진시켜 사회질서가 무너졌을 것이다. 1316-1317년 캔트 주의 치안판사들의 법정에서 다룬 범법행위 중에서 단순절도(larceny)와 가옥침입절도(burglary) 등 절도와 강도가 가장 높은 비중을 차지한다.[2)] 즉 76건의 소송 중에서 26건이 식량 절도와 관련된 것이다. 모든 절도 행위 중에서 곡물, 빵, 에일 등 식량과 관련된 절도가 전체 중에서 1/3을 점유하고 있었다. 우리는 이를 생계형 절도로 추론할 수 있다. 그리고 절도의 약 40%는 가축 절도이며, 그 가운데에서 약 절반은 양의 절도와 관계된 것이었다. 그런데 캔트 주에서 식량 절도의 비중은 상대적으로 다른 경우보다 높았다. 이는 기근과의 연관성을 짐작케 한다. 이러한 주장은 기근이 발생하기 바로 전인 1314년의 범죄에 관한 사실로서 더욱 확신하게 한다. 예컨대 1314년 노샘프턴 주에서 열린 치안판사 법정에서 절도가 차지하는 비중이 높지 않았다. 즉 269건의 범죄 중에서 18건만이 식량 절도와 관계된 범죄였다.[3)]

---

1) Johannes de Trokelowe, *Annales*, p. 95; Henry S. Lucas, "The Great European Famine of 1315, 1316, and 1317", p. 355.
2) B. H. Putnam, ed., *Kent Keepers of the Peace 1316-1317*, pp. xxii-xxiii. 1308-1309년에 캔트 재판기록 112건 중에서 식량과 관련된 재판은 단지 7건에 불과하였다. (Ian Kershaw, "The Great Famine and Agrarian Crisis in England 1315-1322," p. 13.
3) M. Gollancz, ed., *Rolls of Northamptonshire Sessions of the Peace, 1314-1316, 1320* (Northamptonshire Record Society, xi, 1940), pp. 8-55.

일반적으로 학자들은 기근과 범죄의 연관성을 주장한다. 만약 이러한 가정이 정당하다면, 특정한 시기에 발생한 기근과 범죄 발생 증가가 서로 어떤 연관성이 있는가를 살펴보는 것은 흥미 있는 주제이다. 왜냐하면 그것이 당시 사회상을 올바로 이해하는 하나의 수단이 될 수 있기 때문이다. 예컨대 하나왈트는 1315-1316년 대기근기에 곡물가격이 상승한 것처럼 범죄도 급격히 증가하고, 곡물가격이 1330년대에는 하락하는데, 이때에 범죄 발생 건수도 감소하였다고 주장한다. 포스탄과 티토는 14세기 기근기에 윈체스터 교구에 속한 장원들에 대한 조사 결과, 소규모 토지보유자들 가운데 사망자 증감이 밀 가격의 등락과 관계가 있음을 언급하였다.[1] 한편 하나왈트도 대기근기와 소기근기의 노퍽, 노샘프턴, 요크셔에서 발생한 범죄를 기록한 미결수 감옥재판기록의 분석을 바탕으로 범죄발생건수와 식량가격의 등락과의 상관관계를 조사한 결과, 양자 간에는 밀접한 연관성이 있음을 밝혔다.[2] 그리고 그녀는 1340년대 말까지 밀 가격은 인상되지 않았음에도 불구하고 범죄 발생 건수가 매년 증가한 이유는 요크 주와 헤리퍼드 주에서 내란과 스코트와의 전쟁이 발생하였기 때문이라고 주장한다.

그러나 필자는 그녀의 주장과 견해를 달리한다. 물론 내란과 전쟁 발생이 지역적이든 혹은 전국적이든 간에 곡물가격 상승에 영향을 끼친 것은 사실이지만, 농촌지역에서 곡물가격 상승이 범죄증가와 반드시 상관성을 갖는다고 일반화시킬 수는 없다. 왜냐하면 곡물가격 상승의 영향은 농촌사회보다 비농업지역이며 상공업자들이 주로 거주하는 대도시에 더 크게 미칠 것이기 때문이다. 물론 중세 유럽사회 전체에 해당되는 사실이기도 하지만, 중세 잉글랜드 사회는 전체 인구의 약 90% 정도가 농업에 종사한 농민들로 구성되었다. 그런데 이러한 사회적 특징 속에서도 곡물가격이 상승하면 평소 가족

---

1) M. M. Postan and J. Z. Titow, "Heriots and Prices on Winchester Manors", pp. 392-411.

2) Barbara A. Hanawalt, "Economic Influences on the Pattern of Crime in England, 1300- 1348", *American Journal of Legal History*, vol. XVIII (1974), p. 288.

의 생계유지에도 부족한 토지(1/2버케이트 이하)를 보유한 빈농들에게 큰 영향을 끼칠 수 있다. 이들은 단위면적 당 생산량이 정상적일 때에도 가족 부양에 부족한 곡물을 임금노동을 비롯한 다른 방법을 통하여 조달하였다. 그러므로 이들에게 문제가 된 것은 곡물가격 상승이 아니라 기근 때문에 나타난 곡물생산의 감소이다. 물론 기근으로 인하여 곡물생산량이 감소하면 곡물가격이 상승하는 것은 일반적인 경제 원리이다. 그러므로 하나왈트의 주장이 올바른 것일 수도 있다. 그러나 기근 때문에 농촌지역에 끼친 영향은 비농업인인 상공업자들이 거주한 대도시만큼 크지 않았다. 물론 일부 부유한 상공업자들 중에서는 도시 주변에 농경지를 소유하여 가족의 생계유지에 필요한 곡물을 직접 얻을 수 있었을 뿐만 아니라 여분의 곡물을 판매하여 이익을 얻었던 경우도 있으나, 대부분의 상공업자들은 필요한 곡물을 구매하여 소비하였다. 그러므로 곡물가격과 범죄를 관련시킨 연구가 이루어지려면 도시를 연구 대상으로 택하는 것이 보다 효과적이다. 즉 중세 잉글랜드의 인적 구성의 대부분을 차지한 농촌사회에서의 범죄 연구는 표면적으로 드러난 곡물가격 상승이 아니라 기근으로 인한 곡물생산의 감소를 대상으로 하여야 한다. 그러나 하나왈트는 곡물가격 등락의 직접적인 원인인 기근이라는 본질을 외면한 가운데 그로 인하여 나타난 결과인 곡물가격 등락만을 가지고 범죄와의 상관성을 추구하였다.

대기근이나 대외적 전쟁이 반드시 범법행위의 증가와 관련성이 있는 것은 아니라는 필자의 주장은 웨이크필드 장원에서의 에일 판매와 관련된 범법행위에서 확인된다. 만약 물가상승과 에일 판매가격의 변화와 관련성이 있다면, 대기근기인 1315-1316년에 에일 판매가격과 관련된 위반사례의 검토를 통하여 그 실태를 어느 정도 파악할 수 있을 것이다. 1314년-1316년, 1326년-1331년 사이에 웨이크필드 장원법원문서에 등장하는 에일의 갤론 당 판매가격을 위반한 사례를 208건 확인할 수 있었다. 위반자들 가운데 여성이 198건(95.2%)으로 남성의 10건에 비하여 절대 다수를 점유하고 있어, 다른 경우보다도 여성이 점유하는 비율이 높았다. 이는 에일 양조 및 판매에 여성들이 차지하는 비중이 높았던 점과 관련지어 볼 수 있다. 그런데 대기근기인 1315년에 29건(13.6%), 1316년에 4건, 1317년에 4건 등으로 에일 판매가격 위반사례가 확인된다. 한편 128건(60.1%)의 위반사례가 있던 1328년과 35건(16.4%)이 있던 1331년 등과 같은 예외적 시기도 있으나, 기타 시기는 2-7건 정도로 고루 분포되어 있다. 이에 근거하여 최소한 웨이크필드 장원에서는 대기근과 에일 판매가격 위반과는 서로 상관성이 없음을 파악할 수 있다.

판매가격 위반사례에 대하여 보다 구체적으로 살펴보면 다음과 같다. 에일 1갤론을 1/2페니로 판매하여 벌금이 부과된 경우가 전체 중 45건(21.6%)이고, 1페니로 판매하여 벌금이 부과된 경우가 147건(70.7%) 등으로서 두 가지를 합하면 192건(92.3%)에 이르고, 여기에 3/4페니로 판매하여 벌금이 부과된 경우 5건까지를 합하면 197건(94.7%)에 이른다. 이러한 점은 1301년에 1등품의 에일이 갤런 당 1페니, 2등품이 갤런 당 3/4페니로 정한 요크 지방의 에일 판매가격과 큰 차이를 드러내지 않는다. 그러나 도시당국자들은 매년 기본식품인 빵과 에일의 적정가격을 당해 연도의 곡물가격과 연동하여 정하였기 때문에 그 가격은 매년 달랐다. 또한 도시와 농촌 간의 가격 차이도 있었다. 예컨대 1267년 헨리 3세가 「빵과 에일에 관한 조례」를 발표하여 에일 가격을 곡물가격과 연동시키려는 최초의 시도에 따라서 도시에서는 에일 갤런 당 1/2페니, 농촌지역에서는 1/4페니로 판매가격을 고정시켰다.[1] 그러나 뒤이어 에드워드 1세가 1283년에 칙령을 발표하여 최고품질의 에일 판매가격은 갤런 당 1 1/2펜스, 하급 에일은 1페니로 정하였다.[2] 16년 만에 법으로 정한 에일 판매가격이 큰 폭으로 인상된 것이다. 그리고 이러한 가격구조는 1337년에 런던에서도 그대로 적용되었다.[3] 따라서 1267년보다 에일 판매가격이 상승한 1283년에는 상대적으로 곡물가격도 상승하였을 것이다. 보리 가격과 연동하여 변하는 에일 판매가격은 다음과 같다. 로저스의 연구에 따르면, 1267년에 보

---

1) Assisa Panis et Cervisiae, 51 Henry III, cap. 1.
2) P. Clarke, *The English Alehouse: a Social History 1200-1830* (London, 1983), p. 24.
3) *Calendar of Letter Book F*, p. 189.

리의 평균판매가격은 쿼터 당 2쉴링 5 3/4펜스이다. 그리고 1283년에는 쿼터 당 4쉴링 5 1/8펜스로 판매가격이 형성되었다.[1] 1267년에 비하여 1283년에 보리 판매가격이 배 이상 인상된 결과가 에일 판매가격에 반영되었다. 1267년 대도시에서는 보리가 쿼터 당 20펜스 나가면 양조업자들은 에일 2갤론 당 1페니로 판매할 수 있었던 반면, 농촌지역에서는 그 가격이 상대적으로 저렴하여 1페니 당 3-4갤론을 구매할 수 있었다. 규모가 작은 도시에서는 3갤론을 1페니로 판매한 반면, 도시를 벗어난 지역에서는 4갤론을 1페니로 판매하였다.[2] 그러므로 에일 판매가격은 곡물가격의 변동, 대도시와 중소도시, 그리고 도시를 벗어난 지역 사이에, 또한 동일 지역에서도 계절마다 서로 상이하였다. 한편 1337년에는 최고 품질의 에일을 1갤런 당 1 1/2펜스로 판매하였다. 따라서 1337년과 1283년에는 곡물가격의 큰 변동이 없었던 것으로 추론할 수 있다. 그러나 두 시기 사이에 있는 대기근기인 1316-1317년에 런던에서 최상품의 에일이 갤런 당 3펜스에, 다른 에일은 1페니에 판매하며, 지방 소도시에서는 최상품의 에일을 1페니에 판매하여야 했다. 그리고 이 규정은 다른 조례가 발표될 때까지 준수되어야 했다.[3] 이러한 에일 판매가격은 30년 뒤인 1347-1348년 흑사병 발생 직전까지도 그대로 유지되었는데, 이는 런던시의 규제 때문이었다.[4] 이와 같이 시대나 장소에 따라서 에일 판매가격의 차이가 나타나는 것은 도시와 촌락 간의 보리 판매가격의 차이를 반영할 결과일 뿐만 아니라 에일 판매가격에 관한 조례가 개정되었기 때문이다.[5] 그런데 13세기 말에서 14세기 초에 에일 1갤론의 가격이 건축 기능공의 일당에 1/3 수준이고, 일반 노동자 임금의 2/3정도에 해당하는 수준이라는 점[6]은 빈곤한 촌락인

---

1) J. E. T. Rogers, *A History of Agriculture and Prices in England*, vol. I, pp. 227-228.
2) H. A. Monckton, *A History of English Ale and Beer* (London, 1966), p. 48.
3) *Calendar of Letter Book E*, p. 73.
4) *Calendar of Letter Book F*, p. 178.
5) *Calendar of Letter Book F*, p. 185.
6) P. Clarke, *The English Alehouse: a Social History 1200-1830*, p. 24.

들이나 노동자들이 정기적으로 에일을 쉽게 구매할 수 없게 만들었다. 14세기 말 랑글랜드가 『농부 피어스』에서 "빈곤한 자들이 빵과 함께 1페니에 구입할 수 있는 에일을 마시는 것은 사치다."[1]라고 탄식한 것은 과장된 이야기가 아닐 것이다.

에일 판매가격 위반자에 대한 처벌도 시기에 따라 달랐으나, 시기에 관계없이 그 처벌은 매우 엄하였다. 예컨대 런던의 경우, 1316년 9월 21일에 발표된 국왕의 포고령에 따르면, 판매가격 위반자가 처음에 적발되면 에일 몰수, 두 번째 적발되면 거래 정지, 세 번째 적발되면 추방형을 내리도록 규정하였다.[2] 한편 에드워드 3세 통치기인 1337년 11월 1일에 발표된 조례에 따르면, 초범에게는 3일간의 구류와 40펜스의 벌금이, 두 번째 위반할 경우에는 6일간 구류와 1/2마르크의 벌금이, 그리고 세 번째 위반할 때에는 도시에서 추방하였다.[3] 이 보다 후대인 흑사병 발생 후에 위반자 처벌은 보다 강화되었다. 첫 번째 위반자에게 1/2마르크의 벌금과 문제의 에일 몰수 처벌, 두 번째 위반시는 10쉴링의 벌금과 에일 몰수 및 구류형에 처하였다.[4] 이와 같이 런던에서도 시기마다 위반자에 대한 처벌 정도가 달랐으며, 시기가 지난수록 처벌의 정도가 강화되었다. 그러나 그와 같은 엄한 처벌이 잉글랜드 전역에 그대로 적용되지는 않았다. 추방형이라는 아주 무거운 처벌을 내린 도시와는 달리 촌락지역에서의 위반자 처벌은 상대적으로 가벼웠다. 예컨대 웨이크필드 장원에서는 두 번 위반한 경우,[5] 그리고 세 번이나 위반하였음에도 불구하고, 위반자에게 6펜스가 벌금으로 부과되었다.[6] 이는 위반자들

1) *Ibid.*, p. 24.
2) *Calendar of Letter Book E*, p. 71.
3) *Calendar of Letter Book F*, p. 189; P. W. Hammond, *op. cit.*, p. 55. (이 당시 숙달된 장인의 일당이 6펜스였다.)
4) *Calendar of Letter Book G*, p. 52.
5) *Wakefield Court Rolls*, 9 Edward II, 1316. (Tourn at Wakefeld on the Friday next after the Feast of the Octave of Easter); *ibid.*, 3 Edward III, 1329. [Tourn held at Wakefeld on Wednesday after St. Swithin's day(July 2)].
6) *Wakefield Court Rolls*, 3 Edward III, 1329. [Tourn held at Wakefeld on

에게 부과한 벌금액의 평균치에 불과하다. 한편 최고 품질의 에일에 독주와 물을 섞어 판매하였으나 11년 동안이나 적발되지 않았다는 기록[1]이 보여주는 것처럼 위반자 처벌로 판매질서를 완전하게 확립할 수는 없었다. 그러나 지역이나 시기를 떠나 에일이 기본적인 식품이라는 관점에서 가해진 규제나 규제 정도에 있어서는 차이가 없었으며, 규제도 지속성을 띠었다.

도량형을 표준화시켜 이를 어기는 위법행위를 방지하려는 노력은 상거래 질서를 확립하기 위한 방편이다. 그러므로 표준 도량형을 사용하지 않은 위반자들에 대한 조사는 상거래 질서가 얼마나 혼란하였는지를 가늠하는 잣대이다. 웨이크필드 장원에서 표준형이 아닌 부정확한 도량형을 사용한 죄로 처벌된 사항에 관한 기록이 46건에 지나지 않아, 이를 통하여 도량형 위반에 관한 처벌 실태에 대하여 어떤 일반론에 이르기는 매우 어렵다. 더구나 부정확한 도량형 사용 위반사례가 1315년에 42건이 집중 분포되어 있다. 이는 에일 양조 및 판매 위반자가 그 시기에 집중 분포되었던 점과 마찬가지로 기근과 관련된 것이라고 여겨진다. 이러한 제한성에도 불구하고 그와 같은 도량형 사용으로 인한 처벌의 정도나 그에 가담한 자들의 인적인 구성에 대한 대략적인 파악은 가능하다. 부정확한 도량형의 사용은 물론 그의 소유[2]와 그의 대여[3]도 위법행위로 간주하였다. 그러나 사료에 등장한 위법행위는 봉인되지 않은 도량형을 사용하여 에일을 판매하다가 적발된 것이 대부분이며, 다른 경우와는 달리 위반자 중 남성이 31명(73.8%)으로서 여성에 비해 다수를 차지하고

Wednesday after St. Swithin's day(July 2)]; *Ibid.*, 4 Edward III, 1331. [Tourn at Halifax on Tuesday after the Feast of the Epiphany(Jan. 6)].

1) *Piers Plowman*, B, vision II, passus v.

2) *Wakefield Court Rolls*, 5 Edward I, 1277. [Tourn at Halifax on the Tuesday after the Translation of St. Thomas the Martyr(July 7)]. 펠리시아(Felicia de Bothemley)가 검인받지 않은 도량형을 소유하고 고리대금업자였기 때문에 기소되었다.

3) *Wakefield Court Rolls*, 5 Edward I, 1277. [Court held at Wakefeud on the Friday after the Nativity of the Blessed Virgin Mary(Sept. 18th)]. 펠리시아(Felicia de Bothemley)에게 봉인되지 않은 도량형을 빌려준 혐의로 한느(Hanne Packe)를 법정에 소환하였는데, 그는 그 사실을 부정하고 법에 호소하여 사면되었다.

있다. 그렇다면 남성이 다수를 점유하고 있는 이유는 무엇인가? 부정한 도량형을 만드는 일은 주로 남성이 하였다고 추론된다. 따라서 검인 받은 도량형이 아닌 것을 사용하다가 적발된 사항과 관련된 기록 중 상당수가 그 용기의 제작자, 즉 남성일 것이다. 이와 같은 추론의 근거로서 다음과 같은 사실을 제시할 수 있다. 주로 부당한 용기로 지적된 것들이 갤론이나 포틀과 같은 큰 용기이다. 따라서 봉인되지 않은 용기를 사용한 위법행위는 그를 이용한 판매보다는 오히려 그것의 제조 자체를 의미하는 것으로 보아야 한다. 그런데 불량 용기의 제작자에게 엄한 처벌을 내렸던 것 같지는 않다. 이를 위반한 자들에게 부과된 벌금의 형태로 그러한 사실을 유추할 수 있다. 벌금액 중에서 다수를 점유하고 있는 것이 6펜스로서 22건(47.8%), 3펜스가 18건(39.1%), 12펜스가 4건(8.7%), 사면 1건, 불명이 1건 등이다. 이러한 분포를 통해서 볼 때, 조례를 위반한 에일의 양조나 판매 때문에 부과된 벌금액보다 불법 도량형 사용자들에게 부과된 벌금액이 상대적으로 적었다. 1315년 양조와 관련된 위법행위의 처벌이 6펜스가 45.7%, 3펜스가 28.4%, 12펜스가 18.5%로 분포되어 있던 사실과의 비교를 통해서 그러한 주장이 가능하다. 더구나 모든 종류의 위법행위를 종합한 벌금부과의 분포가 6펜스가 46.8%, 3펜스가 17.4%, 12펜스가 11.1%였던 점으로도 도량형 위반 사건에 대한 제재가 상대적으로 가벼웠음을 파악할 수 있다. 비록 검사 받지 않아 봉인되지 않은 용기를 사용하다가 적발되더라도, 용량은 표준수준을 유지한 경우가 있었기 때문에 상대적으로 그 처벌이 가벼웠다고 추론된다. 봉인되지 않은 도량형의 사용보다는 눈금표시가 없는 부정확한 용기를 사용하여 벌금형 중에서 최고에 해당하는 12펜스의 벌금이 부과된 경우[1]가 그러한 추정을 가능케 한다.

1267년 헨리 3세가 발표한 「빵과 에일에 관한 조례」로부터 에일 양조 및

1) *Wakefield Court Rolls*, 8 Edward II, 1315. [Court held at Wakefeld on Friday after the Feast of the Conversion of St. Paul(Jan. 25th)]. 헨리(Henry Sprigonel)가 눈금표시가 없고 정확하지 않은 도량형인 갤론을 사용하여, 그에게 12펜스의 벌금이 부과되었다.

판매에 대한 전국적이며 본격적인 규제가 시작되었다. 더 나아가 향후 300년 동안 에일 양조와 판매에 관한 규제가 바로 헨리 3세가 발표한 조례에 근거하고 있다는 점에서 그것의 중요성이 있다. 그리고 그 조례에 근거하여 역대 왕들이 에일 양조 및 판매를 규제하였다. 그러나 에일 판매가격은 그 원료인 보리나 귀리 수확의 풍흉, 도시와 농촌 간에, 또한 시기에 따라서 서로 달랐기 때문에 그에 대한 파악이 용이하지 않다. 특히 에일은 지역마다의 자연환경에 따라서 재배가 가능한 곡물로 양조하였고, 에일 판매가격도 주로 그 지역에서 에일 양조에 사용된 곡물가격과 연동하여 변하였다. 한편 임금상승 수준이 물가상승에 미치지 못하여 대기근기는 그것이 에일 소비의 제약요인으로 작용하였으며, 특히 임금노동자와 같은 빈곤한 자들에게는 그 피해 정도가 심했다. 필자는 이러한 사실을 전제로 하여 1315년에서 1317년까지 대기근기를 중심으로 웨이크필드 장원에서 에일 양조 및 판매와 관련된 위법행위의 특징을 분석한 결과 다음과 같은 사실을 확인할 수 있었다.

하나왈트의 주장에 따르면, 1315-1317년 사이 범법행위가 다른 시기에 비해 상대적으로 증가하고 그 행위도 잔혹성을 띤다. 이에 준하면 결국 에일 양조 및 판매와 관련된 위법행위도 상대적으로 증가하고 그에 대한 제재도 강화되어야만 한다. 필자가 조사한 1315년부터 1350년까지 웨이크필드 장원법원기록에서 에일 양조 및 판매와 관련된 위법사항을 모두 868건 확인하였는데, 그 가운데에서, 1315년에 156건(18%)의 위반사례가 있었으나, 오히려 1315년보다 더 심한 기근기인 1316년에 5건, 1317년에 3건의 위법사례만을 확인할 수 있었다. 한편 기근기가 아닌 1328년에 123건(14.2%), 1329년에 156건(18%)의 위반사례가 확인되어 최소한 웨이크필드 장원에서 에일 양조 및 판매와 관련된 사실에는 하나왈트의 주장인 곡물가격 상승과 범죄와의 연관성 주장을 그대로 수용할 수 없다. 에일 검사관의 감독과 10인조의 활용을 통하여 에일 양조 및 판매와 관련된 위법행위 발생을 억제하고, 만약 위법행위가 일어나면 처벌하였음이 사료를 통하여 확인된다. 그러나 대기근기에 위반자가 오히려 적었던 점은 엄격한 감독의 결과이기도 하겠으나, 무엇보다도 에일 양조를 위한 여분의 곡물도 많지 않아 양조 자체가 어려웠음은 물론, 에일에 대한 수요도 상대적으로 감소하였던 점으로부터 연유하였을 것이다.

또한 대기근기에 위반자에게 부과된 벌금액을 분석한 결과, 벌금액수와 곡물가격 상승과는 서로 비례하지 않고 있음이 확인되었다. 조례위반자 868건에 대한 벌금부과액을 분석한 결과, 그 분포는 다음과 같다. 벌금액이 6펜스가 406건(46.8%), 3펜스가 151건(17.4%), 4펜스가 100건(11.5%), 12펜스가 96건(11.1%), 2펜스가 59건(6.8%), 불명이 32건(3.7%), 사면이 14건(1.6%), 8펜스가 3건, 1페니가 1건, 도시와 같은 집단에게 벌금을 부과한 것이 3건, 복합적인 요인에 의한 벌금부과가 2건, 그리고 위법사실의 은폐로 인한 제재가 1건 등이다. 이에 준하면 결국 벌금액이 6펜스 이하인 경우가 717건(82.6%)을 점유하고 있다. 바로 이러한 사실이 에일 양조 및 판매와 관련된 위법사항을 경범죄로 다루어서 그 처벌이 상대적으로 가벼웠음을 알 수 있다. 그러나 조례 위반 때문에 비록 감옥에 투옥되지는 않았다고 하더라도, 경제적으로 큰 손실을 입을 수 있었다. 왜냐하면『빵과 에일의 조례』를 두 번째 위반할 경우에는 위반자가 소유한 모든 빵과 에일을 몰수당함은 물론 이에 더하여 벌금이 부과되었기 때문이다.[1] 그렇다면 868건에 대한 벌금액 분포와 대기근기의 벌금액 분포 사이에는 어떤 차이가 있는가? 두 경우를 서로 비교하기 위하여 대기근기인 1315년에 위반자들에게 부과된 벌금액 분포를 조사한 결과는 다음과 같다. 1315년 에일과 관련된 위반자는 156명이다. 이들에 대한 처벌로 부과된 벌금액 분포는 6펜스가 70명(44.9%), 3펜스가 54명(34.6%), 12펜스가 24명(15.4%), 사면이 4명(2.6%) 등이다. 두 경우를 서로 비교하여 보면, 벌금액이 6펜스 이하인 경우는 큰 차이가 없다. 결국 대기근기라고 특별히 위법자들에게 상대적으로 가볍거나 아니면 엄한 처벌을 내리지 않았다. 대기근기인 1315년과 1315-1350년의 벌금액 분포를 비교하여 보면, 두 경우에 있어서 벌금액 분포에 큰 차이가

1) *Calendar of Close Rolls*, 10 March 1327.

없음을 확인할 수 있다. 대기근기에는 불량한 에일 양조를 위한 자극이 상대적으로 컸을 수 있었음에도 불구하고 실제로는 그렇지가 않았다. 이러한 일반적 결론을 다시 확인하기 위하여 대기근기인 1315년과 곡물의 평년작 시기인 1328년에 위반자 처벌을 비교하여 보면 다음과 같다. 1328년의 위반자와 그들에게 부과된 벌금액 분포는 다음과 같다. 전체 위반자 123명의 벌금액 분포는 6펜스가 47명(38.2%), 4펜스가 42명(34.1%), 12펜스가 25명(20.3%), 사면이 1명 등이다. 위에서 살펴본 두 가지 경우를 비교하여 본 결과, 대기근기라고 에일 양조 및 판매와 관련된 범법자들에 대한 벌금 부과액에 큰 변화가 없었음을 확인할 수 있다. 이러한 비교에 신뢰성이 있다면, 에일 양조 및 판매와 관련된 위반자 처벌은 기근으로 인한 곡물가격 상승과 큰 관련성이 없다고 주장할 수 있다. 이러한 점은 위에서 언급한 하나왈트의 주장과는 다른 것이다. 그러므로 최소한 대기근기에 웨이크필드 장원에서 발생한 에일과 관련된 범법행위에는 하나왈트의 주장을 그대로 수용할 수 없다.

한편 위법행위자들의 전체 위법사항들에서 등장하는 빈도수를 조사한 바, 1회 위반이 489명, 2회 위반이 99명, 3회 위반이 25명, 4회 위반이 9명,[1)] 5회 위반이 6명,[2)] 6회 위반이 4명,[3)] 그리고 8회 위반이 2명[4)] 등으로 분포되어 있다. 그런데 이들을 성별에 따라 분류한 결과, 2회 위반자는 기혼여성

1) 4회 위반자 명단은 다음과 같다. Agnes, wife of Roger de Brighous, Nicholas de Bateley, wife of Adam de la Grene, wife of Adam Leuayn, wife of Hugh Forester, wife of John son of Gilbert, wife of Richard de Collay, wife of William the Milner.
2) 5회 위반자 명단은 다음과 같다. Christiana de Schellay, Margery le Carter, Sara, wife of Bate the Lister, wife of Gilbert le Theker, wife of Richard Pescy, wife of William le Hyne.
3) Magota de Ripon, wife of Richard Pasmer, wife of Thomas Bunny, wife of William Miller.
4) Agnes, wife of Robert Clerk of Dewesbury와 Emma la Baggere가 바로 8회에 걸쳐서 각종 위반을 하였다.

이 81명, 미혼여성이 18명, 3회 위반자는 기혼여성이 17명, 미혼여성이 5명, 남성이 3명이고, 4회 위반자는 기혼여성이 8명, 남성이 1명이며, 5회 위반자는 기혼여성이 4명, 미혼여성이 2명, 6회 위반자는 기혼여성이 3명, 미혼여성이 1명, 8회 위반자는 기혼과 미혼여성이 각각 1명으로 분포되어 있다. 남녀 간의 분포는 2회 이상 위반자 145명 가운데 여성이 141명, 남성이 4명으로서 여성이 절대 다수를 점유하고 있다. 한편 여성들을 기혼과 미혼으로 분류하면, 기혼여성이 114명, 미혼여성이 27명에 이른다. 이러한 분포비율을 통하여 볼 때, 웨이크필드 장원에서 에일 양조와 판매는 전적으로 여성들의 일이었으며, 그 중에서도 기혼여성들이 주류를 이루었다. 이러한 사실은 에일의 양조와 판매가 소규모로 이루어진 부업의 형태를 취하였음을 뜻한다.

하나왈트의 연구에 따르면, 기근기에는 자신과 가족 부양을 위한 수단으로 곡물이나 가축의 절도 사건이 많이 발생할 수 있다. 실제로 절도 사건이 가장 많이 발생한 시기가 1315-1319년이다. 이 시기에 발생한 전체 범죄의 90%에 가까운 수가 단순절도와 가옥침입 절도 및 장물취득이다. 이러한 유형의 범죄발생율이 높은 다음 시기는 1300-1304년, 1310-1314년과 소기근이 일어난 시기가 포함된 1320-1324년이다. 이 시기에도 절도와 장물취득 범죄가 전체 범죄 중에서 80%를 넘었다.[1] 경제적으로 어려운 시기에 생계형 절도가 크게 증가하는 것은 당연하다. 한편 범죄와 지역 경제 상황은 서로 연관성이 깊다. 이는 다음과 같은 사실로서 확인된다. 모든 주들이 가축 절도를 가장 자주 경험하였다. 그런데 그 중에서도 가장 높은 비율을 점유하고 있는 주들은 요크 주, 노샘프턴 주, 헌팅돈 주, 서머싯 주, 그리고 서리 주이다. 이 주들에서 가축 사육이 가장 활발하였던 점이 절도의 대상에 가축이 높은 비중을 차지하는 이유일 것이다. 이러한 특징은 노퍽과 에식스에서도 나타난다. 이 지역에서는 모직 산업이 발달하였기 때문에 절도

1) Barbara A. Hanawalt, *Crime and Conflict in English Communities, 1300-1348*, p. 258.

의 대상으로 직물이 높은 비중을 차지하고 있다. 이처럼 절도품은 그 지역의 경제적 상태를 알려주는 좋은 지표이다.[1)]

기근기를 전후한 시기에 법원에서는 증가한 소송을 다루느라고 매우 바쁘게 돌아갔다. 다수의 절도범들은 물론 부채와 불법침해와 관련된 자들에 대한 소송으로 웨이크필드 장원법원이 바쁘게 움직였다.[2)] 1306년에서 1313년까지 매년 부채와 불법침해 소송이 평균 108건이 제기되었는데, 1315-1317년 기근기에는 222건으로 크게 증가하였다. 기근기에 부채 상환 능력의 하락이 반영된 결과일 것이다. 그 중에서도 1316년이 가장 많이 증가하였다.[3)] 1300-1314년과 기근기가 포함된 1315-1319년에 8개 주에서 발생한 범죄 건수를 비교 연구한 것에 따르면, 기근기에 범죄 발생이 노퍽 주에서는 223%, 요크 주에서는 247%, 에식스 주에서는 243%가 각각 증가하였다. 그러나 노샘프턴 주에서는 29%, 서머싯에서는 94%, 헤리퍼드 주에서는 24% 증가하는데 그쳐서 위에서 언급한 3개 주에 비하여 증가율이 훨씬 낮았다.[4)] 이러한 증가율을 실제 범죄 건수의 증가수로 표시하여 보면 다음과 같다. 예컨대 3개 주에서 1300-1314년에 매년 발생한 범죄건수가 평균 98건이었는데, 대기근기인 1315-1318년에 554건으로 범죄가 약 5.7배나 증가하였다. 대기근의 절정기인 1316년에는 1,145건의 범죄가 발생하여 1315-1318년의 평균치보다 2배나 더 많아 최고점에 이른다. 노퍽 주에서는 기근 이전에는 범죄가 55건 발생하였는데, 기근 동안에 265건으로 4.8배가 증가하였다. 요크 주에서도 기근 전에 68건에서 기근기 동안에 334

1) *Ibid.*, p. 259.
2) John Lister, ed., *Court Rolls of the Manor of Wakefield*, vol. iv, p. xiii.
3) William Paley Baildon, ed., *Court Rolls of the Manor of Wakefield*, vol. ii; John Lister, ed., *Court Rolls of the Manor of Wakefield*, vol. iii; John Lister, ed., *Court Rolls of the Manor of Wakefield*, vol. iv; J. W. Walker, ed., *Court Rolls of the Manor of Wakefield*, vol. v 참조.
4) Barbara A. Hanawalt, *Crime and Conflict in English Communities, 1300-1348*, p. 252.

건으로 4.9배나 증가하였다. 한편 범죄 발생 건수 증가가 가장 미미한 노샘프턴 주에서는 기근 전에 38건에서 기근기에 63건으로 증가하는데 그쳤다. 그러나 재판이 진행된 가운데 배심원들에 의한 범법자 평결에서는 범죄 발생 건수의 증가에 비례하여 엄한 처벌이 이루어지지 않았다. 평소보다 기근기에 범죄 발생 건수의 급격한 증가에도 불구하고, 범죄사실의 심리와 평결에는 큰 변화가 나타나지 않았다. 범죄 중에 1/3은 기소하고 나머지 2/3는 무죄 평결하였는데, 이는 평균치를 크게 벗어난 것이 아니기 때문이다. 다만 배심원들은 기근기에 생존을 위한 절도에 대하여 관용을 베풀었는데, 이는 동료 촌락인들이 기근의 비참함을 잘 인식하고 있었기 때문일 것이다.

지금까지 살펴본 것처럼 웨이크필드 장원에서 일어난 에일의 양조 및 판매와 관련된 위반자와 기근과를 관련시켜 본 결과, 기근과 범죄 증가와는 크게 관련성이 없는 것으로 확인되었다. 그러나 이와 같은 예외적 사실이 있다고 하더라도, 일반적으로 범죄 발생 건수 증가는 기근으로 인한 곡물가격 상승과 비례하고 있다. 이를 구체적으로 살펴보기 위하여 로저스와 파머가 조사한 물가변화와 하나왈트가 조사한 범죄발생 건수를 서로 관련시켜 비교하여 보면 다음과 같다.

기근과 사회적 혼란기에 범죄발생건수[1]

연도	노퍽	노샘프턴	요크	헌팅돈	에식스	서머싯	서리	허트퍼드
1315	144	13	188			118	28	
1316	384	100	661			35	44	
1317	203	75	163		459	39	46	248
1318	172	42	199		234	58	15	84
1320	105	29	133		30	22	34	
1321	116	46	102				24	
1322	133	40	120			60	5	
1323	240	92	99		109	158		
1324	141	55	181		78	47		
1325	136	64	96		131	85		55
1326	152	33	93		64	12		43
1327	91		144		39			34
1328	50	13		8	55			21
1329	93	83			57	69	10	
1330	79	84	29		38		23	
1331	42		199					42
1332	59		245	39	28			

위의 도표에 따르면, 범죄발생 건수가 지역별로 차이가 있음은 물론 시기에 따라서도 차이가 난다. 예컨대 요크 주의 경우, 하나왈트가 조사 대상으로 삼은 8개 주 중에서 범죄발생 건수가 가장 많았다. 그 중에서도 대기근기와 소기근기, 그리고 랭커스터 백작 토마스의 모반과 스코트의 침입이 겹친 시기에 상대적으로 다른 곳에서보다 범죄가 더 많이 발생하였다. 특히 요크는 기근뿐만 아니라 랭커스터 백작의 반란의 중심지였고 스코트가 가장 자주 침범하여 큰 피해를 입은 지역이기 때문에 범죄가 많이 발생하였다. 만약 하나왈트의 조사를 신뢰한다면, 대기근이 일어난 1315-1316년은 경제적 이유로 범죄가 많이 발생하였다. 한편 랭커스터 백작 토마스가 요크의 워렌(Warenne) 백작에 대항하여 사적 전쟁을 일으킨 1317년에 기근이 회복되었음에도 불구하고 요크

1) *Ibid.*, pp. 241, 279. 하나왈트가 미결수 감옥재판기록을 통해서 얻은 자료를 기반으로 통계치를 산정하였는데, 그 중에서 필자가 필요한 부분만을 발췌하여 인용한 것이다.

주에서 범죄가 다수 발생하였다. 랭커스터 백작 토마스가 요크를 거점으로 헤리퍼드 백작 등 유력자들의 후원 하에 국왕에게 반란을 일으킨 1321-1322년도 소기근과 겹쳐서 노퍽을 비롯한 요크에서 범죄가 많이 발생하였다.

파머가 조사한 윈체스터 장원의 곡물가격 변동(쿼터 당 가격)1)

연도	소맥(밀)	대맥(보리)	귀리	호밀
1314	6s. 7d.	5s. 1d.	2s. 9 1/4d.	6s. 1d.
1315	16s. 3d.	11s. 4 1/4d.	5s. 0 1/2d.	12s. 4 3/4d.
1316	15s. 5 3/4d.	10s. 6 1/4d.	5s. 6 1/2d.	13s. 0d.
1317	7s. 11d.	5s. 9d.	3s. 11 3/4d.	5s. 9 1/2d.
1320	6s. 3 1/2d.	4s. 0d.	2s. 6d.	4s. 4 1/2d.
1321	13s. 3d.	7s. 7d.	4s. 2 3/4d.	9s. 11d.
1322	8s. 7d.	5s. 11 3/4d.	3s. 4 3/4d.	5s. 9 3/4d.

로저스의 평균 곡물가격 변동 조사표(쿼터 당 가격)2)

연도	소맥(밀)	대맥(보리)	귀리	호밀
1314년	8s. 4 3/8d.	5s. 4d.	2s. 8 3/4d.	7s. 5d.
1315년	14s. 10 7/8d.	13s. 1d.	4s. 10 1/2d.	11s. 11 5/8d.
1316년	15s. 11 7/8d.	8s. 9 5/8d.	5s. 4 7/8d.	14s. 3 1/4d.
1317년	8s. 3 1/2d.	5s. 7 1/8d.	3s. 9 1/2d.	5s. 8 5/8d.
1318년	4s. 6 1/2d.	3s. 5 1/2d.	2s. 1d.	3s. 7 1/8d.
1319년	5s. 9 5/8d.	3s. 5 3/8d.	2s. 2 3/4d.	4s. 3 1/2d.
1320년	6s. 5d.	4s. 1 3/4d.	2s. 5d.	5s. 5d.
1321년	11s. 7 3/4d.	8s. 5d.	4s. 3/4d.	10s 4 3/8d.
1322년	8s. 11 7/8d.	6s. 6d.	3s. 2 1/2d.	7s. 0d.
1323년	7s. 5 3/8d.	4s. 4 1/8d.	2s. 7 1/4d.	5s. 7d.
1324년	7s. 4 5/8d.	5s. 4 3/4d.	2s. 6 1/2d.	6s. 2d.
1325년	5s. 8 3/8d.	3s. 8 1/2d.	2s. 1d.	3s. 9d.
1326년	3s. 7 7/8d.	3s. 1/2d.	1s. 11 3/8d.	2s. 11 3/8d.
1327년	3s. 11d.	2s. 10 5/8d.	2s. 7/8d.	3s. 6 7/8d.

1) 위에서 이미 인용한 도표들 중에서 필요한 부분만 발췌하여 재인용하였다.
2) 위에서 이미 인용한 도표들의 내용 중에서 필요한 부분만을 발췌하여 재인용하였다.

대기근기인 1315-1316년과 스코트가 잉글랜드 북부를 자주 침범하였던 시기인 1314-1319년이 시기적으로 겹치고 있다. 그러므로 대기근과 함께 스코트의 침입으로 가장 큰 피해를 입었던 요크셔의 경우를 보면, 범죄발생건수가 236건으로 조사 대상으로 삼은 8개 주에서도 가장 많았다. 그리고 로저스와 파머가 조사한 곡물가격도 대기근 발생기인 1315-1316년에 가장 높았다. 결국 대기근과 스코트의 침입이 겹친 시기에 범죄발생율이 가장 높았으며, 이에 상응하여 곡물가격도 매우 높았음을 확인할 수 있다. 물론 대기근과 스코트의 침입 중 어느 것이 더 곡물가격 상승에 중요한 영향을 끼쳤는가를 말하기는 쉽지 않다. 그러나 기근은 잉글랜드 전역의 곡물가격 변동에 영향을 끼친 요소라고 한다면, 스코트의 침입은 잉글랜드 북부, 특히 스코틀랜드와의 접경지역에 직접적인 영향을 끼쳤다고 할 수 있다. 그렇다고 스코트의 침입이 곡물가격 상승에 큰 영향을 끼치지 않았다고 말하는 것은 아니다. 왜냐하면 스코트와의 전쟁을 치른 또 다른 시기인 1322-1323년과 소기근이 발생한 1321년, 그리고 랭커스터 백작 토마스가 요크를 중심으로 에드워드 2세에게 반란을 일으킨 1321-1322년의 범죄발생과 곡물가격을 검토하여 보면 그 이유를 파악할 수 있다. 소기근기인 1321-1322년에 세 가지 사회적 불안 요인이 함께 발생하였다. 만약 세 가지 요소가 대기근과 스코트의 침입보다 더 큰 충격을 잉글랜드 사회에 주었다고 가정한다면, 당연히 대기근기보다 곡물가격도 더 높게 인상되고 범죄도 더 많이 발생하였을 것으로 예측할 수 있다. 그러나 로저스와 파머의 연구에 따르면 밀 가격이 소기근기에 대기근기보다 쿼터 당 2-3쉴링 정도 낮았으며, 호밀가격도 쿼터 당 3쉴링 정도 낮았다. 한편 범죄 발생건수도 두 시기를 비교할 수 있는 자료가 제시된 노퍽, 요크, 에식스의 경우를 비교하여 본 결과는 다음과 같다. 대기근과 스코트의 침입이 포함된 시기인 1315-1319년과 소기근과 스코트의 침입 및 랭커스터 백작 토마스의 반란 사건이 포함된 1320-1324년에 각각 노퍽에서는 범죄가 185건과 120건, 요크에서는 236건과 128건, 에식스에서는 151건과 72건이 발생하였다. 이에 따르면, 소기근기보다 대기근기에 범죄가 훨씬 더 많이 발생하였다. 특히 요크와 에식스에서 약 배 정도 더 많이 발생한 것으로 나타난다. 만약 이 자료에 신빙성을 부여한다면, 범죄 발생 건수가 큰 폭으로 증가한 것은 무엇보다도 대기근의 영향이 컸다고 주장할 수 있다. 그렇다고 스코트의 침입과 모반 사건이 범죄 발생 증가에 큰 영향을 끼치지 않았다고 주장할 수 없다. 이러한 주장에 신빙성을 주는 사실이 스코트가 잉글랜드 북부 지역을 침입하고 요크셔에 큰 피해를 입혔던 1332-1337년의 사례에서 나타난다. 이 시기에 요크에서의 범죄 발생 건수는 163건으로 1325-1329년의 114건 보다 크게 증가한다.[1] 1300년대 초에는 소기근기보다도 범죄가 더 많이 발생하였다. 그러나 이 시기에 곡물가격은 크게 변하지 않았다. 로저스가 조사한 1332-1337년에 평균 곡물가격의 변동에 따르면, 밀 쿼터 당 가격은 4-5쉴링, 보리는 2-3쉴링, 귀리는 1-2쉴링, 호밀은 2-3쉴링에 지나지 않아 풍작으로 인한 곡물가격의 안정화 시기와 큰 차이가 없었다. 결국 이 시기에 요크에서 나타난 범죄 발생의 증가는 곡물가격 상승에 의한 것이 아니라 스코트의 잉글랜드 침략으로 인한 사회적 혼란으로부터 비롯되었다고 할 수 있다. 그러므로 요크지방에서 범죄발생 증가에 영향을 끼친 것은 기근뿐만 아니라 스코트의 침입과 이에 대항하기 위한 잉글랜드군의 활동도 있음을 기억하여야 한다.

1) Barbara A. Hanawalt, *Crime and Conflict in English Communities, 1300-1348*, p. 241.

2) 전쟁과 범죄

전쟁이나 내란은 폭력과 약탈과 대항자들에 대한 살인과 재산 침탈을 수반하였기 때문에 범죄발생이 평소보다 증가하게 마련이다. 침입자나 모반자와 이를 제압하려고 대항한 세력 간의 군대 행진과 무참한 살인, 이들에 의한 식량강탈, 방화와 반대자들에 대한 살인과 약탈은 전쟁과 내란의 폭력성의 한 단면을 보여준다. 이러한 현상은 중세 잉글랜드에 국한된 문제가 아니라 인류가 지구상에 출현한 이후 오늘날까지 지속되어 온 모습이다. 예컨대 중세 잉글랜드에서 반란이 일어나면 그 기간 동안에 국왕과 국왕의 지원자들에 대한 모반자들의 광범한 공격이 있었으며, 이를 방어하려는 국왕의 지지자들도 반란자들의 거점과 장원을 공격하였다. 만약 반란이 성공하면, 반대자들을 참수하고 그들의 재산을 몰수하여 성공한 자들에게 분배한 가혹한 보복이 이루어졌다. 이러한 모습은 랭커스터 백작 토마스의 반란 진압과 그 결과, 그리고 에드워드 2세의 폐위와 에드워드 3세의 즉위 과정에서도 볼 수 있었다. 두 번에 걸친 국내 정치적인 소요사건과 세 번에 걸친 스코트와의 전투, 그리고 프랑스와의 전쟁 등이 당시 범죄사건의 증가와 관련이 있는지 여부를 검토하여 보면, 모반, 내란, 전쟁이 범죄발생과 어떤 상관관계가 있는지가 밝혀질 것으로 기대된다.

에드워드 1세 통치 후반기와 에드워드 2세 통치기에 범죄활동의 증가는 기근과 함께 전쟁과도 관련이 있다. 기근이 종종 군사적 원정의 성공과 실패를 결정짓기도 하였다. 기근으로 인하여 병사들에게 원활한 보급이 이루어지지 않으면 사기가 저하되고, 그로 인하여 전쟁에서 패배하기도 한다. 예컨대 브루스가 아일랜드를 침입한 시기(1315-1317)가 대기근기와 겹친다. 대기근으로 인하여 그의 아일랜드 원정은 실패하였다. 그의 원정에 참여한 병사들은 먹을 것을 찾아 범법행위를 서슴지 않고 저질렀다. 심지어 배고픈 병사들은 죽은 자의 시체를 먹기도 하였다.[1] 이러한 기근의 한계상황에서 병사들에게 약탈과

---

1) David Green, *Edward the Black Prince*, p. 35.

강도나 절도 및 살인과 같은 범죄를 범하지 말고 인내심을 갖고 군율을 지키라고 강요하는 것은 무리가 있었다. 특히 기근과 전쟁의 2중적 요인으로부터 큰 위기를 맞은 곳은 쿰브리아(Cumbria), 노섬벌랜드(Northumberland), 더럼(Durham), 요크셔(Yorkshire)와 같은 북부에 위치한 주들이다. 1311년과 1327년 사이에 스코트가 여러 차례에 걸쳐서 북부 변경지대를 넘나들었다. 더욱이 스코트는 기근과 겹친 시기에 여러 차례 잉글랜드 북부를 침입하여 약탈하였다. 말메스버리(Malmesbury) 연대기 작가에 따르면, 1316년에 노섬벌랜드 사람들이 스코트가 그들의 식량을 약탈하였기 때문에 고통을 당하였다고 언급하였다. 심지어 스코트가 노섬벌랜드 지역을 약탈 방화하여 15년 동안이나 황무지로 남기도 하였다. 마찬가지로 쿰브리아 지방 사람들도 1314년과 1319년에 스코트의 침략과 약탈로 고통을 당하였다. 한편 요크주의 웨스트 라이딩(West Riding) 지역도 1318년 봄과 1319년 9월에 그리고 1322년에는 이스트 라이딩(East Riding) 지역이 스코트의 침입을 받아 큰 피해를 입었다.[1)]

국왕권의 영향으로부터 벗어난 지역은 런던으로부터 멀리 떨어진 주들, 특히 스코틀랜드와 인접한 주들이다. 에드워드 2세가 1310-1311년, 1314년, 1319년, 1322년 등 네 차례에 걸친 스코틀랜드 원정에 실패하면서 잉글랜드 북부와 스코틀랜드 접경 지역에서의 공공질서 유지는 국왕이 아니라 그 지역의 대귀족들의 수중에 달렸다. 그러므로 북부 변경지대에 거주한 잉글랜드인들은 그들과 멀리 떨어져 있는 국왕에 대한 존경심이나 통치에 대한 존중함이 상대적으로 낮았다. 심지어 스코트가 그들의 거주지에 침입하였을 때에 북부 잉글랜드 주민들은 스스로가 이러한 위기로부터 벗어나기 위해서 스코트를 상대로 돈을 매개로 안전 확보를 위한 협상을 벌이기도 하였다. 왕국이 자신들을 보호하여 주지 못하였기 때문에 스스로 자신들의 안전을 추구한 것이다. 노섬벌랜드에서 일어난 다음과 같은 사건이 당시 법질

1) John Aberth, *From the Brink of the Apocalypse,* pp. 37-38, 40-42.

서가 확립되지 못한 잉글랜드 북부 지방의 문제를 우리들에게 암시하는 바가 크다. 1317년 9월 1일에 주교로 서임된 버먼트(Beaumont) 경이 그의 동생과 함께 성직수임을 위해 더럼(Durham)으로 여행하였다. 그들과 함께 교황 요한 22세(1316-1334)가 파견한 추기경 2명도 동행하고 있었다. 그런데 북부지방의 젠트리들이 두 형제를 납치하고 추기경들을 약탈하였다. 성직서임식은 중지되고 그들에게 포로석방금을 지불하고서야 납치된 형제들은 석방되었다. 후에 이러한 범죄행위를 주도한 노섬벌랜드의 영주인 길버트 미들턴(Gilbert Middleton) 경은 체포되어 반역죄로 처형되었다.[1] 이처럼 만약 공권력이 스코틀랜드와 접한 지역에서 그 기능을 발휘하여 지역안전이 확보되지 못한다면, 결국 다른 지역보다 범죄행위가 쉽게 일어날 개연성이 커진다. 이러한 점은 순회재판관이 남긴 조사 기록들에 담긴 증거를 통해서 확인된다. 스코틀랜드와의 전쟁에 동원된 영주들이 부재하는 동안 그들의 장원과 사냥터는 범죄 집단들의 약탈과 불법의 공격 목표가 되었다.

요크셔에 대한 스코트의 계속된 침입과 요크셔를 거점으로 한 랭커스터 백작 토마스의 반란으로 국왕은 이를 격퇴하기 위한 군사력의 상당 부분을 요크셔 지역 주민을 징집하여 해결하였다.[2] 물론 징집의 대상이 요크셔에 한정되지는 않았다. 1318년과 1322년의 런던 문서철(Calendar of Letter Book) 기록에 따르면, 16-60세에 이르는 남성들을 무장한 가운데 500명을 징집할 것과 전쟁비용의 일부를 국왕에게 부조할 것을 런던 주지사와 시장에게 요구하였다.[3] 그러나 스코트와의 전쟁에 필요한 인적 물적 동원과 그 집합지는 요크셔였기 때문에 요크셔 주민들이 가장 큰 피해를 입었다. 이는 단순히 요크셔가 인적인 손실을 입었음을 뜻할 뿐만 아니라 잉글랜드군은 물론 스코트의 식품 조달을 위한 징발과 약탈의 연속으로 인한 계속된 피해가 있었음을 의미한다.

1) G. O. Sayles, ed., *Select Cases in the Court of the King's Bench, Edward II*, p. 78.
2) W. Page, ed., *Victoria County History of Yorkshire* (London, 1913), p. 404.
3) *Calendar of Letter Book E*, pp. 93, 105, 163, 168-173,

에드워드 2세는 1319년과 1322년에 스코틀랜드 국경지대로 군대를 이끌고 갔다. 그는 또한 1316-1318년 원정군을 위한 식료품의 징발권을 행사하였다. 1314년 스코트와의 배넉번 전투에 참전한 군대 규모가 최소한 15,000명에 이르렀다. 이때 7.000쿼터의 밀과 4,000쿼터의 귀리가 군량미로 공급되었다. 또한 1322년에는 20,000명의 군대에 4,000쿼터의 밀과 군마를 위한 3,000쿼터 이상의 귀리가 공급되었다. 이러한 군대와 군마를 위한 식량징발이 북부 지역 주민들이 부담한 전부가 아니었다. 주지사들과 식량징발관들이 국왕이 요구한 식량보다 더 많이 징수하여 나머지는 그들이 착복한 부패 행위를 저질렀다. 이러한 행위에 저항한 요크인들은 스코트로부터 동산을 약탈당하고 건물과 작물에 방화하여 피해를 입었다. 그러므로 요크셔 지역민들은 스코트로부터는 물론 잉글랜드 군대로부터도 피해를 당하였다.[1] 스코트의 약탈 피해로부터 벗어나는 길은 그들에게 휴전을 구매하기 위한 돈을 지불하는 것이었다. 요크셔 주민들뿐만 아니라 스코틀랜드와 국경을 맞대고 있는 컴벌랜드, 노섬벌랜드, 더럼, 웨스트모어랜드 지역 주민들은 자주 스코트와 구매된 휴전을 추구하였다. 잉글랜드 북부지역의 주민들은 스코틀랜드의 왕 로버트 1세(1306-1329)와의 휴전을 구매하기 위하여 큰 대가를 지불하였다. 노섬벌랜드 주민들이 휴전을 세 번 구매한 것으로 라너코스트에 언급되었다. 첫째, 1311년 9월 중순부터 1312년 2월 2일까지 하루당 13.6파운드에 해당하는 총 2,000파운드를, 둘째, 1312년 8월 15일부터 1313년 6월 24일까지 하루 6.3파운드에 해당하는 총 2,000파운드를, 셋째, 1313년 6월 24일부터 1314년 9월 29일까지 액수 미상의 금액을 지불하여 휴전하였다.[2] 잉글랜드 서부 국경지대에서도 네 건의 구매된 휴전이 있었다.[3] 첫째, 1312년 8월 15일부터 1313년 6월 24일까지 알려지지 않은 비용으로 웨스트모어랜드, 쿠푸랜드(Copeland), 컴벌랜드의 국경

1) Edward Miller, *War in the North* (Hull, 1960); J. R. Maddicot, *The English Peasantry and the Demands of Crown: 1294-1341*, pp. 10-14, 36-37.
2) *Chronicle of Lanercost*, pp. 195, 198, 199-200, 203.
3) *Chronicle of Lanercost*, pp. 199-200, 203, 211, 212.

지대의 주민들이 스코트와 맺은 휴전, 둘째, 컴벌랜드가 1313년 6월 24일부터 1314년 9월 29일까지 하루 3.1파운드로 총 1,466파운드를 지불하고 맺은 휴전, 셋째, 컴벌랜드 단독으로 1314년 12월 25일부터 1315년 6월 24일까지 하루 당 2.2파운드로서 총 400파운드를 지불하고 맺은 휴전, 넷째, 1319년 1월 25일 경부터 알려지지 않은 기간까지 400파운드를 지불하고 컴벌랜드와 웨스트모어랜드가 스코트와 휴전한 것 등이다.

로버트 1세가 얼마나 많은 돈을 잉글랜드 북부지역의 주민들로부터 휴전의 대가로 받았는가? 그리고 그 피해는 어느 정도였나? 만약 라너코스트의 수치가 정확하다면, 세 번의 휴전 대가로 노섬벌랜드 주민들이 7,000파운드 정도를 지불하였다. 또한 1319년에 컴벌랜드, 웨스트모어랜드 등 여러 서부 지역의 영주들로부터 5,000파운드를 징수하였다. 또한 더럼이 4,000파운드 정도를 지불하였다. 이에 더하여 1315년 이후 국경지대의 고립된 촌락공동체, 그리고 요크셔 공동체가 아마도 20,000파운드 이상을 휴전 대가로 지불하였던 것 같다. 그런데 에드워드 2세의 전기에 따르면, 휴전 대가로 지불한 돈이 총 40,000파운드에 이르는 것으로 암시하고 있다.[1] 문제는 휴전의 대가로 스코트에게 돈을 지불한 것이 이때에만 있었던 일이 아니라 잉글랜드 북부 주민들이 수시로 지불하였다는 점이다. 1311년과 1327년 사이에 13번에 걸쳐서 스코트와의 구매된 평화를 위해 돈을 지불하였다. 이러한 점은 잉글랜드 왕정이 잉글랜드 북부 주민들을 스코트로부터 지켜주지 못하였다는 점을 나타내는 간접적인 지표이다. 그러나 문제는 에드워드 2세와 잉글랜드 북부 지역 주민들에게는 구매한 휴전이 스코트를 제압하기 위한 군사적 원정 비용보다 더 절감할 수 있었다는 데에 있었다. 구매한 휴전이 그의 권위를 손상시키는 것으로 생각한 에드워드 2세는 1315년부터 돈을 주고 휴전을 얻는 행위를 금지하기 시작하였다.[2] 그런데 휴전 대가로 돈을 지불한 국경지대의 잉글랜드인들에게

1) *Vita Edwardi II*, p. 48.
2) D. Macpherson, ed., *Rotuli Scotiae, 1291-1516*, 2 vols (London, 1814, 1819), I, p. 50.

는 스코틀랜드에 대한 '민족적'인 감정을 의식할 정도의 저항 의식도 함께 존재하였음을 간과해서는 안 될 것이다.[1)]

구매된 휴전을 통해서 얻은 자금은 스코트의 브루스 가문에게 식량과 군비를 안정적으로 제공한 통로가 되었으며, 이 자금이 스코트가 잉글랜드 북부를 침입할 수 있는 군비로 전용되었고, 이러한 상황이 구매된 휴전을 반복하게 만들었다.[2)] 로버트 브루스가 휴전 대가로 받은 돈을 대부분 전비로 사용하였다. 1312년에 던디와 버윅, 1313년에 퍼스, 1314년에 에든버러와 스털링, 1316년부터 1319년까지 버윅의 포위공격에 필요한 보병의 기간 연장을 위한 임금으로 휴전 대가로 받은 돈이 지출되었다.[3)] 이러한 군사적 성공이 로버트 브루스의 지배 체제를 안정화시키는데 도움이 되었다.

그러나 1313년 성탄절부터 평화구매 체제가 서부 국경지대에서 무너지기 시작하였다. 컴벌랜드 사람들이 휴전을 위한 대가로 돈을 지불할 수 없게 되자 대부분의 남성들이 도피하였고, 이는 스코트가 그 지역을 다시 침입하는 빌미를 제공하였다. 휴전 대가로 받은 돈으로 군자금을 확보한 스코틀랜드의 로버트 1세는 3개월 동안 지속된 던디(Dundee)에 대한 포위 공격을 감행하였다. 40일 간의 군역납부 의무로 소집된 봉건적 군대로는 해결할 수 없는 긴 기간의 원정은 군역납부에 대한 대가로 임금을 지불함으로써 가능하였다.[4)] 그리고 충차와 같은 포위공격용 무기(siege engine)가 없이는 강력한 요새를 파괴하고 점령할 수가 없었다. 그래서 로버트 1세는 방어자들의 보급품이 고갈될 때까지 포위하여 기다리는 전술을 사용한 것이다. 이제 로디언(Lothian) 지방 밖에 있는 성으로서 잉글랜드인의 수중에 남아 있는 것은

---

1) Cynthia J. Neville, "Local Entiment and the 'National' Enemy in Northern England in the Later Middle Ages", *Journal of British Studies*, vol. 35, no. 4 (1996), pp. 423, 437.
2) 홍성표, 『스코틀랜드 분리 독립운동의 역사적 기원』, 171-172쪽 참조.
3) Colm McNamee, *The Wars of the Bruces* (Tuckwell Press, 1997), pp. 130-135.
4) A. A. M. Duncan, ed., *Regesta Regum Scottorum* (Edinburgh, 1988), v, p. 303. (이하 *RRS*로 약칭함.)

보스웰 성과 스털링 성에 불과하였다.[1] 특히 스코틀랜드 전역을 통하여 스털링 성이 잉글랜드가 장악하고 있는 최후의 중요한 요새였다.[2]

요크셔 주민들은 스코트의 침입으로 황폐화되어 1319년과 1322년에 개별적인 재산세를 면제받을 지경이었다. 요크셔 중에서도 특히 북부와 서부 지역이 가장 큰 타격을 입었다. 북부 지역의 128개 촌락들에서 1315년과 1319년에 재산세를 납부한 기록이 없었다.[3] 아마도 이 시기에 스코트의 침입으로 인한 공납(tribute)의 납부 때문일 것이다. 전쟁, 내란, 외부 세력의 침략으로 인한 약탈과 파괴는 그 지역 촌락인들의 가난을 더욱 부채질하였고, 이는 재산세 납부를 어렵게 만들었을 것이다. 에드워드 1세 통치기에는 스코틀랜드, 웨일스, 가스코뉴와의 전쟁을, 그리고 에드워드 3세 통치기에는 스코틀랜드와의 전쟁뿐만 아니라 프랑스와 백년전쟁을 일으켜 전비 마련을 위한 세금을 자주 징수하고, 그 액수도 증가시킬 필요성이 있었다. 에드워드 2세 통치기에는 세금이 상대적으로 가벼웠으나, 통치기간 중에 과세된 7번의 징세 중에서 1315년과 1322년 기근기에 네 번을 징세하여 백성들의 경제적 어려움을 가중시켰다. 더구나 모든 동산의 1/6로 세금을 징수하여 기근기에 지역 주민들을 더 곤란에 빠트렸다. 에드워드 2세 통치기에 성속(聖俗) 모두로부터 징수한 307,200파운드 중에서 187,200파운드, 즉 전체의 61%가 기근기를 통해서 징수한 금액이다.[4] 위에서 언급한 것처럼 잉글랜드 북부 주민들은 좋지 않은 기후와 토양 조건, 스코트의 잦은 침입, 원정군을 지원하기 위한 국왕의 과도한 식량징발로 큰 고통을 당하였다. 이에 더하여 과도한 세금징수는 주민들의 반발을 더욱 부채질하였다. 이러한 문제

---

1) Ronald McNair Scott, *Robert the Bruce* (Edinburgh, 1982), p. 136.
2) William Croft Dickinson, Gordon Donaldson, Isabel A. Milne, eds., *A Source Book of Scottish History*, I (Edinburgh, 1958), p. 146.
3) B. A. Hanawalt, *Crime and Conflict in English Communities, 1300-1348*, p. 231; J. F. Willard, *Parliamentary Taxes on Personal Property* (Cambridge, 1934), pp. 122-125.
4) John Aberth, *From the brink of the Apocalypse*, p. 44.

는 국왕의 통치에 대한 저항 정신으로 표출될 수 있었으며, 랭커스터 백작 토마스 일당의 반란에 지원 세력으로 확장될 수 있었다. 그리고 범죄발생율도 높일 수 있었다.

내란이나 스코트와의 전쟁 때문에 큰 고통을 당한 것은 북부 주민들만의 문제는 아니었다. 런던의 경우를 예로 들면 다음과 같다. 에드워드 2세 통치 12년인 1318년 8월부터 1322년 8월까지 거의 매년 국왕은 전쟁에 참가할 병력 지원은 물론 물자 지원을 런던시 당국에 요청하였다. 1318년 8월 12일에는 국왕이 런던시민 공동체에 40일 동안 스코틀랜드에서 군사적으로 국왕에게 봉사할 각종 무기로 무장한 보병 500명을 파병하여 주도록 요청하였다. 그래서 같은 해 8월 16일에 런던시민 공동체가 국왕의 요청대로 자비로 16세에서 60세 사이에 해당한 200명의 무장병력을 파병하기로 결정하였다.[1] 한편 1319년 5월 21일에는 국왕의 스코틀랜드 원정비용 중 일부인 1,000마르크를 런던시가 제공하여 줄 것을 요청하기도 하였다.[2] 그리고 1322년 4월 20일에 국왕은 다시 스코틀랜드 원정에 필요한 무장한 군인 500명을 런던시가 필요한 비용을 지원한 가운데 파병하여 줄 것을 요청하였으며, 같은 해 8월 23일에는 전쟁비용 2,000마르크의 지원을 요청하였다. 이에 런던시 당국은 800마르크만을 국왕에게 지원하여 주기로 결정하였다.[3] 이와 같이 국왕은 스코틀랜드 원정에 필요한 병력과 전비를 런던은 물론 다른 시나 주에 수시로 요청하였는데[4], 이러한 요구는 주민들에게 큰 부담이 되었다. 특히 대기근과 소기근이 엄습한 가운데 경제적으로 어려운 시민들에게 그러한 부담을 안겨주는 것은 국왕이나 정부에 대한 불만을 일으킨 중요한 요인 중에 하나였다. 이 모든 상황이 사회적 불안을 일으킬 수 있

1) *Calendar of Letter Book E*, pp. 163, 93-95.
2) *Calendar of Letter Book E*, p. 105.
3) *Calendar of Letter Book E*, pp. 168-169, 173.
4) *Calendar of Letter Book E*, p. 170. (1322년 7월 7일에 서리와 서식스 주에 500명의 보병들에게 공급할 각종 무기 구입비용의 일부를 제공하여 줄 것을 요청하였다.)

는 요소였다.

1314년 배넉번 전투에 참전한 병사들 중에 200명은 전투에 참전한다는 조건으로 사면한 중죄인들이다.[1] 이러한 형태의 중죄인 사면은 에드워드 왕들 통치기에는 일반적인 일이었다. 1314년 배넉번 전투로부터 1319년 휴전을 맺을 때까지 스코틀랜드와 첫 번째 큰 전투를 벌였던 시기 동안에 발생한 범죄를 분석한 하나왈트의 연구에 따르면, 요크셔에서 범죄 발생이 절정을 이룬 것으로 결론지었다. 포스탄과 티토(J. Z. Titow)가 연구한 밀 가격을 참고로 하여 1300-1348년에 요크셔에서 발생한 범죄와 밀 가격의 변동을 상호 비교한 그녀의 연구에 따르면, 1314년부터 1317년까지 밀 가격도 급격히 상승하고 이와 비례하여 범죄발생건수도 크게 증가한다.[2] 이러한 상관관계는 요크셔에 국한된 문제가 아니라 에식스에서도 나타나고 있다. 그러나 같은 시기에 노샘프턴셔나 헌팅던셔, 서리(Surrey), 서머싯(Somerset), 헤리퍼드셔에서 밀 가격이 급격히 인상되었으나, 요크셔나 에식스에서처럼 범죄 발생건수가 크게 증가하지는 않았다.[3] 그렇다면 어째서 이러한 차이가 나타나는 것일까? 이 시기에 범죄가 크게 증가한 것은 스코트의 침입으로 인한 혼란뿐만 아니라 대기근과 국내의 정치적 위기의 결과이다. 대기근기가 포함된 1315-1319년에 하나왈트가 조사한 8개 주에서 발생한 범죄 유형별 분포도에 따르면, 일반 절도(larceny)가 38.7%로서 가장 높은 비중을 차지하고, 그 다음이 가옥침입절도(burglary)가 33.2%, 살인(homicide)이 10.8%, 강도가 9.3%, 장물취득이 7.3%, 방화가 0.7%로서 각각 분포되어 있다.[4] 물론 이러한 범죄 유형별 분포가 다른 시기에 비하여 뚜렷한 특징을 나타내는 것은 아니다. 다만 가옥침입 절도가 다른 시기에 비하여 점유비율이 10% 이상

---

1) A. E. Prince, "The Strength of the English Armies in the Reign of Edward III," *English Historical Review*, 46 (July 1931), p. 354.
2) Barbara A. Hanawalt, *Crime and Conflict in English Communities, 1300-1348*, p. 244.
3) *Ibid.*, pp. 245-250.
4) *Ibid.*, p. 237.

15%에 이를 정도로 높다. 반면에 살인의 분포비율은 다른 시기에 비하여 5%에서 거의 20%에 이를 정도로 낮다. 이러한 특징이 나타나는 이유로 생각할 수 있는 것은 이 시기가 대기근이 일어난 때라는 점이다. 대기근으로 인하여 생존을 위한 곡물을 비롯한 생활필수품의 절도, 즉 생계형 절도가 성하였을 것이라고 추론할 수 있다.

소기근과 스코틀랜드의 침입이 겹쳤던 1322년에도 절도의 비중이 높았던 점은 대기근기나 마찬가지이다. 1322년 국왕 에드워드 2세에 대항한 랭커스터 백작 토마스의 반란은 요크 주는 물론 스코틀랜드와의 접경지역을 비롯한 잉글랜드 북부에 걸쳐서 대규모로 일어났고, 그 기간도 길었기 때문에 그에 따른 피해도 컸으며, 그에 따른 범법행위와 관련된 사건도 많이 발생하였다. 하나왈트가 분석한 8개 주에 걸친 1320-1324년에 발생한 범죄 유형별 분포를 보면, 일반 절도가 42.8%, 가옥침입절도가 23.2%, 살인이 15.9%, 강도가 10.4%, 장물취득이 6.3%, 방화가 1.4%로 각각 분포되어 있다.[1] 이러한 범죄 유형별 분포는 대기근기의 범죄 유형별 분포와 큰 차이가 나지 않는다. 다만 가옥침입절도가 소기근기에 10% 정도가 낮은 반면, 일반 절도는 4% 정도가 높다. 결국 일반 절도와 가옥침입절도를 하나의 절도 형태로 묶는다면, 두 시기에 절도가 차지하는 비율에는 그 원인을 찾아야 될 정도로 큰 차이가 나지 않는다. 한편 내란과 관계가 있는 헤리퍼드셔에서도 범죄발생이 크게 증가하였다.[2] 이는 다음과 같은 사실로서 인식이 가능하다. 랭커스터 백작 토마스가 반란을 일으켰던 기간 중에 휴 데스펜서(Hugh Despenser the elder)는 38,000마리의 양, 1,400마리의 황소, 1,700마리의 암소, 420마리의 말, 300마리의 염소를 잃어버리거나 약탈당하였다고 주장하였다.[3] 당시 세력가였던 휴 데스펜서 소유의 가축을 절도할 수 있는 악행

---

1) *Ibid.*, p. 237.
2) *Ibid.*, p. 232.
3) Michael Prestwich, *Plantagenet England, 1225-1360* (Oxford Univ. Press, 2005), p. 510.

은 정치·사회적 혼란을 틈타서 나타날 수 있는 범죄의 형태였다.

기근의 피해와 랭커스터 백작의 모반이 일어난 때에 반군 활동의 거점이며, 스코트의 잉글랜드 침입과 잉글랜드군의 스코틀랜드 침입 시기에 군사적 활동 거점이었던 요크에서 1320년대 초에 발생한 경범죄의 특징에 대하여 알아보자. 웨이크필드 장원에서 발생한 대표적인 경범죄는 부채소송과 에일 조례를 위반하여 처벌된 경우이다. 그 중에서 먼저 에일 조례 위반자들에 대한 처벌에 대하여 알아보기로 하자. 1324년 6월부터 1331년 6월까지 7년 동안 웨이크필드 장원에서 발생한 에일 관련 위반자들에 대한 재판기록이 남아있다. 이에 따르면 에일 조례 위반으로 처벌된 자들이 모두 406명이다. 이를 연도별 분포로 표시하면 다음과 같다.

에일 조례 위반자 분포도[1)]

1324년-31명(7.64%)	1325년-4명(0.99%)	1326년-13명(3.20%)	1327년-35명(8.62%)
1328년-108명(26. 60%)	1329년-142명(34.97%)	1330년-27명(6.65%)	1331년-46명(11.33%)

위의 도표에 따르면, 1328년과 1329년 두 해에 걸쳐서 에일 조례를 위반하여 처벌 받은 자가 전체 중의 60% 이상을 점유하여 큰 비중을 차지하고 있다. 그렇다면 그 이유가 무엇인가? 이미 위에서 언급한 것처럼 웨이크필드 장원에서 에일 조례 위반자 증가와 대기근과는 상관관계가 없음을 확인하였다. 1328년과 1329년은 요크가 내란의 피해를 입은 시기도 아니다. 요크를 거점으로 한 랭커스터 백작의 반란도 1322년에 진압되었고, 1326년 쿠데타로 에드워드 2세가 폐위되고 1327년에 에드워드 3세가 즉위하는 정치적 변화가 일어났다. 이 사건이 요크에 직접적인 영향을 끼쳤고, 그래서 에일 조례를 위반한 사건이 급증하였다는 증거도 없다. 물론 국왕의 폐위

1) J. W. Walker, ed., *Court Rolls of the Manor of Wakefield*, vol. v (1322-1331)에서 발췌함.

사건이 지배층 내부의 동요를 초래하고, 이를 안정화시키는 데에 정치적 시간이 필요하였으나, 이것이 웨이크필드 장원에서 범법 행위가 증가할 정도로 큰 영향을 끼치지는 않았다. 한편 스코트의 침입으로 인하여 요크에 끼친 영향은 없었는가? 스코트의 잉글랜드 북부 침입으로 인하여 요크가 거의 황폐화된 것은 1322년이었다. 그러므로 정치적이고 사회적인 혼란으로 인한 에일 양조와 판매 질서가 무너져 처벌자가 증가하였다면, 그 시기는 1322-1323년이어야 하는데 그렇지도 않았다. 더구나 1323년에 잉글랜드는 스코틀랜드와 13년에 걸친 휴전 협정을 체결하였고 1328년에는 에딘버러/노샘프턴 평화 조약을 체결하였다. 그러므로 당시 스코트의 잉글랜드 북부 침입과 잉글랜드의 스코틀랜드 침입은 잠시 중단된 상태였다. 다시 스코트와의 문제가 발생한 것은 드플린 무어(Dupplin Moor) 전투와 할리던 힐(Halidon Hill) 전투가 발생한 1332-1333년이다. 그러므로 분석의 대상으로 삼은 시기는 스코트와의 관계가 비교적 안정되어 있던 시기이다. 이처럼 양국 관계가 휴면기에 접어든 시기에 군사적 원정을 위한 혼란이 요크 지방에서 일어나지는 않았다. 그러므로 1328년과 1329년에 웨이크필드 장원에서 나타난 에일 조례 위반자 증가와 스코트의 침입과는 관계가 없다.

한편 1328년과 1329년에 에일 양조의 원료인 보리 가격도 큰 변화가 없었다. 로저스가 조사한 바에 따르면, 대기근기인 1315년에 보리의 평균 판매가격은 쿼터 당 13실링 1페니이고, 1316년에는 8실링 9 5/8펜스, 1317년에는 5실링 7 1/8펜스로서 점차 안정되어 나갔다. 한편 에일 조례 위반자가 급증한 1328년에 보리 판매가격은 쿼터 당 4실링 5 3/4펜스, 1329년에는 4실링 6 1/8펜스로서 그 가격이 대기근기의 보리 판매가격에 비하여 안정되어 있었다.[1] 이러한 사실들에 비추어보면 결국 1328년과 1329년에 에일 조례 위반자 처벌이 급증한 뚜렷한 이유가 없다. 그런데 1266년에 발표된 <빵과 에일 조례>에 대하여 살펴보면 위반자가 당시 크게 증가한 단서를

---

1) J. E. T. Rogers, *A History of Agriculture and Prices in England*, vol. 1, p. 230.

찾을 수 있을 것이다. 그 조례가 발표될 당시 밀의 가격은 쿼터 당 3실링이나 3실링 4펜스에, 보리는 쿼터 당 20펜스나 24펜스에, 귀리는 15펜스에 판매되었는데, 이때 양조업자들은 대도시에서는 1페니에 에일 2갤론을, 대도시를 벗어난 지역에서는 1페니에 3갤론으로 판매할 수 있었다. 이후부터 곡물가격, 특히 보리 판매가격의 변동과 연계되어 에일 판매가격이 변화하는 원칙이 수립되었으며, 이 원칙이 이후에도 계속하여 적용되었다. 에일은 주로 집에서 여성들이 소규모로 양조하였으며, 양조된 에일도 이웃에 소규모로 판매되었다. 그러나 판매하기 전에 반드시 거쳐야 하는 과정이 있다. 에일 양조자는 에일을 판매하기 전에 장원의 행정관(bailiff)이 임명한 에일 검사관(ale-taster)들에게 에일의 질을 검사받았다. 그러므로 에일 검사관에게 에일을 검사받지 않고 판매하다가 적발되어 벌금형에 처해지기도 하였다. 그러나 벌금액은 2펜스에 지나지 않아 상대적으로 벌금액이 적었다.[1] 검사에서 합격한 에일은 시중에 판매가 허락되었으나, 에일의 도수가 약한 에일(weak ale)을 양조한 자는 에일 검사관의 고발로 법의 심판을 받았다. 그 이유는 에일 조례에 반하여 양조하였기 때문이며, 재판 결과는 대부분이 6펜스 이하의 벌금형이었으나, 무거운 형벌인 12펜스의 벌금형에 처해진 경우도 있었다.[2] 그러므로 1328년과 1329년에 에일 조례 위반자가 급증한 이유는 곡물가격의 변화에 준하여 에일 판매가격이 정해진 원칙을 준수하지 않은 에일 판매업자의 수가 크게 증가하거나 혹은 도수가 약한 에일을 양조한 자들이 급증하였기 때문이라고 추정할 수 있다. 그러나 이러한 추정을 만족시킬 근거는 사료에서 확인되지 않는다. 한편 필자는 그 이유를 다음과 같이 추정한다. 1328년과 1329년 이전부터 누적되어 온 위반자를 이 시기에 일괄적으로 재판에 회부하여 처벌하였기 때문에 위반자의 수가 크게 증

---

1) J. W. Walker, ed., *Court Rolls of the Manor of Wakefield*, vol. v (1322-1331), p. 159.

2) *Ibid.*, pp. x, 89, 146, 168, 170, 187. [그러나 조례를 실천하기 위해서 영주들은 위법자들에게 칼을 씌우는 형벌(pillory)을 가하기도 하였다.]

가한 것이라고 볼 수 있다.

전체 에일 조례 위반자 392명 중에서 남성은 겨우 19명(4.68%)에 불과하고 나머지 375명(95.32%)이 여성이다. 그리고 여성 중에서도 기혼녀가 319명(78.57%)로서 미혼녀 68명(16.75%)에 비하여 기혼녀가 절대 다수를 점유하고 있다. 이러한 점은 이미 1316-1317년 대기근기에 에일 양조 및 판매 위반자 분석에서 언급한 점과 크게 다르지 않다. 당시 소규모로 에일을 양조하여 판매한 일은 주로 기혼 여성들이 담당하였으며, 그래서 에일 양조의 규모와 그 판매 규모도 크지 않았다. 즉 에일을 양조하여 이웃에게 판매한 소매업은 가내 부업과 같은 일이었고, 그래서 기혼 여성들이 주로 이 일을 담당하는 것이 자연스러웠다.

한편 에일조례를 위반한 자에게 부과한 벌금액 분포는 다음과 같다.

에일 조례 위반자에게 부과된 벌금액 분포도

2펜스-56명(13.79%)	3펜스-76명(18.72%)	4펜스-79명(19.46%)	6펜스-160명(39.41%)
8펜스-3명(0.74%)	12펜스-31명(7.88%)		

위의 벌금액 분포도에 따르면, 에일 조례 위반자들에게 부과된 벌금액이 대부분 6펜스 이하이다. 그 중에서도 6펜스가 가장 많다. 그렇다고 6펜스의 벌금이 적은 돈은 아니다. 흑사병 발생 이후 노동력 부족 때문에 노동자들의 임금이 크게 그리고 급격하게 인상되지만, 그 이전만하더라도 여성들의 경우는 노동자로서 일당이 1펜스에 불과하였다. 그러므로 6펜스의 벌금이란 여성이 거의 일주일 동안 노동하여 벌 수 있는 결코 적지 않은 돈이다. 이에 준하여 본다면 에일 양조와 그 판매 조례를 위반한 자들에게 가해진 형벌인 벌금형은 결코 가벼운 것이 아니었다. 더구나 소규모 에일을 양조하여 소매로 판매한 영세업자들, 특히 여성들에게는 매우 많은 금액의 벌금일 수 있다. 그렇다면 벌금액의 차이는 왜 발생하는가? 위반횟수에 따라서 벌금액이 증가하는가? 그렇지는 않았다. 조례를 세 번이나 위반한 여성에게 4펜스의

벌금이 부과되었고, 두 번 위반한 여성에게도 4펜스의 벌금이 징수된 반면,[1] 두 번에 걸쳐서 조례를 위반한 여성에게 2펜스의 가벼운 벌금이 부과된 경우가 있다.[2] 이러한 예들은 사실상 위반 횟수와 벌금액이 많고 적음과는 상관관계가 없다는 증거이다. 아마도 양조한 에일의 양과 판매한 양의 차이에 따라서 벌금이 부과되었을 것이다. 한편 제빵 관련 위반에 관한 기록에 따르면 에일 조례 위반자들과 벌금액 부과에서 그 분포가 크게 다르지 않다. 다만 큰 차이가 있다면 제빵과 관련된 조례 위반자들 대부분이 남성이었다는 점이다.[3] 그렇다고 여성이 제빵과 관련하여 소극적인 역할을 한 것만은 아니다. 장원의 소작인들은 영주의 오븐을 이용하여 빵을 만들어야 한다. 왜냐하면 영주는 자신의 오븐을 이용한 사용세를 받을 수 있었기 때문이다. 그러나 승인 없이 자신의 오븐을 이용하여 빵을 만들어 판 여성에 관한 기록이 있다. 더구나 그녀는 법정에 소환되었으나, 출두하지 않아 다음 법정이 열릴 때 구인하도록 명령한 기록으로 보아서 제빵과 관련된 일에 여성들이 소극적인 역할만 하였다고 할 수는 없다.

한편 장원법원에서 벌금형으로 다스린 위법행위 중에 다수를 차지하고 있는 것이 부채와 관련된 소송이다. 1323년 3월부터 1331년 9월까지 총 8년 6개월 동안에 열린 66번의 법정에서 다룬 부채소송 건수는 모두 202건이다.

---

1) *Ibid.*, p. 183.
2) *Ibid.*, pp. 146, 186.
3) *Ibid.*, p. 147. (1329년 5월 12일 웨이크필드 장원법원에서 제빵 관련 위반자에게 벌금형에 처한 17명 중에서 15명이 남성이었다.) 이러한 특징은 다른 시기에도 유사하게 나타나고 있다.

연도별 부채소송 건수 변화

1323년-53건(26.2%)	1324년-31건(15.4%)	1325년-19건(9.4%)	1326년-9건(4.5%)
1327년-14건(6.9%)	1328년-0건(0%)	1329년-15건(7.4%)	1330년-7건(3.5%)
1331년-54건(26.7%)			

위의 도표에 따르면, 1323년과 1324년, 그리고 1331년에 138건(68.3%)의 부채소송이 집중되어 있다. 그렇다면 이 시기에 부채소송이 집중된 이유는 무엇인가? 부채소송은 당해 연도에 발생한 부채 상환을 위해 벌인 소송이 아닌 특성이 있다. 기록에서 언제 발생한 부채인가를 확인할 수 있는 경우는 대단히 적다. 그러나 4년 전에 곡물 판매 대금의 상환을 요구하는 부채 상환 소송[1]이나 6년 전에 판 돼지 판매 대금의 상환을 요구한 부채소송[2]의 형태로 보아서 부채 발생 시점은 당해 연도보다 훨씬 이전이라고 보는 것이 타당하다. 그러므로 1323년, 1324년, 1331년에 제기된 부채소송의 채무 발생 원인은 그 보다 몇 년 전에 발생한 일일 것이다. 따라서 부채소송 건수가 많은 1323년과 1324년의 부채 발생의 근원은 소기근기인 1321-1322년에 발생한 부채로부터 비롯된 것이라고 추측할 수 있다. 그러므로 겉으로 드러난 부채소송 건수가 상대적으로 많은 당해 연도의 부채소송의 특성을 살펴보려는 시도는 의미가 없다. 부채 발생의 원인에 대하여 조사하여 보면 이러한 주장의 타당성을 이해할 수 있다. 부채는 현금을 빌려준 경우로부터 발생하기도 하였다. 현금을 빌려준 뒤에 약속된 날에 상환하지 않아 소송이 제기된 경우를 총 14건 확인할 수 있었는데, 가장 많은 금액인 5마르크(mark)로부터 2쉴링 6펜스에 이르기까지 다양하다.[3] 그러나 부채 발생의 대부분은 현금차용보다는 물품구입대금의 미지불로부터 발생하였다. 예컨대 양모, 곡물, 가축, 토지 등의 구입대금 미지불로 인하여 부

1) *Ibid.*, pp. 91, 93, 96.
2) *Ibid.*, p. 107.
3) *Ibid.*, pp. 9, 150.

채가 발생하였다. 요크의 지형적 특성 때문에 귀리를 주로 재배하고 양의 사육이 다른 지역보다 상대적으로 활성화되었다. 이러한 특징이 부채 발생의 원인에도 반영되어 나타난 것이다. 물품구매대금을 지불하지 않아 발생한 부채 중에서 가장 큰 금액은 1323년에 곡물을 구입한 대금 20쉴링을 지불하지 않은 경우[1]이고, 가장 적은 금액은 1324년의 기록에 등장하는 12펜스의 부채를 지불하지 않은 경우[2]이다.

부채소송과 관련된 벌금 부과는 다음과 같은 몇 가지 경우가 있다. 첫째, 채권자가 부채소송을 장원법원에 제기하지 않아서 그에게 벌금을 부과한 경우가 있다.[3] 이러한 경우는 채권자와 채무자가 장원법원을 거치지 않고 개인적으로 부채 청산에 합의하여 그 합의사항을 이행한 경우이다.[4] 정상적으로 장원법원의 허가를 받아 채무를 청산하는 경우에 채무 청산 합의 허가세를 납부[5]한 것으로 보아서 합의 허가세에 준하는 벌금을 징수한 것이다. 둘째, 부채에 관하여 거짓 주장을 한 경우도 벌금 부과 대상이다. 즉 부채가 이미 청산되었음에도 불구하고 부채 청산을 주장한 채권자나 혹은 부채를 청산하지 않았음에도 불구하고 부채는 이미 청산되었다고 주장하는 채무자 모두가 벌금형에 처해졌다.[6] 셋째, 부채소송으로 인하여 채무자가 정해진 날 법정에 출두하여야 함에도 불구하고 소환에 불응한 경우이다. 이 경우는 채무자를 다음 법정에 강제 구인하거나 혹은 벌금이 부과되었다.[7] 그런데 채무자가 부채 청산을 하지 않는 경우, 그 채무에 대하여 보증을 선 보증인도 벌금형에 처해졌다.[8] 넷째, 부채소송의 결과 채무자 본인이 자신의 채무

---

1) *Ibid.*, p. 25,
2) *Ibid.*, p. 55.
3) *Ibid.*, pp. 30, 177, 195.
4) *Ibid.*, pp. 140, 157, 165.
5) *Ibid.*, pp. 165, 172, 174.
6) *Ibid.*, pp. 37, 46, 52, 184.
7) *Ibid.* p. 144.
8) *Ibid.* p. 179.

를 시인하거나 재판 과정에서 채무가 있음이 밝혀진 경우에 채무자에게 벌금형이 부과된 경우이다. 그러나 채무자가 가난한 경우 벌금이 사면되기도 하였다.[1)]

그렇다면 부채소송과 관련된 벌금 징수액은 어느 정도였고, 그 분포는 어떠하였는가를 살펴보기로 하자. 첫째, 부채의 존재를 채무자가 인정하여 그에게 벌금이 부과된 경우, 벌금액의 분포는 2펜스—10건, 3펜스—7건, 4펜스—8건, 6펜스—11건, 8펜스—2건, 18펜스—1건으로 분포되어 있다. 둘째, 부채의 존재에 대하여 거짓으로 주장한 경우, 벌금액 분포는 2펜스—3건, 12펜스—2건 등이다. 셋째, 법정을 통하지 않고 채권자와 채무자가 개인적으로 부채 청산을 하여 화해한 경우, 벌금액은 2펜스—8건, 3펜스—4건, 4펜스—2건, 6펜스—1건, 8펜스—1건으로 분포되어 있으며, 넷째, 부채소송을 제기하지 않은 채권자에게 벌금이 부과된 경우, 2펜스—2건, 3펜스—1건, 4펜스—1건, 6펜스—2건으로 분포되어 있고, 마지막으로 부채소송이 제기된 법정에 출두하지 않은 자에게 2펜스의 벌금이 부과된 경우가 1건이 있다. 부채와 관련된 벌금액이 사료에 등장하는 67건의 기록 모두를 참고한 가운데 벌금액 분포도를 작성하면 다음과 같다.

부채소송과 관련된 벌금 분포도

2펜스−24건(35.82%)	3펜스−12건(17.91%)	4펜스−11건(16.42%)	6펜스−14건(20.90%)
8펜스−3건(4.48%)	12펜스−2건(2.98%)	18펜스−1건(1.49%)	

위의 도표에 따르면, 부채와 관련된 벌금액이 대부분 6펜스 이하이다. 사료에서 벌금액이 확인된 전체 67건 중에서 6펜스 이하가 61건으로서 전체의 91%를 점유한다. 그리고 가장 적은 벌금액인 2펜스 납부자가 전체 벌금 납부자들 중의 약 1/3인 35.8%를 점유하다. 위에서 이미 언급한 것처럼 에

1) *Ibid.*, pp. 25, 77.

일 조례 위반자들에게 부과한 벌금액 중에서 6펜스 이하가 91.38%를 점유하고 있다. 이러한 분포는 부채 때문에 부과된 벌금액 분포와 큰 차이가 없다. 그러나 벌금액이 6펜스 이하인 경우에는 에일 조례 위반자와 부채와 관련된 위반자 사이에 큰 차이가 나타난다. 에일 조례 위반자에게 부과된 벌금액이 2펜스인 경우가 전체 중에서 차지하는 비율이 13.79%에 불과한 반면, 부채와 관련된 벌금액 중에서 2펜스가 차지하는 비중이 35.82%에 이른다. 이에 준하여 본다면 에일 조례 위반자들을 처벌한 벌금형보다 부채소송과 관련된 위반자에게 부과된 벌금형이 가벼웠다고 주장할 수 있다. 이는 에일 조례 위반자는 분명히 위법 행위를 범한 것이지만, 부채 관련 소송은 원칙적으로 채무자와 채권자 사이에 해결하여야 할 사적 문제라는 점으로부터 그러한 차이가 일어난 것이다. 본질적으로 부채와 관련된 모든 사적인 문제까지도 장원법원을 통하여 해결하도록 강요함으로써 영주들이 장원 거주자들에 대한 경제적 및 경제외적 지배 수단을 장악하여 농업 이외의 수입을 증가시킬 수 있었다.

벌금 부과액과 채무액과는 어떤 상관성이 있는가? 결론부터 이야기한다면 양자 사이에는 아무런 관계가 없다. 채무액과 벌금액이 동시에 기록된 20건의 예를 통해서 볼 때 양자 사이에는 관련성이 없다. 채무액이 5마르크(1마르크는 13쉴링 4펜스)인 자에게 6펜스의 벌금을 부과한 반면, 4쉴링의 채무액에 대하여 6펜스의 벌금을 부과하였으며, 한편 20쉴링의 채무액에 대하여 2펜스의 벌금을 부과한 반면, 3쉴링의 채무자에게도 2펜스의 벌금이 부과되었기 때문이다.[1] 그렇다면 어떤 기준으로 법정에서 벌금액이 결정되었을까? 중요한 기준은 과거에 유사한 사건에 대한 법정의 판결 결과이다. 사건에 대한 장원법원의 재판 결과가 축적되면, 그것이 차후에 장원에서 발생할 유사한 사건에 대한 처벌 기준이 되었다. 이러한 과정에서 영주를 비롯한 장원 거주자들 모두의 의견이 반영되어 관습법이 형성되어 나갔다. 그

1) *Ibid.*, pp. 100, 120, 150, 165.

러므로 관습법은 집단주의적 사고와 행동의 산물이다. 예컨대 장원마다 밭갈이의 시기, 밭갈이에 이용된 농기구의 사용과 그 방법, 씨뿌리기의 시기, 수확시기 등 농사와 관련된 모든 일은 장원공동체 구성원들 모두에게 공동의 이익을 줄 수 있는 방향으로 관행에 따라서 진행되었다. 그러므로 이러한 관행을 위반한 자들은 그의 동료들로 구성된 배심원들로부터 장원법원에서 제재를 받았으며, 그에 대한 대가는 벌금이었다. 벌금형에 처해진 것은 장원 내의 모든 거주자들이 오랜 동안 지켜 내려온 집단주의적 관습을 위반하였다는 점에 근거한 것이다. 물론 농업공동체 구성원들이 지켜야 할 규칙 수립에는 영주들의 생각이 크게 반영되었다. 그런데 일단 수립된 농업에 관한 규칙은 영주도 예외 없이 준수하여야 하는 강제성이 있었다. 집단주의적 사고의 근원은 농업공동체 구성원들 전체의 이익 추구에 근거하고 있다. 그러나 경제외적인 문제, 예컨대 사법적인 문제는 영주권의 수립과 집행이라는 관점에서 이해되어야 할 것이다. 이러한 영주권이 형사사건은 물론 민사사건에도 영향을 끼쳤다. 형사사건은 사회공동체의 정의와 질서회복이라는 명분하에서 다루어졌으며, 민사사건도 물론 그러한 목적이 전제된 가운데 다루어졌다. 영주를 비롯한 장원 내에 거주자 모두가 인정한 집단주의적 관습 하에서 범법자들의 행위가 비난 받고, 영주의 관리들에 의해서 처벌받았다. 이러한 과정에서 중요한 기준이 된 점은 집단의 동의, 허가, 승인 하에서 이루어진 일이냐 그렇지 않느냐이다. 예컨대 장원법원에서 경범죄로 규정하여 위반자들에게 벌금형을 부과한 사건인 채무는 원칙적으로 영주권의 침해와는 관계없이 집단주의적 질서를 파괴한 행위로 간주하였다. 사실 부채 청산은 매우 사적인 민사사건이다. 그러므로 채무자와 채권자가 서로 개인적인 합의에 따라서 부채 청산에 합의할 수 있다. 다만 양자 사이에 부채 청산 문제 때문에 분쟁이 발생하였을 경우에는 그 분쟁의 조정이나 해결을 위한 수단이 필요하고, 장원법원에 제소하는 것이 하나의 방법이었다. 그러나 문제는 채권자와 채무자가 합의에 의해서 부채를 청산한 경우이다. 이는 근대적인 법 개념으로 볼 때 위법행위는 아니다. 장원법원을 통하지 않고 부채 청산을 하였다는 근거에서 채무자와 채권자 모두에게 벌금형에 처한 것은 지나친 사법권의 남용이라고 볼 수 있다.[1] 그렇다면 영주는 어째서 채권자와 채무자가 서로 합의에 의해서 부채 청산을 하는 것을 위법행위로 보았을까? 이는 합의에 의해서 수립된 집단주의적 사고의 결과라기보다는 영주권의 수립과 그를 통한 영주의 경제적 이익 추구의 결과라고 하겠다. 그러므로 중세 잉글랜드의 사법적 체계는 공동체의 공동이익을 추구하기 위한 집단의 합의에 의해서 수립된 사법적 체제와 함께 지배층의 경제외적 지배와 이익을 추구하기 위한 영주권의 행사라는 두 가지 요소가 혼재된 가운데 수립되었다고 하겠다.

---

1) *Ibid.*, pp. 66, 165, 172, 174, 180, 195. (이 사례에는 승인 없이 개인적으로 부채 청산을 한 채무자와 채권자 모두에게 벌금을 부과한 경우, 부채 합의 허가세 징수, 부채소송을 제기하지 않아서 채권자에게 벌금을 부과한 경우 등이 포함되었다.)

제 6장:

에드워드 왕들의
정치적 위기와 범죄

1. 에드워드 2세 통치기 잉글랜드와 그 주변 정세

에드워드 1세 통치기인 1314-1316년은 그의 통치기 뿐만 아니라 중세 잉글랜드에서 규모가 크고 지속적인 영향을 끼친, 그래서 잉글랜드의 정치·경제적 변화에 영향을 끼친 군사적 활동이 일어난 시기이다. 1314년에는 잉글랜드와 스코틀랜드 사이에 배넉번 전투가 일어났다. 이 전투에서 잉글랜드군이 대패하여 스코틀랜드의 독립전쟁은 한층 격화되었다. 1320년에는 스코틀랜드 고위성직자와 대귀족들의 이름으로 아브로스 선언(Declaration of Arbroath)을 발표하여, 스코틀랜드가 잉글랜드의 지배와 간섭으로부터 독립하였음을 대내외적으로 선언한 후, 1328년 에든버러/노샘프턴 조약 체결을 통해 스코틀랜드 왕국이 독립국가임을 대내외에 천명하였다. 스코틀랜드의 독립은 스코트 자신의 저항과 노력을 통해서 얻은 결과이지만, 그들의 독립에는 프랑스의 직간접적인 도움의 힘이 컸다. 바로 이러한 과정에서 잉글랜드와 프랑스가 대립하게 되었다.

배넉번 전투에서 로버트 브루스가 승리한 후, 그의 동생인 에드워드 브루스가 이끈 스코트의 세력이 잉글랜드의 영향 하에 있던 아일랜드에 입성하였다. 1315년 5월 25일에 6,000명의 군대를 이끌고 아일랜드에 상륙한 에드워드 브루스는 곧 그를 지원한 아일랜드의 켈트족(Gaelic Irish)의 지원하에 잉글랜드군을 격퇴한 후 1316년 5월 2일에 둔달크(Dundalk)에서 아일랜드 왕으로 즉위하였다. 그는 1315년부터 1318년까지 울스터(Ulster)를 점령하고 남부의 여러 주들에 대한 원정을 단행하였다. 그러나 에드워드 브루스가 1318년에 아일랜드에서 잉글랜드인에게 피살되어 스코트의 영향력은 계속되지 않았으나 로버트 브루스의 영향력은 강하게 잔존하였다. 오늘날까지도 잔존하고 있는 범 켈트족 연합론, 즉 켈트족이 연합하여 앵글로 노르만족에 대항하자는 주장이 나타나는 계기가 되었으며, 이러한 주장은 이후 잉글랜드 국왕의 아일랜드나 웨일스 지배에 큰 방해요인이 되었다. 한편 에드워드 1세가 1282년 정복 전쟁으로 켈트족이 지배한 산악 지대를 제외하고 웨일스의 많은 지역을 지배할 수 있게 되었으나, 웨일스인도 잉글랜드의 지배에 순응한 것은 아니었다. 1287년, 1294-1295년, 1316년에 웨일스인들이 잉글랜드의 지배에 대항하여 반란을 일으켰다. 웨일스인들은 특히 대기근기인 1316년에 잉글랜드의 지배에 대항하여 반란을 일으켰다. 이러한 정치·군사적 상황에서 잉글랜드인들은 스코트에 대한 복수에 목말랐다. 그리하여 1317년 5월에 잉글랜드군이 스코틀랜드를 침입하였다. 이러한 일련의 일들이 발생한 시기는 잉글랜드가 대기근으로 경제적인 고통을 받던 때이다. 잉글랜드의 스코틀랜드 침입에 대항하여 스코트도 잉글랜드 북부를 자주 침입하여 황폐화시켰으며, 잉글랜드 북부 주민들은 이러한 스코트의 침입으로 인한 피해를 줄이려고 구매된 평화를 추구하였다.

로버트 1세의 원정으로 잉글랜드의 지배하에 있던 여러 주에서 요동이 일어났다. 에든버러, 하딩톤, 버윅을 포함한 로디언의 전체 주, 록스버러(Roxburgh)의 동쪽 절반, 셀커크(Selkirk)의 동쪽 변두리, 피블스(Peebles)의 동쪽 경계지방, 로디언 서부 지방인 린리스고(Linlithgow)의 남쪽과 동쪽은 공식적으로 잉글랜드 왕의 지배하에 있었지만, 잉글랜드 왕은 로버트 1세의 침입을 방어하지 못하였다. 잉글랜드인을 후원한 그들 지역의 봉건영주인 던바(Dunbr) 백작은 에드워드 2세에게 그들의 고통을 호소하였다.[1] 1313년 11월 28일에 에드워드 2세는 던바 백작에게 한 여름 이전에

1) *Chronicle of Lanercost*, p. 195.

군대를 북쪽으로 인솔하도록 명령하였다.[1] 그리고 에드워드 2세는 버윅 온 트위드(Berwick on Tweed)의 성과 도시 방어와 안전을 추구하였다. 이러한 사실을 그의 지지자들에게 알렸다. 이것은 버윅 시로부터 온 편지에 대한 답신이었다.[2] 그러나 무엇보다도 스코트의 반격이 가능하였던 근본적인 이유는 잉글랜드의 국내 사정에 있었다. 거의 1년 동안 잉글랜드는 피어즈 가베스톤(Piers Gaveston) 문제로 내란 속에 빠져 있었다. 그러나 1312년 6월에 피어즈 가베스톤이 랭커스터 백작과 버윅 백작에 의해서 체포되어 심리 없이 처형됨으로써 국내의 정치적 혼란의 근원을 제거하였다. 이처럼 국내의 정치적 문제로 혼란을 겪고 있던 시기에 스코트는 잉글랜드 북부를 자주 침략하였고, 이로부터 여러 가지 이익을 얻을 수 있었다.

1313년 12월 23일에 에드워드 2세는 8명의 백작과 87명의 바론들에게 1314년 6월 10일에 버윅으로 그들의 군대와 함께 출두하라는 소환명령을 보냈다. 그리고 3월 9일 이후 인력과 물자의 이동 명령을 내렸다. 이에 따라서 다수의 선박과 선원이 물자수송을 위해 징발되었다. 5월 초에 식량수출 금지령이 내려졌고, 군대물자를 수송할 말과 마차를 각 주로부터 징발하였다. 스코틀랜드와의 전쟁 준비에 전력하던 상황에서 랭커스터, 워릭, 서리, 아룬델 백작은 에드워드 2세의 소환 명령을 거부하였다. 비록 그들이 진 봉건적 의무에 따라서 그들에게 할당된 기사와 보병을 파견해야지만, 그들은 전쟁을 하기 전 의회의 동의를 얻어야 한다고 주장하면서, 만약 그렇지 않으면, 그들 자신은 스코틀랜드와의 전쟁에 불참하겠다고 선언하였다. 이러한 구실로 에드워드 2세와 그들 사이의 개인적 원한을 숨겼다.[3] 그러나 글로스터 백작, 펨부룩(Pembroke) 백작, 헤리퍼드 백작은 에드워드 2세 편에 섰다. 에드워드 2세의 군대에서 봉사하는 사람은 아직도 로버트 브루스를

1) *CDS*, iii, p. 337.
2) C. W. S. Barrow, *Robert Bruce and the Community of the Realm of Scotland* (Edinburgh University Press, 2005), p. 267.
3) *Chronicle of Lanercost*, p. 206.

거부하는 스코틀랜드인들, 그 중에서도 로버트 브루스가 살해한 레드 코민(Red Comyn)의 아들인 존 코민, 한 때는 스코틀랜드 왕국의 보호자 직을 지낸 움프라빌(Umfraville) 경, 그의 동생인 앵구스(Angus) 백작, 그리고 프랑스 브레타뉴, 독일, 기엔느(Guienne), 푸아투(Poitou)로부터 온 다수의 기사들이 있었다.[1] 6월 10일에 워크 온 트위드에 군영을 설치하였는데, 과거에 비하여 최대 규모였다.

1314년 초 네 곳의 수비대인 에든버러, 록스버러, 스털링, 버윅의 통제권이 아직도 잉글랜드인의 수중에 남아 있었다. 1314년 초에 머레이(Murray) 백작이 에든버러 성을 포위하기 시작하였다. 그 포위는 3월까지 지속되었으나, 성의 수비대에게 필요한 식량이 부족하지 않아서 머레이 백작의 포위는 성과를 거두지 못하였다. 그러다가 더글라스의 군대가 록스버러 성을 공격하여 2월 27일에 점령하였다. 비록 실패하였으나, 1312년 12월 6일에 줄사닥다리를 이용하여 버윅 성을 점령하려고 하였던 것[2]처럼, 1314년 록스버러 성의 점령도 줄사닥다리를 이용하였다.[3] 야밤에 은밀한 방법으로 성을 정복하는 것이 스코틀랜드 군의 전술 중에 하나였다.[4] 1313년 1월 8일 야밤에 성벽을 기어올라 퍼스(Perth) 성도 정복하였다. 이 소식을 들은 머레이 백작은 에든버러 성벽을 기어오르는 부하에게는 상을 준다고 공언하였고, 3월 14일 밤에 성벽을 기어 올라가서 고정시킨 줄을 타고 머레이 백작

1) *Chronicle of Lanercost*, p. 206.
2) *Chronicle of Lanercost*, pp. 200-201.
3) A. A. M. Duncan, ed., *The Bruce* (Edinburgh, 1997), x, pp. 357-510.
4) 1312년 12월 6일에 버윅 성의 공격도 줄사닥다리를 이용하였고, 1313년 1월 8일에 퍼스 공격도 야밤에 성벽을 기어올라 점령하는 방법을 사용하였다. 1313년 8월과 1314년 봄에 점령한 린리스고 요새에는 8명의 스코트가 목초 더미에 숨어서 성안으로 들어갔고, 1314년 에든버러 성과 록스버러 성도 줄사닥다리를 이용하여 점령하였다. [A. A. M. Duncan, ed., *The Bruce*, ix, pp. 331-363 (퍼스 성에 관한 사실); 린리스고 성에 관한 것은 *The Bruce*, x, pp. 136-252; 록스버러에 관한 사실은 *The Bruce*, x, pp. 357-510; 에든버러에 관한 사실은 *The Bruce*, x, pp. 511-707을 참조하기 바람.] 이처럼 야간에 성벽을 기어올라 성을 점령하는 것도 스코트의 게릴라 전술 중에 하나이지만, 무엇보다도 이 전술을 사용한 것은 그들이 성문과 성벽을 무너트리고 성을 점령할 수 있는 포위공격용 무기가 없었기 때문이다.

과 그의 부하 30명이 에든버러 성을 점령하였다. 3개월 후 에드워드 2세의 군대가 에든버러로부터 철수하였을 때, 로디언 지역에서 던바 성, 제드버러 성, 버윅 성만이 잉글랜드의 수중에 남았다. 로디언 지역에서 오랜 동안 우세를 유지해 온 잉글랜드의 세력이 무너진 것이다. 스코틀랜드에 대한 잉글랜드의 지배 거점인 성들을 스코트에게 상실한 상황에서 에드워드 2세가 택한 것은 바로 1314년에 일어난 배넉번 전쟁이었다.

이 전투에서 승리한 스코트는 잉글랜드가 스코틀랜드에 대하여 줄기차게 주장한 상왕권을 포기시켰다. 소기근기인 1321-1322년에도 잉글랜드와 스코틀랜드 간의 분쟁은 계속되었다. 1321년 3월 22일에는 잉글랜드 왕 에드워느 2세가 랭커스터 백작을 모반 혐의로 체포하여 처형하였다. 1322년 3월 25일에는 스코트가 잉글랜드 북부를 침입하여 약탈하였고, 그 해 8월에는 에드워드 2세가 에딘버러를 침입하였다. 이에 대해 스코트는 9월 15일에 잉글랜드 북부를 침입하여 요크셔를 황폐화시켰다. 이러한 양국 사이에 분쟁은 1323년부터 1336년까지 13년 동안 휴전협정 체결로 일시적으로 중단되었다. 특히 1328년 7월 12일에 에딘버러/노샘프턴 평화조약이 체결되어 양국 간의 분쟁은 일시적으로 수면 아래로 숨어들었다. 이러한 모습은 1337년 잉글랜드와 프랑스 사이의 이른바 백년전쟁이 시작되면서 양국 간의 세력에 프랑스라는 또 다른 변수가 등장하게 되고, 이는 스코트에게 유리하게 작용하였다.

2. 에드워드 2세와 정치적 불안정

14세기는 잉글랜드를 지배한 세 명의 왕인 에드워드 2세(1307-1327), 에드워드 3세(1327-1377), 리처드 2세(1377-1399) 중에서 두 명의 왕은 반란과 폐위라는 치욕적인 일을 당하였으며, 이로 인하여 국왕의 통치권이 중단된 위기의 시대였다. 그 중에서도 에드워드 2세가 성공적인 통치를 하지 못한 대표적인 국왕이다. 그는 에드워드 1세의 넷째 아들이지만, 생존한 아들 중에서 장자였다. 그는 24세에 왕위에 올랐으나, 선왕인 에드워드 1세의 지나친 대외 정복 활동 때문에 많은 부채와 함께 강력한 바론들의 세력을 물려받았다. 그는 군사적 능력도 없고 허약하여 바론들로부터 존경심도 얻지 못하였다. 비록 1301년에 최초로 웨일스를 지배한 잉글랜드 공작이었지만, 그는 선왕의 통치에 미치지 못하였다. 그는 즉위 시에 피터 가베스턴(Peter Gavaston)과의 연합 세력 형성을 부활시켰다. 피터 가베스턴은 에드워드 1세가 사망하기 전에 웨일스 왕자에 대한 그의 영향력 때문에 추방된 인물이었다. 그러나 에드워드 2세가 즉위한 후 그는 잉글랜드로 귀환하여 콘웰 백작의 지위를 얻었다. 에드워드 2세는 그와의 우정으로 인하여 수많은 곤란을 겪게 된다.

국왕으로서의 에드워드 2세는 선왕의 정책을 따라서 스코틀랜드와 전쟁을 계속하였다. 이는 왕실의 경제적 형편을 더욱 어렵게 만들었다. 에드워드 2세는 의회를 통해 바론들로부터의 재정적 지원을 추구하고 이탈리아 은행가인 플로렌스의 프레스코발디(Frescobaldi of Florence)에게 많은 부채를 지게 되었다. 에드워드 2세의 대귀족들에 대한 경제적 의존도가 높아지자 대귀족들은 이러한 상황을 에드워드 2세와 피터 가베스턴에 대한 통제와 압력의 수단으로 이용하였다. 1310년에는 대귀족들이 국왕의 왕국 지배권을 제약한 법령에 서명하도록 에드워드 2세에게 압력을 가하였고, 국왕의 중요한 재정적 지원자인 이탈리아 은행가인 아메리고 프레스코발디(Amerigo dei Frescobaldi)를 잉글랜드로부터 추방시키려고 하였으며, 의회를 1년에 최소한 두 번 열도록 요구하였다. 그리고 국왕의 고위관리인 대법관과 왕실재무성 장관을 임명함에 있어서 의회의 동의를 받도록 요구하였다. 특히 의회의 동의하에서만이 외국과 전쟁을 하도록 국왕에게 요구하였다.[1] 그야말로 과거에는 없었던 가장 치욕적인 왕권의 제약을 바론들이 에드워드 2세에게 가한 것이다. 에드워드 2세는 바론들과의 심각한 대립으로 몰락을 자초하였다. 에드워드 2세는 바론들과의 충돌로 아일랜드로 유배를 보냈던 피터 가베스턴 을 1311년 말에 잉글랜드로 복귀시켰다. 성난 대귀족들이 군대를 일으켜 그를 체포한 다음 1312년에 교수형시켰다. 공개적인 전투는 피하였으나, 대귀족들이 국왕의 통치에 저항한 것이다. 더구나 1314년 스코틀랜드와 벌인 배넉번 전투에서 대패함으로써 에드워드 2세의 권위는 회복하지 못할 수준에 이르렀다. 배넉번 전투는 에드워드 2세가 대귀족들로부터 더 이상 신뢰를 받지 못하게 된 계기가 된 사건이었다. 그리고 이때부터 랭커스터 백작 토마스가 이끈 귀족들이 권력을 장악하였다. 에드워드 2세와 대귀족들과의 투쟁이 본격화되기 시작한 것이다. 1310년대에 에드워드 2세가 직면한 가장 중요한 문제는 랭커스터 백작 토마스가 주도한 바론들의 저항과 모반을 억제하는 일이었다. 그러나 에드워드 2세의 힘으로는 이를 제어하지 못하였다. 요크에서 열린 의회는 랭커스터 백작의 세력에 의해서 장악되었고, 이곳에서 1318년 8월 7일 이전에 랭커스터 백작 일당이 범한 모든 중죄와 불법침해에 대해 사면하였다. 이때 랭커스터 백작에게 협력하고 지지하

1) C. Warren Hollister, *The Making of England, 55 B.C. to 1399* (Toronto, 1976), p. 223.

였던 아톨(Athol) 백작인 데이비드를 비롯하여 790명이 그들의 범법행위에 대하여 사면 받았다.[1] 이것은 1321년 랭커스터 백작의 에드워드 2세에 대한 본격적인 반란을 예고하는 사건이다. 이러한 정치적 상황에서 지적이고 야망이 큰 젊은 귀족이며 에드워드 2세의 새로운 친구인 휴 디스펜서(Hugh Despenser)가 등장하였다. 휴 디스펜서는 에드워드 1세와 에드워드 2세 모두에게 봉사한 관리의 아들이었다. 디스펜서 부자와의 관계를 통해 에드워드 2세가 그의 세력을 점차 회복하였다. 휴 디스펜서는 피터 가베스턴보다 더 유능하였다. 1321년까지 그는 전권을 장악할 정도로 크게 세력을 떨쳤다. 이제 잉글랜드를 통치한 것은 에드워드 2세나 귀족들이 아니라 휴 디스펜서였다. 그러나 그의 전횡은 그에게 저항한 제휴 세력의 출현을 낳았다. 그 중심에는 랭커스터 백작 토마스가 위치하였다.

국내 정치에서 실패한 에드워드 2세는 스코틀랜드 정복 정책에서도 실패를 거듭하였다. 그는 선왕의 스코틀랜드 정복 정책을 그대로 계승하였다. 따라서 그는 즉위 후 바로 스코틀랜드를 침입하여 에어(Ayr) 주에 컴녹(Cumnock)까지 진출하였으나, 보급품 부족으로 군대를 본국으로 철수하고, 차후 3년 동안 몸소 스코트와의 전투에 참여하지 않았다. 그는 바론들과의 대립 등 국내 문제 처리에 우선순위를 두었기 때문이다. 1310년 9월 중순에 에드워드 2세는 버윅으로부터 스코틀랜드의 남부 전략 중심지인 비가(Biggar)까지 진출하였으나, 그 해 10월에 버윅으로 철수한 다음, 1311년 7월까지 변경지대에 머물렀다. 그러나 에드워드 2세의 원정은 큰 성과가 없었다. 스코트의 왕 로버트 브루스가 잉글랜드군과 정면대결을 피하고 치고 빠지는 게릴라 전술을 사용하였기 때문이다. 결국 에드워드 2세는 전비와 보급품이 부족하여 스코틀랜드 원정에 실패하고 1311년 여름에 웨스트민스터로 귀환하였다. 그러나 그가 웨스트민스터로 귀환하자마자 정치개혁을 주장하는 자들(Ordainers)이 1311년 8월 말에 41개 항목의 개혁안을 랭커스

1) *Calendar of Patent Rolls 1317-1321*, pp. 224-235.

터 백작 토마스를 중심으로 작성하였다. 이 개혁안은 그 해 11월에 발표되었는데, 의회의 조언을 구하지 않고 전쟁에 나갈 국왕의 권한, 국왕의 식료품 징발권과 전리품 등에 관한 악폐, 국왕의 왕실 재무성 장관과 대법관은 물론 주지사에 이르는 전체 관리들에 대한 국왕의 임명권 제약 등이 개혁안에 포함되었다. 특히 국왕의 총신인 피터 가베스턴의 추방을 국왕에게 강요하였다. 그러나 이를 에드워드 2세가 그대로 수용하기는 어려운 일이다. 피터 가베스턴은 11월 3일에 도버 항구를 통해 잉글랜드를 떠나 플랑드르로 추방되었다. 그러나 그의 추방은 길지 않았다. 국왕의 요구로 그는 1312년 1월 초에 잉글랜드의 요크셔로 귀환하였다. 가베스턴이 귀환하자, 그를 파문하였던 대주교 윈첼시(Winchelsea)의 주도 하에 랭커스터 백작, 펨브룩 백작인 에이머 발렌스(Aymer de Valencc), 헤리퍼드 백작, 아룬델 백작, 워윅 백작과 바론인 헨리 퍼시(Henry Percy)와 로저 클리퍼드(Roger de Clifford) 등이 모였다. 5월 19일에 스카버러(Scarborough) 성에 숨어 있던 피터 가베스턴을 펨브룩 백작, 서리 백작, 바론인 퍼시와 클리퍼드가 체포하였다. 랭커스터 백작 토마스[1)]와 워윅 백작이 개정한 법정에서 피터 가베스턴은 유죄판결을 받았고, 6월 19일에 워윅 북쪽에 위치한 블랙로 힐(Blacklow Hill)에서 처형되었다. 피터 가베스턴의 처형을 계기로 잉글랜드 지배층은 2개 진영으로 분열되었다. 피터 가베스턴을 살해한 랭커스터 백작을 비롯한 반 에드워드 2세 진영과 펨브룩과 서리 백작 등 에드워드 2세에게 충성한 파들 사이에 분열과 대립이 생겼다. 그러므로 플랜타지넷 왕조를 개혁하려는 시도가 강해지면 강해질수록 결국 양 진영 간의 대립 때문에 내란의 발생으로 치달을 수밖에 없었다.

피터 가베스턴이 사망한 후, 데스펜서 부자(Hugh Despenser와 Hugh

---

1) 랭커스터 백작의 아버지가 에드워드 1세의 형제인 에드먼드였다. 그러므로 에드워드 2세와 랭커스터 백작은 4촌 형제이다. 그는 자존심이 강하고 성을 잘 내며 독선적이고 동료들과 잘 어울리지 않았다. 이런 그가 잉글랜드에서 두 번째로 영향력이 있는 인물이었다.

Despenser the younger)가 에드워드 2세의 총신의 자리를 차지하였다. 아버지 데스펜서는 국왕의 해외 방문 때마다 동행한 동반자였다. 부자 데스펜서를 우두머리로 한 총신 집단에 세 명의 바론들이 있었는데, 휴 오드리(Hugh Audley), 로저 다모리(Roger Damory), 윌리엄 몬타구(William Montagu)가 바로 그들이다. 1321년 8월 웨스트민스터에서 열린 의회에서 데스펜서 부자를 규탄하고, 8월 말까지 잉글랜드로부터 추방할 것을 국왕에게 요구하였다. 왕비 이사벨라도 에드워드 2세에게 왕국을 위해 바론들의 요구를 들어 줄 것을 간청하였다. 국왕은 사방에서 일어난 압력에 결국 무릎을 꿇고 데스펜서 부자를 추방하였다. 이를 계기로 에드워드 2세는 자신에게 적대적 감정을 가지고 있는 자들에 대한 공격을 시작하였다. 에드워드 2세는 10월에 캔트 주에 리드(Leeds)에 있는 이전에 국왕의 동맹자였던 바톨로뮤(Bartholomew Badlesmere)의 성을 공격함으로써 내란의 시작을 알렸다. 국왕의 반대자들은 1321년 가을과 겨울에 글로스터와 우스터 등 변경 도시들을 점령하여 초기에는 그들에게 유리하게 내란을 이끌었다. 그러나 1322년에 로저 모티머(Roger Mortimer)가 국왕에게 항복하고, 이를 계기로 변경지방의 영주들의 제휴가 무너지기 시작하였다. 에드워드 2세는 1322년 2월에 반대자들의 우두머리인 랭커스터 백작의 성들을 공격하기 시작하였다. 전세가 국왕에게 유리하게 돌아서자 국왕과 그에게 충성하는 백작들은 랭커스터 백작을 왕국의 반역자로 선언하였다. 그리고 캔트 백작과 서리 백작에게 랭커스터 백작의 세력 거점 중의 한 곳이었던 폰트프렉트(Pontfract) 성을 점령하도록 명하였다. 내란의 종말은 요크셔에 있는 바로브릿지(Boroughbridge)에서 왔다. 랭커스터 백작과 그의 동맹자들이 노섬벌랜드로 향하였을 때에 칼라일 성의 성수장인 앤드류 하클레이(Andrew Harclay)가 4,000명의 군대를 이끌고 랭커스터 백작 세력을 무너트리고 그들을 모두 체포하였다. 3월 22일에 요크 감옥에 갇혀있던 랭커스터 백작을 교수형에 처하였다. 이로써 내란은 끝났다.

이제 내란에 가담하였던 자들에 대한 처벌이 기다렸다. 에드워드 2세는 그의 반대편에 섰던 자들 20여 명 이상을 처형하였다. 그리고 로저 모티머를 비롯한 변경지방의 영주들도 모두 사형선고를 받았으나 무기징역으로 감형되었다. 이러한 공포 분위기 속에서 1322년 5월에 열린 의회에서 국왕의 반대자들이 강요하였던 정치개혁법(Ordinances)을 폐지하였다. 뿐만 아니라 랭커스터 백작 토마스 편에 가담하여 국왕에게 대항하였던 자들 중의 일부는 1321년에서 1322년에 걸쳐서 약 446명을 사면하였다. 이들 대부분은 반역자에게 협력한 죄였다. 그리고 이들 중의 일부에게는 사면과 함께 몰수하였던 토지와 동산을 되돌려주기도 하였다. 한편 에드워드 2세는 내란의 진압으로부터 얻은 전리품을 내란 진압에 공을 세운 자들에게 분배하였다. 랭커스터 백작을 체포하는데 공을 세운 앤드류 하클레이에게 칼라일 백작령을 수여하였고, 국왕에게 충성한 팸브룩과 서리 백작들은 1318-1319년에 랭커스터 백작이 그들에게서 몰수하였던 장원을 되돌려 받았다. 아룬델 백작은 로저 모티머로부터 몰수한 토지를 받았고, 국왕의 이복형제인 캔트 백작 에드먼드는 웨일스의 성들을 취득하였다. 가장 큰 보상은 데스펜서 부자가 받았다. 61세에 이른 아버지 데스펜서는 랭커스터 백작으로부터 몰수한 북부 웨일스에 영지와 윈체스터 백작령을 받았다. 아들 데스펜서는 글로스터 백작령을 받았다. 그리고 남부 웨일스에 있는 세 곳의 영지를 회복하여 남부 웨일스에 대한 실질적인 지배자가 되었다.

3. 에드워드 2세의 폐위

에드워드 2세가 폐위된 것은 여러 가지 이유 때문이다. 그는 무능력하고 성격상 선과 악을 구분할 능력이 부족하였다. 특히 외교정책의 실패, 특히 아일랜드, 스코틀랜드, 프랑스와의 외교정책의 실패는 잉글랜드를 위해서 비참한 일이었다. 뿐만 아니라 스코틀랜드와의 전투에서 대패하여 스코틀랜드의 독립선언에 대한 빌미를 주었으며, 가스코뉴와 아일랜드에서 영주권을 상실하였다. 한편 로마교회와의 관계도 원만하지 못하였고, 다수의 귀족들을 살해, 투옥, 추방하여 그들과의 관계도 원만하지 못하였다. 한마디로 말하여 그는 스스로 통치할 능력이 부족한 사람이었다.

에드워드 2세의 통치 실패 이유는 그의 측근들인 로버트 클리퍼드, 헨리 퍼시 등의 사망으로 인하여 조언자 집단이 없었다는 점이다. 또한 전비 부족도 에드워드 2세가 전쟁에서 패배한 이유 중에 하나였다. 선왕으로부터 200,000파운드의 부채를 물려받았음에도 불구하고, 에드워드 2세는 1310-1311년, 1314년, 1319년, 1322년 등 네 번에 걸쳐서 스코틀랜드 원정에 나서 국고를 낭비하였다. 그나마 전쟁에서 승리를 거두지도 못하고 스코트에게 참패하거나 폭풍우로 원정이 도중에 좌절되기도 하였다. 결국 그의 스코틀랜드 정책의 실패가 국내에서 대귀족들과의 심각한 대립을 낳았고, 그가 총애한 가베스턴과 디스펜서와 같은 소수자에게 지나치게 의존한 통치가 그의 몰락을 자초하였다.

에드워드 2세의 위기에 첫 번째 단계는 1323년 바러브릿지(Boroughbridge) 전투 후 체포되어 런던탑에 갇혀있던 후에 왕비 이사벨라의 정부가 된 로저 모티머가 프랑스로 탈출한 사건이다.[1] 이를 계기로 1324년에 프랑스와 잉글랜드 사이에 전쟁이 일어났다. 두 번째 단계는 평화협상을 위해서 왕비 이사벨라를 프랑스에 파견할 결정을 1325년에 한 것이다.[2] 그리고 뒤이어 프랑스 왕에게 신서를 행하려고 아들인 에드워드를 프랑스로 보내려고 결정하였다. 그러나 파국적인 사건은 그 후 이사벨라가 잉글랜드로 귀환하지 않겠다고 선언한 것이다. 그녀는 에드워드 2세와의 결혼을 끝장내겠다고 결심하였을 뿐만 아니라 그를 잉글랜드 왕위에서 끌어내리겠다는 생각을 하였던 것 같다. 왜냐하면 그녀는 프랑스에서 "결혼이란 남녀가 만나서 함께 삶을 살아가는 것이다. 이러한 결혼의 전제 조건을 충족시키지 않은 에드워드 왕이 제거될 때까지 나는 잉글랜드로 돌아가지 않는다."[3]고 선언하였기 때문이다. 내란을 제압하여 안정을 이룩하려던 에드워드 2세에게는 해결하여야 할 또 다른 문제가 생긴 것이다.

이사벨라가 잉글랜드로의 귀환을 거부한 후 그녀는 연인인 로저 모티머(Roger Mortimer)와 파리에서 만났다. 이들은 에드워드 2세의 최측근인 데스펜서의 세력을 파괴하려는 캔트 백작을 비롯한 추방자들의 중심자 역할을 하였다. 그러나 프랑스가 그들을 지원해 주지 않아 그들의 세력은 미미하였다. 이때 이들에게 구원자가 등장하였다. 애노(Hainault) 백작이 그의 딸 필리파(Philippa)와 에드워드 2세의 아들인 에드워드를 결혼시킨다는 조건으로 이사벨라와 결혼동맹을 맺었고, 이를 통해서 이사벨라의 잉글랜드 상륙작전은 시작되었다. 약 1,500명 정도의 잉글랜드 원정군이 서퍽 주의 오웰(Orwell)에 상륙하여 런던으로 파죽지세로 진격하였다. 침입자들에게

1) I. Mortimer, *The Greatest Traitor: The Life of Sir Roger Mortimer* (London, 2003), pp. 130-131.
2) Michael Prestwich, *Plantagenet England, 1225-1360*, p. 213.
3) *Vita Edwardi Secundi*, p. 143.

저항을 거의 없었기 때문에 소수 병력으로 잉글랜드 전체를 혼란에 빠트릴 수 있었다. 이사벨라와 로저 모티머가 잉글랜드에 상륙하였다는 소식이 퍼지자, 에드워드 2세의 실정과 데스펜서(Despenser)의 지배에 불만을 품은 자들이 이사벨라를 지원하려고 몰려들었고, 런던시민들도 10월 15일에 봉기하였다. 이러한 혼란 속에서 국왕의 지원자들인 주교, 백작, 재판관들이 자신의 생명을 부지하려고 흩어져 도피하였다. 1321-1322년 내란이 일어났을 때에 에드워드 2세 편에 섰던 웨일스 영주들에게 군사적 지원을 요청하였으나, 이마저 여의치 않았다. 데스펜서 체제는 급속히 무너져갔다. 아버지 데스펜서는 브리스톨에 남았고, 아들 데스펜서는 국왕과 함께 웨일스로 도피하였다. 이를 계기로 에드워드 2세 지배체제에 불만을 가졌던 세력이 10월 15일에 대규모 반란을 일으켰다. 10월 26일에는 아버지 데스펜서가 봉기자들에게 잡혀 처형되었으며, 아들 데스펜서는 헤리퍼드 백작에게 잡혀 11월 24일에 처형되었다. 프랑스에서 군대를 일으켜 잉글랜드를 침략한 목적은 데스펜서 부자를 제거하는데 있었다. 그러나 반란 후 유력자들의 모임에서 이루어진 결정이 반란의 성격을 변하게 만들었다.

에드워드 2세의 폐위에 대한 압력은 처음에 런던에서 비롯되었으며, 이를 계기로 런던에 모인 오를레톤(Orleton) 주교, 스트라트포드(Stratford) 주교를 비롯한 유력자들의 모임에서 에드워드 2세의 폐위가 논의되었다. 여기에서 주교들, 대수도원장들, 백작들, 바론들을 비롯한 주의 기사들, 런던시민들로 구성된 대표자들이 잉글랜드 중부에 있는 워리크셔(Warwickshire)에 케닐워스(Kenilworth)에 있던 에드워드 2세에게 파견되었다. 그들은 에드워드 2세에게 아들인 에드워드에게 양위하든지 폐위를 당하든지 선택하라고 요구하였다. 그리고 그는 양위를 선택하였다. 1327년 1월 25일에 사절들이 의회로 돌아와 그의 선택을 보고하였고, 그날부터 새로운 왕 에드워드 3세의 통치가 시작되었다. 이러한 과정에서 결정적인 역할은 로저 모티머와 이사벨라가 하였으나, 헤리퍼드 주교인 아담 오를레톤(Adam Orleton), 윈체스터 주교인 존 스트랫포드(John Stratford)의 역할도 컸으며, 무엇보다도 런던시민들의 압력이 크게 작용하였다. 폐위된 에드워드 2세는 케닐워스로부터 버클리(Berkeley) 성으로 이송되었다. 그리고 로저 모티머의 사주를 받은 자들에 의해서 모살된 것으로 알려졌다.[1)]

에드워드 2세는 1327년에 그의 아들과 부인 및 그들의 세력의 압력으로 국왕의 자리에서 추방되고 말았다. 1327년 잉글랜드 왕국 사상 처음으로 국왕의 폐위사건이 발생한 것이다. 에드워드 2세의 폐위는 어느 정치적 사건보다도 더 큰 변화를 초래하였다. 무엇보다도 무력에 의해서 지배층의 전면적인 교체가 이루어졌다. 과거 데스펜서 부자에 의해서 희생당한 자들 대부분이 복직하였다. 그런데 가장 큰 변화가 일어난 곳은 웨스트민스터라기보다는 지방의 주였다. 대부분의 주지사들과 치안담당관들이 교체되었다. 이러한 변화는 아마도 당연한 것일 수 있다. 웨스트민스터에서 가장 핵심적인 직책인 왕실 재무성 장관과 대법관에 에드워드 2세 폐위에 일등공신인 아담 오를레톤과 엘리(Ely) 주교인 호탐(Hotham)이 임명되었기 때문이다. 그리고 웨스트민스터에 충성을 바칠 인물들로 주지사와 치안담당관으로 임명하였기 때문에 새로운 지배체제 유지에 문제될 것이 없었다. 사실상 에드워드 2세의 폐위는 내란(Civil War)이라기보다는 쿠테타에 가까운 사건이었다. 왜냐하면 무력으로 왕조도 교체되고 새로운 왕조를 이끌 주도적 세력도 일시에 새로운 인물들로 교체되었기 때문이다. 더구나 새로운 주도 세력들이 전임 주도 세력들로부터 토지를 몰수하여 그것을 그들의 정치적 지배를 위한 경제적 기반으로 삼았다. 에드워드 2세를 폐위시킨 것은 잉글랜드 역사에서 전례가 없는 아주 특별한 일이다. 비록 형식적으로는 의회가 그의 폐위를 결정하였으나, 실질적으로는 국왕에게 적대적이었던 대귀족들의 도움을 받아 로저 모티머와 이사벨라가 실행에 옮긴 모반적 행동이었다. 그러나

---

1) Michael Prestwich, *Plantagenet England, 1225-1360*, pp. 217-219. [제노아 성직자인 마뉴엘(Manuel Fieschi)이 에드워드의 극적인 탈출에 대하여 기록하였다. 즉 시체를 운반한 자가 다른 모살된 자의 시체와 살아 있는 에드워드를 바뀌어치기 하여서 에드워드가 극적으로 탈출할 수 있었다는 것이다. 그리고 그는 잉글랜드를 탈출하여 북이탈리아에서 은둔 생활로 생을 마감할 때까지 살았다고 기록하였다.]

이를 계기로 국왕에 대한 의회의 권한은 보다 더 강화되었다. 에드워드 2세의 폐위는 정치권력의 힘이 전제적인 국왕에게서 의회와 귀족공동체로 이동하는 계기가 된 사건이었다.

어머니가 주도한 쿠테타의 성공으로 즉위한 에드워드 3세는 너무나 어려서 어머니인 이사벨라와 그녀의 정부인 로저 모티머의 섭정이 불가피하였다. 에드워드 3세가 즉위한 지 두 달만인 1327년 3월 4일에 스코틀랜드와의 평화협상을 갱신하고, 선왕이 만든 휴전안을 3월 8일에 인준하였다. 그런데 1327년 10월에 스코틀랜드의 로버트 1세가 양국 간의 휴전협상안을 제시하고, 6개 항목으로 구성된 에든버러/노샘프턴 평화조약이 1328년에 체결되었다. 이를 계기로 잉글랜드가 스코틀랜드에 대한 종주권 주장을 포기하고, 스코틀랜드의 자유와 자치를 인정하였다. 당시 잉글랜드인들은 이 평화조약을 '부끄러운 평화'로 간주하였다. 그런데 이 조약 체결을 주도한 것은 이사벨라와 로저 모티머였다. 이를 계기로 1330년에 에드워드 3세가 이사벨라와 모티머를 제거하고 친정체제를 구축할 수 있었다. 로저 모티머는 젊은 왕의 추종자들에게 노팅햄 성에서 체포되어 의회에서 심리를 거친 후 교수형에 처해졌다. 이사벨라는 관대한 처벌을 받았으나 권력으로부터 완전히 추방되었다.

4. 에드워드 3세와 스코틀랜드 전쟁

에드워드 3세는 그의 선왕인 에드워드 2세에 비하여 현명하고 용감하였다. 그래서 후대 역사가들은 그를 전사 왕(warrior-king)으로서 칭한다. 그의 50년 통치기간 동안에 그의 바론들은 반란을 일으키지 않았고, 그의 아들들은 아버지인 에드워드 3세를 지원하였다. 그는 스코틀랜드와의 전쟁뿐만 아니라 프랑스와의 전쟁에서도 승리를 거두어 그의 군사적 용감성이 유럽에서 명성을 날렸으며, 이는 신민들의 자부심을 불러일으키기에 충분하였다.

에드워드 3세 통치기의 특징은 국내에서는 왕권 강화를 통한 평화 유지, 그리고 국외에서는 잉글랜드를 위협하는 주변국과의 전쟁이었다. 그는 1352년에 새로운 반역법(Statute of Treason)을 제정하였다. 그런데 에드워드 3세의 반역법 제정의 목적이 법적인데 있건 아니면 정치적인데 있건 간에 분명한 점은 반역의 개념과 그 범위는 물론 처벌에 관한 법적 기초가 반역법에서 분명하게 확립되었다는 사실이다. 그리고 이는 대귀족들을 통제할 수 있는 국왕의 수단이 되었다.

에드워드 1세의 잉글랜드 통치 시작 연도인 1272년부터 에드워드 3세의 통치 마지막 해인 1377년까지 105년 동안은 과거 어느 시기보다도 잉글랜드가 활발하게 대외적인 정복과 팽창정책을 폈던 시기이다. 에드워드 1세와 2세 통치기에는 웨일스 , 아일랜드, 가스코뉴 및 스코틀랜드 정복 전쟁, 그리고 에드워드 3세 통치기에는 스코틀랜드 정복 전쟁과 프랑스와의 백년전쟁 등으로 거의 매년 군사적 원정이 끝이지 않았다. 이처럼 끝임 없는 군사적 충돌에서 승리를 거두기 위해서는 국왕이 원활하게 활용할 수 있는 군사력의 동원이 필수적이다. 그리고 동원된 군사들에게 지급한 일당과 그들에게 공급한 보급품 조달에 필요한 군사비의 대다수가 사용되었다. 봉건적 군역납부 의무를 진 직수봉신들로부터 징수한 봉건적 기사역 이외에 필요한 전사들을 국왕이 동원할 경우에 전쟁참여자들에게 일당을 지급하여야 했다. 그런데 필요한 전비를 어떻게 마련하느냐가 전쟁에서의 승리를 위한 요건 중의 하나였다. 그러므로 국왕이 주도한 전쟁에서 전비 조달이 국왕의 중요한 임무였다. 국왕은 부족한 전비를 어떻게 마련하였을까? 첫째, 직접세나 간접세와 같은 세금징수를 통하여 확보하는 방안이 있다. 예컨대 런던시민들에게 그들이 보유한 동산에 세금을 부과하여 징수함으로써 이를 원정비에 충당하였다. 이를 위하여 국왕은 특별히 세금징수자를 임명하였다. 둘째, 상인들로부터 수입품에 대한 관세나 수출품의 수출세를 징수하여 전비에 충당하였는데, 잉글랜드의 대표적 수출품인 양모를 수입해 간 외국 상인들로부터 수출세를 징수하였다. 그런데 백년전쟁기에는 양모판매업자나 수출업자들로부터 전체 양모판매액의 1/9을 수출세로 징수하였다.[1] 에드워드 통치 초에 동산에 부과한 1/15세에 비하여 세금징수액이 크게 증가한 것이다. 당시 세속인들로부터 징수한 세액 중에서 약 116,000 파운드가 수출세 징수로부터 들어온 수입이었다. 그렇게 확보한 세금만으로 필요한 전비를 모두 충당할 수는 없었다. 그렇다면 국왕은 부족한 전비를 어떻게 마련하였을까? 가장 손쉬운 방법이 부채인 대부로 충당하는 것이다. 국왕의 전비를 대부하여준 사람들은 주로 고위성직자와 상인들이었다.

국왕의 군사적 동원령이 내려졌을 때, 이를 이행하지 않거나 해외로 도피하는 자나 군역납부 이행을 거부하는 자는 반역죄를 범한 것이기 때문에 재

---

1) *Calendar of Close Rolls 1339-1341*, p. 663; *Calendar of Close Rolls 1341-1343*, p. 144.

산 몰수와 함께 체포되었다. 그리고 이러한 조건은 이미 국왕과 대귀족들이 군역납부 문제를 서로 협의할 때 합의한 사항이다. 국왕의 신뢰를 깨트린 적들과 대결함을 피하거나 거부하는 자들 모두를 처벌할 것이라는 점을 국왕을 대신하여 주지사가 자신의 관할 구역 사람들에게 알렸다. 그리고 국왕의 명령을 위반할 경우 주지사가 그들의 재산을 몰수하고 체포할 권한을 국왕으로부터 위임받았다. 반역자들의 토지를 몰수하는 것이 국왕권을 확립하는 하나의 수단이기도 하지만 한편으로는 국왕이 자신의 지배영역과 지배권을 확대하는 수단이기도 하고 귀족들을 국왕권의 통제 하에 놓는 방법이기도 하였다. 그러나 실제로는 적들과 내통하거나 협력한 자들에 대해서는 통상 토지 몰수로 처벌하였으며, 또한 반역죄로 기소되어 처벌하더라도, 후에 사면하여 주고 토지를 되돌려 준 것이 기록에 자주 등장한다. 물론 반역죄에 대한 사실심리의 결과 무죄가 밝혀지면 몰수한 토지를 되돌려 주었다. 한편 반역으로 의심받은 자들 중에서 많은 사람들이 사면을 통하여 반역의 혐의를 벗어나기도 하였다. 그런데 몰수된 재산을 매개로 국왕에게 충성하는 또 다른 자를 확보할 수 있었다. 또한 반역자로부터 거둔 벌금으로 군역납부자를 고용할 수 있었다. 거의 매년 일으킨 잦은 전쟁으로 인하여 많은 인력과 전비가 필요하였던 에드워드 왕들은 원활하게 군역과 전비를 확보하기 위한 방안으로 반역자들을 극형에 처하는 대신 벌금징수와 군역납부로 사면하는 실용적인 정책을 실시하였다. 이러한 에드워드 왕들의 반역법 강화는 봉건 귀족 세력을 억제하고 왕권을 유지 강화시킬 수 있는 수단이 되었다. 즉 봉건왕정 체제를 극복할 수 있는 법적인 원동력을 제공하였다.

에드워드 3세는 그가 즉위한 지 두 달만인 1327년 3월 4일에 스코틀랜드와의 평화협정을 갱신하고, 그의 선왕이 만든 휴전안을 3월 8일에 인준하였다. 에드워드 3세는 프랑스에 있던 스코틀랜드의 왕인 존 1세(1306-1329)의 아들 에드워드 벨리올을 잉글랜드로 오도록 요청하였다. 그가 스코틀랜드 왕국의 왕위를 주장할 수 있는 권리자라는 점에서 그의 초청은 스코틀랜드를 자극한 조치였다. 그러나 스코틀랜드의 로버트 1세가 1327년 10월에 휴전협상안을 제시하고, 6개 항목으로 구성된 에든버러/노샘프턴 평화조약

이 1328년에 체결되어 양 왕국 간의 평화가 수립되었다. 그리고 이를 계기로 잉글랜드가 스코틀랜드에 대한 종주권 주장을 포기하고 자유와 자치를 인정함으로써 스코틀랜드의 독립이 달성되었다. 당시 잉글랜드인들은 이 평화조약을 '부끄러운 평화'로 간주하였다. 이 조약 체결은 이사벨라와 로저 모티머가 주도하였다. 이를 계기로 1330년에 에드워드 3세가 이사벨라와 로저 모티머를 제거하고 친정체제를 구축할 수 있었다. 한편 에드워드 벨리올은 아버지인 존 1세의 왕위가 불법적으로 데이비드 2세(1329-1371)에게 찬탈되었기 때문에 그가 스코틀랜드 왕위를 계승할 권한이 있음을 주장하였다. 잉글랜드 왕 에드워드 3세의 암묵적인 후원 하에 스코틀랜드를 침입하여 드플린 무어 전쟁을 일으켜, 승리한 후 데이비드 2세[1]를 왕좌에서 몰아내고 일시적으로 에드워드 벨리올이 스코틀랜드 왕위를 되찾았다. 그러나 1326년 로버트 1세 통치기에 프랑스와 맺은 공수동맹으로 프랑스는 스코틀랜드의 데이비드 2세를 지원할 것을 약속하였으며, 이로 인하여 프랑스로 망명하였던 데이비드 2세가 1341년에 스코틀랜드로 귀환할 수 있었다. 한편 에드워드 3세는 에드워드 벨리올의 보호정책을 포기함으로써 그의 세력이 크게 약화되었다. 스코틀랜드에서 벨리올 가문과 브루스 가문 간의 권력 다툼도 이것으로 끝나게 되었다.

한편 스코틀랜드 왕 데이비드 2세는 프랑스와의 공수동맹 체결로 프랑스의 필립 6세(1328-1350)가 지원하여 줄 것으로 기대하면서 친히 군대를 이끌고 잉글랜드를 침입하였다. 그러나 1346년에 일어난 네빌스 크로스(Neville's Cross) 전투에서 데이비드 2세가 잉글랜드군에게 포로로 잡히고 크게 패배하였다. 데이비드 2세는 1357년에 100,000마르크라는 막대한 포

---

1) 로버트 1세와 그의 둘째 부인인 엘리자베스 사이에 태어난 유일한 아들인 스코틀랜드 왕 데이비드 2세(1329-1371)는 잉글랜드 왕 에드워드 3세의 누이인 요한나(Joanna)와 4살 때 결혼하였다. 그리고 곧 그는 왕이 되었다.(1329) 그는 거대한 의식 속에서 도유식을 거행한 스코틀랜드 최초의 왕이다.(1331) 그의 미성년기 동안 일련의 왕국의 보호자들이 그를 대신해 스코틀랜드를 지배했다.

로석방금을 에드워드 3세에게 지불하는 조건으로 11년 동안의 포로생활에서 벗어나 석방되었다. 이 전쟁의 패배에 대한 보상으로서 데이비드 2세는 스코틀랜드 남부 지방을 잉글랜드에 양도하고, 포로석방금 지불로 인하여 경제적으로 큰 어려움에 처하였다. 그는 1371년에 후사 없이 사망하여 로버트 스튜어트가 로버트 2세(1371-1390)로 즉위하였다. 이처럼 스코틀랜드의 세력이 약화되어 잉글랜드 북부가 평화로워지자 에드워드 3세는 프랑스와의 문제에 집중할 수 있게 되었다. 1346년에 에드워드 3세는 10,000명의 대군을 이끌고 도버 해협을 건넜다. 1346년 8월 26일 프랑스 군대와 벌어진 크레시 전투에서 잉글랜드군이 대승을 거두었다. 이러한 성공의 이면에는 1344-1347년에 사용한 242,162파운드라는 많은 전비가 뒷받침되었다. 북쪽의 스코틀랜드 세력을 진압하고 연이어 프랑스와의 크레시 전투와 칼레 전투에서 승리한 에드워드 3세는 대륙으로의 진출을 위한 활로를 적극적으로 찾았다. 섬나라 잉글랜드가 프랑스를 침입하여 유럽 대륙으로의 적극적인 진출을 시도한 것이다. 그러므로 백년전쟁은 잉글랜드가 프랑스 내에 있는 국왕의 영지를 지킬 뿐만 아니라 섬나라의 고립을 탈피하여 대륙으로 진출하려는 시도로 이해될 수 있다. 그리고 이러한 시도는 이번으로 끝나지 않고 이후에도 틈만 나면 계속되었다.

5. 정치적 혼란과 범죄

에드워드 왕들의 통치기에 정치적 혼란을 일으킨 사건들이 끊이지를 않았다. 에드워드 2세 통치기에는 내란의 발생은 물론 스코트와의 전쟁에 시달렸으며, 에드워드 3세 통치기에는 북쪽으로는 스코트와의 전쟁에 대처하여야 하고 바다 건너의 프랑스와의 백년전쟁을 시작하여 국내외 정치가 안정될 날이 거의 없었다. 전쟁은 특히 범죄 발생에 파괴적 기능을 하였다. 전쟁 자체로 인한 혼란이 범죄 발생 증가의 원인이 되었을 뿐만 아니라 범법자들을 조건부로 사면시켜 전쟁에 참여시키려는 시도가 범죄 발생의 또 다른 계기가 될 수 있었다. 그러므로 전쟁은 범법자 발생의 원인이요 결과였다. 특히 스코트와의 전쟁이나 프랑스와의 백년전쟁에서 그러한 점이 분명히 나타난다. 국왕이 군대를 이끌고 전쟁에 참여하여 장기간 국내에 부재할 때 무법과 무질서가 증가하였다. 1314년 에드워드 2세가 스코틀랜드를 원정한 후 기사들을 비롯한 범법자들이 범한 무도한 행위에 대하여 백성들의 원성이 높았다.[1] 에드워드 3세가 1347년에 스코틀랜드, 플랑드르, 프랑스에 출정하여 국내에 부재한 동안에 국내에서는 각종 범죄로 인한 신민들의 불평이 일어났다.[2] 이처럼 국왕이 국내에 부재한 가운데 전쟁이 계속되면 범

1) *Calendar of Patent Rolls 1313-1317*, p. 122.

2) J. G. Bellamy, *The Law of Treason in England in the Later Middle Ages,*

죄가 평시보다 자주 발생한 것은 아주 자연스러운 현상이다. 스코틀랜드 원정과 플랑드르로부터 귀환한 후 1340-1341년에 에드워드 3세는 관리들이 저지른 비행을 철저하게 조사하였다. 주지사와는 달리 검시관들은 평생직으로 선출되었으나, 죽을 때까지 그 직에 머무는 자들은 드물었다. 거의 모든 검시관들은 뇌물강요죄를 범하였다.[1] 뇌물은 그들의 직책 수행에 뒤따르는 하나의 부산물이었다. 이러한 관리들의 부패가 민심을 동요하게 만든 중요한 요인 중에 하나였다. 특히 재판관들이나 배심원들의 부패가 피고의 유무죄 결정과 직접 관련하여 나타날 수 있었다. 수석재판관들이 재판에 영향을 끼칠 정도로 돈을 받고 부정을 범한 경우가 있다.[2] 1350년에 수석재판관인 윌리엄 도프(William Thorpe)가 돈을 받은 부정을 저질러서 교수형을 선고받았으나 1년 동안의 옥고를 치루고 대부분의 재산을 상실하였다. 1365년에는 재판관인 헨리 그린(Henry Green)과 윌리엄 스키프워드(William Skipwith)가 부패 행위로 체포되었으나, 벌금납부로 석방되었다.[3] 이러한 사법적 타락은 에드워드 3세 시대에 국한된 문제가 아니다. 에드워드 1세와 에드워드 2세 통치기에도 자주 발생한 문제 중에 하나였다. 이러한 사법적 부패를 교정하고 범죄에 조직적으로 대항하기 위해서 에드워드 1세는 특정한 감옥에 수감되어 있는 미결수 재판을 위한 치안판사 제도를 만들고, 또한 특정 지역의 범죄를 다루기 위한 특별순회형사재판관 제도를 만들어 범죄에 대항하려고 하였다. 1346년에는 에드워드 3세가 고기나 술을 대접받는 것을 제외하고 재판관들이 누구로부터 사례금(fee), 보상금(reward)을 받는 것을 법으로 금지하였다. 그 대신 국왕은 재판관들에게 봉(封)을 지급하였다. 같은 해 주지사들의 비행을 조사할 권한을 재판관들에게 부여하였다.[4]

---

chapter 4.

1) R. F. Hunnisett, *The Medieval Coroner*, pp. 118-126.
2) L. O. Pike, ed., *Year Books, 14-15 Edward III*, pp. 258-262.
3) J. G. Bellamy, *Crime and Public Order in England in the Later Middle Ages*, p. 15.
4) Alexander Luders, T. E. Tomlins, John Raithby, ed., *Statutes of the Realm, 1101-1713*, vol. I, p. 303.

주지사는 지방의 대영주들 중에서 국왕이 임명하였기 때문에 지방의 토호들과의 야합을 통한 부정부패가 발생할 가능성이 높았다. 지난 1세기 이상 동안 주지사들의 범죄를 다룬 것은 순회재판관이나 치안판사들이었으나, 이제 특별순회재판관들에게 이 일을 맡긴 것이다.

치안판사들이 범죄를 다룰 때에 범죄자나 범죄용의자들 혹은 그들의 집단으로부터 위협을 받아 치안 업무를 원활하게 수행할 수 없었던 경우도 있다. 1322년 레스터셔의 폴빌(Folville) 가문의 형제 갱단이 국왕의 재판소의 재판관인 리처드(Richard Wylughby) 경을 체포하여 몸값으로 1,300마르크(866파운드 13쉴링 4펜스)를 받아냈다.[1] 당시 갱단의 지도자는 젠트리, 기사, 에스콰이어 출신이었다. 이러한 부류에 속한 자들이 폴빌 형제들이다. 갱단의 두목인 유스터스 폴빌(Eustace Folville)은 그의 형제들 4명과 피붙이가 아닌 자들을 포함하여 20-30명 정도로 무리를 이루어 활동한 영지를 세 곳이나 소유한 기사들이었다. 한편 1300년경에 북부 더비셔(Derbyshire)에서 활동한 갱단의 두목인 제임스 코트렐(James Coterel)은 갱단의 핵심으로서 형제 두 명과 3-4명의 다른 자들로 구성하였으나, 노팅엄셔와 더비셔에서 활동한 그들의 무리가 20명이 넘었다. 그런데 1331년과 1332년에는 그들을 도운 협력자들이 150명에 이르렀다.[2] 협력자들은 갱들에게 음식과 머물 곳을 제공하고 메시지를 전달하고 그들이 도피할 길을 알려주었다. 그들이 실질적인 갱단의 일원은 아니었으나, 그들의 도움으로 갱단이 강도와 폭력행위를 자유롭게 할 수 있었기 때문에 그들의 협조자들도 범법행위를 범한 것이나 마찬가지이다. 물론 그들의 행위가 갱들의 협박으로 인한 두려움 때문인지 여부는 알 수 없으나, 갱들을 지원하였다는 사실은 분명히 범죄행위를 방조하고 더 나아가 선동한 것이나 마찬가지이다. 이러한 범죄자들에 대한 협조자 내지는 방조자들이 다수 존재하였음은 당시 공공질서 유지가

1) J. G. Bellamy, *Crime and Public Order in England in the Later Middle Ages*, p. 19.
2) *Ibid.*, pp. 70-72.

공권력만 가지고 이루어질 수 없으며, 중앙정부나 지방정부가 치안 유지를 위한 새로운 방편의 강구가 절실하게 필요하였던 상황이라고 하겠다.

갱단은 여러 가지 형태의 범죄, 즉 모살, 절도, 밀렵, 강탈, 유괴, 사기 등과 같은 범죄를 저질렀다. 그들의 이러한 범죄의 목적은 복수의 수단이나 돈을 벌기 위해서였다. 예컨대 1327-1328년에 코트렐 일당이 북중부에 위치한 랭커스터 가문의 영지를 침범하여 5,200파운드의 가치가 있는 가축을 절도하였다. 1336년에 어느 러틀랜드(Rutland) 주의 갱은 지방의 치안판사를 모살하였고, 1350년에는 헤리퍼드셔의 치안판사인 존 레가트(John Legat)가 순회재판소로 가는 도중에 피살되었다. 이처럼 14세기 중엽에 재판관들이 범법행위와 관련된 자들로부터 습격당하는 경우가 많았다. 또한 사건의 소송에서 상대편에 대한 폭력행위는 일반화되었다. 1323년 8월에 윌리엄 브레드쇼(William Bradshaw)가 랭커셔 주 법정에 60명의 무장한 자들을 대동하고 나타나 배심원들을 위협하여 소송절차가 원만하게 진행되는 것을 방해하였다. 폭력과 함께 배심원 매수죄도 당시 만연되어 있었다. 부정한 방법으로 소송에서 승리하기 위해서 수단과 방법을 가리지 않았음은 14세기나 오늘날이나 마찬가지이다.

이러한 문제점을 해결하는 방법은 왕국 내에 국왕의 평화를 수립하고 유지하기 위해 국왕의 재판관들과 지방의 배심원들의 뚜렷한 소명 의식에 전적으로 의존하는 수밖에 없었다. 갱들이 범법행위로 기소되더라도, 법정에 출두하지 않았다. 이에 대한 법적 대응이 기껏해야 법익박탈이었다. 법익박탈자들을 추적하여 체포하는 과제를 주지사들과 그들의 관리들뿐만 아니라 범법자들에게 개인적인 원한을 가진 자들이나 범법자들을 체포하여 보상을 바라는 사람들을 이용하는 방식으로 해결하려고 하였다. 갱단을 찾아내려는 특별한 임무를 받은 자들이나 주지사들의 노력에도 불구하고 대부분 그 임무를 성취하지 못하였다. 그 이유는 이들에 대한 체포 노력을 그들에게 직간접적으로 전달한 협력자들이 있었기 때문이다. 예컨대 1332년 여름에 제임스 코트렐 체포 정보를 그에게 제공한 자는 렌톤(Lenton)의 소수도원장이었다. 한편 노팅엄의 부지사인 로버트 잉그램(Robert Ingram)도 유사한 경고를 존 코트렐에게 편지로 알렸다.

갱들에 대한 처벌은 기껏해야 벌금을 지불한 대가로 그들의 범법행위를 사면하거나 군역납부를 조건으로 사면하는 것이었다. 예컨대 1333년 7월에 유스터스 폴빌의 범죄행위는 스코틀랜드 원정에 참여하여 국왕에게 군역을 납부하는 조건으로 사면되었다. 폴빌과 코트렐 갱단의 무리들이 1333년과 1340년 사이에 국왕의 군사원정에 자주 참여하였는데, 이는 사면과 관련된 것으로 보인다.[1] 이와 같은 형태의 처벌로는 갱들의 활동을 근본적으로 제어할 수 없었다. 더구나 갱들의 활동이 사회에 끼친 악폐도 있지만 이보다 더 중요한 문제는 이들의 활동을 도와준 평민들이 다수였다는 점이다. 이러한 상황에서 범죄자들로부터 사회를 지켜 사회질서를 바르게 유지한다는 것은 매우 어려운 일이었다.

1334년부터 1339년 가을까지 의회 기록이 없기 때문에 이 시기에 의회의 역사는 불분명하다. 그런데 1339년 10월에 의회기록이 다시 시작되면서부터 세금징수에 대한 평민들의 저항기록이 다수 나타난다. 이미 1336년 이후 계속된 증세를 위한 필요성이 제기되면서부터 평민들의 증세에 대한 저항이 일어난 것이다. 국왕은 증세를 통하여 프랑스 및 스코틀랜드와의 전쟁에 필요한 전비를 마련하려고 시도하였으며, 그래서 1336년 여름과 가을 두 차례에 걸쳐서 의회를 소집하였다. 1334년 이래 동산의 가치에 따라 부과된 직접세인 1/15세를 통하여 38,000파운드를 확보한 국왕은 1336년에도 의회에 요구하여 1334년과 같은 직접세를 징수할 수 있었으며, 양모수출에 대한 특별보조금(subsidy)으로서 한 색(sack)[2] 당 6쉴링 8펜스를 징수하던 것에 더하여 1336년 9월 노팅엄에서 양모 상인 회의를 열어 한 색 당 20쉴링의

---

1) *Ibid.*, pp. 85-86.

2) 잉글랜드에서 사용된 마른 상품, 주로 곡물이나 양모의 용량 측정 단위가 색(sack)이다. 위에서 이미 언급한 것처럼 양모의 경우는 일반적으로 364파운드(165.107킬로그램)의 무게가 1색이다. 지역에 따라서는 350파운드(158.756킬로그램)의 양모를 1색이라고도 하였다.

부가세를 더 징수하려고 하였고, 상인들은 이에 동의하였다.[1] 이처럼 에드워드 3세는 대외 전쟁 수행에 필요한 자금 확보를 위해 노력하였다. 그런데 1336-1338년에는 풍년이 들었다. 특히 1337-1338년에는 밀 판매가격이 기근기인 1315-1316년에 비하여 약 1/4-1/5정도로 하락하였고, 보리와 귀리 판매가격의 하락도 이와 큰 차이가 없었다. 호밀의 판매가격은 이 보다 더 차이가 나서 1/6-1/7 정도로 하락하였다.[2] 이러한 시기에 아직도 무거운 직접세 징세와 특별보조금 징수는 특히 평민들에게는 큰 압박이었다. 무거운 세금을 징수하는 일은 상품의 구매력을 떨어트릴 정도로 심하였다. 어느 연대기 작가는 "이 시기에 런던에서 밀이 쿼터 당 2실링에, 살찐 황소 한 마리가 1/2마르크에 판매될 정도로 물가가 하락하였다."[3]고 언급하였다. 이러한 경제적 상황에서 국왕의 전쟁 수행을 위해 필요한 자금 확보가 쉽게 이루어 질 수 없었으며, 강압적인 국왕의 징세 정책은 결국 민심의 동요를 초래하였다. 만약 이러한 상태가 지속된다면, 이는 어느 특정 계급에 국한되지 않은 정치적이고 사회적인 불안과 불만의 원인이 되었을 것이다.

1332-1337년에 요크로부터 출발한 에드워드 3세의 스코틀랜드 원정 시기와 요크셔에서 발생한 높은 범죄발생과 일치한다. 군대의 계속된 주둔과 원정군에 필요한 물자를 요크셔 지역에서 징발한 사실이 이 기간 동안에 이곳에서 발생한 높은 범죄율의 원인이었다. 이러한 주장을 밑받침할 수 있는 사실로서 다음과 같은 점을 열거할 수 있다. 1334년에 에드워드 3세는 요크시의 시장과 지방행정관들(bailiffs)에게 요크에서 밤낮으로 범법자들이 모여들어 무장을 하고 돌아다니다가 그곳에 체류하고 있는 국왕의 성직자들과 신하들을 구타하고 부상을 입히고 강도짓을 한다고 불평하였다. 이에 더하

1) *Calendar of Close Rolls 1333-1337*, pp. 700-701.
2) J. E. T. Rogers, *A History of Agriculture and Prices in England*, vol. I, p. 230; *Ibid.*, vol. II, pp. 106-109.
3) E. B Fryde and Edward Miller, ed., *Historical Studies of the English Parliament, Origins to 1399*, p. 256.

여 범법자들은 야밤에 돌아다니면서 요크의 재정책임자(treasurer)의 집에서 보석과 귀중품을 절도하였다. 이에 국왕은 지체 없이 악행을 범하는 자들을 체포 구금하도록 요크 시장과 지방행정관들에게 명하였다. 이에 유죄가 발견된 모든 자들을 체포 투옥함으로써 국왕은 시장과 지방행정관들에게 불평하지 않았다.[1] 이러한 기록은 요크셔에서 범죄발생율이 매우 높았음을 시사한다. 같은 시기에 다른 주들에서는 일반적으로 낮은 범죄율을 기록하고 있기 때문에 우리는 특히 요크셔에 주목하여야 한다.

백년전쟁이 시작되고 에드워드 3세의 스코틀랜드 원정이 있던 1337년에서부터 1340년까지 런던시에서 발생한 사망사건의 특징을 살펴보면 다음과 같다. 1337년에는 2월 2일부터 9월 21일까지의 기록이 남아있다. 물론 1년 동안에 발생한 전체 살인사건에 대하여 알지 못하기 때문에 살인사건의 일반적 특성을 파악하는 데에는 한계가 있으나, 일반적인 경향은 파악할 수 있을 것으로 기대한다. 필자가 확인한 이 시기의 사망사건은 28건인데, 그 중에서 제일 많은 비중을 차지하고 있는 것은 칼로 타인을 살인한 경우로서 12건(43%)에 이른다. 다음으로는 마차바퀴에 치여 사망한 경우나 우물청소를 하다가 질식사한 경우와 같은 사고사가 8건(29%), 그리고 템스 강에 빠져 익사한 사고사가 3건(11%), 화재로 인한 사망이 1건, 기타 4건으로 분포되어 있다. 한편 1339년에는 총 48건의 사망사건에 관한 기록이 확인된다. 그 중에서 감옥에서 자연사한 경우가 11건(23%), 칼로 살인한 경우가 21건(44%), 사고사가 4건(8%), 익사가 4건(8%), 기타 8건 등으로 분포되어 있다. 그런데 감옥에서 자연사한 자들 가운데 범죄명이 기록된 경우를 보면, 절도가 2건, 강도 1건, 살인 2건, 불법침해 2건이다. 마지막으로 1340년의 사망사건 기록은 1월 13일부터 9월 8일까지 남아 있다. 이에 따르면 총 26건의 사망사건 중에서 칼로 살인한 경우가 10건(38%), 템스 강이나 우물에 익사한 경우가 6건(23%), 사고사가 3건(12%), 집단폭행치사가 2건(7.7%), 기타 자살 1건, 화

1) *Calendar of Close Rolls 1333-1337*, pp. 294-295.

재로 인한 사망이 1건, 기타 3건(12%) 등으로 분포되어 있다. 백년전쟁과 스코틀랜드 원정과 같은 중요한 전쟁을 수행하였던 3년 동안에 런던에서 발생한 사망사건의 특징은 칼을 무기로 살인을 한 경우가 절대 다수를 점유하고 있다. 그렇다고 이러한 형태의 살인사건이 이 시기에 나타난 특징만은 아니다. 위에서 살펴보았듯이 1320년대에도 살인사건의 유형 분포는 1330년대와 유사하다. 다만 1330년대만의 특징은 감옥에서 굶어서 사망한 경우가 없다는 점이다. 위에서 언급한 것처럼 대기근기나 소기근기에 죄수들이 스스로 혹은 친족이나 친구들로부터 생존에 필요한 물자를 공급받지 못하여 감옥에서 굶어 죽은 경우가 종종 발생하였다.[1] 그러나 1330년대에는 큰 기근이 발생하지 않았기 때문에 죄수들이 굶어서 감옥에서 사망한 경우가 없었다.

런던시에서 발생한 경범죄의 특징과 그에 처벌에 대하여 검토하여 보자. 대도시인 런던에서 시장을 비롯한 관리들이 늘 염두에 두고 관리하여야 할 가장 큰 문제는 대부분의 시민들이 시장에서 구매한 식료품의 가격을 어떻게 안정화시키느냐 하는 일이다. 그래서 런던에서 시장이 자주 그리고 가장 많이 포고령을 내린 사항은 식품의 적정 판매가격 유지와 판매식품의 질 유지에 관한 것이다. 물론 이러한 규제가 1330년대에 갑자기 강화된 것은 아니다. 이미 대기근이 발생하였을 때나 소기근기이 일어난 시기에 런던시장이 수시로 상거래 질서를 확립하고자 한 조례를 발표하였다. 비록 1354년 11월 11일에 발표된 13개 주요 조항이 담긴 조례(ordinance)가 이곳에서 검토하고자 하는 시기보다 뒤에 일어난 일이지만, 이를 통하여 런던시가 상거래 질서 확립은 물론 범죄예방에 대하여 관심을 기우린 문제가 무엇인가를 파악할 수 있다. 당시 런던시가 관심을 갖고 있던 문제가 무엇이며, 어째서 이러한 문제에 관심을 가졌으며, 이것이 다른 시기의 조례와 다른 점이 무엇인가를 파악하기 위하여 13개 항목을 예시하면 다음과 같다. 첫째, 누구라도 만종(curfew) 이후 런던 시내나 교외를 방황하여서는 안 된다. 둘째,

---

1) 이에 대한 구체적인 이유는 이미 <투옥형과 감옥>에서 언급하였다.

국왕의 군대를 제외하고 누구라도 런던시에 무기를 반입하여서는 안된다. 셋째, 여관 주인들은 손님들이 여관에 묵을 때에 그들의 무기를 따로 보관하여야 함을 알려야 한다. 넷째, 국왕의 평화를 파괴하는 자는 누구라도 중죄인으로 체포하여 주지사들에게 인계한다. 다섯째, 누구라도 범법자와 회동하여서는 안 된다. 여섯째, 음식점 주인들이나 식료품 판매자들은 흑사병 발생 이전의 물품가격을 받고 거래하여야 한다. 일곱째, 선술집 주인은 좋은 포도주와 질이 떨어지는 포도주를 혼합하여 판매해서는 안 되며, 포도주를 포도주 통에서 따를 때에 손님이 그것을 보도록 하여야 한다. 여덟째, 에일 양조업자들은 런던시에서 정한 가격에 에일을 판매하여야 한다. 아홉째, 곡물판매업자들은 빌링스게이트(Billingsgate), 퀸하이트(Queenhithe), 그레이스처치(Gracechurch), 뉴게이트(Newgate)에서만 판매하여야 하며, 오전 6시 이전에 곡물을 판매하여서는 안 된다. 열째, 외지인 상인들은 곡물을 판매하지 못한다. 열한째, 외지인 상인들은 곡물이나 다른 식품을 매점하여서는 안 된다. 열두째, 돼지가 길거리에서 배회하지 않도록 하여야 한다. 열셋째, 누구라도 가금류를 비롯한 식품을 매점하여서는 안 된다.[1] 위의 조례 내용에서 볼 수 있듯이 런던시 당국이 항상 관심을 기우린 문제는 런던시의 치안질서 유지와 생활필수품의 가격안정과 유통질서 확립에 있었다. 위에서 언급한 사항들은 대기근기나 소기근기에도 런던시장이 조례를 통해서 항상 언급하였던 문제들이다. 예컨대 1316년 이후 거의 매년 에일과 포도주 유통질서 확립과 용기의 규격 및 가격 통제에 관한 사항[2], 1317년에 곡물판매를 위한 법정 도량형 사용의 의무화[3], 소기근기인 1322년에 곡물이 불법으로 런던시로부터 유출되는 것을 방지하기 위하여 지정된 장소에서만 곡물을

1) *Calendar of Letter Book G*, p. 33.

2) *Calendar of Letter Book E*, pp. 71-73; *Calendar of Letter Book F*, pp. 19, 27-28, 83, 178, 201, 245; *Calendar of Letter Book G*, pp. 1, 4, 5, 52, 177, 189, 199, 215, 226, 255, 301, 318, 311.

3) *Calendar of Letter Book E*, p. 74

판매하도록 한 규제[1]), 고기나 생선의 판매 장소 지정과 부패한 생선이나 고기 판매 금지[2]), 가금류 판매에 관한 규제[3]) 등의 문제는 항상 언급된 주요 사항이었다. 그와 같은 규제 사항을 조례를 통해 자주 언급하였던 것은 그만큼 위반자들이 빈번하게 발생하였다는 점을 반영하는 것이다.

특히 에일과 포도주 양조와 판매 조례는 자주 발표되었다. 그만큼 이에 대한 위반자들이 많았다는 증거이다. 1337년 11월 1일에 발표한 포고령에 따르면, 에일이나 포도주를 갤런(gallon), 포틀(potel), 쿼트(quart) 이외의 다른 계량단위로서 판매하는 것을 금지하였다. 이러한 금지 사항을 런던시장이 갑자기 발표한 것은 아니다. 이미 13세기 장원법원문서나 다른 재판기록을 통하여 볼 때, 농촌에서 에일 양조와 판매를 담당한 소규모 소매점에서부터 런던과 같은 대도시에서의 대규모 주류판매상에 이르기까지 에일이나 포도주를 판매할 때 법정 용기를 사용하지 않아서 부당 이득을 얻으려는 시도가 폭넓게 그리고 자주 있었기 때문에 이를 규제하였다. 한편 부당한 용기의 사용 못지않게 상인들이 자주 위반한 사항은 법정 가격을 준수하여 주류를 판매하지 않은 일이었다. 그래서 계량 용기 규제뿐만 아니라 가격 규제도 자주 포고령 형태나 조례(assize)로 발표하였다. 1337년 에일 판매에 사용한 계량기 규제에 대하여 발표한 날에 에일 판매 가격 규제도 동시에 발표하였다. 즉 최고 품질의 에일은 갤런 당 3 1/2펜스 이상, 중간 품질의 에일은 1페니 이상, 최하 품질의 에일은 1/4페니 이상 받고 판매하지 못한다. 이 조례는 이미 30년 전인 1316-1317년에 공표한 에일 판매가격 규제와 크게 다르지 않았다.[4]) 이러한 가격 규제는 런던시장과 시 참사회원들의 명령일 뿐만 아니라 양조업자들이 동의하여 이루어진 것이다. 그러므로

1) *Calendar of Letter Book E*, p. 167.
2) *Calendar of Letter Book E*, pp. 110-111; *Calendar of Letter Book F*, p. 208; *Calendar of Letter Book G*, pp. 123, 127, 297.
3) *Calendar of Letter Book F*, p. 208.
4) *Calendar of Letter Book E*, p. 71.

만약 양조업자들이 이 약속을 위반할 시에는 처벌이 뒤따랐다. 1337년 11월에 발표된 런던 조례에 따르면, 첫 번째 위반할 시에는 3일 동안 투옥형의 처벌과 함께 벌금 40펜스가 부과되었다. 두 번째 위반할 시에는 6일 동안 투옥하고, 벌금 1/2마르크를 납부하여야 한다. 세 번째 위반하다가 적발되면 그 상인은 런던시로부터 영구히 추방된다.[1] 한편 양질의 에일이나 포도주를 하질과 혼합하여 양질의 에일이나 포도주로 판매하여 부당 이득을 얻는 행위도 엄하게 금지하였다. 주지사들과 그의 관리가 포도주를 판매하는 선술집 모두를 방문하여 조례를 준수하는지 여부를 확인하여야 한다. 특히 가스코뉴 산 포도주를 1갤론 당 4펜스 이상으로, 그리고 라인 산 포도주를 6펜스 이상으로 판매하지 않도록 포도주 판매업자들을 감독하여야 한다. 그리고 두 종류의 포도주를 같은 저장실에 보관하지 말아야 하며, 소비자들이 포도주를 따르는 것을 직접 눈으로 확인하도록 하여야 한다.[2] 이러한 규제는 값 싼 포도주와 비싼 포도주를 섞어서 비싼 값에 파는 불법 행위를 방지하기 위해서이다. 이러한 조치들은 런던시 당국에서 시민들의 먹거리를 매우 엄하게 관리하려는 정책을 실시하였음을 뜻한다. 그러나 런던시의 이러한 정책 수행 의지와 이를 지키지 않는 상인들의 문제는 별개이다.

조례를 준수하여 상업 활동을 하여야 함은 주류에 국한된 문제가 아니었다. 식생활에 있어서 제일 중요한 것이 바로 곡물이다. 따라서 이에 대한 조례 발표와 이를 위반한 자들에 대한 처벌도 당연히 있었다. 1347년 7월 7일 이전 금요일에 곡물의 매점매석에 관한 재판을 주지사 법정에서 열었다. 존이 자신이 소유한 밀을 비밀리에 곡물시장으로 가져와 공개적으로 시장가격보다 부셸 당 2펜스를 더 받고 팔아 런던시민 공동체에게 1,000파운드 정도의 손실을 입혔다. 문제의 존이 법정에 출두하여 자신의 무죄를 주장하였으나, 12명의 배심원들은 그의 유죄를 발견하여 40일 간의 투옥형을 선고하였

1) *Calendar of Letter Book F*, pp. 27-28, 189.
2) *Calendar of Letter Book F*, p. 83.

다.[1] 같은 날 시장, 주지사들, 시 참사회원들이 시민공동체의 동의하에 장차 매점매석을 하여 공정가격으로 곡물을 판매하지 않은 범법자에게는 칼을 씌운 형벌(pillory)을 가하여야 한다고 합의하였다. 이에 따라서 곡물판매 위반자는 칼을 씌운 형벌을 받았다. 예컨대 곡물을 시장 가격보다 부셀 당 3 1/2 펜스를 더 받고 뉴게이트(Neugate) 시장에서 판매하여 시민공동체에 2,000 파운드의 손실을 입힌 월터가 법정에 출두하여 무죄를 주장하였으나, 12명의 배심원들은 그를 유죄로 평결하였다. 그래서 그는 칼을 씌워 투옥되는 형벌을 받았다.[2] 한편 조례를 위반한 구두판매업자에 대한 처벌 사례도 있다. 1344년 5월 19일 이후 돌아 온 수요일에 조례에 반하여 구두를 판매하였기 때문에 벌금형을 받았다. 그가 처음으로 조례를 위반하였기 때문에 40펜스의 벌금을 런던시 당국에 납부하는 것으로 결정되었다.[3] 이처럼 런던 시민들의 식생활뿐만 아니라 생활필수품 제조와 판매위반 행위가 자주 일어났고, 런던시 관리들은 그러한 위법행위를 방지하기 위한 노력도 계속했다.

1) *Calendar of Letter Book F*, p. 164.
2) *Calendar of Letter Book F*, p. 166.
3) *Calendar of Letter Book F*, p. 103.

제 7장:

흑사병과 범죄

1. 흑사병의 발생과 그 영향

1) 흑사병의 종류

환자의 몸과 손발에 검은 반점이 나타난 다음 사망에 이르렀기 때문에 '흑사병(Black Death)'이라고 불린 질병이 1348년 여름 잉글랜드에 상륙하였다. 흑사병은 극히 작은 박테리아(Yersina pestis 혹은 Pasteurella pestis)가 일으켰다. 흑사병을 일으키는 박테리아가 감염된 쥐의 피를 빨아먹은 쥐벼룩에 물려서 사람의 혈류 속으로 들어간 다음, 박테리아가 림프조직을 공격하여 겨드랑이나 사타구니에 큰 종기가 생겨난다. 그러므로 페스트가 발병하기 위해서는 첫째로 인간이 거주하는 곳과 가까운 지역에 사는 감염된 쥐들이 있어야 한다. 중세 잉글랜드인들은 일자 형태(long) 가옥에서 소, 닭, 양, 돼지, 고양이, 개와 같은 가축들과 함께 한 지붕 아래에서 생활하였다. 이 가축들이 벼룩의 운반체이고 인간에게 전염병을 옮기는 매개체였다. 둘째로는 인간에게 달라붙을 쥐벼룩이 중간숙주로서 활동하여야 한다. 쥐와 같은 병원균의 운반체는 흑사병 바이러스로 인하여 죽지 않았다. 흑사병의 병원균이 양모 꾸러미에 잠복한 벼룩에 의해 먼 거리까지 이동할 수 있었다. 셋째로는 박테리아가 증식하기에 유리한 기후 조건이 갖추어져야 한다. 화씨 68도(섭씨 20도)에서 화씨 78도(섭씨 30.5도) 사이에 기온과 적절하게 습기가 있는 기후에서 박테리아가 가장 잘 번식한다. 그러므로 흑사병이 발병하기에 적당한 시기는 더운 여름이었다.

흑사병은 일단 발병한 이후 세 가지 형태로 변형되어 나타났다. 첫째, 잉글랜드에서 가장 먼저 발생하였고 가장 일반적인 형태는 선 페스트(bubonic plague)이다. 치명적인 박테리아가 통상 동물들의 털에 기생한 벼룩의 위장에 있다. 그리고 흑사병을 일으킨 박테리아가 기생한 벼룩은 위에 많은 유기물을 채워 넣기 위해서 계속하여 피를 빨아 먹었다. 벼룩이 피를 빨 때 위속에 있던 박테리아가 숙주의 피와 섞여서 질병을 일으킨다. 이 질병의 징후는 림프선종으로 알려진 종기가 목, 겨드랑이 등에 생겨서 커진다. 또 다른 징후는 열이 나고 극심한 두통과 피하 출혈 그리고 신경조직에 장애가 와서 자유롭게 움직일 수가 없다. 이 징후가 나타난 후 5일 이내에 약 60%의 환자가 사망에 이르렀다. 그러나 일부는 자연 치유되기도 하였다. 둘째, 두 번째 흑사병의 형태는 폐 페스트이다. 박테리아가 폐에 침투하여 폐에 염증이 생겨 가슴에 통증이 심하고 피를 토하면서 죽는 질병이다. 환자의 호흡을 통해 밖으로 나온 박테리아가 다른 사람들을 감염시켰다. 폐 페스트는 치명적인 질병이라서 감염된 환자는 3일 이내에 거의 모두가 사망하였다. 그러므로 선 페스트보다 무서운 질병이다. 여름에 발병한 선 페스트와는 달리 폐 페스트는 겨울에 증가하였다. 셋째, 세 번째 페스트의 형태는 패혈증 페스트이다. 박테리아(세균)가 혈액을 감염시켜 환자가 사망에 이르게 된다. 이 병에 걸리면 수 시간 내에 사망에 이를 정도로 사망률이 매우 높았다. 어떻게 그처럼 빨리 사망에 이르게 되는지 정확하게 알지 못한다. 박테리아가 혈류에 갑자기 침투하여 발생하는 질병으로 추정한다.[1] 그런데 패혈증은 다른 두 가지 형태의 질병보다 자주 발병하지는 않았다. 이러한 세 가지 형태의 흑사병으로 볼 때, 흑사병은 환자와의 직접적인 접촉에 의해서 뿐만 아니라 환자의 침이나 환자가

1) John Aberth, *From the Brink of the Apocalypse*, pp. 111-112. 세 가지 형태의 페스트에 대한 비판적 이해는 다음의 저서를 참조할 것. S. K. Cohn, Jr., *The Black Death of Transformed: Disease and Culture in Early Renaissance Europe* (London, 2002); Ole. J. Benedictow, *The Black Death 1346-1353* (The Boydell Press, 2004).

만진 물건에 의해서도 전염되었다. 일단 흑사병에 감염되면 3일에서 5일정도 고열과 심한 통증으로 고통을 받다가 사망하였다. 근대 의학자들은 동일한 세균에 의해서 발병한 세 가지 유형의 역병이 있음을 알고 있었다. 그 중에서 가시적인 징조인 종양 때문에 림프선종에 의한 질병이 가장 잘 알려졌다. 그런데 폐 페스트는 겉으로 드러난 징후가 발병 초기에는 없고, 또한 그것을 일으킨 원인에 대하여 잘 알지 못하였다. 당시 의술가들이 알고 있던 폐 페스트 발생에 대한 가장 그럴듯한 지식은 환자들의 기침과 침으로부터 감염된다는 점을 알고 있는 정도에 불과하였다. 당시 의학자들은 림프선종 페스트와 폐 페스트에 대하여 다음과 같은 사실을 알고 있었다. 첫째, 두 유형의 페스트는 쥐에 기생하던 쥐벼룩에 인간이 물려서 발생한다. 그러므로 페스트는 근본적으로 인간이 아니라 쥐들의 병이다. 선 페스트와 폐 페스트는 쥐벼룩이 죽은 쥐를 떠나서 인간을 중간 숙주로 일시적으로 이용할 때에 감염되었기 때문이다. 그러므로 벼룩의 번식을 조장할 기후조건이 형성될 때 인간이 흑사병에 전염될 위험성이 커진다. 더구나 중세시대의 열악한 생활환경과 의학적 지식의 결핍 속에서 쥐는 불가피하게 인간과 가까이 살거나 인간과 함께 살았다. 둘째, 두 유형의 페스트는 전염성이 있으며, 특히 폐 페스트는 희생자들의 기침이나 침으로부터 전염된다. 그래서 폐 페스트는 훨씬 더 쉽고 빠르게 전파될 수 있었다. 셋째, 선 페스트는 여름에 유행할 수 있었으나, 폐 페스트는 심각한 폐렴 증상과 유사하게 나타나기 때문에 여름보다는 추운 겨울에 더 유행할 수 있는 질병이다. 넷째, 림프선종 페스트로부터는 회복이 가능한 반면, 폐 페스트에 감염되면 폐렴을 동반하여 사망률을 높였다. 그러므로 폐 페스트는 치명적인 질병이다. 만약 두 가지 유형의 페스트가 동시에 유행하면 사망률이 크게 증가하였다. 의학사를 연구하는 학자들의 주장에 따르면, 1348년에 발생한 흑사병은 선 페스트와 폐 페스트 두 가지 형태가 결합되어 발병하였으며, 그로 인하여 사망률이 매우 높았다. 처음에는 선 페스트가 외국 상선으로부터 서유럽에 유입되어 전파된 다음, 뒤이어 폐 페스트 형태로 발전하여 큰 인명 피해를 준 것이다. 위에서 언급한 세 가지 유형의 흑사병 사이에 기본적인 차이는 감염 방법과 감염된 위치에 있다고 하겠다.

2) 중세 유럽인이 생각한 흑사병 발생의 원인

그렇다면 중세인들은 흑사병이 발생한 이유를 무엇이라고 생각하였는가? 페니실린과 같은 치료약이 없던 당시로서는 흑사병이 인간이 지은 죄악에 대한 신의 분노로 인간에게 내린 벌이라고 생각하였다. 왜냐하면 당시 사람들은 박테리아나 바이러스에 대한 지식이 없었기 때문이다. 그러나 흑사병에 걸린 사람들과의 접촉에 의해서 그 병에 전염될 수 있다는 점을 당대인들은 알고 있었다. 그러므로 흑사병이 발생한 지역으로부터 도피하는 것이 최선의 예방책이었다. 이런 분위기 속에서 전염병의 유행에 대한 속죄양이 필요하였다. 외국인과 가난한 자는 물론 나병환자 그리고 유대인들과 같은 '소외된 자들'이 죽음에 대한 집단적인 공포의 히스테리 속에서 이를 진정시킬 대중들의 속죄양이 되었다. 특히 런던시민들은 유대인들을 속죄양의 가장 적절한 대상으로 삼았다.[1] 유대인들이 독극물을 우물에 넣어 흑사병이 발생하였다는 말이 빠르게 퍼져나갔다. 유럽 각지에서 유대인들에 대한 학살이 일어나자, 1348년 7월 5일에 교황 클레멘스 6세(1342-1352)는 유대인들을 교회가 보호하여야 한다는 교서를 발표하였다. 그리고 그 해 9월 26일에는 법적 절차 없이 유대인을 살해하는 것을 금지한 교서를 발표하였다. 그러나 교황의 교서가 유럽 모든 지역에서 크게 영향을 끼치지는 못하였다. 유대인들은 학살되어야 할 그리스도의 적으로서 간주하였기 때문이다. 유대인 학살 금지 교서가 여러 차례 반복하여 발표된 것이 그러한 상황을 대변한다. 그러나 잉글랜드에서는 유대인 학살 행위가 널리 일어나지는 않았다.

쥐벼룩에 인간이 물리면 쥐벼룩에 기생하던 박테리아가 사람 몸속으로 들어와 흑사병을 일으키게 된다는 의학적 지식은 16세기에나 알려졌다. 흑사병이라는 용어도 1555년 스웨덴에서 '검은 죽음(Black Death)'이라고 부른 이후에 일반화되기 시작하였다. 그러므로 14세기 중엽에 흑사병 발생의

---

1) 1348년 11월에 유대인에 대한 박해가 독일에서 시작되었다.

원인에 대하여 자세하게 알지 못하고, 당대인들은 그 원인을 다음과 같이 추정하였다.

첫째, 성직자들뿐만 아니라 일반인들도 흑사병 발생의 원인을 인류의 죄악에 대한 하느님의 징벌로서 해석하였다. 그러나 인간의 능력으로는 하느님의 계획을 이해할 수 없다. 그러므로 흑사병을 피하는 유일한 희망은 죄악에 대한 회개와 속죄를 하느님에게 청하는 것이다. 이러한 이유 때문에 극단적인 회개 행위인 그리스도가 십자가를 짊어지고 채찍질을 당하면서 골고타 언덕을 오른 고행과의 일치를 시도한 채찍질고행자(flagellant)[1]들이 출현하였다. 그리스도의 수난을 모방하면서 이들 채찍질고행자들은 성모님의 중재로 하느님의 용서를 구하려고 그러한 행동을 한 것이다. 흑사병이 시작되기 전인 1348년 말에 오스트리아와 헝가리에서 시작된 채찍질고행은 다음 해 라인 강을 따라서 독일에서 유행하였고, 마침내 1349년 7월에 플랑드르에 도착하였다. 1349년 9월 29일 경에 120명 이상의 남성들이 플랑드르로부터 런던으로 왔다. 그들은 허리에서 발목까지 오는 린넨으로 만든 옷을 입고 상체는 벗었다. 그런 다음 채찍으로 벗은 몸을 때리면서 런던시내를 행진하면서 회개하고 속죄하였다. 상체에는 채찍 자국이 선명하게 나고 피가 흘러내렸다. 그러면서 그들은 나란히 거리를 걸다가 거리에 엎디어 팔을 벌려 십자가 모양을 만들기도 하였다. 그러나 채찍질고행자들의 이와 같은 활동은 흑사병 유행에 대한 평신도들의 공포심을 누그러트릴 교회의 역할이 없음을 드러낸 극단적인 고행 행위였다. 잉글랜드에 도착한 이들은 열렬한 환영을 받지 못하였다. 교황은 물론 런던 주교의 승인도 받지 않고 고의로 채찍질고행을 행하였다는 소문이 잉글랜드인들에게 퍼졌기 때문이다. 드디어 1349년 10월에 교황 클레멘스 6세가 채찍질고행이 반(反) 교리적인 불법적 행위임을 선언하였다. 그리고 교황은 잉글랜드 왕에게 편지를 보내 "채찍질고행자들이 왕국 내에 들어오면 그들을 모두 왕국 밖으로 몰아내라

---

1) Flagellant라는 말은 '채찍질을 하다.'라는 flagella라는 말에서 유래한 것이다.

고 요구하였다."[1)]

한편 전염병을 예방하는 특별한 수호성인이 있다. 3세기 디오클레티아누스 황제 때 순교한 성 세바스찬이 가장 잘 알려진 전염병 예방을 위한 수호성인이다. 그의 유골이 플랑드르에 있는데, 흑사병이 유행하였던 시기에 순례자들이 이곳을 찾았다. 아마도 다수의 기독교인들은 하느님의 죄 많은 현세를 심판할 묵시적 사건이 바로 흑사병의 유행으로 생각하여 두려움에 떨었을 것이다. 그렇기 때문에 흑사병에 대한 과학적인 설명과 그에 대처하는 과학적 방법이 미진할 수밖에 없었다. 그렇다고 흑사병에 대한 과학적 설명과 그에 대한 예방책을 제시하지 못한 것도 아니다. 다만 흑사병의 근본적 원인을 과학적으로 설명하지 못하였을 따름이다.

둘째, 당시 과학자들은 오염된 공기와 물과 음식으로부터 흑사병에 전염된다고 생각하였다. 당시 과학자들은 흑사병 발생의 원인이 물과 음식의 오염 때문이라고도 생각하였지만, 더욱 심각한 원인은 공기 오염, 즉 인간의 육체에 영향을 끼치는 오염되고 유해한 기체와 공기의 혼합 때문이라고 믿었다. 나쁜 공기가 음식이나 물보다 더 유해하였는데 공기는 시체, 인간이나 가축의 배설물, 썩은 물에 의해서 오염된다고 생각하였다. 그리고 이렇게 오염된 공기를 인간이 호흡함으로써 질병이 발생하게 된다. 그래서 당대인들은 무엇보다도 나쁜 공기를 호흡하지 않도록 주변 환경을 개선하고, 공기가 맑고 깨끗한 곳으로 도피하는 것이 최선의 방법으로 간주하였다.[2)] 에드워드 3세는 오물 투척으로 인하여 거리와 골목길이 오염되고 이로 인하여 도시의 공기가 인간에게 해독을 끼친다고 언급하면서 다음과 같은 내용을 담은 국왕의 칙령을 제 2차 흑사병 발생기인 1361년에 런던시장과 주지사들에게 보냈다. "도살한 가축의 오염된 피가 거리에 흐르고 내장을 템스 강에 투척

1) W. H. Bliss and C. Johnson, ed., *Calendar of Entries in the Papal Registers relating to Great Britain and Ireland: Papal Letters, A.D. 1342-1362*, vol. 3 (London, 1897), p. 42.

2) 보카치오의 『데카메론』을 참조하기 바람.

하여 도시의 공기가 오염되었다. 이러한 오염된 악취가 질병을 일으키고 다른 재해가 런던시에서 발생한다. 그래서 스트레트포드(Stratford)나 나이츠브릿지(Knightsbridge)에서 가축 도살을 금지한다."[1] 1371년 9월 26일에 발표된 런던의 도살장 운영 규칙도 이러한 점을 반영하고 있다. 그래서 가축 도살은 정해진 곳에서 하도록 규제하였으며, 이를 위반하면 고기는 몰수하고 1년 간 투옥형에 처하였다. 만약 이것이 여의치 않으면 향료나 노간주나무를 태워서 실내 공기를 정화시켜야 한다고 생각하였다. 흑사병은 유독한 공기를 통해 인간 대 인간으로 전염되기 때문에 환자를 만나는 의사들은 열린 창가에 서서 코로는 향기로운 냄새를 맡으며 입에는 식초에 젖은 거즈를 물고서 진료를 하였다.

셋째, 흑사병 발생의 원인을 점성술로 설명한 과학적인 원인도 제기되었다. 프랑스 왕 필립 6세(1328-1350)의 후원으로 흑사병의 원인을 연구한 파리 대학의 연구 결과가 1348년 10월에 발표되었다. 그 연구에 따르면, 행성의 운행으로 흑사병 발생을 설명하였다. 즉 행성의 운행이 인간의 삶에 영향을 끼친다고 여겼다. 행성 중에는 지구가 그 중심에 서 있고(지구중심설), 지구를 둘러싸고 7개의 행성, 즉 달, 수성, 금성, 태양, 화성, 목성, 토성이 있다. 그런데 별자리 중에 하나인 물병자리에서 7개의 행성 중에서 3개의 행성인 화성, 목성, 토성이 합(conjunction)이 이루어져 인간이 호흡하는 공기에 치명적인 오염을 일으켰고, 이를 흡입하여 독성 물질이 심장에 침투함으로써 흑사병이 발생하였다는 보고서를 발표하였다. 파리 대학 의학자들은 행성들이 인간에게 직접적인 영향을 끼친다고 생각한 것이다. 각 행성은 독특한 특성을 지닌다. 화성은 전쟁과 관련된 행성이고, 사람들을 화나고 하고 폭력을 자극한다. 그러므로 화성이 하늘에서 지배적인 위치를 차지할 때 태어난 사람들은 공격적이고 폭력적인 성격을 띠게 된다. 그래서 그 때 태어난 사람들은 군인, 칼 제조업자, 도살업자, 이발사가 되기 쉬웠다. 악

1) F. A. Gasquet, *The Black Death of 1348 and 1349* (London, 1908), p. 110.

의 영향을 끼친 두 번째 행성은 토성이다. 인간에게 가장 이로운 행성은 금성과 목성이다. 점성술가들은 1345년에 세 개의 행성의 합(合)이 일어났는데, 가장 좋은 행성인 목성과 나쁜 행성인 화성과 토성의 합이 이루어져 공기에 치명적인 오염을 유발시켰다고 여겼다. 인간에게 해로운 기운을 준 두 개의 행성인 화성과 토성이 그 힘을 발휘하였기 때문에 흑사병이 발생하였다고 생각한 것이다. 토성은 차고 메마르고, 화성은 뜨겁고 메마르다. 화성은 지나치게 뜨겁고 건조하지만, 목성은 적당하게 따뜻하고 습기가 있다. 그러나 지나치게 뜨겁고 건조한 행성인 화성이나 차고 메마른 토성이 힘을 발휘하면 인간에게 해를 끼치는 환경을 만들게 되는 것이다. 지나치게 뜨겁고 건조한 화성에 의해서 발화되어 타면 독가스가 분출된다. 이 가스는 목성으로부터 분 강력한 남풍에 의해서 지구까지 불어와 나쁜 물질을 생성한다. 일단 호흡을 통해 체내로 들어간 오염된 공기가 유독한 체액을 만든다. 그리스 의사인 갈레노스(Claudius Galen: ?130-?200)에 의해서 체계화된 인간의 네 체액 이론, 즉 점액, 혈액, 흑담즙, 황담즙이 균형을 유지하여야 건강을 유지할 수 있다. 그러나 오염된 공기가 체액의 균형을 무너트려서 질병이 발생하게 된다.[1] 이 주장은 흑사병의 피해 정도가 지역에 따라서, 혹은 계층에 따라서 서로 다른 점을 해석하는데 제한을 받고 있는 문제점이 있었다.

흑사병의 치료제가 없었다는 것이 사람들의 공포를 고양시켰다. 이러한 가운데 흑사병의 예방을 위한 민간요법이 여러 가지 나돌았다. 예컨대 주변 공기를 깨끗이 하려고 노력하고, 실외 운동을 억제하고 실내 운동을 하되 지나치게 몸에 열이 많이 나는 격렬한 운동을 삼가야 한다. 또한 나쁜 기운이 몸에 들어갈 기공(氣孔)을 열게 만드는 잦은 목욕을 피하고 특히 성교는 피해야 한다. 또한 장미향과 같은 향기를 마시고 허브나 야채를 먹고, 향신

1) Rosemary Horrox, trans. and ed., *The Black Death* (Manchester Univ. Press, 1994), pp. 101-106.

료를 많이 넣은 음식 섭취를 피해야 하고, 향신료를 탄 좋은 포도주는 몸에 이롭기 때문에 자주 마신다. 부유한 자는 용연향(ambergris), 사향, 로즈마리 향을 자주 흡입하고, 가난한 자는 생강, 정향, 육두구의 향을 마신다. 흑사병이 나쁜 공기를 통해 전염된다고 생각하여 창문을 밀폐시키고 노간주나무 가지를 태워서 연기와 향이 방안에 가득 차게 한다.[1] 또한 설사제를 먹거나 혹은 관장(enema)을 하여 대변을 장에서 제거하는 것도 질병의 치료 수단이라고 믿었으며, 먹은 음식을 토하여 하루에 한 번씩 위를 깨끗하게 비워서 몸을 정화할 것을 권하였다. 심지어 일부 사람들은 자신의 소변으로 몸을 씻거나 마셨다. 심각한 질병의 경우 칼로써 몸을 째 일정한 양의 피를 흘리는 사혈(bloodletting)을 병의 치료를 위한 하나의 방법으로 생각하였다. 4체액 중에서 어느 한 가지라도 과도하면 건강 상태를 악화시킨다고 믿었다. 갈레노스가 사혈을 통해서 육체적 균형을 회복할 수 있다는 주장을 하였는데, 이를 중세 의사나 일반인들이 그대로 믿고 따랐다. 사혈은 18세기 말까지 질병의 치료 수단으로서 이용되었다.[2] 한편 좋아하는 성인들, 예컨대 성 미카엘, 성 프란치스코, 세례자 요한, 알렉산드리아의 성 카타리나, 안티옥의 성 마가렛 등에게 기도하는 것도 흑사병의 치료제로서 간주되었는데, 특히 성모 마리아가 흑사병 기간에 이를 피할 수 있는 중재자로서 선호된 수호성인이었다. 이처럼 흑사병이 유행할 때 뚜렷한 치료법도 없었을 뿐만 아니라 의사들도 환자를 치료하기 위해 방문을 꺼려하던 시기에 민간요법이 널리 퍼져 이용되었음은 어쩌면 당연한 일이었다.

---

1) *Ibid.*, pp. 186-187.
2) John Aberth, *From the Brink of the Apocalypse*, p. 116.

3) 흑사병의 전파 경로

그렇다면 흑사병이 어떤 경로를 통하여 잉글랜드로 전파되었는가? 물론 흑사병의 발생과 잉글랜드로의 전파 경로와 잉글랜드 내에서도 어느 곳에 먼저 흑사병이 상륙하여 어떻게 잉글랜드 전역으로 전파되었는지의 문제가 확실하게 밝혀지지는 않았다. 아마도 그 질병은 1331-1332년에 중앙아시아에서 발생하여 남쪽으로 전파되어 중국과 인도를 거쳐 페르시아로 전파된 것 같다.[1] 그리고 1345년까지 남부 러시아에 도달하였다. 이 시기까지 무역로를 통해 흑사병이 빠르게 전파되었다. 결정적인 전파로는 크리미아 반도에 이르기까지 육로를 따라 전파된 다음, 이곳에서 상선을 통해 무역중심지인 제노아를 거쳐서 이탈리아 내륙 지방으로 전파되었을 것이다. 1343년에 이탈리아 상인들이 타나(Tana)의 무역거점으로부터 추방되어 카파(Caffa)로 피난하였다. 카파에서 이탈리아 상인들이 몽골의 킵차크 한국의 칸으로부터 공격을 받았는데, 이 과정에서 칸의 군인들로부터 이탈리아 상인들에게 흑사병이 전염된 것으로 추정된다. 칸의 군대를 피해 도피한 제노아인들이 1347년에 흑사병을 콘스탄티노플에 전파시키고 그곳으로부터 동지중해와 근동 지방으로 흑사병을 빠르게 전파시켰다. 1348년 6월까지 흑사병이 바바리아 지방에, 그 해 11월까지는 남부 오스트리아에 도착하였다. 북부 독일과 비엔나가 다음 해에 영향을 받고 서부 지중해로 전파되었다. 지중해 해안으로부터 흑사병은 프랑스를 통해 북쪽으로 전파되었다. 1348년 봄에 아비뇽에 피해를 주고 6월까지 파리에 도착하였다. 그리고 1348년 여름에 잉글랜드에 상륙하였다.

그런데 흑사병이 잉글랜드에 처음 상륙한 지역에 대한 연대기 학자들 간

---

1) 헨리 나이튼은 그의 연대기에서 흑사병이 인도에서 시작된 다음 타타르 지배 지역을 거쳐서 이슬람인들에게 전염된 다음 유럽의 기독교인들에게 전파되었다고 언급하고 있다. (G. H. Martin, ed. and trans., *Knighton's Chronicle 1337-1396*, p. 95.)

의 주장이 서로 다르다. 일부 학자는 1348년 초가을에 흑사병이 상인들과 선원들에 의해서 잉글랜드의 브리스톨에 상륙하였고, 다음해 잉글랜드 전역으로 전파되어 1349년 가을까지 지속되었다고 주장한다.[1] 한편 일부 학자는 1348년 두 척의 선박 중에 한 척이 브리스톨로부터 남부 해안인 도싯의 멜콤에 상륙하였는데, 그들 중에 페스트에 전염된 선원들이 가스코뉴로부터 왔다. 그들이 멜콤 사람들에게 전염시켜, 이곳에 살아 있는 사람이 거의 없을 정도로 큰 피해를 입고, 흑사병은 북쪽으로 전파되었다. 즉 1348년 6월에 한 척의 선박이 프랑스 남서부에 있는 가스코뉴로부터 도싯(Dorset)의 멜콤 레지스[Melcombe Regis: 오늘날 웨이마우스(Weymouth)] 항구에 도착하여 선원들이 상륙하였는데 그 중에 일부 선원이 멜콤 사람들에게 흑사병을 전염시켜 널리 퍼지기 시작하였다고 주장한다. 그런 다음 이곳에서 브리스톨을 향해 남서쪽으로, 그리고 런던을 향해 북동쪽으로 부채꼴 형태로 사방으로 전파되었다. 그래서 1349년 여름까지 잉글랜드의 나머지 지역까지 퍼졌다.[2] 도싯 주지사가 1348년 6월 16일에 병 때문에 재무성(Exchequer)에 출두하지 않았고, 그의 참모들도 같은 시기에 사망하였다.[3] 이러한 사실은 흑사병이 잉글랜드에 6월 말이 아니라 오히려 6월 초에 상륙하였을 것으로 추정된다. 런던에서 흑사병이 발생한 시기는 기록을 통해서 확인된다. 1348년 11월에 첫 번째 환자가 런던에서 발생한 것으로 나타난다.[4] 그리고 1349년 5월부터 6월 초까지 워윅셔와 스태퍼드셔에서 흑사병이 창궐하고, 6월 중순과 9월 초 사이에 더비셔와 체셔(Cheshire)에 영향을 끼쳤다.[5] 1349년 6월은 국왕 에드워드 3세가 주지사들에게 노동자들의 임

1) J. F. D. Shrewsbury, *A History of Bubonic Plague in the British Isles* (Cambridge, 1971), pp. 37-44.
2) W. M. Ormrod and P. G. Lindley, ed., *The Black Death in England* (Shaun Tyas, 2003), p. 22.
3) Rosemary Horrox, trans. and ed., *Black Death*, pp. 62-63.
4) *Calendar of Letter Book F*, p. xxiii.
5) P. Ziegler, *The Black Death* (Harmondsworth, 1970), pp. 120ff.

금을 규제하고 물가안정을 유지하도록 한 조례를 발표하고 이를 준수하도록 한 포고문을 발표한 때이다.[1] 이는 분명히 흑사병의 부정적 영향을 차단하려는 의도에서 발표된 것이다. 즉 1349년 여름에는 잉글랜드 전역으로 흑사병이 영향을 미치고 있었다고 말할 수 있다. 본서에서 범법자의 특성을 살펴본 지역 중에 하나인 요크셔에는 흑사병이 1349년에 봄에 상륙하여 같은 해 6-8월 사이에 가장 성하였다.[2]

한편 헨리 나이튼(Henry Knighton)의 연대기에 따르면, 사우샘프턴 해안을 통해 흑사병이 잉글랜드에 침투하여 브리스톨로 전파되고 결국 잉글랜드 전역으로 파급되었다고 주장한다.[3] 이처럼 학자들마다 잉글랜드에서 흑사병이 처음 전파된 시기와 장소에 대하여 견해를 달리 하고 있다. 그러므로 잉글랜드에 흑사병이 최초로 전파된 시기와 최초 상륙 지점과 그로부터 어떻게 전파되어 나갔는지에 대하여 확실한 주장이 수립되지 않은 실정이다. 그럼에도 불구하고 대체로 다수의 학자들이 도싯에 이어 브리스톨에 영향을 끼치고 뒤이어 런던을 비롯한 이스트 앵글리아 지역으로 확산되었다는 점에는 동의하고 있다. 그리고 잉글랜드에 전파된 이후 스코틀랜드로 전파되어 나갔다는 점에도 이견이 없다. 존 포던(John Fordun)의 연대기에 따르면, 1350년에 흑사병이 스코틀랜드 전역에 전파되어 여러 해 동안 스코틀랜드 전역을 휩쓸었다.[4] 흑사병으로 인하여 많은 잉글랜드들이 사망한 소식을 들은 스코트는 잉글랜드인에 대한 하느님의 준엄한 심판의 결과라고 믿었다.[5] 흑사병이 스코틀랜드에도 큰 피해를 주었기 때문이다. 흑사병이 성하였을 때에 5,000명이 단기간에 사망하기도 하였다.[6] 한편 1348년 아일랜

1) *Calendar of Letter Book F*, pp. xxiii, 192.
2) David Hey, *Yorkshire from AD 1000*, p. 89.
3) G. H. Martin, ed. and trans., *Knighton's Chronicle 1337-1396*, p. 99.
4) W. F. Skene, ed., *John of Fordun's Chronicle of the Scottish Nation*, vol. ii, p. 359.
5) G. H. Martin, ed. and trans., *Knighton's Chronicle 1337-1396*, p. 103; Karen Jillings, *Scotland's Black Death* (Stroud, 2003), pp. 14, 23.
6) G. H. Martin, ed. and trans., *Knighton's Chronicle 1337-1396*, p. 103.

드 동쪽 지역의 앵글로 색슨인의 정착지인 더블린 주변의 페일(Pale)에 상륙한 다음 아일랜드 전역으로 전파되었다. 프란치스코 수도사인 존 클린(John Clynn)이 1349년에 쓴 연대기에 따르면, 1348년 9-10월 사이에 아일랜드 전역으로부터 순례자들이 테크 몰링(Tech-Moling)으로 몰려들었다. 일부는 기도하려고, 일부는 흑사병의 공포 때문에 수천 명이 모였다. 더블린 근교 페일에서 시작된 흑사병으로 더블린 한 곳에서만 8월부터 성탄절까지 14,000명이 사망하였다.

4) 흑사병의 피해

흑사병으로 인한 사망자는 지역과 계급에 따라서 서로 다르다. 전체 인구의 5%에서부터 1/2, 혹은 3/4 정도 사망하였으며, 어느 장원의 경우 촌락민 전원이 사망한 경우도 있다. 그러나 학자들 사이에 폭넓게 수용된 견해는 총인구의 1/3 정도가 사망하였다는 것이다.[1] 흑사병의 피해 정도는 다음과 같은 두 명의 수도사의 탄식 속에 담겨있다. 링컨셔의 어느 수도사가 "노아의 홍수가 그렇게 거대하게 휩쓸어 버렸을까?"라고 탄식하였다. 한편 레스터(Leicester)의 성 마리아 대수도원의 수도사였던 헨리 나이튼(Henry Knighton)은 14세기 후반에 쓴 그의 연대기에서 다음과 같이 기록하였다. "돌보는 사람이 없어 양이나 소들이 들판이나 밭에서 어슬렁거리면서 다니고, 수확하지 못한 곡물이 밭에 그대로 있어서 썩어 가고 있었다. 1350년 겨울에도 가축들을 관리하는 사람이 없어 양과 소들이 들판이나 수확하지 못한 작물들 사이를 어슬렁거리며 다녔다."[2] 한편 교회에서는 미사, 아침기

1) J. Hatcher, *Plague, Population and the English Economy 1348-1530* (London, 1977), pp. 21-26; L. R. Poos, "The Rural Population of Essex in the Later Middle Ages," p. 516; 박흥식, 「흑사병과 중세 말기 유럽의 인구문제」, 『서양사론』 제 93호 (2007), 5-31쪽 참조.
2) G. H. Martin, ed. and trans., *Knighton's Chronicle 1337-1396*, p. 105.

도, 저녁기도와 성사(聖事)를 집전할 성직자가 없었다. 작은 촌락과 마을은 완전히 황폐화되었다."[1] 그렇다면 흑사병이 잉글랜드에 유입되어 얼마나 많은 인적 피해를 입혔는가? 잉글랜드 인구문제 연구의 토대를 연 가스켓(F. A. Gasquet)은 잉글랜드 인구의 절반이 사망하였다고 언급하였으며, 1916년 레벳(Elizabeth Levett)은 사망자가 1/3 이하일 것으로 추정하였다.[2] 대부분의 후대 저술가들은 사망률을 더욱 낮추었다. 예컨대 럿셀(J. C. Russell)은 20%의 사망률을 주장하였고,[3] 쉬러스버리(J. E. D. Shrewsbury)는 5%의 사망률을 주장하여 사망자 수를 가장 적게 보았다.[4] 그러나 1960년대 후반부터 사망자 수를 전체 인구의 1/3로 보기 시작하여,[5] 이러한 주장이 1975년경까지는 그대로 유지되었으나, 1980년대 이후 1990년대에 이르러 다시 그 사망률을 40%나 그 이상으로 보는 경향이 나타났다.[6] 그런데 이러한 사망률 추산은 대부분 어느 한 지역에 대한 연구에 기초를 두고 이루어진 연구 결과이다. 그러므로 그 연구 결과를 잉글랜드 전역으로 확대 적용시키는 데에는 한계가 있다. 어느 지역에서는 30% 이하가 사망하였는가 하면 또 어떤 지역에서는 50%가 넘게 사망하였기 때문이다. 예컨대 리치필드(Lichfield), 요크, 링컨 교구의 기록에 준하여 사망자를 계산한 결과, 약 40%의 교구민이 흑사병기에 사망하였다. 한편 햄프셔의 왈탐(Waltham) 주교의 장원들에서는 관습소작인의 2/3가 사망하였으며, 윌트셔의 다운톤(Downton) 장원, 옥스퍼드셔의 쿡섬(Cuxham) 장원에서도

---

1) *Ibid.*, pp. 99, 101; C. Warren Hollister, *The Making of England, 55 B.C. to 1399*, p. 244.
2) Rosemary Horrox, trans. and ed., *Black Death*, p. 231.
3) J. C. Russell, *British Medieval Population*, pp. 230, 367.
4) J. E. D. Shrewsbury, *A History of the Bubonic Plague in the British Isles*, pp. 36, 123.
5) P. Ziegler, *The Black Death*, pp. 235-239.
6) J. L. Bolton, *The Medieval English Economy, 1150-1500* (London, 1980), p. 61; R. H. Britnell, *The Commercialization of English Society, 1000-1500* (Cambridge, 1993), p. 155.

2/3가 사망하였다. 또한 더럼에 재로(Jarrow) 장원에서는 소작인의 78%가 사망한 반면, 몽크톤(Monkton) 장원에서는 사망자 수가 21%에 불과하였다. 한편 캠브릿지셔의 3개의 장원들, 에식스의 두 개의 장원들은 50-60%의 소작인이 사망하였고, 버크셔의 브라이트웰(Brightwell) 장원의 소작인은 1/3 정도가 사망하였다.[1] 이처럼 학자마다 혹은 지역마다 사망자 수 추정치가 서로 달라서 일률적으로 사망률을 단정적으로 말하기는 어렵다. 그럼에도 불구하고 다수의 학자들은 흑사병기 잉글랜드인들의 전체 사망률을 30-45%로 추정하고 있다.

흑사병으로 인한 사망자 수를 추정하는데 이용될 수 있는 몇 가지 중요한 자료가 있다. 첫째, 사망자 조사 기록부(Inquisitions Post Mortem)의 분석을 통해 토지소유층의 사망률을 추정할 수 있다. 이에 따르면 흑사병기에 사망한 토지소유자의 사망률이 27%에 이른다. 럿셀은 약 500개 정도의 사망자 조사 기록부를 조사하여 1348-1350년에 토지소유층의 약 27.3%가 사망한 것으로 추정하였다. 둘째, 주교의 성직록 보유 기록(Bishops' Register) 혹은 성직임명 등본(Registers of Institutions)을 분석하여 교구 교회의 성직자들의 사망에 대하여 추정할 수 있다. 왜냐하면 이 기록에는 성직록이 공석이 된 장소와 성직록 보유자의 이름, 성직록이 공석이 된 시기가 언급되어 있기 때문이다. 성직록이 빈 것은 성직자의 사임 때문이기도 하지만 성직록 소유자의 죽음 때문이기도 하다. 그러므로 이 기록을 통해서 성직자의 사망에 대한 정보를 얻을 수 있다. 이 기록의 장점은 링컨, 요크, 배스 앤드 웰스, 윈체스터, 엑스터, 엘리, 노리치, 우스터, 헤리퍼드, 코벤트리, 리치필드 등 지역적으로 다양하게 언급되었기 때문에 잉글랜드 전 지역을 대상으로 성직자들의 사망률을 계산할 수 있는 점이다. 셋째, 장원법원문서

1) Norman F. Cantor, *The Black Death and the World It Made* (London, 2001), pp. 86, 206; John Hatcher, *Plague, Population and the English Economy 1348-1530*, p. 22; Michael Prestwich, *The Three Edwards: War and State in England, 1272-1377*, p. 221.

(Manorial Court Rolls)에 등장하는 소작인들이 영주에게 납부한 상속세(heriot)를 통해서 농민들의 사망률을 파악할 수 있다. 상속세란 농민이 사망하면 그가 보유하고 있던 토지를 상속받기 위해 영주에게 납부한 세금이다. 그러므로 흑사병기에 상속세 납부자 기록이 있는 장원법원문서를 통하여 농민들의 사망자수를 추정할 수 있다. 흑사병으로 인한 사망은 대체로 전국적이라기보다는 지역적이었기 때문에 지역마다 사망률의 차이가 있었고, 계층별로도 피해 정도가 서로 달랐다. 예컨대 높은 지위에 있던 사람들의 피해 정도는 낮았다. 왕가에 속한 사람들 중에서는 1348년 9월 2일에 보르도에서 사망한 국왕의 딸인 조안(Joan)이 유일하다. 백작들도 죽지 않았다. 일부 귀족들은 흑사병의 영향으로부터 벗어났다. 엘리자벧(Elizabeth de Burgh)은 흑사병을 피하여 한적한 곳으로 이주하지 않고 우스크(Usk)에 있는 그녀의 성에 그의 식솔들과 함께 남았다. 그녀의 시종들은 지방시장에서 필요한 물품을 구입하였을 뿐만 아니라 런던에서 사치품을 구매하였다. 물론 그녀의 성을 방문하는 사람들이 평상시만큼 많지는 않았으나 그녀의 가구 구성원 중에서 한 명만이 사망하였다.[1] 그러나 이는 지배층의 사망에 관한 예외적인 사실에 해당한다. 젠트리도 농민들에 비하여 큰 타격을 입지는 않았으나, 의회 의원들 중에서는 1348년에 4.5%가 사망하고, 1349년에 13%가 사망하였다.[2] 한편 국왕의 직수봉신들의 사망률도 27%에 달하였다. 귀족과 젠트리 계층의 토지상속에 대하여 조사한 결과가 지배층에게 끼친 흑사병의 영향을 짐작하게 한다. 남성 상속자를 남긴 주요 토지보유 가족의 비율은 흑사병 이후에 현저하게 감소하였다. 흑사병이 발병하기 전인 1348년까지 사망자 조사 기록부에 등록된 자들 중에서 70%가 그를 상속할 아들 한 명을 남겼다. 그런데 흑사병 발병 이후 10년 동안 그 비율이 60%로 하

1) F. A. Underhill, *For Her Good Estate: The Life of Elizabeth de Burgh* (London, 1999), pp. 52-53; Michael Prestwich, *Plantagenet England, 1225-1360*, p. 546.
2) K. B. McFarlane, *The Nobility of Later Medieval England* (Oxford, 1973), p. 169.

주교 관구에서는 그 수가 57%를 넘었으며, 레스터에서는 이 보다 낮아 36%에 이르렀다.[1] 연대기 작가인 헨리 나이튼의 계산에 따르면, 레스터(Leicester)에 성 레오나르드(St Leonard)라는 작은 교구에서는 성직자와 평신도를 합쳐 380명이, 성 마틴(St Martin's)의 홀리 크로스(Holy Cross) 교구에서 400명이, 레스터셔의 성 마가렛(St Margaret) 교구에서 700명 등 모든 교구에서 평신도뿐만 아니라 성직자들도 다수가 사망하였다.[2] 그런데 주교를 비롯한 고위성직자와는 달리 평신도들과의 접촉이 빈번하였던 하위성직자의 사망률이 현저하게 높았다. 주교관구의 성직록 보유 기록을 통해서 볼 때 주교들의 사망률은 18%인 반면, 교구 사제들은 45%에 이르렀다. 이러한 사실에 준하여 볼 때 하위성직자의 사망률이 평신도의 사망률과 큰 차이가 없었다. 그러므로 기존의 성직자 중에서 거의 절반이 사망한 상황에서 새로운 성직자를 충원하는 일이 빠르게 진행되지 않는 한 산 자를 위한 각종 성사뿐만 아니라 죽은 자를 위한 장례미사를 집전할 성직자가 부족할 수밖에 없었다. 이를 해결할 방법은 성직자로서 서임될 수 있는 연령을 25세에서 20세로 낮추는 것이었다. 그래서 20세에 이른 성직자가 교구 교회를 책임질 수 있게 되었다. 수도사들의 서원(誓願)도 20세가 아닌 15세에 할 수 있도록 바꾸었다.[3] 하위성직자가 많이 사망하여 나타난 가장 큰 문제점은 어떻게 죽은 자를 매장할 것인가 하는 것이었다. 기존의 묘지로서는 흑사병으로 인하여 죽은 자들을 매장할 수 없을 정도가 되었다. 예컨대 런던의 경우, 웨스트 스미스필드(West Smithfield) 묘지가 사망자 수에 대응하기 위해서는 묘지 공간이 부족하였다. 그래서 런던 동쪽 끝 타워 힐(Tower Hill)에 제 3의 묘지가 조성되었다.[4] 새로운 묘지도 곧 공간이 부족하기에 이르렀다. 이 문제의 해결책은 죽은 자들을

---

1) Michael Prestwich, *Plantagenet England, 1225-1360*, p. 543.
2) G. H. Martin, ed. and trans., *Knighton's Chronicle 1337-1396*, p. 105.
3) Norman F. Cantor, *The Black Death and the World It Made*, p. 206.
4) Barney Sloane, *The Black Death in London*, pp. 53, 61. (1348년 2월과 4월 사이에 웨스트 스미스필드 한 곳에만 매일 200구 이상의 시체가 매장되었다.)

한 곳에 집단으로 매장하는 것이었다. 이 시기에 잉글랜드뿐만 아니라 흑사병이 유행한 서유럽 대부분의 지역에서 집단 매장은 일반적인 일이 되었다.

죽은 자의 영혼이 천국에 가도록 기도를 하여 줄 사람이 없는 상황에 대한 공포는 대단히 컸다. 성직자에게 자신이 지은 죄를 고백하고 그에 대한 통회의 과정과 보속을 거쳐서 그가 지은 죄에 대한 하느님의 처벌을 면제 받는다고 생각한 중세 기독교도의 교리인 고백성사[1]는 성직자뿐만 아니라 평신도들에게도 매우 중요하였다. 중세 기독교도들은 지은 죄를 그대로 안고 죽은 자는 지옥에 간다고 믿었다. 그러므로 고백성사나 병자성사를 보지 않고 갑작스럽게 죽는 것은 두려움의 대상이었다. 그러나 흑사병으로 많은 성직자들이 사망하여 여러 가지 성사(聖事)를 주도할 성직자를 만날 수가 없었다. 이러한 상황에 직면하여, 1349년 1월에 베스 앤드 웰스(Bath and Wells)의 주교인 쉬로우스버리의 랄프(Ralph of Shrewsbury)가 교구민들에게 다음과 같은 지시를 내렸다. “멀리 그리고 넓게 전파되고 있는 작금의 흑사병이 교구민들을 사목해야 할 책임이 있는 성직자가 없는 교회가 다수 생겼다. 아마도 감염의 공포 때문에 흑사병이 발병한 지역에서 사목하거나 병자를 방문하여 그들에게 성사를 주려고 하는 성직자들을 볼 수가 없는 것 같다. 그래서 지금 병에 걸렸거나 앞으로 병에 걸릴 수 있는 평신도들이 성사를 보지 못하고 죽어가고 또한 죽을 수 있다. 만약 평신도들이 죽음에 임박하였거나 성직자의 성사를 받을 수 없는 입장에 처하였다면, 사도들의 가르침에 의해서 허용된 것처럼 평신도들이 서로 신앙고백을 하여야 한다. 이때 남성이 없다면 여성에게도 고백성사를 볼 수 있다.”[2] 정통 교회는 전통적으로 사목 기능이나 성사

---

1) 고백성사는 일곱 가지 성사 중에 하나로서 그리스도를 대신하여 사제가 평신도들이 범한 모든 죄를 뉘우치고 고백할 때 그 죄에 대한 벌을 면하여 준 성사이다. 3세기 초에 참회의 규율이 나타나 발전하다가 1215년 제 4차 라테란 공의회에서 확실한 규정을 만들었다.

2) W. M. Ormrod and P. G. Lindley, ed., *The Black Death in England*, p. 84; David Herlihy, *The Black Death and the Transformation of the West* (Harvard Univ. Press, 1997), p. 42; John Hatcher, *The Black Death: the Story of a Village (Walsham-le-Willows) 1345-1350* (London, 2008), pp. 110-111.

관리에 대한 특권을 성직자에 국한시켜 세속인들에게 제한을 두었다. 세속인들 중에서도 특히 여성들에게는 남성에 비해 제한을 두었다. 그러나 주교의 위와 같은 선언은 흑사병으로 인하여 교회의 토대가 얼마나 심각하게 흔들렸는지를 이해할 수 있게 한다. 흑사병으로 인하여 성직자들도 큰 피해를 보았기 때문에 주교는 선택의 여지가 없었던 것이다.

그러므로 새로운 성직자의 충원도 시급한 문제였고, 실제로 충원이 활발하게 이루어졌다. 1348년에 국왕의 성직추천에 의해서 성직자가 된 자가 159명에 이르렀는데, 9월부터 12월 사이에 그 수의 절반 이상이 추천되었다. 그리고 흑사병으로 인한 사망자 수가 크게 증가한 1349년 1월 25일부터 1350년 1월 24일까지 1년 사이에 국왕이 849명의 성직추천권을 행사하였다. 통상 1년에 추천하였던 수의 8배 이상에 해당하는 수였다.[1] 주교들에 의한 성직자 양성도 활발하게 이루어졌다. 서머싯에서 배스 앤드 웰스의 주교가 매년 평균적으로 35명의 성직자를 임명하였다. 그런데 1348년 12월에만 32명이 임명되었다. 그리고 1349년에는 232명이 임명되어 전년도에 비해 거의 7배가 증가하였다.[2] 이는 국왕의 성직추천에 의한 성직자 증가와 유사한 증가폭이다. 한편 헤리퍼드 교구에서 연평균 성직자 임명수가 13명이었는데, 1349년에 175명으로 크게 증가한다. 그리고 그 이듬해인 1350년에는 다시 45명으로 감소하였다. 한편 8개 주를 포괄하고 있는 링컨 교구에서는 주교가 1349년에만 250개의 성직록에 성직자를 채웠다. 이러한 사실은 잉글랜드의 20개 교구 가운데 약 9개 교구에서 첫 번째 흑사병 발병기에 성직자들의 거의 절반 가까이 사망하였다는 점을 추론할 수 있게 한다.[3] 이처럼 흑사병기, 특히 1349년에 성직자의 사망이 크게 증가하여 비어 있는 성직록에 새로운 성직자를 활발하게 채워 넣었다. 부족한 성직자들을 채워가는 과정에서 자질

1) F. A. Gasquet, *Great Pestilence (A. D. 1348-9)*, pp. 76-79.
2) *Ibid.*, p. 165.
3) W. M. Ormrod and P. G. Lindley, ed., *The Black Death in England*, pp. 85-86.

이 부족한 자가 재속성직자(secular clergy)로 충원되는 수도 있었다. 1396년에 사망한 레스터 수도원의 수도사인 헨리 나이튼의 연대기에 따르면 "아내를 흑사병으로 잃은 많은 남성들이 성직자 교단으로 몰려왔다. 그런데 그들 중에 다수는 문맹이었다. 비록 그들이 성서를 읽을 줄 안다고 하더라도 그들이 읽은 내용이 무엇인지도 몰랐다."[1] 더구나 이들은 탐욕스러워 과도한 보상을 받지 않으면 성무 집행도 거부하였다. 헨리 나이튼이 흑사병 발생기를 되돌아보면서 다수의 교회가 미사, 아침기도, 저녁기도와 같은 성사를 볼 성직자가 없이 방치되고, 10파운드 이하를 받고 교회에서 봉직하려는 성직자들이 없었다고 언급하였다.[2] 이러한 변화를 입증할 다른 자료로서 『농부 피어스(Piers Plowman)』를 예로 들 수 있다. 교구 사제들은 주교에게 흑사병 이래로 가난해졌다고 불평하였다. 그래서 런던에서의 생활에서 벗어날 수 있도록 허락해 줄 것을 요청하였다.[3] 성직자들의 경제적 어려움은 성직록을 받은 성직자의 수입이 흑사병 발생 이후 확실히 감소하여 나타난 결과이다. 성직자들이 인구감소와 농업생산의 감소에 비례하여 1/10세가 감소함으로써 타격을 받았다. 1349년 6월에 로체스터 교구의 주교가 일부 성직자들이 생활의 어려움 때문에 빈 성직록을 받기를 거부한다고 한탄하였다.[4] 이러한 재속성직자들의 어려움은 수도성직자(regular clergy)들에게도 마찬가지로 닥아 왔다. 예컨대 요크셔에 있던 시토수도원 연대기의 기록에 따르면, 1349년 8월에 흑사병으로 인하여 대수도 원장과 22명의 수도사와 6명의 평수사(lay brother)가 사망하였다. 흑사병이 진정된 후 50명의 수도사와 평수사들 중에서 겨우 10명의 수도사만이 살아남았다.[5] 요크셔의 일부 수도원

1) John Aberth, *From the Brink of the Apocalypse*, p. 163.
2) G. H. Martin, ed. and trans., *Knighton's Chronicle 1337-1396*, p. 103.
3) E. Talbot Donaldson, trans., *William Langland, Will's Vision of Piers Plowman* (London, 1990), p. 3.
4) W. M. Ormrod and P. G. Lindley, ed., *The Black Death in England*, p. 92.
5) F. A. Gasquet, *Great Pestilence (A. D. 1348-9)*, p. 153; W. M. Ormrod and P. G. Lindley, ed., *The Black Death in England*, p. 96.

도 흑사병의 영향을 크게 받았다. 예컨대 모 대수도원(Meaux Abbey)에서는 42명의 수도사들 중에서 10명만이 살아남았고 평수사 중에서는 7명만이 생존하였다.[1] 데본(Devon)의 시토수도원에서는 26명의 수도사들 중에서 3명만이 생존하였다. 물론 예외적인 경우도 있었다. 캔터베리에 있는 대주교 성당에서 1348-1349년에 단지 4명의 수도사만 사망한 경우가 있는가 하면, 노리치의 도미니쿠스 수도원에서는 수도사들 모두가 사망한 경우도 있다.[2] 이처럼 재속성직자들과 마찬가지로 수도성직자들도 흑사병의 피해로부터 벗어날 수 없었다.

특히 흑사병은 인구가 밀집된 도시에서 큰 영향을 끼쳤다. 1348년 11월에 흑사병이 런던에 전파되어 큰 피해를 끼쳤다.[3] 인구의 밀집 상태가 전염성이 강한 흑사병의 창궐을 가능하게 하였던 이유이겠지만, 무엇보다도 주거환경이 위생적이지 못한 것도 문제였다. 오밀조밀하게 모여 있는 주거지와 비위생적인 더러운 생활환경 때문에 도시민들이 질병에 감염되기 쉬웠다. 그러므로 런던과 같은 도시가 흑사병으로 인하여 큰 피해를 입었다. 거주 인구가 많고 주거환경이 나쁜 런던이 가장 큰 피해를 입을 수밖에 없었다. 런던시장은 사망자 증가의 가장 큰 원인이 오물이 썩는 냄새로부터 비롯되었다고 생각하고 도시 중심부와 교외의 청결 유지를 강조하였다. 국왕 에드워드 3세도 역시 그러한 불결함이 공기를 오염시키고, 이것이 사망자 증가의 원인이라고 보았다. 그리하여 국왕은 런던시장에게 청결 유지를 명하였다.[4] 1349년 6월 이전에 런던에서 흑사병이 발생하였다는 사실을 서신 목록(Letter Book) 어디에서도 찾을 수 없다. 1349년 6월에 에드워드 3세가 주지사들에게 흑사병의 결과로 나타난 음식 값 인상과 노동자들의 임금 상승을 억제하는 조례의 발표와 준수를 명령한 사실로부터, 우리는 런던에서의 흑사병 발생을 인지할

1) David Hey, *Yorkshire from A.D. 1000*, p. 89.
2) W. M. Ormrod and P. G. Lindley, ed., *The Black Death in England*, pp. 97-98.
3) *Calendar of Letter Book F*, p. xxiii.
4) *Calendar of Close Rolls 1349-1354*, p. 65.

수 있는 자료에 접하게 된다.[1] 한편 흑사병 발생 이전에는 런던에서 1년에 평균 23개의 유언장이 10년 동안 기록된 반면, 1349년 1년 동안에 352건의 유언장이 기록되었다. 이것은 인구의 약 절반이 사망하였음을 암시한다. 런던의 어느 교구에서는 교회 마당에다 수많은 시체를 한 곳에 매장하였다.[2] 더럼(Durham) 지역의 28개 도시들에서 주민들의 50% 이상이 사망하였으며, 단지 2곳만이 30% 이하의 사망률을 기록하였다. 한편 8곳은 50-59%를, 다른 8곳은 60% 이상이 사망하였다.[3] 캔터베리에서는 납세자의 약 2/3가 흑사병 이후 기록에서 사라졌다.[4] 한편 링컨에서는 1349년에 유언장 기록이 평시에 비하여 30배나 증가하였다.[5] 이스트 앵글리아의 도시인 버리 세인트 에드먼드(Bury St Edmunds)에서는 전체 인구의 약 50%인 7,000명이 사망하였다. 그런데 그 도시 주변 농촌 촌락에서는 60% 정도가 사망하여 두 지역 간의 사망률이 서로 비교된다.[6] 이처럼 도시에서의 사망률은 매우 높은 편이다. 또한 우스터 교구의 교회 마당에는 너무나 많은 사람을 매장하여 더 이상 죽은 자를 매장할 장소가 없을 지경이었다. 이러한 상황은 요크에서도 마찬가지였다. 요크 대주교는 1349년 6월과 8월 사이에 새로운 묘지를 조성하도록 명하였다. 그리고 감옥에도 흑사병이 영향을 끼쳐 죄수가 사망하는 일도 일어났다. 즉 국왕의 죄수인 존 토퍼(John Toper)가 요크 성의 감옥에서 사망하여 12명의 배심원들이 심리한 결과 흑사병으로 인하여 그가 죽었

---

1) *Calendar of Letter Book F*, p. xxiii.
2) *Calendar of Letter Book F*, p. xxiii. (흑사병이 발생한지 1년 이내에 50,000명의 사망자가 런던시의 카르투지오 수도원이 세운 양로원인 차터하우스(Charterhouse) 근교에 묻혔다고 전하여진다. 그러나 당시 잉글랜드의 총인구를 고려할 때 그 수치는 과장된 것이다. 한편 1349년 2월과 4월 사이에 그 묘지에 200명 이상이 묻혔다는 주장도 있다.)
3) Colin Platt, *The Black Death and its aftermath in late-medieval England*, p. 9.
4) R. H. Britnell, "The Black Death in English Towns," *Urban History*, 21 (1994), pp. 198-201.
5) J. W. F. Hill, *Medieval Lincoln* (Cambridge, 1948), p. 252.
6) 사망률 계산은 J. Hatcher, *Plague, Population and the English Economy, 1348-1530*, pp. 21-30를 참조하기 바람.

다고 평결하였다. 그래서 검시관에 의해서 매장되었다.[1] 그런데 이와 유사하게 흑사병으로 인하여 요크에서 사망한 기록이 1349년 8월 7일에도 나타난다.[2] 이러한 기록들로 미루어보아 요크셔에서 흑사병이 1349년 여름에 성하였음을 파악할 수 있다.

대부분의 지방 공동체가 도시(town)의 시장과 인접하여 있었다. 쥐와 벼룩들이 곡물더미나 양모와 옷 꾸러미에 묻어 이동할 수 있다. 그래서 흑사병은 주요 교역로를 따라서 이동하고 지방시장이나 정기시를 통해서 이웃으로 퍼져 나갔다. 그러므로 도시민이 흑사병에 전염되면 그 인근의 촌락으로 급속하게 전파되어 나갈 수밖에 없었다. 장원법원기록에서 사망한 소작인들을 확인할 수는 있으나, 다른 기록들과 마찬가지로 사망 원인을 기록하지 않아 흑사병으로 사망하였는지 여부는 확실하지 않다. 그런데 흑사병 발생기에 사망자 수는 지역마다, 그리고 장원마다 서로 다르다. 최악의 흑사병 감염으로 많은 사망자가 발생한 곳은 캠브릿지셔의 오오킹톤(Oakington) 지역으로서 소작인의 70%가 사망하였고, 더럼 주의 니더 히워스(Nether Heworth) 지역에서는 72%가, 그리고 재로(Jarrow) 장원에서는 78%의 소작인이 사망하였다. 우스터셔의 에스톤(Aston) 장원에서는 소작인의 80%가 죽었다.[3] 이보다는 사망률이 낮았으나, 50-60%대에 사망자가 나온 장원들도 많았다. 예컨대 글레스톤버리(Glastonbury)의 장원 22곳에서의 평균 사망률이 55%에 이른다.[4] 글로스터셔에 턴버리(Thornbury) 촌락에서는 1348- 1349년에 163명의 남성 농노들이 사망하였다.[5] 촌락에서는 부유한 영주들과는 달리 가난한 농민들은 유행병을 피해서 공기가 맑고 깨끗한 곳으로 도피할 수 없었기 때문에 한 마을에 흑사병이 퍼지게 되면 농민들에게

---

1) Charles Gross, ed., *Select Cases from the Coroners' Rolls 1265-1413*, p. 125.
2) *Ibid.*, p. 113.
3) John Aberth, *From the Brink of the Apocalypse*, p. 127.
4) J. Z. Titow, *English Rural Society 1200-1350*, p. 70.
5) Michael Prestwich, *Plantagenet England, 1225-1360*, p. 544.

큰 피해를 줄 수 있었다. 햄프셔, 캠브릿지셔, 워체스터셔에 일부 촌락들에서는 사망률이 50%에 이르렀다. 심지어 옥스퍼드셔의 쿡섬(Cuxham) 장원, 윌트셔의 다운톤(Downton) 장원 등에서는 인구의 2/3가 사망하였다.[1] 프란시스 페이지(Frances Page)의 연구에 따르면, 캠브릿지 대수도원장에 속한 코텐햄(Cottenham) 장원에서는 소작인의 57%가, 드라이 드라이턴(Dry Drayton) 장원에서는 소작인의 48%가 1349년에 발생한 흑사병으로 인하여 사망하였다.[2] 한편 햄프셔(Hampshire)에 있는 윈체스터 교구에 속한 왈탐(Waltham) 교구에서 소작인의 65%가 죽었다. 그러나 농민층의 사망도 지역에 따라서 상이하였다. 예컨대 위에서 언급한 재로(Jarrow) 장원에서는 소작인의 78%가 사망하였으나, 몽크턴(Monkton) 장원에서는 사망자가 21%에 불과하였다. 한편 우스터 주교 영지에 속한 15개 장원의 소작인 평균 사망률을 조사한 베네딕토우(Ole J. Benedictow)에 따르면, 소작인의 42%가 사망하였다. 그런데 80%가 사망하여 가장 많은 소작인이 사망한 에스톤(Aston) 장원으로부터 18%로서 제일 적은 사망률을 기록한 헨버리(Henbury) 장원에 이르기까지 사망률에 있어서 큰 차이가 있다.[3] 이러한 차이 때문에 일부 장원에서는 70-80%의 높은 사망률을 보였음에도 불구하고 평균적으로 42%가 사망한 것이다.[4]

한편 소작인 모두가 사망하여 폐촌된 곳이 많았다. 잉글랜드 전역을 대상으로 할 때 2,000곳 이상이 폐촌되었다. 그 가운데 요크셔, 링컨셔, 노퍽이 가장 큰 타격을 입은 곳이다. 예컨대 요크셔의 촌락들 중에서 375곳의 촌락이 폐촌되었다. 이 중에서 171곳이 노스 라이딩(North Riding)에 있었고,

1) P. D. A. Harvey, *A Medieval Oxfordshire Village: Cuxham*, p. 135.
2) F. M. Page, *The Estates of Crowland Abbey* (Cambridge, 1934), pp. 120-121.
3) Ole J. Benedictow, *The Black Death 1346-1353*, p. 362; Christopher Dyer, *Lords and Peasants in a Changing Society: the Estates of the Bishopric of Worcester, 680-1540* (Cambridge Univ. Press, 1980), p. 238.
4) David Hey, *Yorkshire from AD 1000*, p. 91.

129곳은 이스트 라이딩(East Riding) 지역,[1] 그리고 75곳은 웨스트 라이딩(West Riding) 지역에 있었다. 한편 1358년에 옥스퍼드셔의 투스모아(Tusmore)에서는 농노들이 모두 죽어 촌락에는 더 이상 세금납부자가 없었기 때문에 밭이 공원으로 전환되었다. 촌락 거주자들이 모두 사망하여 폐촌된 것이다. 인구감소가 노퍽과 특히 중부 지방에 워위크셔, 옥스퍼드셔, 노샘프턴셔에서 최악의 상태로 나타났다. 1350년과 1486년 사이에 옥스퍼드셔에서는 전체 촌락의 25%인 70개의 촌락이 없어졌다. 노샘프턴에서도 18%의 촌락이 사라졌다. 이러한 무서운 광경을 목격한 링컨셔의 어느 수도사는 "노아의 홍수가 그렇게 거대하게 모두를 휩쓸어 버렸을까?"라고 탄식하였다. 14세기 연대기 작가인 헨리 나이튼도 "도시는 물론 촌락과 마을은 거주자가 거의 전멸하였으며, 그 후에 그 촌락과 마을에 사람들이 채워지지 않아 황폐화되었다."[2]고 언급하였다. 인구의 급감 속에서 노동력 부족으로 인한 경작지 면적의 감소는 잉글랜드 각지에서 일어났다. 또한 흑사병의 결과 공한지가 늘어나면서 농민의 토지시장(peasant land market)이 발달하였다. 예컨대 중서부 지역에서 가장 큰 장원인 헤일즈오엔(Halesowen) 장원에서는 1349년에 20세 이상의 성인 남자의 사망률이 40-46%에 이르러 토지시장이 번성하였다.[3] 이 장원의 경우 생존자들 대부분은 20-30대였다. 그리하여 흑사병으로 인하여 소작인들이 사망하여 빈 보유지의 82%가 1349년 이내에 새로운 소작인으로 채워졌다. 이 소작인들의 대부분은 젊은이들이고 그 지방에서 태어났으며, 그들 중에 42%가 죽은 자의 자녀들이었다.[4] 헤일즈오엔 장원에서처럼 서편

---

1) *Ibid.*, p. 88. (1334년 국세 납부로 볼 때 이스트 라이딩 지역이 요크셔의 노스 라이딩이나 웨스트 라이딩 지역보다 상대적으로 더 부유하였다. 물론 가장 부유한 주들은 남동 잉글랜드에 있었다.)
2) G. H. Martin, ed. and trans., *Knighton's Chronicle 1337-1396*, p. 105.
3) Zvi Razi, *Life, Marriage and Death in a Medieval Parish: Economy, Society and Demography in Halesowen 1270-1400*, p. 110; Colin Platt, *The Black Death and its aftermath in late-medieval England*, p. 10.
4) *Ibid.*, p. 10.

교구에 속한 월샴(Walsham) 장원에서도 어린이들의 64%가 흑사병으로 사망하였다. 반면에 노년층은 약 90%가 사망하였다. 그러나 노동력을 갖춘 20대는 14%, 30대는 20%가 사망하여 그 장원의 총 사망률은 평균 45-55%에 이른다.[1] 이처럼 노약자가 질병에 취약하여 높은 사망률을 기록하였다. 농민의 토지거래는 이미 13세기 말까지 개간지의 확대에 따라서 일반화되었다. 자유보유지는 관습소작인의 보유지보다 자유롭게 양도될 수 있었기 때문이다. 물론 토지거래는 타인 사이에서도 이루어졌지만 가족 내에서도 이루어졌다. 예컨대 윈체스터 교구에 속한 칠볼튼(Chilbolton) 장원에서 1267-1371년 사이에 70건의 토지거래가 있었는데, 그 중에서 29건이 가족 내에서 이루어졌고 나머지는 타인 사이에 이루어졌다.[2] 캠프벨(B. M. S. Campbell)도 1275-1405년 사이에 노퍽(Norfolk)에서 2,250건의 토지거래가 있었던 것으로 주장하였다.[3] 흑사병 이후의 토지시장은 분명히 토지를 경작할 노동력이 부족한 상황 속에서 발달할 수 있었다. 그러므로 흑사병 발생 이후의 토지시장 발달 정도를 통하여 농민들의 사망에 대하여 유추할 수 있다.

1348년에 발생한 제 1차 흑사병으로 인한 인구 감소가 회복되기도 전에 젊은이와 어린이에게 큰 타격을 준 제 2차 흑사병이 1361년에 발생하여 1362년에 걸쳐서 피해를 주었다. 14세기에만 잉글랜드에서 1348-1349년, 1361-1362년, 1368-1369년, 1375년, 1390-1393년 등 다섯 차례에 걸쳐서 흑사병이 발생하였는데, 그 중에서 1361-1362년에 일어난 흑사병의 특징은 젊은이와 어린이의 사망률이 높았던 점이다. 1361년 부활절 무렵에 흑사병이 런던에서 발생하여 점진적으로 남부 잉글랜드로 전파된 다음 다른 지역으로 파급되었다. 남성이 많이 죽고 상대적으로 여성의 사망이 적었다. 그런

1) *Ibid.*, p. 10.
2) R. J. Faith, "Peasant Families and Inheritance Customs in Medieval England," *Agricultural History Review*, xix, part ii (1966), p. 88.
3) Alan Macfarlane, *The Origin of English Individualism: The Family, Property and Social Transition* (Oxford, 1978), p. 127.

데 1361년에 일어난 흑사병으로 인한 사망률은 1348-1349년보다 낮아 22.7%에 이른다. 예컨대 왈탐(Waltham) 교구에서 1348년에는 264명의 소작인이 사망한 반면, 1361년에는 53명의 소작인이 사망하였다. 그러나 런던에서는 전체 인구의 34%가 사망하여 제 1차 흑사병의 피해 못지않은 큰 피해를 입었다.[1] 한편 1369년에 제 3차 흑사병이 발생하였다. 제 3차 흑사병의 특징은 어린아이들에게 큰 타격을 준 점이다. 또한 가축에도 피해를 주었다. 그리고 1374년에 제 4차 흑사병이 잉글랜드에서 시작되어 남부 도시들에서 유행하여 몇 년간 지속되었다.[2] 다음해 런던시민 다수가 흑사병으로 사망하였으며, 이곳으로부터 북쪽 지방으로 전염되어 퍼져나가기 시작하였다. 1378년에는 요크 지방에 파급되어 9월 29일 이전에 시작되어 거의 1년 이상 동안 흑사병이 피해를 주었다. 이처럼 제 1차 흑사병 발생으로 인한 인구의 큰 폭 감소를 회복할 수 없을 정도로 연이어 몇 년 주기로 흑사병이 재발하였다. 그 외에도 다른 자료들에 따르면 1379에는 북부에서, 1383년에는 노퍽에서, 1389년에는 캠브릿지에서, 1391년에는 노퍽과 요크에서 1393년에는 에식스에서 흑사병이 발생하였다. 한편 1420년에는 노퍽에서 흑사병이 다시 발생하였다. 이 외에도 15세기에 흑사병이 7차례(1426, 1433, 1437, 1445, 1449, 1454, 1467)에 걸쳐서 더 발병하였다. 그래서 15세기 중엽까지 인구가 약 200만 명에서 250만 명이 감소하여 1300년 인구의 절반 정도에 불과하게 되었다. 1300년경의 인구 수준이 회복되는 데에는 17세기까지 기다려야 하였다.

---

1) Barney Sloane, *The Black Death in London*, p. 142.
2) V. H. Galbraith, ed., *The Anonimalle Chronicle of St Mary's Abbey, York* (Manchester, 1927), p. 77.

5) 흑사병의 영향

이처럼 짧은 기간 동안에 많은 사람들을 죽음으로 몰아간 흑사병이 잉글랜드에 끼친 영향은 무엇일까? 흑사병의 유행에도 불구하고 살아남은 농민들에게는 기회와 야망의 시대가 기다리고 있었다. 노동시장에서 노동력을 소유한 농민들은 유리하였다. 지대는 하락하고 임금은 상승하였다. 또한 물가는 하락하여 농민들의 생활수준은 향상될 수 있는 기회가 찾아왔다. 반면에 토지소유자들은 심각한 어려움에 봉착하였다. 임금이 가파르게 상승하여 곡물이나 양모를 생산하여도 그로부터 나오는 이윤이 적었다. 자연히 농업투자도 감소하였다. 그러므로 인구감소와 장기간에 걸친 전쟁으로 곳곳에 폐촌(lost village)이 생겼는데, 특히 스코틀랜드와의 접경지역인 노섬벌랜드와 와이트섬(Isle of Wight)에서 가장 많은 폐촌이 생겼다. 연대기작가인 헨리 나이튼은 흑사병의 결과를 생생하게 설명한다. “물가는 하락하고 임금은 상승하였다. 노동력 부족으로 작물은 수확하지 못하고 들판에서 썩어갔다. 영주들은 농민들의 지대 지불을 면제해 주고 부역을 폐지하였다. 도시의 가옥들은 텅 비었고, 다수의 촌락들은 폐촌되었다.”[1] 즉 흑사병 발생은 유럽 양모 시장의 붕괴, 노동력의 심각한 부족, 장원 체제의 붕괴, 노동력 부족으로 인한 임금 상승, 인구 감소로 인한 곡물 시장의 쇠퇴, 토지 가치의 하락, 직영지의 임대경영 체제 수립 등 경제적인 분야뿐만 아니라 사회적 변화에도 큰 영향을 끼쳤다. 원인도 모르는 질병으로 주변에 많은 사람들이 죽어가는 상황에서 나도 언젠가는 저렇게 죽을 수 있다는 공포감은 사회적 혼란을 일으키기에 충분하였다. 아침에 같이 식사를 한 식구 중에 어느 누군가가 저녁에는 조상 곁으로 가는 죽음의 공포 속에서 현실도피적인 사고와 행위는 자연스럽게 일어날 수 있었다. 더구나 죽어가는 자들을 육체적으로 돌 볼 수 있는 가족도 없고, 심지어 질병의 원인도 모르는 상황에서 의사들의 역할이 미미하였으며, 정신적

---

1) G. H. Martin, ed. and trans., *Knighton's Chronicle 1337-1396*, pp. 98-107.

인 공황상태를 치유할 수 있는 성직자들의 역할도 기대할 수 없는 상황에서 살아있는 자들의 유일한 희망은 어떻게 하면 흑사병에 전염되지 않을 수 있는가 하는 방법을 찾는데 있었다. 그러므로 부유한 자들은 공기가 좋고 사람들이 모이지 않는 한적한 곳을 찾아 도피하였다. 채찍질고행자들의 행위도 이러한 절망적 상황 속에서 나온 생존을 위한 하나의 대안이었다. 채찍질고행자의 행위는 인간이 지은 죄를 씻겠다는 고행의 행위인 동시에 살아 있는 자들이 자신의 생명을 지키겠다는 삶을 위한 몸부림이었다. 더 나아가 그들의 행위는 기독교 공동체가 그들에게 줄 수 있는 위안이란 아무 것도 없다는 부정적 사고의 결과이다. 그렇기 때문에 교황이 뒤늦게 그들의 행위를 이단적 행동으로 규제하였던 것이다. 가족공동체가 붕괴되고 도시공동체나 촌락공동체가 흑사병으로부터 자신을 보호해 주지 못하는 상황에서 장원, 교회, 왕국이라는 공동체는 물론 주군과 봉신, 영주와 농노라는 개인적인 보호와 봉사의 관계도 아무 의미도 없었다. 죽음과 삶의 기로에서 자신의 생명을 지켜주는 것은 오로지 자기 자신뿐이 없음을 깨닫게 된 것이다. 이러한 상황에서 계급간에 혹은 계급 내에서 상호 안전 보장을 위한 수단이었던 협력과 협동 체제는 무너져가고 이를 바탕으로 한 집단주의가 해체되어 나가면서 이를 대신할 개인주의적 사고와 행동이 자리를 잡게 된 것이다. 특히 장원 1-2곳을 소유한 소규모 토지소유 영주층은 흑사병 이후 자원이 부족하여 대영주층에 비하여 경제적으로 더 어려움에 처하게 되었다. 흑사병 발생 이전에는 노동력을 보유한 농민들의 안전성이 토지소유자인 소영주층에게도 이익이 되기 때문에 두 집단이 서로 장원관습과 규칙을 준수하는 선에서 서로 협력과 협동을 할 수 있었다. 그러나 흑사병 발생과 함께 농민들이 대규모로 사망함으로써 노동력이 크게 감소하고 자원이 부족한 상황에서 소영주층들이 자신의 경제적 지위를 유지하고 회복하기 위해서 새로운 상황에 대처하기 위한 경제적 조치와 노력이 필요하게 되었다. 그러나 지역의 상황에 따라서 혹은 영주 개인의 상태에 따라서 서로 다른 여러 가지 조치가 나타나게 되었다.

흑사병 발병 후 토지소유자들에게 불리한 농업 환경이 조성되자, 이를 탈피하려고 다음과 같은 몇 가지 방법을 사용하였다. 첫째, 노동력 확보는 장원 경영에 필수적인 요소였다. 그러나 전체 노동력의 약 1/3이 감소한 상황에서 과거 영주와 농민 모두가 존중하고 지키려고 노력하였던 장원의 관습과 규칙이 유지될 수 없었다. 장원관습의 해체는 장원 경영의 원칙이었던 영주와 농민 간의, 그리고 농민들 사이의 협력과 협동 체제가 붕괴되었음을 의미한다. 보수적인 사고를 가진 세인트 알반스(St Albans) 대수도원장과 같은 일부 영주들은 살아남은 소작인들에게 강압적인 수단을 사용하여 토지 경영을 계속하였다. 둘째, 버킹엄 공작과 같은 영주들은 새로운 농업 경영 체제의 도입을 시도하였다. 즉 일부 영주들은 노동력 부족에 대처하기 위하여 경작지와 공유지를 목초지로 전환시켰다. 예컨대 1357년 11월 22일 에드워드 3세는 옥스퍼드셔에 나타난 계획적인 위요지(enclosure) 문제를 조사하도록 명하였다. 그러나 배심원들은 위요지 계획이 국왕에게 손실을 끼치지 않았다고 평결하였으며, 그래서 그 계획은 계속 진행되었다. 농업위기와 노동력 부족에 직면한 캔터베리 대수도원에 속한 수도사들은 농경지를 목초지로 전환시켜 캔트 북부의 소택지와 에식스 장원의 일부에서 가축을 사육하였다. 북 캔트 지역의 바크소어(Barksore) 장원은 13세기 말에 경작지가 95에이커였는데, 1348년 흑사병 발생 이후 32에이커로 축소되었다. 그리고 이때 사육한 양의 수가 배 이상 불어났다. 뿐만 아니라 소의 수도 배 이상 증가하였다. 엘빙턴(Elvington) 소택지 장원도 1320년대에 목축을 포기하였으나, 흑사병 발생 이후 목축이 부활하였다.[1] 한편 15세기 말에 이르러서는 잉글랜드 북부와 서부에서 농경지를 목초지로 전환시킨 위요지 운동이 급속하게 진행되었다. 셋째, 국왕과 일부 대귀족들 주도하에 1349년에 노동자 조례를, 그리고 이 조례를 1351년에는 노동자 법으로 의회에서 제정 공포함으로써 흑사병 발생 이전으로 임금 수준을 환원시키고 노동력의 자유로운 이동을 금지시켰다. 흑사병으로 인하여 인구가 큰 폭으로 감소한 만큼 국왕은 런던시장과 주지사들에게 상공업자들이 왕국을 이탈하지 않도록 요

1) H. E. Hallam, "Some Thirteenth-Century Censuses," p. 344.

청한 공식서한을 발송하였다.[1] 그러나 이러한 규제들이 1381년에 발생한 농민봉기의 씨앗으로 자라고 있었다.

흑사병으로 인한 피해가 가장 컸던 것은 농업인구의 사망이었다. 농업인구가 대폭 감소함으로써 노동력의 가치가 상승하고, 노동력 부족이 생존자들의 임금인상을 허용하였고, 이는 식품가격 인상보다도 더 높았다. 그러므로 노동자 법에서 각종 분야에 종사한 노동자들의 임금 인상 제한과 함께 식품에 대한 가격 제한에 중점을 둔 규제가 가해졌다. 그렇다고 산업노동자들의 사망이 적었던 것은 아니었다. 도시 산업노동자들의 사망도 농업노동자 못지않게 많았기 때문에 임금인상은 농업노동자 뿐만 아니라 산업노동자들에게도 해당되는 문제였다. 엑스터 대성당의 수리를 위해 노동자들에게 지불한 임금에 관한 기록에 따르면, 흑사병 발생 전과 후의 노동자 임금이 흑사병 발생을 기점으로 인상되었음을 파악할 수 있다. 1347년부터 1353년까지 성당의 종, 지붕, 물받이 홈통과 같은 사소한 것을 수리한 기록이 잔존하여 우리는 다음과 같은 사실을 파악할 수 있다. 흑사병이 도래하기 전인 1347년 1월부터 4월 사이에 6주 동안 물받이 홈통을 수리한 노동자들을 일주일에 8펜스의 임금을 주고 고용하였다. 일요일을 제외한 나머지 6일 동안 8펜스의 임금을 받았기 때문에 일당이 평균 1.3펜스이다. 이는 흑사병 발생 직전 노동자들의 임금이 일당 2펜스도 되지 않았음을 나타낸다. 그러나 1347년 6월부터 9월 29일까지의 기록에 따르면 같은 노동을 한 노동자들에게 일주일에 12펜스의 임금을 주어 일당 2펜스를 받아 노동자들의 임금이 약간 인상되었다.[2] 한편 1348년 미카엘 축일 때에 성당 수리를 위해 1주일에 14-15펜스의 임금을 주고 석수(mason)를 고용하였다. 또 다른 기록에서는 4일 동안 12-15펜스의 임금을 주고 고용하기도 하였다. 일당 3-4펜스에

1) *Calendar of Letter Book F*, p. 199.
2) Audrey M. Erskine, ed., *The Accounts of the Fabric of Exeter Cathedral, 1279-1353*, Devon and Cornwall Record Society, vol. 26 (The Devonshire Press, 1983), pp. x-xi, 274, 276-277, 280-281.

석수를 고용한 것이다. 한편 같은 해 부활절 기간 중에는 4명의 육체노동자를 일당 2펜스를 주고 4일 동안 고용한 기록도 보인다. 그러나 흑사병 발생으로 인한 인적 피해를 입은 후인 1350년 9월 29일부터 1351년 9월 29일까지 1년 동안의 기록에 따르면, 물받이 홈통을 수리한 노동자들(workmen) 10명을 일당 3펜스로 고용하였다. 흑사병 발생 이전에 2펜스의 일당이 흑사병 이후에는 3펜스로 인상된 것이다. 그런데 흑사병으로 인한 인적 피해가 어느 정도 극복되기 시작한 1353년 5월 20일 이후부터는 노동자들의 임금이 흑사병 발생 이전으로 되돌아갔다. 즉 5월 20일 이후 9주째 되는 기간에 막노동을 한 노동자가 일당 2펜스에 고용되었으며, 12주째 되는 때에 석수가 일당 3-4펜스에 고용되었다.[1] 이러한 사실들은 흑사병으로 인한 인구감소의 상황에서 노동자들의 임금이 큰 폭으로 인상되었다가, 흑사병의 영향으로부터 어느 정도 벗어나기 시작한 시점에 노동자들의 임금수준은 흑사병 발생 이전으로 회귀하였음을 보여주는 것이다.

임금인상은 물가와 무관하지 않았다. 임금이 흑사병 이전보다 최소한 50-100% 인상되었기 때문에 실제로는 농촌이나 도시 노동자들에게 물가가 하락한 효과가 나타났다. 1349년 런던의 어느 제빵사에게는 흑사병을 기점으로 2-3배에 임금이 인상되었다. 노동자 조례의 공포나 노동자 법의 제정은 바로 이러한 상황을 반영하고 있는 것이다. 흑사병 발생 이후 런던에서는 지속적으로 물가와 임금 인상에 대하여 규제를 가하였다. 옷을 만드는 재단사를 비롯한 각종 직종의 임금과 석탄, 옷이나 옷감, 에일 판매가격 등의 물가를 규제하였다.[2] 이 문제는 노동자 법에서 구체적으로 살펴보기로 하자. 그렇다면 흑사병 발생 시기에 물가는 어떻게 변화하였는가? 베브릿지(L. Beveridge)의 연구에 따르면, 흑사병 발생 전에 임금과 소맥가격은 동일한 방향으로 상승과 하락이 진행되었다. 그러나 흑사병 발생 이후에는 임

---

1) *Ibid.*, p. 291.
2) *Calendar of Letter Book G*, p. 150.

금이 상승한 반면, 식품 가격은 하락하는 경향을 보였다. 또한 가축 가격도 하락하였다. 가축을 보살필 인력이 부족하였고, 농업에 필요한 가축의 수요가 감소하였기 때문이다. 예컨대 흑사병 발생 이전에는 40쉴링의 가치가 있던 훌륭한 말 한 필의 값이 1/2마르크면 구입할 수 있었으며, 살찐 황소는 4쉴링, 암소는 12펜스, 어린 암소는 6펜스, 살찐 양은 4펜스, 암양은 3펜스, 어린 양은 2펜스, 큰 돼지는 5펜스, 양모 1스톤(stone)에 9펜스에 판매되었다.[1)] 이를 흑사병 발생 직전에 물가와 비교하여 보면 다음과 같다. 로저스(J. E. T. Rogers)가 조사한 1346년에 물가는 다음과 같다. 거세하지 않은 황소의 평균가는 14쉴링, 거세한 수소는 14쉴링 5 1/4펜스, 암소는 9쉴링 4펜스, 마차를 끈 말은 18쉴링 6 3/4펜스, 돼지는 2쉴링 2펜스, 양은 1쉴링 2 1/4펜스, 암양은 8 3/4펜스, 어린 양은 4 3/4펜스에 판매되었다.[2)] 두 시기에 가축가격 변동을 비교하여 보면, 흑사병 발생 이전에 비하여 흑사병 발생 이후에 가축가격이 크게 하락하였음을 파악할 수 있다. 그러나 임금은 위에서 언급한 것처럼 흑사병 발생 이후 크게 인상되었다. 이처럼 흑사병 발생 이후 임금은 크게 인상되고 물가는 하락하였기 때문에 노동자들의 생활수준은 개선될 수 있었으나, 영주를 비롯한 대토지 소유자들은 흑사병 발생 이전에 비해 소득의 감소를 감내하여야 하였다.

성속을 막론하고 영주들은 그들이 소유한 토지로부터 나온 지대가 감소하여 고통을 당하였다. 국왕은 자신의 직수봉신들에게 지대를 감면하여 주어서 흑사병으로 인한 경제적 어려움을 덜어주려고 노력하였다. 스태퍼드셔(Staffordshire)에 팸브룩 백작인 로렌스(Laurence)가 매년 납부한 지대를 8파운드 감면하여 주었다. 최근에 치명적인 흑사병의 발생으로 인하여 지대를 감면하여 줄 것을 청원한 그의 요구를 받아들여 국왕 통치 22년 1월 20일에 사면장을 발행하였다. 또한 워윅주(Warwickshire)에 필라턴(Pilarton)

1) G. H. Martin, ed. and trans., *Knighton's Chronicle 1337-1396*, p. 101.
2) J. E. T. Rogers, *A History of Agriculture and Prices in England*, vol. I, pp. 346, 354.

에서도 8마르크의 지대 중에서 46쉴링 8펜스를 감면한 조치를 취하였다.[1] 흑사병이 발생한 시기는 프랑스와의 전쟁이 진행되고 있던 시기이다. 그러므로 국왕뿐만 아니라 전비마련에 협조한 모든 사람들이 어려움을 격기는 마찬가지였다. 그리하여 뉴캐슬 아픈 타인(Newcastle-upon-Tyne) 시민들에게 1/10세와 1/15세로 국왕에게 부담한 600마르크 중에서 1년에 50마르크씩 3년 동안 150마르크를 감면하여 주었다.[2] 성직자들에 대한 1/10세 감면도 흑사병으로 인한 그들의 경제적 어려움을 고려하여 단행하였다.[3] 이처럼 국왕의 지대 감면 조치는 교회와 농촌은 물론 도시 곳곳에서 나타난다. 이러한 조치들로 인하여 지대 수입이 절반 정도, 때로는 3/4이 감소한 경우도 있다. 이는 흑사병으로 인하여 농민들이 다수 사망하고, 이들이 경작하던 토지가 휴경지화됨으로써 나타난 결과이다. 예컨대 웨이크필드 장원의 경우, 1350년 9월 16일의 법원기록에 따르면 거의 100에이커 정도의 경작지가 황무지화되었다. 한편 1351년 3월 3일의 장원법원기록에 따르면 45에이커 정도의 경작지에 새로운 소작인들이 등장하여 1350년에 황무지화되었던 토지 중에 일부가 다시 경작지화됨을 보여준다. 그러나 새로운 소작인들은 전임자들보다 적은 지대를 영주에게 지불하였다.[4] 더구나 농업노동자의 수가 격감함으로써 농업노동자들의 임금이 크게 인상되어 지출은 많았다. 영주들에게 2중으로 고통을 준 것이다. 예컨대 윈체스터 수도원의 장원들에서 노동자들의 임금이 흑사병 이후 10년 동안은 이전 보다 거의 배가 상승하였

1) *Calendar of Patent Rolls 1350-1354*, p. 105.
2) *Calendar of Patent Rolls 1350-1354*, p. 353.
3) *Calendar of Patent Rolls 1350-1354*, p. 105.
4) Moira Habberjam, Mary O'Regan and Brian Hale, ed., *The Court Rolls of the Manor of Wakefield from October 1350 to September 1352*, pp. xvi, 23, 64-65, 69. (1351년 3월 3일의 기록에 따르면, 새로운 소작인들은 흑사병 발생 이전의 소작인들에 비해 적은 지대를 영주에게 지불하였다. 기록에 등장하는 예를 들면 다음과 같다. 18펜스에서 14펜스로, 21펜스에서 14펜스나 18펜스로, 19 1/2펜스에서 13 1/2펜스로, 15펜스에서 12펜스로, 6펜스에서 4펜스로, 5쉴링 11펜스에서 4쉴링으로, 4쉴링 3펜스에서 3쉴링으로 각각 지대가 감소하였다.)

다. 이러한 수치는 임금상승율이 상대적으로 물가상승율보다 높았음을 뜻한다. 이러한 변화 속에서 영주제가 존속될 수는 없었다. 기존의 농업구조가 몰락하는 징조가 나타난 것이다. 한편 농산품 가격보다 공산품 가격의 상승율이 더 높았다. 그러므로 농민들의 생활수준은 향상되었으나, 토지소유자인 영주들은 노동력의 부족으로 경작되지 않는 토지가 증가하고 임금노동자들의 임금인상 요구로 고통을 받았다. 이러한 상황에서 일부 영주는 지대취득자로 변모하기도 하였다. 그러나 일부 영주들은 농노들의 부역을 강화하여 자신의 경제적 지위를 회복하려고 시도하였으며, 이에 대항하여 농민들은 지대 감면과 부역의 폐지를 주장하며 영주에게 대항하였다. 이러한 변화에 대응하기 위하여 국왕을 비롯한 영주들은 자신의 이익을 보호하기 위해 임금상승을 규제하려는 노력을 할 수밖에 없었다. 에드워드 3세는 흑사병이 발병한지 1년 뒤인 1349년 6월 18일에 노동자 조례(Ordinance of Labourers)를 공포하여 임금과 물가를 억제하려고 시도하였으며, 1351년에 이것이 의회에서 노동자 법(Statute of Labourers)으로 다시 발표되었다. 강제로 노동자들의 임금상승을 규제하고 더 좋은 노동조건을 찾아 자유로운 이동을 원한 노동자들에 대한 규제를 법으로 강제한 노동자 법에 대하여 농민들이나 수공업자들의 불만은 고조되었으며, 이는 1381년에 발생한 농민봉기의 직접적인 원인이 되었다. 이에 관하여는 농민봉기에서 자세히 살펴보기로 하자.

프랑스 왕과 잉글랜드 왕은 흑사병으로 인한 큰 타격 때문에 그들의 정치적이고 군사적인 활동을 중지할 수밖에 없었다. 전장에 동원되는 군인들에게 들어가는 많은 예산을 조달할 수 없었기 때문에 군사적 원정을 중지할 수밖에 없었던 것이다. 그러므로 자연히 백년전쟁은 휴전기에 들어갔다. 프랑스가 크레시 전투에서의 패배와 칼레 지역의 상실 이후 잉글랜드와의 휴전을 원하였다. 에드워드 3세도 1350년 여름 시작기인 6월 13일부터 다음해 8월 1일까지 프랑스와 백년전쟁의 휴전에 동의하였다. 그리고 양국 간의 휴전이 1355년까지 지속되었다.

한편 장기적인 관점에서 볼 때 흑사병은 잉글랜드 문화의 안정성을 해쳤다. 높은 사망률은 기술과 학식 있는 자들의 층을 엷게 만들었다. 신학자, 법률가, 의사를 양성한 대학에 충격을 가하였고, 이로 인하여 그들의 양성에 큰 차질을 일으켰다. 당시 옥스퍼드 대학의 등록생수는 흑사병 이전에 최고 30,000명이었는데, 흑사병 발생 후 6,000명 정도로 감소하였다. 존 위클리프는 옥스퍼드 대학 학생수가 60,000명에서 3,000명 이하로 감소하였다고 생각하였다.[1] 비록 각자가 생각하는 학생 수에 차이가 있다고 하더라도, 학생 수가 크게 감소한 것은 분명하다. 이는 단기간에 회복될 문제도 아니었다. 문화 발전과 새로운 문화의 창조 중심지였던 대학의 쇠퇴는 잉글랜드뿐만 아니라 유럽의 문화 발전에 큰 장애 요소로 작용하였다. 흑사병기에 이러한 문화의 단절은 장기간의 회복기간을 필요로 하였기 때문에 문화의 안정적 발달에 큰 공백기로 작용하였다.

---

1) David Herlihy, *The Black Death and the Transformation of the West*, p. 69.

2. 노동자 법(Statute of Labourers)

에드워드 3세가 인구 감소로 인하여 노동자들의 임금이 급격하게 상승하자, 이를 규제하려고 1349년 6월 18일에 노동자 조례를 발표하였다. 국왕은 왕국 내의 모든 주지사와 주교들에게 인구의 상당수가 흑사병으로 인하여 사망한 결과, 노동자들이 과도한 임금을 주지 않으면 노동을 거부하고, 그들의 생계유지를 위해 노동을 하기 보다는 구걸을 선택하는 자들이 많다고 결론지었다. 그래서 귀족들과 고위성직자들과 협의하여 노동자 조례를 발표하였다. 노동자 조례에는 다음과 같은 몇 가지 중요한 사항이 포함되어 있다. 첫째, 육체적으로 건강하고 60세 이하의 자유인이든 부자유인이든 간에 잉글랜드 왕국의 모든 남녀는 1346년 수준의 임금을 전제로 한 고용조건이 제시되면, 그들 모두는 제시된 고용조건을 수용하여야 한다. 만약 이러한 고용조건을 거부하면 즉시 체포하여 투옥한다. 둘째, 고용자도 1346년 이전 수준보다 더 높은 임금을 노동자들에게 지급하여서는 안 된다. 만약 이를 어기면 제공한 임금의 2-3배의 벌금을 징수한다. 그리고 1346년 수준보다 더 많은 임금을 받은 노동자는 차액을 고용주에게 되돌려 주어야 한다. 셋째, 곡물 수확 노동자, 풀 베는 노동자는 계약기간이 만료될 때까지 현재의 고용지를 이탈하지 못한다. 만약 이탈하면 투옥한다. 넷째, 대장장이, 석공, 마구을 만드는 사람, 가죽을 무두질하는 사람, 옷 만드는 사람, 기와장이 등 모든 기능공과 노동자들은 1346년 수준의 임금을 받고 노동하여야 한다. 다섯째, 정육업자, 생선장수, 양조업자, 제빵업자 등 식품판매업자들은 적정가격을 받고 판매하여야 한다. 만약 이를 위반하면 판매액의 두 배를 벌금으로 징수한다. 여섯째, 노동력이 있는 거지는 보시를 받을 수 없다. 거지들도 자신의 생활을 위해 노동하여야 한다. 만약 이를 위반하면 투옥된다. 일곱째, 주교들은 유급 성직자(stipendiary)의 수입을 알맞게 경감시켜야 한다. 만약 이를 거절하면 그 성직자에게 성직정지나 성사집행정지의 처벌을 내려야 한다.[1] 이 조례는 주지사들이 모든 도시(city), 바러(borough), 시장도시(market town)와 항구에 선포할 것이며, 주교들도 자신의 교구 교회에서 성직자들이 이 조례를 발표하도록 권고하여야 한다. 그런데 이 조례가 흑사병의 결과로 작성 선포되었음을 분명히 하였다.[2] 한편 노동자 조례의 내용을 보다 구체화시켜 의회의 승인 아래 1351년에 노동자 법으로 재발표되었다.[3] 그러므로 노동자 법은 노동자 조례의 내용을 재확인한 것이다. 쟁기꾼, 수확노동자, 목동 등 농촌의 임금노동자들의 임금은 물론 도시 노동자들, 예컨대 목수, 벽돌공, 기와장이, 구두장이, 금세공업자, 제혁업자, 재단사 등의 노동자 임금을 흑사병 발생 이전인 1346년으로 정하여 임금 인상을 억제하였다. 다만 노동자 법이 노동자 조례와 다른 점은 각 노동자들의 임금을 구체적으로 명시하였으며, 이를 위반할 때에는 노동자는 물론 고용주도 처벌함을 명시한 것이다.

흑사병으로 인하여 노동력이 급감함으로써 노동자들에게 유리한 조건도 형성되었다. 그들에게 식사로 제공되던 보리빵이 아닌 흰 밀가루로 만든 빵이 제공되고, 음료로서 제공되던 물이나 혹은 도수가 약한 에일(ale)이 아닌 도수가 높은 에일로 대치되었으며, 소금에 절인 생선 대신에 싱싱한 생선이

---

1) H. Chew, ed., *London Possessory Assizes: a calendar* (London Rec. Soc., 1965), vol. I, no. 67; Barney Sloane, *The Black Death in London*, p. 72.

2) *Calendar of Letter Book F*, p. 192.

3) A. Luders et al, ed., *Statutes of the Realm 1101-1713*, vol. I, pp. 307-308; Rosemary Horrox, trans. and ed., *The Black Death*, pp. 287-289, 312-316.

제공되었다. 또한 싱싱한 고기나 우유와 낙농품도 제공되었다. 그러나 계속 상승하는 임금 지불이 문제였다. 노동자 법의 목적은 임금을 흑사병 발생 이전으로 묶어 놓는데 있었다. 노동자들 중에 일부는 가장 많은 임금을 받는 곳을 찾아 떠돌아다니는 자유를 원하였으나, 아직도 노동자 법의 강제에 의해서 이를 규제하였다. 즉 임금노동자들은 이동의 자유와 원할 때에만 노동하는 자유를 원하였으나, 이를 법으로 규제한 것이다.[1] 계약기간을 채우지 않고 작업장을 이탈한 수공업자나 임금노동자들에 관한 기록이 1357년 이후의 '개봉된 국왕의 칙허 등기부'에 자주 등장한다.[2] 군역납부를 조건으로 사면된 범법자들이 군영을 이탈한 경우와 마찬가지로 작업장을 이탈한 노동자들은 처벌의 대상이었다. 그러나 노동자들이 더 많은 임금을 주는 곳을 찾아다니고, 또 즉시 일자리를 얻게 되는 상황에서 노동자들의 이동을 방지하기란 쉽지 않은 일이었다. 이에 대한 의회가 찾아낸 유일한 해결책은 노동자 법을 더욱 강력히 시행하는 것이었다. 이러한 규제를 찬성한 것은 영주들이나 수공업의 마스터들뿐만 아니라 흑사병 이후 노동력 고용이 절실하게 필요하였던 부농들도 마찬가지였다. 이러한 규제를 위해 다음과 같은 몇 가지 조항이 만들어지고, 이를 강제로 이행하도록 한 것이 노동자 법이다. 첫째, 건강한 남녀, 자유인이나 예속인 모두는 그들의 임금이 지금보다 4년 전의 임금수준으로 동결한다. 그리고 영주들은 그들의 기존 소작인들의 노동에 대한 최우선권을 지닌다. 둘째, 수확노동자들, 제초노동자들, 그리고 다른 노동자들도 합리적인 이유나 허가 없이 계약기간 내에 그들의 주인을 떠나서는 안

---

1) S. A. C. Penn and C. Dyer, "Wages and Earnings in Late Medieval England: Evidence from the Enforcement of the Labour Laws," *Econ. Hist. Rev.*, 2nd series, 43 (1990), p. 373.

2) 그에 관한 사실이 너무나 많아서 모두 언급할 수는 없다. 그래서 한 가지 예를 든다면 다음과 같다. "합리적인 이유나 허락 없이 양자 사이에 체결된 계약 조건이 만료되기 전에 작업장을 이탈한 윌리엄이 제화공인 로버트에게 그 이유를 답변하려고 국왕 앞에 출두하지 않아서 런던 법원에서 법익박탈된 점을 사면한다. 윌리엄은 지금 마샬시(Marshalsea) 감옥에 투옥되어 있다." (*Calendar of Patent Rolls 1358-1361*, p. 171.)

된다. 또한 다른 주인들은 계약기간 내에 전 주인을 떠난 노동자들을 고용하는 것을 금지한다. 셋째, 누구도 관습보다 더 높은 임금을 주거나 받지 못한다. 이 임금조항은 농업노동자와 하인들뿐만 아니라 수공업에 종사하는 모든 사람들에게도 적용된다. 넷째, 합리적 가격으로 음식가격이 정해져야 한다. 다섯째, 신체 건강한 사람들에 대한 자선은 금지한다.[1] 이러한 원칙의 수립은 단순하게 임금 수준만을 규제하기 위해서 만든 것은 아니다. 장인들은 그들의 물품을 생산한 직인이나 도제에 대한 임금이 상승하면, 그만큼 그들이 생산한 물품 가격을 인상하여 이득을 얻으려고 하였기 때문에 임금상승 억제는 물가상승 억제와도 서로 연관성이 있었다. 이러한 원칙에 따라서 노동자 법에서는 모든 임금을 흑사병이 발생하기 4년 전 수준으로 동결하였다. 노동자 법에 따르면, 60세 이하의 노동자들은 흑사병이 발생하기 이전의 임금수준으로 농업노동에 고용되어야 한다고 규제하였으며, 노동자 법에서 정한 임금수준을 위반하는 영주에게는 벌금형이 가해졌다. 그러나 영주들도 노동자 법을 준수하면서 장원을 경영할 수 없었다. 왜냐하면 노동자 법에 규정된 임금을 받고 노동하려는 임금노동자들[2]을 구할 수 없었기 때문이다. 그러므로 노동력 부족 시기에 임금 인상을 제한한 법의 실시는 그만큼 흑사병으로 인한 노동력 부족으로 대영주들의 희생이 컸음을 뜻한다. 물론 노동자 법에 담긴 7개 항목의 임금 억제책을 그대로 시행한다면 영주들이나 노동자 고용주들은 그만큼 임금상승을 억제하면서 자신들의 이익을 추구할 수 있었다. 노동자들의 임금을 규제한 노동자 법의 내용은 다음과 같다. 제 1항에서는 풀베기나 건초 만들기 노동자에게 지불하는 임금이 일당 1페니 이상을 넘지 않는다. 곡물수확노동자는 8월 첫 주에 일당 2펜스로 제한하고, 둘째 주는 3펜

1) B. H. Putnam, *The Enforcement of the Statutes of Labourers* (Univ. Press of the Pacific, Hawaii, 2002), pp. 71-72.

2) 중세 잉글랜드에 있던 임금노동자들을 직종별로 분류하면 다음과 같다. 첫째, 가내 하인, 둘째, 농업과 관련된 각종 농업노동자, 셋째, 건물과 관련된 직업, 직물과 관련된 직업, 기타 대장장이와 같은 제조업에 종사한 기능공, 넷째, 식품업에 종사한 자들로 구분할 수 있다.

스를 넘지 않는다. 제 2항에서는 밀이나 호밀 1쿼터를 탈곡하는데 2 1/2펜스 이상을 받지 못한다. 보리, 콩, 귀리 1쿼터를 탈곡하는데 1 1/2펜스 이상을 받지 못한다. 제 3항에서는 대목수는 일당 3펜스, 일반 목수는 2펜스, 숙련된 벽돌공은 일당 4펜스, 일반 벽돌공은 3펜스, 그리고 그들의 보조는 1 1/2펜스를 받는다. 기와장이는 일당 3펜스, 그의 보조는 1 1/2펜스를 받는다. 풀이나 짚으로 지붕을 덮은 개초장이는 일당 3펜스, 그의 보조는 1 1/2펜스를 받는다. 제 7항에서는 위의 법을 위반한 자들에 대한 처벌 조항이 담겨있다. 노동자 법 위반자에 대한 처벌은 다음과 같은 세 가지 방법이 있다. 즉 벌금납부, 투옥, 그리고 사면[1]이다. 세 가지 처벌 중에서 가장 무거운 처벌이 투옥이다. 그런데 위반자가 범한 죄가 무겁기 때문에 투옥된 것이라기보다는 노동자 법을 위반한 불법침해에 대하여 법정에 출두하여 자신의 범법행위에 대하여 답변하여야 하는데, 이를 조사한 재판관들 앞에 출두하지 않아 법익박탈되고 투옥된 경우가 대부분이다.[2] 노동자 법 위반으로 법정에 소환된 자들이 즉시 법정에 출두하지 않는 경우가 많았다. 예컨대 1363년과 1364년에 요크셔에서 노동자 법 위반으로 법정으로 출두 명령을 받은 자가 5번이나 응하지 않아 결국 그는 법익박탈되었다.[3] 노동자 법 위반은 불법침해죄를 범하는 것이다. 특히 노동자 법에서 정한 임금보다 더 많은 임금을 요구한 노동자들을 불법침해로 처벌하였다. 노동자 법에서 규정한 노동자들의 임금 중에 가장 높은 임금은 숙련된 벽돌공으로서 일당 4펜스이다. 그런데 저녁을 제공하고 6펜스의 임금을 주거나 아니면 12펜스의 임금을 지불하는 것으로 계약을 맺은 것이 적발되어 처벌받기도 하였다.[4] 노동자 법을 처음 위반할

---

1) *Calendar of Patent Rolls 1350-1354*, p. 345. (노동자 법을 위반한 노동자, 하인 등 28명에게 차후 선행을 행한다는 조건으로 특별 사면하였다.)
2) *Calendar of Patent Rolls 1350-1354*, p. 485; *Calendar of Patent Rolls 1354-1358*, pp. 156, 256, 304, 356, 463; *Calendar of Patent Rolls 1358-1361*, p. 128.
3) Charles Gross, ed., *Select Cases from the Coroners' Rolls 1265-1413*, p. 118.
4) *Calendar of Patent Rolls 1354-1358*, p. 256; *Calendar of Patent Rolls 1358-1361*, p. 329.

때에는 40일 간 투옥하였으나, 두 번째 위반 시에는 3개월 동안 투옥하였다. 그런데 투옥의 결정은 정해진 임금 수령이 아닌 그 보다 초과분을 수령하였을 때, 초과분을 기준으로 하여 결정되었다. 즉 부당한 임금을 요구하고 수령하였을 때 투옥으로 처벌한 것이다. 이를 법으로서 집행하기 위해서는 법정 임금과 물가가 정해져야 한다. 그러나 실제로는 법정 임금을 받고 노동을 하는 경우가 없었다. 노동자 조례에서 정한 노동자 임금 인상 억제책이 그대로 시행되지는 못하였다는 지적이다. 이러한 점은 조례 발표 후에도 장원에서 임금노동자들의 임금 지불 실태로 파악할 수 있다. 1349년 4월부터 6월 사이에 옥스퍼드셔의 쿡섬 장원에서 임금노동자들에게 임금 이외에 12펜스씩을 더 지불하였다. 물론 이 경우는 노동자 조례가 6월 18일에 발표되었기 때문에 이에 대한 적용을 받지 않았던 경우일 수도 있다. 그러나 같은 해 9월에 쟁기꾼, 마차꾼, 양치기에게 임금 이외에도 5쉴링의 보너스를 지불하였다. 한편 윈체스터 주교는 자신의 영지에서 밀을 타작한 임금노동자들에게 타작한 밀 1쿼터 당 4펜스를 지불하여 타작임금이 흑사병 발생 이전의 2펜스 혹은 2 1/2펜스 지불에 비하여 거의 배가 상승하였다. 그러나 그것은 그런대로 사정이 좋은 편이었다. 헨리 나이튼의 지적에 따르면, 1349년 8월과 9월에 음식을 제공하고 일당 8펜스 이하로 수확노동자를 구하기 어려웠고, 음식을 제공하고 일당 12펜스 이하로 풀 베는 사람(mower)의 노동력을 구하기가 어려웠다. 높은 임금에도 불구하고 수확할 인력이 부족하여 작물이 들판에 그대로 널려 있는 상황이었다.[1] 1349년 여름 이후 노동자들의 임금이 흑사병 이전에 비하여 2-3배 인상되었음에도 불구하고 임금노동자 구하기가 어려웠다. 그만큼 노동력이 귀하여 임금 인상은 불가피하였다.

노동자들이 받은 실제 임금 수령액은 다음과 같다. 첫째, 가내 하인들의 경우, 하녀는 1년에 5쉴링, 남자 하인은 겨울 동안에 옷과 음식을 제공한 가

1) John Hatcher, *The Black Death: the Story of a Village (Walsham-le-Willows) 1345-1350*, pp. 199, 261.

운데 8실링을 임금으로 각각 받았다. 둘째, 농업노동자의 경우, 1년에 18실링, 8월에는 음식과 음료를 제공한 가운데 일당 6펜스, 겨울에는 음식과 음료를 제공한 가운데 일당 2펜스를 지불한다. 셋째, 가장 힘든 노동을 한 노동자 중에 하나인 수확노동자의 경우는 법정 임금이 일당 2-3펜스인데, 그들은 자주 5-6펜스를 받았다. 넷째, 풀 베는 자들의 법정 임금은 에이커 당 5펜스이다. 그러나 이들은 9펜스를 받기도 하고 심지어 에이커 당 12-14펜스를 받는 경우도 있다. 다섯째, 곡물타작의 법정 임금은 곡물 쿼터 당 2펜스이다. 그러나 더비(Derby) 지역에서는 3펜스를 받았다. 여섯째, 보리타작의 법정 임금은 쿼터 당 1펜스이다. 그러나 쿼터 당 2펜스가 지불되고 있었다. 일곱째, 제초자의 법정 임금은 일당 1펜스이다, 그러나 윌트셔에서는 2펜스를 받고 있었다. 여덟째, 직공들의 법정 임금도 직종에 따라서 서로 달랐다. 칠하는 사람(dauber)은 이전에는 일당 1펜스와 음식 제공이었으나, 일당 3펜스와 음식 제공으로 바뀌었다. 대장장이의 보조는 1년에 8실링을 받는 것으로 맹세하였다. 목수, 석수, 기와장이의 법정 임금은 겨우 일당 3펜스였다. 그러나 런던시에서 석공이나 목수의 일당은 위에서 언급한 것보다는 많았다. 그런데 그것도 시기에 따라서 그들이 받을 수 있는 임금의 한계가 정해졌다. 예컨대 1362년 3월 28일에 발표된 조례에 따르면, 기와공(tiler)이 일당 6펜스를, 그의 보조는 4펜스 이상을 받을 수 없다고 정하였다. 만약 이를 위반하면 1년 1일간 투옥된다. 또한 타일의 값도 1,000개에 7실링 이상을 받을 수 없다고 규정하였다. 만약 이와 같은 가격 규제를 위반하면 동업조합으로부터 40실링의 벌금이 징수되었다.[1] 이보다 10년 뒤인 1372년 11월 1일에 발표된 런던시의 조례에 따르면, 기능공들의 임금으로 정한 상한선이 10년 전이나 크게 변하지 않았다. 석공, 목수와 함께 기와공의 임금을 두 시기로 나누어 받도록 규정하였다. 즉 부활절과 미카엘제 사이의 성수기(보통 4월부터 9월까지)에는 6펜스 이상을, 미카엘제부터 다음

1) *Calendar of Letter Book G*, p. 138.

해의 부활절까지는 5펜스 이상을 받지 못한다고 정하였다.[1] 그러나 노동자들이 받았던 임금은 이와는 달랐다. 예컨대 축융공은 법정 임금보다 배가 많은 1년에 3쉴링 4펜스를 받았다. 한편 의복 만드는 사람은 법정 임금의 3배를 받았다.[2] 위에서 언급한 것처럼 법정 임금보다 실제로는 2-3배 더 많은 임금을 받고 있었다. 이처럼 흑사병 발생 이후 임금상승을 규제한 국왕의 노력은 지역별 타작임금 수준의 변화를 통해서 이해된다. 로저스의 연구에 따르면, 1259-1270년 사이에 동부 지역의 밀의 타작임금이 2 7/8펜스인 반면 1271-1280년에는 2 3/4펜스, 1281-1290년에는 3펜스, 1291-1300년에는 3펜스, 1350년에는 3 1/8펜스, 1351-1400년에는 4 1/8펜스로 각각 인상되었다. 이러한 인상율은 보리, 귀리도 밀과 유사하였으며, 지역별로는 중부 지역, 남부 지역, 서부 지역 및 북부 지역도 동부 지역과 유사하다.[3] 만약 이러한 조사에 신뢰를 부여한다면, 13세기 중엽에 비하여 1세기 뒤인 14세기 중엽에 타작임금이 배 정도 인상되었으며, 흑사병 발생 이전에 비해 흑사병 발생 이후에 임금이 큰 폭으로 상승하였음을 파악할 수 있다. 이러한 노동자의 임금 인상과 그 지불은 분명히 노동자 조례를 위반한 것이다. 한편 노동자 법이 발표된 후에도 영주와 노동자들 사이에 노동 임금을 사이에 두고 계속 대립하였다. 서퍽 주의 북서쪽에 있는 주민이 1,000명 이상이고 1340년대에 농경지가 2,000에이커 이상인 규모가 큰 촌락인 왈샴(Walsham)과 하이 홀(High Hall) 장원에서 소작인들과 영주 사이에 분쟁과 대립이 계속되었다. 1353년 14명의 소작인이 수확노동을 거부하였고, 34명의 소작인이 겨울 노동 수행을 거부하였으며, 10명의 여성 노동자들은 영주가 제시한 임금을 받고서는 곡물의 키질 노동을 할 수 없다고 거부하였다.

1) *Calendar of Letter Book G*, p. 301.
2) A. Luders et al, ed., *Statutes of the Realm 1101-1713*, vol. I, pp. 311-312; B. H. Putnam, *The Enforcement of the Statutes of Labourers*, p. 89; Rosemary Horrox, trans. and ed., *Black Death*, pp. 313-315.
3) J. E. T. Rogers, *A History of Agriculture and Prices in England*, vol. I, pp. 303-308.

양자 간의 불협화음의 또 다른 예는 다른 촌락이나 도시로 이주한 다음 귀환을 거부한 농노들의 무허가 이주였다.[1] 이처럼 흑사병 이후에는 기존의 장원질서는 무너졌고 새로운 질서 수립을 위한 영주와 소작인들 사이에 대립과 갈등이 반복 지속되었다. 1381년의 농민봉기는 영주들과 소작인들 사이에 벌어진 이러한 투쟁의 연장선상에서 이해되어야 할 것이다.

노동자 법 위반자들을 처벌하려는 법정이 자주 열렸다. 국왕의 재판관은 최소한 1년에 네 차례, 즉 3월 25일, 7월 20일, 9월 29일, 12월 6일에 각 주에서 위반자 처벌을 위한 재판을 열어야 한다. 법이 지켜지는지를 감독하여야 하고, 만약 노동자나 하인이 노동자 법을 위반하고 한 주에서 다른 주로 도피하면 주지사는 그들을 체포하여 각 주의 감옥으로 이송하여 재판을 받게 하여야 한다. 만약 조례를 준수하겠다고 맹세한 자가 이를 위반하면 40일 동안 투옥하고, 두 번째 위반으로 기소되면 3개월 동안 투옥한다. 그리고 죄를 범할 때마다 벌칙은 두 배로 늘어났다.[2] 그러나 노동자 법에 의한 규제에도 불구하고 법정 임금의 원칙이 잘 지켜지지 않았고, 이러한 상황은 벌금징수액의 증거로 파악이 가능하다. 1352년에 주지사들에 의해서 징수된 벌금액 총액이 7,747파운드 14쉴링 2펜스에 이르렀다. 당시 특별보조금(subsidy) 징수액이 114,767파운드 5쉴링 2펜스에 1/16에 달하였던 점[3]과 비교하여 보면, 당시 징수된 벌금액의 규모가 어느 정도인지를 이해할 수 있다.

한편 임금 인상 규제와 함께 물가 안정화에도 노력하였다. 베브릿지가 윈체스터 교구에 속한 9개 장원에서의 물가 변동을 조사한 결과, 1200-1249에 비하여 1300-1349년에 밀은 58%, 양모는 63%, 귀리는 64%, 소는 64%, 보리는 69%가 각각 인상되었다. 특히 흑사병 전야에 큰 폭으로 물가

---

1) *Ibid.*, p. 319.
2) Rosemary Horrox, trans. and ed., *Black Death*, pp. 315-316.
3) B. H. Putnam, *The Enforcement of the Statutes of Labourers*, p. 128.

가 인상되었다.[1] 이러한 물가 변동에 대하여 로저스도 베브릿지와 유사한 견해를 표명하였다. 로저스의 연구에 따르면, 제 1차 흑사병 발병기인 1348년에는 물가가 전년도에 비하여 큰 폭으로 하락하였다. 즉 밀 1쿼터 당 4쉴링 2펜스, 보리 2쉴링 6 1/2펜스, 귀리 1쉴링 5 5/8펜스, 호밀 2쉴링 9 5/8펜스로 하락하였다. 이러한 곡물가격 동향은 1349년에도 계속되었다. 그러나 흑사병의 피해가 진정되기 시작한 1350년을 지나면서 곡물가격은 다시 상승하기 시작하였다. 1351년에 밀 1쿼터 당 10쉴링 2 1/2펜스, 보리 6쉴링 10 1/4펜스, 귀리 3쉴링 7 3/4펜스, 호밀 7쉴링 8 1/2펜스로 인상되어 흑사병기보다 곡물가격이 2-3배 인상되었다.[2]

한편 제 2차 흑사병이 발생한 1361년 그 이듬해인 1362년 9월 26일에 런던시의 규제에 따르면, 석탄 1쿼터 당 12펜스, 수탉이나 토끼로 만든 고기만두는 1페니, 최고품의 에일은 갤런 당 2펜스, 중품은 1 1/2펜스, 하품은 1페니에 판매하도록 규제하였다. 이는 흑사병 발생 이전의 물가 수준을 유지하기 위한 조치였다. 심지어 말에게 먹일 건초가격도 상한선을 정하여 판매가격을 규제하였다. 예컨대 어떤 여관에 마부가 하루 묵는 동안에 말 한 필에게 먹일 건초를 2펜스 이상 받지 못하도록 정하였다.[3] 만약 이러한 규제를 위반하면, 첫 번째 위반이 적발될 경우 40펜스, 두 번째는 1/2마르크, 세 번째는 10쉴링의 벌금이 부과되었다.[4] 그러나 가축 가격은 전반적으로 흑사병 발생 이전에 비하여 큰 폭으로 하락하였다. 그만큼 수요가 감소되었기 때문에 가축 가격이 하락한 것이다. 흑사병 이전에는 40쉴링이나 나가던 훌륭한 말 한 필의 값이 1/2마르크[5]로 하락하고, 살 찐 황소 한 마리에 4쉴

---

1) E. Miller and J. Hatcher, *Medieval England: Rural Society and Economic Change 1086-1348*, p. 65; Lord Beveridge, "The Yields and Price of Corn in the Middle Ages", p. 157.
2) J. E. T. Rogers, *A History of Agriculture and Prices in England*, vol. I, p. 232.
3) *Calendar of Letter Book G*, p. 300.
4) *Calendar of Letter Book G*, p. 150.
5) 1마르크는 13쉴링 4펜스를 표시하는 화폐 단위임.

링, 암소는 12펜스, 어린 암소는 6펜스, 살 찐 양은 4펜스, 암양은 3펜스, 다 자란 돼지 한 마리에 5펜스, 그리고 양모 1스톤(stone)에 9펜스에 판매되었다.[1]

흑사병 발생 이전 상태로의 임금과 물가 수준의 유지를 위한 노력이 노동자 법의 입법 목적이었다. 과연 그러한 목적이 성공을 거둘 수 있었는가? 임금인상을 효과적으로 차단하기 위해 지방의 젠트리 계층이 특별치안판사로 임명되었다. 물론 전체 임금 상승 규제를 위한 과정은 중앙 정부의 감독을 받았다. 그러나 특별위원회의 활동은 성공을 거둘 수가 없었다. 그럼에도 불구하고 임금 상승 억제를 위한 활동이 어느 정도는 성공을 거두었다. 예컨대 스트라트포드 온 아본(Stratford on Avon)에서 수확임금을 법정 임금의 2배인 일당 6펜스를 받아 특별치안판사에게 기소되기도 하였다.[2] 그러나 1370년대 말까지 임금은 계속하여 상승하였고 곡물가격은 하락하는 추세를 이어갔다. 이러한 경제적 상황에서 영주들은 노동자 법에 맞게 임금을 지불한 것처럼 기록하였으나, 실제로는 그보다 더 많은 임금을 지불하고 노동력을 고용할 수밖에 없었다. 그래야만 필요한 노동자를 고용할 수 있었기 때문이다. 노동자 조례나 노동자 법의 규정은 영주들이 자신의 지역에서 노동자들이 법정 임금 수령을 거부하는 것을 방지하고, 더 많은 임금을 주는 곳으로 이동하는 것을 방지하는데 목적이 있었다. 고용주의 승인 없는 노동자들의 이동을 금지시킨 것도 법정 임금으로 노동력을 충분히 확보하려는 고용주를 배려한 조항이다. 그리고 이를 위반하면 처벌한 것도 법의 효용성을 고려한 조치였다. 그러나 이러한 모든 조치는 고용주와 노동자 사이의 계약관계를 해체시키는 기능을 하였다. 결국 노동자 법의 강제 시행은 토지소유자인 영주와 노동력 소유자인 농민 사이의 장원관습에 따른 협력과 협동 체

1) G. H. Martin, ed. and trans., *Knighton's Chronicle 1337-1396*, p. 101.
2) E. B. Fryde, "The Tenants of the Bishops of Coventry and Lichfield and of Worcester after the Plague of 1348-1349," in R. F. Hunnisett and J. B. Post, eds., *Medieval Legal Records* (London, 1978), p. 239.

제가 무너지기 시작한 것이다. 더구나 임금은 상승하고 물가가 하락함으로써 영주층은 경제적 어려움에 처할 수 있었으며, 이제 장원 경영 방식의 변화를 가져와야 할 혁신적 방안이 필요하였다. 이러한 체제 변화는 수공업이 중심이 된 도시 길드와 도시 노동자들에게서도 나타났다. 이러한 상황으로부터 중세 말 잉글랜드에서 여러 가지 변화가 일어날 수 있는데, 그 가운데에서 무엇보다도 중요한 변화가 농민봉기의 발생과 그 영향이다. 농민봉기가 일어났을 때에 런던의 소규모 수공업자와 수공업 노동자들이 대거 봉기에 가담한 점은 수공업자들과 수공업 노동자들과의 협력과 협동 체제가 무너졌음을 뜻한다. 그런 의미에서 노동자 법의 입법 목적은 실패하였다고 하겠다.

이와 같은 노동자 법의 실시 당시의 사회상은 신비주의자인 윌리엄 랑그랜드(William Langland)와 존 고워(John Gower)의 작품 속에 담겨있다. 아마도 런던에 거주하였던 우스터셔 출신의 성직자일 것으로 추정되는 랑그랜드는 첫 번째 흑사병이 미친 잔영이 남아 있고 두 번째 흑사병이 발생할 무렵인 1360년대와 1370년대 무렵에 <농부 피어스(Piers Plowman)>라는 시를 썼다. 랑글랜드의 시는 비유법적으로 당시의 사회상을 묘사하였다. 그는 사회적 악폐를 '미드(Mede)'라는 의인화된 여성을 등장시켜 비판하고 있다. '거짓(False)'이 자유를 얻고, 반대로 '신앙(Faith)'이 처벌을 받는다.[1] 심지어 정의의 수레바퀴가 돈으로 기름을 바르기도 하였다.[2] 그는 성속을 막론하고 부자의 거만함과 탐욕을 비난하면서, 교회는 사도적 청빈 상태로 복귀하여야 함을 강조하였다. 한편 게으른 농민들도 비난하였다. 게으른 농민을 상징한 '낭비자(Waste)'를 등장시켜 그의 고된 노동을 묘사하였다. 노동자 법을 이용하여 '기사(Knight)'가 '낭비자'에게 노동을 하러 가라고 명

1) William Langland, *Piers Plowman: an Edition of the C-Text*, ed., P. Pearsall (Berkeley and Los Angelas, 1979), Passus III, lines 13-19, 133-140, 154-156.
2) *Ibid.*, lines 160-161.

령하였을 때, 이 명령을 거부한 '낭비자'는 대신 자비를 알지 못하는 '기아(Hunger)'의 뒤를 따른다. 랑그랜드는 노동자들을 힘든 노동을 기피하면서 빈둥거리면서 주변을 배회하는 모습으로 비판한 것이다. 그만큼 전보다 노동자들의 노동조건은 개선되었으나, 노동자들이 노동을 게을리 한다고 랑그랜드는 생각하였던 것 같다. 한편 랑그랜드와 동시대인인 고워는 주로 캔트주의 몇 곳에 장원을 소유한 젠트리 출신이다. 그는 1370년대에 <남자의 거울(Mirror of Man)>이라는 작품을 썼는데, 그는 이곳에서 당대의 노동자들이 그들의 선조들에 비하여 개선된 삶을 살아가고 있다고 언급한다. 노동자들의 선조들 시대에는 밀로 만든 빵을 먹지 못하고, 대신 다른 곡물과 콩으로 만든 빵을 먹었다. 그리고 그들은 치즈와 우유도 마음껏 먹었다. 고워도 흑사병 발생 이후 농민들의 노동조건이 개선되었음을 언급한 것이다.

농민의 노동조건이나 생활수준이 흑사병 이후에 상승하였다면, 왜 농민들이 불만을 겉으로 표출하였는가? 당시 지배층은 농민들이 노동을 기피하고 보다 더 좋은 조건의 노동을 원하고 그를 찾아 이동하였으며, 노동자 법으로 이를 규제하자, 이를 실현시키지 못한 자들의 불만이 겉으로 표출된 것이 에식스와 캔트에서 일어난 농민봉기라고 생각한 것이다. 그러나 과연 그럴까? 이를 보다 분명히 이해하기 위해서는 봉기가 일어나기 30년인 전 제1차 흑사병으로 인하여 촉발된 사회·경제적 혼란부터 검토하여야 한다.

3. 흑사병과 범죄

1) 웨이크필드 장원과 범죄

흑사병으로 인하여 생존자들은 이전에 경험하지 못한 죽음에 대한 공포감을 느꼈다. 그러므로 흑사병이 잉글랜드에 상륙한 다음 여러 주(週)가 지나기 전에 모든 분야에서 국가의 기능을 마비시킬 정도로 공사 업무가 중단되었다. 특히 국가의 법질서를 유지시킨 중요한 기능을 하였던 국왕의 법정은 물론 일시적으로 순회재판의 기능도 정지되었다.[1)] 지방의 장원법원도 그 기능이 마비되었다. 그러한 사정은 1348년 9월 30일부터 시작된 기록이 1349년 7월 14일에 개정된 법정과 함께 중단되었던 사실로서 파악이 가능하다. 장원법원이 열리지 못한 사정 때문에 웨이크필드 장원법원기록들이 1350년에 공백이 생겼다가 1352년에 다시 정상화되었다. 그리고 할리팍스(Halifax) 지역에서 주지사의 법원(tourn)이 1350년 10월 25일에 한 번 열렸으며, 1351년에도 7월 25일에 한 번밖에 열리지 않았다. 그러다가 1352년에 이르러 1월과 6월에 두 번 열려 정상화되었다.[2)] 이처럼 장원법원의

1) Luke Owen Pike, *A History of Crime in England*, vol. 1, p. 320.
2) Moira Habberjam, Mary O'Regan and Brian Hale, ed., *The Court Rolls of the Manor of Wakefield from October 1350 to September 1352*, p. xii.

기록이 공백이 있다는 것은 정상적으로 법정이 열리지 못하였음을 의미한다. 흑사병 발생으로 인한 피해가 컸음을 뜻한다. 그러나 장원법원기록에서 흑사병 발생과 그에 따른 피해에 대하여 언급하고 있지는 않는다. 다만 토지 양도와 토지등록세(entry fine) 납부에 관한 기록이 자주 등장하는 것으로 보아 이 장원에서도 흑사병에 의한 피해가 매우 컸을 것이다. 특히 1350년 1월 7일에 브릭하우스(Brighouse)에서 열린 법정에서 영주에게 지대 징수가 이루어지지 않은 토지목록도 등장한다. 그리고 세 곳의 촌락에서는 소작인들의 토지가 황폐화되고 소작인들의 부재로 토지가 경작되지 않아 황무지로 변하였다는 기록이 등장한다.[1] 이러한 기록들은 웨이크필드 장원도 분명히 흑사병으로부터 큰 피해를 입었음을 나타내는 징표이다.

그렇다면 웨이크필드 장원에서 흑사병이 발생하기 직전과 흑사병으로 인한 피해를 입은 시기에 장원법원에서 다룬 범법행위의 유형이나 그에 대한 처벌의 특징은 무엇인가를 살펴보기로 하자.

다른 장원법원과 마찬가지로 웨이크필드 장원법원에서도 촌락구성원들 사이에서 발생한 불법침해, 부채, 조례 위반, 토지거래, 소유권 분쟁, 상속과 상속세 납부와 연관된 문제를 주로 재판하였는데, 마을의 부유한 엘리트 중에서 선발된 배심원들에 의해서 심리가 이루어졌다. 그런데 이곳에서 행한 재판의 결과는 체형보다는 대부분이 벌금형이었다. 그러므로 장원법원은 영주의 경제적 이익을 얻는 하나의 통로가 되었을 뿐만 아니라 촌락의 질서 유지를 위한 기능도 하였다. 이미 위에서 언급한 것처럼 1349년과 1350년에 웨이크필드 장원법원문서에는 흑사병에 관한 기록이 없다. 다만 비정상적인 높은 사망률의 기록은 다른 자료를 통하여 간접적으로 파악할 수 있다. 즉 상속세(heriot) 납부와 토지등록세(entry fine) 납부 실태를 통하여 흑사병의 영향을 추론할 수 있다.

1) H. M. Jewell, ed., *The Court Rolls of the Manor of Wakefield 1348-50*, pp. xviii-ix, 225, 260-261.

흑사병 때문에 많은 사람들이 사망함으로써 상속세 납부와 토지등록세(entry fine) 납부에 관한 기록이 많이 등장한다. 이에 따르면 요크 지방도 1349년 여름에 흑사병이 전파되어 큰 피해를 입은 것으로 추정할 수 있다. 이러한 추정은 웨이크필드 장원법원문서의 기록을 검토한 결과 사실로 밝혀졌다. 장원법원문서의 기록이 시작된 1348년 9월부터 흑사병이 요크 지방에 전파된 1349년 8월경까지 토지보유자의 사망으로 인한 상속세 납부와 관련된 기록은 총 16건이다. 이 가운데 1348년에 9건, 1349년 8월까지 7건이 기록되어 있다. 이와 같은 적은 수는 평상시의 상속과 토지등록세 납부 실태를 반영하고 있는 것이다. 그러나 흑사병이 요크셔에 전파되어 영향을 끼친 시기인 1349년 여름 이후에 열린 장원법원의 기록은 이와는 사정이 다르다. 1349년 10월 20일부터 12월 21일까지 2개월 동안에 상속세 납부와 토지등록세 납부건수가 급증한다. 2개월 동안에 상속세 납부 기록이 61건에 이르고, 토지등록세 납부가 10월 21일부터 12월 21일까지 46건에 이른다. 그런데 평소에는 장원법원문서에 기록된 상속세 납부 건수가 한 달에 1건에서 많게는 3-4건에 지나지 않았다. 이는 위에서 언급한 1348년의 토지상속세 납부 건수로서 이해된다. 그런데 1349년 10월 19일과 20일에 열린 장원법원에서는 상속세와 관련된 기록이 28건으로서 크게 증가한다. 이는 그 법정이 열리기 전인 여름에 흑사병으로 인하여 많은 사망자가 발생하였음을 알리는 징표로 간주할 수 있다. 이후부터 열린 장원법원에서 다룬 상속세 관련 사건은 다시 평소 수준보다 약간 많은 3-5건으로 큰 폭으로 감소한다. 한편 토지와 가옥 상속과 관련된 토지등록세 납부건수의 변화를 통해서도 상속세 납부 건수의 변화와 관계된 점을 유추할 수도 있다. 1348년 9월 30일부터 토지등록세 납부와 관련된 기록이 등장하는데, 1348년 12월 23일까지 약 2개월 동안에 17건, 그리고 1349년 1월 20일부터 7월 14일까지 약 6개월 사이에 27건의 토지등록세 기록을 확인할 수 있다. 위에서 이미 언급한 것처럼, 상속세 납부 기록이 급증한 10월 21일부터 12월 21일까지 3개월 동안 토지등록세와 관련된 기록이 46건으로 큰 폭으로 증가한다. 흑사병의 영향이 계속된 1350년 2월 9일부터 1350년 9월 16일까지 약 7개월 동안에 85건의 토지등록세에 관한 기록을 확인할 수 있었다.[1] 한편 흑사병의 영향은 1350년에도 계속되었으며, 이는 상속세 납부자 수와 토지등록세 납부 건수의 계속된 증가를 통해서 확인할 수 있다. 그렇다면 흑사병의 영향으로 사망자 수가 급속히 증가한 시기에 웨이크필드 장원에서 발생한 범법행위의 특징은 무엇인가?

가장 많은 범법행위가 발생한 분야는 곡물, 가축, 현금 등을 불법 점유한 불법침해이다. 아마도 이는 농촌사회가 지닌 공통점일 것이다. 우선 곡물의 부당 취득으로 인한 범법행위와 그에 대한 처벌에 관한 점을 살펴보도록 하자. 부당 취득한 곡물은 주로 귀리이다. 그렇다면 어째서 웨이크필드 장원에서 곡물 중에서 귀리와 관련된 불법행위가 많을까? 그 이유는 이미 위에서 언급하였듯이 요크셔의 기후와 토양 조건에서 재배가 용이한 곡물이 바로 귀리이기 때문이다. 한편 겨울 파종 작물로는 호밀이 주요 작물이었다. 그러므로 귀리 다음으로 다수의 불법 점유와 관련된 곡물은 호밀이다. 보리와 관련된 사항은 3건, 밀과 관련된 불법 행위는 2건, 그리고 콩과 관련된 불법행위 2건으로서 모두 소수에 불과하다. 반면에 귀리와 관련된 불법행위는 1348년 9월 30일부터 12월 23일까지 9건에 불과하고, 1349년 1월 8일부터 7월 14일까지 16건, 흑사병의 영향을 크게 받은 1349년 여름 이후에 귀리와 관련된 범법행위는 12건에 이른다. 그리고 1350년 1월 6일부터 8월 13일까지 귀리와 관련된 불법행위는 모두 15건이다. 이러한 통계치에 우리가 신뢰를 부여한다면, 결국 흑사병의 유행과 귀리와 관련된 불법행위는 서로 밀접한 관계가 없다고 할 수 있다.

불법으로 점유한 귀리의 가치 분포와 그에 따른 벌금부과액수를 분석하여 보면 다음과 같다. 타인의 귀리를 취득한 후 그에 대한 대금을 지불하지 않아 불법취득으로 장원법원에 제소된 사건들이 대부분이다. 불법 점유한 귀리

1) Hellen M. Jewell, ed., *The Court Rolls of the Manor of Wakefield*에서 발췌한 자료들이다.

의 양이 최대 27쿼터[1]에서부터 최하 1쿼터에서부터 5쿼터에 이르기까지 다양하다. 그 중에서 불법 취득한 곡물의 양이 1쿼터인 경우가 12건으로서 가장 많고, 나머지는 다양하게 분포되어 있다. 그러므로 적은 양의 곡물을 불법 취득한 것이 대부분이다. 구매한 곡물의 대금을 지불하지 않고 불법 점유한 불법침해에 대한 벌금액은 최하 1페니에서부터 4펜스로 분포되어 있는데, 그 중에서 2펜스의 벌금을 부과한 경우가 22건으로서 가장 많다. 그 다음으로 1페니인 경우가 12건이다. 벌금액 부과 대상 총 49건 중에서 1-2펜스의 벌금액 부과 건수가 34건으로서 전체의 70% 이상을 점유하고 있다. 가장 많은 벌금액인 4펜스의 경우가 겨우 4건에 불과하다. 적은 양의 곡물을 불법 취득한 경우가 대다수이기 때문에 그에 대한 장원법원에서의 제재도 소액 벌금 부과였다. 그러나 이러한 가벼운 처벌로서는 곡물과 관련된 부당 점유 사건은 반복되어 나타날 수밖에 없었다. 이러한 모습은 두 번째로 많은 불법침해와 관련된 곡물인 호밀의 경우에서도 유사하게 나타난다. 타인의 호밀을 부당 점유하여 장원법원에서 심리를 받은 사건 기록은 총 21건이 확인된다. 이 중에서 가장 많은 양의 호밀을 부당 점유한 경우가 4쿼터이고, 가장 적은 양이 1페니의 가치가 있는 1되이다.[2] 그 이외에는 적게는 1부셀(bushel) 단위이고 많게는 1-2쿼터의 호밀을 부당 점유한 것이 주를 이룬다. 이러한 부당 점유 사건이 분포된 시기를 보면, 1348년대에 2건, 1349년 1월 20일부터 6월 23일까지 5건, 그리고 흑사병의 직접적인 영향을 받은 시기인 1349년 9월부터 12월까지 9건이 분포되어 있다. 그리고 흑사병의 영향력이 소진되지 않은 1350년대에는 불과 3건에 불과하다. 이로 미루어보아 귀리의 불법점유 사건과 흑사병이 서로 밀접한 상관관계가 없었던 것처럼 호밀의 불법점유와 흑사병과도 긴밀한 관계가 없다고 할 수 있다. 이러한 주장은 불법점유에 대

1) Helen M. Jewell, ed., *The Court Rolls of the Manor of Wakefield from September 1348 to September 1350*, p. 110. (1쿼터에 14펜스의 가치가 있는 귀리 27쿼터를 불법 취득하였음을 인정하여 3펜스의 벌금을 납부하였다.)
2) *Ibid.*, p. 128.

한 벌금 부과액에서도 그대로 적용될 수 있다. 벌금액이 1페니로부터 많게는 4펜스에 이르기까지 다양하게 분포되어 있는데, 가난하여 벌금을 면제해 준 경우[1]가 있는가 하면, 불법 점유자와 함께 보증인에게도 각각 벌금 2펜스를 부과한 경우도 있다.[2] 이를 통하여 다시 한 번 보증인의 부담과 의무를 확인할 수 있다. 밀이나 보리에 관한 기록도 몇 건 있으나, 이를 통하여 어떤 결론을 이끌어내기는 기록된 자료가 너무나 적다.

곡물 못지않게 가축의 부당 점유에 관한 기록과 가축 때문에 곡물이나 초지에 피해를 입었다는 소송도 기록에 여러 건 등장한다. 우선 가축의 부당 점유에 관한 기록은 1348년에 3건, 흑사병의 피해를 입기 시작한 1349년 1월 8일부터 1349년 7월 14일까지 14건, 1349년 10월 20일부터 12월 22일까지 5건, 그리고 흑사병의 피해가 지속된 1350년에 7건의 기록이 있다. 그러므로 가축 매매와 관련된 불법침해 기록을 모두 29건 확인할 수 있다. 이 중에서 암소 매매가 5건, 황소 매매가 12건, 말 매매가 7건, 양 매매가 2건, 돼지 매매가 1건, 그리고 길 잃고 떠돌이 생활을 한 주인이 없는 소나 말의 매매가 12건이다. 가축 매매와 관련된 불법침해를 범한 자에게 1-4펜스의 벌금이 부과되었다. 이는 곡물의 불법침해 처벌과 동일하다. 곡물 불법취득자에게 부과한 벌금액과 가축의 경우에 부과된 벌금액과의 사이에 차이가 있다면, 1페니보다 2-4펜스의 벌금납부자가 더 많다는 점이다. 즉 1페니 납부자가 4건, 2펜스 납부자가 14건, 3펜스 납부자가 6건, 4펜스 납부자가 1건 등이다. 이는 가축 가격이 곡물가격보다 더 높았기 때문에 나타난 결과일 것이다. 그리고 가축 불법점유자 스스로가 불법점유를 인정하여 그에게 사면한 경우[3]가 있으며, 곡물의 불법점유 사건에서도 있었던 것처럼 가축의 경우도 구매자가 판매자에게 지불 보증을 한 보증인에게 구매자와 동일하게

---

1) *Ibid.*, p. 129.
2) *Ibid.*, p. 155.
3) *Ibid.*, p. 36. (새끼 황소 2마리를 구매하고 그 대금 13실링 4펜스를 지불하지 않음을 인정한 경우이다.)

벌금을 부과한 경우도 있다.[1] 만약 구매자가 대금을 지불하지 않은 사실이 법정에서 밝혀지고, 구매자가 그 대금을 지불할 형편이 되지 못하면 보증인이 대신 지불하여야 한다.[2] 그러므로 보증이란 형식적인 문제가 아니라 법적인 책임도 뒤따른 무거운 의무가 담긴 법률적 행위였다. 한편 가축과 관련된 또 다른 법적인 문제는 가축으로 인하여 피해를 입었을 경우, 그에 대한 보상 문제이다. 농업이 주업이고, 농업에 필요한 가축을 사육하였기 때문에 작물에 대한 가축의 피해 문제가 제기되었다. 확인된 10여건의 사건 중에서 대부분이 가축이 타인의 곡물이나 작물을 먹어치우거나 성장하고 있는 작물을 짓밟아서 입힌 피해이다. 그리고 대부분의 경우 그 피해 규모도 많지 않아서 벌금액이 1페니나 2펜스이다.

촌락에서 법정에 제소된 또 다른 사건 중에서 다수를 점유하는 것은 역시 불법침해에 해당하는 부채와 관련된 소송일 것이다. 모든 부채소송은 다른 사건과 마찬가지로 채권자가 주장하는 것과 같은 부채를 채무자가 지고 있는지 여부가 우선 밝혀져야 한다. 만약 부채가 확인되면, 채무자는 채권자에게 부채를 청산하여야 하고, 영주에게도 벌금을 납부하여야 한다. 그러나 만약 어느 한편이 거짓 주장을 한다면, 거짓 주장을 하는 자에게 벌금이 부과되었다.[3] 한편 만약 채권자가 채무자를 상대로 불법침해나 부채에 관해 장원법원에 소송을 제기하지 않으면, 채권자와 보증인에게 벌금형이 선고되었다.[4] 이러한 사실은 부채와 관련된 사건 처리는 사건당사자 간의 사적 협의와 화해로 처리될 수 있는 문제가 아니라 영주의 법원을 통해서 해결되어야

1) *Ibid.*, pp. 129, 152. (지불 보증이란 구매자가 구매품에 대한 값을 지불할 것이라는 점을 보증한 것이기 때문에 구매자가 대금을 지불하지 않을 경우에 보증인에게도 그 책임이 있다.)
2) Moira Habberjam, Mary O'Regan and Brian Hale, ed., *The Court rolls of the Manor of Wakefield from October 1350 to September 1352*, p. 66. [6스톤(stone)의 양모 가격인 5쉴링의 지불 보증을 한 보증인이 구입 대금의 지불 지체에 대한 책임을 져서 그 대금을 판매자에게 배상하여야 하고 벌금으로서 2펜스를 납부한다.]
3) *Ibid.*, pp. 5, 8, 18.
4) *Ibid.*, p. 38.

함을 나타내는 것이다. 그러므로 범법행위 용의자나 그의 보증인이 법정에 출두하지 않아도 벌금이 부과되었다.[1] 필자는 흑사병 발생 전후 시기인 1348년 12월 23일 웨이크필드 법정에서부터 1349년 2월 3일까지 열린 4번의 법정과, 또한 흑사병이 발생한 이후인 1349년 10월 20일 웨이크필드 법정에서부터 1349년 12월 22일 웨이크필드 법정까지 4번에 걸쳐서 열린 법정 등 총 8번에 걸친 법정에서 심리된 채무에 관한 사항 111건을 검토하였다.[2] 기록에는 채무액이 거의 언급되어 있지 않다. 그러므로 채무액을 통한 흑사병 전후기의 특징을 도출할 수는 없었다. 그러나 법정에서 채무에 대해 채권자와 채무자가 부채 상환에 대하여 합의한 경우에 채무자에게 부과된 사면금이나 합의를 이루지 못한 경우 채무자에게 벌금(amercement)이 부과된 경우가 여러 곳에 나타난다. 이에 따르면 사면금이나 벌금액 사이에 큰 차이는 없으며, 대체로 1페니에서 4펜스에 이르는 금액이 채무자에게 부과되었다.[3] 다만 두 경우 사이에 차이가 있다면 합의가 이루어지지 않고, 법정에 출두하지 않은 채무자는 재소환되었으며, 그래도 출두하지 않으면 다음 법정이 열릴 때 구인한다는 점이다. 이는 부채와 관련된 사건을 법정에서 강제로 해결하겠다는 의지의 반영이다. 그렇다면 부채소송과 흑사병 발생과는 어떤 관계가 있을까? 위에서 언급한 111건의 부채소송 중 시기 별 분포를 보면 다음과 같다. 흑사병이 발생하기 전인 1348년 12월 23일 법정에서 10건, 1349년 1월 8일 법정에서는 4건, 1349년 1월 20일 법정에서는 27건, 1349년 2월 3일 법정에서는 33건의 부채소송이 제기되었다. 흑사병이 발생하여 인적손실을 입은 이후인 1349년 10월 20일 법정에서는 8건, 1349년 11월 10일 법정에서는 11건, 1349년 12월 1일 법정에서는 11건, 1349년 12월 22일 법정에서는 7건의 부채소송이 제기되어 법정에서 심리

---

1) *Ibid.*, pp. 9, 14, 57, 114, 173, 228.
2) *Ibid.*, pp. 48-161.
3) 조사 대상인 111건의 채무 소송 중에서 사면금이나 벌금액이 기록된 경우에 준하여 이의 분포를 보면 다음과 같다. 1페니-3건, 2펜스-22건, 3펜스-9건, 4펜스-2건 등이다.

를 받았다. 이러한 외적인 부채소송의 양적인 변화만을 놓고 본다면 분명히 흑사병 발생 이전에 비하여 흑사병 발생 이후에 부채소송 건수가 큰 폭으로 감소하였다. 이러한 외적인 변화만을 고려한다면, 부채소송 건수의 증감과 흑사병 발생과는 관계가 있다고 주장할 수 있다. 그렇다면 흑사병의 피해가 가장 큰 시기인 1349년 10월 이후 12월에 부채소송 건수가 감소한 이유는 무엇일까? 이러한 변화는 흑사병으로 인한 죽음의 공포 속에서 타인과 채무 발생의 원인이 될 수 있는 거래 자체를 꺼려하였을 뿐만 아니라 흑사병 발생으로 인하여 많은 사망자가 발생하였고, 이와 비례하여 채무관계도 감소한 결과일 것이다.

장원법원이나 주 법원에서 다룬 가장 일반적 범법행위는 조례(assize)에 반하여 에일(ale)을 양조하거나 판매한 경우와, 또한 조례에 반하여 제빵하거나 판매한 불법행위이다. 그 중에서도 특히 조례를 위반한 에일 양조 및 판매와 관련된 범법행위가 가장 많다. 통상 위반자 제재는 다음과 같은 과정을 거쳤다. 영주가 임명한 에일 검사관(ale-taster)[1]이 장원법원에 제소하면, 영주의 대리인인 집사(steward)가 법정을 열어 위반자들의 위반사항을 조사하고, 만약 위반사실을 피고가 시인한다면 범법행위에 적절한 벌금을 부과하는 것이 일반적인 절차였다. 한편 10인조의 조장이 위반자를 제소하는 경우도 있다.[2] 10인조 조장의 임무 중에 하나는 10인조에 속한 이웃의 불법행위를 고발하는 것이기 때문이다.

1348년 11월부터 1349년 5월에 걸쳐서 웨이크필드 장원의 재판소에서 열린 6번의 법정에서 에일의 양조와 판매가를 위반하여 처벌된 자들의 벌금액 분포를 보면 다음과 같다.[3]

---

1) 에일 검사관의 임무는 에일 조례를 위반한 자들을 감시 감독하는 것이다. (William P. Baildon, ed., *Court Rolls of the Manor of Wakefield*, vol. II, p. xii.) 그 직책에는 여성이 선발되기도 하였다. (R. H. Hilton, *The English Peasantry in the Later Middle Ages*, p. 105.)

2) Marian K. Dale, ed., *Court Roll of Chalgrave Manor 1278-1313* (Bedfordshire Historical Record Society, 1948), p. xiii.

3) Helen M. Jewell, ed., *The Court Rolls of the Manor of Wakefield from*

벌금액과 그 분포

	12d.	8d.	7d.	6d.	4d.	3d.	2d.	총계
1348년 11월 26일	4명	9명		6명	8명		6명	33명
1348년 11월 27일		1명		3명	2명	7명	2명	15명
1349년 1월 8일			1명	5명	8명	1명	3명	18명
1349년 5월 12일				1명	8명	1명	2명	12명
1349년 5월 13일				2명	4명	5명	2명	13명
1349년 5월 27일				17명	6명	9명	8명	40명

위의 도표를 통해서 우리는 다음과 같은 점을 파악할 수 있다. 첫째, 벌금액의 기준을 6펜스로 잡을 때, 분석의 대상으로 삼은 모든 시기에 6펜스에서부터 2펜스에 이르는 벌금형을 선고 받은 자들의 분포는 유사하다. 다만 1349년 5월 27일 장원재판에서 벌금형을 받은 자들의 수가 가장 많은 40명이었기 때문에 그에 비례하여 6펜스 벌금형을 선고 받은 자들도 가장 많은 것으로 추론된다. 그런데 벌금액 중에서 많은 액수에 해당하는 12펜스와 8펜스는 모두 1348년 11월에 분포되어 있다. 이러한 차이는 웨이크필드 장원에서 흑사병의 영향으로 큰 피해를 보기 시작한 것이 언제부터인가 하는 사실과 관계가 있다. 웨이크필드 장원은 런던에서 비교적 멀리 떨어져 있었기 때문에 흑사병의 피해를 본격적으로 당하기 시작한 것은 1349년 봄부터 여름 사이이다. 바로 이러한 점이 벌금액 분포에 차이가 있었던 것으로 추론된다. 흑사병의 영향을 받기 전에 벌금액 분포를 볼 때, 고액 벌금 납부자 수가 많았으며, 흑사병의 영향을 받은 이후부터는 벌금액이 6펜스 이하로 분포되어 있다. 둘째, 일반적으로 에일의 양조와 그 판매는 주로 여성들의 일이다. 여성들 중에서도 특히 기혼여성들의 일이었다. 이러한 사실은 이미 위에서 여러 차례에 걸쳐서 언급하였다. 그런데 1349년 1월 8일 법정에서는 에일의 양조 및 판매와 관련된 조례위반자 처벌에 남성 2명, 1349년 5월 27일에는 남성 5명이 있었다. 기혼여성 29명, 미혼여성 6명이

September 1348 to September 1350, pp. 31-34, 57, 115-116.

벌금형을 받았으며, 여기에 5명의 남성이 벌금형 처벌을 받은 것이다. 물론 에일 양조와 판매의 일이 여성들의 전유물은 아니지만 여성들이 주로 에일 양조와 판매를 담당하였다. 그런 점에서 남성들이 에일 양조와 그 판매에 가담하였다가 벌금형을 받았다는 점은 매우 예외적인 일이다. 셋째, 런던과 같은 대도시에서의 조례위반자들에 대한 처벌과 장원법원에서의 위반자 처벌에 대한 벌금액에 있어서 큰 차이가 나고 있다. 이는 에일의 양조량과 그 판매 규모에 있어서 런던과 같은 대도시와 장원 간의 차이로부터 발생한 결과라고 하겠다. 넷째, 에일의 양조와 판매와 관련된 범법행위는 흑사병과 큰 관련이 없다고 하겠다. 1348년 11월 26일의 재판 결과와 1349년 5월 27일의 재판 결과를 비교하여 봄으로써 그러한 주장을 할 수 있다. 그렇다면 그 이유가 무엇일까? 뒤에서 자세히 언급한 것처럼 이 시기에 에일의 원료인 맥아를 만든 보리 가격이 안정되어 있던 점이 그 이유일 것이다.

1348년 11월 26일 웨이크필드 법정에서부터 1349년 11월 11일 웨이크필드 법정까지 1년 동안 제빵과 그 판매와 관련된 위반 사건을 조사한 결과, 모두 13건에 불과하다. 더구나 그 중에서도 1348년 11월 26일에 열린 법정에서 다룬 위반사건이 4건, 1349년 5월 13일에 열린 법정에서 다룬 사건이 4건이고 그 이후에 일어난 사건은 겨우 3건이다. 이러한 상황에서 어떤 결론을 이끌어낸다는 것은 불가능하다. 그러나 그런 가운데에서도 우리가 주목해야 할 사실은 흑사병의 영향을 본격적으로 받은 1349년 봄 이후에 조례를 위반한 제빵과 그 판매 위반자들에게 부과한 벌금액이 흑사병 발생 이전의 위반자들에 비하여 상대적으로 적다는 점이다. 흑사병 발생 이전에는 벌금액이 최고 12펜스에서부터 6펜스와 4펜스가 중심이었으나, 흑사병 발생 이후에는 4펜스 이하가 벌금액의 중심이다. 이러한 점은 흑사병 발생 이후 무게를 속인 제빵이나 그 판매에 있어서 조례를 위반한 규모가 크지 않다는 점을 반영하는 것이다. 아니면 흑사병으로 인하여 제빵과 그 판매 규모가 전보다 상대적으로 적어진 점을 반영하는 것일지도 모른다. 사실 사료에 나타나는 사실로서는 그 이유가 무엇인지를 판단하기가 어렵다.

2) 런던시와 범죄

런던과 같은 대도시에서는 각종 생활필수품의 매점매석이나 품질유지를 규정한 조례를 위반하여 처벌한 경우가 다수이다. 런던의 주지사가 에일이나 포도주와 빵의 품질 유지에 관한 국왕의 <빵과 에일의 조례>를 수시로 반복 발표하면서 위반자 처벌을 강조하였다. 1266년 헨리 3세(1216-1272)가 처음으로 발표한 그 조례는 이후에도 자주 발표하였다. 빵의 가격 고정화와 함께 에일 판매가격도 곡물가격의 변동과 연동하여 등락하였다. 곡물가격의 변동에 따라서 빵의 크기도 달랐지만, 빵 한 덩어리에 판매가격은 대체로 1페니였다. 1페니에 구입할 수 있는 빵의 크기는 아주 커서 가난한 사람들은 1/4페니로 구입할 수 있는 크기의 빵을 원하였다. 그러나 제빵업자들이 1/4페니로 구입할 수 있는 빵을 만들려고 하지 않았다. 1382년 런던 도시당국에서 1/4페니 동전을 많이 주조하여 발행함으로써 제빵업자들과 에일 판매업자들의 부당한 행위를 규제하려고 하였다. 한편 1페니로 구입할 수 있는 에일의 양도 곡물가격, 특히 에일의 양조 원료인 보리 가격의 변동과 함께 변하였다. <빵과 에일의 조례>에서 언급된 것처럼 만약 보리 판매가격이 쿼터(quarter) 당 20펜스였다면, 런던의 양조업자들은 에일을 2갤런 당 1페니에 판매할 수 있었다. 도시보다 지방에서는 에일 판매가격이 상대적으로 낮아 1페니에 3-4갤런을 구입할 수 있었다. 그러나 에일 가격의 변화는 생각보다 그렇게 크지 않았다. 비교적 가격이 안정되어 있었다. 대기근이나 큰 사회적 변동이 일어난 사건이 있을 때나 곡물가격의 큰 변동이 일어났을 때를 제외하고 14세기에 에일 판매가격이 16세기까지 거의 변함이 없었다. 예컨대 1337년에는 최고품질의 에일을 갤런 당 3 1/2펜스에, 그리고 중간품질의 에일은 1갤런 당 1페니 이상, 가장 하품의 에일은 3/4페니 이상 받고 판매하지 못하도록 규제할 것을 국왕이 시장들에게 요구하였다.[1)]

---

1) *Calendar of Letter Book F,* pp. 27-28.

그런데 흑사병 발병 직전인 에드워드 3세 통치 22년, 즉 1348년 2월 12일에 국왕이 런던시장에게 보낸 공식서한에 따르면, 에일 판매가격이 1337년과 동일하였다. 흑사병 발병 이후 런던시는 에일 판매가격의 안정화에 노력하였다. 1353년 1월 3일 발표한 포고령에 따르면, 최고품질의 에일을 1갤런 당 2펜스 이상을 받고 판매하여서는 안 되었다.[1] 그 포고령이 발표된 지 3년 후에 발표된 또 다른 포고령에서는 에일 판매가격을 더욱 낮추었다. 즉 1356년 3월 13일의 포고령에 따르면 최고품질의 에일은 1갤런 당 1 1/2펜스, 그 이외에 다른 에일은 1페니 이상을 받고 판매하지 못한다고 정하였다.[2] 3년 사이에 에일 판매가격이 더 하락한 것이다. 이 시기에 어째서 에일 판매가격이 하락하였는가? 흑사병으로 인한 인구 급감은 에일 수요의 급감을 의미하고, 노동자 법에 의한 물가통제도 에일 판매가격의 하락에 영향을 끼쳤을 것이다. 그러나 14세기 초와 14세기 중반 사이에 에일 판매가격은 큰 변화 없이 유지되었다. 그렇다면 그 이유는 무엇일까? 때로는 에일을 귀리로 만들기도 하였으나, 주로 보리로 만든 맥아로 양조하였다. 그러므로 맥아의 가격은 보리가격과 연동하여 변하였다. 로저스의 물가조사에 따르면, 대기근기인 1315년의 맥아가격은 부셸(bushel: 약 2말) 당 13쉴링, 1316년은 12쉴링 4펜스, 1317년은 9쉴링 4 1/2펜스, 그리고 대기근이 끝난 1318년에는 4쉴링 6펜스, 1319년에는 3쉴링 8펜스였다. 그런데 흑사병 발병기인 1348년에는 맥아가격이 1부셸 당 4쉴링 0 5/8페니, 1349년에는 4쉴링 2 3/8펜스, 1350년에는 6쉴링 7 1/8펜스였다.[3] 이에 따르면 대기근을 제외하고 1310년대 에일의 원료인 맥아의 가격이 그 보다 30년 뒤인 1340년대에도 큰 변화가 없이 유사하였다. 결국 에일 판매가격이 인상될 이유가 없었던 것이다. 그러므로 국왕이나 런던의 주지사들이나 시장은 에일의 품질

1) *Calendar of Letter Book G*, p. 4.
2) *Calendar of Letter Book G*, p. 52.
3) J. E. T. Rogers, *A History of Agriculture and Prices in England*, vol. I, pp. 231, 233.

유지와 매점매석 방지에 주력하였던 것이다. 이러한 정책은 유독 이 시기에만 실시된 것이 아니라 그 이후에도 계속되었다.

한편 위반자들에 대한 처벌도 국왕의 명령이 있을 때마다 자주 언급되었다. 그만큼 에일 양조와 판매에 관한 조례를 위반하는 일이 자주 있었다는 점을 간접적으로 보여주는 것이다. 그리고 국왕의 명령이 런던시장이나 주지사들에게 전달될 때마다 위반자 처벌에 대한 규정도 변하였다. 1337년 국왕의 명령에 따르면, 만약 에일 판매가격을 지키지 않다가 처음 적발되면 에일은 몰수되고 3일 동안 투옥한 다음 출감할 때 40펜스의 벌금을 시당국에 납부한다. 당시 기능공의 일당이 6펜스였던 점으로 보면 매우 가혹한 처벌이었다. 두 번째 위반하다가 적발되면 6일 동안 투옥하고 출감할 때 1/2마르크의 벌금을 시당국에 납부한다. 세 번째 위반하다가 적발된 자는 런던시로부터 영원히 추방한다.[1] 그러나 이러한 규정은 새로운 것이 아니다. 이미 30년 전에도 동일한 가격과 처벌 규정을 언급하였기 때문이다.[2] 그러나 시간이 지날수록 위반자 처벌의 강도는 강해진다. 즉 1356년 3월 13일에 발표된 에일 판매에 관한 새로운 조례에 따르면, 첫 번째 위반자는 판매하던 에일의 몰수와 함께 1/2마르크의 벌금이 부과되었으며, 두 번째 위반하였을 경우에는 에일의 몰수와 10쉴링의 벌금이 부과되고 투옥되었다.[3] 이는 1337년에 위반자 처벌에 관한 조례 내용에 비하면 상당히 강화된 처벌 규정이었다. 그만큼 부당 이득을 얻으려는 위반자 근절이 어려웠음을 반영하는 것이다. 에일의 판매 용기도 규제 대상이었다. 만약 공식적으로 인정받지 못한 불량 용기로 에일을 팔다가 적발되어도 위에서 언급한 바와 같은 처벌을 받았다.

에일과 함께 또 다른 주류로서 포도주에 관한 규제를 들 수 있다. 음식점

---

1) *Calendar of Letter Book F*, pp. 27-28, 178, 189.
2) *Calendar of Letter Book E*, p. 71,
3) *Calendar of Letter Book G*, p. 52.

에서 음식을 사먹었던 것처럼 대부분의 포도주 소비자들은 자신의 집에서 소비할 용도로 포도주를 구입하였다. 그러므로 에일처럼 음료수로서 모두에게 일반화되지는 못하였으나, 포도주도 귀족층은 물론 젠트리 계층이나 부유한 도시민들의 일상적인 음료와 같은 것이었다. 그리고 보통인들은 필요할 때마다 선술집에서 구입하여 마셨다. 따라서 에일과 마찬가지로 포도주 판매에 대한 규제도 필요하였다. 포도주 판매업자들은 적포도주나 백포도주 중에 한 가지만을 선택하여 판매하여야 하였다. 한 주점에서 두 가지를 동시에 판매하면 두 가지 포도주를 혼합하여 판매함으로써 포도주의 질을 떨어트리고 부당한 판매 이익을 얻을 수 있었기 때문이다. 그리고 혼합된 포도주를 마시는 것은 건강에 해롭다고 생각하였다. 이에 따라 런던시 당국은 혼합 판매를 강력히 규제하였다. 1353년 런던시 당국은 이를 금지한 포고령을 발표하였다.[1] 포도주 판매에 대한 규제는 주로 묵은 포도주와 새로 양조된 포도주를 서로 섞거나 질이 좋은 포도주와 질이 좋지 않은 포도주를 혼합하여 비싼 값에 판매하거나, 혹은 판매 용기를 속이는 일을 방지하는데 집중하였다.[2] 아마도 포도주를 두 가지 이상 서로 섞어서 판매한 것은 붉은 포도주가 색깔이 보기 좋아 값이 더 많이 나갔으며, 독한 포도주를 만들기 위해서 그랬을 것이다. 그러므로 시장은 포도주 상인들에게 소비자들이 보는 앞에서 포도주 통에서 포도주를 다른 용기에 따르도록 한 명령을 시기마다 자주 언급한다.[3] 또한 포도주 가격을 산지에 따라서 정하여 부정판매를 금지시켰다. 예컨대 1342년 11월 25일에 국왕이 런던시장에게 내린 명령에 따르면, 포도주를 판매하는 모든 술집을 시장과 그의 관리들이 방문하여 관

1) *Calendar of Letter Book G*, p. 5.
2) *Calendar of Letter Book G*, p. 1. (새로운 포도주와 신 맛이 나는 묵은 포도주를 혼합하여 판매함으로써 부당 이득을 취하려는 행위를 규제한 국왕의 명령은 자주 발표되었다. 예컨대 1338년 3월 13일, 1342년 7월 13일, 1342년 8월 1일에도 연이어 발표되었다. 이에 대하여는 *Calendar of Letter Book F*, pp. 19, 77, 78, 201을 참고할 것.)
3) *Calendar of Letter Book F*, pp. 19, 77, 201.

리하도록 하였으며, 특히 산지에 따른 술값을 정하였다. 즉 가스코뉴산 포도주[1]는 1갤런에 4펜스, 라인 강 유역 산 포도주는 1갤런 당 6펜스 이상을 받지 못하도록 정하였다.[2] 독일로부터도 포도주를 수입하였다. 알자스 지방, 라인 강 유역, 모젤 강 유역 등에서 생산된 포도주가 잉글랜드로 수입되어 독일산 포도주로 알려졌다. 그런데 포도주 값은 시기에 따라 변동하였다. 1352년 11월의 규정에 따르면, 가스코뉴산 포도주는 1갤런 당 6펜스, 라인 강 유역 산 포도주는 갤런 당 8펜스 이상을 받고 판매하지 말도록 규제하였다. 10년 전에 비하여 포도주 값이 1갤런 당 2펜스씩 인상되어 높은 인상률을 보이고 있다. 잉글랜드는 토질과 기후로 볼 때 포도 재배가 어려웠다. 그러므로 포도주는 대부분 외국으로부터 수입하였기 때문에 포도주 산지 값에 따라서 잉글랜드에서의 포도주 가격도 결정되었다. 여름철에는 포도주가 쉽게 변질되어 신맛을 띠기 때문에 수입 포도주는 늦은 가을에 선적하여 10-12월 사이에 잉글랜드에 도착하도록 하였다.[3] 때로는 발효되지 않은 포도즙을 담은 나무통을 배에 선적하여 수입하였다. 그러므로 잉글랜드인들이 마신 포도주는 묵은 포도주가 아닌 새로 담근 포도주인 경향이 있었다. 그래서 독하고 맛이 거칠었다. 이러한 규제에 더하여 판매 용기를 속이는 것을 방지하기 위하여 에일 판매 용기를 규제하였던 것처럼 런던시의 각 구(ward)의 참사회원(alderman)이나 포도주 판매상인 조합의 인장이 찍힌 도량형만을 사용하여 포도주를 판매하도록 규제하였다.[4] 만약 적법한 용기를 사용하지 않아 부당한 이득을 올리다가 적발되면, 첫 번째 위반시에는

---

1) 프랑스의 필립 2세와 잉글랜드의 존 왕 사이에 일어난 전쟁에서 존 왕이 패배하여 노르망디와 앙주 등의 영토를 잉글랜드가 상실하였다. 그 이후부터 잉글랜드는 주로 가스코뉴 지방으로부터 포도주를 수입하였다. 이 지역으로부터 생산된 포도주를 대량으로 수입하였기 때문에 다른 지역의 포도주보다 값이 상대적으로 저렴하였다.
2) *Calendar of Letter Book F*, p. 83.
3) 포도주 맛의 변질을 방지하기 위하여 병에 포도주를 담는 방법을 16세기까지 개발하지 못하였다.
4) *Calendar of Letter Book G*, p. 4.

1/2마르크의 벌금, 두 번째 위반시에는 1마르크의 벌금, 세 번째 위반시에는 20실링의 벌금, 그리고 이후 매번 적발될 때마다 1/2마르크씩 벌금액이 증가하였다.[1)]

또한 도시 당국은 생선이나 육류의 품질 유지와 판매에 관한 규정도 자주 발표하였다. 이는 그만큼 생활필수품과 관련된 범법행위가 많았음을 나타내는 것이다. 거주자가 약 5만 명에 이른 런던에서 시민들의 안전한 식생활을 위해 생활필수품 판매를 규제한 것은 농촌인 웨이크필드 장원에 비할 바가 아니었다. 그러나 문제는 런던 도시법원에서 처벌된 위반자에 관한 기록이 풍부하게 잔존하지 않는다는 점이다. 따라서 수시로 발표된 조례의 내용을 통해서 생활필수품 판매에 관한 위반자가 많았음을 유추할 수 있을 따름이다.

3) 범법자 처벌

약간의 예외가 있기는 하지만, 여러 상품을 판매한 런던의 시장들은 14세기 이후 오늘날까지 그대로 있다. 런던과 같은 대도시에서는 일부 상품만을 판매하는 전문 시장이 섰다. 예를 들면 고기는 현재 런던시장의 관저가 있는 스토크스(Stokkes)에서, 생선은 이스트치프(Eastcheap)와 올드 피쉬 스트리트(Old Fish Street)에서 주로 판매하였다. 가금류, 계란, 버터, 치즈, 과일과 같은 식품은 그레이스처치(Gracechurch)와 콘힐(Cornhill)에서, 그리고 곡물은 빌링즈게이트(Billingsgate), 퀸하이트(Queenhithe), 그레이스처치, 뉴게이트, 리댄홀 시장(Leadenhall Market)에서 각각 판매하되, 오전 6시 이전에 외지인 상인들은 판매하지 못하였다.[2)]

도시 당국은 도시민들의 식생활 안정을 위해 특별히 식료품 가격을 통제하였다. 그 중에서도 식생활의 주요 품목인 빵과 에일에 대한 적정가격 유

---

1) *Calendar of Letter Book F,* p. 245.
2) *Calendar of Letter Book G,* p. 33.

지가 중요한 문제였다. 그래서 런던시 당국은 매년 그에 대한 가격 통제에 관한 조례를 발표하였다. 물론 가격 통제가 다른 식료품에도 적용되었다. 중간계급이나 하층계급들은 그들이 소비할 식료품 대부분을 시장에서 구입하였기 때문에 런던 도시당국이 그러한 규제를 가한 것은 당연하였다. 또한 도시당국은 시장의 개장시간과 폐장 시간, 상품의 질, 지불조건 등을 통제하려고 노력하였다. 도시당국은 공인된 무게와 길이 측정 단위와 용기를 사용하게 하여 소비자들이 구입한 물건의 양과 길이의 정확성을 기함으로써 유통질서를 바로 세우려고 하였다. 도시당국이 규제하려고 하였던 또 다른 관행은 뜨내기 상인들이 길거리에서 상품을 판매하지 못하도록 규제한 점이다. 예컨대 가금류 판매 상인들을 대상으로 한 포고령이 1345년 런던에서 발표되있다. 이 포고령에 따르면, 좁은 골목길, 가금류를 소유한 주인집이나 다른 장소에서 팔기 위해 런던으로 가금을 유입하는 상인들을 규제하였다. 그리고 가금류를 판매하려면 리덴홀 시장으로 가져오도록 정하였으며, 오전 6시 이전에는 상인들이 요리사들과 전매자들에게 상품을 판매하는 것을 금지하였다. 6시 이전에는 개인 소비자들에게만 판매할 수 있었다. 런던 거주자인 시민들과 외지인이나 외국인들에게 적용된 규제를 달리하였는데, 이는 시민들의 특권을 보호하기 위해서 정한 규칙이었다.[1)]

런던에서는 노동자 조례와 노동자 법을 위반한 노동자나 수공업자 혹은 식품판매업자들의 범법행위에 대한 주지사들과 런던시장의 처벌 명령이 런던의 편지철 목록(Calendar of Letter Books)에 자주 등장한다. 분명히 노동자 조례나 노동자 법이 런던의 노동자들에게는 고통의 원인이 되었다. 그러나 그 조례가 잘 지켜지지는 않았다. 왜냐하면 그 법을 위반하는 사람들이 많았기 때문이다. 이는 1349년 11월 21일과 12월 8일에 연이어 국왕이 흑사병 발생 이전보다 더 높은 임금을 요구하는 숙련공들을 처벌할 것을 시

1) 피터 하몬드 지음, 홍성표 옮김, 『서양 중세의 음식과 축제』, 「도서출판 개신, 2003」, 66-68쪽.

장과 주지사들에게 강조한 편지를 보냈던 사실을 통해서 파악할 수 있다.[1] 처벌의 예를 들면 다음과 같다. 첫째, 9월에 두 명의 제빵업자들이 조례에 반하여 고용된 노동자들에게 임금을 지불한 책임을 물어 유죄판결을 받았다. 둘째, 10월에는 정육업자들이 흑사병 이전보다 더 높은 가격을 받고 고기를 판매하지 않는다고 맹세하였으며, 포도주 판매업자들도 동일한 맹세를 하였다. 이러한 맹세는 시 당국의 강요에 의해서 이루어졌지만, 그만큼 조례를 위반한 상인들이 있었다는 증거이기도 하다. 셋째, 가죽판매업자들과 제혁업자들이 그들의 상품을 과도한 값을 받고 판매하여 기소되었다. 넷째, 같은 해 11월에는 석공이 성 크리스토퍼 교회에서 12펜스의 임금을 받고 노동하는 것을 거부하여 투옥되었다.[2] 그러나 노동자 법 위반으로 처벌 받은 사람들은 주로 과도한 임금을 요구하고 받은 임금노동자인 농민이었다.

노동자 법을 위반한 자들에게는 투옥형과 벌금형이 부과되었는데, 일부는 기소된 후 증인들의 증언으로 무죄 석방되기도 하였다. 1352년 6월 11일에 윌트셔의 킹스브릿지(Kingsbridge) 백호장에서 있은 소송의 예를 들면 다음과 같다. 첫째, 목수인 필립(Philip Heryng)이 노동자 법에 반하여 6펜스를 초과하여 임금을 받았다. 그래서 그는 순회재판관에게 출두하여 벌금 12펜스 납부의 처벌을 받았다. 그는 받은 임금의 배나 되는 벌금을 납부하도록 한 처벌을 받은 것이다. 둘째, 노동자 법을 준수하지 않은 윌리엄(William le Coupere)이 여러 사람으로부터 임금으로 6펜스를 초과하여 받아 기소되었다. 그는 순회재판관 앞에 출두하여 무죄를 주장하였다. 그래서 백호장의 행정관(bailiff)이 5월 1일에 그의 무죄를 증명할 증인 12명을 데려오도록 명하였다. 그리고 배심원이 그를 무죄라고 말하면서 석방하였다. 셋째, 구두장이 리처드가 구두를 판매하면서 40펜스를 초과하여 받았다. 노동자 법을 위반한 것이고 그 법을 준수하겠다는 맹세를 깨트린 것이다. 리처드가 순회재판관

1) *Calendar of Letter Book F*, p. 199.
2) *Ibid.*, p. 199; Barney Sloane, *The Black Death in London*, pp. 80-81.

앞에 출두하지 않았다. 그래서 그를 체포하여 다음 재판 때에 법정에 출두시켜야 한다. 초과요금을 받은 것과 함께 법정에 불출두한 모욕죄로 기소되어 벌금 2마르크(mark), 즉 26실링 8펜스가 부과되었다.[1] 이렇게 많은 벌금은 초과하여 받은 물건 값에 더하여 법정에 불출두한 법정 모욕죄에 대한 처벌이 가산되었기 때문이다. 넷째, 농노들이 보다 좋은 조건이 있는 지역으로 영주의 허가 없이 이탈한 경우도 많았다. 그러나 이 경우는 검시관의 명령에 의해서 구인되어 원래의 영주에게 귀속하도록 조치하였다.[2]

곡물 판매에 대한 규제도 엄격하였다. 정해진 구역에서 정해진 가격을 받고 곡물을 판매하여야 하며, 이를 위반하면 벌금과 함께 체형이 가해졌다. 예컨대 1347년 7월 7일과 7월 25일 기록을 통하여 곡물판매에 대한 규제 실대를 파악할 수 있다. 첫 번째 예에 따르면, 존(John de Burstall)이 그가 소유한 밀 2부셸(bushel)을 비밀리에 곡물시장에 가져가 부셸 당 2펜스에 판매하였다. 이러한 그의 행위는 런던시민공동체에 1,000파운드 정도의 손실을 입힌 원인이 되었다. 존은 자신의 행위를 무죄라고 주장하여 소송이 제기된 가운데 12명의 배심원들에 의한 심리 결과, 그의 유죄가 인정되어 40일간의 투옥형에 형벌을 받았다.[3] 같은 날 런던시장[4], 주지사들, 시 참사회원들이 시민공동체의 동의로 앞으로 그러한 범법행위를 하는 자에게는

---

1) E. M. Thompson, "Offenders against the statute of labourers in Wiltshire, A.D. 1349," (*The Wiltshire Archaeological and Natural History Magazine*, XXXIII, 1903-1904), pp. 403-406.

2) Rosemary Horrox, trans. and ed., *Black Death*, pp. 329-333.

3) *Calendar of Letter Book F*, p. 165.

4) 런던시 자치정부는 런던시민들이 직접 선출한 시장과 각 구(ward)에서 선발된 참사회원(alderman)들에 의해서 이끌어졌다. 시 행정은 각 구(ward)에서 선출된 2명 정도의 대표자들 54명 정도로 구성된 시의회(common council)에 의해서 운영되었는데, 대표자들이 일주일에 2-3번 정기적으로 회합을 갖고 시의 당면한 문제를 의논하여 결정하였다. 특히 시의회는 런던 시민들에게 적용될 입법 업무에 있어서 중요한 역할을 하였다. 그러나 몇몇 대가문, 예컨대 Blunds, Rokesles, Bukerels 등의 가문이 13세기 이후부터 실질적으로 런던을 지배하였다. (Caroline M. Barron, "The Government of London: the formative phase, 1300-1500", *London Journal*, vol. 26 (2001), pp. 9-13, 16.)

칼을 씌우는 처벌(pillory)을 가하기로 합의하였다.[1] 바로 이러한 결정이 있은 후 약 보름 만에 유사한 범법행위가 적발되었을 때 그러한 처벌이 적용되었다. 월터(Walter le Thresshere)가 시장가격보다 비싼 가격으로 뉴게이트(Newgate) 시장에서 자신의 곡물을 판매한 책임에 답변하기 위해 시민공동체에 구인되었다. 이는 시민공동체에 2,000파운드의 피해를 입힌 행위였다. 12명의 배심원들의 심리 결과 월터가 유죄임을 평결하여 칼을 씌우는 형벌을 받았다.[2] 이처럼 곡물의 유통질서를 바로 세우려고 런던시 당국에서 노력한 것은 물론 곡물의 해외수출도 엄격하게 통제하였다. 따라서 특별허가를 받지 않은 자가 해외로 곡물을 수출하지 못하도록 규제하였다. 국왕은 런던 주지사들에게 이러한 명령을 수시로 전달하였다.[3]

노동자 조례가 발표된 후에 임금 안정화에 반한 행위와 식품가격 안정화에 반한 행위에 대한 처벌이 다수 나타난다. 포도주 상인들과 생선장수 등의 매점매석 행위를 금지시키도록 국왕은 주지사와 시장에게 공식서한을 보냈다. 그러나 이러한 금지 사항이 잘 지켜지지 않았다. 이는 1350년 4월 23일에 열린 소송을 통해서 확인할 수 있다. 시장과 주지사 앞에서 가금의 매점매석을 한 자에 대한 고소 사건에서 12명의 배심원들이 심리한 결과, 동일한 죄를 범한 재범에게는 칼을 씌워 투옥시켰으며, 초범에게는 칼을 씌우지는 않았으나 투옥의 형벌을 가하였다. 또한 같은 법정에서 두 명의 정육업자가 썩은 고기를 판매한 죄로 기소되어 칼을 씌우는 형벌을 받고 상한 고기는 모두 소각 조치하였다.[4] 1348년 5월 6일에 썩은 고기를 판매한 존(John)에게도 칼을 씌우는 형벌을 받았다.[5] 이후 식료품과 관련된 범법행위자에 대한

1) *Calendar of Letter Book A*, pp. 209-210; *Calendar of Letter Book F*, p. xxviii.
2) *Calendar of Letter Book F*, p. 166.
3) *Calendar of Letter Book F*, p. 244; *Ibid.*, p. 125..
4) *Calendar of Letter Book F*, p. 208; *Ibid.*, p. 181. (1348년 5월 6일에 존이 아그네스에게 썩은 고기를 판매하여 칼을 씌우는 처벌을 받았다. 이후부터 식료품과 관련된 범법행위자에 대한 형벌은 일관되게 칼을 씌우는 것이었다.)
5) *Calendar of Letter Book F*, p. 181.

형벌은 일관되게 칼을 씌우는 것이었다. 1351년 1월 13일에 열린 소송에서는 요리사인 헨리가 부패한 식용 수탉을 요리하여 판매한 죄로 재판에 회부되었는데, 칼을 씌우는 형벌을 받았다.[1] 심지어 흑사병으로 인구가 크게 감소하여 재정이 고갈됨으로써 상인들이 왕국을 이탈하지 못하도록 시장과 주지사들에게 국왕의 공식서한이 전달되었다. 그리고 흑사병 발생 이전에 숙련공들이 받았던 평균 임금보다 더 많은 임금을 요구하는 것을 금지시키도록 한 국왕의 공식서한이 주지사와 시장에게 전달되었다. 부당한 임금을 요구한 석수, 목수와 같은 숙련노동자에게 노동자 법의 준수를 맹세하도록 촉구하여 각 구(ward) 별로 이를 실천토록 하였다. 이러한 규제와 처벌에도 임금과 물가가 억제되지 않자, 직종별 대표들인 포목상인 대표 2명, 향료상인 대표 1명, 비단상인 대표 2명, 생선장수 대표 3명, 대장장이 대표 2명, 양모업자 대표 2명, 포도주 상인 대표 2명, 피혁상인 대표 2명, 마구 제조업자 대표 2명, 재단사 대표 2명, 정육업자 대표 2명 등을 만나 이에 대한 준수를 강력히 요구하였다. 그리고 따로 식료품 가격 안정을 위해 1351년 의회에서 식료품조달업자 법(Statute of Purveyors)이 제정되었다.[2] 이러한 맹세에도 불구하고 에일과 포도주 판매업자들의 위법행위는 끝이지 않았다. 1351년에 각 구(ward) 행정관의 인장이 찍히지 않은 불량용기(false measure)를 사용하여 에일을 판매하다 적발되면, 그 용기는 불태워 소각하고 2쉴링의 벌금을 부과하였다. 또한 에일 판매가격을 위반할 때에도 벌금을 부과하였다. 최고품질의 에일은 1갤런 당 2펜스, 중품은 1 1/2펜스, 하품은 1페니에 판매하여야 하며, 이를 위반하면 첫 번째 위반시에는 40펜스의 벌금을, 두 번째 위반시에는 1/2마르크의 벌금을, 세 번째 위반시에는 10쉴링의 무거운 벌금을 부과하여 위반자 발생을 억제하려고 하였다.[3] 그러나 포도주의 경우는 에일보다

1) *Calendar of Letter Book F*, p. 227.
2) *Calendar of Letter Book F*, pp. 240-241.
3) *Calendar of Letter Book G*, p. 150.

위반자 처벌이 더 무거웠다. 불량용기를 사용하다 적발되면 그 벌금액이 1/2 마르크이다. 또한 적포도주나 백포도주를 판매한 선술집에서 불량용기를 사용하여 값비싼 라인 포도주를 판매하다가 적발되면 그 용기는 소각시키고 선술집 주인은 투옥되고, 첫 번째 위반시에는 1/2마르크의 벌금, 두 번째 위반시에는 1마르크(13쉴링 4펜스)의 벌금, 세 번째 위반시에는 20쉴링의 벌금을 부과하였다. 이후 매 경우마다 벌금액을 1/2마르크씩 증액시켰다.[1] 또한 포도주가 저장된 저장 창고 문 앞에 의복을 걸어놓아서는 안 된다. 왜냐하면 포도주 구매자가 포도주를 용기에 따르는 것을 보도록 하여야 하며, 양질과 하질의 포도주를 섞어서 판매하는 것을 방지하고, 청결을 유지하기 위해서이다. 이를 위반하면 첫 번째는 투옥되고 벌금 1/2마르크를 시민공동체에 납부하여야 하고, 두 번째 위반시에는 1마르크의 벌금을, 세 번째 위반시에는 20쉴링의 벌금을 납부한다. 그리고 이후부터 위반이 증가될 때마다 1/2마르크씩 벌금액이 증액된다.[2]

조례를 위반한 경범죄에 대한 처벌은 비교적 가벼운 투옥형이나 벌금형이 주류를 이루었다. 그러나 강도와 절도범과 같은 중범죄자에 대한 처벌은 이와는 달랐다. 1349년 12월 29일 웨스트민스터에서 에드워드 3세가 서명한 명령서에 따르면, 런던시장과 주지사들은 흑사병이 진정된 후 런던으로 떼 지어 몰려들어 온 강도와 절도범들 때문에 런던의 평화가 위협받는다고 지적하면서 그들을 체포하도록 명령하였다.[3] 1352년부터 1356년 사이에 런던에서 발생한 37건의 절도사건의 특징을 분석하여 보면 다음과 같다. 37건 모두가 가옥침입절도(burglary)와 관계된 것이다. 이와 관련된 자들이 모두 48명인데, 대부분이 단독범행이고, 4인이 가담한 경우가 1건, 3인이 가담한 경우가 2건, 2인이 가담한 사건이 4건이다. 이처럼 단독범의 비율이

---

1) *Calendar of Letter Book F*, pp. 245-246.
2) *Calendar of Letter Book F*, pp. 245-246.
3) *Calendar of Letter Book F*, p. 210.

높은 것은 절도품의 특징과 그 가치를 통해서 이해된다. 절도품의 종류는 다양하다. 가장 빈번하게 등장하는 절도품은 은컵과 술잔이다. 무게도 많이 나가지 않고 부피도 크지 않은 대신 가치는 높기 때문에 절도의 대상으로 가장 인기 있는 품목은 은컵이다. 은컵 하나의 가치는 10쉴링, 16쉴링, 1/2 마르크 등으로 절도품 목록에 기록되었다. 심지어 4파운드의 가치가 있는 은컵 6개를 절도한 경우도 있다. 가장 가치가 큰 절도품은 현금 40파운드를 절도한 것이다. 의복과 옷감이나 모피, 시트 등 의류와 관계된 절도도 많았다. 의류는 가옥침입절도에서 가장 쉽게 접할 수 있는 절도품이다. 소와 말의 절도도 2건이나 있다. 가축은 이동하기가 쉬운 반면, 절도행각이나 절도품이 발각되기 쉬운 대상물이다. 이 이외에도 절도품으로서 신발, 주방기구, 수저, 금가락시, 돈주미니 등 다양하다. 한편 절도에 가담한 사람들의 특성을 보면, 48명 중에서 여성은 1명에 불과하고 스스로 성직자라고 칭한 자가 5명이다. 그리고 나머지 42명은 모두 남성이다. 스스로 성직자라고 칭한 자들은 뉴게이트(Neugate) 감옥으로 이송하여 투옥되었다. 물론 후에 그들이 정말 성직자인지를 여부를 조사받았을 것이다. 그리고 성직자임이 확인되면 주교의 법원으로 이송될 것이다. 성직자는 세속재판에 회부되지 않고 주교의 법원에서 심리를 받아 처벌하였기 때문이다. 이들에 대한 형벌은 성직자라고 스스로 칭한 자 5인에 대한 처벌 유보와 2명의 무죄 평결 이외에 나머지 41명은 모두 교수형에 처해졌다.[1] 이처럼 비록 절도범이라도 일정한 가치를 넘는 물건을 절도하면 중죄인으로 간주하여 교수형에 처한 것이 중세 잉글랜드 보통법의 정신이다. 예컨대 1333년 1월 1일에 1/2마르크의 가치가 있는 은컵 하나를 절도한 휴 블레드(Hugh Bled)가 재판 결과 교수형에 처해지고 그 컵을 도난당한 제프리는 그 컵을 되찾았다.[2]

유괴도 흔한 범죄는 아니지만, 여성이나 그녀의 재산을 탐하여 유괴하는

---

1) *Calendar of Letter Book F*, pp. 252-275.
2) *Calendar of Letter Book E*, p. 280.

경우가 있었다. 예컨대 1347년에 10개 주에 걸쳐서 토지를 보유한 니콜라스의 부유한 과부인 마저리(Margery)가 윌트셔에 있는 그녀의 장원으로부터 침입자에 의해서 납치되었다.[1] 그녀가 유괴되는 과정에서 마저리의 가내 시종 두 명이 모살되고 여러 명이 부상당하였다. 그리고 침입자들은 500파운드 이상의 가치가 있는 동산과 가재도구를 빼앗아갔다. 국왕의 관리들은 유괴자들을 체포하려고 노력하였으나, 실패하였다. 결국 사건 발생 2-3년 후, 범죄용의자들에게 그들이 범한 범죄에 대한 사면을 구매하도록 허용하여 형사적인 처벌로부터 벗어날 수 있었다. 우리가 이 사건에서 주목할 점은 바로 유괴가 그녀의 의지에 반하여 이루어진 것인지 여부이다. 그 형식에 따라서 세속법의 처벌을 받을 것인가, 아니면 교회법에 따라서 처벌될 것인가가 결정되기 때문이다. 만약 유괴라면 세속법의 처벌을 받을 것이고, 유괴의 형태를 빌린 간통의 경우라면 교회법에 따라서 심리를 받고 그에 따른 처벌이 결정될 것이다. 그러나 위의 경우는 마저리가 그녀의 의지에 반하여 유괴되었기 때문에 범죄 용의자들은 세속법에 따라 처벌되어야 할 것이다. 그러나 그마저도 용의자가 속전을 내고 사면 받았다. 속전납부를 통한 범죄자의 사면은 사회질서 확립에 하등의 도움이 되지 않았을 뿐만 아니라 유사한 범죄가 다시 발생할 가능성을 높일 뿐이었다.

범죄 중에서 가장 숙련된 기술과 용기를 필요로 한 범죄가 인장위조이다. 문서를 위조하여 이익을 얻으려는 시도는 곧 국왕의 인장을 위조해야 가능하기 때문에, 이 죄는 반역죄에 준하여 처벌하는 것이 일반적이었다. 모든 국왕의 문서화된 명령은 국왕의 인장이 찍혀야 한다. 그래야 문서의 효력이 있었기 때문에 국왕의 인장을 위조하였다. 1348년 서퍽 주의 유명한 강도 무리 중에 한 사람이었던 성직자가 강(Ghent)으로부터 온 상인으로 자신을 위장하였다. 그는 위조된 국왕의 인장을 사용하여 많은 액수의 돈을 왕비인 필리파(Philippa)와 지방행정관(bailiff)에게 요구하였다. 그러나 지방행정관

1) *Calendar of Patent Rolls 1345-1348*, p. 310.

이 돈의 지불을 거절하였다. 조금 후에 그 성직자는 거액을 지불하여 줄 것을 요구한 위조편지를 가져왔다. 이 계획도 실패하였다. 뒤이어 그는 그의 갱단의 다른 구성원이 주지사의 관리인 것처럼 행세하며 지방행정관을 방문하였다. 그리고 강으로부터 온 상인이 요구하는 금액을 지불하도록 서퍽 주지사에게 국왕의 공식서한을 제시하였다. 심지어 왕비가 서명한 그 돈에 대한 영수증까지 발급하였다. 그래서 지방행정관은 그 돈을 지출하였다.[1] 지방행정관이 위조문서에 대하여 여러 차례 의심을 품고 돈의 지불을 거절하였으나, 국왕과 왕비의 인장과 서명까지도 위조한 위조범들에게 속아서 결국 요구한 돈을 지출한 경우이다. 위의 사건은 당시 교통과 통신이 발달하지 못하여 그 문서가 위조인지 여부를 빠른 시간 안에 쉽게 확인할 수 없는 점을 이용한 위조범들의 범법행위이다.

흑사병 발생 전후에 발생한 범죄건수나 범죄 유형, 그리고 그에 대한 처벌은 주에 따라서 서로 달랐기 때문에 일반화시켜서 언급하기는 어렵다. 그러나 분명한 것은 흑사병 발생 이후 노동자 법에 근거한 불법침해죄가 크게 증가하였다는 점이다. 불법침해죄에는 폭행, 가옥파괴, 불법적인 재물취득, 위협, 유괴, 음모, 재물강요죄, 매점매석, 인증되지 않은 무게와 길이 단위의 사용 등이 포함한다. 그렇다면 왜 흑사병 이후 불법침해죄가 증가하였는가? 노동자 법 발표 이후에 불법침해죄에 해당하는 새로운 죄가 추가되었기 때문이다. 즉 국가에서 법으로 정한 물가를 벗어난 매매 행위, 국가에서 정한 임금을 초과하여 주거나 받는 행위가 불법침해죄에 추가되었다.

이 시기에 범법자들의 유죄판결율은 그리 높지 않았다. 예컨대 캔트 주에서 1348년에 17개의 감옥에 있던 중죄와 불법침해죄로 기소된 337명 중에서 83명만이 유죄판결을 받아 그 비율이 25%에 불과하였다.[2] 범죄용의자

1) J. G. Bellamy, *Crime and Public Order in England in the Later Middle Ages*, pp. 64-65.
2) B. H. Putnam, *Kent Keepers of the Peace*, pp. xxxv-xxxvi.

들에 대한 낮은 유죄판결율은 캔트 주만의 문제가 아니었다. 그보다 30년 전인 1317년 캔터베리 감옥에 투옥된 중죄인들이나 1304년 우스터 감옥에 투옥되었던 죄인들의 유죄판결율도 10-30%에 불과하였다.[1)] 이처럼 중죄인들에 대한 유죄판결율이 낮았던 가장 중요한 이유는 무엇일까? 범죄혐의가 분명한 자들이 주지사나 재판관의 법정소환에 불응한 것이 가장 중요한 이유일 것이다. 범법행위를 한 혐의가 분명한 용의자들이 도피하고 법정에 출두하지 않음으로서 그만큼 범법자 전체의 유죄판결율이 낮아질 수밖에 없었다. 또한 범죄용의자들의 범법행위를 입증할 만큼 사법적 씨스템이 발달하지 못한 것도 중요한 이유 중의 하나일 것이다.

1) John Bellamy, *Crime and Public Order in England in the Later Middle Ages*, p. 158.

제 8장:

농민봉기와 범죄

1. 농민봉기의 원인

1) 농민봉기의 원인과 그 배경

흑사병과 1381년에 일어난 농민봉기는 분명히 서로 깊은 연관성이 있다. 농민봉기는 중세 잉글랜드 역사에 있어서 유일한 민중봉기였다. 봉기의 원인에 대하여는 오랜 동안 논의되어 온 역사적 논쟁의 주제들 중에 하나이다. 학자들 사이에 오랜 동안 논쟁된 결과 대체로 다음과 같은 다섯 가지 원인에 대한 일반적 동의가 수립되었다. 첫째, 가장 큰 피해를 준 1348-1349년의 흑사병을 비롯하여 1361-1362년, 1368-1369년, 1374-1375년 등 네 번에 걸친 흑사병 발발의 영향으로 인하여 인구가 크게 감소하였다. 그리고 이러한 사회적 변화가 농민봉기의 배경이 되었다. 혹자는 두 가지 사건이 시간적으로 30년 이상 떨어져서 발생하였는데 어떻게 관계가 있느냐고 의심할 수도 있다. 이에 대한 답변은 흑사병으로 인하여 노동력이 귀해지면서 노동자 조례와 노동자 법이 제정된 점에서 찾을 수 있다. 사실 인구감소로 인하여 나타난 부정적 결과를 영주들이 부담하지 않고 농노들에게 봉건적 부담을 더욱 강화시켜 해결하려고 한 봉건반동(feudal reaction)에서 보는 것처럼, 시대적 변화에 역행하여 영주들은 농노들의 부자유한 법적 지위를 오히려 강화시켜 자신들의 난제를 해결하려고 시도한 경향이 나타났다. 1381년 6월 14일 마일 엔드(Mile End)에서 리처드 2세(1377-1399)를 만난 봉기자들이 국왕에게 농노의 신분적 해방을 요구한 것도 그러한 맥락에서 이해될 수 있다. 둘째, 흑사병의 결과 나타난 심각한 노동력 부족으로 인하여 인상된 임금을 노동자 법으로 규제하여 지배층의 피해를 최대한 줄이려고 시도하였다. 결국 노동자 법이란 수공업자들이나 농민들의 노동에 대한 임금상승을 억제하여 가진 자들이나 지배층의 이익을 증대시킨 수단이 되었다. 이것이 노동력을 가진 자들의 불만을 고조시켰다. 런던에서 수공업자들 다수가 농민봉기에 가담한 이유가 여기에 있다. 셋째, 롤라드 파와 같은 종파와 존 볼과 같은 성직자가 주장한 자유사상의 영향이다. 오랜 동안 신분적으로 억압받던 농노들에게 자유에 대한 요구가 점증하였다. 1381년 농민들이 요구한 자유란 오늘날의 자유와는 달랐다. 1381년에 잉글랜드의 농민들이 요구한 자유란 표현의 자유나 집회의 자유 혹은 종교의 자유를 원한 것이 아니다. 그들이 갈망한 자유는 강제적이고 과도한 세금징수와 벌금징수, 그리고 정해지지 않은 지대 징수로부터 해방되고자 한 자유였다. 즉 토지보유조건(tenure)이나 신분(status)으로부터 온 여러 가지 부당한 대우와 부당한 징수로부터 벗어나고자 한 자유였다. 넷째, 제 3차 인두세 징수와 같은 누진적 세금 부담 증가의 부당함에 저항한 것이 농민봉기의 직접적인 이유였다.[1] 이 문제는 뒤에서 자세히 언급될 것이다. 다섯째, 에드워드 3세 통치 말년의 정치적 불안과 그를 계승한 리처드 2세가 너무 어린 나이에 왕위에 올라 정치적 안정을 기할 수가 없었다. 1370년대는 잉글랜드의 정치가 불안하였다. 에드워드 3세는 말년에 노망이 들었고, 1376년에 그의 장남인 흑태자 에드워드가 질병을 앓고 있었으며, 프랑스와 백년전쟁을 치루고 있었다. 반성직주의자이며 교회개혁가인 존 위클리프의 영향을 받은 롤라드파의 교회폐지와 교회재산의 재분배를 요구한 이단운동도 광범하게 호응을 받고 있었다. 이러한 분위기 속에서 1377년 늙은 왕 에드워드 3세는 그의 어린 손자 리처드 2세에게 왕위를 물려주었다. 어린 왕은 고위귀족들 사이에

---

1) R. B. Dobson, *The Peasants' Revolt of 1381* (London, 1970)에 있는 사료를 참고할 것.

락하였다. 반면 여성 상속자의 비율이 5% 이상에서부터 13% 이상으로 상승하였다. 한편 이전 소유자의 사망으로 소유지가 다른 가족으로 양도된 경우가 2배로 증가하였다.[1] 그런데 위에서 언급한 세 가지 자료에 근거하여 흑사병 발병기에 사망한 수를 추정할 수 있는데, 이에 따르면 약 30-40%의 인구가 사망하였다는 것이 일반적인 견해이다. 한편 푸스(L. R. Poos)는 10 인조의 자료를 바탕으로 제 1차 흑사병 발병기에 사망률을 약 45%로 산출하였다.[2]

흑사병으로 인한 피해는 교회와 수도원에도 미쳤다. 그러므로 성직자들도 이러한 재앙에 예외가 될 수 없었다. 고위성직자인 주교는 한 명만이 사망하였는데, 우스터 주교였다. 한편 성직자들의 사망도 도시나 장원에서의 사망자 발생율과 마찬가지로 지역과 교구에 따라서 차이가 많았다. 예컨대 리치필드 성직자 등록부에 따르면, 체스터 대교구의 성직자 사망률은 29%인 반면, 더비(Derby) 대교구의 성직자 사망률은 57%에 이른다.[3] 1348-1349년 첫 번째 흑사병이 창궐하였을 때 잉글랜드에서 성직록 소유자들의 사망률은 교구마다 대체로 40%에 이르거나 그것을 넘었다. 예컨대 요크 교구에서의 39%가, 코벤트리와 리치필드(Coventry and Lichfield) 교구에서는 40%가, 헤리퍼드 교구에서는 43%가, 우스터 교구에서는 44%가, 배스 앤드 웰스(Bath and Wells) 교구와 엑스터 교구, 노리치 교구, 윈체스터 교구에서는 각각 48%가 사망하였다.[4] 그런데 동일한 주에서 교구에 따라서 성직자의 사망률이 달랐기 때문에 한 주에서 성직자의 사망률을 일률적으로 규정하기는 어렵다. 예컨대

---

1) Michael Prestwich, *Plantagenet England, 1225-1360*, p. 546; S. J. Payling, "Social Mobility, Demographic Change, and Landed Society in Late Medieval England," *Econ. Hist. Rev.*, 45 (1992), p. 55.

2) L. R. Poos, *A Rural Society after the Black Death, Essex 1350-1525*, pp. 106-107.

3) R. A. Davies, "The effect of the Black Death on the parish priests of the medieval diocese of Coventry and Lichfield," *Historical Research*, vol. 62 (1989), p. 87.

4) W. M. Ormrod and P. G. Lindley, ed., *The Black Death in England*, p. 86.

위에서 언급한 것처럼 요크 교구에서 성직록을 받은 성직자의 사망률이 39%에 이르렀다. 그러나 이를 세분화하여 지역별로 살펴보면 지역에 따라서 사망률에 큰 차이가 나타난다. 클리브랜드(Cleveland)의 수도원장 관할 구역에서는 사망률이 겨우 21%였으나, 요크의 부주교 관할구역에서는 45%, 미들턴(Middleton) 지역에서는 약 60%에 달하였다. 이 시기에 요크의 노스 라이딩(North Riding) 지역에 8곳을 포함하여 11곳의 교회마당에 흑사병으로 사망한 자들을 위한 묘지를 새로 조성하였다는 기록[1])을 통해서 당시 사망자가 얼마나 많았는지를 유추할 수 있다. 한편 베네딕토우(Ole J. Benedictow)는 성직록을 받은 성직자의 사망률을 위에서 언급한 것과 약간 높거나 동일하게 제시한다. 그의 주장에 따르면, 콘웰과 데본셔가 속한 엑스터 교구에서는 51.5%, 서머싯이 속한 배스 앤드 웰스 교구에서는 47.6%, 햄프셔와 서리가 속한 윈체스터 교구에서는 48.8%, 캠브릿지셔가 속한 엘리(Ely) 교구에서는 57%, 서퍽과 노퍽이 속한 노리치 교구에서는 48.8%, 우스터셔, 글로스터셔, 워윅셔가 속한 우스터 교구에서는 44.5%, 헤리퍼드셔, 스롭셔가 속한 헤리퍼드 교구에서는 43.2%, 옥스퍼드셔, 버킹엄셔, 하트퍼드셔, 베드퍼드셔, 헌팅돈셔, 루트랜드(Rutland)가 속한 링컨 교구에서는 40.2%, 노샘프턴셔, 레스터셔, 링컨셔, 더비셔, 스테퍼드셔 등이 속한 코벤트리와 리치필드 교구에서는 40.1%, 노팅햄셔, 요크셔, 랭커스터셔가 속한 요크 교구에서는 44.2%가 사망하였다.[2]) 이러한 차이는 사망으로 인하여 성직록이 빈 경우와 성직에서 사임하여 빈 경우를 분명히 구분하여 계산하지 못한 결과로 생각한다. 그러나 이러한 차이에도 불구하고 두 학자 모두가 성직록을 받은 성직자 중에 40%나 그 이상이 사망하였다는 점에는 견해의 일치를 이루고 있다. 한편 1349년에 링컨 부주교 관구에서는 성직록 중에 거의 45%가 비어 있었다. 또한 링컨셔에 스토(Stow) 부

1) David Hey, *Yorkshire from A.D. 1000*, p. 89.
2) Ole J. Benedictow, *The Black Death 1346-1353*, p. 356; 박흥식, 「중세 말기 유럽의 성직자와 교회에 미친 흑사병의 영향」, 『서양사연구』, 44권 (2011), 45쪽 참조.

서 일어난 파벌과 지방 기사들과 도시민들 사이에서 발생한 긴장을 제거시킬 능력이 없었다. 특히 1370년대에 백년전쟁은 잉글랜드에 영광을 가져다 준 것이 아니라 좌절과 위약함을 초래하였다. 그런 와중에도 리처드 2세는 아일랜드에 대한 지배권을 강화시켰다. 1210년에 헨리 2세가 아일랜드의 지배권 강화를 위해 방문한 이후, 리처드 2세가 1394년에 처음 아일랜드를 방문하였으며, 1399년에 두 번째로 아일랜드를 찾았다. 그 후 1689년에 윌리엄 3세(1689-1702)가 방문할 때까지 다른 잉글랜드 국왕은 아일랜드를 찾지 않았다. 이미 1328년 에든버러/노샘프턴 평화조약을 통해 스코틀랜드는 잉글랜드의 지배로부터 벗어나 독립을 쟁취한 상황에서, 리처드 2세의 아일랜드 방문은 웨일스처럼 아일랜드도 잉글랜드 국왕권에 종속되기를 강력히 추구한 노력의 일환이었다.

프랑스의 카페왕조가 잉글랜드의 존 왕을 포로로 잡으려고 하였던 이래 잉글랜드 남동부의 주민들이 그렇게 큰 공포심을 갖은 시기는 없었다. 특히 캔트 주의 주민들이 프랑스의 공격 위협으로부터 자신들을 보호해 주지 못하는 정부에 대하여 원망하였다. 당시 소년왕 리처드 2세는 챈슬러(chancellor)[1]인 대주교 시몬 수드버리(Simon Sudbury)와 왕실 재무장관(treasurer)인 로버트 헤일즈(Robert Hales)의 도움을 받아 통치하였다. 이들의 통치에 대한 정치적 불만이 사회적 불만이 무르익었던 때에 나타났다는 사실은 그것이 반란의 실질적 원인이 되었음을 뜻한다. 사회적 불만의 가장 중요한 이유는 1351년 노동자 법으로 촉발한 토지소유자와 농업노동자 간의 분쟁이었다. 노동자 법 제정의 주된 목적은 토지소유자들이 가능한 값싸게 노동력을 확보하게 하는데 있었다. 흑사병으로 인한 인구의 급감은 노동가치를 크게 상승시킨 반면에 농산물 가격은 하락시켰다. 그러므로 토지소유자들에게

1) 챈슬러(chancellor)는 국왕의 서기직의 우두머리이다. 그는 대부분의 공식적인 정부 소식의 전달 책임이 있었다. 즉 개인의 사면에 관하여 전달된 특허장과 영장의 반포, 국왕의 명령에 대한 공표의 책임이 있다. 그는 국왕의 각료들 중에서 왕실 재무장관(treasurer)과 국왕의 법원에 수석재판관들과 함께 국왕 통치 조직의 핵심적인 인물이다.

는 흑사병이 큰 고통을 안겨주었다. 반면 농업노동자들에게는 그들의 사회·경제적 지위를 상승시킬 하나의 기회였다. 이러한 경제적 상황에서 영주들은 농민들로부터 징수한 노동력을 강제화하여 안정적으로 노동력을 확보하려고 하였다. 그러나 농민들, 특히 농민 중에 다수를 점유한 농노들은 관습적 부역의무 납부를 거부하였다. 흑사병 발생 이전에 관습적 부역의 금납화로 농노들의 신분적 예속이 해체되어 가던 상황을 되돌려놓으려는 장원 영주들의 조치에 농노들은 불만을 가졌다. 물론 이것도 여러 이유들 가운데 하나에 불과하다. 왜냐하면 대부분의 장원에서 금납화가 도입되지 않았으며, 그것도 부분적이고 지방적이었기 때문이다. 이러한 변화 속에서 농민봉기는 가시화되고 있었다. 농업노동자와 토지소유자 간의 긴장이 수공업 분야에서도 나타났다. 노동자 법에서 수공업 노동자들의 임금 상한선이 정해져 있음에도 불구하고 고용노동자에게 지불된 실질 임금은 계속 상승하였다. 도시의 부유한 시민들과 길드가 임금상승을 규제하려고 하였고, 이는 결국 자본가들에 대한 산업노동자들의 불만 원인이 되었다. 농업노동자들이 런던으로 행진하였을 때, 직인과 도제들이 봉기자들의 세력에 합류하였던 점이 그러한 사실을 추론케 한다.

이러한 배경 하에서 역사가들이 통상 지칭하는 것처럼, 보통 사람들이 대규모로 반란을 일으킨, 이른바 농민봉기(Peasant Revolt) 혹은 대봉기(Great Revolt)[1]가 일어났다. 흑사병 발생으로 인하여 인구가 큰 폭으로 감소함으로써 영주권이 위기를 맞이하였다. 특히 잉글랜드 남동지역의 중심지인 에식스와 캔트에서 이러한 위기가 심각하게 일어났다. 이러한 위기 속에서도 노동자 법이 캔트에서 혹독하게 적용되었다.[2] 1381년 5월과 6월 초

---

1) 국지적인 소요나 봉기는 지역 혹은 장원의 사정에 따라 항상 있었다. 그러나 주 단위 혹은 주들의 연합에 의한 봉기는 농민봉기가 처음이다. 그런데다가 농민을 비롯한 수공업 노동자 그리고 하위성직자들이 연합하여 일으킨 봉기이기 때문에 대봉기라고 부르기도 한다.

2) M. Mate, "Labour and Labour Services on the Estates of Canterbury Cathedral Priory in the Fourteenth Century," *Southern History* 7 (1985), pp. 60-67.

에 에식스와 캔트에서 인두세 징수관과 재판관들을 살해한 농민들의 집단적 행동으로부터 농민봉기는 시작되었다.

2) 과도한 인두세 징수

인두세 징수가 하층민을 자극한 또 다른 원인이 되었다. 1377년과 1379년 그리고 1380년 세 차례에 걸쳐서 인두세를 징수하였다. 1377년 이전에 잉글랜드 왕은 각 가구당 동산가치의 1/15이나 1/10에 해당하는 직접세를 징수하였다. 농촌에서는 주로 가축과 곡물의 보유량, 도시에서는 가구 당 보유한 상품과 가구에 기초하여 산정된 직접세를 징수하였다. 그러므로 직접세는 개인이 아닌 가구를 중심으로 부과된 세금이다. 그런데 1334년 이전에는 상당수가 이러한 직접세 징수에서 면제되었으나, 그 이후에는 이러한 면제기준이 상향되어 면제자 가구가 크게 감소하였다.[1] 이러한 조세제도의 변화도 농민들과 도시 하층민에게는 큰 불만 요인으로 작용하였다. 이러한 가운데 1377년 2월 2일에 소집된 웨스트민스터 의회에서 챈슬러가 프랑스와의 전쟁 등에서 왕국 방위를 위한 자금 확보라는 특별한 목적으로 세금 인상의 필요성을 설명하고, 걸인을 제외한 14세 이상의 모든 남녀들에게 계급에 관계없이 4펜스를 인두세로 징수할 것을 결정하였다. 가구 당 징수한 직접세에 비하여 인두세는 그야말로 머리수에 따라서, 즉 개인에게 부과된 세금이었다. 이는 세금징수 제도에 큰 변화가 나타난 것을 뜻한다. 이를 통해서 징수한 인두세가 총 22,000파운드에 이르렀는데, 인두세 징수에 대한 국민적 저항은 없었다. 동산에 부과한 특별세, 즉 1348년에 의회는 각 주와 런던을 비롯한 바러들로부터 평민들은 그들이 지닌 동산의 1/15세와 도시와 바러의 시민들

---

1) W. M. Ormrod, "The Crown and the English Economy, 1290-1348," in *Before the Black Death: Studies in the Crisis of the Early Fourteenth Century*, ed. B. M. S. Campbell (Manchester, 1991), p. 156.

은 그들이 소유한 동산의 1/10세를 정해진 기간 동안 징수하도록 인정[1]하였던 것처럼 이번에도 이러한 직접세 징수에 더하여 1377년에 14세 이상의 남녀들에게 4펜스의 인두세 징수를 인정한 것이다. 이를 제 1차 인두세 징수라고 한다. 한편 1379년 4월 27일에 의회가 열려 제 1차 인두세 징수 때처럼 국왕이 또 다른 특별세를 인상할 필요성을 의회에서 설명하였다. 그리고 인구를 일곱 가지 집단[2]으로 분류하여 각 집단 별로 각각 다른 인두세 징수안을 의회에서 결의하였다. 즉 제 1집단에 속한 공작과 에스콰이어와 같은 토지소유자들에게는 6파운드 13쉴링 4펜스를 징수하였으며, 제 6집단과 7집단에 속한 보통 남녀들과 가난한 수도사와 수녀들에게 4펜스를 징수하는 안이 결정되었다. 이를 제 2차 인두세 징수라고 부른다. 그런데 제 1차 때와는 달리 이러한 계급과 계층별 인구 묶음에 따라서 인두세를 징수하려고 시도한 것은 중세 말 잉글랜드의 부와 지위에 대한 인식에 중요한 변화가 나타남을 보여주는 것이다. 1380년 11월 5일에 노샘프턴에서 소집된 의회에서 승인된 인두세 징수 의결로 1381년에 제 3차 인두세 징수가 시도되었다. 1380년 11월 8일에 이제 겨우 13세가 된 국왕이 성 앤드류 수도원에 입장하였다. 새로 임명된 챈슬러인 대주교 수드버리가 의회 소집의 필요성을 자세히 설명하였다. 국가 재정의 부족을 보충하기 위한 여러 가지 방안에 대한 논의와 논쟁에도 불구하고, 결국 15세 이상의 모든 남녀들에게 12펜스를 징수하는 일률과세안을 의결하였다. 이것은 1377년 제 1차 인두세 징수 당시보다 세 배에 해당하는 인상액이었다. 더욱이 1379년에 기혼남녀들은 세액을 4펜스씩 분할 납부할 수 있었으나 이번에는 분납이 허용되지 않았다.[3] 제 2차 인두세

---

1) *Calendar of Fine Rolls 1347-1356*, pp. 90-92; *Calendar of Letter Book F*, p. 68.

2) 제 1집단은 공작으로부터 에스콰이어에 이르는 토지소유자들, 제 2집단은 기사들, 제 3집단은 법률가들, 제 4집단은 도시민들과 자치도시의 관리들과 상인들, 제 5집단은 공증인들과 보통의 기혼남성들과 기혼여성들, 제 6집단은 외국상인들, 제 7집단은 대주교로부터 수도사와 수녀들에 이르는 모든 성직자들이다.

3) Alastair Dunn, *The Great Rising of 1381: The Peasants' Revolt and England's Failed Revolution* (Gloucestershire, 2002), pp. 51-53.

징수안이 의회에서 결의된 1379년에는 일반 농업노동자에게 4펜스를 징수한 반면, 랭커스터 공이 6파운드 13쉴링 4펜스를 부담하였다. 즉 징수액에 차등이 있었다. 이에 따르면 국왕의 법원에 최고재판관과 재무성의 수석 바론들은 각각 5파운드, 백작과 런던시장은 각각 4파운드, 바론, 대규모 도시의 시장, 공증인, 변호사는 각각 2파운드, 기사, 소도시의 시장, 대도시의 상인과 재판관들은 1파운드에서 3쉴링 4펜스에 이르기까지 차등을 두어 징수 납부하였으며, 이를 제외한 나머지 사람들에게는 모두 4펜스를 부과하였다. 그러므로 농민들에게는 부농과 빈농의 구분 없이 성년에 이른 사람들 모두에게 머리수에 따라 각각 4펜스가 징수되었다.

그러나 제 3차 인두세 징수안이 의회에서 결의된 1381년에 인두세 징수 형식은 가장 가난한 사람들에게 조차도 12펜스를 부과한 정액 과세였으며, 이는 노동자가 2-4일 동안 노동하여 얻은 임금과 같은 액수이다. 이 세금이 불공정하고 극단적으로 불만이 표출될 수 있다는 점을 지배층도 알고 있었다. 이것을 승인한 의회가 런던이 아닌 노샘프턴에서 열렸기 때문이다. 더 큰 문제는 인두세 징수 방법인 일괄 징수법에 따라 그들의 부담이 더 커질 수 있었다는 점이다. 그러므로 인두세 징수관들이 빈곤한 지역에서의 징수에 어려움을 겪은 것은 당연하다. 부유한 자들이 거주한 도시나 장원에서는 최빈곤자 계급은 인두세 징수가 감면되었다. 왜냐하면 각 촌락이나 도시에 부과된 인두세 총액을 부유한 가구가 4펜스 이상을 납부하여 채울 수 있었기 때문에 가난한 자들은 인두세를 면제받을 수 있었다. 그러나 인두세를 납부할 능력이 있는 자들이 적은 빈곤한 촌락에서는 빈곤층의 농노나 소토지보유자들을 대신하여 정해진 인두세 총액을 충당시켜 줄 사람이 적었기 때문에 최빈곤층도 인두세를 부담하여야 할 뿐만 아니라 심지어 각 촌락에 배당된 인두세 총액을 채우기 위해서 빈곤층도 4펜스보다 더 많은 쉴링 단위의 돈을 납부하는 경우도 있었다. 서퍽 주의 두 개의 촌락을 비교하면 문제의 소지를 이해할 수 있다. 브로클리(Brockley) 촌락에서는 자신과 아내의 인두세로 6쉴링을 납부한 에스콰이어(esquire)와 각각 2쉴링 6펜스를 납부한 부농 5인이 있었다. 그래서 그 지역에 거주한 최빈곤자는 4펜스의 인두세를 내지 않아도 되었다. 그러나 그 인접 촌락인 쉬빙톤(Chevington)에서는 부재지주가 토지를 소유하였고, 겨우 부농 한 사람이 담세 능력을 충분히 가지고 있었을 뿐이다. 그 결과 78명의 농노와 농업노동자들이 12펜스를 납부하여야 하였다. 이는 결국 인접 촌락의 빈자들보다 3배나 무거운 인두세 부담을 지게 되었음을 뜻한다.[1] 이러한 모순에 대한 불만에 더하여 인두세 징수 시기도 문제였다. 인두세 징수자들에게 1381년 1월에 그들이 징수하여야 할 전체 인두세의 2/3를 징수하고, 나머지 1/3은 6월에 징수하도록 의무화시켰다. 그러나 1381년 2월 22일 재무성 바론들에게 국왕의 이름으로 서한을 발송하여 인두세 전체를 일시에 징수하도록 노력할 것을 요구하였다. 그리고 3월 16일에는 인두세 징수자들의 권위에 저항하는 자들을 모두 투옥하라는 추가 명령을 하달하였다. 이에 따라 그들은 일시에 인두세를 징수하기 시작하였다. 이러한 정책 변경에는 챈슬러인 대주교 수드버리와 왕실 회계책임자인 로버트 헤일즈 경이 있었다. 농민봉기가 일어났을 때 타도하여야 할 공적 제 1호로서 이들이 지목된 것은 결코 우연이 아니었다. 한 번에 인두세를 징수하려는 조치는 인두세 납부를 회피하려는 부작용을 낳았다. 탈세가 인두세 징수에 대한 초기 반응이었다. 찰스 오만(Charles Oman)의 연구에 따르면, 1377년 제 1차 인두세 징수 당시에 등록된 세금납부자와 제 3차 인두세 징수 당시의 세금납부자 수를 비교한 결과, 성인남녀 458,720명이 사라졌다. 이는 세금납부자의 1/3 이상에 해당하는 수이다. 납세자 수의 감소는 특히 런던과 가까운 곳에 위치한 인구수가 많은 주에서 현저하였다. 캔트 주에서 등록된 납세자수가 22%, 노퍽 주에서는 25%, 베드퍼드셔에서는 27%, 버크셔에서는 31%, 에식스에서는 36%가 감소하였다.[2] 이러한 감소에 대하여 인두세 부과 위원회는 5월에 그 수를 재

---

1) Charles Oman, *The Great Revolt of 1381*, p. 27.
2) *Ibid.*, pp. 27-29; Alastair Dunn, *The Great Rising of 1381: The Peasants' Revolt and England's Failed Revolution*, p. 54.

조사하였다. 그 결과 그 수가 증가하였다. 예컨대 노리치 주에서는 1월에 인두세 부과 대상자가 3,268명이었다가 5월 조사에서는 3,833명으로 증가하였고, 서퍽 주에서는 처음 조사에서는 31,734명이었다가 후에 44,635명으로 증가하였으며, 노퍽 주에서는 처음에 58,714명이었다가 후에 66,719명으로 늘어났다. 인두세는 빈곤층에게는 매우 무거운 부담이었기 때문에 고의로 과세 대상에서 빠지려고 하였고, 인두세 징수위원들은 그들이 진 의무를 과도하게 수행하려고 노력하였다.[1] 이 두 요소가 충돌한 것이 농민봉기의 주요 원인이었다. 그러한 주장은 인두세 부과대상자가 크게 감소한 주에서 농민봉기 당시에 가장 중심적인 역할을 하였던 점으로 파악이 가능하다. 이러한 사실은 인두세 징수가 농민봉기의 직접적 원인이었음을 알려주는 징표이다.

---

1) *Calendar of Fine Rolls 1377-1383*, pp. 162-164, 248-250 참조.

2. 농민봉기의 종교적 이념

봉기자들은 1381년 6월 10일에 워트 타일러의 인도 하에 캔터베리를 점령한 다음 런던 중심부로 향하였다. 그리고 메이드스톤에서 워트 타일러 이후 농민봉기를 이끈 중요한 인물인 하위성직자 존 볼(John Ball)이 합류하였다. 존 볼은 일요일 교회 밖에서 선동적이고 이단적인 설교를 하여 4월 이래 파문당하고 대주교 시몬 수드버리의 메이드스톤 감옥에 투옥되었다가 캔트의 봉기자들에 의해서 석방된 요크셔의 하위성직자이다. 그는 대주교의 승인 없이 요크에서 이단적 교설을 하다가 순회설교사로서의 활동을 위해 20년 동안 방랑생활을 하였다. 그는 '계급 없는 사회'와 '복음적 청빈'을 주장하다가 대주교로부터 3개월 동안 지하 감옥에서 침묵하도록 한 형벌을 받았다. 봉기자들에 의해 감옥에서 풀려나 자유의 몸이 되었을 때, 그는 다시 기존교회를 비판하면서 교회개혁을 부르짖었다. 한편 그는 농노의 신분적 해방을 역설하였다. 또한 그는 모든 영주들을 쫓아내고, 대주교들, 주교들, 대수도원장들, 소수도원장들을 몰아내고 한 명의 대주교, 즉 존 볼 자신만을 남겨두고 모두 제거하여야 한다고 주장하였다.[1] 혁명적인 교회개혁을 주장한 것이다. 이러한 급진적 교회개혁사상이 당시 세속인들에게 영향을 끼칠 수 있었던 것

1) R. B. Dobson, *The Peasants' Revolt of 1381*, p. 128.

은 교회의 지나친 세속화에 그 원인이 있었다. 바로 이러한 배경에서 그는 종교적 교단이 소유한 모든 재산을 몰수하여 세속인들에게 분배하여야 한다고 주장할 수 있었다. 대중들에게 던진 존 볼의 이러한 조언 때문에 그는 예언자로서 간주되었다. 그리고 봉기자들은 존 볼이 대주교가 되어야 하고 왕국의 챈슬러가 되어야 한다고 외쳤다. 현재의 대주교는 왕국과 대중들을 배신한 역적(traitor)이기 때문에 발견되는 즉시 처형시켜야 만 한다. 바로 이러한 기존의 사회구조를 해체시켜야 한다는 그의 주장과 봉기자들의 요구 때문에 존 볼이 체포되었을 때에 모반자로서 극형에 처해지게 되었다. 국왕이 역적들에 대한 재판 때문에 세인트 알반스(St Albans) 시에 머물러 있을 때인 7월 13일에 존 볼도 코벤트리(Coventry)로부터 세인트 알반스 시로 이송되어 대법관인 로버트 트레질리언이 그의 죄를 심리한 다음, 그에게 가장 극형에 해당하는 교수형, 사지절단형, 참수형을 선고하였다. 그리고 7월 15일에 처형되었다. 그가 심리를 받는 동안 런던 주교인 윌리엄에게 공개적으로 “2년 동안 그가 존 위클리프(John Wycliffe: 1330?-1384)의 교리[1]로부터 성사(sacrament)의 이단적 요소를 배웠다.”고 고백하였다.

그는 매주 일요일 미사가 끝난 뒤 사람들이 교회에서 나올 때면 당시 사회구조를 비판하는 말을 서슴없이 하였다. 드디어 수많은 봉기자들이 모인 블렉히드(Blackheath)에서 다음과 같은 설교를 하였다. “오 나의 선량한 친구들이여 모든 것이 공유되고 더 이상 농노도 영주도 없으며, 영주가 더 이상 우리의 주인이 아닌 그 날까지 잉글랜드에서 모든 일이 잘 될 수 없을

1) 그는 성서지상주의를 부르짖어 교황의 교서나 공의회 결정의 중요성을 제한시켰으며, 1215년 제 4차 라테란 공의회에서 기독교 교리로 채택한 교설, 즉 성직자가 미사 중에 축성한 빵과 포도주가 예수의 살과 피로 변한다는 화체설(化體說)을 부정하였다. 또한 그는 지상에 모든 재물과 권력에 대한 소유와 지배는 하느님의 소유이며 인간은 단지 그것을 관리할 위임권을 부여받은 것이라고 주장하였다. 이러한 그의 주장은 당시 엄청난 부와 권력을 소유하고 있던 교황과 고위성직자들에 대한 공개적인 공격이었다. 이와 같은 위클리프의 주장에 존 볼이 영향을 받았다면, 그것은 분명히 기존 교회나 권력자들에 대한 도전이었을 것이다.

것입니다. 영주들은 우리들에게 얼마나 나쁜 일을 하고 있습니까? 무슨 이유 때문에 우리를 예속의 굴레에 가두어 둡니까? 우리를 이렇게 부려먹을 권리가 어디에서 나온 것입니까? 우리도 그들과 같은 조상인 아담과 이브의 자손이 아닙니까? 그런데 그들이 우리에게 주인노릇을 하는 이유가 무엇입니까? 그들은 흰 담비 모피로 만든 값비싼 옷을 입는 반면, 우리는 왜 넝마 같은 옷을 입어야 합니까? 그들은 포도주와 맛 좋은 향신료와 고급 빵을 먹는데, 우리는 귀리와 하찮은 찌꺼기만 먹고 물만 마셔야 합니까? 그들이 저택과 농장 안에서 편히 쉬는 동안에 우리는 들판에서 비바람을 맞으며 일을 합니다. 자, 이제 리처드 왕께 가서 진언합시다. 그렇지 않으면 우리는 우리 스스로가 우리의 처지를 개선하기 위하여 투쟁하여야 합니다." 또한 그는 "아담이 밭갈이 하고 이브가 길쌈할 때 누가 귀족이었는가?"라고 외쳤다.[1] 태초에 영주와 농노로 구분되어 태어나지 않았기 때문에 모든 인간이 평등하고, 한 사람이 다른 사람에게 예속된 것은 하느님의 의지에 반하는 사악하고 부당한 조치라고 주장한 것이다. 그는 인간의 자유를 구속하고 불평등의 원인이 되는 모든 제도, 특히 농노제와 영주제가 가지고 있는 문제점을 지적하면서 그것의 폐지를 주장하였다. 그는 이를 실현하기 위해서 먼저 대영주들을, 다음으로는 법률가들, 재판관들, 배심원들을, 마지막으로는 장차 공동체에 해를 끼칠 자들을 살해하여야 한다고 부르짖었다. 이를 통하여 사람들은 평화와 안전을 확보할 수 있다. 누구나 원한다면, 그들의 자유를 향유하여야 한다. 만약 이러한 주장이 관철된다면 천년왕국[2]이 내세가 아닌

---

1) R. B. Dobson, *The Peasants' Revolt of 1381*, pp. 372-376; Charles Oman, *The Great Revolt of 1381*, pp. 51-52.

2) 중세의 천년왕국사상(Millennialism)에 큰 영향을 끼친 사람은 12세기에 활동한 칼라브리아의 수도원장인 요아킴(Joachim of Fiore)이다. 천지창조에서부터 최후의 심판으로 지상의 세계가 끝날 때까지 역사는 세 단계를 거치면서 변화한다고 그는 주장하였다. 첫 번째 단계가 아담으로부터 예수 그리스도까지 율법이 지배한 시기, 두 번째 단계는 예수 그리스도 이후 자신의 시대까지 하느님의 은총이 지배한 시기, 마지막으로 세 번째 단계는 1200년 이후부터 요한계시록에 나타난 것과 같이 최후의 심판으로 지상의 세계가 종말을 맞는 시기이다. 한편 각 단계마다 세 개의 단계가 또 존재한다고 그는

현세에서 실현되어 부자유인 모두는 자유를 얻을 기회를 갖게 되는 것이다. 1381년에 일어난 잉글랜드의 농민봉기는 존 볼의 개혁적 사상과 천년왕국의 도래에 대한 희망 속에서 일어났다고 하겠다. 부자유농민들뿐만 아니라 하위성직자들, 그리고 런던시의 수공업 길드에 속한 노동자들 다수가 농민봉기에 가담한 이유를 이해할 수 있다. 모든 영주들은 제거되어야 할 대상입니다. 또한 대주교, 주교들, 대수도원장들, 그리고 많은 수도사들을 제거하여야 한다고 봉기자들에게 조언하였다. 잉글랜드에서는 대주교 한 명만을 남기고 주교가 필요 없다고 역설하였다. 그리고 종교교단이 소유한 모든 소유물은 평신도들에게 분배하여야 한다고 주장하였다. 이러한 존 볼의 사상은 위클리프의 교회개혁 사상과 함께 잉글랜드 종교개혁의 씨앗이 되었다.[1)]

존 볼의 내세가 아닌 현세에 평등사회를 세우자는 사회주의적 주장이 당시 하층민들에게 크게 호응을 받은 것은 영주를 비롯한 지배층과 농민을 비롯한 피지배층의 공생의 질서인 집단주의가 무너진 데 대한 반발이었다고 볼 수 있다. 노동자 조례나 노동자 법의 제정에서 볼 수 있듯이 흑사병 발생으로 인한 인구의 급감으로부터 발생한 기존 농업경제 질서의 붕괴에 따른 피해를 권력과 재산을 가진 영주들을 비롯한 지배층이 농민을 비롯한 하층민들에게만 전가시키려고 함으로써 공동체 내에 구성원들 사이에 새로운 갈등을 유발시켰다. 이러한 갈등의 배경에는 지배층의 이익을 보호해 준 노동자 법이 있다. 이러한 변화 속에서 흑사병 발생 이전에 영주와 농민 사이에 존재하였던 장원의 관습에 준한 공존과 공생을 위한 협동을 전제로 한 집단

주장하였다. 이는 성부, 성자, 성령이 하나의 몸과 같은 것이라는 3위 1체의 기독교 교리와 관련이 있는 것이다. 한편 13세기에 이르러 프란체스코 교단은 교회와 수도원의 지나친 세속화를 비판하면서 금욕과 청빈에서 구원의 징표를 찾으려고 하였다. 그러나 이들은 천년왕국이론을 내세와 관련시켰으나, 현실 문제의 개혁을 주장하면서 내세가 아닌 현세에 천년왕국의 건설을 주장한 것이 1381년 잉글랜드에서 일어난 천년왕국사상에 입각한 농민봉기이다.

1) G. H. Martin, ed. and trans., *Knighton's Chronicle 1337-1396*, pp. 253-257; Henry Knighton, *Chronicle of Henry Knighton*, II, pp. 151, 170.

주의적 질서가 무너져갔다. 그러므로 노동자 법의 제정과 그 실행은 농업공동체 내에서 발생한 갈등을 해결해 준 수단이 아닌 또 다른 문제를 유발시킨 요인이었다. 이러한 갈등 속에서 농민 대봉기의 싹이 자라고 있었다.

농노제와 영주제의 본질적인 문제가 흑사병 발생 이후 두드러지게 겉으로 노출되었다. 그래서 흑사병 발생 이후에 농민들이 장원의 규제를 벗어나고, 영주권에 저항하였으며 공동체의 권리와 규제를 위반하는 경향이 두드러지게 나타난 것이다. 이러한 변화는 흑사병 이후에 발생한 범죄의 특징에서 감지된다. 결국 농민들의 영주에 대한 저항도 이러한 배경 하에서 일어난 것이다. 이러한 변화 속에서 만약 흑사병 발생 이후 잉글랜드에서 새로운 사회건설을 위한 노력이 있었다면, 집단주의를 대체할 새로운 이념이 필요하였을 것이고, 그것은 '사회적'인 것에 대칭되는 '개인적'인 것이 아니라 개체에 대한 강조가 주어진 개인주의적 성향일 것이다. 그러므로 그러한 성향은 19세기에 '개인주의'와도 구분되는 것이다. 이러한 성향은 근대 잉글랜드 사회를 이끌 새로운 이념으로 서서히 자리를 잡아나갔다. 그러한 가운데 자연스럽게 새로운 사회질서가 형성되기 시작하였다.

3. 농민봉기의 진행과정

1381년 초 국왕의 내각(council)은 어떻게 인두세가 징수되고 있는지 실정을 조사하기 위해서 조사위원회를 구성하여 각지에 파견하기로 결정하였다. 이 위원회 중에 하나가 에식스에 파견되었다. 에식스에서 인두세가 어떻게 징수되는지 실태를 파악하기 위해 토마스 뱀프턴(Thomas Bampton)를 우두머리로 한 위원들이 파견된 것이다. 그는 성령강림절(Whitsuntide)[1] 이전에 인두세 부과 대상자를 점검하려고 에식스의 브렌트우드(Brentwood)에 왔다. 그는 이곳에 법정을 개설한 다음, 브렌트우드 주변의 백호장 주민들을 소환하여 인두세 징수관들이 어떻게 인두세를 징수하였는지를 조사하였다. 이곳에 모인 수 백 명의 주민들이 이미 특별보조금(subsidy)을 납부하였기 때문에 인두세를 1페니 이상 납부할 수 없다고 항변하였다. 특히 소택지 주변의 작은 촌락인 포빙(Fobbing)의 농민과 어민들이 이러한 주장을 강하게 내세웠다. 이에 토마스 뱀프턴은 화를 내면서 그가 대동한 무장 세력을 앞세워 그들을 위협하였다. 이에 포빙 주민들은 이웃인 코링햄 주민들과 이 문제를 의논하였고, 스텐포드(Stanford) 주민들에게 서신을 보내 그들과 함께 저항할 것을 요청하였다. 이 세 곳의 주민 대표들이 모여 토마스 뱀프턴

1) 가톨릭 축일은 날자가 고정된 것이 아니기 때문에 매년 바뀐다. 2016년을 기준으로 할 때, 예수 부활대축일(3월 27일) 이후 일곱째 되는 일요일(5월 15일)을 성령강림대축일로 정하여 기념하고 있다.

에게 가서 인두세를 1페니 이상 납부할 수 없음을 주장하였다. 이때 토마스 뱀프턴은 그를 수행한 무장 세력에게 이들 주민 대표자들을 체포하여 투옥하도록 명령하였다. 이것이 폭력 행위의 신호탄이 되었다. 약 100여명의 농민들이 토마스 뱀프턴과 그의 무장 세력을 구타하고 돌로 쳐 죽였다. 이 소식을 들은 정부는 특별순회재판으로서 국왕의 최고재판관인 로버트 벨크네프(Robert Belknap)를 파견하여 사건의 진상을 조사하도록 조치하였다. 그러는 동안에 주민 대표자들이 포빙과 코링햄 주민들에게 남부 에식스에 모이도록 전갈을 보냈다. 로버트 벨크네프와 그의 서기들이 1381년 6월 2일에 브렌트우드에 내려와 조사 임무를 시작하자 갑자기 무장한 군중들이 그들을 체포하였다. 로버트 벨크네프는 봉기자들로부터 구타당하여 사망하였다. 그리고 인두세 징수관을 구타하여 사망케 한 자들 모두에게 소환령을 내린 배심원 3명도 참수시켰다. 또한 3명의 서기들도 살해 효수되었다. 이렇게 봉기가 시작되자, 그 지역의 영주들은 봉기를 피하여 런던으로 도피하였다. 한편 에식스 주민들은 캔트, 서퍽, 노퍽 등 잉글랜드 동남부 주민들에게 서신을 보내 함께 봉기하도록 촉구하였다. 그리하여 봉기가 6월 첫 주에 동부와 북부 지역으로 확산되었다. 6월 2일에 캔트에서도 봉기가 일어났다. 무장한 봉기자들이 캔트에 파견된 재판관을 런던으로 추방하고 수천 명의 봉기자들이 메이드스톤(Maidstone)을 거쳐 미드웨이(Medway)로 행진하였다. 6월 7일에 봉기자들은 그들을 이끌고 갈 지도자인 워트 타일러와 처음으로 대면하였다. 그러나 워트 타일러가 봉기를 조직하거나 잉글랜드의 정치개혁을 하려는 분명한 계획을 가지고 있던 것은 아니었다. 캔트 주의 봉기자들은 국왕 리처드 2세에게 그들이 반역자로 지칭한 랭커스터 공, 캔터베리 대주교인 시몬 수드버리, 왕실회계책임자인 로버트 헤일스와 같은 인두세 징수에 책임 있는 자의 제거와 농노제의 폐지를 주장하였다.

1381년 6월 초에 에식스와 캔트에서 시작된 농민봉기는 순식간에 하트퍼드셔와 서퍽으로 확대되었다. 런던을 둘러싸고 있는 주들인 서식스, 서리, 캔트, 에식스, 하트퍼드셔, 버크셔, 버킹엄셔에서 다른 지역에서보다 더 격렬하게 봉기가 일어났다. 봉기에 가담한 자들의 총수를 산정하는 것은 매우 어렵다. 다만 잔존한 문서로부터 4개 주에 걸쳐서 400명의 봉기자들의 이름을 발췌하는 것이 가능할 따름이다. 그러나 봉기에 가담한 촌락의 수는 확인이 가능한데, 그에 따르면 에식스 105곳, 허트퍼드셔 35곳, 캔트 118곳, 서퍽에 72곳의 촌락이 봉기에 가담하였다. 이에 준하여 추정한다면 약 4,000명이 봉기에 가담한 것으로 여겨진다. 그런데 봉기에 가담한 자들은 소수의 젠트리와 성직자를 제외하고 대부분은 가난한 농민과 수공업자들이다. 봉기자들의 경제적 상태는 그들이 보유한 토지규모로 파악이 가능하다. 문서를 통해 총 36명의 경제적 상태에 대하여 알 수 있는데, 이 중에서 15명은 14에이커, 2명은 32에이커, 9명은 7에이커와 12에이커 사이에 토지를 보유하였다. 그리고 12명(33%)은 5에이커나 그 이하의 소토지보유자들이다.[1] 이러한 사실은 1381년 에식스의 6개 장원들에 있는 155명의 관습소작인 중에서 81명(52%)이 5에이커나 그 이하를 보유하고 있던 점과 비교하여 보면, 봉기에 가담한 농민들의 경제적 상태를 유추할 수 있다.

봉기자들의 행렬이 6월 11일과 12일에 이르러 캔터베리에서 런던 변두리 지역까지 진출하였다. 6월 11일 화요일에 캔터베리를 출발하여 다음날 다트퍼드(Dartford)에 도착하였다. 6월 12일에 캔트의 봉기자들이 블렉히드(Blackheath)에 도착하였다. 그리고 에식스의 봉기자들이 캔트의 봉기자들을 도우려고 템스 강 반대편에 도착하였다. 국왕은 이들의 요구 사항이 무엇인지를 알아보려고 메신저(messenger)를 세 차례에 걸쳐서 보냈다. 캔트의 봉기자들은 랭커스터 공과 15명의 영주[2]—이들 중에는 14명이 국왕과 함께 런던 타워에 있었다.--들의 신변을 그들에게 양도할 것을 국왕에게 청

1) Christopher Dyer, *Everyday Life in Medieval England* (London, 1994), p. 196.
2) 이들의 명단은 다음과 같다. 캔터베리 대주교이며 잉글랜드의 챈슬러인 시몬 수드버리, 잉글랜드의 재무장관인 로버트 헤일스, 옥새를 관리하고 더럼 주교로 선출된 존 포담(John Fordham) 경, 국왕의 법원의 수석재판관인 로버트 벨크네프, 랄프 페러러스(Ralph Ferreres) 경, 재무성의 수석 바론인 로버트 플레싱턴(Robert Plesyngtoun) 경, 국왕의 경호관인 존 레게(John Legge), 위에서 이미 언급한 토마스 뱀프턴(Thomas Bamptoun) 등이다.

원하였다. 이 제안에 대하여 국왕은 동의하지 않았다. 6월 13일에는 봉기자들이 국왕에게 반역죄인으로서 지명한 랭커스터 공인 곤트의 존(John of Gaunt), 수드버리, 헤일즈, 국왕 통치와 재정 기구의 핵심인 존 포담(John Fordham), 로버트 풀레싱턴(Robert Plsington) 경을 처단할 것을 요구하였다. 그러나 리처드 2세는 그들의 요구를 거부하였다. 봉기자들이 사우스워크(Southwark)에 도착하였을 때 마샬시(Marshalsea) 감옥 문을 부수고 채무나 중죄로 수감되어 있던 죄수들을 석방하였다. 봉기자들은 모든 법이 불공평하고, 이를 집행한 법률가들 모두를 살해하여야 한다고 생각하였다. 그리고 정당한 이유 없이 투옥된 사람들은 마땅히 석방되어야 한다고 생각하였다. 그래서 마샬시 감옥의 옥문은 파괴되고 죄수들을 석방한 것이다. 한편 런던시민들은 플리트 거리(Fleet Street)에 있던 플리트 감옥의 수감자들을 석방하였다. 그리고 워트 타일러와 그의 동료들은 공문서가 보관되어 있던 건물을 파괴하고 그것을 불태웠다. 같은 날인 6월 13일에 봉기자들은 반역자로 간주한 랭커스터 공의 저택인 사보이(Savoy) 궁을 약탈 방화하였다. 그곳에는 각종 보석, 금은으로 만든 식기류, 서적, 특허장이 가득하였으나, 모두 불태우고 부셨다.[1] 다음날 아침 봉기자들은 웨스트민스터로 향하여 그곳에 있던 또 다른 감옥인 뉴게이트(Newgate) 감옥을 파괴하고 죄수들을 석방하였다. 이와 같은 봉기 소식이 캔트, 에식스, 캠브릿지, 서퍽 등에 퍼지면서 봉기자들의 수는 점차 증가하였다. 6월 13일 아침에 존 볼이 "아담이 밭갈이 하고 이브가 길쌈할 때 누가 귀족이었는가?"라는 유명한 연설을 대중들에게 블렉히드에서 하였다. 그 날 오후에 봉기자들이 힘들이지 않고 런던을 점령하였다. 국왕을 비롯한 총신들은 런던탑으로 도망하였으나 캔터베리 대주교는 체포되어 참수되었다. 비록 봉기자들이 귀족과 외국상인들에 대한 적개심은 있었으나, 국왕인 리처드 2세에 대한 존경심은 가지고 있었

1) Luke Owen Pike, *A History of Crime in England*, vol. 1, p. 335; Charles Oman, *The Great Revolt of 1381*, p. 57; R. B. Dobson, *The Peasants' Revolt of 1381*, pp. 169-170.

다. 한편 부유한 런던시민들은 봉기자들에게 식량과 에일을 제공하여 그들의 어려운 상황을 모면하려고 하였다. 이제 리처드 2세는 대표를 파견하여 봉기자들과 협상을 시도하였다. 국왕이 협상 대표로서 국왕의 친서를 지참한 두 명의 기사들을 봉기자들에게 파견하였다. 국왕은 편지에서 봉기자들은 그들의 대표자를 국왕에게 파견하고, 나머지 봉기자들은 귀향할 것을 요구하였다. 당연히 봉기자들은 이 제안을 거부하였다. 6월 13일에 런던시민들이 런던 브릿지를 열어 봉기자들이 런던시에 입성할 수 있었다. 불렉히드에서 진을 치고 있던 남쪽의 봉기자들이 국왕과 그의 관료들, 그리고 귀족들과 젠트리가 도피하였던 런던 타워를 포위하였다. 비록 이 요새가 탄탄하게 보호되었으나 그곳에 갇혀 있던 자들은 공포에 휩싸였다. 런던 타워에 갇혀 있던 국왕의 유력자들 가운데 가장 영향력이 있는 사람들은 리처드 2세가 14세에 불과한 미성년자이기 때문에 국왕에게 조언을 한 섭정위원들이었다. 섭정위원들 중에서 가장 큰 영향력이 있는 사람은 당시 스코틀랜드 사절로 파견되어 부재중이었던 곤트의 존(John of Gaunt), 캔터베리 대주교이며 챈슬러인 시몬 수드버리, 그리고 왕실 회계 책임자인 로버트 헤일즈 경, 버킹엄 백작, 캔트 백작, 아룬델 백작, 워윅 백작, 서퍽 백작, 옥스퍼드 백작, 솔즈버리 백작 등이었다. 봉기자들은 그들 가운데에서도 시몬 수드버리와 로버트 헤일즈를 과도한 인두세 징수와 같은 국왕의 실정에 실질적인 책임자로 간주하였다. 그러므로 이들이 일차적인 타도의 대상이었다. 이들은 봉기자들이 전날 요구한 것처럼 국왕이 몸소 봉기자들을 만나 그들의 불만을 청취하여야 하는지 여부를 논의하였다. 그러나 이들 사이에도 의견은 갈렸다. 런던시장인 윌리엄 월워스(William Walworth)가 이끈 한 무리는 런던 타워를 방비한 세력과 런던시에 있는 국왕의 협력자들이 결탁하여 야간에 봉기자들을 공격하여 격퇴하여야 한다고 주장한 반면, 솔즈버리 백작인 윌리엄 몬타큐트(William Montacute)의 무리는 봉기자들과의 화해를 주장하였다.[1] 이러한

1) John Froissart, *Chronicle*, IX, pp. 401-402.

와중에 봉기자들은 국왕이 자신들을 만나려고 오지 않으면 그들이 런던 타워를 공격할 것이라고 선언하였다. 이에 국왕의 각료회의에서 봉기자들의 국왕 면담 요청을 허가하기로 결정하였다. 면담을 허가한 것은 이를 기회로 하여 런던 타워에 갇힌 자들이 도피할 기회를 잡으려는 의도였다. 그리고 한편으로는 런던시장 윌리엄이 15세에서 60세에 이르는 모든 남성들을 국왕이 봉기자들과 면담하기로 한 장소인 마일 엔드(Mile End)에 모이도록 한 포고령을 각 구(ward)에 전달하였다.[1)]

이러한 결정 이전에 국왕은 봉기자들의 모든 불법침해에 대한 사면을 약속하면서 평화적으로 귀가하도록 요구하였다. 그러나 봉기자들은 국왕의 이러한 요구를 거절하였다. 봉기자들은 런던 타워에 갇혀있는 반역자들을 체포하고, 그들이 요구한 농노제를 폐지하지 않는 한 결코 런던시를 떠나지 않을 것이라고 선언하였다.

1381년 6월 14일 금요일 아침 7시에 국왕과 봉기자들이 만나기로 한 마일 엔드는 봉기에 가담한 에식스인들이 모인 중심지이며 봉기자들의 전체 군대가 주둔하고 있는 장소였다. 연대기 작가인 프르와싸르(Froissart)는 이곳에 봉기자들이 60,000명 이상이 집결하였다고 산정하였다. 그러나 당시 잉글랜드의 전체 인구를 감안할 때 너무나 과장된 수이다. 여기 모인 사람들 대부분은 캔트와 에식스에서 왔으며, 서머싯(Somerset)과 옥스퍼드로부터 온 사람들도 있었다.[2)] 국왕은 캔트 백작, 워윅 백작, 옥스퍼드 백작, 토마스 퍼시(Thomas Percy) 경, 런던시장 등과 더불어 기사들, 에스콰이아들, 그리고 다수의 시민들과 함께 마일 엔드로 갔다. 봉기자들의 대표인 워트 타일러와 약속한 오후 1시에 그곳에 도착하였다. 국왕이 마일 엔드에 도착하였을 때, 봉기자들이 다음과 같은 몇 가지 사항을 국왕에게 요구하였다. 그리고 이러한 사항이 담긴 사면장을 봉기자들에게 부여할 것을 국왕은 약속하였다. 사면장에 담길 주요 내용은 첫째, 곤트의 존, 수드버리와 헤일즈와 같은 역적들의 처벌을 요구하였다. 둘째, 농노제(serfdom)의 폐지이다.[3)] 농

---

1) *Ibid.*, p. 401.
2) *Rotuli Parliamentorum ut et Petitiones et Placita in Parliamento*, III, p. 106.
3) *Foedera*, IV, p. 126.

노의 신분적 해방은 더 이상 영주의 토지에 예속되지 않고 영주의 의지에 예속되지 않는 인신적 해방, 즉 자유를 부여함을 의미한다. 만약 이것이 실현된다면 모든 예속적 노동이 폐지되는 등 크나큰 사회적 변화가 일어날 수 있는 폭발력을 지닌 문제이다. 모든 예속인들은 농노의 신분에서 해방될 뿐만 아니라 완전한 법적 권리를 지닌 자유인이 되는 것이다. 셋째, 봉기에 가담한 자들에 대한 사면이었다. 국왕은 봉기 가담자들이 진 법적 책임의 사면을 약속하였다.[1] 넷째, 해방된 농노들이 도시, 바러, 기타 장소에서 시장세 납부를 면제 받았다.[2] 농노들은 영주의 특별 허가를 받은 경우를 제외하고 장원을 벗어나 자신의 물품을 자유롭게 판매할 수 없었다. 이와 같은 네 번째 조항이 실현된다면, 농민들은 가축을 비롯한 소유물이나 생산물의 자유처분권의 제한으로부터 벗어나게 된다. 이러한 변화가 일어나면 영주들이 농민들로부터 얻을 수 있는 소득의 감소는 물론 영주권이 크게 손상 받게 되는 것이다. 전반적으로 볼 때 장원제가 큰 타격을 받게 된다. 다섯째, 농노제로부터 해방된 토지는 에이커 당 4펜스를 초과하지 않는 지대를 납부한다.[3] 그래서 모든 토지보유자들은 영주에게 매년 에이커 당 4펜스의 지대를 납부하는 자유소작인이 되어야 한다. 이러한 협상이 이루어지기 전에는 일부 토지에서 에이커 당 2쉴링에 이르는 높은 지대를 납부하였으며, 6펜스를 납부하는 것은 일반적이었다.[4] 이로써 농민들과의 관계에 있어서 영주들의 주요 관심은 지대 취득에 있었다. 농민들이 영주들에게 납부한 지대를 최소화시킬 수 있었던 결정은 영주들에게는 손해를 끼친 반면, 농민들에게는 큰 이익을 주었다. 마일 엔드에서 국왕이 봉기자들에게 한 양보로부터 주로 이익을 본 사람들은 농노들이었다. 물론 자유농도 혜택을 보았다. 자유농 역시 성격상 예속적이었던 토지를 보유함으로써 예속적 노동력을 영주에

1) *Foedera*, IV, p. 126.
2) *Foedera*, IV, p. 126.
3) *Foedera*, IV, p. 126.
4) J. E. T. Rogers, *A History of Agriculture and Prices in England*, vol. II, p. 126.

게 납부하였으며, 노동자 법에 제약을 받고 있었기 때문이다. 여섯째, 성직자들의 생계와 관련이 없는 교회 재산 모두를 몰수하여 재분배할 것을 요구하였다. 일곱째, 봉기 기간 동안에 일어난 불법행위와 불법행위자에 대한 사면을 요구하였다. 실질적 선택권을 소유하지 못한 리처드 2세는 농민들의 요구를 수용하지 않을 수 없었다. 그러나 봉기자들에게 역적과 같은 존재인 국왕의 신료들의 처벌이라는 문제가 남아있다. 국왕은 법의 심판을 통해 국왕의 신료들이 역적으로 증명된다면, 처벌할 것이라고 약속하였다. 그러나 그들의 주장은 1381년의 사회적 분위기에서는 실현 가능성이 매우 낮았다.

과도한 인두세 징수로 혐오의 대상이 된 시몬 수드버리와 로버트 헤일즈는 혼란의 와중에 함께 런던 탑으로 도피하였다. 1381년 6월 14일에 잭 스트로우(Jack Straw)와 그의 일당이 왕실 회계책임자인 로버트 헤일즈의 장원에 불을 질러 태우고, 이어 봉기자들은 런던 탑을 포위하고 시몬 수드버리와 로버트 헤일즈, 그리고 다른 5명을 체포하여 타워 힐(Tower Hill)에서 처형한 다음 목을 베어 런던 다리에 효수하였다. 그리하여 리처드 2세는 아룬델(Arundel) 백작을 시몬 수드버리가 맡고 있던 직책인 챈슬러에 임명하였다. 그래서 그에게 국새(Great Seal)가 인계되었다. 특허장, 사면장, 청원서의 발급이 국새를 쥔 그에 손에 달렸다. 그리고 6월 15일 토요일 새벽에 리처드 2세는 런던시 북쪽에 위치한 스미스필드(Smithfield)에서 봉기자들과의 두 번째 만남을 준비하였다. 드디어 국왕의 일행이 스미스필드 동편에 위치하고 워트 타일러의 일행이 서쪽 편에 위치하였다. 『Anonimalle Chronicle』의 설명에 따르면, 타일러와 그의 추종자들은 전날 국왕이 발표한 일반적 해방의 특허장에 만족하지 않음을 분명히 하였다. 그리고 봉기자들은 보다 급진적인 요구를 국왕에게 하였다. 타일러는 윈체스터 법 이외에는 다른 것을 법으로 인정할 수 없다고 언급하였다. 또한 국왕의 영주권을 제외한 기타 영주권은 모든 사람이 평등하다는 의미에서 부정하였다. 또한 그는 성직자의 수직적 계서제의 부정과 평등화 요구, 교회재산의 몰수와 그의 재분배 등을 요구하였다. 그러나 이러한 급진적 요구를 하였다는 주장을 담은 다른 자료들은 없다. 다만 『Westminster Chronicle』에서 워트 타일러가 전날 요구한 것보다 더 강력한 요구를 담은 특허장을 원하였다고 언급하였다. 결국 전날 국왕이 부여한 첫 번째 특허장에 봉기자들이 만족을 하지 못하고 하루 사이에 보다 급진적인 요구를 국왕에게 한 것이다. 이러한 과정에서 양측 세력 사이에 충돌이 일어났다.

리처드 2세는 봉기자들에게 그의 왕위를 제외한 모든 문제를 해결할 수 있다고 답변하였다. 이러한 과정에서 어느 국왕의 신하가 워트 타일러에게 당신은 캔트의 유명한 강도라고 소리 질렀고, 이를 들은 워트 타일러는 그의 수행원 중에 한 명에게 그에게 강도라고 소리친 자의 목을 베도록 명령하였다. 그러나 국왕의 종자가 저항하였고, 이러한 와중에 런던시장인 윌리엄 월워스가 중재하려고 시도하였다. 이 시점에 워트 타일러가 국왕과 런던시장에게 돌진하였다. 이 때 런던시장이 국왕의 면전에서 칼을 뽑아들고 워트 타일러를 체포하겠다고 소리 질렀다. 런던시장이 겉옷 아래 무기를 숨겨든 열두 명 정도의 부하를 거느리고 말을 몰아 앞으로 나와서 워트 타일러를 보고 소리쳤다. “이 나쁜 놈, 어찌 감히 폐하의 면전에서 이렇게 방자할 수 있는가?” 워트 타일러의 무례한 언행에 역시 분노해 있던 왕이 시장에게 말했다. “그를 붙잡으라.” 리처드 왕이 명령을 내렸다. 그래서 런던시장인 윌리엄 월워스가 국왕의 면전에서 칼을 뽑아들고 워트 타일러를 체포하라고 소리 질렀다. 이때 워트 타일러가 시장을 칼로 찔렀으나 시장은 옷 속에 쇠비늘 갑옷을 입고 있어서 부상을 입지 않았다. 시장이 워트 타일러의 공격을 되받아쳐 그의 어깨에 상처를 입히고, 그는 말에서 떨어졌다. 이때 국왕의 종자(squire)인 존 샌드위크(John Sandwick)가 워트 타일러를 칼로서 두 번이나 찔렀다. 그래서 그는 치명상을 입었다. 런던시장은 워트 타일러의 목을 국왕에게 바쳤고, 국왕 리차드는 봉기자들에 의해서 참수되어 런던 브릿지에 효수되었던 대주교 수드버리 머리 대신에 워트 타일러의 머리를 효수하라고 명하였다.[1] 결국 봉기자들의 지도자인 워트 타일러가 죽자, 그를

1) Charles Oman, *The Great Revolt of 1381*, p. 75.

따르던 봉기자들의 무리가 뿔뿔이 흩어져 집으로 돌아갔다. 겨우 캔트 주의 봉기자들만이 끝까지 저항하였다. 그러나 리처드 2세는 그들이 귀향할 수 있도록 편의를 봐주었다. 런던 주변에서 큰 세력을 이루어 국왕 리처드 2세를 압박하였던 봉기 세력이 무너지면서 사실상 농민봉기는 끝난 것이나 마찬가지였다. 물론 그 후에도 7월 15일에 세인트 알반스(St Albans)에서 존 볼을 처형하는 등 농민봉기와 관련된 일이 계속되었다. 또한 이스트 앵글리아(East Anglia) 지방에서도 6월 17일 이후부터 6월 26일까지 노퍽, 캠브릿지, 서퍽 등지에서 봉기가 지속되거나 또는 봉기의 잔재를 수습하려는 노력이 계속되었으나 그 영향은 크지 않았다. 한편 7월 초에도 워윅셔(Warwickshire)에서는 봉기가 일어나기도 하였다. 그러나 워트 타일러가 사망한 6월 15일 이후부터 일어난 각 지역에서의 봉기는 그들의 세력을 이끌어 갈 지도력이 무너졌기 때문에 그 영향은 찻잔 속에 태풍처럼 미미하였다.

4. 농민봉기의 결과와 영향

1381년 6월 15일 농민봉기의 주도자였던 워트 타일러가 피살된 이후 봉기 세력이 크게 위축되면서 국왕과 그의 측근들이 가장 먼저 한 일은 런던 시의 질서를 회복하는 것이었다. 국왕은 6월 20일에 국왕의 삼촌인 버킹엄 백작 토마스와 수석재판관인 로버트 트레질리언(Robert Tresilian)을 왕국 내의 평화 유지를 위한 위원으로 임명하는 등의 조치를 취하였다. 봉기에 가담하였던 농노들은 국왕의 약속을 믿고 이제부터는 자유인이라고 생각하고 뿔뿔이 흩어져 고향으로 돌아갔다. 그러나 어린 왕에 의한 약속은 후에 의회가 인준을 거부하면서 국왕의 약속은 백지화되었다. 그리고 왕권회복의 가장 중요한 상징적 표현은 6월 30일부터 대봉기 이전 상태로 농노들의 지위를 회복시키는 조치를 취한 것이었다. 그리고 7월 2일에 국왕이 봉기자들에게 양도하였던 국왕의 특허장을 공식적으로 취소하여 6월 30일의 조치를 밑받침하였다. 그러므로 농노들은 봉기 발생 이전처럼 관습 부역을 그들의 영주에게 납부하여야 하였다. 또한 봉기 이전의 사회질서로의 복귀가 여러 조치를 통하여 이루어졌다. 폐지될 것으로 기대하였던 농노제가 다시 농민사회의 중심에 위치하게 되었다. 그러나 노동력의 가치 증가와 도시에서의 노동력 수요 증가로 인하여 농촌 인구가 도시로 이주함으로써 농노제는 급속히 그 힘을 잃어갔다.

대봉기를 진압한 후에 이루어진 여러 조치들은 봉기 발생 이전 상태로의

회귀를 목표로 이루어졌다. 상징적인 사건이 6월 14일에 리처드 2세가 발표하였던 신분해방 특허장을 철회한 것이다. 농노들의 신분적 해방에 중요한 이해관계를 가진 고위성직자, 세속영주, 시민, 기사들의 동의가 없이는 국왕도 농노들의 신분을 자유인으로 해방시킬 수가 없었다. 그럼에도 불구하고 농노제의 소멸과 농노의 신분적 해방 및 장원제의 해체는 서서히 진행되어 나갔다. 그리고 1381년의 농민봉기가 그러한 과정의 한 부분을 이루었다. 영주의 장원법원은 영주의 예속민을 통제할 수 있는 핵심 제도이다. 영주의 장원법원은 부역의무의 수행 등 소작인들이 부담한 각종 의무를 강요한 수단이었다. 그리고 각종 형태의 벌금을 징수하여 영주의 경제 외적 수입을 가져다 준 원천이었다. 그러므로 영주권에 적대적이었던 봉기자들이 장원법원문서를 소각하는 급진적 행동을 보였던 것이다. 이는 관습적인 토지보유의 모든 조건을 폐지하기를 원한 행동이었다. 농민들의 지위는 이미 흑사병 발생 이후부터 서서히 변하기 시작하여 1381년 농민봉기가 일어날 무렵에는 이전에 비하여 큰 변화가 일어나고 있었다. 농노의 부역납부가 점차 소멸하거나 그들이 담당한 부역량이 크게 감소하였기 때문이다. 이는 다음과 같은 비교를 통해서 이해될 수 있다. 1325년부터 1350년 사이에 부역납부 상황은 다음과 같았다. 첫째, 6개 장원-부역이 완전히 소멸됨. 둘째, 9개 장원-예농이 노동의 극히 일부 담당. 셋째, 22개 장원-예농이 노동의 약 절반을 담당. 넷째, 44개 장원-예농이 노동의 거의 전부를 담당하였다. 그러나 1380년 이후에는 다음과 같이 변하였다. 첫째, 40개 장원-부역 소멸. 둘째, 39개 장원-예농이 노동의 극히 일부 담당. 셋째, 25개 장원-예농이 노동의 절반 담당. 넷째, 22개 장원-예농이 노동의 전부를 담당하였다.[1] 1350년보다 1380년 이후에 이르러 농노들의 부역납부 장원의 수는 크게 감소한 반면, 예속 농민의 부역 납부가 소멸된 장원의 수는 크게 증가하였다. 이러한

1) 이연규,「영국 농민봉기의 사회경제적 원인에 관한 고찰」,『부산사총』제 1집 (1985), 126쪽.

사실을 통하여 우리는 14세기 후반에 농노의 부역의무가 지속적으로 변하고 감소하였다고 주장할 수 있다.

농민봉기가 사회체제 변혁을 위한 기회가 되지는 못하였으나, 봉기자들이 내세운 목표가 수 십 년 내에 성취되었다. 장원경제가 무너지고 농노제가 해체되기 시작한 것이다.1) 립슨(E. Lipson)은 자본과 노동 사이에 첫 번째 거대한 투쟁이 일어났는데, 그것이 1381년 잉글랜드에서 발생한 농민봉기라고 언급하였다. 마르크시스트들의 해석에 따르면, 장원제 하에서 영주들이 농민들의 잉여 노동력을 수취하였기 때문에 농민들이 그들의 잉여 시간을 그들의 농지에 투여하지 못하면서 토지의 생산성은 점차 하락하였다. 그리고 하락한 생산성은 인구감소를 초래하고, 이에 대한 대처로 영주들은 소작인들의 이동을 제한하였다. 그 결과 중세 말에 이른바 '봉건제의 위기(Crisis of Feudalism)'가 나타났다고 주장한다. 즉 영주들이 지나치게 농민들의 노동력을 수취함으로써 나타난 결과가 농민봉기라고 본 것이다. 이러한 시각에서 보면 14세기 말은 잉글랜드의 정치·사회·종교 분야에 결정적 변화가 나타난 시기였다. 즉 흑사병의 발생, 농민봉기, 위클리프와 초오서의 출현이 새로운 시대를 연 여명인 것이다. 그런데 그의 농민봉기에 대한 언급은 분명히 계급투쟁적인 시각을 전제하고 있다. 더구나 봉기의 주동자들 중에는 존 볼과 같은 하위성직자들이 포함되어 있었던 점이 농민봉기의 성격을 계급투쟁으로 해석하게 할 수 있는 여지가 있다. 그러나 농민봉기를 계급투쟁으로 해석할 수 없는 분명한 이유가 있다. 첫째, 당시 농민들 스스로가 자신을 하나의 계급으로 인식한 증거가 없다. 만약 농민들이 자신들을 하나의 계급으로 인식하고 지주계급에 대항하여 투쟁한 흔적이 있다면 농민봉기를 계급투쟁으로 해석할 수도 있다. 그러나 역사적 사실은 그렇지가 못하다. 14

1) 17세기 버클리 가문의 역사가인 존 스미스가 "농노제에 관한 법들이 아직도 힘을 발휘하고 있다고 언급"한 것처럼, 14세기에 농노제의 해체가 시작되었으나, 그것이 15세기에 완전히 붕괴된 것은 아니었다. [R. H. Hilton, *The Decline of Serfdom in Medieval England* (London, 1969), p. 31.]

세기 농민층은 부농(kulak)과 빈농 모두를 포함한 여러 층으로 분화되어 있었다. 물론 1381년 봉기자들의 주류는 촌락에서 거주한 농민들이었으나, 봉기에 참여한 자들의 인적 구성은 워트 타일러가 기와장이였던 것처럼 공증인, 양말 장수, 하인, 제빵업자, 점쟁이 등 다양하였다. 이들에게는 인두세의 과도한 징수라는 공통적 불만이 있었고, 그렇기 때문에 다양한 계층이 하나로 뭉칠 수 있었다. 이것이 봉기자들 집단의 성격이었다. 둘째, '농민봉기'에는 가난한 농민뿐만 아니라 런던의 수공업자들과 상인들이 다수 가담하였다. 그러므로 일부 학자들은 1381년의 농민봉기를 '농민반란(Peasant Revolt)'이 아니라 '잉글랜드인의 봉기(English Rising)'라는 용어를 선호한다. 봉기자들은 귀족들에 더하여 부유한 상인, 법률가, 의사, 길드의 마스터, 외국 상인들을 공격하였다. 이처럼 특정한 계급을 대상으로 한 것이 아니라 도시민과 촌락인들이 서로 합심하여 그들에게 피해를 준 대상을 모두 공격 목표로 선택한 것이 1381년의 봉기였다.

5. 농민봉기의 실패 원인과 그 의미

워트 타일러를 비롯한 봉기자들의 무리가 국왕 리처드 2세에게 요구한 몇 가지 사항은 당시 사회의 통념으로 보아 너무나 혁명적인 것이었다. 그들의 혁명적인 주장을 일시에 성취하려는 성급함 때문에 1381년 농민봉기는 성공을 거두지 못하였다고 볼 수 있다. 더구나 비록 봉기자들이 국왕의 존엄성을 존중하고 국왕의 통치체제를 부정한 것은 아니더라도, 랭커스터 공 곤트의 존을 비롯한 수드버리와 헤일즈를 비롯한 국왕의 고위관료들과 고위성직자들을 무차별적으로 처단할 것을 요구하고, 또한 그들의 집에 방화하고 약탈한 점은 그들을 반란자로 규정할 수 있게 만든다. 비록 봉기자들이 국왕의 존엄성을 존중하였다고 하더라도, 그들의 폭력적 행동이 국왕의 지배체제에 심각한 손상을 입혔다고 보는 것이 바른 인식이다. 이러한 점이 봉기자들에게 국왕이 처음에 한 약속과는 달리 자유의 특허장을 취소한 원인일 것이다. 농민봉기가 사회혁명(Social Revolution)으로서 성공을 거두려면 온전히 힘에 만 의존하지 말고 국왕과 온건파들과의 대화와 타협을 통한 점진적 개혁의 길을 택하여야 하였다. 그러나 이러한 방향을 설정하고 이를 이끌어 갈 지도자가 없었다. 더구나 농민봉기가 실패할 수밖에 없었던 이유는 봉기자들의 다수를 구성한 농민들과 봉기에 가담한 수공업자들을 중심으로 한 일부 런던시민들 사이에 개혁하여야 할 공통된 목표가 서로 달랐다. 실제로 봉기에 가담한 절대 다수는 농민들이었다. 이들에게 있어서 가장 중요한 문제는 농노 신분의 해방, 즉 자유였다. 그러나 봉기 세력이 런던으로 진입하면서 도시민들 중에 수공업자를 중심으로 한 중간층과 하층의 시민들이 대거 봉기에 가담하였고, 이들은 그들의 조직이 가지고 있는 폐쇄성을 혁파하여 수공업 조직의 제도를 재수립하는데 있었다. 봉기에 가담한 농민과 도시민이라는 두 세력은 불평등한 사회구조에 저항하고 개혁하자는 공통점을 가졌으나, 그 대상과 목표는 서로 달랐다. 농민봉기의 계획과 조직이 빈약하여 봉기 세력을 하나로 통합하지 못한 결과이다. 이러한 점이 농민봉기가 성공할 수 없었던 요인 중에 하나일 것이다.

당시 봉기는 '반란'이라기보다는 '사회적 봉기'로 불러야 더 적합할 수도 있다. 왜냐하면 반란이란 기존 체제를 폭력으로 일시에 무너트리고 새로운 질서를 수립하려는 집단적 행동을 지칭하는 것이기 때문이다. 지배층의 시각에서 볼 때 농민이나 하위성직자 및 수공업에 종사한 도제나 직인들의 요구는 기존의 사회체제를 완전히 전복시키고자 한 것으로 볼 수 있다. 그러므로 기득권자들의 시각에서 볼 때 봉기자들의 행동은 '반란'이었다. 더구나 그들의 요구사항은 혁명적이었기 때문에 기득권자들이 그들의 요구를 쉽게 수용하기는 어려웠을 것이다. 그러나 또 다른 시각에서 볼 때 하층민들의 주장은 다만 불합리한 기존의 사회체제를 개혁이라는 이름으로 혁파하고자 한 합리적인 요구였다. 그러나 봉기는 실패하였다. 결국 봉기(rising)가 아니라 폭동(riot)으로 끝나고 말았다. 결국 역사란 승리자의 몫이라는 말을 다시 한 번 실감하게 한다.

현대적인 정치적 개념으로 볼 때, 국가, 공권력, 통치자들이 국민에게 지켜야 할 가장 중요한 의무는 외적의 침략으로부터 입을 피해를 막아주고, 사회적 무질서와 혼란을 방지하여 국민들의 생명과 재산을 보호하는데 있다. 그렇다면 이러한 정치적 개념이 중세 말 잉글랜드에도 적용될 수 있는가? 이러한 개념은 시대를 초월하여 언제 어디서나 적용될 수 있는 보편성을 지녔다고 하겠다. 만약 이러한 국가나 통치자들이 그의 의무를 잘 지키지 못할 때에는 국민들이 봉기하여 자신들의 재산과 생명을 보호해 줄 또 다른 세력을 찾을 것이다. 여기에 시민혁명의 정당성이 있다. 비록 1381년 농민봉기 발생의 이유가 근대 시민혁명의 발생 원인과 다른 점이 있다고 하더라도, 국왕을 제외한 지배층의 부패와 권력남용을 단죄하고 권력 구조를 적극적으로 변경하여 줄 것을 국왕에게 요구한 점은 물론 하층민들이 자신의 생명과 재산을 보호하고 자유를 신장시켜줄 적극적인 대체 세력을 찾았다는 점에서 농민봉기는 하나의 혁명의 범주에 속한다고도 이야기할 수 있다. 물론 실패한 혁명이기는 하지만, 앞으로 전개될 잉글랜드의 권력자들에게 어떻게 국민들을 통치하여야 하는가 하는 방향을 제시하였다는 점에서 농민봉기는 큰 의미가 있다.

존 볼의 설교에서 보는 것처럼 너무나 급진적이고 일시적인 개혁을 통해 사회를 변혁하려는 운동은 결국 지배층의 강력한 저항에 직면하여 봉기자들의 사회 변혁을 위한 시도는 실패하게 된다. 더구나 오합지졸의 봉기자 무리들을 이끌어 갈 강력한 지도자가 없었던 점 또한 봉기가 실패한 중요한 원인이다. 강력한 지도자의 부재는 혁명적 개혁을 주도할 전략 부족을 낳고, 이는 결국 농민봉기의 실패를 예고한 것이나 마찬가지이다. 그렇다고 농민봉기가 '실패한 사회개혁운동'이라고 주장하는 것은 아니다. 이미 리처드 왕이 6월 14일 아침에 런던 타워로부터 마일 엔드(Mile End)로 봉기의 중심 세력인 에식스인들을 만나려고 가면서 한 말 속에서 봉기의 성과가 당장은 아니더라도 언젠가는 이루어질 것이라는 암시가 담겨있다. "선량한 나의 백성들아, 나는 너희들의 왕이자 주군이다. 무엇을 원하느냐? 이에 농민들이 우리는 영원한 자유를 원한다고 소리쳤다. 우리는 농노로 불리어지기를 원하지 않는다. 이에 리처드 왕은 나는 그것을 허용한다고 답변하였다. 그리고 리처드 왕은 그들에게 자유와 사면의 특허장을 즉시 발표할 것을 약속하면서 그들에게 집으로 돌아갈 것을 요구하였다. 이에 에식스 사람들과 헤리퍼드셔 사람들이 그들의 집으로 돌아갔다."[1] 비록 봉기가 실패한 뒤 리처드 2

1) John Froissart, *Chronicle*, IX, pp. 404-406. 그의 연대기는 14세기 잉글랜드와 프랑스 사이에 전쟁을 주요 테마로 서술한 유럽사의 개요이다. 연대기는 4권으로 구성되어 있는데, 1378년부터 1385년까지의 사건들을 담고 있는 2권에 농민봉기에 관한 사실이 담겨 있다.

세가 봉기자들에게 수여한 자유의 특허장을 취소하였다고 하더라도, 그 정신은 후대에 온전히 계승되었다. 만약 연대기 작가인 장 프르와싸르(1333?-?1400)의 당시 상황에 대한 설명이 올바르다면, 비록 농민봉기의 개혁정신이 봉기 당시에는 이루어지지 못하였다고 하더라도, 후에 점진적으로 성취될 수 있다는 단서를 남겼다. 하층민의 자유 쟁취 운동은 이제 시작단계에 불과하다. 그리고 존 볼의 계급타파와 사회주의적 평등 주장은 이후 잉글랜드 역사에 있어서 급진적 혁명주의자들에게 영감을 주었으며, 봉기 당시 농민을 비롯한 하층민들의 주장이 점차 잉글랜드의 정치·사회·경제에 실현되어 나갔음은 잉글랜드 역사가 증명한다.

6. 농민봉기와 범죄

지배층의 입장에서 본다면, 농민봉기에 가담한 자들은 분명히 모반죄를 범한 것이다. 따라서 이들에 대한 검거, 재판, 처형, 그리고 사면은 불가피한 조치였다. 그러나 농민봉기에 가담한 자들의 입장에서 본다면, 존 볼이 주장한 이상적인 사회건설을 위한 사회변혁을 시도한 것이 농민봉기라고 주장하거나, 아니면 최소한 인두세 징수로부터 농민봉기가 촉발된 것처럼 지배층의 부당한 경제적 수취에 대한 저항이라는 당위성을 찾을 것이다. 비록 역사는 후대에 이르러 그에 대한 재평가가 이루어지기는 하지만, 당대에는 승리한 자가 역사의 주인공이다. 그러므로 농민봉기에 가담한 자들은 그들의 목적을 달성하지 못한 단순한 패배자가 아니라 모반죄를 저지른 반역자(rebel)라고 평가될 수밖에 없었다. 더구나 당시 국왕의 중요한 관리들이었던 인두세 징수관인 토마스 뱀프턴(Thomas Bampton), 이 사건을 조사한 국왕의 수석재판관인 로버트 벨크네프(Robert Belknap), 캔터베리 대주교인 시몬 수드버리, 왕실 재무성 장관인 로버트 헤일스 등이 봉기자들에 체포되어 처형되었다. 이들 이외에도 국왕의 공무를 수행 중이던 다수의 관리들이 봉기자들에 의해서 피살되었으며, 랭커스터 공인 곤트의 존(John of Gaunt)의 저택인 사보이(Savoy) 궁의 약탈과 방화를 비롯한 여러 가지 방화와 약탈과 같은 불법행위와 뉴게이트(Newgate) 감옥을 비롯한 런던에 있던 감옥들의 파괴와 죄수들의 석방은 분명히 국가의 질서를 뒤흔든 행위였다. 국왕은 이에 대한 책임을 봉기자들에게 묻지 않을 수 없었다. 그래서 그에 대한 처벌이 뒤따랐다. 그런 의미에서 1381년 11월에 열린 의회는 매우 중요한 기능을 하였다.

봉기가 진압된 후, 리처드 2세는 마일 엔드에서 발표한 특허장을 철회하였다. 그리고 1381년 11월 3일에 웨스트민스터에서 의회가 소집되었을 때에 모든 심각한 상황은 종료되었다. 11월 13일에 개회된 의회가 한 달 동안 열렸다가, 성탄절 휴가를 끝낸 다음 1382년 1월 27일부터 2월 25일까지 의회가 다시 열려 대봉기 기간 동안에 일어난 문제들의 처리를 위한 중요한 결정을 하였다. 재판과정 없이 봉기자들을 처형한 런던시장을 비롯한 모든 자들을 사면 결정하였으며, 봉기가 일어난 기간 동안에 감옥으로부터 탈옥하였던 자들은 일반사면에서 제외시켜 다시 투옥하였다. 의회의 다음 단계는 봉기의 주요 지도자들과 이름난 범법자들을 제외하고 봉기에 단순 가담하였던 자들의 사면을 국왕에게 청원하는 일이었다. 사면 대상자 287명의 명단이 작성되었다. 그런데 그 중에서 151명이 런던의 범법자들이었다.[1] 이들에게 부여한 사면은 무거운 벌금을 납부하는 대신에 주어졌다.[2] 1382년 1월 20일에 국왕 리처드가 웨스트민스터에서 보헤미아 왕의 딸인 앤(Anne)과 결혼한 후 그녀의 청원으로 많은 봉기자들과 여러 범법자들과 그들에게 협력한 공범들에게 일반 사면을 부여하였다. 왕비의 청원으로 1382년 5월 1일부터 11월 1일 사이에 각지에서 봉기에 가담하였던 자들 다수가 석방되었다. 그러나 석방의 조건은 있었다. 캔터베리 대주교였던 시몬 수드버리를 비롯하여 로버트 헤일즈, 존 카벤디쉬(John de Cavendish)를 살해하는데 가담하지 않았다는 전제 조건이 있는 사면이었다.[3] 이러한 빈번한 사면이 왕비의 요청으로만

1) Charles Oman, *The Great Revolt of 1381*, p. 151.
2) *Calendar of Patent Rolls 1381-1385*, p. 481.
3) 링컨 주의 휴(Hugh de Garwell), 서리(Surrey) 주의 존(John Mylot), 캠브릿지에 리처드(Richard Martyn), 윌트셔(Wilts) 솔즈버리의 존(John Hankewod)를 각각 사면하였다. (*Calendar of Patent Rolls 1381-1385*, pp. 119, 159, 203, 399.)

이루어진 것은 아니다. 캔터베리 대주교의 요청으로 서머싯(Somerset) 주에 성직자인 니콜라스도 사면하였다.[1)] 다만 그들의 사면장에 붙일 인지대금 20 쉴링을 국왕에게 지불하는 조건이었다.[2)] 이에 287명이 사면되었다. 부유한 자만이 사면될 수 있었고, 국왕은 이를 통해 부를 축적할 수 있었다. 그리고 이후 3년 동안 국왕은 거의 매주 봉기에 가담한 자들을 계속하여 사면하였다. 이때 사면된 대표적인 자들은 노퍽의 로저 베이컨(Roger Bacon) 경, 토마스 페링돈(Thomas Farringdon)[3)], 심프슨(Simpson of Ipswich)[4)], 런던시 참사회원들(Aldermen)인 통구(Tonge), 혼(Horne), 시블리(Sibley) 등이다. 이들은 1381년 12월과 1385년 4월 사이에 사면되어 집으로 돌아갈 수 있었다. 베이컨은 1381년 12월 18일에, 심프슨은 1383년 1월에 석방되었다. 가장 오랫동안 투옥되었던 캔트의 봉기 지도자들 중에 한 사람인 로버트 케이브(Robert Cave of Dartford)도 1392년까지 감옥에 있었다. 사면된 자들은 반역죄라는 죄명으로 그들이 소유한 모든 재산을 몰수당하였다. 그러므로 사면과 함께 그들이 본래 소유한 동산을 되돌려 받았다. 다만 벌금을 납부하여야 하였다.[5)] 봉기로부터 야기된 마지막 중요한 문제는 버리(Bury) 시민들의 문제였다. 농민봉기 지도자 중의 한 사람인 존 로우(John Wraw)가 서퍽에서 가장 넓은 면적을 차지하고 있던 버리 세인트 에드먼드(Bury St. Edmunds)로 진입하여 이곳을 중심으로 봉기를 지휘하였다. 세인트 알반스(St. Albans)처럼 이곳도 수도원이 수도원령으로서 그 도시를 소유하고 있었다. 그래서 자치권이나 자유를 확보하지 못하였다. 도시주민들은 지난

---

1) *Calendar of Patent Rolls 1381-1385*, p. 95.
2) V. H. Galbraith, ed., *Anonimalle Chronicle 1333 to 1381*, p. 151.
3) 고위성직자들, 백작들, 그리고 영주들의 동의와 왕비의 간청으로 지난 봉기 때에 런던에서 행한 그의 모반죄를 사면한다. (*Calendar of Patent Rolls 1381-1385*, p. 103.)
4) 국왕의 어머니의 간청으로, 지난 봉기에서 모반죄와 중죄를 범하여 교수형을 선고 받고 입스위치(Ipswich) 감옥에 투옥된 서퍽 주의 심프슨에게 사면한다. (*Calendar of Patent Rolls 1381-1385*, p. 226.)
5) *Calendar of Patent Rolls 1381-1385*, p. 226.

60여 년 동안 4-5번에 걸쳐서 대수도원장들에게 반란을 일으켰다. 대봉기가 일어난 것은 도시민들이 수도원장으로부터 자유의 특허장을 획득하기에 유리한 조건이었다. 도시민들은 봉기의 지도자인 존 로우와 그의 집단에게 버리로 초대한다는 메시지를 보냈다. 드디어 그들이 6월 13일에 버리에 입성하였고, 빈곤한 시민들로부터 환영을 받았다. 부유한 시민들은 그들로부터 떨어져서 초연한 행동을 하였으나, 비밀리에 그들에게 용기를 북돋우고 조언을 하였다. 봉기자들 무리가 수도원 관리들의 집과 존 카벤디쉬(John Cavendish) 경의 집을 약탈하였다. 존 로우 무리는 8일 동안 버리와 그 이웃을 완전히 장악하였다. 점차 그는 서부와 북부 서퍽 지역을 완전히 장악하는 등 크게 세력을 떨쳤다. 그러나 서부 서퍽 지역에서 봉기 세력이 몰락한 후, 봉기의 지도자인 존 로우는 처벌을 피해 도피하였으나, 그는 곧 체포되어 런던으로 압송되었다. 1382년 5월 22일 웨스트민스터에서 대법관인 로버트 트레질리안의 심리로 그에 대한 재판이 열려서 교수형, 사지절단형, 참수형에 처해졌다. 버리 시민들이 모반자들에게 협력한 죄에 대하여 1382년에 사면 받았으나, 시민공동체에게는 벌금이 부과되었다.[1] 벌금 납부를 통해서 그들은 완전히 사면 받았다.

한편 봉기를 주도한 자들에 대한 재판과 처형도 동시에 진행하여 봉기 이전의 질서를 회복하려고 노력하였다. 봉기의 주요 지도자들은 대역죄(high treason)를 범한 죄목으로 기소되어 수석재판관인 로버트 트레질리언의 주도 하에 재판을 받았다. 그들 중에서 첫 번째 재판은 런던에서 체포된 잭 스트로우(Jack Straw)[2]의 재판이었다. 그의 재판과 처형에 대한 사실에 대하

1) Charles Oman, *The Great Revolt of 1381*, pp. 89, 152.

2) 봉기의 주도자인 워트 타일러에 대한 개인적인 신상에 대하여서도 불분명한 점이 많다. 그가 캔트 출신이라고 하는가 하면, 일부 자료에서는 메이드스톤(Maidstone) 출신이라고 언급되어 있다. 한편 워트 타일러와 또 다른 봉기의 지도자로 알려진 잭 스트로우(Jack Straw)는 동일 인물이라는 주장도 있다. 그가 개명하여 두 가지 이름을 가졌다는 것이다. Alastair Dunn, *The Great Rising of 1381: The Peasants' Revolt and England's Failed Revolution*, p. 63.의 내용을 참조하기 바람.

여 알려진 것은 없으나, 아마도 그는 처형되었을 것이다. 존 로우는 7월 10일 런던 주지사들 앞에서 재판을 받는 과정에서 공범자 24명과 그에게 협조한 사람들에 대하여 실토하였으나, 결국 교수형에 처해졌다. 윌리엄 그라인드코브(William Grindecobbe)가 세인트 알반스에서 재판을 받고 교수형과 사지절단형에 처해졌다. 봉기에 가담한 자들 중에서 캔터베리, 샌드위치, 그레이트 야마우스, 오웰(Orwell) 등 여러 곳에서 1500명 이상에게 교수형과 참수형이 집행되었다.[1] 그러나 연대기에 등장하는 처형된 봉기자들의 수는 다른 연대기에서 언급되지도 않고, 또한 정확하지도 않다. 장 프르와싸르와 다른 연대기 작가들에 따르면, 런던시장인 윌리엄 월워스(William Walworth)와 국왕의 재판관들이 봉기자들에 대하여 매우 엄격한 형벌로서 다스려 많은 수가 처형된 것은 분명한 사실이다. 그리고 교수형과 사지절단형 및 참수형과 같은 가혹한 형벌로 봉기자들의 지도자들뿐만 아니라 단순히 봉기에 가담한 촌락인들을 다스린 것은 런던뿐만 아니라 에식스, 서퍽, 캔트 등 농민봉기가 일어난 중심지에서도 일어났다. 예컨대 국왕의 명에 따라서 버킹엄 백작인 토마스 우드스톡(Thomas Woodstock)과 노섬벌랜드 백작의 형제인 토마스 퍼시(Thomas Percy)가 에식스로 파견되었다. 이들이 에식스에 도착하였을 때, 봉기에 가담한 자들은 숲속으로 도망하였다. 결국 수 백 명의 촌락인들이 피살되고 나머지는 숲속 깊은 곳으로 도피하여 목숨을 건졌다.[2] 한편 런던시장은 런던시의 범법자들뿐만 아니라 캔트, 에식스, 서식스, 노퍽, 서퍽 등 여러 주에서 잡힌 범법자들을 심문하기 시작하였다. 이때 봉기자들의 지도자인 존 스트로우, 존 키르키비(John Kyrkeby), 알렌 트리드레, 존 스탈링(John Starlyng) 등이 런던으로 압송되어 반역자로서 교수형, 사지절단형, 참수형 등 가장 참혹하게 죽었다. 이들은 반역뿐만 아니라 강도, 살인, 방화 등 여러 가지 죄명을 덮어썼다. 예컨대 서퍽에

1) R. B. Dobson, *The Peasants' Revolt of 1381*, p. 316.
2) *Ibid.*, p. 311.

서 일어난 봉기의 지도자인 존 로우를 따른 만 여 명의 봉기자들은 저명한 사람들의 금과 은을 강탈하고 집에 불을 질렀다. 또한 그들은 국왕의 수석 재판관인 존 카벤디쉬(John Cavendish)를 처형한 다음 그의 머리를 효시하였다. 봉기가 진압된 후 그도 역시 교수형과 사지절단형이라는 참혹한 죽임을 당하였다. 이처럼 봉기의 지도자들의 처벌에는 자비란 없었다. 그러나 단순 추종자들에 대하여는 관용을 베풀었다.

농민봉기가 일어나기 전 해인 1380년과 봉기가 일어난 다음 해인 1382년에 곡물가격은 비교적 안정되어 있었다. 이는 로저스가 조사한 곡물가격 변동으로서 확인이 가능하다.

흑사병 발생 전후 곡물가격의 변동(쿼터 당 쉴링)[1]

연도	소맥(밀)	대맥(보리)	귀리	호밀
1378	3s. 6 7/8d.	2s. 6 1/2d.	1s, 11 3/4d.	
1379	5s. 9 5/8d.	2s. 9d.	1s. 11 5/8d.	3s. 0d.
1380	6s. 2 7/8d.	3s. 7 3/8d.	2s. 4d.	3s. 9 3/8d.
1381	5s. 7 1/4d.	3s. 4d.	2s. 2 3/8d.	4s. 10d.
1382	5s. 3 1/2d.	3s. 0 5/8d.	1s. 11 1/2d.	
1383	4s. 10d.	3s. 11 3/8d.	2s. 3 5/8d.	3s. 8d.

위의 도표에 따르면, 1380년에 밀과 귀리 및 호밀의 값은 약간 상승하였으나, 보리 가격은 하락하였다. 한편 농민봉기가 일어난 1381년에 밀 가격은 평년 수준이었고, 보리 가격도 변동이 없었으며, 귀리 가격은 오히려 낮았다. 그러므로 농민봉기와 곡물가격 변동과는 관련성이 없었다. 이러한 주장을 밑받침하는 점은 농민봉기가 일어난 다음 해인 1382년에도 곡물가격의 변동이 없었다는 점이다. 보리 가격은 오히려 1381년보다 더 낮았으며, 밀이나 귀리 가격은 변화가 없었다. 그러므로 농민봉기와 곡물가격 변동은 서로 관련성이 없었다.

---

1) J. E. T. Rogers, *A History of Agriculture and Prices in England*, vol. I, p. 234.

제 9장:

백년전쟁과 범죄

1. 백년전쟁의 원인

1337년에 에드워드 3세가 프랑스를 원정하여 1453년까지 지속된 전쟁을 백년전쟁(Hundred Years War)이라고 부른다. 그러나 이 전쟁의 싹은 에드워드 3세 시대가 아닌 이미 노르망디의 윌리엄이 잉글랜드를 정복한 1066년부터 시작되었다. 노르만족의 잉글랜드 정복은 잉글랜드와 프랑스 사이에 대립과 갈등과 전쟁의 시작이었다. 양국 사이에 투쟁은 앙주 제국(Angevin Empire)[1)]의 형성과 함께 커졌고, 헨리 2세(1154-1189)의 프랑스에 대한 위협이 카페왕조(987-1328) 체제를 궁지에 빠트렸다. 그러나 앙주 제국은 지속되지 못하였고, 특히 잉글랜드의 존 왕(1199-1216) 통치기에 정치적으로나 군사적으로 세력이 크게 위축되었다. 아퀴텐느와 노르망디 공작, 그리고 앙주 백작으로서 존 왕은 주군인 프랑스의 필립 2세(1180-1223)가 소환하면 그의 궁정에 출두할 의무가 있었다. 만약 이를 거부하면 봉신

---

1) 1151년에 앙주 백작 제프리가 사망하여 아들인 헨리가 그의 아버지의 모든 것을 상속하였다. 한편 헨리는 1152년에 프랑스 루이 7세(1137-1180)와 이혼한 엘리아노르와 결혼하여 그녀가 소유하고 있던 아퀴텐느 공국에 대한 실질적인 점유권도 보유하게 되었다. 그리하여 헨리 시대부터 도버 해협 건너에 있는 노르망디, 앙주, 브레타뉴, 아퀴텐느 등 잉글랜드뿐만 아니라 프랑스 지역에 산재한 넓은 영토를 지배한 이른바 앙주 제국이 성립되었다. 헨리는 1154년에 스티븐(1135-1154)이 사망한 후 잉글랜드 왕위에 올라 헨리 2세가 되었다. 그래서 헨리 2세 통치기에 앙주 제국이라는 용어를 사용하기도 한다. 그리고 이때부터 잉글랜드와 프랑스 사이에 영토 문제로 분쟁과 전쟁이 일어나게 되었다.

으로서의 의무를 소홀히 한 것이기 때문에 그가 보유한 영지를 몰수할 수 있었다. 이를 계기로 노르망디에 군대를 파견한 존 왕이 필립 2세에게 패배하여 노르망디에 대한 지배권을 상실하였다. 곧이어 메인과 앙주 지역에 대한 지배권도 빼앗겼다. 앙주 제국이 무너진 것이다. 이후에도 거의 모든 잉글랜드 왕들은 프랑스 내에 있는 영토 문제와 왕조 간의 이해 대립으로 프랑스와 갈등을 빚었고, 이로 인하여 양 왕국 사이에 군사적 원정이 자주 있었다. 이처럼 양 왕국 사이의 갈등과 전쟁은 노르망디의 윌리엄이 잉글랜드를 정복한 1066년 이후 지속되어 왔다. 그러다가 1328년 2월 1일 카페왕조의 마지막 왕인 샤를 4세의 사망과 함께 프랑스 왕위계승 문제로 대립하다가 1337년에 잉글랜드 왕 에드워드 3세(1327-1377)와 그의 아들인 흑태자(Black Prince) 에드워드가 프랑스를 침입하면서, 이른바 백년전쟁(1337-1453)이 시작되었다. 양국 사이에 벌어진 전투는 휴전과 전투를 반복하면서 115년 동안 계속되었으나, 이 기간 동안에 자주 수년 간 휴전과 전쟁을 반복하여 실질적인 전투 기간은 30년 정도에 불과하다. 그러므로 '백년전쟁'이라는 역사적 용어를 사용하는 것은 부적합하다. 역사가들이 양 왕국 간의 대립과 갈등에 특별한 의미를 부여하려고 '백년전쟁'이라고 칭한 것이 오늘날까지 관습적으로 사용되어 내려오고 있는 것이다. 그렇다면 백년전쟁 발생의 원인은 무엇인가?

백년전쟁 발발의 첫 번째 이유는 영토문제이다. 서양 중세에는 엄격한 의미에서 근대적인 국가개념이 없었다. 제후들이 분할하여 통치하였고, 주권이나 영토개념이 희박하였으며, 백성들이 자신이 어느 국가에 속하였다는 국민의 개념도 적었기 때문이다. 더구나 당시 유럽에서는 왕실 간에 결혼이 일반화되어 한 국가의 국왕이 다른 국가의 왕의 봉신일 수 있었다. 바로 잉글랜드와 프랑스가 이런 관계였다. 노르만족의 잉글랜드 정복으로부터 시작된 프랑스 왕과 잉글랜드 왕 사이의 주군과 봉신 관계는 이후에도 결혼을 통한 봉토의 증가로 더욱 밀접한 관계로 발전하였다. 특히 12세기에 잉글랜드 왕 헨리 1세와 헨리 2세가 상속과 결혼을 통해 프랑스 내에 많은 영토를 소유하게 된 이후, 그들의 뒤를 이은 잉글랜드 왕들이 프랑스 내의 토지를 상속지로서 소유하게 되었다. 특히 헨리 2세는 기존의 영토인 노르망디 이외에, 선왕으로부터 상속받은 앙주, 아내인 엘리아노르가 혼인지참금으로 가져온 아퀴텐느와 가스코뉴 지방을 소유하게 되었다. 이로써 잉글랜드 국왕이 프랑스 국왕보다 프랑스 내에 더 많은 영토를 소유하게 되었다. 이러한 양상이 양 왕국 사이에 영토 문제를 둘러싼 지속적인 분쟁의 원인이 되었다. 예컨대 1187년에 프랑스 왕 필립 2세와 잉글랜드 왕 헨리 2세 사이에 봉토를 사이에 둔 신서의 문제로 분쟁이 일어났다. 또한 필립 2세가 헨리 2세의 아들인 리처드에게 푸아투(Poitou) 백작으로서 신서를 요구하기도 하였다. 또한 필립 2세는 그의 선왕인 루이 7세(1137-1180)가 잉글랜드 왕 헨리 1세(1100-1135)의 아들 헨리 2세에게 루이의 딸과 결혼하면서 그녀가 결혼지참금으로 가져온 성들을 되찾고자 하였다. 왜냐하면 그녀에게 자식이 없어 헨리 2세가 죽은 후에 결혼지참금이 프랑스 왕에게 되돌아와야 하기 때문이다. 이 문제로 인하여 필립 왕은 잉글랜드 왕을 프랑스 왕의 궁정으로 자주 소환하였으나, 이에 응하지 않고 결혼지참금의 반환을 거부할 구실을 찾고 있었다. 이에 필립 2세가 아퀴텐느 지역을 침범하여 여러 성들을 정복하였다. 그 후에도 양 왕국 사이에 전쟁을 통하여 잉글랜드 왕은 프랑스 내에 있던 영지 중 많은 부분을 상실하였다. 예컨대 잉글랜드 왕 존 1세와 프랑스 왕 필립 2세 사이의 전쟁에서 존 1세가 패배하여 노르망디와 앙주를 비롯한 많은 영토를 상실하였다. 한편 13세기에 이르러 잉글랜드 왕은 풍요로운 포도주 산지인 가스코뉴 지방을 소유한 대가로 프랑스 왕에게 봉신으로서 신서를 행하여야 하였고, 14세기에 이르러서는 가스코뉴 지방 문제로 두 왕국 사이에 대립이 더욱 심화되었다. 이처럼 프랑스 내에 잉글랜드 왕이 소유한 토지와 봉토에 부가된 봉신으로서의 신서 의무 수행 문제로 1066년 이후 양 왕국 사이에 대립이 지속되었다.

플랑드르 지방에 대한 두 나라 간의 이해관계가 백년전쟁의 두 번째 이유이다. 12세기 이래 플랑드르의 도시들에서는 잉글랜드 양모에 의존하여 섬유산업이 발달하고 있었다. 한편 이들 도시들은 프랑스로부터 상당한 양의 곡물을 수입하고 있었다. 그래서 13세기에 이르러 플랑드르의 도시들은 잉글랜드의 양모와 프랑스의 곡물에 예속되게 되었다. 플랑드르는 북부와 동부의 게르만인과 남부와 서부에 프랑스인으로 구성되었다. 그러나 플랑드르 백은 프랑스 왕의 봉신으로서 프랑스 왕의 지배하에 있었다. 한편 모직물 생산의 원료인 양모의 최대 수출국인 잉글랜드로서는 플랑드르가 프랑스에게 완전히 지배되는 것을 원하지 않았다. 그래서 잉글랜드 왕 에드워드 3세는 1336년에 플랑드르로의 양모수출금지령을 통해 플랑드르 백 루이 2세가 프랑스의 종속으로부터 벗어나게 하는 조치를 취하도록 유도하였다. 이 조치가 플랑드르의 직물생산자들의 광범한 실업의 원인이 되었다. 이를 계기로 루이 2세는 프랑스로 도피하였고, 플랑드르의 도시들이 잉글랜드와 동맹을 맺고 양모수출금지령을 해제시켰다. 이때 플랑드르 내에서 수공업자와 노동자와 같은 하층민들과 부유한 시민 사이에 대립이 일어났는데, 프랑스 왕이 부유한 시민층을 지원하자, 하층민은 잉글랜드의 지원을 기대하였다. 이것이 두 왕국 간의 대립을 초래한 직접적 원인이 되었다.

세 번째 이유로는 프랑스와 스코틀랜드의 공수동맹 체결이다. 잉글랜드의 종주권으로부터 벗어나려는 스코틀랜드는 대내적으로 독립전쟁을 전개하면서 대외적으로는 외부 세력과의 동맹관계 수립을 통하여 잉글랜드를 포위하는 작전을 구사하였다. 동맹 세력으로서는 잉글랜드와 영토 문제로 적대적 관계를 유지하고 있던 프랑스가 가장 적절한 대상이었다. 스코틀랜드 왕 로버트 1세(1306-1329)는 1314년 배넉번 전투에서 잉글랜드에게 대승을 거두고, 로버트 1세의 왕권의 합법성에 큰 걸림돌이 되었던 존 벨리올이 1314년 프랑스에서 사망하였다. 1320년에는 아부로스 선언문을 발표하여 로버트 1세의 왕권의 합법성과 왕국의 자유와 자치를 대외적으로 천명하였다. 이러한 상황에서 로버트 1세는 프랑스와 공수동맹을 체결할 준비를 하였다. 1326년 양 왕국 사이에 공수동맹을 체결하여 프랑스가 스코틀랜드의 데이비드 2세(1331-1371)를 지원하여 줄 것을 약속하였다. 그러나 이 협상이 시작되었을 때 프랑스에서는 카페왕조가 큰 위기에 빠졌다. 필립 4세가 1314년에 사망하고 뒤이어 그의 세 아들이 연이어 왕위를 계승하였다. 즉 루이 10세(1314-1316), 필립 5세(1316-1322), 샤를 4세(1322-1328)가 계속하여 즉위하였으나, 이들도 모두 단명하였다. 그런데 샤를 4세가 스코틀랜드의 로버트 1세와 1326년 4월 26일에 새로운 공수동맹인 코르베이(Corbeil) 조약을 체결하였다. 1295년에 체결한 파리 조약과 마찬가지로 이 조약도 잉글랜드에 대항하여 프랑스와 스코틀랜드가 맺은 공수동맹의 성격을 지닌다. 이 조약에 따라서 프랑스 왕은 잉글랜드 왕과 그의 상속자들에 대항하여 싸우는 스코틀랜드 왕에게 도움을 주거나 협력하여야 할 의무가 생겼다. 만약 스코틀랜드 왕이 잉글랜드 왕과 휴전조약을 체결하면, 프랑스 왕은 이에 대하여 이의를 제기할 수 있었다. 그리고 만약 프랑스와 잉글랜드 사이에 전쟁이 일어나면, 스코틀랜드 왕은 프랑스 왕과 그의 후계자를 위해 필요하다면 잉글랜드와 전쟁을 하여야 할 의무가 생겼다. 코르베이 조약 체결에 따라 만약 잉글랜드가 스코틀랜드를 공격하면 프랑스는 스코틀랜드를 돕기 위해 전쟁에 자동적으로 개입할 수 있게 되었다. 1332년 8월에 에드워드 벨리올과 그의 군대가 퍼스 근교에서 데이비드 2세의 군대와 대결하였다. 이들은 스코틀랜드의 왕위계승권 문제로 대립하였다. 이것이 드풀린무어 전투이다. 이 전투에서 승리한 에드워드 벨리올과 그의 세력이 퍼스에 입성하여 에드워드 벨리올이 국왕으로 스콘에서 즉위하였다. 그러나 그의 지위는 데이비드 2세의 반격으로 불안정하였다. 그러나 잉글랜드의 지원을 받은 에드워드 벨리올은 1333년 7월에 벌어진 할리던 힐(Halidon Hill) 전투에서 데이비드 2세의 세력을 물리쳤다. 에드워드 벨리올과 잉글랜드 세력에 의해서 패배한 후, 양국 사이에 체결된 공수동맹의 성격에 준하여 스코틀랜드 왕 데이비드 2세와 왕비가 프랑스로 망명할 수 있었다. 데이비드 2세가 1334년에 프랑스로 도피하였을 때에 프랑스 왕 필립은 그를 환영하였고, 그를 잉글랜드에 대한 압력으로 이용하였다. 1338년 에드워드 3세가 군대를 이끌고 영불해협을 넘었을 때 그는 저지대 국가들과 라인란트(Rhineland) 군주들의 지원을 확신하였다. 이 확신이 백년전쟁을 불러일으킨 동력이 되었다. 프랑스와 스코틀랜드 사이에 체결된 공수동맹인 코르베이 조약 체결 이후에도 스코틀랜드와 프랑스 사이에 맺어진 공수동맹은 필요할 때마다 개정되었다. 예컨대 1371년 10월에 양국 사이에 벵센느

(Vincennes) 조약이 체결되었는데, 이는 코르베이 조약을 갱신한 것이다. 이처럼 스코틀랜드와 프랑스 사이에 체결된 공수동맹은 잉글랜드를 포위한 성격을 띠어 늘 잉글랜드에게 위협 요인이 되었으며, 잉글랜드로서는 자국의 안정을 위해 양 왕국의 동맹을 분쇄시킬 필요성이 있었다.

백년전쟁의 네 번째이자 직접적 원인이 된 것은 프랑스 왕위 계승 문제를 둘러싼 잉글랜드와의 대립이었다. 1328년 2월 1일에 카페왕조의 마지막 왕인 샤를 4세의 사망과 함께, 프랑스 왕위 계승 문제가 불거졌다. 위에서 언급한 것처럼, 필립 4세에게는 3명의 아들과 한 명의 딸이 있었는데, 아들들이 연속하여 왕위에 올랐으나, 단명하여 300년 동안 지속된 카페왕조의 혈통이 단절되었다. 그리고 필립 4세의 딸인 이사벨라가 잉글랜드 왕 에드워드 2세와 결혼하여 에드워드 3세를 낳았다. 프랑스 귀족들은 카페왕조의 뒤를 이어 샤를 4세의 사촌인 발루와(Valois) 백작으로 하여금 왕위를 계승하도록 결정하였다. 그는 잉글랜드의 에드워드보다는 원친(遠親)이었으나 남계를 통해서는 최근친이었다. 이러한 결정에 대항하여 잉글랜드 왕 에드워드 3세는 최근친 남성상속을 내세워 모계(母系)로서 자신이 프랑스 왕위를 상속하여야 한다고 주장하였다. 필립 4세의 딸인 이사벨라가 잉글랜드 왕 에드워드 2세와 결혼하여 에드워드 3세를 낳았기 때문이다. 그러나 프랑스에서는 프랑크 족의 살리 법(Salic law)에 있는 "여성은 토지를 상속할 수 없다"는 조항[1]에 근거하여 에드워드 3세의 왕위계승권을 부정하였다. 그리하여 프랑스 왕위는 발루와 백작인 필립이 계승하였으니, 이가 바로 필립 6세(1328-1350)이다. 이로써 발루와(Valois) 왕조(1328-1589)가 개창되었다. 에드워드 3세가 처음에는 이러한 결정에 이의를 제기하지 않았으나, 후에 그의 상속권을 다시 주장하였다. 그리고 이것을 프랑스 침입의 정당한 원인으로 생각하였다. 상황을 반전시킬 수 없게 됨을 안 에드워드 3세는 결

1) Katherine Fisher Drew, trans., *The Laws of the Salian Franks* (University of Pennsylvania Press, 1991), LIX, p. 45.

국 프랑스 내에 그가 소유하고 있는 봉토의 대가로 필립 6세에게 봉신으로서의 신서를 행하였다. 그 후 필립 6세는 에드워드 3세가 봉신으로서의 의무를 소홀히 한다고 주장하면서 가스코뉴 지방에 대한 에드워드 3세의 소유권 몰수를 명하였던 때인 1337년에 양국 간의 관계에 결정적 위기가 도래하였다. 젊은 에드워드 3세의 전사 왕(warrior-king)으로서의 용감성과 그의 주변에 있는 군사적 모험과 영광을 갈망한 용감한 귀족들에 의해서 백년전쟁이 시작되었다.

2. 백년전쟁의 전개과정

에드워드 3세는 스코틀랜드와 프랑스와의 전쟁을 위한 전비 확보를 위하여 직접세 징수만으로는 군사비 조달을 할 수 없었기 때문에 귀족, 고위성직자들과 런던을 비롯한 도시공동체의 특별보조금(subsidy)의 지원을 기대하였다. 그리고 직접세를 비롯한 세액의 증가도 꾀하였다. 1330년대의 세액이 1320년대에 비하여 3-7배 정도 증가하였다. 그 중에서도 프랑스와의 백년전쟁 개전 초기인 1337-1338년에 세입이 272,833파운드에 달하여 가장 많았다.[1] 그리고 부족한 전비는 부유한 런던시민들이나 양모상인들, 심지어 외국상인들로부터 대부를 받아 충당하였다. 국왕 에드워드가 전비 마련을 위해 얼마나 고심하였는지는 다음과 같은 런던시민들과의 대부 요청 과정을 통해서 이해된다. 1339년 3월 1일에 국왕은 런던시장을 비롯한 부유한 런던시민들을 만나서 필요한 전비 중에서 20,000파운드의 대부를 요청하였다. 그리고 상선을 징발하여 군용선으로 개조할 것을 통보하였다. 부유한 런던시민들은 20,000파운드가 아닌 5,000마르크를 대부하여 주기로 합의하였으나 국왕이 이를 거부하였다. 이에 시민들이 재론한 결과, 5,000마르크가 아닌 5,000파

1) James H. Ramsay, *A History of the Revenues of the Kings of England, 1066-1399* (Oxford, 1925), table 1; Clifford J. Rogers, ed., *The Wars of Edward III: Sources and Interpretations* (Suffolk, 1999), p. 62.

운드를 국왕에게 대부하여 주기로 합의하였다.[1] 이렇게 많은 인력과 전비를 동원한 백년전쟁은 1337년에 시작되었다. 이렇게 전비를 마련하고 원정군을 바다 건너로 실어 나를 배를 징발한 에드워드 3세는 1339년 6월 23일부터 시작된 프랑스 함대와의 치열한 전투 속에서 적군 35,000명 중에서 5,000명은 도망하고 나머지는 피살되었으며, 24척을 제외한 나머지 프랑스 군의 배를 나포하였다.[2] 에드워드 3세의 프랑스와의 전투를 철저히 준비한 결과, 개전 초기에 프랑스 군에게 대승을 거둘 수 있었다.

백년전쟁은 전투와 휴전을 반복하면서 계속되었으나, 전쟁의 전개과정을 세 개의 국면으로 나누어 볼 수 있다. 제 1국면(1337-1360년)은 잉글랜드 군에게 큰 승리를 안겨준 전투가 있던 시기이다. 크레시 전투(1346년)에서 승리하여 칼레를 점령하고, 에드워드 3세의 아들인 흑태자 에드워드의 1356년 프랑스 중남부 도시인 푸아티에(Poitiers)전투에서 대승을 거두어 프랑스 왕 장 2세(Jean II: 1350-1364)를 포로로 잡는 등의 큰 성과를 얻었다. 그렇다면 개전 초에 잉글랜드가 크게 승리한 이유는 무엇인가? 1340년대와 그 이후에 에드워드 3세는 그의 군사적 전략을 변경하였다. 그러나 동맹체제가 비용이 많이 들고 비효율적임을 발견하고, 에드워드 3세는 프랑스에 잉글랜드군을 직접 파견하기로 결정하였다. 프랑스군은 기사에 크게 의존한 반면, 잉글랜드군은 장궁으로 무장한 보병이 주류를 이루었다. 기사는 말에서 떨어지거나 내리면 전투력을 거의 상실하는 반면에 장궁의 화살은 두꺼운 갑옷도 뚫어버리는 위력을 소유하였다. 더구나 잉글랜드군은 웨일스나 스코틀랜드와의 전투를 통해 보병들의 실전에 대한 경험이 풍부하고 전투력도 크게 강화된 상태였다. 에드워드 3세는 1346년에 대군을 이끌고 도버 해협을 건넜다. 국왕은 바다를 건너기에 좋은 바람이 불기를 포츠머스(Portsmouth)와 포체스터(Porchester)에서 1000여척의 배와 함께 기다렸

1) *Calendar of Letter Book F*, pp. ix-x.
2) *Calendar of Letter Book F*, p. xi.

다. 6월 1일부터 7월 5일까지 이 항구에서 노샘프턴 백작, 아룬델 백작, 워윅 백작, 헌팅던 백작, 옥스퍼드 백작, 서퍽 백작과 더럼 주교 등과 함께 보병과 궁병 등의 원정군을 준비하였다. 국왕은 부대를 세 개의 대대로 나누었다. 흑태자를 비롯한 대귀족들을 제 1대대에 배치하고 800명의 기병, 2,000명의 궁수, 1,000명의 웨일스 병사로 구성하였다. 제 2대대에는 대귀족들이 지휘하는 가운데 800명의 기병, 1,200명의 궁수들이 속하였다. 한편 에드워드 3세가 지휘 통솔한 제 3대대는 700명의 기병과 2,000명의 궁수로 조직되었다. 이로써 8,500명의 이르는 대군이 파견되어, 드디어 7월 13일에 프랑스 해안에 상륙하여 일 드 프랑스(Ile de France)에 도착할 때까지 거치는 지역마다 방화와 살인을 자행하였다. 1346년 8월 26일 프랑스군과 벌어진 크레시 전투에서 에드워드 3세가 대승을 거두었다. 이 전투에서 잉글랜드군은 100여 명이 사망한 반면, 프랑스군은 4,000명 이상의 기사들과 보병들이 사망하였다.[1] 크레시 전투가 벌어진 날 초저녁에 그 전투에서의 대패로 인하여 프랑스 왕 주변에 있던 전사들을 모두 헤아려도 60명이 되지 않았다. 그 속에 들어 있던 애노(Hainault)의 존 경은 왕이 탄 말이 화살에 맞아 죽었을 때 말을 갈아 태워주기도 하였다. 상황을 판단한 존 경이 왕에게 말했다. "폐하, 기회가 있을 때 퇴각하십시오. 자신을 이렇게 노출시켜서는 안 됩니다. 오늘은 비록 잉글랜드군에게 싸움에 졌다고 하더라도, 다음 싸움에서 이길 수 있는 것입니다." 이렇게 말하고는 왕이 탄 말의 고삐를 잡고 끌고 갔다.[2] 1346년 크레시 전투에서의 승리로 에드워드 3세는 명성을 얻었으며, 이후 2세기 동안 잉글랜드 수중에 있게 된 영불 해협에 위치한 칼레(Calais) 항구를 장악하였다. 크레시 전투 후 10년 동안은 장궁병에 크게 의존한 잉글랜드군이 전세를 유리하게 이끌었다. 잉글랜드군을 이끈 에드워드 3세의 장남 흑태자 에드워드가 푸아티에(Poitiers) 전투에서도 승리

1) A. R. Myers, ed., *English Historical Documents 1327-1485* (London, 1969), pp. 77-78.
2) 존 캐리 저, 김기협 역, 『역사의 원전』, 「바다출판사, 2006」, 89, 94-96쪽.

를 거두었다. 이 전투에서 프랑스 선량왕 장 2세(John the Good: 1350-1364)와 그의 아들 필립을 비롯한 다수의 귀족들을 포로로 잡아 잉글랜드로 압송하였다. 양모 생산에 기반을 둔 잉글랜드의 경제적 번영과 웨일스와 스코틀랜드와의 전쟁은 귀중한 경험이었다. 그리고 프랑스 군대는 조직적이지 못한 반면에 잉글랜드군의 중기병과 궁병의 활약이 전쟁 초기에 잉글랜드군에게 승리를 안겨준 결정적 요인이었다. 그러나 백년전쟁에서 잉글랜드는 많은 전비를 지출하였다. 1347년 칼레 정복을 위해 735척의 상선을 동원한 것처럼 대군을 프랑스로 수송하기 위해 수백 척의 상선이 징발되었다. 2년에 걸친 전쟁에서 가스코뉴, 브레타뉴, 북부 프랑스에서 잉글랜드군이 승리한 놀라운 성과를 거두었다. 그러나 1344년부터 1347년까지 242,162파운드라는 많은 전비가 지출되었다. 잉글랜드 왕실은 인두세를 포함한 각종 세금 징수를 통해서 전비를 마련하였다. 이러한 조세 정책이 백성들의 불만의 원인이 되었다. 또한 수많은 잉글랜드인, 웨일스인, 아일랜드인의 삶과 일상적 활동은 전투 참여로 무너졌으며 양모와 포도주 교역도 심각하게 방해를 받았다. 한편 스코틀랜드 독립전쟁의 억제, 아일랜드의 반란 억제 등 여러 가지 대외적 문제가 산적해 있었다. 이것이 백년전쟁의 일시적 중지를 가능하게 하였다. 한편 이 시기는 유럽 대륙에 흑사병이 전파되어 프랑스는 물론 잉글랜드에도 큰 피해를 주고, 푸아티에 전투가 일어난 1356년과 브레티니 휴전조약(Treaty of Brétiny)이 체결된 1360년 사이에 약 2년 동안 프랑스에서 큰 혼란이 일어났다. 1358년에 에티엔느 마르셀(Etienne Marcel)의 난과 농민봉기가 일어났다. 푸아티에 전투에서 잉글랜드에 포로로 잡힌 국왕 장 2세의 포로석방금을 마련하기 위해서 농민들에게 무거운 세금을 부과하였다. 프랑스는 에드워드 3세에게 북쪽의 칼레로부터 남쪽의 가스코뉴에 이르는 넓은 영토를 양도하고, 많은 액수의 포로석방금을 지불하기로 하고 장 2세의 석방에 합의하였다. 이러한 상황에서 파리에서 에티엔느 마르셀이 난을 일으켰으며, 북부 프랑스의 보베지(Beauvaisis)에서 시작된 자크리(Jacquerie: 농민이란 의미)의 반란군은 귀족들을 공격하고 그들의 성과 교회를 불태웠다. 그러나 봉기가 시작된 후 15일도 지나지 않아 오합지졸인 봉기군은 직업군인이 중심이 된 군대에 의해 진압되었다.

에드워드 3세는 프랑스와의 전쟁에서 연패하자, 잉글랜드와 가스코뉴 군대를 재무장시키려고 하였다. 그러나 이를 위해 많은 돈이 필요하였다. 1369년에는 양모수출에 대한 특별보조금 징수를 의회에서 승인하고 성직자들도 1/10세 납부에 동의하였다. 이것으로도 전비를 충당하기에 충분하지가 않았다. 1370년에는 100,000마르크를 대부하려고 하였으나, 절반 정도의 돈을 확보하는데 그쳤다. 이것으로 전비를 충당할 수 없었다. 에드워드 3세와 그를 계승한 리처드 2세는 인두세 징수를 통하여 전비를 마련하려고 하였다. 이에 농민들이 인두세 납부를 회피하자, 1381년 3월부터 납세회피를 본격적으로 조사하기 시작하였다. 에식스의 한 마을에서 조사위원들과 농민 사이에 충돌이 일어난 이후, 순식간에 캔트, 서식스, 베드포드를 비롯한 각 지역으로 과도한 인두세 징수에 대한 저항이 확산되었다. 농민봉기가 일어난 것이다. 비록 워트 타일러가 런던시장에게 피살되어 봉기 세력이 크게 약화되어 진압되었지만, 농민봉기는 잉글랜드 사회체제를 부정한 반봉건적이고 반교회적인 평등을 주장한 중요한 사건이었다. 이러한 상황에서 프랑스와 잉글랜드 간의 백년전쟁이 일시적으로 휴전에 들어갈 수밖에 없었다. 이때 프랑스 왕 장 2세가 50만 파운드의 포로석방금을 지불하고 잉글랜드로부터의 석방이 결정되었다.

백년전쟁의 제 2국면(1360-1413)은 양국의 내부적 혼란으로 전쟁이 중지된 시기이다. 잉글랜드에서는 1377년 에드워드 3세가 죽고, 그의 손자인 리처드 2세(1377-1399)가 어린 나이에 즉위하자, 귀족들 사이에 권력 투쟁이 일어나고, 1381년에는 농민봉기가 일어났다. 리처드 2세의 숙부인 곤트의 존(John of Gaunt)의 아들인 랭커스터의 헨리(Henry of Lancaster)가 의회를 통해 반란을 일으켜 리처드 2세를 폐위시키고 헨리 4세(1399-1413)로 즉위하여 랭커스터 왕조가 시작되었다. 이와 같은 혼란으로 인하여 잉글랜드가 백년전쟁 초기에 얻은 소득을 이후 20년 동안에 모두 상실하였다. 푸아티에 전투에서 프랑스 왕 장 2세를 포로로 잡는 등 용맹스런 전사인 에드워드 3세의 장남 흑태자[1])도 질병으로 사망하였다. 프랑스에서도 선량왕

장 2세가 1364년에 사망하고 그의 아들인 샤를 5세(1364-1380)가 왕위를 계승하였다. 샤를 5세의 성공적인 잉글랜드와의 전쟁 수행과 통치로 안정을 찾았던 프랑스가 그의 사망과 함께 또 다른 내적 혼란 속으로 빠졌다. 그의 뒤를 이어 12세의 어린 나이에 왕위에 오른 샤를 6세(1380-1422)의 통치권은 그의 숙부인 부르고뉴(Bourgogne) 공과 오를레앙 공의 수중으로 넘어가, 그들 사이에 권력 다툼이 일어났다. 1388년 성년이 되어 샤를 6세가 친정을 시도하였으나 1392년에 이르러 국가를 제대로 통치하지 못할 정도로 정신병이 심하였다. 그리하여 다시 제후들 간의 권력 투쟁이 일어나 1407년 부르고뉴 공이 오를레앙 공을 암살하고 권력을 독점하였다. 이에 대항하여 권력에서 소외된 대영주들이 아르마냑(Armagnac) 백작을 중심으로 부르고뉴 공에 대항한 동맹을 결성하였다. 잉글랜드의 헨리 5세가 1415년 프랑스를 다시 공격하여 전쟁이 재개되었을 때, 프랑스는 부르고뉴파와 아르마냑파 간의 대립으로 국론이 분열된 상태였다. 그러나 1369년 이후부터 에드워드 3세가 사망할 때인 1377년까지 프랑스 내에 잉글랜드가 소유한 영토를 점차 빼앗겨 오로지 칼레, 쉐부르(Cherbourg), 보르도 근교의 적은 지역, 브레타뉴 항구들만이 잉글랜드 수중에 남게 되었다.

제 3국면(1413-1453)은 전쟁이 재개되어 프랑스가 최종적으로 승리를 거둔 시기이다. 에드워드 3세가 1377년 6월에 사망하였을 때, 잉글랜드의 위기가 새로운 국면으로 접어들었다. 리처드 2세는 흑태자의 유일한 생존 아들이자 상속자로서 10세에 왕위를 계승하였다. 어린 나이에 즉위한 리처드 2세는 자연히 대귀족들의 섭정에 의존하여 잉글랜드를 통치할 수밖에 없었다. 이러한 가운데 1386년에 의회와 일련의 대귀족들이 리처드 2세의 최측근들을 공격하고, 심지어 국왕 자신을 위협하였다. 대귀족들은 영지의 확대와 합병, 사병의 육성과 유지로 가공할 힘을 소유하게 되었다. 리처드 2세가 22세가 되던 해인 1389년에 "나는 나의 가문과 왕국을 통치할 만큼 성

---

1) 흑색 갑옷을 입고 전투에 임하였다고 흑태자(Black Prince)라는 별명을 얻었다.

년이 되었다."라고 선언하였다. 이러한 와중에 리처드 2세는 쇠퇴한 왕권을 회복하려고 노력하였고, 이로 인하여 대귀족들과의 충돌이 불가피하였다. 리처드 2세는 그에게 적대적인 대귀족들을 가혹하게 다루었다. 그래서 그는 1397-1398년에 워릭 백작을 추방하고, 아룬델 백작을 처형하였으며, 글로스터 백작을 모살하고, 더비 백작과 노팅햄 백작을 추방하였다. 지난 2년간에 걸친 그의 통치로 볼 때 폭군이라고 불러도 좋을 듯하다. 드디어 1399년 의회는 군대를 대기시킨 가운데 리처드 2세의 폐위를 결정하였다. 1327년 에드워드 2세가 폐위된 경우처럼 의회가 리처드 2세의 폐위를 결정한 것이다. 그러나 에드워드 2세는 너무나 위약하여 폐위된 반면, 리처드 2세는 너무나 강하여 대귀족들과 대립함으로써 랭커스터 공 헨리가 반란을 일으켜 그를 폐위시켰다. 그러나 리처드 2세의 폐위는 잉글랜드 역사상 에드워드 2세의 폐위에 이어 두 번째로 반란을 통해 국왕을 폐위시킨 중요한 사건이었다. 랭커스터 공 헨리가 즉위하여 헨리 4세(1399-1413)가 되었으며, 1413년 그가 사망한 후 헨리 5세(1413-1422)가 평화롭게 통일된 왕국을 이어받았다. 그는 1415년까지 프랑스 왕위에 대한 에드워드 3세의 주장을 되살렸다. 당시 프랑스가 부르고뉴파와 아르마냑파로 나뉘어 대립한 내분 상태에 빠진 점을 이용하여 헨리 5세는 프랑스를 정복하려는 계획을 세우고 부르고뉴파와의 동맹과 해군력에 의존하여 프랑스를 침입할 계획을 세웠다. 그는 장 2세의 포로석방금의 완납과 프로방스의 잉글랜드 양도 그리고 헨리 5세와 프랑스 공주인 캐서린의 결혼 등과 같은 요구 조건을 내세웠다. 프랑스가 이러한 요구를 수용하지 않자, 헨리 5세는 1415년에 대군을 이끌고 프랑스를 침입하여 아젱쿠르(Agincourt) 전투에서 대승을 거둔 다음, 그 여세를 몰아 1419년 루앙(Rouen)을 함락시키고 노르망디 남부에 대한 정복을 완성시킨 다음, 프랑스 중심부로 진격하였다. 이 전투로 아르마냑파의 세력이 약화되고 부르고뉴파가 프랑스의 실권을 장악하였다. 그리고 부르고뉴 공과 샤를 6세의 왕비인 이자보의 결탁에 의한 도움으로 샤를 6세가 헨리 5세와 트루와(Troyes) 조약(1420년)을 체결할 수밖에 없었다. 이 조약의 중요한 내용은 프랑스 왕세자인 샤를이 사생아이기 때문에 그의 왕위계승권을 부정하고 잉글랜드의 헨리 5세가 프랑스 공주인 캐서린과 결혼하여 프랑스의 왕위를 계승한다는 것이다. 그래서 그는 프랑스 왕위 상속자로서 인정받고 샤를 6세의 딸인 캐서린과 결혼하였다. 비록 헨리 5세가 프랑스 왕이 되지는 못하였으나, 15세의 나이에 왕위에 오른 그의 아들 헨리 6세(1422-1461)가 프랑스의 앙리 2세로 즉위하여 잉글랜드와 프랑스의 2중 왕조를 상속하였다. 1422년에 샤를 6세(1380-1422)와 헨리 5세가 잇달아 사망한 결과이다. 그러나 프랑스 태자인 샤를를 지지하는 아르마냑파는 트루와 조약을 인정하지 않고 잉글랜드에 대한 항전을 계속하였다. 이로 인하여 프랑스는 세 부분으로 갈라졌다. 노르망디, 메인, 일 드 프랑스를 지배한 잉글랜드군, 잉글랜드와 결탁한 부르고뉴 공은 샹파뉴를, 그리고 아르마냑파는 부르주(Bourges)를 중심으로 프랑스 중남부 지역을 거점으로 대립하였다. 이 어려운 시기에 잔 다르크(Jeanne d'Arc)가 등장하여 프랑스를 위기에서 구하였다. 그리고 프랑스를 위기에서 구한 또 다른 사건은 부르고뉴 공과 프랑스 태자 샤를이 화해하면서 1435년에 맺은 아라스(Arras) 조약이다. 이 조약 체결로 프랑스 왕실은 그 세력이 커졌고, 반대로 잉글랜드는 중요한 프랑스 내의 동맹 세력을 잃었다. 비록 잔 다르크가 포로로 잡혀 화형[1]에 처해졌으나, 이를 계기로 프랑스가 잉글랜드에 승리를 거둔 전쟁이 시작되었다. 잔 다르크는 태자 샤를과 함께 랭스를 공격하여 점령한 다음, 1429년에 랭스 대주교에 의해서 샤를의 대관식이 거행되었으니, 이 사람이 샤를 7세(1422-1461)이다. 랭스 대성당은 프랑크 왕국을 연 클로비스가 기독교로 개종한 다음 축성 받은 곳이기 때문에 파리보다도 더 신성시 여기는 곳이다. 1450년 노르망디 전투에서는 프랑스 군대가 새로운 무기인 대포를 사용하여 승리를 거두었고, 1452년에는 보르도 전투에서도 승리를 거둔 다음, 1453년 7월에는 프랑스 군대가 가스코뉴를 침입하여 승리를 거두었다. 이 전쟁에서의 패배로

1) 1430년 5월 23일 잔 다르크는 콩피에뉴(Confiègne)에서 부르고뉴 주민에 의해서 생포되었고, 루앙에서 재판을 받았다. 그리고 1431년 5월 30일 루앙에서 화형당하였다.

잉글랜드는 프랑스 남서쪽에 있던 잉글랜드 영토를 모두 상실하였다. 이것이 가장 큰 타격이었다. 가스코뉴는 12세기 이래 잉글랜드가 소유하였던 곳이고 잉글랜드의 포도주 교역의 중심지였다. 잉글랜드가 가스코뉴를 상실한 뒤 2년 만에 잉글랜드는 요크 가문과 랭커스터 가문 사이의 장미전쟁으로 내부적 혼란 속에 빠졌다. 이제 칼레와 그 주변만이 잉글랜드의 수중에 남았다. 1558년까지 잉글랜드의 양모수출의 전진기지로서 유용하게 이용된 칼레를 제외한 프랑스 내의 모든 영토를 잉글랜드가 상실하게 되었다. 이로써 백년전쟁은 실질적으로 끝났다.

3. 백년전쟁의 결과

1300년까지 잉글랜드의 주요 관심은 1154년 이래 잉글랜드가 지배한 포도주 주산지인 가스코뉴에 있었다. 백년전쟁 초기에 에드워드 3세의 주요 관심은 가스코뉴 지방에 대한 잉글랜드 왕의 권리를 방어하는데 있었다. 그러므로 백년전쟁에서 잉글랜드의 패배는 프랑스 내에 있던 잉글랜드의 영토를 상실하였음을 의미하고, 더 나아가 잉글랜드에 안정적으로 포도주를 공급해 준 공급처인 가스코뉴의 상실을 뜻한다. 여기에 더하여 대륙 문제에 자동적으로 개입할 근거지를 모두 상실한 것이다. 그러므로 백년전쟁의 패배는 브리튼 제도에서 국왕의 지위를 위태롭게 한 원인이 되었다. 이러한 위기 속에서 잉글랜드는 브리튼 제도에 대한 지배권을 보다 튼튼하게 하는데 몰두하여야 할 처지에 빠졌다.

백년전쟁 전후 시기는 '군사적 혁명(military revolution)'이 일어난 특별한 의미가 있다. 즉 보병이 기병을 격파할 능력을 증명하였고, 장궁(longbow)이 위력을 발휘하고 대포가 결정적 기능을 하였다. 중세 잉글랜드의 군사적 혁명 중에 하나는 장궁의 사용 기술의 발달이다. 매우 빠른 속도와 먼 거리를 날아가는 장궁의 화살은 기사는 물론 기사들이 탄 말에게 매우 위협적이었다. 크레시 전투에서 궁병들의 역할은 잉글랜드군의 구성과 전술을 변화시켰다. 활의 중요성이 증명됨으로써 1357년과 1369년에는 화살과 활의 수출 금지령이 내려졌고, 1365년에는 궁사들이 국왕의 허가 없이는 왕국을 떠나지 못하도록 조치하였다.[1] 기사에 전적으로 의존한 과거의 전술에서 벗어나 보병이 중요한 기능을 하였다. 보병은 장비나 유지비에 있어서 기병보다 훨씬 저렴하였다. 기병은 7-16파운드에 이르는 전투용 말이 필요하였으나, 보병에게는 그럴 필요가 없었다. 또한 기병들에게는 궁병의 하루 임금보다도 더 많은 일당 7펜스를 지불하여야 하였다.[2] 한편 대포를 사용해 성벽을 무너뜨리는 프랑스 군대의 전술로 봉건기사의 몰락은 촉진되었다. 1290년대 중국으로부터 유입된 화약이 대포의 사용을 가능하게 하였다. 거친 형태의 대포가 1320년대에 처음 나타난 이래 14세기 말에 이르러서는 군주들은 물론 도시들에서도 대포를 구비하였다. 한편 백년전쟁 기간에 양국 모두에서 군대의 규모가 증가하였다. 예컨대 1346년에 에드워드 3세는 32,000명을, 필립 6세는 80,000명에 이르는 군인들을 소집할 수 있었다. 전쟁에 동원되었던 대규모의 전사들이 전쟁이 끝난 후 고향으로 돌아가 대귀족들의 사병으로 전환되어 잉글랜드의 장미전쟁과 같은 내전의 무력 기반이 되었다. 한편 잔 다르크와 같은 영웅들의 활동에 힘입어 프랑스가 승리함으로써 잉글랜드 왕실이 소유하고 있던 프랑스 내의 영토를 거의 400년 만에 회복하였다. 또한 장기간에 걸친 전쟁으로 국민적 정체성(national identity)이 형성되었다. 스코틀랜드가 1286년 이후 잉글랜드와의 독립전쟁이 본격화되면서 스코트의 국민적 정체성이 강화된 것처럼 백년전쟁으로 잉글랜드와 프랑스 양국에서 국민의식이 싹텄다. 노르만 정복 이후 왕실과 귀족들이 사용하던 프랑스어 대신에 영어를 사용하기 시작한 것이 잉글랜드에서 국민의식의 성장을 알리는 하나의 징표이다. 국민들의 정체성 표현의 가장 중요한 무기 중에 하나는 언어이다. 14-15세기에 영어, 라틴어, 프랑스어, 웨일스어, 아일랜드어, 스코트의 게일어 등이 오늘날 대 브리튼 연합 왕국에서 사용되었다. 14세기 중반에 험버(Humber) 강 북쪽의 언어, 특히 요크 지방의 언어를

---

1) David Green, *Edward the Black Prince*, p. 40.
2) John Aberth, *From the Brink of the Apocalypse*, p. 63.

남쪽 지방 사람들이 이해하지 못하였다. 그러나 15세기까지 잉글랜드의 언어 사용에서 중요한 변화가 나타났다. 정부의 공식적인 업무에서 프랑스어를 이해하고 말하는 능력이 14세기 말까지 현저하게 감소하였다. 보통 사람들은 프랑스어를 몰랐고 교양어로 남았으며, 라틴어는 교회에서만 사용되기에 이르렀다.

한편 백년전쟁 후에 돌아온 사병들을 기반으로 대토지와 관직을 차지한 대귀족들 사이에 세력 다툼이 일어났다. 이러한 가운데 어느 가문이 잉글랜드 왕위 계승권을 소유하여야 하는가 하는 문제로 다툼을 벌인 장미전쟁(1455-1485)이 일어났다. 이를 계기로 내전에 참여한 대귀족들 다수가 살해되고 경제적으로 몰락하였다. 물론 국지적인 내전이었지만 백년전쟁 패배 이후 무너진 질서를 회복하고 강력한 잉글랜드를 건설할 국왕의 등장을 갈망하였다. 그러한 정치적 배경 하에서 헨리 7세(1485-1509)에 의한 튜더왕조(1485-1603)가 개창되면서 절대왕정을 수립하게 되었다. 잉글랜드가 대륙에 있던 그들의 영지를 상실하여 대륙으로 진출하려는 꿈을 접었으나, 이를 계기로 대륙 지배에 필요한 시간과 돈을 낭비하지 않고 오로지 잉글랜드 통치에만 전념함으로써 섬나라로서의 잉글랜드가 강력한 통일 국가를 이룰 수 있게 되었다.

4. 백년전쟁과 범죄

백년전쟁의 영향에 대한 활발한 논쟁이 있었다. 그 가운데 백년전쟁이 잉글랜드 경제에 자극을 주고 프랑스 귀족들의 포로석방금을 받아 잉글랜드에 경제적 부를 안겼다고 주장하는 낙관적인 견해가 있다. 잉글랜드는 백년전쟁을 수행하는데 필요한 비용의 대부분을 프랑스의 소유물로 충당하였기 때문에 잉글랜드에게는 재정적 부담이 없었다고 주장한다.[1] 군대는 난폭한 귀족들, 그들의 가신들, 방랑자들, 국왕을 위해 전투에 참전함으로써 사면을 얻으려는 중죄인들로 구성되었다. 일부 중죄인들은 전투에 참여하여 사면을 얻기도 하였으나, 다수는 해외에서 사망하였다. 중죄인들이 해외에서 벌어진 전투에 참전하고 상당수가 그곳에서 사망한 결과 그만큼 범죄를 일으킬 가능성이 있는 자들이 국내에 감소함으로서 범죄발생건수는 전쟁기간 동안에 감소할 것이라고 낙관론자들은 주장한다.

이러한 낙관론을 비판한 비관론자들은 이미 인구감소의 큰 부담이 있는 가운데 전투에 참여할 신병의 징병은 성인 남자의 10%에 이른다고 주장한다. 치안판사나 다른 지방의 행정직에 있던 기사들도 징병에서 제외되어야

1) Barbara A. Hanawalt, *Crime and Conflict in English Communities, 1300-1348*, p. 233; K. B. McFarlane, "England and the Hundred Years' War," *Past and Present*, no. 22 (July 1962), pp. 9-10.

하고, 여러 분야의 기능공들도 역시 제외되어야 한다. 여기에 더하여 전쟁에 필요한 재원확보를 위한 무거운 세금징수는 수공업 종사자들의 이윤을 감소시키고 농민들에게는 생존수준을 위협하였다.[1] 전쟁에 참여하였다가 귀환한 병사들의 무법성도 문제이다. 전쟁에 참여하였다가 고향으로 귀환한 병사들에 의한 범죄도 증가하였음은 이미 학자들의 연구 결과로 밝혀졌다. 예컨대 1347년 칼레 포위 공격에 참전하였던 병사들이 잉글랜드로 귀환한 이후 범죄가 증가하였다. 하나왈트의 연구에 따르면, 1340-1348년 사이에 노샘프턴셔, 에식스, 노퍽, 헌팅턴셔, 헤리퍼드셔, 서리, 서머싯, 요크 등 8개 주에 걸쳐서 범죄 발생의 빈도수가 15년 전보다 더 높았다.[2] 범죄의 증가가 백년전쟁과 관계가 깊다는 점을 암시하는 연구이다. 당대인들도 이들의 무법성에 대하여 비난하였다. 전쟁 후 본국으로 귀환하여 방랑하면서 일도 하지 않는다고 그들을 비난하였다.[3] 전투가 일시적이나 혹은 영구적으로 중단된 계기가 된 휴전이나 평화는 법익박탈자들이 잉글랜드로 귀환하여 범죄 증가의 불안 요인으로 작용할 수 있었다. 이에 더하여 아직은 잉글랜드에서 범죄를 범한 이력이 없는 일반인들도 전투에 참여하여 약탈, 강간, 살인 등을 배워오게 된다.[4] 귀족들은 국왕과도 사적 투쟁을 벌인 무력자원인 전쟁에 참여한 사병들을 거느리고 귀환하였다. 심지어 무거운 세금과 전투에 참여한 병사들을 위한 식료품 징발에 시달린 농민들도 범죄로 내몰릴 수도 있었다.

1342-1347년 프랑스와의 백년전쟁 시기에 잉글랜드의 모든 주에서 범죄 발생율이 10년 전보다 훨씬 더 높았다. 크레시와 칼레 전투가 일어난 시기인

---

1) M. M. Postan, "The Cost of Hundred Years' War," *Past and Present*, no. 27 (April 1964), pp. 37-39,

2) Barbara A. Hanawalt, *Crime and Conflict in English Communities, 1300-1348*, pp. 229-238.

3) C. G. Crump and C. Johnson, "The Powers of the Justices of Peace," *English Historical Review*, 27 (1912), p. 227.

4) Barbara A. Hanawalt, *Crime and Conflict in English Communities, 1300-1348*, p. 234; H. J. Hewitt, *The Organization of War under Edward III, 1338-1362* (Manchester, 1966), pp. 173-175.

1342-1347년 사이에 대부분의 주들에서 범죄발생이 증가하였다. 이처럼 기근과 전쟁과 범죄가 깊은 연관성이 있는 점은 대기근과 소기근이 발생하고 스코트와의 전쟁이 있던 1314-1319년, 1322-1323년, 1332-1337년에 범죄가 증가한 사실로서 확인되었다. 물론 스코트와의 전쟁에 앞서 1315-1316년, 1321-1322년은 기근 때문에 곡물가격이 급격하게 상승하였으며, 이것이 범죄발생 증가의 한 요인이 되었다. 그렇다면 백년전쟁기에 곡물가격은 어떻게 변하였는가? 백년전쟁기에 곡물가격 변동이 대기근기와 마찬가지로 범죄발생과 연관성은 있는가? 잉글랜드가 대규모 원정군을 프랑스로 파병하여 승리를 거둔 크레시 전투와 칼레 전투가 일어난 시기인 1346-1347년을 전후로 하여 중요한 곡물의 가격 변동을 보면 다음 <표>와 같다.

백년전쟁기 곡물가격의 변동(쿼터 당 쉴링)[1]

연도	소맥(밀)	대맥(보리)	귀리	호밀
1342	4s. 1 5/8d.	3s. 2 3/8d.	2s. 0 3/4d.	3s. 5 3/4d.
1343	5s. 7 3/4d.	3s. 8 5/8d.	2s. 1 3/8d.	3s. 9 3/8d.
1344	3s. 6d.	2s. 9 3/4d	1s. 9 1/2d..	2s. 8 3/4d.
1345	3s. 8 7/8d.	2s. 9 3/4d.	2s. 0 1/4d.	2s. 9 3/4d.
1346	6s. 10 1/2d.	3s. 11 7/8d.	2s. 7 1/4d.	4s. 7 1.2d.
1347	6s. 7 3/8d.	4s. 9 1/4d.	2s. 4 7/8d.	5s. 2 3/8d.
1348	4s. 2d.	2s. 6 1/2d.	1s. 5 5/8d.	2s. 9 5/8d.
1349	5s. 5 7/8d.	3s. 10 1/2d.	2s. 6 1/4d.	3s. 9 1/8d.
1350	8s. 3 1/8d.	6s. 4d.	3s. 8d.	5s. 3d.
1351	10s. 2 1/2d.	6s. 10 1/4d.	3s. 7 3/4d.	7s. 8 1/2d.
1352	7s. 2 1/8d.	5s. 10 1/4d.	4s. 0 3/8d.	5s. 4 1/4d.
1353	4s. 2 1/2d.	3s. 0 5/8d.	2s. 3 7/8d.	2s. 9 3/8d.

1346-1347년은 백년전쟁 중에서 가장 격렬한 크레시 전투가 벌어졌던 시기이다. 이때는 흑사병이 프랑스는 물론 잉글랜드에도 전파되어 큰 피해를

1) J. E. T. Rogers, *A History of Agriculture and Prices in England*, vol. I, pp. 232-235.

입음으로써 양국이 전쟁을 일시적으로 중단하기 바로 직전의 시기이다. 양국간에 크레시와 칼레 전투가 격렬하게 벌어진 시기에 밀이나 호밀 그리고 보리 가격이 전년도인 1344-1345년에 비하여 거의 배 정도 인상되었다. 이러한 사실은 분명히 곡물가격 인상과 크레시 전투가 서로 관련성이 있음을 주장할 수 있는 근거이다. 이러한 곡물가격 인상은 1347년까지 지속되다가 그 후 하락하여 안정된다. 그러나 이 시기에 곡물가격 상승은 대기근이나 소기근에 비하여 상대적으로 상승폭이 낮아 그것의 1/3 정도에 지나지 않는다. 이러한 사실은 곡물가격 인상 요인으로서 전쟁이 기근보다 큰 영향력을 발휘하지 못하였음을 알려주는 지표이다. 그러나 범죄 발생 증가 요인으로서의 전쟁은 기근 못지않게 영향력을 크게 발휘하였다. 크레시 전투와 칼레 전투가 일어난 시기에 요크 지역의 범죄 발생 건수는 대기근기나 소기근기 못지않게 크게 증가한다.[1] 특히 크레시와 칼레 원정을 위한 대규모 원정군이 승선하던 때인 1345-1346년에 범죄 발생수가 요크셔와 노퍽에서 급격히 증가하였다.[2] 위의 도표에서 이미 언급한 것처럼, 하나왈트는 크레시 전투 발생기인 1346년에 노퍽과 요크에서 범죄발생건수가 갑자기 증가하는 것으로 주장한다. 즉 노퍽의 경우, 1345년에 범죄발생건수가 34건이다가, 1346년에 156건으로 크게 증가하였으며, 특히 프랑스 원정군의 출발지인 요크의 경우도 1345년에 범죄발생건수가 213건이다가 1346년에 367건으로 증가한다. 그러나 이러한 범죄발생 건수의 증가는 1347년에 이르러 다시 감소세로 돌아섰다. 이러한 현상은 원정군에 사면된 중죄인들이 다수 포함되었기 때문에 나타난 결과일 수 있다. 사면과 군역납부의 관계에 관한 연구는 1339-1340년에 발부된 850건의 사면장을 분석한 히위트(H. J. Hewitt)의 연구로부터 비롯되었다. 이를 근거로 그는 당시 스코틀랜드와 프랑스 원정에서 군역을

---

1) Barbara A. Hanawalt, *Crime and Conflict in English Communities, 1300-1348*, p. 241. (1340-1344년에 171건, 1345-1348년에 230건의 범죄가 발생하였다.)
2) *Ibid.*, p. 235; K. B. McFarlane, "The Hundred Years' War," p. 5.

납부한 군대의 2%에서 12%가 법익박탈자들로 구성되었다고 언급하였다. 그리고 사면된 자들 중에서 살인자들의 비율이 3/4 이상이었다.[1] 그 가운데에서도 특히 요크셔에서의 사면비율이 높았다.[2] 어째서 그럴까? 요크셔가 스코트와의 전쟁은 물론 랭커스터 백작 토마스의 반란 중심지였기 때문이다. 히위트의 주장은 필자의 사면장 조사 결과로 입증된다. '개봉된 국왕의 칙허등기부'에서 1300년 이후 1385년 사이에 살인과 관련된 사면장을 8014건 확인하였는데, 이 중에서 백년전쟁 초기인 1339년에 527건(6.6%)이 분포되어 있다. 특히 잉글랜드와 프랑스 양국 사이에 전투가 치열하게 전개된 시기인 1339년에는 527건(6.6%), 1340년에 224건(2.8%)의 사면장이 살인자들에게 부여되었다. 그러므로 두 해에 걸쳐서 살인자들에 대한 사면장 부여가 751건에 이르러 전체 중에 약 9.4%를 점유하고 있다. 사면된 자들의 대부분은 프랑스와의 백년전쟁 중에서 가장 격렬한 전투가 벌어진 크레시와 칼레 전투에 투입되었다. 국왕을 위해 전투에 참전한다는 조건으로 중죄인을 사면한 에드워드 왕들의 조치는 크나큰 부작용을 낳을 수 있었다. 이러한 문제점은 다음과 같은 하원의 청원 속에 담겨있다. 1347년 국왕과 내각에 불만을 표시한 하원의원들에 따르면, 왕국 내에서 아직도 다수의 살인, 강도, 강간은 물론 여러 가지 비행들이 행하여지고 있는데, 이는 중죄인들에 대한 사면장 부여 때문에 나타난 결과이다. 국왕에게 간청하건대 의회의 동의 없는 사면장을 부여하지 말고 그러한 명령을 내리지 말아주시기 바랍니다.[3] 즉 국왕에게 무분별하게 사면장을 남발하지 말라고 충언한 것이다. 비록 전쟁에 참여할 군역 확보 수단으로 중죄인들에 대한 사면장 남발이 중죄 발생 증가에 유일한 원인이 아니라고 하더라도, 하원의 위와 같은 청원은 바로 중죄인들의 사면이 사회질서 확립에 저해 요인이 되었음을 분명히 표현한 것이다. 그

---

1) H. J. Hewitt, *The Organization of War under Edward III, 1338-1362*, pp. 29-30.
2) Barbara A. Hanawalt, *Crime and Conflict in English Communities, 1300-1348*, p. 236.
3) *Rotuli Parl*iamentorum ut et Petitiones et Placita in Parliamento, II, p. 172.

러나 국왕의 입장에서는 법익박탈자들을 조건부로 사면하여 전투에 투입함으로써 잉글랜드 내에 범죄인들의 수를 감소시켜 범죄발생의 위험인자를 제거하는 효과를 기대하였을 것이며, 또한 임금을 지불하지 않고도 전쟁에 투입할 병력확보라는 잇점을 얻을 수 있었다. 그러나 1347년 칼레 포위 공격에 참전하였던 군대가 잉글랜드로 귀환한 이후 잉글랜드에서는 범죄가 증가하였다. 하나왈트의 연구에 따르면, 1340-1348년 사이에 범죄 발생 빈도가 1330년대보다 더 높았다. 만약 이것이 사실이라면, 백년전쟁과 범죄 발생 증가와의 연관성은 분명히 존재한다.

1356-1359년에 베드퍼드셔(Bedfordshire)의 치안판사들의 재판 결과를 분석한 결과, 불법침해로 207명이 기소되었다. 이들 중에 치안판사의 재판에서 200명이 다루어졌는데, 그 결과 168명은 벌금형, 24명은 법익박탈, 8명은 무죄 방면되었다.[1] 전체 중에서 84%가 벌금형으로서 처벌을 받았다. 이는 불법침해죄에 대한 처벌법은 벌금형이었음을 알 수 있게 한다. 이러한 일반화는 농민봉기 이후에 재판 결과에도 그대로 반영되었다. 그러나 지역과 시기에 따라서 범법자들의 구성 비율이나 그들에 대한 처벌에 있어서 차이가 있었다. 1377-1397년에 워윅셔와 코벤트리 시의 치안판사의 기록에 따르면, 231명이 중죄로 기소되었다. 그들 중에서 후에 운명이 알려진 자가 169명인데, 그 중에 86명은 법익박탈되고 44명은 무죄, 16명은 사면, 13명은 교수형에 처해졌다.[2] 이에 따르면 231명 중에 알려지지 않은 자 62명을 제외한다면, 법익박탈자의 비율이 51%을 점유하고 있다. 백년전쟁기에 이 지역에서의 법익박탈자의 비율은 다른 시기나 지역보다 훨씬 높다. 또한 무죄 비율도 26%에 이르러 상당히 높은 편이다. 한편 교수형의 비율도 7.7%로서 상대적으로 높은 편이다. 이 조사에 따른다면, 백년전쟁기에 워윅셔와

---

1) J. G. Bellamy, *Crime and Public Order in England in the Later Middle Ages*, p. 159.
2) E. G. Kimball, ed., *Rolls of the Warwickshire and Coventry Sessions of the Peace* 참조.

코벤트리 시에서 중죄인들에 대한 처벌이 매우 엄하였다고 말할 수 있다. 이러한 주장은 1396년 링컨셔에서 열린 중죄인에 대한 처벌 결과와 비교하여 볼 때 설득력이 있다. 1396년 부활절에 링컨셔에서 국왕의 재판관들이 중죄인으로 고소된 자들 224명을 소환하였다. 그러나 이 중에서 53명은 분명하지 않은 이유로 법정에 출두하지 않았고, 117명은 법익박탈되었다. 법익박탈자가 전체 중에서 52%를 점유한다. 한편 42명은 무죄 방면되어 법정에 출두한 자들 가운데에서 무죄 방면된 자들이 차지하는 비율이 35.9%로서 상당히 높은 편이다. 한편 11명은 사면되었는데, 사면율이 6.4%에 이른다. 그리고 유죄선고를 받아 교수형으로 처벌한 자는 한 명도 없었다. 한편 위에서 언급한 두 가지 사례를 서로 비교하여 보면, 링컨셔에서 무죄 선고 비율이 약 10% 정도 높고, 나머지 법익박탈율이나 사면율은 큰 차이가 없이 거의 유사하다. 이러한 차이는 워윅셔와 코벤트리 시에서 교수형 비율이 7.7%에 이르렀으나, 링컨셔에서는 교수형에 처해진 자가 한 명도 없는 것으로부터 나온 결과이다. 한편 이곳에서 우리가 간과해서는 안 되는 사실이 있다. 범법자들의 법정 불출두율이 높다는 점이다. 위에서 언급한 두 경우에 국한시켜 보면 워윅셔와 코벤트리 시에 재판에서는 62명(27%)이, 그리고 링컨셔에서는 53명(24%)이 법정에 출두하지 않았다. 법정에 출두하지 않은 범죄용의자들의 비율이 상당히 높은 편이다. 이는 당시 사회질서 유지와 깊은 관계가 있는 문제이다. 사실 재판관들이 당면한 가장 큰 문제는 범죄용의자들을 법정에 출석시키는 일이었다. 심지어 범죄용의자 중에서 80% 이상이 재판관의 소환에도 불구하고 법정에 출두하지 않은 경우도 있으며, 중죄로 기소된 자들 중에 절반 정도가 소재 불명인 경우도 흔한 일이었다.[1] 특히 백년전쟁으로 인한 정치적이고 사회적인 혼란, 그리고 법원 관리들의 부패가 범죄용의자들의 법정 불출두와 깊은 관련성이 있을 것이다. 사실 범

1) J. G. Bellamy, *Crime and Public Order in England in the Later Middle Ages*, p. 158.

죄용의자들의 법정 불출두와 도피는 또 다른 범죄 발생의 원인이 될 수 있기 때문에 그 자체가 사회질서 유지에 바람직하지 못한 요인이었다. 만약 도피자들이 도피 중에 또 다른 범죄를 범한 사실에 대한 보다 자세하고 구체적인 연구가 이루어진다면, 그러한 가정은 보다 분명하게 밝혀질 수 있을 것이다.

제 10장:

맺는말

맺는말

일반적으로 역사학자들은 물론 법학자들이나 사회학자들도 전쟁, 내란, 역병, 반란 등과 같은 사회구조를 뒤흔들 정도의 대형 사건이 발생하면 기존의 사회질서가 무너지고, 뒤이어 그것을 대체할 새로운 사회질서가 형성되는 과정에서 일어날 수 있는 혼란을 틈타서 여러 가지 형태의 범죄가 이전보다 더 많이 발생한다고 주장한다. 필자는 이러한 일반론이 과연 중세 잉글랜드 사회에도 적용될 수 있는가를 본 저서에서 검토해 보았다. 이를 위해 14세기에 발생한 일곱 가지 형태의 중죄와 주로 벌금형에 처한 불법침해죄에 대한 일반적 특징을 검토하고, 이러한 범죄를 범한 자들에 대한 처벌이 어떻게 이루어졌는지를 살펴보았다. 한편 왕권강화와 직결되는 문제인 국왕의 사법권 강화가 중앙법원과 지방법원에서 어떤 과정을 통해서 이루어져 나갔는지도 조사하였다. 보통법의 발달과 함께 다양한 형태의 순회재판제도의 발전은 국왕의 사법권이 지방에까지 미쳐서 지방분권적 통치형태를 극복하고 중앙집권적 통치체제로 넘어가는 과도기적 정치구조인 봉건왕정의 형성에 기반이 되었다.

14세기 잉글랜드에서는 사회의 기본질서를 변화시킬 정도로 큰 영향을 끼친 사건들이 많이 일어났다. 1315-1316년 사이에 전체 인구의 약 10% 정도가 기아로 사망한 대기근의 발생, 1321-1322년에 일어난 소기근은 물론 랭커스터 백작 토마스의 반란, 그리고 끊임 없이 잉글랜드 북부를 침입한 스코트와의 계속된 전쟁, 에드워드 2세에서 에드워드 3세로 통치권이 넘어가는 과정에서 나타난 정치적 혼란과 지배구조의 변화, 전체 인구의 약 1/3 정도가 사망하여 사회구조는 물론 이념적 틀에 큰 충격과 변화를 가져다 준 1348-1349년 사이에 발생한 흑사병, 기존의 사회질서와 경제구조의 근간을 뒤흔들어 놓고, 새로운 사회질서 수립을 위한 출발점이 된 1381년에 발생한 농민봉기, 잉글랜드와 프랑스 왕조 간에 장기간에 걸쳐서 일어난 백년전쟁은 잉글랜드의 정치·경제·사회적 질서를 근본적으로 변화시킬 정도로 큰 충격을 준 사건들이다. 일반론에 따른다면, 이러한 사건들이 발생한 시기에 범죄발생도 증가하여야 한다. 과연 그럴까? 이에 대한 해답을 얻기 위하여 여러 가지 사료를 조사한 결과, 필자는 다음과 같은 결론에 이르렀다.

1315-1316년 대기근과 1322년 소기근이 도래하였을 때에 귀족, 고위성직자, 부유한 평민들은 그들이 과거부터 시행하여 내려온 자선활동을 중단하고 가구 소비를 축소시킴으로써 기근의 재난을 극복하려고 노력하였다. 그러나 도시빈민이나 빈농은 높은 물가와 흉년을 극복할 별다른 수단을 가지고 있지 못하였다. 그러므로 그들은 최악의 상황에 처하였을 때에 가진 자들을 약탈하여 생계를 이어가거나 아니면 굶어 죽는 수밖에 없었다. 이러한 점을 전제할 때, 기근과 빈곤과 범죄가 서로 관련성이 있을 것이라고 가정하게 된다. 그리고 이와 같은 가정은 다음과 같은 사실을 통해서 확인된다. 1316-1317년 캔트 주의 치안판사들이 법원에서 다룬 범법행위 중에서 단순절도와 가옥침입절도가 가장 높은 비중을 차지하였는데, 76건의 소송 중에서 26건(34.2%)이 식량 절도와 관련되어, 그 비중이 높았다. 기근과 식량절도와의 관련성은 기근이 발생하기 직전인 1314년에 노샘프턴 주에서 치안판사가 심리한 269건의 범죄 중에서 식량 절도와 관련된 범법행위가 18건(6.7%)에 지나지 않았던 사실을 위에서 언급한 캔트 주의 경우와를 단순 비교하여 봄으로써 이해할 수 있다.

그러나 기근이나 흑사병 발생과 같은 사회변동 때문에 모든 곳에서 동일하게 범죄발생율이 증가하는 것은 아니다. 필자는 대기근기에 요크 주에 위치한 웨이크필드 장원에서의 에일 양조와 판매와 관련된 범법행위의 증감을 조사하였다. 그 결과, 기근과 범죄발생 증가가 서로 비례하지 않음을 확인하였다. 그러므로 기근이 발생한 시기에 범죄발생도 반드시 증가한다는 일반화는 최소한 요크 주에 위치한 웨이크필드 장원에는 적용할 수가 없다. 또한 웨이크필드 장원에서 발생한 귀리와 호밀과 같은 곡물의 불법점유로 인한 불법침해 사건과 흑사병 발생과도 직접적인 관계가 없었다. 또한 흑사병 발생 전후에 웨이크필드 장원에서 제기된 부채소송의 증감을 비교하여 본 결과, 흑사병 발생 이전에 비하여 흑사병 발생 이후에 부채소송 건수가 큰 폭으로 감소하였다. 물론 이러한 변화는 많은 사람들이 흑사병 때문에 사망한 결과로 추정할 수 있지만, 최소한 사회변동이 일어나면 범죄도 증가한다는 일반론적 주장에 대한 문제점을 제기할 근거로 이용될 수는 있다.

1349년 1월 8일부터 12월 22일까지 웨이크필드 장원법원에서 재판소가 모두 31회가 열렸으며, 법정에서 위반자들로부터 징수한 벌금액이 31파운드 9쉴링 18펜스에 이른다.[1] 또한 1350년 1월 7일부터 12월 23일까지 34회의 법정이 열려 징수한 벌금액은 28파운드 15쉴링 1페니에 달한다.[2] 이러한 두 가지 사실에 따른다면, 흑사병이 크게 창궐하였던 1349년에 벌금징수와 흑사병의 영향으로부터 벗어나기 시작한 1350년의 벌금징수와는 큰 차이가 없다. 또한 1년 동안 열린 법정이 1349년에는 31회였는데, 1350년에는 34회의 법정이 열려 법정 개정 횟수도 큰 차이가 없었다. 그러므로 법정의 개정과 위반자들로부터 징수한 벌금액만을 대상으로 할 때, 최소한 웨이크필드 장원에서는 범죄와 흑사병과 무관한 것처럼 보인다. 흑사병 때문에 장원법원이 관습적으로 정해진 시간에 열리지 않은 경우도 있고, 부채 청산도 이루어지지 않아 법정에서 채무자들에게 벌금을 가장 많이 부과한 경우도 있으며, 장원을 이탈하는 소작인들을 토지에 묶어두려고 지대도 감면하여 준 경우도 있다.[3] 그러나 이러한 사실들이 웨이크필드 장원에서 흑사병

---

1) Moira Habberjam, Mary O'Regan and Brian Hale, ed., *The Court Rolls of the Manor of Wakefield from October 1350 to September 1352*, pp. 54-162.
2) *Ibid.*, pp. 1-53.
3) *Ibid.*, pp. 9, 12, 23-24, 60.

때문에 발생한 변화가 범죄발생 증감과는 직접적인 관련성이 없다는 주장에 손상을 입히지는 않는다.

그렇다고 사회변동이 일어날 정도로 큰 영향을 끼친 사건이 발생하면, 그에 따라서 범죄발생 건수도 증가한다는 일반론적 주장이 완전히 잘못된 것은 아니다. 하나왈트의 연구에 따르면, 대기근의 피해와 함께 스코트의 잦은 침입과 랭커스터 백작 토마스가 반란을 일으킨 거점이었던 요크셔의 경우, 1315-1319년 사이에 범죄발생 건수가 236건으로 조사 대상으로 삼은 8개 주 가운데 가장 많았다. 그리고 로저스와 파머가 조사한 곡물가격도 대기근기인 1315-1316년에 가장 높았다. 이에 따른다면 대기근과 스코트의 침입 시기에 범죄발생율도 매우 높았으며, 곡물가격도 높게 상승하였다는 일반론을 수용할 수 있다. 한편 1342-1347년 백년전쟁 초기에 범죄발생율이 10년 전인 1330년대보다 잉글랜드의 모든 주들에서 더 높았다. 특히 1345-1346년에 크레시 전투에 파견될 원정군이 승선한 요크와 노퍽 지방에서 범죄발생 건수가 급격하게 증가한다. 당시 원정군의 약 12%가 법익박탈자들로 구성되었으며, 범법행위를 사면 받아 전투에 참전한 자들 중에서 살인범의 비율이 3/4 이상이었다는 사실은 그러한 범죄발생 건수의 증가 이유를 설명할 수 있는 근거가 될 수 있다. 한편 기근이나 전쟁이 발생한 시기에 범법자들에 대한 유죄평결율도 높았다. 예컨대 하나왈트의 주장에 따르면, 이스트 앵글리아 지방을 대상으로 한 연구에서 대기근기에 강도발생율과 강도혐의자들에 대한 유죄평결율이 그 이전에 비하여 상대적으로 높았다. 1308-1316년까지 노퍽 주의 미결수 감옥재판기록에 따르면, 강도혐의자로 기소된 48명 가운데, 15명(31.2%)은 무죄석방, 14명(29.1%)은 유죄로 평결되었다. 그러나 대기근기인 1316년에 노퍽 주에서 강도혐의자에 대한 유죄평결율이 33.8%에 이르렀고, 이에 더하여 배심원이 파견되지 않아 사실심리가 유보되었던 자들 12명을 고려한다면, 대기근기에 강도혐의자들에 대한 유죄평결율이 더 상승할 수 있으며, 이는 1308-1316년에 비해 거의 10% 정도가 높았다. 그 이유는 기근과 관련이 있을 것으로 추정된다. 이러한 점은 기근이나 전쟁 발생 시기에 범죄증가율이 상승한 것에 비례하여 범법자들에 대한 처벌도 강화되었음을 뜻한다.

하나왈트는 포스탄, 티토, 베브릿지(William Beveridge) 등의 인구증감과 물가변화에 근거하여, 곡물가격, 특히 밀 가격의 변동과 범죄의 증감이 서로 관련성이 깊다고 주장한다. 그녀는 1300-1348년에 노퍽, 요크, 에식스, 헤리퍼드의 밀 가격 변동과 범죄의 증감을 비교하여 밀 가격 상승과 범죄의 증가는 서로 연관성이 강하게 존재한다는 주장[1]을 한 것이다. 그러나 하나왈트가 연구 대상으로 삼은 다른 주들, 예컨대 노샘프턴, 헌팅돈, 서리, 서머싯에는 그녀의 주장이 그대로 적용되지 않는다는 문제점이 있다.[2] 그러므로 이곳에서도 곡물가격 상승과 범죄발생 증가가 상관성을 갖는다는 일반화가 지닌 문제점을 확인할 수 있다. 필자는 기근으로 인한 빈곤이 범죄발생의 한 원인임을 여러 차례 강조하였다. 그러므로 만약 기근의 정도를 파악할 수단으로서 곡물가격 변동을 조사하였다면, 그것도 하나의 방법이 될 수는 있다. 그러나 그와 같은 방법론에는 여러 가지 예외적 사실들이 나타날 수 있다. 왜냐하면 곡물가격 상승 자체가 범죄를 유발시킨 유일한 이유가 아니기 때문이다. 오히려 곡물가격 상승은 부유한 영주들이나 농민들은 물론 외국으로부터 곡물을 구매하여 국내에 판매한 곡물상에게는 부를 더욱 확대하여 나갈 수 있는 좋은 기회가 될 수도 있다. 물론 이때 이들이 곡물가격의 불안정을 틈타서 매점매석을 하였다면, 이 또한 불법침해를 범하는 것이다. 그러므로 그들에 의한 범법행위가 증가할 가능성은 있다. 그러나 기근이라는 본질적인 문제를 고려하지 않은 가운데 곡물가격 변동만을 조사하여 이를 범죄 발생 증가 여부와 관련시키는 것은 잘 못된 방법론이라고 지적할 수 있다. 이러한 비판의 근거는 다음과 같은 사실에 근거한다. 이미 필자가 조사한 웨이크필드 장원에서 흑사병이 유행하던 시기에 흑사병과 범법행위

1) Barbara A. Hanawalt, *Crime and Conflict in English Communities, 1300-1348*, pp. 242-243, 254.

2) *Ibid.*, pp. 244-250.

의 증감과는 연관성이 없음을 확인하였다. 특히 흑사병 발생과 곡물가격, 특히 밀 가격의 변동과는 아무런 관계가 없었다.[1] 그러므로 14세기 잉글랜드에서 일어난 범죄발생 증가는 단순히 곡물가격 상승이라는 경제적 문제 때문만이 아니라 기후 변화로 인한 기근의 발생이라는 자연재해와 함께 전쟁과 내란이라는 정치적 문제가 가중되었기 때문에 나타난 현상으로 이해하여야 할 것이다.

중세사회는 변화를 두려워 한 정체된 사회는 물론 아니다. 그러나 사상뿐만 아니라 정치적인 영역에서도 기독교의 영향을 크게 받았던 중세사회는 종교가 지닌 특성 때문에 변화에 대한 두려움 속에 갇혀 있었다. 사실 종교로서 기독교와 기독교 공동체를 이끈 고위성직자들이 중세사회의 변화와 발전을 선도하였던 것이 아니라 오히려 그들은 기존의 집단주의적 사회질서 속에서 자신들의 폐쇄적인 영역을 지키려고 노력하였기 때문에 변화가 쉽게 일어날 수 없었다. 그들은 사회변화 속에서 자신들의 특권과 지위가 침해될 것을 두려워 한 것이다. 중세사회가 발전하려면 바로 변화에 대한 두려움으로부터 벗어나야 했다. 물론 중세사회의 대표적 유산인 고딕양식, 대학, 스콜라 철학 등은 바로 변화를 추구한 정신 속에서 싹터 나온 창조적 산물이다. 그러나 이러한 작은 변화 속에서도 여전히 변화를 두려워 한 중심 세력들이 건재하였다. 그 중심에는 봉건 영주들, 세속 정치에 개입하여 그들의 정치적 특권을 누린 고위성직자들, 무력을 독점하면서 봉건적 계서제의 한 축을 담당한 기사계급이 있었다. 이러한 가운데 경직된 사회에 변화의 바람을 일으켜 새로운 사회건설 수립을 촉구한 것이 바로 농민봉기이다. 비록 농민봉기를 통하여 새로운 사회 수립에는 실패하였다고 하더라도, 그 정신은 중세 말 잉글랜드 사회가 나아가야 할 길을 열었으며, 근대사회는 바로 그러한 정신의 실현과정이었다. 당시 사회체제로 볼 때 하찮은 하위성직자인 존 볼의 "아담이 밭갈이 하고 이브가 길쌈할 때 누가 귀족이었나?"라는

---

1) J. E. T. Rogers, *A History of Agriculture and Prices in England*, vol. I, p. 232.

외침 속에서 기존의 집단주의적 사회질서를 무너트리고 변화하는 새로운 사회건설을 위한 출발점을 찾을 수 있었다. 흑사병 발생 이후에는 농민들이 장원의 규제를 벗어나고, 영주권에 저항하였으며 공동체의 권리와 규제를 위반하는 경향이 두드러지게 나타난다. 이러한 변화는 흑사병 이후의 범죄와 범죄 발생의 특징에서 감지된다. 결국 농민들의 영주에 대한 저항도 이러한 배경 하에서 일어난 것이다. 이러한 변화 속에서 만약 흑사병 발생 이후 잉글랜드에서 새로운 사회건설을 위한 노력이 있었다면, 집단주의를 대체할 새로운 이념이 필요하였을 것이고, 그것은 '사회적'인 것에 대칭되는 '개인적'인 것이 아니라 개체에 대한 강조가 주어진 개인주의적 성향일 것이다. 이러한 성향은 근대 잉글랜드 사회를 이끌 새로운 이념으로 서서히 성장하여 나갔다.

흑사병과 농민봉기의 발생과 같은 잉글랜드 사회에 큰 충격을 주었던 사회적 문제와 에일 양조와 판매, 포도주 판매, 부채소송과 같은 불법침해죄 발생의 증가와는 직접적인 연관성이 없었음을 웨이크필드 장원법원문서나 런던의 순회재판기록을 통하여 확인할 수 있었다. 그렇다면 에일 양조와 판매 위반 사건의 증감과 관계가 있는 요인은 무엇일까? 곡물가격의 변동, 그 가운데에서도 특히 보리나 귀리 가격의 변동과 에일과 관련된 범법행위의 증감이 서로 관계가 깊다. 에일은 맥아로 양조한다. 그런데 에일 양조의 원료인 맥아는 주로 보리로 만들지만, 때로는 귀리로 만들기도 하였다. 그러므로 보리 가격의 변동이 에일가격의 등락을 결정한 중요 변수이다. 만약 맥아 가격이 크게 상승한다면, 에일판매업자들은 에일의 농도를 약하게 만들어 더 많은 이익을 얻으려고 하거나, 혹은 법으로 정해진 가격 보다 판매가격을 인상하여 이익을 취하려고 할 것이다. 또한 곡물가격의 등락에 따라서 영주들은 물론 농민들의 농업소득의 등락도 결정된다. 그러므로 영세 농민들이 곡물수확을 기대하면서 농업에 필요한 자금을 빌려서 투입하였을 때, 흉년 때문에 기대한 만큼 농업소득을 얻지 못하면 결국 농업에 투입된 자금의 상당 부분은 고스란히 부채로 남게 된다. 그러므로 만약 흉년이 들면 자연스럽게 농민들의 부채는 증가하게 되고, 이에 따라 부채소송도 증가할 것이다. 따라서 기근과 부채소송의 증감과는 서로 연관성이 있다. 이는 웨이크필드 장원에서 확인된 사실이다.

1300년에서부터 1385년까지의 '개봉된 국왕의 칙허 등기부'에 기록된 범죄와 범법행위를 분석한 결과, 살인, 강도, 절도, 강간, 방화와 같은 5대 중죄도 많이 등장하지만, 무엇보다도 많은 것이 불법침해이다. 중죄인들이나 불법침해범들에 대한 처벌은 사회질서 유지와 사회정의 실현을 위해 필요하다. 위에서 이미 언급한 것처럼 불법침해의 범위는 넓다. 그런데 그 중에서도 가장 자주 그리고 광범하게 언급된 문제는 부채소송이다. 다른 범법행위와 마찬가지로 부채소송도 법정에서 다루었다. 그러므로 피고소인이 부채소송에 관하여 답변하려고 법정에 출두하지 않을 경우에는 법익박탈되었다. 법익박탈은 단순한 사법적 제재의 수단이 아니라 그에 더하여 재산권을 제약당한 처벌이었다. 따라서 법익박탈을 면해 주는 것은 곧 재산권 회복을 의미한다. 법정 불출두로 인하여 법익박탈되는 경우는 부채소송뿐만 아니라 다른 재산권 침해 소송에서도 나타난다. 이러한 필자의 주장은 1300년에서부터 1385년까지 85년 동안에 '개봉된 국왕의 칙허 등기부'에서 확인된 각종 불법침해 사건 중에서 부채소송이 1610건으로 가장 많았다는 점에 근거한다.[1)]

---

1) '개봉된 국왕의 칙허 등기부'를 사료로 이용하는데 다음과 같은 문제점이 있다. 첫째, 한 사건에 대한 중복 언급이 곳곳에서 나타난다. 따라서 범죄에 대한 통계를 내는데 어려움이 뒤따른다. 필자는 중복 언급을 구분할 수 있는 한에 있어서 중복 언급된 사면장은 사건별로 통계치를 작성하는 데에서 제외시키려고 노력하였다. 그러나 혹시 필자의 착오로 인하여 중복 계산된 경우도 있을 수 있다. 그럼에도 불구하고 그 수는 많지 않을 것이며, 전체 통계치를 계산하는데 큰 영향력을 미치지는 않을 것이다. 둘째, 사면장에 언급된 사건들은 사면장에 기록된 일자보다 대체로 4-6개월 전에 발생한 것이 대부분이다. 그 기간을 길게 잡아야 1년 전에 발생한 사건이다. 1년에 1-2번 정도 지방을 순회하면서 재판한 국왕의 순회재판관들의 활동 결과가 기록된 것이 사면장이기 때문이다. 그러나 문제는 10년이나 20년, 심지어 30년 전에 일어난 사건에 대하여 사면한 기록이 등장하는 점이다. (*Calendar of Patent Rolls 1381-1385*, p. 391; *Calendar of Patent Rolls 1377-1381*, p. 391.) 이러한 문제점을 지닌 경우는 극소수이고 대부분의 사면장은 당해 연도에 일어난 사건에 대한 사면을 기록한 것이다. 그러므로 1년 단위로 사건을 분류하여 통계치를 작성하고, 그에 따라서 사건의 특징을 이야기하는 데에는 큰 장애가 되지 않는다.

중죄와 경범죄에 대한 사면건수를 비교하여 봄으로써 간접적으로나마 당시 사회상을 이해할 수 있다. 1300년부터 1385년까지 '개봉된 국왕의 칙허 등기부'에 따르면, 중죄에 해당하는 살인, 강도, 절도, 강간, 방화, 반역, 화폐위조범에 대한 사면건수가 각각 8014건, 474건, 638건, 204건, 34건, 522건, 38건으로서 모두 9924건에 이른다. 이에 비하여 불법침해에 속한 국왕의 재산권 불법침해, 국왕의 산림지에서 불법사냥이나 재목이나 나무의 불법채취[1], 법정 불출두나 소환불응, 원인을 적시하지 않은 불법침해 사건, 회계부정, 부채 등에 대한 사면장은 각각 1609건, 353건, 2152건, 1175건, 872건, 1610건등으로서 모두 7771건에 이른다. 이에 따르면 교수형에 처할 수 있는 중죄인에 대한 사면과 벌금형에 처해진 불법침해범에 대한 사면장 부여 비율이 9924 : 7771건으로서 중죄인에 대한 사면이 2153건이 더 많다. 그렇다면 불법침해보다 사회불안을 더욱 조장할 수 있는 중죄인들에 대한 사면이 많은 이유는 무엇일까? 특히 에드워드 1세부터 에드워드 3세 통치기까지 중죄인에 대한 사면율이 높은 이유는 무엇일까? 중죄인에 대한 사면 이유는 다음과 같은 몇 가지를 열거할 수 있다. 첫째, 가장 중요한 이유는 약속된 기간 동안 국왕에게 군역을 납부한다는 조건으로 중죄인을 사면한 경우이다. 에드워드 왕들의 통치기에 외적으로는 스코틀랜드, 프랑스, 아일랜드, 웨일스 등과의 전쟁으로 막대한 전비와 군사들이 필요하였다. 그러나 국왕은 자신이 보유한 군대만 가지고는 전쟁을 벌일 수가 없었다. 그래서 국왕은 자신의 전쟁에서 필요한 군역의 상당 부분을 봉신들에게 의존하였으나, 국왕의 요구에 대하여 백작과 같은 대봉신들이 순조롭게 군역을 납부하지는 않았다. 1310-1311년에 단행된 에드워드 2세의 스코틀랜드 원정에 대귀족들 대부분이 합류를 거부하였다. 또한 막대한 사병을 거느린 에드워드 2세의 사촌인 랭커스터 백작과 워릭 백작은 1314년에 스코틀랜드와 싸운 배넉번 전투에 참여하기를 거부하였다. 이러한 이유 때문에 국왕이 봉신들에게 의존한 군사적 의존성의 과감한 탈피

1) 대헌장 44조, 47조, 48조에 자세히 언급되었다.

가 필요하였고, 이는 에드워드 1세 시대부터 중죄인들을 사면하여 주는 대신 군역을 납부한 제도를 시행한 계기가 되었다. 스코틀랜드의 독립전쟁, 스코트를 정복하기 위한 아일랜드 원정, 프랑스와의 백년전쟁 등 대외적 전쟁이 끊임 없이 계속되었고, 이때마다 적극적으로 중죄인들을 일정한 조건하에 사면하여 전투에 참여시켰다. 예컨대 1318년은 스코트의 아일랜드 침입과 관련하여 군사력의 증강이 필요하였을 뿐만 아니라 소기근기인 1321-1322년에 발생한 랭커스터 백작 토마스의 반란을 진압하기 위해서도 많은 병력이 필요하였다. 그래서 국왕은 중죄인 790명을 사면하여 주는 대신 필요한 군역을 확보하였다.[1] 중요한 전투가 벌어진 시기에 중죄인들에 대한 사면이 매우 많았다는 사실로 에드워드 왕들의 중죄인 사면 정책의 본질이 증명된다. 1327년 3월부터 6월 사이에 군역납부와 에드워드 3세의 즉위에 따른 특별사면이 전체 사면 중에서 67%에 이를 정도로 많았다. 한편 백년전쟁 초기인 1339년에 군역납부를 조건으로 한 중죄인 사면이 520건, 1340년에 120건에 이르러 전체 사면자 중에서 44.2%를 점유한다. 프랑스와의 크레시 전투[2]와 스코트와의 네빌스 크로스(Neville's Cross) 전투가 벌어진 1346년과 프랑스와 칼레 전투가 벌어진 1347년에 중죄인을 사면하여 전투에 참여시킨 건수가 187건과 303건에 이르고, 가장 많은 시기는 프랑스와의 전투에 필요한 병력 확보를 위해 1360년에 428명의 중죄인을 사면한 경우이다. 1300년부터 1350년까지 '개봉된 국왕의 칙허 등기부'에 따르면, 이 기간 동안에 살인범들에 대한 사면이 1448건 있었는데, 이는 전체 살인 사건 중에서 46.8%에 이를 정도로 많은 수이다. 한편 사면의 대가로 군역납부를 약속한 자가 정해진 기간 내에 정해진 장소를 이탈하는 경우도 많았다. '개봉된 국왕의 칙허 등기부'에서 필자는 모두 157건의 계약기간 이행 위반자들에 대한 처벌을 확인하였다.[3] 만

1) *Calendar of Patent Rolls 1317-1321*, p. 227.
2) 에드워드 3세는 1346년에 만 명의 군대를 이끌고 직접 도버 해협을 건넜다.
3) '개봉된 국왕의 칙허 등기부'에서 필자가 확인한 바에 따르면, 국왕과 계약한 기간 이전에 군역납부 장소로부터 이탈한 기록이 처음 나타난 것은 백년전쟁기인 1357년이다.

약 계약사항을 이행하지 않을 경우에는, 법익박탈되고, 또한 계약 자체가 해지되는 것이기 때문에 본래의 중죄에 대한 처벌을 감수하여야 하였다. 둘째, 중죄인의 사면은 '아무개의 간청에 의해서' 이루어지기도 하였다. 물론 군역납부를 담보로 사면하는 경우보다 그 수가 적다. 그러나 보통법에 따라서 교수형에 처할 수 있는 중죄인들을 왕비나 국왕의 형제자매들, 친족, 백작, 주교 등과 같은 통치권자의 주변 인물들의 요청으로 중죄인에 대한 형벌을 사면한 것은 국민들의 일반의지를 벗어난 통치행위였다. '아무개의 요청으로' 중죄인들을 사면한 수가 1346년에 40명, 1347년에 49명, 1379년에 95명, 1380년에 73명 등으로 분포되어 있다. 그런데 이 시기는 프랑스와의 전쟁이 격렬하였을 때이다. 1300년부터 1385년까지 '개봉된 국왕의 칙허 등기부'에서 확인된 반역자의 총 사면건수가 522건인데, 그 중에서 소기근과 랭커스터 백작 토마스가 반란을 일으켰던 시기인 1322년에 72건(13.8%)과 에드워드 3세가 즉위한 시기인 1327년에 207건(39.7%)으로서 절대 다수를 점유하고 있다. 특히 1326년과 1327년에 단행한 사면은 대부분 랭커스터 백작 토마스, 헤리퍼드 백작 험프리, 에식스 백작 로저와 같은 반란 세력을 지지하고 협력하였던 자들에 대한 특사이다. 셋째, 기독교 정신을 자신의 통치에 이용하려는 에드워드 왕들의 시도가 엿보인다. 예수가 십자가에 못 박혀 죽은 요일인 금요일을 교회에서는 신성시한다. 따라서 중세 교회에서는 예수의 수난을 기억하고자 단식과 금육으로 이날을 지내면서 성금요일(Good Friday)이라고 매우 중요시하였다. 그리고 성금요일의 중요성을 기억하고자 중죄인들을 자주 사면하였다.[1] 비록 기독교 정신이 용서와 화해라고 하더라도, 중죄인들을 기독교 축일을 기념하여 그들의 죄에 대한 처벌을 사면한 것은 기독교 정신을 국왕

물론 스코틀랜드에서 군역납부를 이행하지 않고 이탈한 경우도 있으나, 주로 프랑스에 파견된 자들의 계약위반에 관한 사항들이다. 1357년 이후부터 필자가 연구대상으로 삼은 1385년까지 매년 위반자들에 대한 기록이 있는 것으로 보아 백년전쟁 내내 군역납부 계약 위반은 있었다.

1) *Calendar of Patent Rolls 1381-1385*, p. 564. (성금요일임을 고려하여 지난 농민봉기 때에 절도죄를 범한 윌리엄을 은닉한 죄를 범한 아담에게 사면함.)

의 통치행위에 이용한 것이다. 이와 같은 방법으로 범법자들을 대량으로 사면하여 국왕의 전쟁에 동원한 것은 한편으로는 범법자들을 국내에서 일시적으로 소개시킴으로써 범죄발생의 빈도수를 감소시킬 수 있었다는 낙관론이 있을 수 있으나, 다른 한편에서 보면 전쟁이 끝난 후 본국으로 귀환한 범법자들에 의해서 범죄행위가 저질러져 범죄가 증가할 수도 있다는 문제점도 있다. 그러므로 이러한 에드워드 왕들의 범법자들에 대한 사면 정책은 사회질서 유지에 큰 도움이 되지는 않았을 것이다.

이와 같은 지나친 사면 정책에 더하여 중죄인들에 대한 교수형 처벌율도 매우 낮았다. 범법자들에 대한 중형선고율이 낮은 것은 13세기 만의 상황이 아니다. 14-15세기에서도 중죄인들에 대한 처벌 수준이 13세기와 유사하게 나타난다. 특히 중죄인에 대한 교수형 처벌율이 매우 낮은 편이다. 그 원인은 여러 가지가 있겠으나, 필자가 생각하는 가장 중요한 이유는 다음과 같다. 중죄를 범한 후 도피한 죄인들에 대한 체포율이 낮았으며, 더구나 범행 후 교회를 비롯한 성역으로 도피한 자들에 대한 추방령이 문제의 핵심이다. 한편 성직자들의 범죄율과 처벌율이 높은 점 또한 사회질서 유지에 부정적인 작용을 하였다. 성직자들이 세속인과 다른 것은 고도의 종교적이고 도덕적 계율에 따라서 생활함으로써 세속인들에게 모범을 보인다는 점이다. 그런데 범법자가 스스로 성직자임을 주장하는 경우가 많았다. 이는 세속인들과는 달리 세속법에 의한 처벌이 면제된 성직자들에게 주어진 특권을 주장하기 위함이었다. 마지막으로 사회질서 수립에 부정적인 영향을 끼친 것은 바로 죄수들의 탈옥과 탈옥 후 성역으로의 도피이다. 위에서 언급한 것처럼 살인용의자들이 법정에 출두하지 않고 도피한 비율이 30%를 넘을 뿐만 아니라 탈옥도 자주 발생하였다. 당시 중죄인들의 대부분은 뉴게이트 감옥에 투옥되었으며, 그곳으로부터의 탈옥에 관한 사실들이 다수 나타난다. 이에 더하여 범죄자가 자신의 집에 갇혀 있다가 탈옥하거나 주지사의 집에 갇혀 있다가 탈옥하는 등 뉴게이트 감옥이 아닌 장소에서 탈옥한 경우도 있다. 한편 추방령을 기대하고 성역에 들어가서 기다리는 동안 성역으로부터 몰래 탈출하여 도피한 경우도 많다. 이처럼 죄수들의 탈옥이 빈번하고 추방령을 통해 중벌을 피하려고 성역으로 도피하였던 자들이 감시가 소홀한 틈을 타서 성역을 탈출한 사건이 빈번하였던 점은 당시 죄수들의 관리가 허술하였던 점을 나타내는 것이다. 이 또한 사회질서 유지에 큰 저해 요인이 되었음에 틀림없다. 사실상 범법자들의 엄한 처벌을 통하여 사회질서를 바로 세우고, 다시는 그와 유사한 범죄가 발생하지 않도록 예방하기 보다는 범법자들의 동산을 몰수하여 국왕의 소유로 한 당시의 제도가 국왕, 주지사, 런던시장 및 영주들에게는 더 매력적인 일일 수도 있었을 것이다.

국가는 법에 따라서 모두가 수긍할 수 있는 원칙에 따라서 통치하여야 하는 '법치주의'가 지배하여야 함은 중세 잉글랜드나 오늘날이나 마찬가지이다. 법치주의란 죄를 지은 사람에게는 그에 합당한 벌을 반드시 주어야 한다는 전제가 있다. 그런 의미에서 본다면 국왕이 자신의 통치 목적을 위해 사면권을 남발하는 것은 진정한 의미에서 법치에 근거를 둔 통치행위라고 할 수 없다. 만약 에드워드 왕들이 사면권 남발을 통하여 왕권을 강화하려고 하고, 그러한 목적을 달성하였다고 하더라도, 그에 대한 역작용도 나타나게 마련이다. 이러한 주장은 중죄를 사면 받은 가운데 전투에 참전한 후 귀향한 자들에 의한 범법행위가 일반인들보다 더 높았다는 점에 의해서 증명된다. 1346년 9월 4일에 프랑스와의 전쟁을 위해 중죄를 범한 기사들 1133명을 일반사면(general pardon)시키고, 이들을 크레시 전투와 칼레 전투에 참여시켰다. 그러나 프랑스에서 군사 활동을 마친 후 귀국한 다음 이들 중의 일부가 국내에서 범법행위를 하였음은 하나왈트의 연구에 의해서 밝혀졌다. 그러므로 강력범들에게 위에서 언급한 각종 명목을 붙여 사면하고 군사적 자원으로 이용한 에드워드 왕들의 정책은 세련되지 못한 매우 '거친 정책'이었다. 또한 국왕의 측근들에 의한 '아무개의 요청으로' 범법자들을 사면한 에드워드 왕들의 정책을 통해서 볼 때, 당시 정치는 다수자인 백성을 위한 것이 아니라 소수자들에 의해서 이루어진 '소수자만을 위한 정치'였다. 물론 다른 유럽 국가들도 왕조 중심의 통치 체제에서 위와 같은 '거친' 그리고 '소수자'만을 위한 정치가 실시되었다. 그러나 문제는 그러한 통치 정책이 범법자들이나 '예비 범법자'들을 양산할 수 있다는 데에 있다. 중세의 정치이론상 법의 집행과 평화유지의 책임은 국왕에게 있었다. 따라서 국왕은 즉위식에서 평화유지와 정의실현을 맹세하였다. 중죄인을 교수형에 처한 이유를 '국왕의 평화와 안녕을 해치는 행위'에 두고 있는 것이 그 증거이다.[1] 국왕은 이러한 통치목적을 실현하기 위하여 무엇이든 행할 수 있었다. 전쟁에 출정할 군사력 확보를 위해 살인범들을 사면하여 군역을 납부하도록 하였던 것이 좋은 본보기이다. 물론 국왕이 그의 전쟁수행을 위해 그러한 방법으로 군역을 확보할 수 있었으며, 봉건귀족에게 군사적으로 크게 의존한 상태에서 벗어날 수는 있었을지라도, 전쟁이 끝난 다음, 사면된 자들이 귀향하여 그들의 공동체나 이웃에 끼친 불법행위를 고려한다면, 그것은 좋은 정책이라고 할 수 없다. 일반적으로 전쟁기간이나 재향군인들이 귀향하는 휴전기나 종전 후에 범죄가 큰 폭으로 증가하지는 않지만, 살인은 다른 범죄에 비하여 상대적으로 그 증가폭이 더 컸던 사실을 하나왈트가 8개 주를 대상으로 한 14세기 초 미결수 감옥재판기록의 조사를 통하여 확인하였다.[2] 이러한 사실에 근거할 때, 14세기 초부터 중반에 이르기까지 에드워드 왕들이 "국가의 평화와 사회의 안녕을 위한다."는 명분하에 살인범들을 대대적으로 사면하여 전쟁터에 투입한 것은 비록 국왕권 강화에는 공헌하였을지 몰라도 당초 표방한 목표인 사회질서 유지와 안녕과는 다른, 오히려 정반대의 현상이 나타날 수 있었다. 국왕들의 사면권 남발이 결국 범죄예방을 위한 조직과 그 기능을 무력화시켜 오히려 사회질서 유지에 부정적 영향을 끼쳤다는 지적이다. 추방령은 범법자들을 사회에서 격리시켜 사회질서를 바로

---

1) Bracton, II, p. 283; F. W. Maitland, *Pleas of the Crown for the County of Gloucester before the Abbot of Reading and his Fellows Justices Itinerant: in the Fifth Year of the Reign of King Henry the Third and the Year of Grace 1221*, p. xxxvi; Charles Travis Clay, ed., *Yorkshire Assize Rolls for the Reigns of King John and King Henry III* (Yorkshire Archaeological Society, 1911), p. xi; Barbara A. Hanawalt, ed., *Medieval Crime and Social Control*, p. 164.
2) Barbara A. Hanawalt, *Crime and Conflict in English Communities, 1300-1348*, pp. 223-237.

잡는다는 긍정적인 효과도 거두었을 것이다. 그러나 국왕이 자신의 특별한 목적을 위해 범법자들을 무분별하게 사면한 정책이 크게 실효를 거두지 못한 점도 간과해서는 안 된다.

중죄인들에게는 경범죄를 범한 자들과 동일한 기준으로 처벌할 수 없는 것이 보통법의 정신이다. 즉 중죄인들에게는 교수형이나 사지절단형 혹은 참수형을 선고하도록 보통법에 명시되어 있다. 이러한 국왕의 법의 정신은 장원관습법과의 협력을 통해서 사회질서를 유지한 강력한 도구로 발전하였다. 즉 국왕의 법원이든 지방의 도시법원이든 혹은 장원법원이든 간에 사회질서 유지와 공동체의 가치 보존이라는 점에는 협력과 협동을 하였다. 그러므로 13세기 잉글랜드의 질서 유지와 법의 발달을 위한 분명한 모습은 공적인 재판제도의 빠른 발달에서 찾을 수 있다. 13세기 웨이크필드 장원에서 열린 장원법원에서도 보통법의 절차에 따라 중죄나 경범죄를 재판하고 판결함으로써 영주의 경제적 이익을 증가시켰으나, 영주의 재판권이 보통법의 범주 안에 들어가게 됨으로써 보통법의 역할은 강화되고, 이를 통해서 왕권이 지방법원에 미치는 영향력은 커졌다. 더구나 헨리 2세 이후 에드워드 왕들에 이르기까지 국왕이 파견한 순회재판관들의 활동이 활발해지면서부터 지방공동체의 질서가 중앙정부의 의지에 따라서 유지되는 현상이 점차 강화되었다. 이러한 과정에서 중앙집권적인 왕정체제가 발달해가고, 다른 한편에서는 기존의 봉건적 질서의 틀이 유지된, 그래서 두 개의 정치체제가 공존한, 이른바 잉글랜드만의 봉건제인 '의사봉건제'라는 특별한 정치·사회구조가 형성되어 나갔다. 이러한 정치질서의 형성이 잉글랜드가 유럽 대륙의 어느 국가보다도 빨리 중앙집권적 국가 체제를 이룰 수 있었던 이유이다. 즉 급격한 사회변화를 일으킨 역사적 사건 때문에 발생할 수 있는 여러 가지 형태의 범죄를 처벌한 중앙법정에서의 법의 발달과 함께 순회재판관들의 지방 파견을 통해서 중앙법정의 법과 재판 정신이 지방까지 확대 적용됨으로써 법(보통법)과 범법자에 대한 처벌의 통일성이 전국적으로 이루어져 나갔다. 이러한 변화 과정은 잉글랜드의 정치 변화에 중요한 영향을 끼쳤다. 법의 통일성과 그 법의 적용과정인 재판을 통해서 국왕권이 지방에까지 강력하게 미치게 되었으며, 이를 통하여 중앙집권적 정치체제가 서서히 발달하여 나갔다. 이러한 변화가 중세 유럽의 여러 국가들 가운데 잉글랜드에서 가장 먼저 일어났음을 주목하여야 한다. 그러나 이러한 잉글랜드의 법과 재판제도 및 정치 발전을 과대평가하여서는 안 될 것이다. 중세 잉글랜드 사회는 공동체의 이익을 추구하기 위해 집단의 합의에 의해서 수립된 사법적 체제와 함께 토지소유자들인 지배층이 피지배층을 경제적 및 경제외적으로 지배하고 그로부터 각종 이익을 추구하기 위해 행사한 영주권이라는 두 가지 요소가 혼재된 가운데 수립되었기 때문이다.

참고문헌

참고문헌

1차 사료(원사료 및 편찬사료)

Amphlett, John, S. G. Hamilton, and R. A. Wilson, eds., *Court Rolls of the Manor of Hales 1270-1307* (3 vols., Worcs. Hist. Soc., 1910-1933).

Arnold, M. S., ed., *Select Cases of Trespass from the King's Courts 1307-1399*, 2 vols, Selden Society, 100 (London, 1984).

Assize of Clarendon.

Assisa Panis et Cervisiae, 51 Henry III.

Baildon, W. P., ed., *Court Rolls of the Manor of Wakefield 1297 to 1309* (Yorkshire Archaeological Society, 1901).

Baildon, W. P., ed., *Court Rolls of the Manor of Wakefield 1274 to 1297*. vol. II (Yorkshire Archaeological Society, 1906).

Bain, Joseph, ed., *Calendar of Documents Relating to Scotland* (Edinburgh, 1881-1888).

Baldwin, S. E., ed. and trans., F. M. Nichols, *Britton* (Washington, 1901).

Blackstone, William, *Commentaries on the Laws of England,* IV (London, 1979).

Bliss W. H. and C. Johnson, ed., *Calendar of Entries in the Papal Registers relating to Great Britain and Ireland: Papal Letters, A.D. 1342-1362*, vol. 3 (London, 1897).

Bolland, William C. ed., Year Books of Edward II, vol. xvii (London, 1925).

Brooke, C. N. L. and M. M. Postan, ed., *Carte Nativorum* (Northants. Record Society, XX, 1960).

Calendar of the Buckinghamshire Eyre Roll for 1227.

Calendar of Close Rolls.

Calendar of Fine Rolls.

Calendar of Letter Book A-G.

Calendar of Patent Rolls.

Cam, H. M., ed., *Year Books of Edward II: the Eyre of London 14 Edward II A. D. 1321* (Seldon Society, lxxxv, lxxxvi, 1968-1969).

Chew, H., ed., *London Possessory Assizes: a calendar* (London Rec. Soc., 1965).

Chew, Helena M. and Martin Weinbaum, ed., *The London Eyre of 1244* (London Record Society, 1970).

Clanchy, T., ed., *The Roll and Writ File of the Berkshire Eyre of 1248* (Seldon Society, XC, 1973).

Clay, Charles Travis, ed., *Yorkshire Assize Rolls for the Reigns of King John and King Henry II* (Yorkshire Archaeological Society, 1911).

Collas, John P. ed., *Year Books of Edward II*, vol. xxii (London, 1942).

Collas, John P. and T. F. T. Plucknett, ed., *Year Books of Edward II*, vol. xxiv (London, 1953).

Cooper, I., ed., *The Oxfordshire Eyre 1241* (Oxfordshire Record

Society, 1989).

Dale, Marian K., ed., *Court Roll of Chalgrave Manor 1278-1313* (Bedfordshire Historical Record Society, 1948).

Denholm-Young, N., ed., *Vita Edwardi Secundi* (London, 1957).

Dickinson, William Croft, Gordon Donaldson, Isabel A. Milne, eds., *A Source Book of Scottish History*, I (Edinburgh, 1958).

Donaldson, E. Talbot, trans., *William Langland, Will's Vision of Piers Plowman* (London, 1990).

Downer, L. J., ed., *Leges Henrici Primi* (Oxford Univ. Press, 1972).

Drew, Katherine Fisher, trans., *The Burgundian Code: Book of Constitutions or Law of Gundobad* (University of Pennsylvania Press, 1976).

Drew, Katherine Fisher, trans., *The Lombard Laws* (University of Pennsylvania press, 1989).

Drew, Katherine Fisher, trans., *The Law of the Salian Franks* (University of Pennsylvania Press, 1991).

Duncan, A. A. M., ed., *Regesta Regum Scottorum* (Edinburgh, 1988).

Erskine, Audrey M., ed., *The Accounts of the Fabric of Exeter Cathedral, 1279-1353*, Devon and Cornwall Record Society, vol. 26 (The Devonshire Press, 1983).

Froissart, John, *Chronicle,* trans. and ed., Geoffrey Brereton (Penguin Books, 1968).

Furber, Elizabeth C. trans., *Essex Sessions of the Peace, 1351, 1377-1379* (Essex Archaeological Society, Colchester, 1953).

Galbraith, V. H., ed., *The Anonimalle Chronicle of St Mary's Abbey, York* (Manchester, 1927).

Galbraith, V. H., ed., *Anonimalle Chronicle 1333 to 1381* (Manchester, 1927).

Gollancz, M.. ed., *Rolls of Northamptonshire Sessions of the Peace, 1314-1316, 1320* (Northamptonshire Record Society, xi, 1940).

Gross, Charles, ed., *Select Cases from the Coroners' Rolls A.D. 1265-1413* (London, 1896).

Habberjam, Moira, Mary O'Regan, Brian Hale, ed., *The Court Rolls of the Manor of Wakefield from October 1350 to September 1352* (Yorkshire Archaeological Society, 1987).

Hall, G. D. G., ed., *The treatise on the laws and customs of the realm of England commonly called Glanvill* (London, 1965).

Hanawalt, Barbara A. ed., *Crime in East Anglia in the Fourteenth Century: Norfolk Gaol Delivery Rolls, 1307-1316* (Norfolk Record Society, 1976).

Harvey, P. D. A., ed., *Manorial Records of Cuxham, Oxfordshire, circa 1200-1359* (Oxfordshire Record Office, London, 1976).

Horwood, Alfred J., ed., *Year Book 30 and 31 Edward I* (Rolls Series, 1863).

Horwood, Alfred J., ed. and trans., *Year Books of the Reign of King Edward the Third Years XI and XII* (London, 1883).

Hunnusett, R. F., ed., *Bedfordshire Coroners' Rolls* (Bedfordshire Historical Record Society, 41, 1961).

Jenkins, J. G., ed., *Calendar of the Rolls of the Justices of Eyre* (Buckinghamshire Archaeological Society, 1955).

Jenkinson, H. and B. Formoy, ed., *Select Cases in the Exchequer of Pleas (1236-1304)*, Selden Society, 48, (London, 1931).

Jewell, Helen M., ed., *The Court Rolls of the Manor of Wakefield from September 1348 to September 1350* (The Yorkshire Archaeological Society, 1981).

Kimball, Elisabeth G., ed., *A Cambridgeshire Gaol Delivery Roll 1332-1334* (Cambridge, 1978).

Kimball, Elisabeth G., ed., *Rolls of the Warwickshire and Coventry Sessions of the Peace, 1377-1397*, (Gloucester Archaeological Society, lx, 1940).

Langland, William, *Piers Plowman: an Edition of the C-Text*, ed., P. Pearsall (Berkeley and Los Angelas, 1979).

Lister, John, ed., *Court Rolls of the Manor of Wakefield*, vol. iii (Yorkshire Archaeological Society, 1917).

Lister, John, ed., *Court Rolls of the Manor of Wakefield*, vol. iv (Yorkshire Archaeological Society, 1930).

Luders, Alexander, T. E. Tomlins, John Raithby, eds., *Statute of the Realm, 1101-1713*, 11 vols (London, 1810-1828).

MacCarthy, B., ed., *Annals of Ulster* (Dublin, 1893).

Macpherson, D. ed., *Rotuli Scotiae, 1291-1516*, 2 vols (London, 1814, 1819).

Maitland, F. W., ed., *Pleas of the Crown for the County of Gloucester before the Abbot of Reading and his Fellows Justices Itinerant: in the Fifth Year of the Reign of King Henry the Third and the Year of Grace 1221* (London, 1884).

Maitland, F. W., ed., *Year Books of Edward II: the Eyre of Kent*, vol. I (London, 1910).

Martin, G. H., ed. and trans., *Knighton's Chronicle 1337-1396* (Oxford Univ. Press, 1995).

Maxwell, Herbert, ed., *Chronicle of Lanercost*, 2 vols. (Llanerch Press, 2001).

Meekings, C.A.F., *Crown Pleas of the Wiltshire Eyre, 1249* (Devizes, 1961).

Myers, A. R., ed., *English Historical Documents 1327-1485* (London, 1969).

Nichols, F. M., ed., *Britton*, vol. i-ii (Oxford, 1865).

Page, M., ed., *Pipe Roll of the Bishopric of Winchester 1301-1302*, Hampshire Record Series, 14 (Winchester, 1996).

Palgrave, F., ed., *Parliamentary Writs and Writs of Summons, Edward I and Edward II*, 2 vols (London, 1827-1834).

Pugh, Ralph B., ed., *Court Rolls of the Wiltshire Manors of Adam de Stratton* (Wiltshire Record Society, 1970).

Pugh, Ralph B., ed., *Wiltshire Gaol Delivery and Trailbaston Trials 1275-1306* (Devizes, 1978).

Pugh, Ralph B., ed., *Abstracts of Feet of Fines, Wiltshire Edward I and Edward II* (Devizes, 1939).

Putnam, B. H., *Kent Keepers of the Peace, 1316-1317* (Kent Archaeological Society, 1945).

Richardson, H. G. and George O. Sayles, ed., *Select Cases of Procedure without Writ under Henry III*, Selden Society, 60 (London, 1941).

Richardson, H. G. and G. O. Sayles, ed. and trans., *Fleta*, 3 books (London, 1955-1984).

Rishanger, William, *Chronica et Annales, 1259-1307*, ed., H. T. Riley (RS, XXVIII, 1865).

Rogers, Clifford J., ed., *The Wars of Edward III: Sources and Interpretations* (Suffolk, 1999).

Rothwell, Harry, ed., *English Historical Documents 1189-1327* (London, 1975).

Rothwell, Harry, ed., *Chronicle*, (Camden Society, 3rd ser., LXXXIX, 1957).

Rotuli Parliamentorum ut et Petitiones et Placita in Parliamento, 6 vols. (London, 1832).

Rymer, T., ed., *Foedera, Conventiones, Litterae Cuiuscunque Generiis Acta Publica* (Record Commission, 1816-1869).

Salter, H. E., transcribed and calendared, *The Feet of Fines for Oxfordshire 1195-1291* (Oxford, 1930).

Sayles, G. O., ed., *Select Cases in the Court of the King's Bench, Edward I* (Selden Society, 55, 1936).

Sayles, G. O., ed., *Select Cases in the Court of King's Bench, Edward II* (Selden Society, 74, 1957).

Sayles, G. O., ed., *Select Cases in the Court of the King's Bench, Edward III* (Selden Society, 82, 1965).

Sharpe, Reginald R., ed., *Calendar of Coroners Rolls of the City of London A.D. 1300-1378* (London, 1913).

Sharpe, Reginald R., ed., *Calendar of Letter Books of the City of London,* vol. I-VII (London, 1899-1905).

Skene, William F., ed., *John of Fordun Chronicle of the Scottish Nation*, vol. ii (Edinburgh, 1993).

Statute of Westminster I.

Statute of Westminster II.

Stewart, S., ed., *The 1263 Surrey Eyre* (Surrey Record Society, 40, 2006).

Stubbs, William, ed., *Select Charters* (Oxford, 1942).

Stubbs, William, ed., *Chronicles of the Reign of Edward I and II*, 2 vols., Rolls Series, 76 (London, 1882-1883).

Summerson, Henry, ed., *Crown Pleas of the Devon Eyre of 1238* (Devon and Cornwall Record Society, 1985).

Sutherland, D., ed., *The Eyre of Northamptonshire, 3-4 Edward III*

A. D. 1329-1330 (Seldon Society, xcvii-xcviii, 1983).
Tacitus, *The Agricola and the Germania*, trans. H. Mattingly, revised by S.A. Handford (Penguin Books, 1970).
Thomson T. and C. Innes, eds., *The Acts of the Parliaments of Scotland*, 12 vols (Edinburgh, 1814-1875).
Trokelowe, Johannes, *Annales*, ed., H. T. Riley (Rolls Series, no. 28).
Turner, G. J., ed., *Year Books of Edward II*, vol. xix (London, 1929).
Walker, J. W., ed., *Court Rolls of the Manor of Wakefield*, vol. v (Yorkshire Archaeological Society, 1945).
Weinbaum, M., ed., *The London Eyre of 1276* (London Record Society, 1976).
Whitelock, D., M. Brett, and C. N. L. Brooke, eds., *Councils and Synods with Other Documents relating to the English Church*, vol. 1 (Oxford, 1981).
Whittaker, W. J., ed., *Mirror of Justice* (Seldon Society, 1893).
Woodbine, George E., ed., *Bracton on the Laws and Customs of England* (Harvard Univ. Press, 1968).

2. 2차 사료

1) 저서

Abel, W., *Agrarkrisen und Agarkonjunktur* (Berlin, 1966).
Aberth, John, *Criminal Churchmen in the Age of Edward III: the Case of Bishop Thomas de Lisle* (Pennsylvania State University Press, 1996).
Aberth, John, *From the Brink of the Apocalypse* (Routledge, 2001).
Angerman, Arima, Geerte Binnema, Annemieke Keunen, Vefie Poels,

Jacqueline Zirkzee(eds.), *Current Issues in Women's History* (London, 1989).

Appleby, John C. and Paul Dalton, ed., *Outlaws in Medieval and Early Modern England: Crime, Government and Society, c. 1066-c. 1600* (Ashgate, 2009).

Arnold, Morris S., Thomas A. Green, Sally A. Scully, and Stephen D. White, *On the Laws and Customs of England* (University of North Carolina Press, 1981).

Attenborough, F. L., ed. and trans., *The Laws of the Earliest English Kings* (Cambridge, 1922).

Baldwin, James Fosdick, *The King's Council in England during the Middle Ages* (Gloucester, 1965).

Barrow, C. W. S., *Robert Bruce and the Community of the Realm of Scotland* (Edinburgh University Press, 2005).

Bede, *Ecclesiastical History of the English Nation,* trans. J. Stevens, revised J. A. Giles (London, 1963).

Bede, *Ecclesiastical History of the English People,* ed., B. Colgrave and R. A. B. Mynors (Oxford, 1969).

Belgion, Montgomery, trans., *Love in the Western World* (Princeton Univ. Press, 1983).

Bellamy, J. G., *Crime and Public Order in England in the Later Middle Ages* (Univ. of Toronto Press, 1973).

Bellamy, J. G., *The Law of Treason in England in the Later Middle Ages* (Cambridge University Press, 1970).

Bellamy, J. G., *Criminal Law and Society in Late Medieval and Tudor England* (Gloucester, 1984).

Bellamy, J. G., *The Criminal Trail in Later Medieval England: Felony before the Courts from Edward I to the Sixteenth Century*

(Stroud, Sutton Publishing Limited, 1998).

Bellamy, J. G., *Bastard Feudalism and the Law* (London, 1989).

Benedictow, Ole J., *The Black Death 1346-1353* (The Boydell Press, 2004).

Bennett, H. S., *Life on English Manor* (London, 1947).

Bodet, Gerald P., *Early English Parliaments* (Univ. of Toronto Press, 1967).

Bolton, J. L., *The Medieval English Economy, 1150-1500* (London, 1980).

Bonger, W. A., *Criminality and Economic Condition,* abridged by A. T. Turk (London, 1969).

Bothwell, J. S., ed., *The Age of Edward III* (Univ. of York, 2001).

Brand, P., *The Making of the Common Law* (London, 1992).

Britnell, R. H., *The Commercialization of English Society, 1000-1500* (Cambridge, 1993).

Brown, A. L., *The Governance of Late Medieval England, 1272-1461* (London, 1989).

Brundage, James A. ed., *Sex, Law and Marriage in the Middle Ages* (Variorum, 1993).

Cam, H. M., *The Hundred and the Hundred Rolls* (New York, 1960).

Cannon, John and Ralph Griffiths, *The Oxford Illustrated History of the British Monarchy* (Oxford Univ. Press, 2000).

Cantor, Norman F., *The Black Death and the World It Made* (London, 2001).

Carter, J. M., *Rape in Medieval England: an Historical and Sociological Survey* (London, 1985).

Carus-Wilson, E. M. and O. Coleman, *England's Export Trade, 1275-1547* (Oxford, 1963).

Chaytor, H. J., *The Troubadours* (Cambridge, 1912).

Clarke, M. V., *Fourteenth Century Studies*, ed., L. S. Sutherland and M. McKisack (Oxford, 1937).

Clarke, Peter, *The English Alehouse: a Social History 1200-1830* (London, 1983).

Clay, Charles Travis, ed., *Yorkshire Assize Rolls for the Reigns of King John and King Henry III* (Yorkshire Archaeological Society, 1911).

Cohn, Jr. S. K., *The Black Death of Transformed: Disease and Culture in Early Renaissance Europe* (London, 2002).

Cosgrave, Art, ed., *A New History of Ireland*, vol. ii (Oxford Univ. Press, 2008).

Cox, J. C., *The Sanctuaries and Sanctuary Seekers of Medieval England* (London, 1911).

Craig, J. H. M., *The Mint - a History of the London Mint from A.D. 287 to 1948* (Cambridge, 1953).

Dean, Trevor, *Crime in Medieval Europe 1200-1550* (London, 2001).

Dobson, R. B., *The Peasants' Revolt of 1381* (London, 1970).

Dohar, William J., *The Black Death and Pastoral Leadership* (University of Pennsylvania Press, 1995).

Dolley, Michael, *The Norman Conquest and the English Coinage* (London, 1966).

Duby, G., Medieval Marriage: *Two Models from Twelfth Century France*, trans. E. Forster (Baltimore, 1978).

Duby, G., *The Early Growth of the European Economy* (Cornell University Press, 1979).

Duncan, A. A. M., ed., *The Bruce* (Edinburgh, 1997).

Dunn, Alastair, *The Great Rising of 1381: The Peasants' Revolt and*

England's Failed Revolution (Gloucestershire, 2002).

Dyer, Christopher, *Lords and Peasants in a Changing Society: the Estates of the Bishopric of Worcester, 680-1540* (Cambridge Univ. Press, 1980).

Dyer, Christopher, *Everyday Life in Medieval England* (London, 1994).

Fell, Christine, *Women in Anglo-Saxon England* (British Museum Publications, 1984).

Fortescue, Sir John, *On the Laws and Governance of England*, ed., S. Lockwood (Cambridge, 1997).

Fryde, E. B. and Edward Miller, ed., *Historical Studies of the English Parliament: Origins to 1399*, vol. 1 (Cambridge University Press, 1970).

Gabel, L., *Benefit of Clergy in England in the Later Middle Ages* (New York, 1969).

Gasquet, F. A., *The Black Death of 1348 and 1349* (London, 1908).

Gies, Frances and Joseph, *Marriage and Family in the Middle Ages* (Cambridge, 1987).

Given, James Buchanan, *Society and Homicide in Thirteenth Century England* (Stanford, 1977).

Goldberg, P. J. P., trans. and ed., *Women in England c. 1275-1525* (Manchester Univ. Press, 1995).

Goody, Jack, *The Development of the Family and Marriage in Europe* (Cambridge, 1983).

Gras N. S. B. and E. C. Gras, *The Economic and Social History of an English village* (Cambridge, 1930).

Green, David, *Edward the Black Prince* (London, 2007).

Hale, Sir Matthew, *History of the Pleas of the Crown*, I (London,

1847).

Hallam, H. E., *Rural England 1066-1348* (Glasgow, 1981).

Hanawalt, Barbara A., *A Study of Crime in Norfolk, Yorkshire and Northamptonshire, 1300-1348* (Ph.D. thesis, Univ. of Michigan, 1970).

Hanawalt, Barbara A. *Crime and Conflict in English Communities, 1300-1348* (Harvard University Press, 1979).

Hanawalt, Barbara A., ed., *Crime in East Anglia in the Fourteenth Century: Norfolk Gaol Delivery Rolls 1307-1316* (Norfolk Record society, 1976).

Hanawalt, Barbara A. and David Wallace, ed., *Medieval Crime and Social Control* (University of Minnesota Press, 1999).

Harding, A., *English in the Thirteenth Century* (Cambridge University Press, 1993).

Hatcher, J., *Plague, Population and the English Economy 1348-1530* (London, 1977).

Hatcher, J., *The Black Death: the Story of a Village (Walsham-le-Willows) 1345-1350* (London, 2008).

Hay, Denys, *The Medieval Centuries* (New York, 1964).

Helmholz, R. M., *Marriage Litigation in Medieval England* (Cambridge Univ. Press, 1974).

Herlihy, David, *The Black Death and the Transformation of the West* (Harvard Univ. Press, 1997).

Hewitt, H. J., *The Organization of War under Edward III, 1338-1362* (Manchester, 1966).

Hey, David, *Yorkshire from AD 1000* (London, 1986).

Hill, J. W. F., *Medieval Lincoln* (Cambridge, 1948).

Hilton, R. H., *The Decline of Serfdom in Medieval England* (London,

1969).

Holdsworth, W. S., *A History of English Law,* iii, 3rd ed., (London, 1923).

Hollister, C. Warren, *The Making of England, 55 B.C. to 1399* (Toronto, 1976).

Holt, J. C., *Magna Carta* (Cambridge University Press, 1992).

Horrox, Rosemary and W. Mark Ormrod, ed., *A Social History of England, 1200-1500* (Cambridge Univ. Press, 2006).

Horrox, Rosemary, trans. and ed., *The Black Death* (Manchester Univ. Press, 1994).

Howell, C., Land, Family and Inheritance in Transition: Kibworth Harcourt 1280-1700 (Cambridge, 1983).

Hudson, J., *The Formation of the English Common Law: Law and Society in England from the Norman Conquest to Magna Carta* (London, 1996).

Hunnisett, R. F., *The Medieval Coroner* (Cambridge, 1961).

Hurnard, Naomi D., *The King's Pardon for Homicide before A.D. 1307* (Oxford, 1969).

Ives, E. W., *The Common Lawyers of Pre-Reformation England* (Cambridge, 1983).

Janin, Hunt, *Medieval Justice: Cases and Laws in France, England and Germany, 500-1500* (McFarland and Company, Inc, 2000).

Jillings, Karen, *Scotland's Black Death* (Stroud, 2003).

Johnson, Charles, *The De Moneta of Nicholas Oresme and English Mint Document* (London, 1956).

Kelly, Maria, *A History of the Black Death in Ireland* (Tempus, 2001).

King, Edmund, *England 1175-1425* (London, 1979).

Klapisch-Zuber, Christiane, ed., *A History of Women in the West* (Harvard Univ. Press, 1992).

Kosminsky, E. A., *Studies in the Agrarian History of England in the Thirteenth Century* (Oxford, 1956).

Lewis, S., *The Allegory of Love* (Oxford, 1938).

Leyser, H., *Medieval Women: A Social History of Women in England 450-1500* (London, 1995).

Longman, William, *The History of the Life and Times of Edward the Third* (New York, 1969).

Lucas, Angela M., *Women in the Middle Ages: Religion, Marriage and Letters* (Harvester Press, 1983).

McFarlane, K. B., *The Nobility of Later Medieval England* (Oxford, 1973).

McNamee, Colm, *The Wars of the Bruces* (Tuckwell Press, 1997).

Macfarlane, Alan, *The Origin og English Individualism: The Family, Property and Social Transition* (Oxford, 1978).

Maddern, Philippa C., *Violence and Social Order* (Oxford, 1992).

Maddicot, . R., *The English Peasantry and the Demands of Crown: 1294-1341* (Oxford, 1975).

Maitland, F. W., *The History of English Law before the Time of Edward I* (Cambridge Univ. Press, 1968).

Maitland, F. W., *Domesday Book and Beyond* (Cambridge Univ. Press, 1987).

McKisack, M., *The Fourteenth Century* (Oxford, 1959).

Miller, Edward, *War in the North* (Hull, 1960).

Miller, E. and J. Hatcher, *Medieval England: Rural society and Economic Change 1086-1348* (london, 1978).

Milsom, Stroud F. C., *Historical Foundations of the Common Law*, 2nd edn (London, 1981).

Monckton, H. A., *A History of English Ale and Beer* (London, 1966).

Monkkonen, Eric H., *The Dangerous Class: Crime and Poverty in Columbus, Ohio, 1860-1885* (Cambridge, 1975).

Morgan, Edward Victor, *The Study of Prices and the Value of Money* (London, 1950).

Morris, John Edward, *Welsh Wars of Edward I* (Haskell House Pub Ltd., 1996).

Morris, Norval and David J. Rothman, eds., *The Oxford History of the Prison* (Oxford Univ. Press, 1998).

Morris, William A., *The Frankpledge System* (London, 1910).

Morris, William A. and J. R. Strayer, ed., *The English Government at Work, 1327-1336* ii, (Longman, 1950).

Mortimer, I., *The Greatest Traitor: The Life of Sir Roger Mortimer* (London, 2003).

Musson, A., *Public Order and Law Enforcement: The Local Administration of Criminal Justice, 1294-1350* (Woodbridge, 1996).

Musson, A., *Medieval Law in Context* (Manchester, 2001).

Nusbacher, Aryen, *Bannockburn* (Gloucestershire, 2005).

Ormrod, W. M., *The Reign of Edward III: Crown and Political Society in England 1327-1377* (Yale Univ. Press, 1990).

Ormrod W. M. and P. G. Lindley, ed., *The Black Death in England* (Shaun Tyas, 2003).

Page, W., ed., *Victoria County History of Yorkshire*, III (London, 1913).

Page, F. M., *The Estates of Crowland Abbey* (Cambridge, 1934).

Painter, Sidney, *Mediaeval Society* (Cornell Univ. Press, 1975).

Palmer, Robert C., *The County Courts of Medieval England 1150-1350* (Princeton University Press, 1982).

Palmer, Robert C., *English Law in the Age of the Black Death, 1348-1381* (University of North Carolina Press, 1993).

Phillips, Seymour, *Edward II* (Yale University Press, 2010).

Pike, Luke Owen, *A History of Crime in England*, vol. 1 (New Jersey, 1968).

Platt, Colin, *The Black Death and Its Aftermath in Late Medieval England* (London, 1977).

Plucknett, T. F. T., *Edward I and Criminal Law* (Cambridge University Press, 1960).

Plucknett, T. F. T., *'Commentary', In Proceedings before the Justices of Peace in the Fourteenth and Fifteenth Centuries,* by Bertha H. Putnam (London, 1939).

Plucknett, T. F. T., *A Concise History of the Common Law* (5th edn., London, 1956).

Pollock, F. and F. W. Maitland, *The History of English Law before the Time of Edward I,* vol. I, II (Cambridge, 1968).

Poole, A. L., *From Domesday Book to Magna Carta*, 2nd edn. (Oxford, 1955).

Poos, L. R., *A Rural Society after the Black Death: Essex 1350-1525* (Cambridge Univ. press, 1991).

Postan, M. M., ed., *The Cambridge Economic History of Europe*, I (Cambridge, 1966).

Potter, Harold, *An Historical Introduction to English Law and Its Institutions* (London, 1932).

Powicke, F. M., *The Thirteenth Century*, 2nd edn. (Oxford, 1962).

Prestwich, Michael, *The Three Edwards: War and State in England, 1272-1377* (London, 2003).

Prestwich, Michael, *War, Politics and Finance under Edward I* (London, 1972).

Prestwich, Michael, *Plantagenet England, 1225-1360* (Oxford Univ. Press, 2005).

Pugh, Ralph B., *Imprisonment in Medieval England* (Cambridge University Press, 1968).

Putnam, B. H., ed., *Proceedings before the Justices of the Peace in the Fourteenth and Fifteenth Centuries* (London, 1938).

Putnam, B. H., *The Enforcement of the Statutes of Labourers* (Univ. Press of the Pacific, Hawaii, 2002).

Ramsay, James H., *A History of the Revenues of the Kings of England, 1066-1399* (Oxford, 1925).

Razi, Zvi, *Life, Marriage and Death in a Medieval Parish: Economy, Society and Demography in Halesowen 1270-1400* (Cambridge Univ. Press, 1980).

Reeves, John, *History of the English Law* (New Jersey, 1969).

Reynolds, Susan, *An Introduction to the History of Medieval Towns* (Oxford, 1977).

Rogers, J. E. T., *A History of Agriculture and Prices in England*, vol. I, II (Oxford, 1963).

Rothwell, Harry, ed., *English Historical Documents 1189-1327* (London, 1975).

Russell, J. C., *British Medieval Population* (Albuquerque, 1948).

Sayles, G. O., *The Medieval Foundations of England* (London, 1948).

Shrewsbury, J. F. D., *A History of the Bubonic Plague in the British Isles* (Cambridge, 1970).

Scott, Ronald McNair, *Robert the Bruce* (Edinburgh, 1982).

Searle, E., *Lordship and Community: Battle Abbey and Its Banlieu* (Toronto, 1974).

Skene, W. F., ed., *John of Fordun's Chronicle of the Scottish Nation*, vol. ii (Llanerch Publishers, Edinburgh, 1993).

Sloane, Barney, *The Black Death in London* (The History Press, 2011).

Stamp, L. D., ed., *The Land of Britain: the Report of the Land Utilization Survey of Britain* (London, 1940).

Stephen, James Fitzjames, *A History of the Criminal Law of England*, I (London, 1883).

Stephenson, C., *Medieval History* (London, 1967).

Strayer, Joseph R., ed., *Dictionary of the Middle Ages* (New York, 1987).

Thompson, J. D. A., *Inventory of British Coin Hoards, A.D. 600-1500* (Royal Numismatic Society, 1956).

Titow, J. Z., *English Rural Society 1200-1350* (London, 1969).

Titow, J. Z., *Winchester Yields: A Study in Medieval Agricultural Productivity* (Cambridge, 1972).

Todd, Malcolm, *Everyday Life of the Barbarians, Goths, Franks, and Vandals* (London, 1972).

Treggiari, Susan, *Roman Marriage, Iusti Coniuges from the Time of Cicero to the Time of Ulpian* (Oxford, 1991).

Underhill, F. A., *For Her Good Estate: The Life of Elizabeth de Burgh* (London, 1999).

Van Caenegem Raoul C., *The Birth of the English Common Law* (Cambridge University Press, 1973).

White, Lynn, *The Pirenne Thesis: Technology and Innovation in the*

Middle Ages (Boston, 1966).
White, Lynn, *Medieval Religion and Technology* (London, 1978).
Wilkinson, B., *Constitutional History of Medieval England 1216-1399*, vol. iii (London, 1958).
Willard, J. F., *Parliamentary Taxes on Personal Property* (Cambridge, 1934).
Williams, Samuel G., *History of Medieval Education* (New york, 1903).
Ziegler, P., *The Black Death* (Harmondsworth, 1970).

홍성표,『중세 영국 농민의 생활수준 연구』,「탐구당, 1987」.
홍성표,『서양 중세사회와 여성』,「도서출판 느티나무, 1999」.
홍성표,『중세 영국 사회와 범죄』,「도서출판 느티나무, 2006」.
홍성표,『스코틀랜드 분리 독립 운동의 역사적 기원』,「충북대학교 출판부, 2010」.

2) 논문

Barron, Caroline M., "London in the Later Middle Ages", *London Journal*, vol. 20 (1995).
Barron, Caroline M., "The Government of London: the formative phase, 1300-1500", *London Journal*, vol. 26 (2001).
Bassett, M., "Newgate Prison in the Middle Ages", *Speculum*, xviii (1943).
Bassett, M., "The Fleet Prison in the Middle Ages", *University of Toronto Law Journal*, v (1943-44).
Bedell, John, "Memory and Proof of Age in England 1272-1327", *Past and Present*, vol. 162 (1999).
Bennett, M. K., "British Wheat Yield per Acre for Seven Centuries",

Economic History, III (1935).

Beveridge, Lord, “The Yields and Price of Corn in the Middle Ages”, *Economic History Review*, II (1927).

Biller, P., “Childbirth in the Middle Ages”, *History Today* (August 1986).

Bishop, T. A. M., “Monastic Demesnes and the Statute of Mortmain”, *English Historical Review*, vol. 49, (1934).

Bridbury, A. R., “Before the Black Death”, *Economic History Review*, 2nd ser., XXX (1977).

Britnell, R. H., “The Black Death in English Towns,” *Urban History*, 21 (1994).

Bryson, William Hamilton, “Witnesses: A Canonist's View”, *American Journal of Legal History*, XIII (1969).

Caenegem, Raoul C. van, “Public Prosecution of Crime in Twelfth Century England”, eds., C. N. L. Brooke, D. E. Luscombe, G. H. Martin and D. Owen, *Church and Government in the Middle Ages* (Cambridge, 1976).

Cam, H. M., “The law-courts of medieval London” in *Law-finders and Law-makers in Medieval England* (London, 1962).

Carus-Wilson, E. M., “The English Cloth Industry in the Late Twelfth and Early Thirteenth Centuries”, *Economic History Review*, 1st ser., XIV, (1944-1945).

Charles-Edwards, T. M., “Kinship, Status and the Origins of the Hide”, *Past and Present*, no. 56 (1972).

Cipolla, C. M., “Currency Depreciation in Medieval Europe”, *Economic History Review*, 2nd ser., IV (1962-1963).

Cohen, Esther, “Pattern of Crime in Fourteenth Century Paris”, *French Historical Studies*, vol. II (1980).

Crook, David, "Triers and the Origin of the Grand Jury", *The Journal of Legal History*, vol. 12, no. 2 (1991).

Crowley, D. A., "The Later History of Frankpledge", *Bulletin of the Institute of Historical Research*, vol. XLVIII, no. 117 (1975).

Crump C. G. and A. Hughes, "The English Currency under Edward I", *Economic Journal*, V (1895).

Crump C. G. and C. Johnson, "Tables of Bullion Coined under Edward I, II and III", *Numismatic Chronicle*, 4th ser., XII (1913).

Crump C. G. and C. Johnson, "The Powers of the Justices of Peace," *English Historical Review*, 27 (1912).

Davies, R. A., "The effect of the Black Death on the parish priests of the medieval diocese of Coventry and Lichfield," *Historical Research*, vol. 62 (1989).

Dolley, R. H. and W. A. Seaby, "A Parcel of Edwardian Sterlings in the Ulster Museum", *Seaby's Coin and Medal Bulletin* (1968).

Dyer, C., "The English Medieval Village Community and its Decline", *Journal of British Studies*, 33 (1994).

Engdahl, David E., "English Marriage Conflicts Law before the Time of Bracton", *The American Journal of Comparative Law*, vol. 15 (1967).

Faith, R. J., "Peasant Families and Inheritance Customs in Medieval England," *Agricultural History Review*, xix, part ii (1966).

Farmer, D. L., "Some Grain Price Movement in Thirteenth Century England," *Econ. Hist. Rev.*, 2nd ser. (1957-8).

Farmer, D. L., "Some Livestock Price Movements in Thirteenth Century England", *Econ. Hist. Rev.*, xxii (1969).

Finch, A., "Women and Violence in the Later Middle Ages: the Evidence of the Officiality of Cerisy", *Continuity and Change*, vol. 7 (1992).

Fox, H. B. Earle and J. Shirley Fox, "Numismatic History of the Reigns of Edward I, II, and III", *British Numismatic Journal*, VI (1906).

Fryde, E. B., "The Tenants of the Bishops of Coventry and Lichfield and of Worcester after the Plague of 1348-1349," in R. F. Hunnisett and J. B. Post, eds., *Medieval Legal Records* (London, 1978).

Gilbert, W. S., "Fur-Collar Crime: the Pattern of Crime among the 14th Century English Nobility", *Journal of Social History*, vol. 8 (1975).

Green, Thomas A., "Societal Concepts of Criminal Liability for Homicide in Medieval England", *Speculum*, vol. XLVII, no. 4 (1972).

Green, Thomas A., "The Jury and the English Law of Homicide, 1200-1600", *Michigan Law Review*, vol. 74 (1976).

Gregory-Abbott, Candace, "Sacred Outlaws: Outlawry and the Medieval Church" in John C. Appleby and Paul Dalton, ed., *Outlaws in Medieval and Early Modern England: Crime, Government and Society, c. 1066-c. 1600* (Ashgate, 2009).

Groot, Roger D., "The Jury in Private Criminal Prosecutions before 1215", *The American Journal of Legal History*, vol. xxvii, (1983).

Groot, Roger D., "The Jury of Presentment before 1215" *The American Journal of Legal History*, vol. xxvi (1982).

Groot, Roger D., "The Crime of Rape temp. Richard I and John", *The Journal of Legal History*, vol. 9, no. 3 (Dec. 1988).

Groot, Roger D., "The early thirteenth-century criminal jury", in *Twelve Good Men and True: The Criminal Trial Jury in*

England, 1200-1800, ed. J. S. Cockburn and T. A. Green (Princeton, 1988).

Hall, G. D. G., "Some Early Writs of Trespass", *Law Quarterly Review*, 73 (1957).

Hallam, H. E., "Some Thirteenth Century Censuses", *Econ. Hist. Rev.*, X, no. 3 (1958).

Hallam, H. E., "Population Movements in England, 1086-1350", in *The Agrarian History of England and Wales*, vol. 2 (1988).

Hanawalt, Barbara A., "The Female Felon in Fourteenth Century England", *Viator*, vol. v (1974).

Hanawalt, Barbara A., "Economic Influences on the Pattern of Crime in England, 1300-1348", *American Journal of Legal History*, vol. XVIII (1974).

Hanawalt, Barbara A., "Childbearing among the Lower Classes of Late Medieval England", *Journal of Interdisciplinary History*, 8 (1977).

Hanawalt, Barbara A., "Community Conflict and Social Control: Crime and Justice in the Ramsey Abbey Village", *Medieval Studies*, vol. 39 (1977).

Harley, J. B., "Population Trends and Agricultural Developments from the Warwickshire Hundred Rolls in 1279", *Econ. Hist. Rev.*, XI (1958).

Harvey, B. F., "The Population Trend in England between 1300-1348", *Trans. Roy. Hist. Soc.*, 5th ser., xvi (1966).

Harvey, P. D. A., "The English Inflation of 1180-1220", *Past and Present*, 61 (1973).

Helleiner, K. F., "Population Movements and Agrarian Depression in the Later Middle Ages", *Canadian Journal of Economics and Political Science*, XVII (1949).

Hill, Rosaline, "Marriage in Seventh Century England", ed. M.H. King and W.M. Stevens, *Saints, Scholars, and Heroes* (Minneapolis, 1979).

Hurnard, N. D., "Jury of Presentment and the Assize of Clarendon", *English Historical Review*, vol. 56 (1941).

Kaye, J. M., "The Early History of Murder and Manslaughter", *Law Quarterly Review*, vol. 83 (1967).

Keene, Derek, "London in the Early Middle Ages 600-1300", *London Journal*, vol. 20 (1995).

Kershaw, Ian, "The Great Famine and Agrarian Crisis in England 1315-1322", *Past and Present*, no. 59 (1973).

Kiraley, Albert, "Custom in Medieval English Law", *The Journal of Legal History*, vol. 9, no. 1 (May 1988).

Krause, J., "The Medieval Household: Large or Small?", *Econ. Hist. Rev.*, 2nd ser., IX (1957).

Langdon, John, "City and Countryside in Medieval England", *Agricultural History Review*, 43 (1995).

Lopez, Robert S., "Back to Gold, 1252", *Economic History Review*, IX (1956).

Lucas, H. S., "The Great European Famine of 1315, 1316 and 1317," *Speculum*, 5 (October 1930).

Lucas, H. S., "The Great European Famine of 1315, 1316, and 1317", in E. M. Carus-Wilson, ed., *Essays in Economic History*, vol. II (London, 1962).

Macdonald, G., "A Hoard of Foreign Sterlings found at Galston", *Numismatic Chronicle*, 5th ser., III (1923).

Mate, Mavis, "High Prices in Early Fourteenth Century England: Causes and Consequences", *Economic History Review*, XXVIII

(1975).

Mate, Mavis, "Monetary Policies in England, 1272-1307", *British Numismatic Journal*, 3rd ser., XLI (1972).

Mate, Mavis, "A Mint of Trouble, 1279 to 1307", *Speculum*, vol. XLIV (1969).

Mate, M., "Labour and Labour Services on the Estates of Canterbury Cathedral Priory in the Fourteenth Century," *Southern History* 7 (1985).

Mayhew, N. J., "Numismatic Evidence and Falling Prices in the Fourteenth Century", *Economic History Review*, vol. XXVII (1975).

Mayhew N. J. and D. R. Walker, "Crockards and Pollards: Imitation and the Problem of Fineness in a Silver Coinage", ed., N. J. Mayhew, *Edwardian Monetary Affairs* (British Archaeological Reports, 36, 1977).

McFarlane, K. B., "England and the Hundred Years' War," *Past and Present*, no. 22 (July 1962).

McLane, B. W., "Jurors attitudes towards local disorder: the evidence of the 1328 Lincolnshire trailbaston proceedings," in J. S. Cockburn and T. A. Green, eds., *Twelve Good Men and True: the criminal trial jury in England, 1200-1800* (Princeton, 1988).

Miller, E., "The Fortunes of the English Textile Industry during the Thirteenth Century", *Economic History Review*, 2nd ser., XVIII, (1965).

Milsom, Stroud F. C., "Trespass from Henry III to Edward III" in S. F. C. Milsom, *Studies in the History of the Common Law* (London, 1985).

Neville, Cynthia J., "Local Entiment and the 'National' Enemy in Northern England in the Later Middle Ages", *Journal of British Studies*, vol. 35, no. 4 (1996).

Ormrod, W. M., "Agenda for Legislation, 1322-c.1340", *English Historical Review*, vol. 105 (January 1990).

Ormrod, W. M., "The Crown and the English Economy, 1290-1348," in *Before the Black Death: Studies in the Crisis of the Early Fourteenth Century*, ed. B. M. S. Campbell (Manchester, 1991).

Patterson, C. C., "Silver Stocks and Losses in Ancient and Medieval Times", *Economic History Review*, 2nd ser., XXX (1972).

Payling, S. J., "Social Mobility, Demographic Change, and Landed Society in Late Medieval England," *Econ. Hist. Rev.*, 45 (1992).

Penn S. A. C. and C. Dyer, "Wages and Earnings in Late Medieval England: Evidence from the Enforcement of the Labour Laws," *Econ. Hist. Rev.*, 2nd series, 43 (1990).

Poos, L. R., "The Rural Population of Essex in the Later Middle Ages", *Econ. Hist. rev.*, vol. 38 (1985).

Post, J. B., "Ravishment of Women and the Statutes of Westminster", *Legal Records and the Historian*, ed. J. H. Baker (London, 1978).

Post, J. B., "Sir Thomas West and the Statute of Rapes, 1382", *Bulletin of the Institute of Historical Research*, vol. LIII (1980).

Postan, M. M., "Some Economic Evidence Declining Population in the Later Middle Ages", *Econ. Hist. Rev.*, II (1950).

Postan, M. M., "Money, Population and Economic Changes in Late Medieval Europe", *Economic History Review*, XII (1959-1960).

Postan, M. M., "The Trade of Medieval Europe: the North", M. M.

Postan and E. E. Rich, eds., *The Cambridge Economic History of Europe*, II (Cambridge, 1952).

Postan, M. M., "Village Livestock in the Thirteenth Century", *Econ. Hist. Rev.*, XV (1962).

Postan, M. M. and J. Z. Titow, "Heriots and Prices on Winchester Manors", *Econ. Hist. Rev.*, 2nd ser., xi (1958-59).

Postan, M. M., "The Cost of Hundred Years' War," *Past and Present*, no. 27 (April 1964).

Prestwich, M., "Edward I's Monetary Policies and their Consequences", *Economic History Review*, vol. 22 (1969).

Prince, A. E., "The Strength of the English Armies in the Reign of Edward III," *English Historical Review*, 46 (July 1931).

Pugh, R. B., "Some Reflections of a Medieval Criminologist", in *Proceedings of the British Academy*, vol. 59, (1973).

Putnam, B. H., "The Transformation of the Keepers of the Peace into the Justices of the Peace, 1327-80," *TRHS*, 4th ser., 12 (1929).

Raftis, J. A., "Social Structures in Five East Midland Villages", *Econ. Hist. Rev.*, vol. 18 (1965).

Raftis, J. A., "The Concentration of Responsibility in Five Villagers", *Mediaeval Studies*, vol. 28 (1966).

Rapp, Rayna, Ellen Ross, and Renate Bridenthal, "Examing Family History", *Feminist Studies*, vol. 5 (1979).

Reedy, W. T., "The Origins of the General Eyre in the Reign of Henry I", *Speculum*, XLI, 1966. Raoul C. van Caenegem, "Public Prosecution of Crime in Twelfth Century England", eds., C. N. L. Brooke, D. E. Luscombe, G. H. Martin and D. Owen, *Church and Government in the Middle Ages*

(Cambridge, 1976).

Rigold, S. E., "The Trail of the Easterlings", *British Numismatic Journal*, 3rd ser., VI (1949-1951).

Robinson, W. C., "Money, Population and Economic Change in Late Medieval Europe", *Econ. Hist. Rev.*, XII (1959).

Russell, J. C., "Late Medieval Population Patterns", *Speculum*, vol. XX, no. 2 (1945).

Russell, J. C., "Recent Advances in Medieval Demography", *Speculum*, XL, no. 1 (1965).

Russell, J. C., "The Pre-Plague Population of England", *Journal of British Studies*, v (1966).

Scammell, Jean, "Robert I and the North of England," *English Historical Review*, lxxiii (1958).

Schofield, Phillipp R., "The Late Medieval View of Frankpledge and the Tithing System: An Essex Case Study", eds., Zvi Razi and Richard Smith, *Medieval Society and the Manor Court* (Oxford University Press, 1996).

Schofield, Phillipp R., "Trespass Litigation in the Manor Court in the Late Thirteenth and Early Fourteenth Centuries", in Richard Goddard, John Langdon, and Miriam Müller, ed., *Survival and Discord in Medieval Society: Essays in Honour of Christopher Dyer* (Belgium, 2010).

Stern, Laura Ikins, "Public Fame in the Fifteenth Century", *American Journal of Legal History*, 44 (2000).

Summerson, H. R. T., "The Structure of Law Enforcement in Thirteenth Century England", *The American Journal of Legal History*, XXIII, (1992).

Thompson, E. M., "Offenders against the statute of labourers in

Wiltshire, A.D. 1349," *The Wiltshire Archaeological and Natural History Magazine*, XXXIII, (1903-1904).

Titow, J. Z., "Some Evidence of the Thirteenth Century Population Increase", *Econ. Hist. Rev.*, XIV (1961).

Titow, J. Z., "Evidence of Weather in the Account Rolls of the Bishopric of Winchester, 1209-1350", *Econ. Hist. Rev.*, 2nd ser., xii (1959-60).

Turner, Ralph V., "The Origins of Common Pleas and King's Bench", *The American Journal of Legal History*, vol. xxi (1977).

Vale, Juliet, "Violence and the Tournament", Richard W. Kaeuper, ed., *Violence in Medieval Society* (Boydell Press, 2000).

Waston, Alan, "The Divorce of Carvilius Ruga", *Tv R*, Vol. 33 (1965).

Watts, D. C., "A Model for the Early Fourteenth Century", *Econ. Hist. Rev.*, 2nd ser., xx (1967).

Westman, B. H., "The Peasant Family and Crime in Fourteenth Century England", *Journal of British Studies,* vol. xii (1974).

Woodbine, George E., "The Origins of the Action of Trespass(1)", *Yale Law Journal*, vol. 33 (1923-1924).

박흥식, 「흑사병과 중세 말기 유럽의 인구문제」, 『서양사론』 제 93호 (2007).

박흥식, 「중세 말기 유럽의 성직자와 교회에 미친 흑사병의 영향」, 『서양사연구』, 44권 (2011).

이순갑, 「12, 13세기 바러의 재편-특히 시장의 설치와 특권을 중심으로」, 『서양중세사연구』, 제 17호 (2006).

이연규, 「영국 농민봉기의 사회경제적 원인에 관한 고찰」, 『부산사총』 제 1집 (1985).

찾아보기

ㄷ

ㄹ

ㅁ

ㅊ

ㅋ

ㅌ

ㅍ

ㅎ

필자후기

1981년 미국 위스콘신(Wisconsin) 주 메디슨(Madison)에 위치한 위스콘신 대학 사학과에 여름방학을 이용하여 약 3개월 동안 연구 자료를 조사 수집하러 갔던 경험이 있다. 그 해 7월 31일 점심식사 후 휴식을 취할 겸, 캠퍼스 근처에 있는 맨도타(Mandota) 호숫가에 갔다. 호숫가 주변에서 윗옷을 벗고 삼삼오오 모여서 이야기를 하면서 일광욕을 즐기는 학생들, 혼자서 잔디밭에 앉거나 누워서 책을 읽는 학생들, 운동을 하는 학생들, 그리고 호수에서 조각배를 타고 즐기는 학생들도 있었다. 나는 이 모습을 보면서 너무나 부러웠다. 심지어 우리나라 대학생들이 여가를 즐길 수 있는 환경과 이들을 비교하여 보면서 서글픈 생각마저 들었다. 그러나 나를 더 큰 절망 속에 빠트린 것은 도서관에 비치된 장서를 보았을 때이다.

이 저서를 집필하기 위해 자료를 정리하다가 35년 전에 맨도타 호숫가에서 나의 단상을 적은 작은 메모지를 발견하였다. 이 글을 다시 읽어보면서 당시를 회상하여 보았다. 이미 35년이나 지난 일이지만 아직도 나의 머리 속에서 당시의 모습이 선명하게 그려진다. 당시 나의 생각을 적어 놓은 것을 이곳에 옮겨보는 것도 의미가 있을 것 같다.

> 뜨거운 태양 빛과 강렬함 속에 젊음과 희망이 있고,
> 젊은 나신들의 정신 속에는 창조가 있다.

조각배 그늘 속에 아른거리는
야생오리들의 울부짖음 속에
Mandota의 영혼이 깃들어 있다.

동쪽 하늘에 둥실 떠있는 구름에 대고
신의 불공정함을 절규하여 본다.
“신이여, 어찌하여 우리 젊음에는 이러한 자연과 희망을 주지
않았는가?
그늘 속에 갇힌 우리 젊은이들에게도 용기와 희망을 주소서.”

나, 원컨대!
Mandota 호수가의 희망찬 공기와 열정을
가득 담아 안고 가서 나의 학생들에게 나누어 주리라.
젊은이들 모두에게 희망과 광명의 빛을...

귀국한 후에 필자는 그 이전보다 더 열정적으로 강의하고 연구하였다. 물론 나의 제자들이 그에 공감하고 따랐는지는 별개의 문제이지만 말이다. 그러나 필자는 위스콘신에서 느낀 나의 생각을 제자들에게 전달하려고 노력한 것만은 분명히 기억한다.

1981년 이후 35년이나 지난 지금 교수들의 연구여건이나 학생들의 학습여건이 크게 개선되었는가? 물론 학생들의 학습여건은 과거보다 나아졌다. 이제 필요한 자료가 있으면 얼마든지 사적으로나 학교 도서관을 통해서 접할 수 있게 되었다. 그러나 그 여건 개선은 학부 학생들에게 국한된 문제이다. 석사나 박사과정 중의 학생들이나 교수들이 원사료에 접근하는 일이 전보다는 용이해졌으나, 아직도 제약당하기는 과거나 지금이나 마찬가지이다. 특히 경제적 제약이 크다. 연구자가 필요하다면 독서하여야 할 원사료가 구비된 외국 도서관에 직접 가서 접하는 것이 가장 빠르고 안전한 방법이다. 그러나 원사료는 대출이 되지 않을 뿐만 아니라 그것에 접하기 위해서는 연필과 종이만을 가지고 입장하도록 제약당하기 때문에, 그것에 접근하기 위

해서는 불가피하게 그것이 구비되어 있는 현장에 갈 수밖에 없다. 그러나 이는 그에 필요한 경비가 뒷받침되어야 가능한 일이다. 이는 모든 연구자들에게 똑같이 해당되는 문제이다. 그렇다면 전문적인 연구자들에게 이러한 비용이 어떻게 조달될 수 있는가? 특히 인문학 계통의 연구자들에게는 필요한 비용을 조달하는 것이 쉽지 않은 일이다. 결국 재직하고 있는 학교 당국이나 외부 기관의 자금 지원이 없으면, 연구자 개인이 스스로가 필요한 자금을 조달하여 연구를 수행할 수밖에 없다. 그러나 이 문제가 그리 쉬운 일이 아니다. 새로운 주제를 가지고 연구하기 위해 외국에 가서 자료를 조사 수집하고, 그 자료를 읽다가 보면 보충해야 할 자료목록이 또 나타나게 마련이다. 그러므로 필자의 경험으로는 하나의 저서나 논문을 충실하게 완성하려면 필요한 자료가 있는 도서관을 최소한 두 번은 다녀오는 것이 필요하다. 필자의 생각으로는 현재까지 이러한 환경이 우리나라 대학원생들이나 교수들에게 주어지지는 않았다. 그런 점에서 전문적인 연구자들의 연구여건이 35년 전에 비하여 크게 개선되지 않았다고 말하는 것이다. 앞으로 필자가 기대하는 연구 여건이 개선되어 인문학 분야, 특히 서양학 분야에서도 우리의 시각으로 서양 역사와 문화를 이해하고 해석한 훌륭한 저서와 논문들이 양산되기를 간절히 바란다.